로마서의 이해

조명한의 성서 강해 3

로마서의 이해

2024년 1월 24일 처음 펴냄

지은이   조명한
펴낸이   김영호
펴낸곳   도서출판 동연
등록   제1-1383호(1992년 6월 12일)
주소   서울시 마포구 월드컵로 163-3
전화/팩스   (02) 335-2630 / (02) 335-2640
이메일   yh4321@gmail.com
인스타그램 https://www.instagram.com/dongyeon_press

ISBN 978-89-6447-969-8 93230

조명한의 성서 강해 3

로마서의 이해

조명한 지음

동연

스스로 함, 배우고 또 배움 그리고 그침

　제 연구실에는 조명한 교수님의 책『누가복음의 이해』와『에베소서의 이해』가 나란히 꽂혀 있습니다. 한 권은 평소 교수님과 알고 지내셨던 시숙부님께서 전달해 주셨고, 한 권은 선물처럼 집으로 배송되었지요. 금세 읽고 말 서적이 아니라서, 언젠가는 꼭 찬찬히 읽고 제대로 감사 인사를 드려야겠다고 마음먹고 있었는데…. 일상의 분주함으로 차일피일하다가 부고를 전해 들었습니다. '아, 이렇게 또 나의 게으름으로 인해 감사드릴 기회를 놓치게 되었구나.' 마음이 무겁던 차에, 이렇게『로마서의 이해』추천사를 쓸 기회를 얻게 되니 그저 감사, 또 감사할 뿐입니다.

　조명한 교수님을 만나 뵈었던 것은 1999년 어느 여름날이었습니다. 박사학위 논문을 준비하던 연구 초기였죠. '한국적 정서와 사상을 담고 있으면서도 기독교적 정체성을 지닌 교회 공동체'를 찾고 찾다가 '무교회'에 도달한 것이 저로서도 놀랄 일이던 즈음입니다. 여름방학을 맞아 시댁에서 지내다가 우연히 연구 주제를 말하게 되었고, 마침 방문하셨던 시숙부님(서울대학교 정치학과 명예교수 **최명 선생**)께서 동료 중 무교회 신자를 아신다며 조명한 선생님을 소개해 주셨습니다. 아직 주제를 깊게 연구한 상태가 아니라 주저되었지만, 귀한 기회여서 머뭇머뭇 서울대 심리학과 교수연구실을 찾아갔습니다. 그리고 저는 그곳에서 기독교 신앙의 정수를 기어이 알아내고야 말겠다는 굳은 의지와 열심 그러나 내가 알아낸 것을 누군가에게 강제함 없이 그저 내 방식대로 진리를 추구하겠노라는 순수와 열린 마음이 하나로 응축된 '눈빛'을 보았습니다. 그리고 조명한 교수님의 소개로 만난 무교회 신자들의 눈빛도 한결같았죠. 그래서 확신했습니다. '아, 제대로 찾아왔구나!'

제가 이해한 '무교회'는 그랬습니다. 흔히들 없을 '무'(無)가 교회 앞에 붙으니 교회에 반대하고 사사건건 시비를 걸고 교회를 무너뜨리려는 반(反)신앙의 사람들로 오해하기도 합니다. 그러나 무교회 신자들은 불신앙의 사람도 반신앙의 사람도 아닙니다. 오히려 그 반대이지요. 적어도 1998년 하버드 옌칭의 낡은 동아시아관에서 찾아 읽은 「성서조선」의 글들은 제가 찾던 의지와 열심, 순수와 열린 마음이 한 인격 안에 담겨야만 낳을 수 있는 것들이었으니까요.

저는 무교회의 원칙을 세 가지로 요약했었습니다. 스스로 함, 배우고 또 배움 그리고 그침. 어쩌면 미완의 이 책은 조명한 교수님의 '그침'이었을지도 모르겠습니다. 심리학 전공자가, 평신도가, 스스로 하고 배우고 또 배우며 성서의 진리를 찾아온 여정이 이제 그쳤습니다. 병상에서도 멈추지 않았던 진리 탐구의 의지와 열정이 미완의 작품이 되어 우리에게 남겨졌습니다. 바울 서신중에서도 가장 신학적이고 교리적 주장이 많이 담긴 텍스트라서 전문신학자들도 어려워하는 본문이지요. 하지만 마지막 혼신으로 기도하고 공부하며, 한 구절 한 구절 풀어가신 이 책을 우리도 한 구절 한 구절 꾹꾹 눌러 담고 마음에 새기며 읽어야 하겠습니다. 그리고 우리 자리에서 이 의지와 열심, 순수와 열린 마음을 다시 이어가야 하겠습니다.

고인께서 하나님의 품에서 평안하시기를 기도합니다.

백소영
(강남대학교 교수, 기독교사회윤리학)

1

『로마서의 이해』는 저희 아버지 故 조명한 선생님의 유고집입니다. 아버지는 젊은 시절부터 무교회 신앙을 가지셨고 노평구, 유희세 선생님께 배우셨습니다. 그리고 심리학과 교수직 은퇴 후 성경 공부에 매진하셔서 『누가복음의 이해』(2013), 『에베소서의 이해』(2015)를 펴내고, 이어 로마서 연구에 착수하셨습니다. 그러던 중 2018년부터 아프기 시작하셨지만 병환 중에도 원고를 손에서 놓지 않으셨습니다. 아버지는 입원과 퇴원을 반복하는 생활 중에도 집에 돌아오기만 하면 컴퓨터 앞에 앉으실 정도로 이 일에 열과 성을 다하셨습니다. 어느 날은 어머니가 병원 생활이 길었는데도 연결이 되느냐고 물으시니 "그럼, 병원에서도 계속 이 생각만 했는걸" 하는 답변이 돌아왔다고 합니다.

책에 실린 대로 원고는 로마서 11장까지 완성하셨고(11장까지 쓰신 후 아버지는 대방동 무교회 모든 집회원에게 원고를 보내 회람을 요청하셨습니다) 12장은 다 손보지 못한 채 하나님의 부름을 받으셨습니다. 마지막 임종의 자리에서 원고에 대해 꼭 집어 묻는 저에게 아버지는 그러나 아무런 당부 말씀이 없으셨습니다. 책으로 펴내라고도, 또는 펴내지 말라고도 말씀하지 않았습니다. 그러나 어머니와 의논 끝에 아버지가 심혈을 기울이신 이 원고가 비록 미완이나마 세상의 빛을 보기를 바라는 마음에서 이 책을 펴내게 되었습니다.

2

은퇴 후 줄곧 바울에 매달리는 아버지를 보며 왜 (다른 성경이 아닌) 바울을 연구하시냐고 물은 적이 있습니다. 아버지는 사복음서만으로는 예수를 이해할 수 없어 바울을 공부한다고 대답하셨습니다. 결국 예수를 이해하기 위해 바울서신 연구를 택했다는 답변이었습니다.

평소에 아버지는 성경 읽기의 '맥락적 이해'를 강조하셨습니다. 이때 '맥락적 이해'란 아버지가 공부하신 언어심리학과도 관련이 있습니다. 곧 문장들 사이의 의미관계의 연결을 일관성을 갖추어 한결같은 '정합성'(coherence)을 표상하는, 언어심리학의 담화 처리 방법론을 성경 연구에 적용하신 것입니다. 이러한 방법론은 아버지가 펴내신 두 권의 성경 연구서에도 동일하게 적용되고 있는데, 이 책들의 머리말을 빌려와 봅니다:

"성경 연구는 신학자들의 전유물이 아니다. 성경 읽기는 평신도에게 일상화되어야 마땅하지만, 실은 단순한 읽기를 넘어서 성경 공부의 경지에 들어야 한다. 성경 읽기는 요절을 외우는 수준을 넘어 통독해야 하고, 다른 무엇보다 맥락적인 이해를 수반하여야 깊은 의미를 파악할 수 있다"(『누가복음의 이해』).

"이 책은 주해서가 아니다. 앞에서 성경 읽기는 문장들 사이의 정합성을 이해하는 독해가 기본이라 했다. 다만 이 책은 앞뒤 의미관계의 일관성 있는 연결을 풀이한 해설서이다. 그리하여 책 제목도 『에베소서의 이해』라 하였다. 오늘날 주해서들은 헬라어 원문을 연구자가 사역하고 해석한 'exegetical commentary'가 주류이다. 이 책에서 헬라어 원문을 대조하지 않은 것은 아니지만 섣부른 원문의 번역은 만용이다. 에베소서의 이해를 위해 여러 공인된 번역본과 여러 사역들을 준거하고 특히 원문의 어순에 주목한 것이 고작이다. 이 책은 성서학자가 아닌 심리학자이자 평신도로서의 에베소서 이해이다" (『에베소서의 이해』).

이 책의 3부 머리글에서 아버지는 로마서 전반부(1~8장)와 후반부(9~16장)를 망라하여 "로마서 전체가 총체적인 연결성과 응집성이 치밀하다"고 하였습니다. 바로 이 때문에 아버지는 로마서가 이러한 방법론에 적합한 성경이라 보고 더욱 이 책의 집필과 편찬을 기대하고 염원했던 것은 아닌가 추측해 봅니다.

3

아버지를 사랑해주시고 책이 출판되기를 기다리고 기도해 주신 모든 분께 감사드립니다. 특히 대방동 무교회 집회 김성기 선생님, 김철웅 선생님, 한만하 선생님은 편집과 출판에 관해 함께 의논하고 격려해 주셨습니다. (전) 사회평론아카데미 고하영 대표님, 장로회 신학대학교 백충현 교수님은 저와의 개인적 인연으로 출판사를 알아보고 연결해 주는 수고를 마다하지 않으셨습니다. 도서출판 동연을 만나게 된 것은 하나님의 은혜입니다. 동연의 김영호 대표님은 이 책의 가치를 이해하고 그것을 더욱 빛내 주셨습니다. 추천사를 써주신 백소영 교수님께도 감사드립니다.

이전의 책이 그러했듯 아버지는 『로마서의 이해』 표지 맨 앞장에 "재민에게, 석현에게, 현아에게"라 쓰며 당신의 손주들을 기억하셨을 것입니다. 그리고 저희 어머니 박영자 님을 마음속 깊이 담고 있었을 것입니다. 어머니는 평생 아버지에게 사랑과 헌신을 다하셨고, 어머니에 대한 아버지의 사랑과 감사는 삶과 글 곳곳에 묻어나 있습니다.

이 책이 성경 연구에 관심을 가진 평신도에 격려가 되고 로마서를 연구하는 분들께 참고가 되길 소망합니다. 더불어 김교신으로 시작된 한국 무교회의 전통을 잇는 사례 중 하나로 기억된다면 더 바랄 나위 없겠습니다.

2023년 11월
아버지를 사랑하는 딸 조보라미

차 례

일러두기

1. 이 책은 조명한 선생의 유고작으로, 선생은 로마서 16장 중에서 11
   장까지 마무리한 후 12장을 채 쓰지 못하고 작고하였다. 고인의 초
   고 12장(본서 4부 13장) 첫머리에 "퇴고 요"라 쓰여 있다. 본서는 선생
   이 쓴 미완의 원고를 그대로 펴낸다.
2. 본문의 성경 인용은 개역한글본을 기본으로 하였으나 몇몇 다른 역
   본이나 사역(私譯)도 있다. 단, 그런 경우에 사역 또는 다른 역본임을
   표기하였다.
3. 저자의 주는 내주(본문주)로 표기하였다. 그러나 저자가 별도로 참고
   문헌을 작성하지 않았기에 이의 출처를 저자의 서재에서 찾아 작성
   하였다. 확인이 불가하여 일부 누락된 것에 대해서는 양해를 구한다.

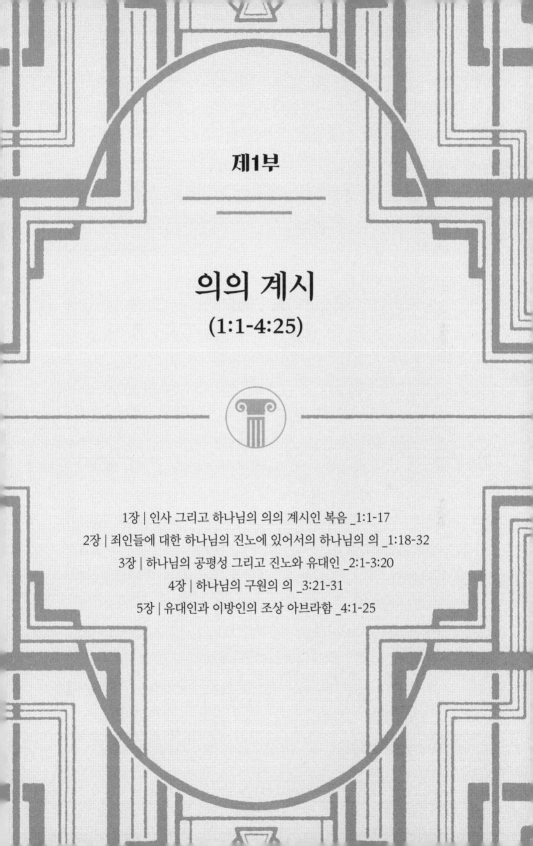

제1부

의의 계시
(1:1-4:25)

| 1장 |

인사 그리고
하나님의 의의 계시인 복음

1:1-17

로마서의 내용 분해는 서론이라 할 수 있는 1:1-17을 첫 단원으로 분류하여 독해하는 방식이 주해서들 사이에서 공통적이다. 바울이 아무 연고가 없는 이 로마교회에 보내는 서한 서론에서 대뜸 그는 첫 단락(1:1-7)에서 복음에 성격을 설파하며 인사를 보내고, 둘째 단락(1:8-15)에서 그들을 위해 감사 기도를 드린 후 로마를 방문하여 영적 은사를 나누어주고자 한 간절한 소원을 피력한다. 셋째 단락(1:16-17)에서 바울이 로마 신자들과 나누어 갖고자 한 영적인 은사인 복음이 하나님의 구원의 능력인 하나님의 의가 무엇인가를 요약해 진술함으로써 로마서가 전하고자 하는 메시지를 압축해 제시하고 있다. 바울의 복음 전파를 kerygma(선포, proclamation)라 하는데, 이들 세 단락의 로마서 서두가 단순한 인사와 머리말이 아니라 서두부터 말미까지 당당한 복음의 선포이다. 각 단락을 여러 문단으로 세분하여 읽어나가는 방식을 취하기로 하겠다.

1. 인사 및 서문
(1:1-7)

당신의 아들에 관한 복음(1:1-7)

로마서 초두가 인사인데, 이는 다른 서한들에 비해 꽤 길다. 인사에 로마서의 핵심 내용인 복음의 성격을 전면에 내세워 심지어 그리스도론에로까지 논변하며 확장하고 있기 때문에 인사가 길어진다. 학자들에 의하면 로마서의 이론적인 주제는 하나님 아버지, 하나님의 아들인 예수 그리스도, 성령, 하나님의 의, 하나님의 진노, 속죄, 의롭다 하심, 믿음, 모세의 율법 등이다(Kruse, 2012). 이 주제들과 복음이 갖는 불가분의 관계를 논변하여 인사가 상대적으로 다른 서한들보다 길게 확장되고 있다고 보인다. 말하자면 다른 서한들과는 다른 로마서가 갖는 고유한 신학 이론이 갖는 변별적인 특징을 보여주고 있다. 로마교회는 바울이 세운 교회가 아니고 사적인 접촉이 없었던 관계라서 개인적으로 권면할 여지가 없었던 정황 때문일 수 있을 것이다. 가령 로마서의 결미(16:25-27)가 영광송인데도 불구하고 초두 인사와 마찬가지로 하나님의 아들의 복음, 예수 그리스도 를 선포하는 복음을 밑바탕으로 마무리함으로써 일관성 있게 도도하 게 복음의 맥이 흐르고 있다.

1예수 그리스도의 종 바울은 사도로 부르심을 받아 하나님의 복음을 위하 여 택정함을 입었으니 2이 복음은 하나님이 선지자들로 말미암아 그의 아들에 관하여 성경에 미리 약속하신 것이라 3이 아들로 말하면 육신으로 는 다윗의 혈통에서 나셨고 4성령의 영으로는 죽은 가운데서 부활하여 능력으로 하나님의 아들로 인정되셨으니 곧 우리 주 예수 그리스도시니 라 5그로 말미암아 우리가 은혜와 사도의 직분을 받아 그 이름을 위하여 모든 이방인 중에서 믿어 순종케 하나니 6너희도 그들 중에 있어 예수 그리스도의 것으로 부르심을 입은 자니라 7로마에 있어 하나님의 사랑하 심을 입고 성도로 부르심을 입은 모든 자에게 하나님 우리 아버지와 주 예수 그리스도로 좇아 은혜와 평강이 있기를 원하노라

다른 바울 서한들에 비해 로마서의 인사의 부문이 꽤 길다고 하였 다. 앞에 서술한 로마서를 집필한 이론적인 밑바탕 이외에도 실질적 인 동기의 면에서 그 길이의 이유를 짐작할 수 있는 일이기도 하다. "바울, (그는) 예수 그리스도의 노예이고, 하나님에 의해 사도로 부르 심을 받아 하나님의 복음을 위해 택정되어졌으니"가 1절이다. 첫머 리에 '바울'이라고만 쓰여 있는 특징에 대해 편지를 보내는 사람의 이름을 초두에 적는 그리스 시대의 편지 양식에 따라 해석하여 어떤 학자들은 '바울로부터'라 번역하기도 한다. 하지만 이어지는 문구를

보면 그가 노예인 그의 주인이 그리스도이시고, 그의 직무가 사도이고, 복음을 위한 그의 책무가 하나님의 복음을 선포하는 일임을 밝히고 있다. 이 세 특성을 줄줄이 적고 있으므로 1절은 주동사가 생략된 바울의 자기소개라 읽어도 무관할 것이다. 여하튼 이는 바울 자신이 심은 혹은 세운 교회가 아닌 로마교회에 당당하게 자신의 정체성을 앞세워 이 서한의 신뢰감을 증폭시키고 있다. 그는 노예이지만 그의 주인이 메시아인 그리스도이시고, 하나님의 은혜에 따라 부르심을 받은 사도라는 권위를 가지고 있고, 사람들의 구원을 위해 역사하는 택정된 일꾼임을 바울은 생면부지의 로마교회에 당당히 내세우고 있는 것이다.

'하나님의 복음'이라 1절에 기술하였던 복음을 관계대명사로 받아 "그 복음을 하나님께서 당신의 예언자들을 통해 성서들에서 이전에 약속하셨던 바이다"라 2절에 부연한다. 이 2절은 복음이 예언서들을 포함한 구약 전체와의 연속적인 관계에 있음을 밝힌 것이다. 부활하신 예수가 자신에 대해 눅 24:27에 말씀하신 대로 "모세와 모든 예언자들을 비롯해서 그는 모든 성서들에 그 자신에 관해 말씀하여진 것들을 그들에게 설명하셨다"와 마찬가지로 신약에서나 구약에서나 예수는 실존의 존재이시다. 잇대어 3a절에 "그리고 당신의 아들에 관해서이다"라고 하며 복음이 곧 예수 그리스도에 관한 것임을 분명히 하고 있음이 중요하다. 그리고 3b-4절에 하나님의 아들을 관계대명사로 받아 "(3a이 복음은 하나님의 아들에 관해서이다.) 3b당신의 아들은 육신에 따라서는 다윗의 혈통에서 나오셨고 4그리고 죽음으로부터의 부활로 말미암아 거룩의 성령에 따라서 능력 안에서 하나님의

아들로 명하여졌다. (그는) 예수 그리스도 우리 주이시다"가 이어진
다. 이 3b-4절이 괄호 속에 인용한 선행 3a절 "이 복음은 하나님의
아들에 관해서이다"에 관한 구체적인 해설이긴 하지만 단순한 해설
이상으로 깊은 의미를 전하고 있다. 이어지는 3절 '육신에 따라서는
다윗의 아들' 그리고 4절 '능력 안에서 하나님의 아들'이라 예수
그리스도를 이중으로 정의하고 있는데, 왜 이중으로 정의하고 있는
지 그리고 양자가 어떤 관계인지를 캐물어야 한다. 왜냐하면 3b절과
4절은 각각 마치 예수의 인성과 신성을 대비하여 구상화하고 있는
것처럼 읽히기 때문이다. 구체적으로 3b절과 4절을 함께 읽는 데에
풀어야 할 몇 가지 숙제들이 있다. 하나는 구약 내지 지상의 생으로
하면 예수 그리스도가 다윗의 후손이라 3절에 진술하고 있기 때문에
이것을 어떻게 이해하느냐의 숙제이다. 다윗의 자손 대 하나님의
아들이라는 대비 이외에도 또 다른 하나의 대비는 3절의 '육신에
따라서는'이라는 언표와 4절의 '거룩의 성령에 따라서는'이라는 언
표 등이 짝짓고 있는데도 이를 병행성(parallelism)이라 규정하고
있고(Moo, 1991: 38), 이 더글러스 무의 견지를 여러 학자가 동조하고
있다. 그렇다면 이들 3-4절 사이에 표면 구조들이 가리키는 대비된
표현을 그것에 상응하는 심층 구조가 뜻하는 의미에 있어 서로의
병행성을 짝지어 3절과 4절의 관계를 상호 교환적인 대구(對句)로
어떻게 이해하여야 하느냐는 숙제를 안겨준다. 요컨대 3절과 4절
사이의 대비되는 진술을 병행하는 상호 보완적인 대구로 이해하는
숙제가 그것이다.

　　이처럼 그리스도 예수를 한편으로는 '다윗의 후손'이라, 다른 한

편으로는 '하나님의 아들'이라 대비하여 부르는데도 불구하고 학자들은 3절과 4절 사이에 상응하는 병행의 관계를 수수께끼 풀듯 탐구한다. 우선 구약의 기반 위에서 3절에 기술하고 있는 "이 아들은 다윗의 후손(혈통)에서 나오셨다"와 그리고 신약의 기반 위에서 4절에 진술하고 있는 "능력 안에서 하나님의 아들로 명하여졌다"가 새삼스러운 내용이기 때문에 실은 어리둥절하다. 도대체 3-4절이 인간이었던 메시아가 하나님의 신성의 아들로 변환되었다는 뜻을 함축하고 있는 것인지 어리둥절하다는 말이다. 그러나 이스라엘 백성에게 다윗의 후손이 어떤 의미를 가지고 있었던가를 우선 먼저 깊이 생각해보아야 한다. 다윗의 후손이라 함은 "네 집과 네 나라가 내 앞에서 영원히 보전되고 네(다윗의) 왕위(王位)가 영원히 견고하리라"고 삼하 7:16에 적힌 것과 같이, 그것은 '메시아의 소망'을 뜻함이라 읽어야 할 것이다(Moo, 1991: 39). 구약의 기반 위에서 '메시아의 소망'은 동시에 신약의 기반 위에서 '하나님의 아들'과 구원의 역사(歷史)에 있어 연속성을 갖는 동질의 이명(異名)이라 아니할 수 없다.

하지만 이 연속성은 개괄적인 이해일 따름이고, 3-4절의 관계에 있어 해결해야 할 자구상의 세부적인 대비들은 여전히 해결해야 할 숙제들로 남아 있다. 첫째, 가장 주요한 숙제는 "능력 안에서 하나님의 아들로 명하여졌다"는 4절에 대한 해석이다. '능력 안에서'(en dynamei)가 만일 '명하여졌다'를 수식한다면 인성으로서의 '다윗의 자손'(3절)에서부터 신성의 '하나님의 아들'에로 선발된 것이라는 해석이 여전히 가능할 수도 있기 때문이다. 다시 말하면 본래 인성의 성질인 예수를 하나님의 능력으로 당신의 아들로 변환하셨다는 뜻으로 해석할 수도 있기 때문이다. 둘째, 부차적인 문제이긴 하지만 4절 독해에 있어서 또 다른 문제는 '죽음에서 부활함으로써'라는 부가적인 표현으로 인해 예수가 하나님의 아들의 격을 부여받은 것은 비로소 부활의 때라는 해석이 심지어 가능할 수도 있다. 셋째, 또 다른 난해한 걸림돌은 '다윗의 자손'과 '하나님의 아들'을 대비하여 각각 '육신에 따라서'와 '거룩의 성령에 따라서'라는 부사구를 수반하고 있다는 사실이다. '육신에 따라서'와 이에 대비되는 '거룩의 성령에 따라서'라는 각기 3절과 4절 사이에 상위한 의미를 상호 병렬하는 대구(對句)라 조화롭게 짝짓는 일이 또 다른 수수께끼이다. 제기한 이 세 문제를 차례로 해명해 나가기로 하겠다.

첫째, "능력 안에서 하나님의 아들이라 명하여졌다"에서 '능력 안에서'가 무엇을 수식하느냐는 문제는 이미 3a절에 '당신의 아들에 관해서'라고 예수가 하나님의 아들임을 전제로 명시하고 있으므로 '능력 안에서'는 '하나님의 아들'을 수식하는 것이 분명하고(Moo, 1991: 41), 더군다나 사망을 이기는 능력을 가진 '하나님의 아들'이라는 해석이(Kruse, 2012: 45) 올바른 성서 해석일 터이다. 따라서 3-4절 사이의 의미 관계는 다윗의 자손인 인성에서 하나님의 아들인 신성으로 변환한 그리스도의 성격을 대조하고 있는 것이 아니다. '다윗의 자손'이라 함은 메시아의 자격에 합당한 용어로 쓰이기 때문이다. 이를테면 '다윗의 자손인 예수 그리스도'(마 1:1)는 '인류의 진정한 구원자요, 왕자, 지배자, 심판자인 메시아'(노평구, 1981: 23)라 평하기도 한다.

둘째, '죽음에서 부활함으로써'에 대한 올바른 해석을 위해 구

(phrase) 단위로 4절을 원문의 어순대로 옮기면, "명하여졌다 능력 안에서 하나님의 아들로, 거룩의 성령에 따라서, 죽음에서 부활로 말미암아"이다. 부활이 가장 밀접하게 연결되는 구가 '거룩의 성령에 따라서'이다. 어순의 진행 순서로 보아, 비로소 부활의 때에 하나님의 아들이라 명하여졌다를 뜻하는 것이 아니다. "그의 부활의 때에, 하지만 예수가 옛 시대를 뒤에 남기고 성령의 새 시대의 막을 열었다"(Schreiner, 1998: 44)라 해석하여야 올바른 독해이다. 이 해석은 '육신에 따라서'(3절) 그리고 '성령에 따라서'(4절)에 관한 문제 제기와 직접 관련된 문제이므로 뒤이어 다시 논의키로 하겠다.

셋째, 바울 서한들 여러 곳에서 육신과 성령은 각각 옛 시대와 새 시대를 표상하는 구원 역사의 틀에서 쓰이고 있는 시대 구분의 용어이자 개념이다. '육신에 따라서'는 물리 내지 신체적인 외적 측면에서의 다윗의 후손으로서의 육신이라는 옛 시대의 표상을 묘사한다는 해석도 없지는 않다. 그러나 그보다는 '거룩의 성령에 따라서'는 영적인 내적 측면에서 예수가 이 지상의 삶에 있어서 보여준 복종의 영으로 성화(聖化)를 뜻하는 것으로, 하나님 아들의 부활의 모습으로 새로운 시대를 여는 표상을 대조적으로 묘사하고 있다(Moo, 1991: 42f.). 이때 옛 시대와 새 시대 사이의 대조라 하였지만, 그것은 구원사의 하나님의 섭리 안에서 연속성을 갖는 시대 구분이라는 특징 역시 중요하다. 그렇다면 "그가 지상에 살고 있었을 때에도 다윗의 후손으로 하나님의 아들이셨다(3절). 그의 부활에 이르러서야, 한데, 메시아의 왕위에 오른 것이다"(Schreiner, 1998: 42)라는 해석이 올바른 이해일진대, 3절과 4절 사이의 대비를 병렬성의 의미 관계를 갖는 대구로 해석함에 아무 무리가 없다.

요약하자면 3-4절 사이의 대비를 병렬적인 대구라 이해하기 위해서는 "능력 안에서 하나님의 아들로 명하여졌다"라는 명제가 갖는 심층적인 의미가 문제해결의 핵심 열쇠이다. '명하여졌다'는 공적으로 수여하다의 의미를 가진 '선포하여졌다'(declared)가 아니라 신경(信經)이라 할 때의 '신의가 천명되었다'(decreeded)라는 의미를 갖는 것이고(Schreiner, 1998: 42), 이 3-4절은 신자들의 신경에 합당한 믿음의 고백이어야 한다고 생각한다(Kruse, 2012: 47f.). 바울은 로마 신자들에게 선재적(先在的) 그리스도론이라 할 수 있는 이 신경 고백이 그들의 믿음이기를 바라는 마음에서 서두 인사에 적고 있는 것이다. 그리하여 병렬성의 논리를 전개하고 있는 3절과 4절 그리스도론의 결론으로 그리고 '하나님의 아들'과의 동격으로(Dunn, 1988: 16) 4절 말미에 "예수 그리스도 우리의 주이시다"를 적고 있다. 여러 학자는 이 3-4절을 육신과 그리고 성령이라는 양면의 존재 양상을 지니신(Ridderbos, 1975: 66) 그리고 메시아로 이 세상에 오셨고 죽음을 이기는 능력을 지니신 영원 전부터 영원에 이르기까지 우리의 주이신 그리스도론이라 해설한다. 예수 그리스도, 그는 하나님께서 이스라엘에 주신 언약을 이스라엘뿐만 아니라 온 세계에 두루 이루실 "우리의 주이시다."

예수 그리스도가 '우리의 주'이시니 바울은 자신을 '그리스도 예수의 노예'(1절)라 하였다. 그리고 노예란 무엇인가를 로마 신자들과 관련하여 5-6절에 적고 있다. "⁵그를 통해서 우리가 은혜와 사도 직분을 받았으니 그의 이름을 위해 모든 이방들 중에 믿음의 순종을 가져오려 함이니, [6]그들 중에는 또한 예수 그리스도에 속하도록 부르심을 입은 너희 자신들이 있는 것이다'라고 사도의 직무를 적고 있다. 사도 바울이 '우리'를 주어로 내세우는 것은 나 개인 바울 앞세우기보다 사도 직분 일반의 사역하는 일을 적으려는 의도일 수도 있겠다(Dunn, 1988: 16). 원문에도 '은혜와 사도 직분'이라 적혀 있지만 '은혜로운 사도 직분'의 중언법(重言法)의 사용일 수도 있겠다. 마찬가지로 '믿음의 순종'이라 소유격으로 쓰인 믿음을 아마도 NIV는 설명적 보족어(補足語)라 해석하여 '믿음에서 나오는 순종'이라 번역하고 있다. 로마서가 믿음이 핵심어이므로 재차 논의하기로 할 터이지만, 믿음과 복종의 관계는 복종이 믿음의 기반 위에서 혹은 믿음에 의존하는 것이라는 견지가 믿음의 고유한 성격이다. 믿음이란 무엇인가? 그리스도가 '능력 안에 있는 하나님의 아들'을 구세주로 믿는 것이고, 곧 복음을 믿는 일이다. 이때 개신교가 sola fide(allein durch den Glauben)를 과장하여 그것이 복종이 없는 믿음이라면, 그것은 교만이다. 이 로마서(1:8; 16:19; 11:23, 30-31)에 적혀 있는 대로 복종이 없는 믿음은 감사도 기뻐할 수도 없는 공허한 믿음이다. "믿음은 결코 복종에서 분리할 수 없는 것으로… 모든 복종은 믿음에 뿌리를 두고 있고 믿음에서부터 우러나는 것이다"(Schreiner, 1998: 35). 그리고 곧장 5절에 이어 로마 신자들 역시 믿음에 순종토록 "예수 그리스도에 속하도록 부르심을 받고 있다"는 말미를 덧붙이고는 "로마에 있는 모든 이들 하나님의 사랑을 받고 성도들이라 부르심을 입은 이들에게, 하나님 우리 아버지와 그리고 주 예수 그리스도로부터 은혜와 평화가 (있기를)"라는 전형적인 바울의 축복 인사로 끝낸다.

2. 감사 기도 그리고 바울과 로마서
(1:8-15)

인사를 끝낸 후 이제 이 서한 본론의 서두를 전개한다. 우선 로마 신자들의 신앙이 온 세계에 널리 알려져 있음을 하나님께 감사드린다. 그리고 아마도 이 서한을 쓰는 동기 혹은 목표라 할 수 있는 바울의 로마 방문의 간절한 소원과 바울은 로마 신자들과의 상호 간의 믿음의 유익을 나누어 갖고 싶은 심정을 토로한다. 앞 단락 인사와 이 단락이 서한의 서두로 로마서의 첫 단원인 머리말을 종결한다.

기도 그리고 로마 방문의 간절함(1:8-15)

바울이 로마를 방문해 영적인 선물을 나누어 주고 그들과 자신의 믿음을 통해 서로의 유익을 공유해 갖기를 간절히 바라는 심정을 적고 있다. 바울이 심지어 세우지도 않은 로마교회를 위해 열매를

맺게 되기를 원하는 간절한 심정으로 이 로마서를 집필하였음을
구구절절 절감할 수 있는 내용이다. 우리는 이 대목을 읽으며 사도가
만인에게 빚진 자라 토로하고 있음에서 참 사도다움을 절감한다.
왜 그렇게 그는 로마를 방문하고 싶었을까? 바울 자신의 직접적인
언급은 없지만, 무엇보다 온 만방에 복음을 전하고자 하는 사도의
사명감 때문이었을 것이다. 이 추측은 "내가 너희에게로 지나 서바나
로 가리라"(15:18)는 그의 땅끝까지의 계획에서 확인할 수 있다. 무엇
보다 로마는 세계의 중심 도시였다. 땅끝까지의 선교에서 로마를
빼놓을 수 없다는 것은 너무나도 당연하다.

> 8첫째는 내가 예수 그리스도로 말미암아 너희 모든 사람을 인하여 내
> 하나님께 감사함은 너희 믿음이 온 세상에 전파됨이라 9내가 그의 아들의
> 복음 안에서 내 심령으로 섬기는 하나님이 나의 증인이 되시거니와 항상
> 내 기도에 쉬지 않고 너희를 말하며 10어떠하든지 이제 하나님의 뜻 안에
> 서 너희에게로 나아갈 좋은 길 얻기를 구하노라 11내가 너희 보기를 심히
> 원하는 것은 무슨 신령한 은사를 너희에게 나눠 주어 너희를 견고케 하려
> 함이니 12이는 곧 내가 너희 가운데서 너희와 믿음을 인하여 피차 안위함
> 을 얻으려 함이라 13형제들아 내가 여러 번 너희에게 가고자 한 것을 너희
> 가 모르기를 원치 아니하노니 이는 너희 중에서도 다른 이방인 중에서와
> 같이 열매를 맺게 하려 함이로되 지금까지 길이 막혔도다 14헬라인이나
> 야만이나 지혜 있는 자나 어리석은 자에게 다 내가 빚진 자라 15그러므로
> 나는 할 수 있는 대로 로마에 있는 너희에게도 복음 전하기를 원하노라

감사 기도가 8-10절이므로 묶어서 함께 읽겠다. "첫째로 내가 나의 하나님께 예수 그리스도를 통해 너희 모두를 위해 감사드리노니 너희의 믿음이 온 세상에 전파되어 있기 때문이다"라는 8절에서 감사의 내용은 너희의 믿음이 온 세상에 전파되어 있음에 관해서이다. 바울의 개인적인 칭찬이 아니라 하나님을 '나의 하나님'이라 친밀한 호칭으로 부르고 하나님께 감사를 드리되, '예수 그리스도를 통해' 드리고 있으니 그 감사의 중보자가 그리스도이다. 말하자면 그리스도를 중보자로 하나님께 접근하는 기도이다. 그리고 9절에서도 하나님과 그리스도에 관한 언급이 다시 나온다. "내가 당신의 아들의 복음에 있어 내 영으로 섬기는 하나님께서 나의 증인이시거니와 얼마나 끊임없이 내가 기도할 때마다 너희를 언급하고 있는지에 관해 (증인이시기) 때문이다." 이미 앞 인사의 1:3a에서도 하나님의 아들이 복음임을 명시했었지만, 이 복음을 '영으로 섬기는' 일이 사도의 사명이고, 이 사명을 위해 바울은 로마에 가기를 하나님께 기도할 때마다 간청하였다는 것이다. 이처럼 9절을 해석해 10절과 함께 읽어야 한다 (Schreiner, 1998: 50). "그리고 나는 내 기도들에서 마침내 이제 하나님의 뜻에 따라 너희에게 가는 길이 축복되어지기를 간청하고 있다"가 10절이다. 여기 10절에서 주목해야 할 점은 '하나님의 뜻에 따라'이다. 로마행의 바울의 간곡한 바람은 사도행전의 기록하고 있는 것처럼 예루살렘에서 로마인의 손에 죄수로 잡히어 로마에서 쇠사슬에 매였으니, 결국 자신의 계획에 따라 이루어진 것이 아니다. 로마서 주해에서 엉뚱하게 갓길로 빠지지만, 복음이 로마를 정복하는 길은 세계 정복의 길로 이끌어주신 하나님의 뜻에 따라서일 것이다.

이제 바울이 로마행에 열망이 어떤 소망에서 비롯된 것인지를 11-12절에서 기술하고 있다: "11내가 너희 보기를 열망하는 것은 너희에게 어떤 영적인 선물을 나누어주어 너희가 견고해지기를 바람이니, 12이는 너희의 믿음과 나의 믿음을 통해 너희 가운데서 피차 위로받고자 함이다." 바울은 로마의 신자들과 면식이 있는 처지는 아니었을 터인데 그들을 보기를 열망한다고 말하고 있다. 열망하는 까닭을 '영적인 선물을 나누어주기' 위함이라 말하는데 필경 예수 그리스도의 복음을 나누어주겠다는 것이리라. '너희가 견고해지도록'이라, 달리 말하면 너희가 믿음이 강해지도록 영적인 선물을 나누어주는 목표를 부연하고 있기 때문이다. 크리소스톰(Chrysostom)은 이 목표에 대한 언급이 약간 거부감을 줄 수도 있겠기에 12절에서 "너희의 믿음과 나의 믿음을 통해 너희 가운데서 피차 위로 받고자 함이다"라 부드럽게 말을 바꾸고 있다고 해설한다. 이 해설이 그럴싸한 것은 '너희의 믿음과 나의 믿음'이라 양자의 믿음을 전면에 내세우고 또 '피차 위로 받다'라 쌍방적인 믿음의 보완적인 상호작용을 말하고 있기 때문이다.

여하튼 13-15절에서도 계속해 사도의 로마 방문의 절실함과 책임감을 피력하고 있다. "나는 너희가 모르기를 원치 않노니, 형제자매들이여, 나는 너희를 방문하기를 의도했던 것을, (그리고 현재까지 저지되고 있는 터이로되,) 나는 너희 가운데에 또한 어떤 열매를 맺게 하기 위함이고 내가 다른 이방들 가운데서도 열매를 맺게 하였던 것과 같다"(13절). "나는 너희가 모르기를 원치 않노니"는 바울이 주요 요지를 말할 때 반복해 사용하는 상투적인 언표이다. 로마를 방문하여 열매를 맺게 하는 일이 그렇게 바울 사역에 있어 유의미한 계획이 었던 모양이다. 무엇이 바울을 그처럼 끈질기게 로마 방문을 의도하게 하였을까? 그것은 물론 교회를 창설하려는 의도이거나 혹은 진정한 교회를 바로 세우려는 의도는 단연 아니었을 것이다. 흥미로운 사실은 바울이 로마서를 쓰며 로마에 있는 '성도들'이라 불렀지, '교회'나 '교인들'이라 부른 일이 전혀 없다는 사실이 중요하다. 15절을 보면 "로마에 있는 너희에게도 복음을 전하는 것이 나의 열망이라"고 하고 있지만, 슈라이너에 의하면 이도 아닐 것이라 평가된다. 대신 로마에 있는 이미 신자들이 된 사람들의 믿음을 강하게 만들고(11절), 피차 위로를 주고받는 일이 목표라 생각한다(Schreiner, 1998: 53-54). 이것이 곧 영적인 선물을 나누어 갖는 일일 것이다. 그리고는 "그러나 현재까지 그 실행이 저지되고 있는 터이로되"를 지나가는 말처럼 괄호 속에 적고 있으니 이에 대한 해설은 건너뛰어 13절 말미에서 음미하기로 하겠다. "나는 너희들 중에서 또한 어떤 열매를 맺게 하기 위함이고 내가 다른 이방들 중에서 열매를 맺게 하였던 것과 같다"를 먼저 읽겠다. '너희들 중에서 열매' 그리고 '이방들 중에서 열매'라 열매가 두 번 나오지만, 두 열매가 동일한 결실을 뜻하는 것은 아닐지도 모른다. 가령 빌 1:22의 '일의 열매'에서처럼 열매는 복음의 전파라는 뜻으로 쓰이거니와 이것이 '이방들 중에서 열매'임에 의심의 여지가 없다. 그러나 "내가 그리스도의 이름을 부르는 곳에는 복음을 전하지 않기로 힘썼노니"(롬 15:20)를 참조컨대 로마에서의 열매는 회심의 신도들을 얻으려는 것은 아닐 것이다(Kruse, 2012: n22). 그렇다면 로마에서는 "성령의 선물을 나누어 갖는다"(11

절)든지 혹은 "너희의 믿음과 나의 믿음을 통해 너희 가운데서 피차 위로받고자 함이다"(12절)라든지가 로마에서의 열매일 수 있을 것이다. 이제 괄호 속에 적힌 언급에 되돌아가 음미키로 한다. 바울의 로마 방문은 당시 '하나님에 의해 허락된'(10절) 뜻은 아니었던 모양이다. 장애 혹은 저지를 받았다니 동지중해 지역의 바울의 사역이 더 절실했었고 또 그것이 하나님의 뜻이었을지도 모른다.

앞 13절의 까닭을 이제 14-15절에 적고 있다: "¹⁴나는 헬라인들에게도 야만인들에게도 현명한 사람에게도 어리석은 사람에게도 빚진 사람이다. ¹⁵그러므로 나는 로마에 있는 너희에게 복음 전하기를 열망하고 있다." 독해에 어려움이 없지만, 잉여의 군살을 덧붙이겠다. 헬라인은 넓게 보아 헬라어를 말하는 이방인으로 현명한 사람에 대응한다. 야만인은 외국어를 의성어(擬聲語) 소리 내듯 서툰 사람이고, 어리석은 사람에 대응한다. 이들 모두에게 빚을 갚아야 할 의무를 지닌 사람이라 함은 대뜸 나 바울이 다메섹 길에서 만난 예수가 그를 부르심을 연상케 한다. 그러므로 바울은 "로마에 있는 너희에게 복음 전하기를 열망하고 있다"라고 '열망하다'를 사용해 토로하는데, 이 구절은 "내가 복음을 전할지라도 자랑할 것이 없음은 내가 부득불 할 일임이라. 전하지 아니하면 내게 화있을진저!"(고전 9:16)에 비견해 읽어야 할 구절이다.

3. 복음이 하나님의 구원의 능력이다
(1:16-17)

하나님의 의 그리고 믿음: 로마서의 주제(1:16-17)

인사와 감사를 끝낸 후 이 서한 본론의 서두를 전개한다. 이 16-17절을 이 서한의 서두에 포함시킬 수도 있고, 오히려 서두보다는 본론의 시작이라 읽는 것도 합당할 것이다. 이 대목은 바울이 복음 전하기를 왜 그렇게 열망하고 있는지에 대한 추가적인 설명이기도 하고, 동시에 로마서 전체를 포괄적으로 해석해 압축하는 핵심 내용이기도 하다. 이 단락의 핵심 단어(keyword)를 꼽으라면 어느 특정한 하나를 택할 수 없고, 복음, 구원, 하나님의 의 그리고 믿음 — 이것들 모두를 취해야 한다. 이 짧은 두 절 안에 로마서를 응축하는 복음의 주요 개념들을 포함하고 있다.

16내가 복음을 부끄러워하지 아니하노니 이 복음은 모든 믿는 자에게 구원을 주시는 하나님의 능력이 됨이라 첫째는 유대인에게요 또한 헬라

인에게로다 ¹⁷복음에는 하나님의 의가 나타나서 믿음으로 믿음에 이르
게 하나니 기록된 바 오직 의인은 믿음으로 말미암아 살리라 함과 같으니라

로마서의 핵심 개념들을 응축하였으므로 16절과 17절을 개별
절(verse) 단위로 읽지 않고 개별 절을 구(phrase) 혹은 절(clause)
단위로 분절해 읽겠다. 그리고 두 절을 함께 읽겠다. 구 단위 그리고
절 단위로 분절해 읽는 까닭은 한 마디도 놓치지 않아야 하기 때문이
고, 두 절을 함께 읽는 까닭은 분절해 읽은 구와 절의 유기적인 관계를
파악하는 일이 필수적이기 때문이다.

"내가 복음을 부끄러워하지 않는다"라는 16a절 첫 마디가 복음의
성격이 사적이 아닌 공적이고 귀중한 말씀임을 부정의 부정을 통해
단호한 긍정형으로 표현하고 있다. 바울이 복음 전하기를 왜 그처럼
열망하였는지에 대한 15절의 변(辨)이기도 하다. 잇따르는 16b절에
서 "왜냐하면 이 복음은 하나님의 능력이시다"라고 복음을 정의하고
있다. 그 하나님의 능력은 어떤 능력인가? '구원에로 이끄는' 하나님
의 능력이고 '믿는 모든 이에게 (구원을) 주시는' 하나님의 능력이다.
따라서 복음은 당연히 만인에게 선포해야 할 긍정 중의 긍정인 내용
이다. '모든 이들'이 누구누구인가 하면, '첫째는 유대인에게 그다음
에는 이방인에게'이니 '모든 이(만인)에게'다. 이 어순의 차례는 하나
님의 구원의 역사 진행에 있어서의 차례라 읽어야 한다. 한데 "악을
행하는 모든 인간에게 환난과 비통이 있을진대 첫째는 유대인에게
그다음에는 이방인에게"라는 2:9의 진술에서는 그 순서를 역전해
기술하고 있다는 사실을 미리 읽는 일이 유익하다. 왜냐하면 하나님

은 공평하시다는 사실을 인지하면서 이 구절을 읽을 것을 요구하고 있기 때문이다. 그런데 "구원을 믿는 이 모두에게 주신다"인데, 무엇을 믿는지 '믿다'의 목적이 없다. 무엇을 믿는가? 믿는 것은 십자가의 말씀인 복음이다. "십자가의 말씀이 멸망하는 자들에게는 미련한 것이요 구원을 얻는 우리에게는 하나님의 능력이다"(고전 1:18)라고 단정하고 있는 것과 같다. 로마서의 핵심 개념인 믿음은 로마서 전체 그리고 특히 3:21-4:25에 집중적으로 다루고 있다.

십자가의 말씀을 믿음으로써 어떻게 구원이 얻어지는가? 이 질문에 대한 대답을 17a절에 "까닭인즉 하나님의 의가 이것(복음) 안에 현시(계시)되어지기 때문이다"라 적고 있다. 현재형으로 쓰인 '현시되어지다'는 감추어져 있던 하나님의 의를 복음 안에 드러내 보여줌으로써 '하나님의 의'가 실존하게끔 해주는 일이다. 종말에야 온전히 계시될 '하나님의 의'가 '현시되어지다'라는 현재형 동사로 쓰여 있으므로 그것이 현재 진행 중임을 밝히고 있다. 문제는 '하나님의 의'(di-kaiosyne theou)가 무엇인지이다. 이 용어는 고후 5:21 이외에는 롬 3장의 몇 군데에서 집중적으로 그리고 롬 10:3에서 쓰인 바울의 주요 개념이다. 이 개념에 관해 학자들 사이에 여러 해설이 있다. 우선 하나님의 의는 하나님의 속성을 뜻한다는 주장이 있으니 이는 주장이라기보다 하나님이 곧 의 자체라는 개념 풀이는 너무나도 당연하다. 로마서에서 유별나게 '하나님의 의'가 주요 개념으로 쓰이고 있으므로 로마서에 사용된 맥락적 의미를 발굴하는 일이 중요하다. 일단 17절 전체 독해를 완료할 때까지 '하나님의 의'의 의미 탐색을 유보하고, 나중에 그 의미를 반추하기로 하겠다. 이제 17b 및

17c절에 하나님의 의가 현시되는 두 양상을 믿음과 관련하여 풀이해 적고 있다. 그 하나가 한글개역 '믿음에서 믿음에로'(ek pisteos eis pistin)가 원문의 직역이고, 여러 학자들이 여러 다른 번역과 해석을 시도하는 난해한 구절이다. 노평구(1979: 136)의 로마서는 '믿음에서 나와 믿음으로 끝나는'이라 번역하고 있고, NIV는 '처음부터 마지막 까지 믿음으로 말미암는 의'라 번역하고 있다. 달리 풀이하면 믿음으로 말미암는 의는 시작부터 끝까지 믿음이라는 뜻인데, 우리는 이들 번역과 해석을 취하겠다. 복음 안에 현시되는 하나님의 의는 처음부터 끝까지 오로지 믿음에 기반 위에서야 근접할 수 있는 것이고, 믿음 이외의 다른 아무것도 이에 개재하지 않는다는 것이다. 다른 하나는 17c절 "기록된 바, 믿음에 의한 의인은 살 것이다"인데, 기록된 인용문은 합 2:4의 "의인은 하나님의 신실함에 의해 살 것이다"를 원용한 것이다. 하박국에서는 '신실함'(믿음)이 '살 것이다'와 직접 연결되어 있고, 바울의 17c절에서는 '믿음'이 '의'(의인)와 직접 연결된 차이가 있으나, 바울은 때로는 성구를 자신의 의도에 합당하게 원용하기도 하므로 학자들은 바울의 의도대로 의와 믿음을 직접 연결하여 17c절을 해독한다.

이제 17a+b+c절 전체 "까닭인즉 하나님의 의가 복음 안에 믿음에서부터 믿음에까지 계시(현시)되어져, 의인은 믿음에 의해 살 것이다라 심지어 기록된 바와 같다"를 읽으며 이 문단 전체를 반추하기로 하겠다. 이를 위해 미루어두었던 '하나님의 의'가 뜻하는 올바른 의미 역할부터 탐색해야 할 것이다. 먼저 "하나님 의는 예수 그리스도의 믿음을 통해 그리고 믿는 모든 사람에게로 차별이 없기 때문이다"(3:22)를 미리 읽어 하나님의 의는 예수 그리스도를 믿음으로 말미암아 실현되는 의임을 재삼 확인하고, '하나님의 의'가 사용된 맥락을 참고하여 사용된 문맥의 의미 역할을 구명해야겠다. 따라서 로마서에서 '하나님의 의'는 믿음에 직접적으로 불가분의 연결 관계에 있음을 염두에 두어야 한다. 그렇다면 의와 믿음의 맥락에서 '하나님의 의'가 갖는 의미는 무엇일까? 마르틴 루터는 "이 의는 어떤 의인가 하면… 하나님에 의해 우리가 의롭게 만들어진", 그리하여 '하나님 앞에서의 신자의 지위'(재인용. Schreiner 1998: 63)라 해석하였다는 것이다. 바꾸어 말하면 '하나님의 의'에서 소유의 관계는 하나님이 소유하고 있는 당신 자신의 의를 지칭하는 것이 아니라 하나님이 신자들을 의이게끔 만드는 의라는 것이니, '하나님의 의'라는 표현은 "하나님은 주격 속격이 아니라 출처 속격이라 해석해야 한다는 것이다"(Cranfield, 1985: 23). 의의 출처가 하나님이라면, 그 의는 하나님께서 베푸신 은혜이다.

'하나님의 의'라 할 때 "하나님은 만유 위에 그리고 만유를 통하여 그리고 만유 안에"(엡 4:6) 계신 분이시니 시편과 이사야 등의 구약에서도 하나님이 의이심을 곳곳에서 찾아볼 수 있다(cf. Moo, 1991: 75-82). 한데 16-17절의 특징은 복음이 하나님의 능력이라는 특성을 전면에 내세움으로써 그 능력이 복음을 믿는 모든 이에게 구원을 주시는 능력임을 분명히 밝힌다. 하나님의 의와 믿음에 관한 16-17절의 단 두 절에서 하나님의 의에 인간의 믿음을 대응시켜 하나님의 능력으로서의 복음이 구원의 길을 열고 있음을 응축해 진술하고 있다. 실로 이것이 로마서의, 기독교의 깊은 요지이다. 하지만 요지는 요지이고 이것만으로 로마서의 개관이라는 인상을 주었다면 오해를 수반할 수 있다.

구원은 '믿는 모두에게'라 구원의 보편성을 강조하고, 여기에 부연하여 "첫째는 유대인에게 그다음에는 이방인에게"라 첨언하고 있다. '이방인'이라 함은 1:14에 적힌 '야만인'과는 달리 유대인 이외의 비유대인인 인류를 가리킨다. 유대인과 이방인이라는 바울의 인류의 분류는 추측컨대 하나님의 백성과 백성이 아닌 인류라는 분류 기준에 따른 것일 수 있다. 하지만 '구원을 믿는 모든 이들에게'라는 16절은 복음의 보편성을 포괄해 서술하고 있다(Schreiner, 1998: 62). 아마도 슈라이너의 논변과 마찬가지 이유로 그리고 16-17절과 로마서 전체와의 정합성을 위하여 칼린 크루즈는 하나님의 의에 관해 이후 로마서가 서술하고 있는 다섯 항목의 부가적인 주석을 개관하고 있다(Kruse, 2012: 79-81). 첫째, 1:18-32, 2:2-11 및 3:1-20에서는 하나님의 의가 죄인들에게는 진노로 나타남을 진술하고 있지만, 대신 여기서는 구원을 진술하고 있다는 것이다. 둘째, 하나님의 의에 있어 하나님의 언약이 신실하심을 첨가한다. 셋째, 하나님의 의에 관해 3:21-26을 인용하여 예수 그리스도의 십자가에서의 대속의 죽음으로 말미암아 값없이 구원이 주어짐을 첨가한다. 넷째, 이와 더불어 4:1-25의 아브라함의 기사와 9:30-10:4를 인용하여 행위로써가 아니라 믿음으로 말미암아 의롭다 함을 받은 아브라함이 인류의 보편적인 조상임을 첨가한다. 다섯째, 6:1-23을 인용하여 죄의 노예로부터 자유케 된 일은 그리스도와 함께 죽은 자는 그리스도와 함께 살리라는 은혜로 받은 영생임을 첨가한다. 이처럼 로마서에서 하나님의 의가 다양한 모습들을 갖는다면, 1:17의 진술은 이것 중 어떤 모습을 묘사하고 있는지를 칼린 크루즈는 묻는다. 그의 대답은 "하나님의 의는 하나님께서 당신의 백성을 당신 자신과의 올바른 관계에 놓이게 하는 그리스도 안에서의 하나님의 구원의 행위임을 의미하고 있다는 것이 최선의 이해이다"(Kruse, 2012: 81)라고 포괄적인 해석의 입장을 취한다. 우리는 이 인용문에서 17절 자체 내에는 예수 그리스도가 직접 언급되지 않고 있는데도 불구하고 문장 내의 의미 관계가 그리스도를 암묵적으로 표명하고 있다는 사실을 어렵지 않게 깨우칠 수 있다. 그도 그럴 것이 17절 내에 적혀 있는 '복음' 그리고 '믿음'을 핵심 단어로 '하나님의 의'와의 의미 관계를 구성하려면 '예수 그리스도'를 매개하지 않고는 불가능하기 때문이다. "믿는 모든 이에게 구원을 주신다"라는 16절에서 무엇을 믿는가? 믿음의 대상이 십자가의 말씀인 복음일진대 '예수 그리스도'를 표면에 언급하지 않는 것이 오히려 너무나도 당연하다.

| 2장 |

죄인들에 대한
하나님의 진노에 있어서의
하나님의 의

1:18-32

앞 단원 로마서 서론 말미 16-17절 문단에서 인류 구원의 능력으로서의 하나님의 의라는 로마서의 으뜸 주요 주제를 기술하였다. 이 주제를 바울은 합 2:4를 인용하여 "믿음에 의한 의인은 살 것이다"라 요약하고 있다. 이제 1:18에서 15:13까지의 로마서의 본론을 학자들은 보통 넷 내지 다섯 단원으로 나누어 분류한다. 여기서 1:8-32을 우리는 본론 첫 단원으로 묶어 읽지만, 로마서 최근 연구에 이정표를 마련한 찰즈 E. B. 크란휠드의 『로마서주해』(1975)와 몇몇 주해서에서는 1:18-4:25을 본론 첫 단원으로 묶어 읽기도 한다. 여하튼 본론 첫 단원은 18절 "하나님의 진노가 그들의 불의에 의해 진리를 억제하는 인간들의 모든 불경과 불의에 대적해 하늘로부터 계시되어지고 있다"라 시작하여 하나님의 진노가 이 단원의 주제임을 명시적으로 표명하고 있다. 하지만 실상 우리의 결론부터 먼저 제의하건대, 하나님의 진노는 17절의 서론에 진술된 하나님의 의를 역설적으로 거꾸로 뒤바꾸어 실현하는 구성 개념일 것이다. 앞 17절 '하나님의 의'의 해설에서 '하나님'이 출처로서의 주격 소유이고, '의'가 하나님의 소유를 베푸심의 행위라는 해설을 인용했었거니와 (Cranfield, 1975: 96), 이제 여기서 새삼스레 "하나님의 진노가 계시되어지고 있다"를 들추어 냄은 진노의 출처가 하나님이지만 하나님의 의의 본성은 불변성일 터이므로 의를 진노로 불가불 뒤바꾸어 실현한 또 다른 구원의 방책일 수밖에 없다. '인간들의 모든 불경과 불의'라 함은 하나님을 거역하는 인간의 죄를 총칭하는 표현이고, 하나님의 의가 없이는 인간의 죄가 속죄 받을 수 없기에 하나님이 의 대신 진노하시는 것이다. 이것이 단원 II, 1:18-32의 밑바탕 근본을 이루는 잠재적인 논리이다. 인류의 죄에 관해 학자들은 이 단원을 보통 1:18-32의 단락에서 이방인들의 죄, 2:1-3:8의 단락에서 유대인들의 죄 그리고 3:9-20의 단락에서 인류 전체의 죄로 분류해 그 심각성을 논하고 있다. 이러한 종족별 논변의 분류를 형식적인 분류라 생각하고, 우리는 본론 첫 단원에서 바울 사도는 하나님의 의의 입장에서 하나님을 거역하는 인류의 죄를 우선 고발하고 있는 것이라 생각한다. 그리하여 이 단원을 하나님의 의의 계시와 하나님의 진노의 계시가 구원의 능력으로 함께 역사하는 각양의 면모에 따라 내용 분해하며 독해하기로 하겠다.

1. 인간의 하나님을 거부함에 대한 하나님의 진노 그리고 자연계시설의 한계
(1:18-23)

본문을 읽기 전에 본문에 쓰인 용어인 계시에 대해 좀 변명해야겠다. 이미 17절 "하나님의 의가 계시되어지고 있다(apokalyptetai)"에 쓰였던 어휘 '계시되어지다'가 18절 "하나님의 진노가… 계시되어지다(apokalyptetai)"에도 반복해 쓰여 있다. 그리고는 18절에 이어 하나님의 진노가 인류에게 계시되어 있다는 피할 수 없는 진노의 까닭을 그리고 20b절부터 하나님의 진노를 인류가 변명할 수 없는 까닭을 서술하고 있다. 신자들이면 신자들인 대로, 비신자들이면 비신자들인 대로 이 하나님의 진노의 계시를 남의 이야기처럼 겉핥기식으로 읽지 말고 속마음 깊이 성찰하여야겠다. 그리하여 '하나님의 의'의 주제와 마찬가지로 '하나님의 진노'의 주제에서도 하나님의 구원의 뜻이 내재된 심층적인 의미를 올바르게 파악할 수 있어야겠다.

계시(啓示)는 물론 감추어졌던 일, 다른 말로 신비의 일을 드러내 보이다라는 현시(顯示)의 뜻을 갖는다. 말하자면 계시와 현시는 바꾸어 쓸 수 있는 유사어이다. 가령 3:21에서 1:17을 다시 풀이하면서 "율법과는 별개로 하나님의 의가 현시되어져 있다(pephanerotai)"에서 '계시되어지고 있다'라는 동사를 대치해 일종의 부정과거형으로 지속의 상태임을 함의하고 있다(Cranfield, 1975: 202). 이때 '계시되어지다'라는 어휘는 하나님의 종말 사건의 역사(役事)를 뜻하는 뉘앙스가 짙고, '현시되어지다'라는 어휘는 종말 사건이 밀어닥쳐 오고 있는 상태의 지속이라는 현재성의 뉘앙스가 짙다는 인상을 지울 수가 없다.

이 개인적인 언어 직관에 따라 그리고 단원 II 서문에서 하나님의 의와 하나님의 진노에 관해 언급한 대로 의와 진노 양자 모두 원천이 하나님이시다. 그리고 진노는 하나님의 구원의 의지에서 비롯하는 의의 차별적인 다른 면모라는 논변에 따라 우리는 하나님의 의에 관한 16-17절에서는 계시보다는 현시(顯示)의 의미를 선호하고, 반면에 하나님의 진노에 관한 18-23절에서는 현시라기보다는 계시(啓示)의 의미를 선호하고자 한다. 크란휠드는 18절을 논의하며 겟세마네와 골고다가 하나님의 진노의 계시가 실재하는 현장이라 해설하는 것과 같다(Cranfield, 1985: 30).

인간들의 하나님 거부 그리고 자연계시론에 대한 비판 (1:18-23)

하나님의 진노의 표출은 인간의 불경(不敬)과 불의로 말미암아 진리를 억제하는 까닭이다. 그것은 하나님께 영광을 드리지 않는 인간사의 연고이고, 그 인간사는 한마디로 하나님을 거부함이다. 종래 학자들의 설에 의하면 2장에서 유대인의 죄를 정죄하기 전에 우선 여기 1:18-32에서는 이방인들의 죄를 정죄하고 있다고 내용 분해하기도 하지만, 근래에는 이방인이든 유대인이든 인간 일반의 죄의 성질에로 포괄하는 해석이 제기되고 있으니(Moo, 1991: 92), 이것이 옳은 견지일 것이다.

아울러 이 진노의 불가피성을 바울은 사람들이 하나님의 본질에 관해 명백히 알 수 있다는 가정 위에서 전개하고 있다. 학자들은 이러한 가정을 하나님의 지식이 하나님의 창조물 안에 계시되어 있다는 자연계시라는 용어를 사용해 개념화한다. 이와 같은 인류 혹은 종족에 따르는 죄의 분류와 그리고 신성(神性)의 자연계시론에 관한 논쟁점을 깊이 이해하기 위해 우리는 18-23절과 24-32절을 분절해 읽기로 하겠다. 이때 인간의 죄의 근본 내지 본질을 인간의 본성과 관련해 깊이 이해해야 할 참으로 어려운 대목인데, 결국은 로마서 전체 맥락 내에서의 그 깊은 의미를 심층적으로 이해해야 할 일이다.

> [18]하나님의 진노가 불의로 진리를 막는 사람들의 모든 경건치 않음과 불의에 대하여 하늘로 좇아 나타나니 [19]이는 하나님을 알만한 것이 저희 속에 보임이라 하나님께서 이를 저희에게 보이셨느니라 [20]창세부터 그의 보이지 않는 것들 곧 영원하신 능력과 신성이 그 만드신 만물에 분명히 보여 알게 되나니 그러므로 저희가 핑계치 못할지니라 [21]하나님을 알되

하나님으로 영화롭게도 아니하며 감사치도 아니하고 오히려 그 생각이 허망하여지며 미련한 마음이 어두워졌나니 [22]스스로 지혜 있다 하나 우준하게 되어 [23]썩어지지 아니하는 하나님의 영광을 썩어질 사람과 금수와 버러지 형상의 우상으로 바꾸었느니라

앞 17절에서의 하나님의 의에 짝을 맞추되 이에 상치하는 내용을 이제 18절에 "하나님의 진노가 하늘로부터 계시되어지고 있는 까닭인즉 인간들의 모든 불경과 사악함에 적대한 것이니 이들 인간은 그들의 사악함 안에서 진리를 억제하고 있다"라 진술하고 있다. 단원 II 서문에서 이미 논의하였지만 17절의 의와 18절의 진노 사이에 상치 내지 중복하는 내용을 다시 비교 음미하여야겠다. 상치 내지 중복이라 하였지만, 하나님의 의와 진노 사이의 공통 속성을 구명하는 이해의 과제야말로 로마서 본론 첫 단원 공부에 주어진 주요 숙제이다. 이때 성경 독해 역시 담론 이해(discourse comprehension) 연구의 테두리 안에서 맥락적 기반 위에 독해해야 한다. 어떤 문맥에서 사용된 어휘와 다른 문맥에서 사용된 어휘 그리고 문장 구성의 통사 분석뿐만 아니라 무엇보다 절과 절 사이의 의미 관계가 문맥 간에 비교되어 의미 관계들 사이에 일관성 있는 정합성을 갖추어야 올바른 이해에 도달할 수 있다. 여기 17절과 18절과의 관계를 이해함에 있어 '하나님의 의'와 '하나님의 진노'라는 상충하는 개념이 공유하는 공통의 맥락을 이해해야 양자 모두가 갖는 진정한 의미가 찾아진다.

"하나님의 진노가 하늘로부터 계시되어지고 있다"라고 18a절에 첫 운을 떼고 있다. 진노가 '하나님의 진노'이고 "하늘로부터 계시되

어지고 있다"라는 표현으로 보아 하나님이 직접 진노하신 것이다. 주목해야 할 사실인즉, 무엇보다 18절 "하나님의 의가 계시되어지고 있다"라는 진술이 17절의 진술과 상응하는 공통의 맥락이다. 뿐만 아니라 18절에서 하나님의 진노가 적대하는 대상이 진리를 억제하는 인간들의 모든 불경과 사악함이니 소돔과 고모라에 대한 진노와 같은 구체적인 죄목이 없고 하나님에 대한 무지라는 불신의 불경이 죄목이다. 이와 같이 17절에서도 하나님의 의의 대상이 구체적인 행위가 아니라 믿음으로 말미암는 의이다. 의의 반대어는 불의이므로 결국 의의 반대어는 진노가 아니라 은혜이고, 은혜의 반대어는 진노일 수 있으므로 의와 진노는 은혜라는 구원의 같은 하나의 척도 상의 양극의 실체라 우겨도 괜찮음 직하다. 계시라는 의미는 하나님의 의든 혹은 하나님의 진노든 하나님의 의지가 뜻하는 바를 알게 하여줌으로써 역사적인 현실이 되게 한다는 뜻을 표현한다. 학자들은 이때 '계시되어지고 있다'의 시제가 현재형이냐 혹은 미래형이냐의 문제를 제기한다. 더글러스 무는 이 맥락에서 쉴러의 유명한 경구 "세계 역사는 세계 심판이다"를 원용한다(Moo, 1991: 96). 이 경구는 현세가 종말에로 진행하고 있고, 종말은 현세에로 다가오고 있는 불가분의 긴장 관계 속에서 하나님의 진노를 현재 감당하는 일은 심판에 날에 닥쳐올 바를 미리 맛봄이라 해석한다. 학자들은 '계시되다'가 현재형이기도, 미래형이기도 하다고 해석하지만(Dunn, 1988: 54; Kruse, 2012: 88), 우리는 '계시되어지고 있다'의 해석을 취하여(Cranfield, 1985) 현재진행이 종말에로 지향하고 있는 것이라 이해하겠다.

좀 다른 문제를 유사한 측면에서 고려하겠다. 원문에서는 18절 초두에 'gar'가 출현하고 있는바, 우리는 '까닭인즉'이라 고지식하게 표현하였다. 하지만 대부분의 번역본들에서 gar가 오히려 17절과 18절 간의 관계를 인과관계로 연결함으로써 더욱 껄끄럽게 만든다고 비판적으로 생각해 gar를 생략해 번역하고 있다. 그럼에도 불구하고 달리 생각하면 독자가 '믿음에서 시작해 믿음으로 끝나는' 복음 안에 계시된 '하나님의 의'에 관한 17절의 진술을 읽고, 다른 한편 '사악함 안에서 진리를 억제하는' 일에 적대하는 하나님의 진노에 관한 18절의 진술을 읽으며 전자인 하나님의 의와 후자인 하나님의 진노가 상반된 성질이지만 각각 계시되어져야 할 당위성을 스스럼없이 이해하고 넘어가리라 짐작할 수 있을 터이다. 바로 그 때문에 오히려 필자인 바울로서는 두 계시 사이의 상극적인 관계를 '까닭으로'라는 엉뚱한 접속사를 사용함으로써 두 계시 사이의 관계에 대해 날카로운 경계의 눈초리를 곤두세우도록 유도했을 수 있다. 바울은 하나님의 의의 계시에 관해 진술한 후에 18절을 포함한 심지어 23절에 이르기까지 온 인류의 죄의 정죄에 관해 장황하게 진술하고 있다. 복음 안에 하나님의 의가 계시되어 있는 하나님의 본성에도 불구하고 왜 이처럼 하나님의 진노가 필수불가결한 지를 바울은 18절 초두에 '까닭인즉'이라는 접속사를 통해 해명하고 있다고 보아야 한다(cf. Kruse, 2012: 86). 그리하여 이 접속사가 18-19절 전체와 20-21절과를 연결하는 인과관계라 이해하면(Cranfield, 1985: 31) 실제로 무리 없이 읽힌다. 연관하여 "하나님의 진노가 하늘에서 계시되고 있다"라고 18절에 현재진행형으로 기술하고 있는 사실에 또한 주목할 필요가 있다. 실제로 하나님의 진노는 종말에 이루어질 일이므로 지금은 하나님이 참으시는 때이다(Schreiner, 1998: 84). 그러면서도 동시에 지금 하나님의 의가 현재 계시되어지고 있는 때이기도 하다. 하나님의 의와 하나님의 진노, 이들 양자가 현재 병존하고 있으므로 한편 17절에서는 믿음만 있으면 의롭다는 구원의 문을 열어 놓고 있고, 다른 한편 18절에서는 종말의 때까지 진노를 미루고 있음을 넌지시 비친다. 요컨대 지금 현세에 있어서 하나님의 의와 진노가 병존함을 부각시키기 위하여 접속사 gar를 사용했을 가능성을 배제할 수 없다. 그리하여 하나님의 의와 하나님의 진노라는 상충하는 계시의 양극이 병존한다는 하나님의 구원의 의지를 '까닭인즉'이라는 접속사를 통해 강조하고 있는 것이다(Cranfield, 1975: 108). 의도, 진노도 하나님의 계시의 양면으로 각기 밀접하게 연결되어 있다는 사실이 전체 로마서 이해에 있어 필수적이다. 특히 여기 1:18-32의 단락을 하나님의 진노의 맥락 안에서만 국한해 읽으면 장님 코끼리 만지기이다.

각기 별개의 문단에 속한 17절과 18절을 함께 읽음으로써 의미관계의 맥락적 이해를 위해 과용 투자한 나머지 18절 주석은 오히려 소홀하였다. 이제 새삼 새로운 문단에 접근하는 자세로 칼린 크루즈에 따라 18-19절을 마치 하나의 문장인 것처럼 함께 읽겠다. 함께 읽어야 상호 맥락적 이해의 연결이 더욱 유의미해지기 때문이다. 원문의 어순을 존중하며 옮겨 적으면, "[18]까닭인즉 하나님의 진노가 하늘로부터 계시되어지고 있으니 인간들의 모든 불경과 사악함에 적대한 것이며 이들 인간들은 그들의 사악함 안에서 진리를 억제하고 있는 자들이다. [19]이는 하나님에 관해 알 수 있는 일이 그들에게 명백하기 때문인데 까닭인즉 하나님이 그것을 그들에게 현시하였음이다"이다. 우선 18절에 하나님의 진노의 대상인 인간들의 죄과인 '불경과 사악함'이 어떤 성격의 죄인가를 먼저 알아야 한다. '불경'은 신성(神性)을 경외함이 없는 종교적인 성질의 죄이고 "사악함은 인간의 삶에서의 하나님의 고유한 주권을 하나님께 맡기기를 거부하는 일"(Schreiner, 1998: 88)이다. (이들 구체적인 사례들이 19-32절에 적혀 있다.) 이들 불경과 사악함은 넓은 의미에 있어 인간성이라 이해해야 한다. 하나님의 진노가 분출되는 근본적인 원인은 이 인간성으로 인해 '그들이 불의로 말미암아 진리를 억제하는' 자들이기 때문이다. '진리를 억제하다'는 하나님이 의도하시는 바에 순종하지 않음으로써 하나님의 의가 그 능력을 역사하지 못하게 만들어 하나님의 분노가 분출되게 만드는 인간성이다. 그리고 이어서 하나님의 진노의 정당성의 근거에 관해 19절 초두에 '하나님에 관해 알 수 있는 일'을 하나님께서 알게 만들어 주신다는 사실을 그리고 19절 말미에 "하나님이 그것을 인간들에게 밝히 보였다"는 사실을 이중으로 해명하고 있다. 그리하여 이방인들을 포함한 인간 일반이 하나님에 관해 알 수 있는 일이 명백한데도 불구하고 결과적으로 "그들의 불의에 의해 진리를 억제하고 있으니"(18절)라는 상태에 놓이게 된다. "만약 불신자들이 진리를 불의의 상태에서 소유하고 있다면 그것이 바로 그들이 진리를 억제하고 있는 것이다. 마찬가지로 진리를 억제함은 불의를 소유하고 있는 것을 전제하는 것이라 보아야 한다"(Kruse, 2012: 89). 요컨대 하나님에 관해 명백하게 알 수 있는데도 불구하고 인간들이 진리를 억제하여 하나님의 진노를 자초한다고 이해하여야 18-19절 사이의 의미 관계를 유기적으로 파악케 하여 올바른 독해에 도달할 수 있다.

이제 20절에 "세계의 창조 이래로 하나님의 보이지 않는 속성들인 곧 당신의 영원한 능력과 신성이 명료하게 보여졌으니 당신이 창조하신 것들을 통해 그들에게 이해되어짐이다. 이러므로 그들에게는 변명의 여지가 없다"라고 18-19절에 대해 추가적인 설명을 부연한다. 이 20절 전반부는 특히 "하나님에 관해 알 수 있는 일이 그들에게 명백한 것이다"의 19절을 부연해 설명하고 있다. 한데 그 설명을 표현하는 문장 구성도 복잡하고, 의미 관계의 연결도 복잡하다. 이 복합 문장에서 '하나님의 보이지 않는 속성들'이 주어인바, 문장 후미에 부가적으로 적힌 '하나님의 영원한 능력과 신성'과 동격으로 바꾸어 같은 뜻으로 쓰이고 있다. 이러한 하나님의 속성들이 '세계의 창조 때부터(apo)' 보이지 않는 속성들이다. 보이지 않는 것은 하나님 당신 자신도 물론이거니와 더군다나 당신의 능력과 신성은 더욱이 보이지 않는 본질일 터인데, 모순어법의 수사를 사용하여 '보일(지각할) 수 있다'고 역설한다. 그리고 한 발자국 더 나아가 '이해되어짐으로써'라는 분사 구문을 사용해 천지 만물을 보는 것이 하나님의 보이지 않는 속성들을 볼 수 있는 증거라 이중으로 설득한다. 이때 하나님의 능력과 신성이 '보이다'와 '이해되어지다'라는 동사를 이중으로 표현하고 있음을 주목해야 한다. '보이다'는 물리적인 감각에 의한 앎에 관한 표현이고, '이해되어지다'는 심성적인 마음속에서의 이성적인 앎에 관한 표현인데, 이 양자를 모두 여기서 포괄하고 있다(Moo, 1991: 100). 말하자면 감각과 이성으로 하나님의 존재와 능력에 대한 지식을 인식할 수 있다는 진술이다.

여기 전반부 20절까지의 진술은 창세 이래 만물이 하나님의 영광을 인간의 눈앞에 드러내고 있다는 뜻이라는 생각에 우리는 감동적으로 독해하였다. 이처럼 안이하게 이해하려 하며 주해서들을 참고하니, 보이지 않는 하나님에 대한 지식이 창조물을 통해 인간에게 계시된다는 19-20절의 진술을 학자들은 자연계시론 혹은 자연신학이라는 이름으로 논의하고 있음에 접하였다. 그렇다면 20절의 앞 부문에 하나님께서 당신 자신을 자연에 계시하고 있으므로 누구든 하나님의 본성을 알 수 있다는 자연계시론을 전개하고는, 그것에 잇대어 20절 말미에 "이러므로(혹은 이 때문에) 인간들에게 변명(용서)의 여지가 없다"를 덧보탬은 무엇을 뜻하는가? (이후부터 20절 앞 부문을 20m절이라 20절 말미를 20n절이라 부르기로 한다.) 하나님의 진노에 관한 18절을 앞세우고 자연계시론에 관해 19-20절을 서술한 배경에 비추어 20n절은 어떤 맥락적 의미를 갖는가? 한편 인간들이 그들의 불의로 진리를 기꺼이 받아들이지 않고 억압하여 "하나님의 진노가 하늘에서 계시되고 있다"(18절)는 사실을 전제한 다음에, 다른 한편 하나님에 대한 지식이 창조물을 통해 인간에게 계시되어 있다(19-20절)는 자연계시를 제시하고 있으니, 이들 양자가 서로 맞물려 상승 작용하여 빚어지는 효과는 결국 인간을 나락에 빠뜨리는 것인가 혹은 극락의 개벽을 예고하는 것인가? 이런 의문들이 엄습한 나머지 20n절 "변명(용서)의 여지가 없다"를 더 이상 숙고하기를 중단하지 않을 수 없었다. 궁한 나머지 자연계시론을 아예 빼돌려 제쳐놓고 18절부터 다시 읽으니, 우리의 독해가 미궁을 헤매었다는 사실을 깨달았다.

이 깨달음은 무엇보다 바울이 자연계시에 관해 진술하고 있는

20n절 "이러므로(이 때문에) 인간들에게는 변명(용서)의 여지가 없다"라는 진술이 자연계시를 부정하는 귀결을 표명하는 것이라는 더글러스 무의 뜻밖의 해설에서 혼돈의 실마리를 찾았다. 그에 의하면 하나님께서 당신 자신을 자연에 계시하셨는데도 불구하고 인간들이 하나님의 신성을 거부하고 있으니 그 결과로 인간들이 정죄의 책임을 벗어날 수 없다는 것을 "이러므로 인간들에게는 변명(용서)할 여지가 인간에게 없다"라 말하고 있다는 것이다. 그리하여 "이 말미 (20n)절은 우리가 자연계시라 부르는 바의 전적으로 부정적인 귀결을 가리키고 있다"(Moo, 1991: 101)라 결론짓는다. 자연계시론의 명제, 다시 반복하거니와 "세계의 창조 이래로 하나님의 보이지 않는 속성들인 곧 당신의 영원한 능력과 신성이 명료하게 보여졌으니 당신이 창조하신 것들을 통해 그들에게 이해되어짐이다"(20m절)라는 명제가 진리인 한, 이 전제된 명제에서 "이러므로 인간들에게 변명(용서)의 여지가 없다"라는 20n절이라는 귀결이 도출되지 말아야 한다는 것이다. 왜냐하면 인간이 하나님의 지식을 알고 있다는 자연계시론 20m절은 하나님의 진노에 대해 인간들이 무한 책임을 짊어져야 할 것을 요구하는 것이므로 인간들의 용서니 변명이니 운운하는 일은 합당치 않다는 해석이 더글러스 무의 논리이다.

한데 우습지 않게도 더글러스 무의 논리에 설득 당하는 데 우리는 한참이나 시간을 소비하였다. "변명(용서)의 여지가 없다"라는 20n절에 선행하는 19-20m절을 아무리 읽어도 '변명'(용서)하지 못할 일을 찾아 읽을 수 없었기 때문이다. 웬걸 정작 수수께끼 풀이는 "까닭인즉 그들이 하나님을 알고 있었음에도 불구하고 하나님께 영광을 드리지도 않고 감사하지도 않았다"의 21절 초두에서야 찾아내었다. NIV는 20절에서 문단을 끝내고 새 문단을 21절에 시작하고 있으니 21절에 눈 돌릴 여지가 없었다. 반면에 NRSV는 20m절을 독립된 문장으로 끝내고 새 문장 20n절을 21절 문장 서두에 연결해 번역하고 있다. "그리하여 그들이 변명의 여지가 없는 바, 그들이 하나님을 알았음에도 불구하고 그들이 당신을 하나님으로 영광을 드리지도 않고 또 당신께 감사드리지도 않는다"가 그것이다. 그리고 이것이 앞 문단에서 인용했던 칼린 크루즈의 주해와 합치한다. 그의 주해에 따라 읽으면, 변명의 여지가 없는 까닭이 자연계시에 직접 연결되는 것이 아니라 하나님께 영광과 감사를 드리지 않는 불신 때문이다. 바울의 자연계시론을 존중하여 그것에 무게를 실어 19-20m절을 해설하는 학자들의 편향은 20n절이 19-20절의 귀결의 결론이라 독해하는 해석을 취한다. "변명의 여지가 없다"라 단정함은 자연계시의 원인으로 직접 도출되는 결과가 아니라 우회적인 연결의 관계라면, 자연계시론을 지나치게 전면에 내세우지 말아야 한다. 도대체 자연계시론에 관한 한, 바울 서한들 아무 데서도 긍정적이고도 진지한 기술을 찾아볼 수 없다는 사실이 이를 뒷받침한다.

기왕에 성경 해설에서 성경 이야기(narrative)로 빗나갔으니 자연계시론 수상(樹想)을 첨언하겠다. 수상보다 학자들의 정설을 먼저 앞세우면 자연계시를 통한 지식은 본질적인 하나님에 대한 지식의 정수가 아니라든지, 자연계시론이 인간 구원론이 아니라든지의 학자들의 비평에 수긍할 일이다. 가령 20m절의 귀결로서의 20n절을 REB가 "Their conduct, therefore, is indefensible"이라 번역한 것은 자연계시의 위배에 뒤따르는 필패(必敗) 효과를 표현한 것이리라 싶다. 다른 한편 자연계시에 대해 관점에 따라서는 긍정적인 태도를 표명하는 학자들이 꽤 있는 것도 사실이다. 그도 그럴 것이 하나님에 관해 알 수 있는 일이 인간에게 명백하다는 19-20m절을 달리 뒤집어 설명할 대안을 제시하는 것도 무모한 일이기 때문이다. 대신 2:15에 기록되어 있는 대로 이방인들조차 "그들의 마음에 쓰여 있는 율법의 일을 나타내는 것이니 그들의 양심들이 또 역시 증거가 되어"라는 진술과 동일한 의미에서 자연계시를 이해하는 일은 그럼직하다 싶다. 그렇다면 자연계시가 구원에 도달하는 길잡이가 아닌 만큼 자연계시를 통한 하나님의 지식 역시 그만큼 제한적이라 이해하는 일은 합리적이라 하여야겠다. 이를테면 자연계시에 관한 "사도의 의도는 하나님의 존재를 이 세계(만물)에서 추론하려는 것이 아니라 하나님의 계시로부터 이 세계의 존재의 숨겨진 것을 벗겨 그것을 찾아내려는 것이다"(Bornkamm)라든가, "사람이 창조된 세계를 관찰할 때 하나님의 존재와 능력을 본능적으로 감지한다"(Schreiner, 1998: 86)라든가의 자연계시론의 관점은 인간의 이성을 존중하는 제한적인 대안이다.

이제 21-23절에서 자연계시가 갖는 제한적인 한계 내지 비판적인 견지가 더욱 분명해진다. 우리는 21절을 따로 읽고, 22-23절을 함께 읽겠다. "이러므로 인간들은 변명의 여지가 없다"라 20n절에 단언한 다음에 21절에 "까닭인즉 그들이 하나님을 알고 있었음에도 불구하고 그들이 하나님께 영광을 드리지도 않고 감사하지도 않았다. 오히려 그들이 자기들의 생각에 허망하게 되었고 그들의 어리석은 마음이 어두워졌다"라고 기술하고 있다. "까닭인즉 그들이 하나님을 알고 있었음에도 불구하고"의 21절 전반부가 20m절을 반복하는 말이다. "그럼에도 불구하고 그들이 하나님께 영광을 드리지도 않고 감사하지도 않았다"가 무엇보다 20n절의 "변명의 여지가 없다"는 까닭이다(Kruse, 2012: 96). 이처럼 불신에 빠진 상태를 오히려 바울은 "그들이 자기들의 생각 안에 허망하여졌고 그들의 어리석은 마음이 어두워졌다"라 21절 후반부에 달리 표현하고 있다. "생각 안에 허망하여졌다"는 "그들이 지혜 있다 주장하였지만 그들은 어리석게 (허망하게) 되었다"는 시 94:11을 인용한 것이고, 고전 3:20 "주는 지혜 있는 자들의 생각이 헛것(허망)인 것을 알고 있다"라 함과 같다. "어리석은 마음이 어두워졌다"라 함은 사람의 내면의 지적인 마음이 무지하게 되었다는 것이다. 그리하여 그들의 허망함과 어두워짐은 하나님의 영광을 우상으로 바꾸기에 이른다는 것이다. 자연계시에 의해 그들이 하나님을 알았다는 견지에 관해 "바울이 분명히 하고자 하는 것은 자연에서 입수할 수 있는 하나님에 대한 이해의 범위는 협소하므로 이 지식은 매우 제한적이다"(Moo, 1991: 102)라는 해설을 다시 상기하지 않을 수 없다.

하나님께 영광과 감사를 드리지 않는 나머지 얻은 직접적이고도 치명적인 소득을 22-23절에 적고 있다. "²²그들이 지혜 있다 주장하였지만 그들은 어리석게 되었고 ²³그리고 불멸의 하나님의 영광을 썩어질 인간과 새들과 짐승들과 뱀들과 같은 모양으로 보이는 형상과 맞바꾸었느니라"가 그것이다. '그들이 지혜 있다 주장하였지만' 정반대로 '어리석음으로' 바뀌어 그 결과가 불멸의 하나님의 영광을 여러 피조물의 형상과 맞바꾸어 숭앙하였다는 것이다. 영원하고 지고한 영광의 하나님 대신에 피조물들인 직립의 인간 그리고 날짐승 그리고 네발짐승 그리고 끝내 땅에 배를 대고 기는 포복 짐승까지로 우상숭배의 내리막으로 달린다. 감각과 이성으로 자연계시를 알 수 있는 지혜의 인간들의 우상숭배의 작태라 할진대, "그러므로 인간들은 변명의 여지가 없다"를 면할 수 없음이 자명하다. 이것이 하나님의 형상대로 창조된 인간의 죄상이니 아담의 원죄를 연상할 수도 있다. 슈라이너는 하나님께 영광을 드리지 않는 일을 모든 죄의 근본(root) 내지 본질(essence)이라는 의미에서 근본 죄 내지 본질 죄라 부른다. 우리가 이미 앞에서 읽은 대로 "하나님의 진노가 인간들의 모든 불경과 불의에 대해 하늘로부터 계시되기 때문인데, 이들이 그들의 불의에 의해 진리를 억제하고 있으니"(18절)에서 '불의'가 곧 '하나님께 영광을 드리지도 않고, 감사하지도 않는' 하나님에 대한 거절이다 (Schreiner, 1998: 88). 이런 인간들의 불의에 대해서는 하나님의 진노가 필연적일 수밖에 없다(cf. 2:8).

그렇다면 자연계시와 하나님의 진노는 어떤 맥락적 관계를 갖는가? 자연계시는 하나님을 알 수 있다는 논변이고, 반면에 진노는 불신자들의 불의에 의한 하나님 거절에 대한 정죄이다. 알 수 있는데도 불구하고 거절한다면 진노는 지극히 당연한 인과의 귀결이다. 그러나 이때 "(자연)계시의 목적과 결과가 전적으로 부정적이다"(Moo, 1991: 122)라 지나치게 강변하면 그것은 자칫 자연계시 자체가 유해 무익한 것이라든지 혹은 심지어 바울 자신이 반자연계시론자라든지의 그릇된 오류에 빠뜨리기 십상이다. 단지 자연계시를 통한 제한적이고 협소한 지식의 습득과 또 그 제한성과 협소성이 인간의 어두운 마음의 탐욕과 합하여 하나님이 아닌 피조물의 숭배라는 부정적인 길에 들어설 수는 있겠다.

2. 인간들의 거부에 대한 복음의 심판
(1:24-32)

인간의 근원적인 죄는 하나님께 영광을 드리지 않는 것이다. 이미 17-18절에 "복음은 믿는 모든 사람에게 구원을 주는 하나님의 능력이다. … 복음 안에 하나님의 능력이 계시되어져 있기 때문이다"라 적혀 있는 대로 하나님의 의는 하나님의 영광을 현시함이다. 한데도 "하나님께 영광을 드리지도 않고 감사하지도 않았다"(21절)라 적혀 있는 대로 이에 따라 인간들은 하나님의 진노를 면할 길이 없다. 이제 이 단락에서 하나님의 계시에 대한 인간들의 거부가 어떤 하나님의 진노를 초래하는지를 상술하고 있다. 보통 한글개역의 문단 나누기대로 24-25절, 26-27절 그리고 28-32절로 나누어 읽고 있으나 우리는 24-25절과 26-32절의 두 단락으로 나누어 읽기로 하겠다.

인간들의 거부에 대한 하나님의 반응(1:24-25)

앞 단락에 적힌 인간들이 하나님을 거부하는 일에 연관하여 '그러므로'라 운을 떼고 하나님의 진노의 성질을 다시 밝히고 있다. 우리가 24-25절을 이 단락에서 별개의 문단으로 분리해 읽는 까닭은 이 24-25절이 앞 단락과의 연관성 상에서 이 단락을 서술하는 머리말에 해당하기 때문이다. 인간들이 하나님께 예배와 찬양을 드리지 않는 데 대한 정죄로 하나님께서 인간들을 죄의 노예로 넘겨준다는 것이다.

> 24그러므로 저희를 마음의 정욕대로 더러움에 버려두사 저희 몸을 서로 욕되게 하셨으니 25이는 저희가 하나님의 진리를 거짓 것으로 바꾸어 피조물을 조물주보다 더 경배하고 섬김이라 주는 영원히 찬송할 이시로다 아멘

"그러므로 하나님께서 그들의 마음의 정욕 안에서 그들을 (성적인) 부정함에 넘겨주었기에 그들의 몸들을 서로 욕되게 하기 위함이다. 그들이 하나님에 관한 진리를 거짓과 바꾸었고, 창조주가 아니라 피조물들을 예배하고 섬겼음이라. 당신께서는 영원히 축복을 받으실지어다. 아멘"이라는 24-25절이 이 단락 24-32절 전체의 서문으로 읽어도 좋을 것이다. 하나님에 관한 지식을 거부함에 대한 하나님의 반응이 무엇인지를 총체적으로 논하고 있기 때문이다. 하나님의 반응의 요지는 24절의 주절 "그들을 하나님께서 부정에 넘겨주었다"

이다. 그러나 그들은 이미 '그들의 마음의 정욕 안에' 있는 자들이므로, 물론 하나님의 능동적인 징계이긴 하지만 그들 자신이 선택한 업보이기도 하다는 것이 중요하다. "하나님은 그들을 그들이 이미 선택했던 죄를 계속하도록 하시고, 실로 더욱 깊이 빠지도록 허용하신다"(Moo, 1991: 106)가 정곡을 찌르는 해설이다. "그들의 몸들을 서로 욕되게 하는 것이다"라는 24절 후반부가 이 해설을 더욱 부각시킨다. 여기서 우리는 한글개역에서의 '내버려두다'의 '방치하다'라는 수동적인 의미 대신 '내어주다'라는 적극적인 의미를 갖는 '넘겨주었다'(paredoken)라 번역하였는데 이 어휘의 깊은 의미를 반추해야 한다. '넘겨주었다'는 "그들이 하나님에 관한 진리를 거짓과 바꾸었고, 창조주가 아니라 피조물들을 예배하고 섬김이라"에 대한 죄 값의 응보이다. 이 25절 전반부는 22-23절을 읽었으니 더 이상의 설명이 필요 없다. 그러나 문맥의 연결에 있어 도약하는 후반부 "창조주께서는 영원히 축복(찬양)받을지어다. 아멘"이 잇따르고 있으므로 전후반의 도약하는 연결에 관해 해설을 보충하겠다.

원문의 25절 후반부는 "그들이 예배하고 섬겼던 것이 피조물들이지 창조주가 아니라"고 서술한 다음에 돌연히 역전하여 "당신은 세세무궁토록 축복받으실지어다. 아멘"이다. '당신'은 바로 앞에 서술된 '창조주'를 머리 명사로 사용하여 관계절로 표현한 것이다. 언어 분석의 방법론을 적용하건대, 관계절은 앞 선행 절을 단지 부가적으로 설명하는 것이 아니라 '창조주'를 머리 명사(os: who)인 주어로 받아 그 의미를 독립적으로 그리고 새롭게 설명하는 언어 구성의 표현 방식이다. 우선 그들이 예배하고 섬기는 대상이 피조물이지, 조물주가 아님을 극명하게 대조해 표현하고 있다. 말하자면 피조물과 상반되는 창조주, 이들 반대어의 양극을 고의적으로 충돌시키고 있는 표현이다. 그리고는 창조주에 관해 관계절을 사용하여 예배하고 섬겼어야 할 대상이 당연히 창조주임을 독립적으로 표현하고 있는 것이다. 그리하여 '세세무궁토록 찬양받아' 마땅한 분인 당신은 다름 아닌 창조주 하나님이심을 관계절의 술부에서 우뚝 내세운다. 이 언어 분석의 정당성은 25b절의 이해에 있어서도 보장받을 수 있다. "그들이 하나님에 관한 진리를 거짓과 바꾸었고, 피조물들을 예배하고 섬겼다"라는 25b절을 칼린 크루즈는 창 3장과 함께 읽는다. 아담과 하와가 하나님의 진리 대신 뱀의 거짓을 믿은 일이 창조주(하나님) 대신 피조물(뱀)을 예배하였다고 읽는다(Kruse, 2012: 300). 실제로 25절에 사용된 '예배하고 섬겼다'라는 표현은 마땅히 하나님 영광에만 합당한 예배 의식의 용어이다. 피조물들을 창조주와 대비하고는 이어서 "당신(하나님)은 세세무궁토록 축복받으시다"라 진술하는데, 이 '축복 받다'가 실상 구약 여러 곳에서 '예배하다'와 '찬양 받다'와 동의어로 사용되고 있다는 것이다. '축복 받다'라는 표현은 바울 서한들뿐만 아니라 공관복음(cf. 막 14:61; 눅 1:68)에서도 하나님께 드리는 영광의 뜻으로 사용되고 있기 때문이다. 따라서 우상이 숭배받음과 하나님이 축복받으심을 고의적으로 병치하되, 벗어버려야 할 우상에 대한 숭배와 불변하시는 하나님의 영원한 영광이 상반되는 양극임을 바울은 '아멘'을 덧붙여 사자후(獅子吼)를 터트리지 않을 수 없었을 것이다.

우리는 24-25절을 24-32절 전반에 걸친 서문 격으로 읽었지만,

동시에 24-32절 전반을 포괄적으로 해설하는 일종의 결론 격으로 읽어도 무방하리라 생각한다. 특히 24절에 대한 더글러스 무의 해석 "하나님은 그들을 그들이 이미 선택했던 죄를 계속하도록 '넘겨주어' 그리고 실로 더욱 깊이 빠지도록 허용하신다"라는 무서운 업보의 정죄가 26-32절의 진술에서도 일관성 있게 적용되고 있음을 무심하게 읽어 지나칠 수 없다. 아니, 1:18부터 하나님의 진노를 줄곧 내세우고 있음을 지나치지 말아야 한다. 이때 우리는 한편으로는 "하나님께서 그들의 마음의 정욕 안에서 사람들을 부정함에 넘겨주었다"(24절)와 그리고 다른 한편으로는 "하나님은 세세무궁토록 축복받으실지어다. 아멘"(25c절)이 병존하고 있음을 발견한다. 동일한 하나님이신데도 불구하고 의에서 진노에로의 등 돌림 사이에 벌어지는 괴리는 우리에게 이 단원이 안겨 주는 거시 담론의 핵심 수수께끼이다. 그렇지 않으면 상반된 내용을 뛰어난 문필가로서의 바울이 모순된 25절 전반부와 후반부를 아무런 접속사도 없이 앞뒤로 나란히 관계절로 잇대어 기술할 리 만무하다. 이때 하나님의 의가 기본적인 원론일진대, 관점을 바꾸면, '넘겨주었다'는 죄의 나락으로 빠뜨리는 것이 아니라 아담과 하와에게 금단의 실과를 그들의 자유 의지에 맡기셨던 것과 동일한 의지에 따르는 '넘겨주었다'일 수 있을 것이다. 인간의 자유 의지에 맡기는 하나님의 의지는 구원을 영영 박탈하는 저주는 아닐 것이다. 실낙원할 때에도 "하나님이 아담과 그 아내를 위하여 가죽옷을 지어 입히시니라"(창 3:21)를 상기하며 이 대목을 읽고 싶다. 관련하여 재미있는 관점은 사람들이 조물주가 아니라 피조물을 예배하고 섬겼을지라도 "하나님은 그러한 일로 자기 영광에 손상을 당하

지 않고 계속 찬송을 받을 대상이십니다"(Chrysostom, 1990: 68)라는
해설이다.

동성애의 음행 그리고 악덕의 목록(1:26-32)

계속해서 인류의 보편적인 죄, "인간들은 변명의 여지가 없다"는
죄를 질책하고 있다. 바울은 앞 18-19a절과 32절에서 현재형의
동사를 사용하여 하나님의 진노가 계속해 계시되는 일 그리고 인간들
의 불의에 의해 진리를 억압하는 일 그리고 이와 같은 죽음에 이르는
병을 계속해 지속하고 있다고 질책하고 있다. 로마서 초두 인사와
기도를 끝낸 후 1:18-32에서는 시종일관 인류의 죄가 주제의 표적이
다. 우리는 이때 죄의 주제가 하나님의 의와 그리고 하나님의 진노라
는 맥락에서 다루어지고 있음을 반드시 명기하며 로마서를 읽어야
한다. 의이신 하나님이 인류의 죄에 진노하지 않을 수 없다는 대전제
를 염두에 두며 읽어야 한다는 것은 다시 말하면 하나님의 의가 하나
님의 사랑으로 표출되기에 앞서 진노로 표출되는 필연성의 논리를
바울은 지금 전개하고 있는 것이다.

앞 24절에서 "그들의 마음의 정욕 안에서 부정함에 넘겨주었기
에"라는 '부정함'이 이미 성적인 음란의 죄를 언급하고 있음을 그
어휘 의미가 넌지시 암시하고 있다. 이제 26-27절에 동성애의 음행
을 질책한다. 그리고 28-32절에 타락한 마음이 저지르는 각종 악덕
의 목록을 열거한다. 바울 서한들 전반에 걸쳐 윤리적 교훈을 기술하

고 있는 부위는 서한들의 후반부에 이르러 비로소 소위 직설법에서 명령법에로 전환하는 것이 일반적인 데 반하여, 유별나게 로마서에 서는 서한 전반부에 음행과 악덕을 다루고 있다. 전반부에서 도덕론 을 설파하는 로마서의 특이성은 하나님의 구원사의 진행을 죄에서 구원에로의 진행을 기술하고 있는 로마서의 특이성을 대표하는 것이 기도 하다. 여하튼 여기 적힌 악덕들을 간략하게 살피겠다. 바울은 덕성들과 악덕들을 열거할 때 기독교 윤리에 특이한 항목들을 내세우 는 것이 아니라 그레코로만 문화에 통용되는 윤리 일반을 포괄하고 있다. 따라서 덕성들이든 악덕들이든 바울의 목록은 문화 보편적이 므로 어느 문화 누구에게도 이질감을 주지 않는다.

> 26이를 인하여 하나님께서 저희를 부끄러운 욕심에 내어버려 두셨으니
> 곧 저희 여인들도 순리대로 쓸 것을 바꾸어 역리로 쓰며 27이와 같이 남자
> 들도 순리대로 여인 쓰기를 버리고 서로 향하여 음욕이 불일듯 하매 남자
> 가 남자와 더불어 부끄러운 일을 행하여 저희의 그릇됨에 상당한 보응을
> 그 자신에 받았느니라 28또한 저희가 마음에 하나님 두기를 싫어하매
> 하나님께서 저희를 그 상실한 마음대로 내어 버려두사 합당치 못한 일을
> 하게 하셨으니 29곧 모든 불의, 추악, 탐욕, 악의가 가득한 자요 시기,
> 살인, 분쟁, 사기, 악독이 가득한 자요 수군수군하는 자요 30비방하는
> 자요 하나님의 미워하시는 자요 능욕하는 자요 교만한 자요 자랑하는
> 자요 악을 도모하는 자요 부모를 거역하는 자요 31우매한 자요 배약하는
> 자요 무정한 자요 무자비한 자라 32저희가 이 같은 일을 행하는 자는 사형
> 에 해당하다고 하나님의 정하심을 알고도 자기들만 행할 뿐만 아니라

다른 무엇보다 우선 동성애에 관해 26-27절에 정죄한다. "이 때문에 하나님은 그들을 수치스러운 정욕에 넘겨주었다. 그들의 여자들조차 순리대로의 정욕의 사용들을 역리의 사용들로 바꾸었다. 마찬가지로 남자들 역시 여자들과의 순리의 사용을 저버렸고 서로들 사이의 쾌락에 불태웠다. 남자들은 다른 남자들과 수치스러운 행위를 범하였고, 그들의 빗나감에 합당한 응보를 자신들에게 되돌려 받았다"가 26-27절이다. '이 때문에'라고 26절을 시작하는데, '이 때문에'는 '하나님에 관한 진리를 거짓과 바꾸었기'(25절) 때문이다. 또 앞 24절에서 "부정함에 넘겨주었다"라 하나님이 능동적으로 조치를 취하다의 뜻을 갖는 동일한 어휘를 사용하여 "하나님은 그들을 수치스러운 정욕에 넘겨주었다"는 것이다. 정욕이 곧 수치라는 표현은 동성애의 음행을 가리키는 말이므로 이 상스러운 음행을 더 이상 언급할 필요가 없다. 대신 한글개역의 번역어대로 옮겨 적은 '순리'(physis: 자연) 그리고 '역리'(para physin; 반자연)에 대한 용어 해설만을 시도하겠다. 순리 내지 자연이라 함은 헬라어의 사전적 의미로 자연적인 상태나 조건을 일컬음이라 하고, 구약에 쓰인 의미는 하나님의 창조물의 본연의 상태의 의미를 갖고 있으며 롬 11:21, 24에 쓰인 의미는 접붙임이 아닌 본래의 나뭇가지이니(Kruse, 2012: 108) 본연의 성격을 뜻한다고 보아야 한다. 당연히 역리 내지 반자연이라 함은 본연의 성격에서 역행하는 상태이다. 그렇다면 역리 내지 반자연은 하나님이 아담과 하와를 창조하실 때의 본연의 상태로부터의 일탈인 원죄일 수도 있겠다(Dunn, 1988: 66). 이제 수치인 정욕에 대해 더 이상의 언급은 차라리 아니함만 못하다.

하나님을 거부하는 인간들의 불경에 대해 그들을 멋대로 포학무도한 행위를 하도록 넘겨주는 비극적인 이야기를 28절에 다시 전개하고 있다. "그리고 그들이 하나님의 지식을 간직하기를 마땅하게 생각하지 않았기에 하나님께서 그들을 타락한 마음에 넘겨주었으므로 그들이 옳지 않은 일들을 행하고 있다"의 28절은 24절과 26a절과 대동소이한 반복이다. 그리고 '옳지 않은 일들'에 관해 29-31절에 여러모로 상술한다. 한글개역의 번역어 중 현대어에 걸맞지 않는 어휘들을 현대어에 맞추어 옮기면 다음과 같다. "29(그들은) 모든 종류의 불의, 악, 탐욕 그리고 악덕이 가득하여졌다. (그들은) 시기, 살인, 분쟁, 사기 그리고 악의가 가득한 자이다. (그들은) 수다쟁이요, 30비방하는 자요, 하나님-증오자요, 거만한 자요, 교만한 자요, 자랑하는 자요, 허풍 떠는 자요, 악을 도모하는 자요, 부모 불복종하는 자요, 31(그들은) 분별없고, 충성이 없고, 사랑이 없고, 자비가 없다"에서처럼 악덕의 목록이 장황하다. 형식적인 언어 구성의 표현에 있어서 목록의 구성을 세 형식으로 나눌 수 있다. 첫째 '가득하여졌다'는 술어(분사)를 사용하여 29절 전반부에 '불의, 악, 탐욕 및 악덕'이라는 인간적인 악덕의 일반성의 네 항목을 적고 있고, 둘째 위의 네 악덕을 더욱 세분하여 '가득하다'를 사용하여 '시기'를 앞세워 '살인, 분쟁, 사기 및 악의'라는 다섯 개의 세부 악덕 항목을 적고 있고, 셋째 29절 말미와 30절에서 대격(직접 목적)과 구를 사용해 열두 개의 악덕 항목을 적고 있다. 이들 셋째 항목 중 '수다쟁이'와 '비방하는 자'는 남들의 평판을 훼손하는 죄이고, '하나님-증오자'라는 복합어는 하나님이 미워하는 자라는 해석하는 학자도 있지만 사람의 악덕 목록이므로 '신에 대한 교만'(노평구, 1979: 180)이라 보아야 하고, '거만, 교만, 자랑, 허풍'은 자기의 으뜸과 자기의 우월성을 내세우는 인간관계의 악덕이라는 점에서 하나의 범주로 묶을 수 있고, '악을 도모하는 자와 부모 불복종하는 자'는 같은 악의 범주에 묶을 수 있고, '분별 없고, 신실성 없고, 사랑 없고, 자비심 없고'는 선이 결핍된 비인간성의 범주에 묶을 수 있겠다. 독단적인 해석이라 조심스러우나 이들 악덕의 분류는 인간의 죄의 분류라기보다 죄를 발생케 하는 원동력으로서의 보편적인 인간성의 소질일 수 있겠다. 이 소질들은 선이 아닌 악을 지향하는 것이고, 무엇보다 경악하지 않을 수 없는 사실은 고금을 통해 그리고 모든 문화권에 걸쳐 수긍할 수밖에 없는 보편적인 인간성이라는 점이다. 인간이란 육신의 연약으로 죄를 피할 수 없는 존재임을 깨우친다.

"비록 그들이 하나님의 의의 신경(信經)을 알고 있어서 이런 일들을 행하는 자들은 죽음을 받아 마땅함을 알지만 그들은 바로 이런 일들을 계속 행할 뿐만 아니라 이런 일들을 실행하는 자들을 찬동하고 있다"의 32절이 1장 마지막 절이다. 이 절이 18-32절에 대한 부가적인 논평이라 읽는 학자도 있고, 결론이라 읽는 학자도 있다. 결론이든 논평이든, 여하튼 32절이 진술하는 의의는 바울이 18-32절 전반에 걸쳐 함축하고자 하는 바를 "그들이 하나님의 의의 신경(信經)을 알고 있다"를 앞세워 단호한 통탄을 술회한 요약이라는 점이다.

몹시 까다로운 신경(信經)이라는 자구 해석부터 시도하겠다. 한글개역에서 32절 전반부 "저희가 이 같은 일을 행하는 자는 사형에 해당한다고 하나님의 정하심을 알고도"에서 번역어 '정하심'에 해당하는 희랍어 dikaioma는 '명령' 내지 '필요 요건' 혹은 '규제'가 적합한 의미이다. 그런데 사도신경이라 할 때 '신경'이 dikaioma이므로 우리는 '신경'이라 번역하였다. 하지만 문맥에 따라 다양한 번역어를 취한다. 가령 한글개역 2:26 '율법의 제도'에서 dikaioma를 제도라 번역하고 있는데, 아마도 율법이 필요로 하는 요건인 명령이 규제라는 뜻으로 제도라 번역한 것인지도 모르겠다. 어떤 맥락보다 중요한 것은 여기 32절이 8:3-4의 맥락과 같은 의미로 그리스도의 죽음이 의의 실현을 위한 요건이라는 의미에서 신의(神意)의 뜻으로 쓰인 것이다(Moo, 1991: 116; Kruse, 2012: 107). 번거롭지만 신경(信經)의 맥락적 의미를 구체화하기 위해 8:4를 미리 읽기로 하겠다. "³하나님이 육신 안에 죄를 정죄하셨으니 ⁴ª율법의(의의) 요구(dikaioma)를 우리 안에서 온전히 이루게 하려 하심이니"이다. 여기 쓰인 dikaioma를 풀이하면, 하나님의 의를 하나님이 온전히 이루게 하시는 귀결이 율법의 의의 요구인 dikaioma이다. 율법이 요구하는 것도 물론 의이다. 그러나 우리의 육신에 선한 것이 거하지 않는지라 율법이 요구하는 의를 실현할 수 없다. 율법이 요구하는 의가 우리 안에 이루어지는 것은 그리스도의 죽음으로 말미암아서이다. 우리는 이미 1:4 "(하나님의 아들이) 죽음으로부터 부활로 말미암아 거룩의 성령에 따라 능력 안에서 하나님의 아들로 명하여졌다"를 읽었고, 그때 이 4절에서의 '명하여졌다'가 초대 기독 신자들의 신경(信經)이라 하였다. "하나님의 아들로 명하여졌다"는 하나님의 아들로 단순히 '임명되었다'의 뜻을 넘어 '신의가 천명되었다/명하여졌다(decreeded)'라는 신경의 의미를 가짐으로 '명하여졌다'는 번역어를 우리가 취하였다.

여기 32절에서의 '하나님의 의의 신경을 알고 있는' 것의 내용인 즉 "이런 일들을 행하는 자들은 죽음을 받아 마땅하다"이다. 언약의 백성인 유대인이나 자연계시에 의한 이방인이나 누구든 죗값은 죽음이라는 '하나님의 의의 신경'을 알고 있다는 것이다. 그런데도 이런 일들을 실행하기를 심지어 남들에게 부추기기까지 하고 있으니, 함께 죽음에로 몰아가는 선동을 한다는 것이다. 제임스 던은 여기서 창세기를 인용하고 있거니와(Dunn, 1988), "너희는 먹지도 말고 만지지도 말라 너희가 죽을까 하노라"는 하나님의 명령, 하나님의 신경을 뱀이 여자에게 그리고 여자가 남편에게 실과를 권한 원죄를 연상하지 않을 수 없다.

3장

하나님의 공평성 그리고 진노와 유대인

2:1-3:20

앞 1:18-32에서는 3인칭 복수인 '그들'을 사용하여 주로 이방인들을 표적으로 하나님의 진노에 관해 서술하였다. 그러나 이방인이나 유대인이나 하나님의 심판은 공평하다는 원리를 앞세운다. 그리하여 2장에 들어와 2인칭 단수 '너'로 대명사가 바뀌어 주로 유대인을 표적으로 하나님의 진노에 관해 서술하고 있다. 유대인은 하나님의 언약의 백성이지만, 그 이유만으로 "인간들에게는 변명의 여지가 없다"(1:20)라 하였듯이, 하나님의 진노에서 면책되는 것은 아니다. 하나님의 백성인 유대인이 이방인의 악을 판단하지만, 유대인 역시 정죄의 심판에서 면책되지 않는다는 논변은 2:1-3:20까지 이어진다.

1. 하나님은 편애가 없으시다
(2:1-16)

학자들은 2장의 기술 양식(장르)을 대담(diatribe)이라 부르는데, 제자나 반대자를 대상으로 상상의 논쟁 형식을 통해 주로 자문자답의 수법을 빌려 전개하는 설득의 양식을 일컫는다. 이 양식의 전개는 2장뿐만 아니라 3:1-8에도 계속되고 있다. 서론격인 이 단원 2:1-16 의 첫 단락에서 우선 하나님은 편애가 없으시다는 논제를 다루고 있는데, 이 부문을 1-5절, 6-11절 그리고 12-16절의 문단으로 나누어 읽기로 하겠다.

회개치 않음에 대한 진노(2:1-5)

이 단원은 앞 단원 1:18-32의 논변의 연속선상에 있다. 특히 앞 단원 서두 1:18 "하나님의 진노가 인간들의 모든 불경과 불의에 대해 하늘로부터 계시되어지고 있기 때문인데, 이들이 그들의 불의에 의해 진리를 억제하고 있으니"가 앞 단원의 주요 주제인 것과 마찬가지로 하나님의 진노와 유대인(2:1-16)에 관한 이 단원의 서두인 2:1 역시 2장의 주요 주제라 생각하며 본문을 읽겠다.

> ¹그러므로 남을 판단하는 사람아 무론 누구든지 네가 핑계치 못할 것은 남을 판단하는 것으로 네가 너를 정죄함이니 판단하는 이가 같은 일을 행함이니라 ²이런 일을 행하는 자에게 하나님의 판단이 진리대로 되는 줄 우리가 아노라 ³이런 일을 행하는 자를 판단하고도 같은 일을 행하는 사람아 네가 하나님 판단을 피할 줄로 생각하느냐 ⁴혹 네가 하나님의 인자하심이 너를 인도하여 회개케 하심을 알지 못하여 그의 인자하심과 용납하심과 길이 참으심의 풍성함을 멸시하느뇨 ⁵다만 네 고집과 회개치 아니한 마음을 따라 진노의 날 곧 하나님의 의로우신 판단이 나타나는 그 날에 임할 진노를 네게 쌓는도다

본문을 읽기 전에 머리말에서 언급한 대담(diatribe) 장르의 두 특이성을 눈여겨보기로 하겠다. 첫째, 3절과 4절이 질문 형식의 문장인데, 이 특이성이 대담 장르의 좋은 예시이다. 가상의 논쟁을 배경으로 쓴 글이어서 독자로 하여금 질문에 응답토록 유인하는 형식으로 표현하여 마치 "이런 일이 있을 수 있느냐!"의 통탄의 자문자답을 이끌어 내고 있다. 둘째, 한글개역 1절에서는 "사람아 무론(無論) 누구든지 핑계치 못할 것"이라 번역하여 지나치고 넘어가게 되지만, 이 원문은 "그러므로 핑계치 못하리니 네가, 오 인간아(o anthrope)"이므로 글 쓴 저자가 선생의 입장에서 수신자를 제3자인 학생을

꾸짖듯 야단치는 문체를 사용함으로써 대담 장르의 특이성을 부각하고 있다.

본문을 읽겠다. "그러므로 너는 핑계치 못하리니, 오 사람아, 그가 누구이든 간에 네가 남을 판단함에 있어 (핑계치 못한다). 다른 사람을 판단하는 일로써 네가 너 자신을 정죄하는 것이니 판단하는 네가 바로 동일한 일들을 행하는 것이기 때문이다"라는 1절은 1장에 적힌 문체들과 눈에 띄게 다르다. 학자들 사이에 초두에 적힌 '그러므로'를 어디에 연결하여야 할지에 의견이 온전히 합치하고 있는 것은 아니나, 이 단락 서두에 우리가 논의한 대로 1:18-32에 연결해 읽기로 하겠다. 남을 판단한다는 이 1절의 내용은 남 앞에 자기의 으뜸과 자기의 우월성을 내세우는 "거만한 자요, 교만한 자요, 자랑하는 자요"라는 1:30에 적힌 죄와 동일한 맥을 공유하고 있을 것이다. 그렇다면 "다른 사람을 판단함으로써 네가 너 자신을 정죄하는 것이다"라는 언표 역시 1:18-32의 맥락과 일맥상통하게 이해할 수 있다. 사람이 남을 판단함이니 우리는 '판단함'이라 번역하였지만, 하나님이 인간의 죄를 정죄함에 상응하는 용어를 사용한 것이라면 '심판함'이라 번역할 수도 있다. 이때 2장이 이방인들을 표적으로 서술한 1:18-32의 연장이라면, 2장의 표적은 누구인지가 궁금하다. 이 의문은 누가 누구를 판단하느냐에 달려 있을 터인데, 이 1절에서는 그 해답이 분명치 않다. 하지만 1:29-31에 적힌 악덕들은 공관복음(e. g., 막 7:9-13)에 적힌 바리새인들의 악덕과 흡사하다(Dunn, 1988: 80). 더군다나 후속 절들을 읽으면 2장의 표적은 유대인임이 분명하여진다. "바울은 유대인에게서 그들의 선민의식과 도덕적 자부를 벗겨 그들을 선민의 사람이 아닌 죄인으로 취급하여 '너 자신 같은 일을 하면서 남을 심판하는 철없는 건방진 사람아, 네가 남에게 하는 판결은 결국 너 자신에 대해 하는 판결밖에 못되지 않느냐. 그러므로 핑계의 여지가 없다'고 질책을 퍼붓는다"(노평구, 1979: 189)는 해설이 1절과 이 단락의 요지이다.

관련하여 우리는 여기서 다른 문제 하나를 제기하고 싶다. 이방인과 유대인 각각을 정죄함에 있어 사용된 용어와 죄상이 유사함에 주목하고 싶다. 의외로 학자들과 유력한 번역본들은 '인간/사람'이라는 호칭이 1:18에서도 사용되었다는 사실을 주목하지 않고 넘어간다. 특히 공통의 용어로 사용되었을 뿐만 아니라 1:18-32와 2장에서 공히 동일한 문장 "인간(사람)들은 변명의 여지가 없다"(1:20; 2:1)를 찾아 읽으면, 이 공통적인 본보기에서 '인간'은 이방인의 죄를 고발하는 호칭이기도 하고, 유대인의 죄를 고발하는 호칭이기도 함을 알 수 있다. 따라서 번역과 해석에 있어서도 이견이 있는 "핑계치 못한다. … 그가 누구이든 간에"(2:1)에서 '누구이든 간에'라는 표현을 "이방인이든 유대인이든 그가 누구이든 간에 핑계치 못한다"라는 해석을 취해도 무방하리라 생각한다. 이 해석은 "모든 사람이 죄를 범하였으매 하나님의 영광에 이르지 못하더니"(3:23)라든가 "의인은 없나니 하나도 없으며"(3:11)를 2:1과 함께 읽는 죄의 보편성에 관한 리더보스 논변에(Ridderbos, 1979: 93) 근거한 해석이다. 그렇다면 "오, 사람아"라는 표현은 대담 장르에서의 단순한 대담자라는 표현일 수도 있지만, 죄의 보편성을 표현하는 인간성에 대한 통한의 표현일 수도 있다는 점에서 바울이 유대인의 죄를 더욱 심각하게 강변한 표현일지도 모른다.

그리고 2-3절이 "우리는 그러나 알고 있다. 이런 일들을 행하는 자들에 대한 하나님의 판단은 진리에 합치함을. 네가, 오 사람아, 그들을 판단하고, 그런데도 동일한 일들을 행하고 있으니 너는 하나님의 판단을 피하리라 생각하느냐?"라고 이어진다. "우리는 알고 있다"라고 2절을 시작하는데, '우리'라 함은 바울 자신과 이 서한을 읽는 대담의 대담자(對談者)인 유대인을 일컬음이다. 무엇을 알고 있느냐 하면 악을 행하는 자들에 대한 하나님의 판단이 '진리에 근거함을', 달리 말하면 그 하나님의 판단이 진정한 평가라는 사실을 바울도 대담자도 알고 있다는 것이다. 다시 3절에서 이런 일들을 실행하는 대담자를 "오, 사람아"라 직접 호칭하며 "너는 하나님의 판단을 피하리라 생각하느냐?"고 다그쳐 묻는다. 할례를 받고 모세의 율법을 언약으로 갖고 있다고 하여 남들을 판단하는 '너'는 동일한 일들을 행하고 있으면서도 하나님의 판단에서 예외일 수 있느냐 (Moo, 1991: 131)를 유대인 '너'라는 어조에 악센트를 붙여 다그쳐 묻고 있다. 우리는 여기서 1:32 "비록 그들이 하나님의 의의 신경(信經)을 알고 있어서 이런 일들을 행하는 자들은 죽음을 받아 마땅함을 알지만 그들은 바로 이런 일들을 계속 행할 뿐만 아니라 이런 일들을 실행하는 자들을 찬동하고 있다"를 상기하고 같은 맥락의 질책임을 확인한다. 유대인이든 이방인이든 인간의 죄성은 본질적으로 같다.

다시 4절에 질문을 던지고 5절에 그 질문에 대한 자답(自答)을 겸해 사나운 질책을 퍼붓는다. "4혹은 당신의 친절하심과 관용하심과 오래 참으심의 풍성함을 네가 멸시하는 것이냐, 당신의 친절하심이

너를 회개에 이끌어주신다는 사실을 알지 못하여 그러느냐? [5]너의 완고하고 회개치 않는 마음 때문에 네가 진노의 날에 그리고 당신의 의로운 판단이 계시되는 때에 너에 대한 진노를 스스로 쌓아두고 있는 것이다." "너는 하나님의 판단을 피하리라 생각하느냐?"라는 3절 말미에 잇대어 4절에 '친절하심과 관용하심과 오래 참으심'의 하나님이시니 심판을 피할 수 있다는 허망한 생각에 쐐기를 박아 친절, 관용 그리고 인내라는 하나님의 본성을 "네가 멸시하는 것이냐?"라 윽박지른다. 하나님의 "친절하심이 너를 회개에 이끌어주신다"라 여기 적혀 있지만 한글개역에 '인자하심'이라 번역되어 있는 '친절'이 엡 2:7에서는 은혜와 함께 그리고 딛 3:4에서는 사랑과 함께 사용되어 있다. 이 4절이야말로 유대인의 이율배반적인 위선에 대해 정곡을 찌르는 질책일 수 있겠다. 배타적인 선민의식의 자만으로 인해 유대인은 이방인을 정죄하고 자신들의 율법의 행위의 합리화를 통해 하나님의 친절하심조차 눈멀게 만들기 때문이다. 유대인은 이방인의 회개의 필요성을 강조하지만, 자신들의 회개에 대해서는 둔감한 자들이다(Dunn, 1988: 83). 회개에 둔감한 유대인은 필경 종말 심판에 하나님의 진노를 받을 묘혈을 스스로 파고 있는 것이라고 5절에 사나운 질책을 퍼붓는다. 하나님의 친절을 멸시하는 자에게 '진노의 날'을 '당신의 의로운 판단이 계시되는 때'라 반복하여 말함으로써 종말 심판의 날임을 분명히 하고 있다.

학자들은 이 대목에서 솔로몬의 지혜(외경) 15:1-3을 읽는다. 여기에 옮겨 적으면, "그러나 당신 우리의 하나님은 친절하고 참이시며 인내하셔서 만물을 자비로 다스리신다. 우리가 죄를 짓더라도 당신의 능력을 알고 있으므로 우리는 당신의 것이로되, 그러나 우리는 죄를 짓지 않으리니 당신이 우리를 당신의 것임을 알고 계시기 때문이다. 당신이 완전한 의이심을 안다는 일은 당신의 능력이 불사성(不死性)의 근원임을 아는 일이다"가 그것이다. 하나님의 친절을 멸시하는 일에 관련된 이 솔로몬의 지혜의 인용이야말로 회개 없는 유대 선민의 전형적인 구원론의 본보기이다. 계약의 백성인 유대인은 유일신 하나님이 우리를 당신의 백성이라 인준하셨으므로 회개 없이 여하한 경우에라도 구원은 우리의 것이라 자만한다. 다른 한편 마찬가지로 오로지 '믿음만으로'의 개신교 신자는 "그리스도가 우리의 죄들을 위해 죽으셨다"(고전 15:3)라는 회개 없는 믿음만(cf. 막 1:15)으로도 구원은 우리의 것이라 자만한다. 그 어느 쪽이든 그것은 자아중심적인 자업자득으로 하나님의 진노를 스스로 쌓아두어 묘혈을 파는 막다른 길이다.

심판의 공정성(2:6-11)

앞 5절에서 회개하지 않는 유대인은 '하나님의 의로운 판단'인 종말 심판에서 벗어날 수 없다고 하였다. 이어서 6절에 '하나님'을 관계대명사도 받아 "(그) 하나님께서 사람들이 행한 바에 따라 갚으신다"라 운을 떼고 7-11절에 유대인이든 이방인이든 만인에게 하나님의 심판의 공평성을 진술하고 있다.

6하나님께서 각 사람에게 그 행한 대로 보응하시되 7참고 선을 행하여 영광과 존귀와 썩지 아니함을 구하는 자에게는 영생으로 하시고 8오직 당을 지어 진리를 좇지 아니하고 불의를 좇는 자에게는 노와 분으로 하시리라 9악을 행하는 각 사람의 영에게 환난과 곤고가 있으리니 첫째는 유대인에게요 또한 헬라인에게며 10선을 행하는 각 사람에게는 영광과 존귀와 평강이 있으리니 첫째는 유대인에게요 또한 헬라인에게라 11이는 하나님께서 외모로 사람을 취하지 아니하심이니라

더글러스 무는 이 6-11절이 교차 대구(交叉對句)의 구성이라 아래와 같이 분석한다.

A. 하나님은 각자를 공평하게 판단하신다(6절)
    B. 선을 행하는 사람들은 영생을 얻는다(7절)
        C. 악을 행하는 사람들은 진노를 받는다(8절)
        C'. 악을 행하는 사람들에게는 진노가(9절)
    B'. 선을 행하는 사람들에는 영광을(10절)
A'. 하나님은 편견 없이 판단하신다(11절)

위의 더글러스 무의 교차 대구 분석의 틀에 따라 읽으면, 6-11절 각각의 의미 관계가 줄줄이 연결된다. "하나님은 각 사람의 행하는 일들에 따라 갚으실 것이다"를 6절에 대전제로 앞세운 다음, "7지속적으로 선을 행함에 있어 영광과 존귀와 불후함을 추구하는 사람들에게는 당신이 영생을 주실 것이다. 8그러나 이기적인 사람들 그리고

진리를 순종치 않고 불의를 순종하는 사람들에게는 진노와 분노가 있을 것이다"라고 7절과 8절을 각각 대비하여 제시한다. 미래시제로 6-8절이 기술되어 있으므로 종말 심판에 일어날 일들임을 분명히 한다. 종말 심판의 하나님의 판단의 규준을 6절에 '행하는 일들(erga)에 따라'라 전제하는데, 행위 혹은 업적이라 해석할 수도 있으므로 그 규준의 실질의 내용이 궁금하다. 그 내용인즉 각각 7절과 8절에 구체적으로 적혀 있다. 한편 '선을 행함'에 따라 그리고 다른 한편 '불의를 존중함'에 따라 두 갈래로 나누어진다. 한편 선을 행함은 '영광과 존귀와 불후함을 추구하는' 일이고 종말에 '영생'을 보상받는다. 다른 한편 불의를 존중함은 두 부류의 인간들로 분류하고 있다. (한글개역이 '다투기를 좋아하다'는 뜻의 '당을 지어'라는 번역어를 취한 eritheia는 '이기적이다'가 더욱 적절한 번역어일 것이다[Moo, 1991: 137]). 이기적인 사람들과 그리고 또 진리 대신 불의를 순종하는 사람들은 모두가 종말에 진노와 분노의 징벌을 받는다. 이처럼 하나님께서 각 사람의 행하는 일들에 따라 공정하게 갚으신다.

덧붙여 종말 심판의 하나님의 판단의 규준을 6절에 '그의 행하는 일들에 따라'(kata ta erga auto)라는 진술을 행위 혹은 업적에 따라서라 해석할 수 있으므로 우리는 구원이 믿음이냐 행위냐의 논쟁에 얽히어 7-8절을 신중하게 읽었다. 우리의 앞 본문 해설에서 원용치 않고 지나쳤던 해설을 부가적으로 덧붙여 하나님의 의의 판단을 분명하게 보강하겠다. 칼린 크루즈(2012: 124-25)는 6절에 이어 7절에 '지속적으로 선을 행함에 있어'에 관해 D. B. 갈링턴(1991)의 다음의 글을 인용한다. "최종 결산은 지속성을 끝내 정당화하여 보증하는 것은 사랑으로 말미암아 동기가 부여되는 믿음의 순종이다. … 이것이 믿음과 순종의 바울 신학이다." 순종이 없는 믿음은 지속성을 보장하지 않으므로 최종 심판에 대해 예측할 길이 없다. 1:5 "그리스도를 통해 우리가 은혜와 사도 직분을 받았으니 그의 이름을 위해 모든 이방들 중에 믿음의 순종을 가져오려 함이다"를 읽으며 "믿음은 결코 순종에서 분리할 수 없는 것으로… 모든 순종은 믿음에 뿌리를 두고 있고 믿음에서부터 우러나는 것이다"(Schreiner, 1998: 35)를 인용하였었다. 요컨대 믿음이냐 행위냐의 이원론의 논변이 아니다. 믿음이 필연적으로 순종을 수반한다면 이원론이 갖는 갈등과 부조리의 논쟁은 자연적으로 해체되어지고 만다. 우리는 순종을 배제한 믿음이란 바울의 믿음의 개념이 아니라 생각한다. 그가 자기의 사도직에 관해 '믿음의 순종'이라 말하는 표현은 믿음과 순종이 동격이라는 뜻이다(Ridderbos, 1979: 257).

이제 9-10절 역시 7-8절이 그런 것처럼 교차 대구의 구성을 보인다. "⁹악을 행하는 각 사람의 영에 고난과 고뇌가 있으니 첫째는 유대인에게요 그다음은 헬라인에게요 ¹⁰그러나 영광, 존귀 그리고 평화가 선을 행하는 각 사람에게 있으니 첫째는 유대인에게요 그다음은 이방인에게다"에서 악과 선을 행하는 사람을 대비시킨다. 악을 행하는 사람은 하나님으로부터 고난과 고뇌라는 종말의 정죄의 징벌을 받고 반면에 선을 행하는 사람은 영광, 존귀 그리고 평화라는 영생의 선물을 받는다. 그리고 "복음은 하나님의 능력이어서 믿는 각 사람에게 구원을 주신다. 첫째는 유대인에게요 그다음은 이방인에게다"라는 1:16의 서술 양식을 그대로 옮겨 악과 선에 해당하는 각각의 징벌과 보상을 받는 순서가 유대인 먼저이고, 이방인 나중이다. 여기서는 징벌도 축복도 이방인보다 유대인이 먼저다. 여러 학자가 이 순서에 대해 여러모로 논의한다. 이들의 논변을 논하기 전에 본 교차 대구의 대전제인 6절 "하나님은 각 사람의 행하는 일들에 따라 갚으실 것이다"와 이에 대응하는 종결 부위인 11절 "이는 하나님께서 외모로 사람을 취하지 않음이시니라(하나님께서 편애를 보이시지 않기 때문이다)"를 함께 읽겠다. 공평하고도(6절) 편애 없는(외모/얼굴로 취하지 않는, 11절) 하나님의 판단을 대전제로 그리고 결과론으로 제시하고 있는 것이니 그 판단이 유대인에게나 이방인에게나 한결같아야 할 것이다. 유대인이나 이방인이나 차등 없이 하나님의 판단은 동등한 규준에 따라 누가 먼저이고 누가 나중이지 말아야 할 터인데, 하지만 징벌도 보상도 유대인이 먼저라는 순서는 동등한 규준에 어긋나는 것 아닌가? 이에 대해 "유대인의 우선성을 강조함으로써 바울이 역설하는 것은 유대인이 행하는 일들에 따라 응보(應報)의 원리에 있어 예외가 아니라는 점이다. 진정 아모스(암 3:2)와 마찬가지로 유대인의(선민의) 특전은 더욱 막중한 책임을 짊어지고 있음을 바울이 뜻하고 있다"(Schreiner, 1998: 114)가 하나의 답일 수 있겠다. 아모스 3:2는 "내가 땅의 모든 족속 중에 너희만 알았나니 그러므로 내가 너희 모든 죄악을 너희에게 처벌하리라"와 같다. 다른 한편 더글러스 무는 그의 『로마서』수정본(1996)에서 슈라이너의 해설을 좀 다른 측면에서 수정하고 있다. 하나님의 유대인 선택이 보증된 것이라면 구원에 있어 유대인이 첫째요, 심판에 있어 유대인이 나중이어야 할 터인데, 구원에 있어서나 심판에 있어서나 유대인에게 우선순위가 주어지고 있다는 해설이 그것이다. 악에 따르는 징벌에 있어 유대인에게 우선순위가 주어진다는 것은 보상의 순위를 상쇄하는 효과를 갖는다는 지적이다. 이 설명 역시 또 다른 하나의 답일 수 있다. "선악에 대한 응보에 있어서도 균형을 이루어야 하고, 선민이라는 은혜에도 불구하고 사사로움 없는 구원과 심판의 공명정대성이 보증이 이루어져야 한다"가 다름 아닌 바로 그리스도의 정신일 것이다.

공명정대한 표준에 따르는 심판(2:12-16)

앞에서 언급한 하나님의 판단의 공명정대성에 관한 논변을 계속 이어간다. "하나님은 각 사람의 행하는 일들에 따라 갚으실 것이다"(6절)가 언약의 율법주의의 신봉자들인 유대인들의 신념이라면, 율법을 어기는 유대인들은 토라의 표준에 따라 판단을 받아야 하고, 율법 없이 죄를 짓는 이방인들은 그들의 마음에 새겨진 법에 따라 판단 받아야 한다를 뜻할 것이다. 이 하나님의 판단의 공명정대함은 하나님이 그리스도 예수를 통해 복음에 따라 사람들의 숨겨 있는 은밀함을 판단하는 날에 일어날 것임을 단언하고 있다. 이때 무엇보다 중요한 것은 하나님의 공명정대함은 인류 보편성의 구원 원리를 표명하고 있다는 사실이다. 유대교의 유일신을 넘어선 인류 만민의 보편적인 그리스도교를 정립하는 바울의 정초가 공명정대한 하나님의 심판위에 그의 논리를 전개하고 있다.

우리가 지금 읽고 있는 이 단원은 1:18부터 죄의 권세 아래 있는 인간들이 하나님의 진노 아래 있다는 논변을 계속 펼치고 있는 것 같은 인상을 주지만, 실상 로마서 전체 맥락을 고려하면 이 전반부의 단원은 일종의 서론 격으로 쓰인 것이다. 하지만 로마서 전체는 8장을 정점으로 인류 구원의 완성을 위한 하나님의 사랑이 기본 주제이다. 이 점을 유의하며 정죄에 관한 부문을 읽는 일이 로마서 독해의 올바른 길이다.

12무릇 율법 없이 범죄한 자는 또한 율법 없이 망하고 무릇 율법이 있고 범죄한 자는 율법으로 말미암아 심판을 받으리라 13하나님 앞에서는 율법 듣는 자가 의인이 아니요 오직 율법을 행하는 자라야 의롭다 하심을 얻으리니 (14율법 없는 이방인이 본성으로 율법의 일을 행할 때는 이 사람은 율법이 없어도 자기가 자기에게 율법이 되나니 15이런 이들은 그 양심이 증거가 되어 그 생각들이 서로 혹은 송사하며 혹은 변명하여 그 마음에 새긴 율법의 행위를 나타내느니라) 16곧 내 복음에 이른 바와 같이 하나님이 예수 그리스도로 말미암아 사람들의 은밀한 것을 심판하시는 그 날이라

'왜냐하면'이라 12절 초두에 적혀 있어 11절의 '하나님께서 편애를 보이시 않는' 이유를 이 단락 전체 테두리에서 서술하고 있음을 분명하게 보여준다. "율법이 없이 죄를 지었던 누구든 율법이 없어도 또한 멸망할 것이고, 율법 안에서 죄를 지었던 누구든 율법으로 말미암아 판단 받을 것이다'라는 12절은 '율법이 없이'는 이방인을 가리키는 것일 터이고, '율법 안에서'는 유대인을 가리키는 것일 터이다.

율법 소유의 유무와 무관하게 '죄를 지었다면' (무릇 헤아려) '누구든' '멸망할 것이다' 또는 '판단 받을 것이다'라 하고 있는데, 학자들은 두 동사가 상호 대응하는 것으로 "영원히 정죄 받을 것이다"라 해석한다. 그리고 13절에 율법의 소유자들이라도 왜 죄를 지으면 정죄 받는지를 "율법을 듣는 자들이라 하여도 하나님이 보시기에는 의로운 자들이 아니라 율법을 행하는 자들이야 의롭다 함을 일컬음을 받을 것이다"라 한다. '율법을 듣는 자들'과 '율법을 행하는 자들'을 대립해 '의롭다'에 관해 진술하고 있음에 여기서 주목해야 한다 (Dunn, 1988: 97-98). '율법을 듣다'라 함은 종교 의식의 관례를 따라 듣고 외우는 유대인의 전형적인 본보기일 수 있고, 반면에 '율법을 행하다'라 함은 믿음의 순종일 수 있을 것이다(Moo, 1991: 144). '멸망할 것이다' 또는 '판단 받을 것이다'라는 동사를 사용하여 정죄하고 있으나, "하나님께서 편애를 보이시 않는다"가 배경이므로 12절을 심판의 하나님을 앞세우지 말고 의로우신 하나님을 골격으로 독해하여도 좋을 것이다.

한글개역과 몇몇 번역본에서는 율법 없는 이방인이 모세의 율법이 요구하는 일을 어떻게 준수할 수 있는지에 관한 기사 14-15절을 괄호 속에 제시하고 있다. 자연계시만큼 난해한 양심에 관한 신학적인 논변이기도 하지만, 하도 난해한 나머지 아마도 후에 삽입된 구절이라 평가하여 괄호 속에 제시했는지도 모른다. 좌우지간 "[14]이방인들은 본성에 있어(生得的으로) 율법을 소유하고 있지 않은 때에 율법의 일들을 행하고 있기 때문에 비록 그들이 율법을 갖고 있지 않지만 그들은 스스로에게 율법인 것이다. [15]그들은 그들의 마음에 쓰여 있는 율법의 일을 나타내는 것이니 그들의 양심들이 또 역시 증거가 되어 그들의 생각들이 생각들 사이에 고발하거나 혹은 심지어 변호하는 것이다"가 14-15절이다. 괄호 속에 14-15절을 집어넣고 있다는 사실은 이방인들이 "스스로에게 율법인 것이다"라는 진술이 유대인이 가지고 있는 율법을 이방인들은 자생적으로 소유하고 있다는데에 대경실색한 나머지 괄호 안에 넣었는지도 모른다.

이 난해한 구절들을 하나하나 짚고 넘어가 14-15절을 괄호 속에 넣어 따돌리지 않도록 이 단락 전체와의 정합성을 찾아 읽겠다. 우선 "이방인들이 율법을 소유하고 있지 않으나 본성에 있어 율법의 일들을 행한다"에서 '본성으로'(physei: by nature)가 무슨 뜻이고, 무엇을 수식하는지가 모호하다. 이 어휘가 2:27, 갈 2:15 및 엡 2:3에도 출현하는데, 한글개역에서는 '본성으로'라 번역하고 있는바, 사람의 어떤 상태에 관해 묘사하고 있는 용어이다. 여러 학자들은 한글개역에서 "이방인이 본성으로 율법의 일을 행할 때"에서 '본성으로'가 '율법의 일을 행하다'를 수식한다면 그것은 오역이고, 이방인들은 본성으로, 즉 태어날 때 율법을 갖고 있지 않은 상태라는 해석을 선호한다(Kruse, 2012: 131). 관련된 또 다른 논쟁은 "이방인들은 그들의 마음에 쓰여 있는 율법의 일을 나타내는 것이니 그들은 스스로에게 율법인 것이다"에서 이때 이방인들이 이교도의 이방인이냐 아니면 크리스천의 이방인이냐는 문제를 제기한다. 제기된 후자의 문제는 '그들의 마음에 쓰여 있는 율법의 일'이라 15절에 적혀 있는 대목이 렘 31:33의 "나 여호와가 말하노라 그러나 그 날 후에 내가 이스라엘의 집을 세울 언약은 이러하니 곧 '내가 나의 법을 그들의 속에 두며 그 마음에 기록하여' 나는 그들의 하나님이 되고"를 인용한 것이라는 추리의 기반 위에서 합리화한 해석이다. 이와는 달리 전자의 문제 제기는 15절 초두에 "그들은 그들의 마음에 쓰여 있는 율법의 일을 나타내는 것이니 그들의 양심들이 또 역시 증거가 되어"라 잇대어 적힌 '그들의 양심'과 동일시하여 제기된 해석이다. 우리는 이들 논쟁의 시시비비를 가리지 않고 15절을 읽기로 하겠다. '양심'이라는 스토아 철학 용어를 성경에 도입한 사람은 사도 바울이다. 리더보스에 의하면 바울의 용어인 '양심'은 롬 9:1, 고전 4:4 및 고후 1:12에서 쓰인 의미로 보면 도덕적인 자기 판단이라는 의미에서 자신을 아는 주체이다. 따라서 "양심들이 또 역시 증거가 되어 그들의 생각들이 서로를 어떤 때는 고발하고 다른 때는 변호함으로써"(15b절), 어떤 사람은 자신을 해방하는 데 반하여 양심이 약한 사람은 어떤 경우에도 걸림돌에 걸려 넘어져 부정에 빠지기 십상이다(Ridderbos, 1979: 288-289). 결국 양심은 하나님의 목소리는 아니지만 인간의 반성적인 자질로서의 양심은 어떤 행위가 규범에 합당한지를 판단하는 '증거'로 작용하여(Moo, 1991: 148), 이를테면 간음은 고발하고 효도는 변호함으로써 '율법의 일들을 행하고' 또 '스스로에게 율법일' 수 있다는 것이다. 어찌 보면 과잉 일반화일 수 있으나 양심과 1:20에 적힌 "세계의 창조 이래로 하나님의 보이지 않는 속성들인 곧 당신의 영원한 능력과 신성이 보일 수 있게 되나니 당신이 창조하신 것들을 통해 이해되어지기 때문이다"라는 자연계시는 바울에게 있어 양심과 동의어로 쓰였는지도 모르겠다.

좌우지간 "모세 율법이 성문율로 석판에 기록된 데 대해 이방인에 있어서는 이 도덕적인 요구가 심의율(心意律)로서 그들의 심중에 기록된"(노평구, 1979: 209) 것이라고 한다면, 한때 폐쇄적인 바리새파였던 바울이 임마누엘 칸트의 신의 지상명령으로서의 인류 보편성과 같은 도덕관을 피력한 것이니 놀랍기 그지없다. 우리는 여기서 이방인들은 "스스로에게 율법이다"의 14절을 다시 읽으며 이들 이방인들이 이교도냐 혹은 크리스천이냐는 학자들의 문제 제기를 반추하기로 하겠다. '율법이 심의율로서 심중에 기록된' 것이라면 이교도이든 크리스천이든 불문하고 율법은 인류의 심중에 새겨진 것이어야 할 터이므로 학자들의 문제 제기는 유의미한 논쟁이라기보다는 숙고하지 말고 제쳐두어도 좋을 것이다. 아울러 "그러므로 그들(인간들)은 변명의 여지가 없다"(1:20)를 다시 읽으면, 자연계시든 양심이든 그것이 직접 구원에로 이끌어가는 길은 아님을 되새기면 이 구절을 읽어야겠다.

"하나님이 사람들의 숨겨진 것들을 판단하시는 날에 나의 복음을 따라서 예수 그리스도를 통해"라는 원문대로 16절을 옮기면 이해의 어려움에 직면한다. 따라서 어순과 시제를 의역한 NIV에 따라 옮기면 "이런 일이 하나님께서 인간들의 비밀(숨겨진 일)들을 예수 그리스도를 통해 판단하시는 그 날에 이루어질 것이다. 나의 복음이 선포한 바와 같다"이다. 이 의역에도 불구하고 앞 맥락과의 연결이 어렵다. 하지만 NIV의 의역은 15절 말미에 적힌 "이방인들의 생각들이 서로를 고발하거나 변호한다"라는 반성적인 자질로서의 양심이 수행하는 고발이나 변호라는 어구를 '이런 일'에 연결해 읽으면, '하나님께서 인간들의 숨겨진 일들을 판단하는 날'과의 관계를 이해하는 데에

도움을 준다. 이방인들의 생각들이 상호 고발하거나 혹은 심지어 변호하는 비판하거나 옹호하는 일이 다름 아닌 양심이 기능하는 일이고(Ridderbos, 1979: 288), 양심에 숨겨진 양면일 수 있다. 크루즈는 15절 말미와 16절을 함께 붙여 "그들의 생각들이 상호가 고발하거나 심지어 변호하는 그 날은 하나님께서 사람들의 숨겨진 일들을 판단하는 때이다"(Kruse, 2012: 130)라 하나의 문장으로 읽기를 권한다. 이방인들의 생각들의 고발이나 변호가 언제 일어나는가가 바로 하나님의 최후 심판의 날이고, 그때가 사람들의 숨겨진 일들이 올바르게 판단되는 날이라는 것이다(Ibid., 134). 요컨대 공명정대한 표준에 따르는 하나님의 종말 심판은 결국 양심이 증거하는 바를 그리고 생각들 사이의 고발하거나 변호하는 갈등적인 수행들을 포함해 사람들의 은연중에 행하는 모든 일들을 판단하는 일이고, 그것은 예수 그리스도를 통해서이다.

요컨대 예수 그리스도를 통해 사람들의 숨겨진 일들을 심판하는 일은 유대인의 행위를 율법의 표준에 의존해 판단하는 것도 아니고 또 율법이 없는 이방인들의 행위를 칭찬하고 있는 것도 아니다. 그보다는 차라리 편애가 없으신 하나님의 공명정대한 판단의 결론이다. 율법을 갖고 있지 않은 이방인들이 율법에 합당한 일들을 행할 수 있음을 보여줌으로써 율법을 갖고 있으나 율법의 행위에 어긋나는 유대인들로 하여금 부끄러움을 느끼도록 질책하고 있다. 그리하여 앞 9절에서 "악을 행하는 각 사람의 영에 고난과 고뇌가 있으니 첫째는 유대인에게요"라는 연장선상의 논리이다.

2. 율법과 할례가 면책일 수 없다
(2:17-29)

 이 단락이 앞 단락 2:1-16과 주제가 바뀌었다고 생각하면 오해다. 앞 단락 2:1-16에서는 익명의 표적으로 제시했던 대담자의 호칭을 명료하게 '너'라 유대인이라 명시하는 것이 다르고, 2장 초두부터 전개한 반대자 내지 대담자와의 가상의 논쟁이라는 대담(diatribe)의 수사 양식을 계속 지속하고 있다. 앞 9절에서 "악을 행하는 각 사람의 영에 고난과 고뇌가 있으니 첫째는 유대인에게요"라 했던 유대인에게 정면으로 대항해 통렬하게 논박한다. 언약의 백성 유대인에 대한 통렬한 비판은 하나님 앞에 의롭게 서는 유일한 근거는 믿음이라는 로마서의 기본 원리를 전개하려는 서곡으로 읽어야 할 것이다.

 이 단락을 17-24절과 25-29절의 두 부문으로 나누어 읽겠다. 앞 부문은 유대인이 율법을 소유하고 있음을 뽐내면서 율법을 지키지 않는다는 비판적인 풍자이다. 뒷 부문은 할례를 예로 들어 육체에 행하는 외적인 할례가 아니라 성령 안에서의 마음의 할례이어야 하나님께 칭찬을 받는 진정한 하나님의 백성이라는 것이다. 결국 유대인에게 율법과 할례가 면책일 수 없음을 앞세우고 하나님의 성령으로 말미암아 다시 태어나야 할 것을 강조하고 있다. 유대교의 정체성의 표상은 율법과 할례임은 두말할 필요가 없다. 바울은 그 표상들 자체를 혹독하게 비판하고 있거니와, 실상 비판을 넘어 그것은 혁명 내지 혁신이다. 유대교는 하나님의 교회(qehal yhwh)이니, 그것이 에클레시아이다. 에클레시아의 표상인 율법과 할례를 비판한 정도가 아니라 뒤집어엎어 그것들 자체가 유대인에게 준 하나님의 언약 자체가 아니라는 본질을 명명백백하게 밝혔으니 혁신이다. 마르틴 루터가 종교개혁한 지 500년이 되었다. 그것을 혁명이라는 어휘 대신에 고의로 개혁이라 부르고 있을 것이다. 로마서를 쓴 때가 주후 57년이라니 대략 루터의 개혁보다 바울의 종교혁신은 무려 1500년 전의 혁명이다.

율법을 소유하고 있는 것만으로 하나님의 진노에서 면하여 질 것이냐?(2:17-24)

이 부문의 핵심 내용을 요약하면, 제목에 적은 질문을 필두로 여러 질문들을 통해 여기에 대한 해답을 대담(diatribe) 장르로 기술하고 있다. 대담 장르라 함은 화자가 대담자에게 질문을 던져 그 답을 강요하여 상호가 진리를 모색하는 변증법적인 논리 전개이다. 이 단락에서는 결국 "네가 율법을 자랑하지만 율법을 범함으로 말미암아 네가 하나님을 욕되게 하는구나"(23절)라는 질책을 이끌어 낸다.

17유대인이라 칭하는 네가 율법을 의지하며 하나님을 자랑하며 18율법의 교훈을 받아 하나님의 뜻을 알고 지극히 선한 것을 좋게 여기며 19네가 율법에 있는 지식과 진리의 규모를 가진 자로서 소경의 길을 인도하는 자요 어두움에 있는 자의 빛이요 20어리석은 자의 훈도요 어린아이의 선생이라고 스스로 믿으니 21그러면 다른 사람을 가르치는 네가 네 자신을 가르치지 아니하느냐 도적질 말라 반포하는 네가 도적질 하느냐 22간음하지 말라 말하는 네가 간음하느냐 우상을 가증히 여기는 네가 신사 물건을 도적질하느냐 23율법을 자랑하는 네가 율법을 범함으로 하나님을 욕되게 하느냐 24기록된 바와 같이 하나님의 이름이 너희로 인하여 이방인 중에서 모독을 받는도다

우선 17-18절에 유대인이 갖는 다섯 가지 특전들을 들추어내 적고 있다. 일종의 감탄사로 "보라"를 앞세워 조건절의 전제절(if)의 형식을 빌려 적고 있는데 일종의 빈정거림의 표현일지 모르나 여러 학자들이 평서문으로 번역하고 있다. "너는 네 자신을 자칭 유대인이라 부르고, 율법을 의지하고, 하나님을 자랑한다"라는 17절에 세 가지 특전들을 그리고 "율법에 의해 가르침을 받음으로써 너는 하나님의 뜻을 알고 최상의 것들을 식별한다"라는 18절에 다른 두 가지 특전을 추가하고 있다. 이들 진술은 해설이 필요 없다. 한글개역과 상위하게 번역한 어휘만을 해설하겠다. 한글개역에서 '유대인이라 칭하는 네가'라는 17절의 표현은 '유대인이라 일컬음을 받다'의 수동태의 표현이므로 이방인이 아니고 하나님의 백성이라는 독자적인 정체성을 앞세우는 표현일 수 있다. 그리고 한글개역에서 "지극히

좋은 것을 좋게 여기며"라는 18절의 표현은 여러 해석이 가능한 모양인데 "최상의 것들을 식별한다"의 번역을 권장하므로(Moo, 1991: 156; Ridderbos, 1979: 134) '식별하다'를 우리는 선택하였다. 율법의 가르침을 받음으로써 이방인은 근접할 수 없는 최상의 것들이 선민의 것임을 유대인이 안다는 자부심의 표현이다.

이들 다섯 가지의 특권과 자부심의 결과로 유대인이 갖는 확신을 19-20절에 적고 있다. "¹⁹(만일) 네 스스로에게 설득하기를 네가 소경들을 위한 안내자요 어두움에 있는 자들을 위한 빛이요 ²⁰어리석은 자들의 교사이고 어린아이들의 선생이라 하고, 그것이 율법 안에 있는 지식과 진리를 구현해 갖고 있기 때문이라면"이라 19-20절의 조건문의 전제절(if)의 형식으로 표현하고 있다. 유대인이 율법의 지식과 진리의 본체를 갖고 있기 때문에 네가 율법이 없는 이방인의 길의 안내자요 빛이고, 어리석은 자와 어린아이의 교사임을 스스로 설득하여 확신한다는 것을 19-20절이 전제하고 있다.

그리고는 21-22절에 바울은 그의 대담자의 위선을 잇대어 여러 질문을 통해 꾸짖는다. "²¹네가, 그렇다면 남들을 가르치면서 네 자신은 가르치지 않느냐? 도둑질하지 말라고 선포하는 네가 도둑질하느냐? ²²사람들이 간음하지 말아야 한다고 말하는 네가 간음을 범하느냐? 우상을 혐오하는 네가 성전들을 약탈하느냐?"가 그것들이다. 앞 문단 17-18절을 읽을 때와 마찬가지로 이들 진술은 해설이 필요 없다. 앞 문단에서 한글개역과 상위하게 번역한 어휘만을 해설하였던 것과 마찬가지로 한글개역 22절 "네가 신사 물건을 도적질 하느냐"에 대해서만 부연하겠다. "성전들을 약탈하느냐?"라는 원문을 한글개역에서 이교도 신사의 물건(聖物) 도적질이라 번역한 것은 필경 고의적인 의역일 것이다. 여러 학자들이 은유적인 표현이냐 혹은 실제 일어난 일의 기술이냐를 여러모로 논의하지만, 이 점에 묘수 풀이가 있을 수 없다. 그렇다면 차라리 한글개역의 표현이 현실적으로 중용을 취하는 가장 그럴듯한 의역일 수도 있을 것이다. 여하튼 바울은 유대인의 위선을 적나라하게 의도적으로 표현하고 있다.

이때 바울의 의도를 곧이곧대로 이해할 수 있는 것이 마지막 질문 "율법을 자랑하는 네가 율법을 범함으로써 하나님을 욕되게 하느냐?"의 23절과 그리고 "기록된 바와 같이 '하나님의 이름이 너 때문에 이방인들 중에서 모독을 받는다'"의 24절이다. 이 심한 말씀을 우리는 2:17 이하의 결론이고, 특히 앞 21-22절에 관한 직접적인 결론이라 읽겠다. "네가 율법을 의지하고, 하나님을 자랑하면서"(2:17b)라 자칭 언약과 선택의 백성임을 자랑하는 유대인이 심지어 이교도 신사의 성물 도적질조차 마다하지 않는다면 하나님이 주신 율법으로 오히려 하나님을 모독하는 일을 저지르는 것이다. 사 52:5를 인용한 "하나님의 이름이 너 때문에 이방인들 중에서 모독을 받는다"는 24절은 '그들의 마음에 쓰여 있는 율법의 일을 나타내는'(2:15) 양심 있는 이방인들이 율법을 범하는 하나님의 백성을 보고 하나님이 당신의 백성에게 범법을 허용한 것이라 생각한다면 그것이 곧 하나님의 이름이 모독을 받는 것이겠다.

요컨대 17-24절은 자칭 의롭다고 자만하는 유대인들의 자아 정체성에 대한 주관적인 지각을 풍자적으로 비꼬는 2:17-29의 서문이다. 이제 25절 이하에 하나님의 백성의 진정한 정체성이 어떠하여야 할 것을 직설적으로 설파한다.

진정한 할례(2:25-29)

바울이 그의 대담자에게 이번에는 세례에 관한 주제로 논변을 바꾼다. 율법을 범하는 자에게는 신체적인 세례가 아무 소용이 없는 것이고, 진정한 할례는 마음에 받는 세례이고, 성령에 의해 효력을 갖는 할례이어야 한다는 것이다. 이 할례의 주제에 관한 논변은 세례의 주제에 관한 논변과 그 논리 전개가 동일하다는 점을 유념하며 읽어야 한다.

> 25네가 율법을 행한즉 할례가 유익하나 만일 율법을 범한즉 네 할례가 무할례가 되었느니라 26그런즉 무할례자가 율법의 제도를 지키면 그 무할례를 할례와 같이 여길 것이 아니냐 27본래 무할례자가 율법을 온전히 지키면 의문과 할례를 가지고 율법을 범하는 너를 판단치 아니하겠느냐 28대저 표면적 유대인이 유대인 아니요 표면적 육신의 할례가 할례가 아니라 29오직 이면적 유대인이 유대인이며 할례는 마음에 할지니 신령에 있고 의문에 있지 아니한 것이라 그 칭찬이 사람에게서가 아니요 다만 하나님에게서니라

앞 23-24절에 "네가 율법을 범함으로써 하나님을 욕되게 하느냐?" 그리고 "하나님의 이름이 너 때문에 이방인들 중에서 모독을

받는다"라는 정죄를 이중적으로 문책한 다음, 이제 하나님이 아브라함에게 '나와 너희 사이의 언약의 표징'(창 17:11)으로 명한 할례에 대해 대담을 이어간다. 한데 그 논리가 매우 까다롭다. "²⁵까닭인즉 만일 네가 율법을 실천하는 경우라야 할례가 진정 유익하지만, 만일 네가 율법을 범하면 너의 할례는 무할례가 된다. ²⁶그렇다면 만일 할례를 받지 않은 사람이 율법의 규정을 지키면 그의 무할례를 할례로 간주할 것이 아니냐?"가 25절과 26절이다.

할례에 대한 논변을 25절부터 율법과 맞대어 서술하고 있다. "네가 율법을 실천하여야 너에게 할례가 유익하기 때문이다"라 함은 율법의 실천과 할례가 동등한 가치를 갖고 있다는 진술이다. '유익하다'는 것이 무엇인가? 적어도 하나님의 진노로부터의 방패막이의 구실일 것이다. "네가 율법을 범하면 너의 할례는 무할례가 된다"는 무엇인가? 양피를 베어버린 육신의 표적이 지워져 무할례가 된다는 진술 자체는 궤변이지만, 실상 그것은 아브라함에게 주어진 언약이 무효화된다는 논리 전개일 수밖에 없다. 한 걸음 더 나아가 26절에 논리가 더욱 비약한다. "할례 받지 않은 사람이 율법의 규정을 지키면 그의 무할례를 할례로 간주할 것이 아니냐?"는 육신에 새겨진 표적이 할례의 유무가 아니라는 과장법 수사에 있어 풍자의 극치이다. 여기서 우리는 바울 신앙 논리의 극치를 온몸과 온 마음으로 절감한다. 할례를 무할례로 그리고 무할례를 할례로 간주한다니, 마찬가지로 할례가 하나님의 언약의 징표이지만 그 의식(儀式) 자체는 허위일 수 있으므로 그 의식은 헌신짝이나 다름없다.

통상적으로 26절을 27절과 함께 읽는 것이 보통이나 함께 읽더라도 실제 내용에 있어서는 두 절 사이의 내용이 대조적임을, 나아가 26절과 27-29절과의 내용이 상호 대조적임을 명심하며 읽어야겠다. "본성(生得的)으로 할례를 받지 않고도 율법에 충실한 사람이 비록 성문(成文/儀文)과 할례를 갖고 있음에도 율법을 범하는 너를 판단하지 않겠느냐?"가 27절이다. 이 27절에서는 유대 전통 사상과는 정반대로 무할례자가 할례자를 정죄하리라는 논리에로까지 확장하고 있는 까다로운 논변을 전개한다.

여기서 칼린 크루즈는 '생득적으로 할례를 받지 않았지만 율법에 충실한 사람이' 회개한 이방 크리스천이라 생각한다. 우리가 번역한 '율법에 충실하다'의 표현에서 '충실하다'를 한글개역에서 '온전히 지키다'(telousa)라 번역하고 있는데, 이것이 원 의미에 가깝다. '충실하다/온전히 지키다'와는 달리 앞 2:14에서는 "이방인들은 생득적으로 율법을 소유하고 있지 않은 때에 율법의 일들을 행하고 있다"라 서술하고 있다는 사실을 되돌려 주목해야 한다.

'율법에 충실하다/온전히 지키다'는 '율법의 일들을 행하다'(ta tou nomou poiosin)와 유사한 표현이지만, 학자들은 '온전히 지키다'와 '행하다'라는 어휘 의미는 각각 다르다고 주해한다. "'율법의 일들을 행하다'라 함은 '율법의 도덕적' 견지들에 동조한다는 뜻이라 바울이 생각하고 있음이 거의 확실하다"(Moo, 1991: 146). 반면에 '온전히 지키다'라 함은 율법적 도덕률을 동조하는 행위를 지향하는 양심을 넘어 양심을 초월하는 성질을 내포하고 있다고 주해한다. 이를테면 "이방인이 율법을 (단순히) 지킨다는 것이 아니라 믿음으로써 지키다를 바울이 아마도 시사하고 있는 것이다"(Ibid., 168)라 해설한다.

이 해설을 받아들인다면 이교도 이방인을 넘어선 이방 크리스천이라 아니할 수 없다. 게다가 토머스 슈라이너도 이 견해를 옹호하고 있다. "만일 할례받지 않은 사람이 율법의 규정을 지키면 그의 무할례를 할례로 간주할 것이 아니냐?"는 26절에서 '율법을 지킨다'는 율법적 도덕률에 동조하는 양심의 행위인 반면에, 27절에서 본성으로 할례를 받은 것은 아니나 율법을 온전히 지킨다라 함은 믿음에 수반하는 순종이라면, 26절과 27절을 분리해 읽어야 할 상극의 대조라 읽어야 한다.

할례에 대한 주제는 같지만, 25-27절과는 달리 28-29절에서 사이비 유대인과 진정한 유대인이라는 관점을 바꾸어 새로운 논변을 전개한다. 따라서 통상적으로 27절을 28절 이하와 분리해 읽는 것이 보통이나 우리는 관점만 바뀌었을 뿐이지 논변의 주제와 맥락은 동일하므로 27절을 28-29절과 함께 읽겠다. "²⁸오로지 외면적인 사람이 유대인이 아니니 단지 외면적이고 육신적인 것은 할례가 아니기 때문이다. ²⁹그렇기는커녕, 내면적인 사람이야 유대인이고, 세례는 마음의 세례이고 성령에 의한 것이지 성문(成文, 율법)에 의한 것이 아니다. 그런 사람의 칭찬은 다른 사람들에게서 나오는 것이 아니라 하나님에게서 나오는 것이다"가 28-29절이다. 더글러스 무는 29절 말미를 제외한 28-29절을 요령 있게 아래처럼 재구성해 제시한다.

28절. 외면적인 사람이 유대인이 아니다 (유대인이라 함은)
        육신 안에서의 외면적인 할례는 할례가 아니다 (할례라 함은)

29절. 그러나 내면적인 사람이어야 유대인이다 (유대인이라 함은)

　　　그리고 마음의 할례는 성령 안에지, 성문이 아니다 (할례라 함은)

이상은 원문의 운율까지 되살려 깔끔하게 재구성한 요약이다. 내면적이냐(숨겨져 있느냐) 아니면 외면적이냐(공공연하냐)를 대비하고 마음이냐 육신이냐를 대비하고, 게다가 성령과 율법을 대비하여 진정한 유대인과 진정한 세례를 정의하고 있다. 요컨대 진정한 세례에 견주어 진정한 유대인을 세 측면에서 다시 정의한 것이다. 심지어 이 정의가 바울의 핵심 개념인 새 언약이다(Ridderbos, 1979: 335-336)라고까지 확대해석한다. 그렇다면 28-29절은 "육신에 할례를 받지 않은 채 율법에 충실한 사람이 비록 성문법(成文法)과 할례를 갖고 있는데도 율법을 범하는 너를 판단한다"는 27절의 진술의 근저를 다시 풀이한다고 해도 좋을 것이다. 풀이하면 "율법을 지속적으로 지키는 이방인의 행동을 내세워 율법을 범하는 질책을 받아 마땅한 유대인의 행동을 두드러지게 부각시키고 있고, 그럼으로써 이방인의 행동이 율법을 범하는 유대인을 정죄하는 판결에 증언의 구실을 하고 있다"(Kruse, 2012: 155)라는 의미를 전하고 있는 것이다. 유대인으로서의 이 바울의 논리는 이방인의 덕성이 유대인의 악덕을 판단한다는 지독한 비꼼이다.

　마지막으로 이제 29절에 진정한 유대인과 진정한 할례를 총정리한다. "그러나 내면적인 사람이어야 유대인이고, 마음 안에서의 할례, 성문이 아니라 성령 안에서 할례이어야 한다. 그런 사람의 칭찬은 다른 사람들에게서 나오는 것이 아니라 하나님에게서 나오는 것이다"라는 29절을 읽으며 앞 절들을 다시 반추하겠다. 이미 기술한 전체 내용의 취지를 정리한 것이 29절이라 읽고 싶기 때문이다. '그런 사람'이란 바로 앞에 기술한 바 있는 다른 무엇보다 '내면적인 사람인 유대인'이다. '내면적인 사람'의 원문을 직역하면 '숨겨져 있는 사람'에 가깝다. 다른 사람들은 알아보지 못하지만, 하나님께서는 사람들의 마음에 숨겨진 것을 알아보시는 인간의 내면성이다. 심지어 '내면적'이라는 용어는 잘못된 번역어이고, 사람들이 못 보는 것을 하나님은 보신다는 "하나님은 인간의 마음의 비밀들을 보신다"(Kruse, 2012: 156)에 합당하게 번역하여야 한다고 제안하기도 한다. 그리고 다시 또 "할례는 마음의 할례이고 성령에 의한 것이지 성문의 법에 의한 것이 아니다"라고 우선 신 10:16 및 렘 9:26 등 구약에도 여러 번 출현하는 '마음의 할례'를 언급하고, '성령 안에서'라 할례를 다시 규정하고 있다. '안에서'를 도구격으로 쓰인 것이라 해석하고, '성령에 의해 실행된 할례'라 풀이한다(Moo, 1991: 172). 이 성령 안에서 할례를 받은 유대인이야말로 새 언약을 가진 유대인 크리스천으로서의 진정한 유대인이다. '마음의 할례' 그리고 '성령 안에서 할례'는 예컨대 신 30:6을 보면 '종말적인 현실'(Schreiner, 1998: 143)을 표명한 것이다. 성령이 없는 성문의 할례는 의를 보장해주지 않는다. 성령에 의해 실행된 할례를 받아야 그는 의인이다. 진정한 유대인 "그런 사람의 칭찬은 다른 사람들에게서 나오는 것이 아니라 하나님에게서 나오는 것이다"라는 29절의 마지막 언표가 종말적인 현실이라는 슈라이너의 해석을 보강하여준다.

바울은 2:1부터 하나님의 판단은 공평하고 편애가 없다는 주제를 논술하고 있다. 이 주제의 테두리에서 바울은 그의 동족을 혹독하게 비판한다. 아직 이 단원이 끝나지 않았지만, 2장 마지막까지 읽었으니 중간 단계의 간추림을 요약하고 넘어가야 바울의 전반적인 논변의 개관에 도움을 줄 터이다. 우선 논변의 전개 과정에서 "악을 행하는 각 사람의 영에 고난과 고뇌가 있으니 첫째는 유대인에게요 그다음은 헬라인에게요"(2:9)라는 관점에서 바울은 유대인의 율법과 할례에 있어 외면적인 특질을 상대적으로 더욱 심하게 비판하고 있다. 하나님이 언약으로 주신 율법과 할례가 오히려 유대인의 자부심과 외면성을 부추기고 구원의 길에 암초의 구실을 하는 경직에 빠지게 한다. 다메섹 도상 이후에 이방 선교에서 겪은 유대인에게로부터의 박해야말로 유대인의 악에 대한 그의 절실한 체험의 기록일 것이다. 그러나 이때 바울의 더욱 간절한 심정은 그의 동족이 '마음의 할례', '성령 안에서의 할례'에의 변환임이 의심의 여지가 없다. 그리하여 진정한 유대인으로 변환하여야 "하나님에게서 나오는 칭찬을 받는 것이다." 이것은 사도의 겉치레의 소원이 아니다. 왜냐하면 "나는 너희가 이 신비를 모르기를 원치 않노니, 형제자매들이여, 그런즉 너희가 자만하지 말아야 할 것은 이방인들의 충만한 수가 들어올 때까지 이스라엘이 더러는 경직하게 된 것인즉, 그리하여 모든 이스라엘이 구원을 받을 것이다"(롬 11:25-26a)가 바울의 진정한 소원이고 소신이 분명하기 때문이다. "모든 이스라엘이 구원을 받을 것이다"가 바울의 소원이 아니라 신념이라는 주해(Ridderbos, 1979: 357f.)를 덧붙이거니와, 바울은 살아생전 이방 전도 중에 이스라엘을 위해 울며 지냈을 것이다. 우리는 여기서 예수께서 죽음을 맞아들이기 위해 "예수께서 예루살렘에 가까이 이르렀고 성을 보셨고 성을 위해 우셨다"(눅 19:41)를 함께 상기하지 않을 수 없다.

3. 하나님의 신실하심과 모든 인류의 불의
(3:1-20)

앞 2장에서 율법과 할례에 대한 유대인의 외면적인 특질에 대해 심하게 비판하였다. 그리고 "내면적인 사람이어야 유대인이고, 마음 안에서의 할례⋯ 성령 안에서의 할례이어야 한다"(2:29)는 바울의 견지와 소신을 밝혔다. 이 논변이 3:1-8에도 계속 이어진다. 유대인 이 마땅히 판단을 받아 마땅하다는 것을 3:1-8에 앞세우고, 3:9-20 에서 "유대인이나 헬라인이나 의인은 없나니 한 사람도 없다"는 심상 치 않는 절박한 논변으로 치닫는다.

우리는 앞 2장 말미에 이에 대한 논평으로 "모든 이스라엘이 구원 을 받을 것이다"(11:26a)를 앞세워 인용하고, 이것이 바울의 신념이 라 하였다. 이들 궁금증에 대해 이 단락이 직접 해소해주지 않지만, 이 단락은 다음 단락 3:21-4:25에서 하나님의 구원의 의에 관한 서론 격일 따름이다. 여기서 바울이 모든 인간성의 불의가 정죄 받아 야 할 것임을 밝히는 것은 하나님의 구원의 의가 무엇인지를 밝히기 위한 서곡이다. 이를 전개하는 그의 담론 진행의 깊은 의미를 여기서 읽어보도록 한다.

하나님의 신실하심과 유대인(3:1-8)

여러 복합적인 궁금증이 담겨 있는 질문들을 바울은 여기서도 질문을 중심으로 한 대담(diatribe) 형식으로 제기하되 질문들이 풍자적일 뿐만 아니라 하나님의 판단의 기준에 대해 명료한 해답을 제시하지도 않는다. 독자로 하여금 그 해답을 숙고하게 만드는 과제를 안겨주지만, 자칫 미궁에 빠지기 십상이다. 그만큼 이 부문은 바울의 서한 중에서도 가장 난해한 수수께끼 중의 하나이다.

1그런즉 유대인의 나음이 무엇이며 할례의 유익이 무엇이뇨 2범사에 많으니 첫째는 저희가 하나님의 말씀을 맡았음이니라 3어떤 자들이 믿지 아니하였으면 어찌하리요 그 믿지 아니함이 하나님의 미쁘심을 폐하겠느뇨 4그럴 수 없느니라 사람은 다 거짓되되 오직 하나님은 참되시다 할지어다 기록된 바 주께서 주의 말씀에 의롭다 함을 얻으시고 판단 받으실 때에 이기라 하심이라 함과 같으니라 5그러나 우리 불의가 하나님의 의를 드러나게 하면 무슨 말 하리요 내가 사람의 말하는 대로 말하노니 진노를 내리시는 하나님이 불의하시냐 6결코 그렇지 아니하리라 만일 그러하면 하나님께서 어찌 세상을 심판하시리요 7그러나 나의 거짓말로 하나님의 참되심이 더 풍성하여 그의 영광이 되었으면 어찌 나도 죄인처럼 심판을 받으리요 8또는 그러면 선을 이루기 위하여 악을 행하자 하지

않겠느냐 (어떤 이들이 이렇게 비방하여 우리가 이런 말을 한다고 하니) 저희가 정죄 받는 것이 옳으니라

"그렇다면 유대인의 우월성이 무엇이고 혹은 할례가 갖는 유익함이 무엇이냐?"라는 1절의 첫 질문은 대뜸 2:28에 적힌 "외면적인 사람은 유대인이 아니니 단지 외면적이고 육신적인 것은 할례가 아니라"를 연상케 한다. 그리하여 2:28에 비추어 유대인의 표면적이고 외면적인 특성에 대해 반론을 제기하는 질문인지 혹은 '유대인의 우월성'과 '할례의 유익함'이라는 측면은 이방인에 비교하여 유대인의 어떤 다른 특성이 있는지를 캐묻는 질문인지 아리송하다. 학자들도 어리둥절한 나머지 '설득력이 없는 오리무중(feeble)' 질문이라 평하기도 한다. 이 의문은 그 대답에서 찾을 수밖에 없다. 대답인즉 "갖가지 많으니, 첫째 실로 그들은 하나님의 말씀들을 위탁받았다는 것이다"라는 2절이다. 이 2절의 '갖가지 많으니'가 참 뜻밖의 대답이어서 학자들도 당혹스러워 한다. 그리하여 학자들은 이 대답의 근거를 9-11장에 건너뛰어 그 근거를 찾는다. 특히 9:4-5의 "저희에게는 양자됨과 영광과 언약들과 율법을 세우심과 예배와 약속들이 있고 조상들도 저희 것이요 육신으로 하면 그리스도가 저희에게서 나셨으니"를 인용하며 바울이 긍정적으로 생각하는 갖가지를 옹호하는 학자들이 많다(Moo, 1991: 180; Kruse, 2012: 159). 유대인의 고유성에 있어 이들 특징들을 부인할 수 없으나 그보다는 "하나님의 말씀들을 위탁받았다"는 사실이야말로 특히 구약의 말씀부터 시작하여 신약의 말씀에 이르기까지 유대인에게 계시되었을 뿐만 아니라 보관,

해석, 전달 등의 임무가 위탁되었다는 사실은(노평구, 1979: 233) 부정하려 해도 도무지 부정할 수 없는 유대인의 첫손가락에 꼽을 수 있는 진정한 우월성임을 어찌하랴. 앞 2장 말미에서의 유대인 비판에 비교컨대 논리가 비약하는 인상을 준다. 하지만 2장에서조차 유대인의 선민 자격을 박탈하는 비판은 아닌 모양이다.

"³어떤 이들은 믿지 않았다면 어떻게 될 것인가? 그들의 불신이 하나님의 신실함을 폐할 것인가? ⁴천만에다! 그러나 하나님은 참이시다, 모든 인간이 거짓말쟁이더라도. 기록된 바대로, '주께서 주의 말씀에 의롭다 함을 얻으시도록 당신의 판단에 있어 이기옵소서'"가 3-4절이다. 언뜻 보기에는 이 진술의 맥을 놓치기 십상이므로 이해를 위해서는 이 말씀의 배경을 알아야 한다. 앞에서 유대인이 갖는 장점인 우월성을 언급했고 하나님의 말씀을 위탁받았다고 했는데, 그들 중에는 하나님의 말씀에 반역하여 믿지 않는 불신의 사람들도 꽤 있었음이 역사적인 배경이니만큼, 그렇다면 "어떤 이들은 믿지 않았다면 어떻게 될 것인가?"라 묻는다. '그들의 불신'이 하나님의 말씀 내지 복음을 거부하였다는 의미로 쓰인 것이라면, 더군다나 '하나님의 신실하심'이, 즉 하나님이 주신 언약이 무효화될 것인가의 문제 제기가 3절 질문이다. 특히 이스라엘에게 주신 구원에 대한 언약이 무효화될 것인지가 질문의 핵심일 것이다(Schreiner, 1998: 149). 이에 대한 강력한 부정 답변인 "천만에다!"를 앞세워 4절에 "비록 모든 사람이 거짓말쟁이라 하더라도 하나님은 참이심이 입증된다"(NRSV)가 이어진다. '모든 인간이 거짓말쟁이'라 함과 반면에 '하나님은 참'이시다 함에 있어 '거짓말쟁이'와 '참'이 반대의 속성을 표현한 것임을 눈여겨보아야겠다. 사람의 말은 자신의 형편에 따라 우왕좌왕이지만, 하나님의 말씀과 언약은 어떤 경우에 있어서도 신실함에 있어 요지부동이라는 것이다. 하나님의 의지의 신실함 그것은 인류 구원의 의지이다. 그리고는 아마도 시 51:4 후반부인 "주께서 주의 말씀에 의롭다 함을 얻으시도록 당신의 판단에 있어 이기옵소서"(NRSV)를 인용하여 적고 있지만, 인용문이 앞뒤 문맥의 관계가 선명치 않음으로 시 51:4를 원문대로 옮기면, "당신에 대하여, 당신에 대해서만, 내가 죄를 지었습니다/나쁜 일을 제가 당신 눈앞에서 하였습니다(당신이 말씀하실 때 당신은 의로우시고/당신이 판단하실 때 당신은 결백합니다)"(유희세, 2007:169)에서 괄호 부분이 해당 후반부의 인용문이다. 이 시는 다윗이 자기의 죄의 고백을 통해 참이신 하나님의 판단이 의롭고 신실하심이 우세하기를 또는 결백이 입증되기를 바라는 간청이다. 더글러스 무는 이 시에서 2:9-10을 상기하며 진노함에 있어서나 보상함에 있어서나 하나님의 공명정대한 판단이 그 내용이라 생각한다. 슈라이너는 시 51:4 전체 맥락의 테두리에서 "당신에 대해서만 내가 당신이 보시기에 악인 바를 죄짓고 행하였으니 당신의 말씀에서 당신께서 의롭게 되시고 당신의 판단에서 승리하옵소서"라 해석하고 "다윗에게 부과되는 어떤 판단도 의로운 것"이라는 점이 시편 인용의 요지라 풀이한다(Schreiner, 1998: 152). 우리는 여기서 하나님의 정죄에 대해 "인간들은 변명의 여지가 없다"라는 1:20의 난해한 진술을 어떻게 소화하여야 할지를 다시 생각한다. 가증한 죄를 범한 다윗은 할례와 성문법을 핑계 삼아 용서를 구하는 대신 하나님의 판단의 의로우심에 오로지 승복하는 "변명의 여지가 없다"를 보인 것이라 1:20과 2:4를 함께 동일하게 해석하고 싶다. 달리 말하면 하나님의 판단에 승복하지 않고 어떤 핑계로 변명하는 일은 '인간들의 생각에 무익함에 빠지는'(1:21) 불경의 일이다.

"5그러나 우리의 불의가 하나님의 의를 확인하는 것이라 한다면 우리가 무슨 말을 하리요? 당신의 진노를 우리에게 과하시는 하나님이 불의하심이냐? (내가 지금 인간의 논변을 따라 말하고 있는 것이라.) 6결코 그럴 수 없다! 불연이면, 어떻게 하나님께서 이 세상을 판단하실 수 있느냐?"라는 5-6절의 질문들은 일종의 궤변의 논리 전개라서 우리를 어리둥절하게 만든다. 바울은 앞 1-4절에서의 자신의 가르침에 대한 있을 수 있는 반론을 가상하여 질의응답의 방식으로 논리를 펼치고 있다. 우리는 특히 3-4절을 반추하며 5절을 차근차근 이해해야겠다. 우선 5절 첫 질문은 우리의 불의와 하나님의 의를 인과응보의 대조로 가상적인 반론을 제기한다. 말미의 "우리가 무슨 말을 하리요?"라는 질문이 반의적(反意的)인 표현이기에 첫 질문이 억지라서 아무 말도 할 수 없음을 이 질문 자체가 함축하고 있다. 그리고 또 "당신의 진노를 우리에게 과하시는 하나님이 불의하심이냐? … 결코 그럴 수 없다!"가 바울의 속셈의 정답이다. 그렇다면 4절에서 인용한 시 51:4가 암시하듯 하나님의 판단이 당신의 의로우심을 나타내는 것이라는 답변을 유도하고 있는 것이 첫 질문이 의도하는 바이다. 둘째 질문은 하나님의 진노는 당신의 불의를 표상할 수 없다는 상대적으로 직설적인 답변을 요구하고 있다. 그리하여 괄호 속에 적혀 있는 이들 두 질문에 대한 바울 자신의 내성적인 촌평 "내가 지금 인간의 논변을 따라 말하고 있는 것이라" 함은 이와 같은 인간의 구차하고 부조리한 취지에서 자문자답을 요구하는 질문이 사람 놀음이 아니고 무엇이냐는 빈정댐이다. 그러므로 6절에 강력한 부정 답변인 "결코 그럴 수 없다!"를 앞세워 불연이면, 어떻게 하나님께서 이 세상을 판단하실 수 있느냐?"라고 두말 못하도록 감탄문과 같은 의문문으로 딱 잘라 부정해버린다.

마찬가지의 불경스러운 논리의 전개가 대담 형식의 질문으로 7-8절에 이어지고 있다. "⁷만일 하나님의 참이 나의 거짓으로 말미암아 넘쳐흘러 당신의 영광이 되었다면 왜 내가 죄인이라 아직도 정죄받고 있는 것이냐? ⁸그리고 아니면 어때? (우리가 그릇되게 비방받는 것처럼 그리고 어떤 이들이 우리가 그렇게 말한다고 하고 있는 것처럼) 우리가 악한 일들을 행하여 선한 일들을 이루자라 말하면 그들을 판단함이 옳도다"라는 7-8절은 원문대로의 번역에 가깝지만, 비꼼의 풍자라서가 이해하기가 참 어렵다. 대부분의 학자들은 이 7-8절이 1절부터 시작되는 유대인의 불경스러운 교만한 주장의 일환에 함께 묶어 독해하여서 이 두 절을 심각하게 다루지 않는다. 하지만 "우리가 악한 일들을 행하여 선한 일들을 이루자"는 8절의 유대인의 항변은 유대인의 반신적인 배교의 극언이라서, 우리는 이 7-8절을 소상하게 주장하고 있는 더글러스 무의 주해에 따라 이 부문을 여러 모로 깊이 음미하기로 하겠다.

"만일 하나님의 참이 나의 거짓으로 말미암아 넘쳐흘러 당신의 영광이 되었다면 왜 나마저 죄인이라 아직도 정죄받고 있는 것이냐?"는 7절은 실제로 앞 절들과 같은 맥락의 진술이기도 하지만, 무엇보다 '우리의 불의가 하나님의 의를 확인하는 것'이라는 5절의 진술하고 있는 부조리의 논리의 연장선상의 반복이다. 이때 5절에서의 '우리'가 7절에서 '나'로 바뀌었다는 사실이 생소한 감을 준다. 이처럼 이의를 제기하는 반론자가 5절에서의 유대인에서 마치 바울 자신을 지칭하는 듯이 '나마저'로 바뀌었지만, 그러나 이 대명사 '나마저'는 개인에 대한 수사적인 실감을 부각하는 표현의 차이일 뿐 5절에서나 7절에서나 유대인을 지칭하는 것은 마찬가지이다(Moo, 1991: 193). 심지어 바울 자신도 판단 받음에서 면제될 수 없다는 사실을 은근히 암시하고 있을 따름이다. 바울은 7절과 8절을 '그리고'로 연결하고 있고, 핵심 내용이 8절이지만 7절과 대등한 관계에 있음을 분명히 표현하고 있다. 이 7-8절의 구문 분석은 내용 분석에 있어 이의(異意)를 제기하는 질문의 주체가 누구인지 애매하다. 하여 NIV는 7절 초두에 원문에는 없는 '어떤 사람이 논하기를'이라는 어구를 삽입하고, 8절 초두에는 "왜 이렇게 말하지 않는가"라는 어구를 삽입하여 질문하는 주체가 제3자인 유대인임을 명시하고 있다. 여하튼 7절에서는 "왜 나마저 죄인이라 아직도 정죄받고 있는 것이냐?"는 질문을 통해 그리고 8절에서는 "'우리가 악을 행하여 선을 이끌어 내자'라 왜 이렇게 말하지 않을 것인가?"(NIV)라는 질문을 통해 이의를 제기한다. 특히 8절의 질문은 비꼼의 정도가 변태적이기까지 하다. 게다가 8절 괄호 속에 삽입한 '어떤 사람들이 우리가 그렇게 말한다고 중상하여 우기듯이'(NIV)를 읽으면 실제로 이런 허위의 모략이 있었던 모양이다. 이처럼 부조리한 유대인의 이의 제기를 대담의 형식을 통해 낱낱이 구체적으로 열거한 후에, 그럼에도 불구하고 바울은

"그들을 판단함이 옳도다"라는 단순한 결론으로 하나님의 신실하심과 유대인의 죄성에 관한 논변을 끝낸다. 아마도 9절 이하에 모든 인류의 죄성에 관해 포괄적으로 논할 때 다시 다루기로 한다는 암시를 미리 은연중에 시사하고 있는 듯싶다.

인류의 죄의 보편성 그리고 율법을 통한 죄의 자각(3:9-20)

"유대인이든 헬라인이든 모두가 죄 아래 있다"라는 고발이 9절 말미인데, 이 유죄 선고가 이 부문의 주요 핵심 중의 하나이다. 또 다른 주요 핵심 중의 하나는 20절에 적힌 "율법으로 말미암아 죄를 죄로 자각한다"는 바울의 혁신적인 율법관이다. 그리고 그사이에 출처 불명의 구약 발췌문인 10-18절을 인용하고 있다. 우리는 9절과 20절을 따로 읽고, 양자 가운데 삽입된 10-18/19절을 한숨에 묶어 읽기 위해 아래처럼 본문을 옮겨 적겠다.

9그러면 어떠하뇨 우리는 나으뇨 결코 아니라 유대인이나 헬라인이나

다 죄 아래 있다고 우리가 이미 선언하였느니라

10기록된바

의인은 없나니 하나도 없으며

11깨닫는 자도 없고

하나님을 찾는 자도 없고

12다 치우쳐

한가지로 무익하게 되고

선을 행하는 자는 없나니 하나도 없도다

13저희 목구멍은 열린 무덤이요 그 혀로는 속임을 베풀며

그 입술에는 독사의 독이 있고

14그 입에는 저주와 악독이 가득하고

15그 발은 피 흘리는데 빠른지라

16파멸과 고생이 그 길에 있어

17평강의 길을 알지 못하였고

18저희 눈앞에 하나님을 두려워함이 없느니라

하심이라

19우리가 알거니와 무릇 율법이 말하는 바는 율법 아래 있는 자들에게 말하는 것이니 이는 모든 입을 막고 온 세상으로 하나님의 심판 아래 있게 하려 함이니라

20그러므로 율법의 행위로 그의 앞에 의롭다 하심을 얻을 육체가 없나니 율법으로는 죄를 깨달음이니라

문단 분절에 관한 문제인데, 9절을 대담 형식으로 기술한 앞 문단의 유대인의 이의 제기와 함께 읽느냐 혹은 10절 이하의 모든 인류의 죄성과 함께 읽느냐는 내용 분해의 문제는 아직까지 학자들 사이에 의견이 엇갈린다. 우리는 대부분의 번역서와 주해서가 후자의 견지를 택하고 있으므로 이 견지를 취하기로 하겠다. (NIV의 구판은 9절을 8절과 한 문단으로 그리고 신판 개역본(2011)에서는 9절을 10절 이하와 한 문단으로 묶고 있다.) 이 견해 차이는 특히 9절 전반부가 상위한 번역이

병존하는 중의적인 번역이 가능하기 때문인데, 우리는 9절 전반부의 번역 역시 그 중의성을 열거하지 않고 우리가 취하고 있는 견지에 따라 해석하기로 하겠다. 상례대로 NIV에 따라 9절 번역을 옮기면 "무엇이라고 그렇다면 우리가 결론을 내려야 할 것인가? 우리가 어떤 유리한 이점을 갖고 있는 것인가? 결코 그렇지 않다. 우리는 유대인들이나 이방인들이나 마찬가지로 모두 죄의 권세 아래 있다는 책무를 이미 짊어지고 있기 때문이다"가 그것이다. 중의성의 문제 중 하나를 꼽으면 "우리가 어떤 유리한 이점을 갖고 있는 것인가?"에서 우리가 이방인들인지 혹은 크리스천들인지 사도들인지도 중의적이라 아니할 수 없다. 이 중의성에 대해 길게 논의하는 학자도 있지만 (Moo, 1991: 200-203), 지나치게 심각할 필요가 없어 보인다. 이때까지의 맥락으로 보아 '유리한 이점'을 갖고 있다고 새삼 내세울 만한 인류가 어느 종족인지는 자명하여진다. 그들은 선민으로서의 유대인임이 자명하다. 여기 9절에 "유대인들이나 이방인들이나 마찬가지로 모두 죄의 권세 아래 있다는 책무를 이미 짊어지고 있다"고 적고 있지만, 이 9절 후반부는 이제부터 바울이 논하고자 하는 주요 관점이 인류의 죄의 보편성에 관해서임을 명세하였을 따름이다. 게다가 10절 초두에 '기록된 바'라 적혀 있는데 이 구절은 원문에서 9절과 하나의 문장의 연속으로 적혀 있어 9-20절을 하나의 문단으로 읽을 것을 요구하고 있다.

다시 말하거니와 원문에서는 "유대인들이나 헬라인들이나 모두가 죄 아래 있으니라"에 연이어 '심지어 기록된 바대로'가 잇따르고 있으니 모든 인류의 죄상을 열거하고 있다. 이제 11-18절에 전도서,

시편, 잠언, 이사야 등을 자유스럽게 인용하며, NIV의 편집에 따르면, 12행들을 8연으로 묶어 제시하고 있다. 우리는 바울이 그의 해박한 구약 지식을 활용하여 죄의 보편성에 관한 수상록(隨想錄)을 장려한 한 편의 시로 엮어내어 창작하고 있다고 독해하고 싶다. "모두가 죄 아래 있다"의 9절에서의 '모두'를 10절에서 "의인은 아무도 없다"의 '아무도 없다'로 대치하여 첫 행을 시작하고, 18절의 마지막 행에서 "하나님을 두려워하는 자가 아무도 없다"라고 다시 '아무도 없다'를 반복하고 있는 것을 읽으면 바울이 생각에 흐름에 있어 얼마나 치밀하고 언어 구사에 있어 빼어난지를 짐작하고 남는다. 학자들은 인용문의 출처를 가능한 한 캐내려 애쓰고 있으나 우리는 시가 시인지라 해석은 독자의 주관적인 독해에 맡기는 일이 오히려 정도라 생각하여 NIV의 편집에 따라 옮긴 한글개역을 다시 읽기를 단지 권하고자 한다. 우리는 구약을 원용한 11-18절의 장려한 시가 바울 자신의 개인적인 체험을 토로한 수상(隨想)이라 생각한다. 바울의 다메섹 도상에서 예수를 뵙기 이전과 이후의 체험을 뼈아프게 회고한 흔적을 여기서 읽는다.

구약의 여러 곳을 원용하여 죄의 보편성을 매섭게 토로한 다음에 19-20절에 율법의 행위들로는 아무도 의로울 수 없다는 결론을 도출해낸다. 이때 본문의 해석이 수월찮다. "19우리가 알고 있거니와 무엇이든 율법이 말하고 있는 것은 율법 안에 있는 사람들에게 말하는 것이니 여하한 입도 다 침묵시켜야 하고 온 세상이 하나님께 판단을 맡기도록 하려 함이라. 20까닭인즉 아무도 율법의 행위들로 인해 하나님 앞에서 모든 육체가 의롭다고 공표하지 못하게 하고 (오히려)

율법으로 말미암아 죄를 온전하게 자각하게 하려는 것이다." 초두 '우리가 알고 있거니와'는 바울이 자신과 독자들이 공히 알고 있는 경우를 표현하는 바울이 흔히 사용하는 어투이다. 여기서는 '율법이 말하고 있는 것은 율법 안에 있는 사람들에게'라는 제한된 조건을 제시하고 있다. 이때 율법은 모세의 율법에 국한해 지칭하고 있는 것이 아니라 11-18절에 인용했던 구약 전반의 내용이고, '율법 안에 있는 사람들'은 유대인들(Kruse, 2012: 170; Moo, 1991: 207)이라는 해석이 우세하다. 그리하여 유대인을 정죄하고 있는 11-18절에 따라 "어떤 입이든 다 침묵시켜야 한다"는 유대인으로 하여금 입을 다물게 만들어 이방인들보다 우월하다는 등의 어떤 자랑도 변명도 하지 못하게 만들기 위해 '침묵시키다'라는 법정 용어를 사용하고 있다. 그리고 또 "온 세상이 하나님께 판단을 맡기도록 하려 함이라"는 유대인이나 이방인이나 온 세상을 막론하고 악한 행위는 하나님의 정죄를 받아야 한다는 것이다. 우리는 여기 10절에서 "의인은 아무도 없다"라 '아무도 없다'로 대치하여 첫 행을 시작하고, 18절의 마지막 행에서 "하나님을 두려워하는 자가 아무도 없다"라는 테두리에서 유대인이나 이방인이나 모두 죄 아래 있다는 단죄를 상기한다.

이제 20절에서 19절의 근거를 적고 있다. "까닭인즉 누구든 율법의 행위들로 인해 하나님 앞에서 모든 육체가 의롭게 되지 않을 것이고 (오히려) 율법으로 말미암아 죄에 대한 온전한 지식이 나오는 것이다'라고 20절에 적고 있다. 원문의 초두에 적힌 어휘는 '왜냐하면'(di-oti)인데, 많은 번역본에서 한글개역처럼 '그러므로'라 번역하고 있다. '왜냐하면'이라는 원인이든, '그러므로'라는 결과이든 19절과 20

절의 의미 관계를 연결하는 데 양자가 모두 일리가 있을 수도 있는 듯싶어 우리는 '까닭인즉'이라 번역하였다. 아무도 마땅히 정죄를 받아야 함을 모면할 핑계를 둘러댈 수 없다는 뜻으로 "여하한 입도 다 침묵시켜야 하고 온 세상이 하나님께 판단을 맡기도록 하려 함이라"는 19절 후반부의 진술은 20a절의 원인일 수도, 결과일 수도 있다는 말이다. 게다가 "모든 육체가 의롭게 되지 않을 것이다"가 단순히 판정받는 일이라기보다는 종말에 있을 강하고 심각한 의미를 전한다고 해석하여 "누구든 율법의 행위(일)들로 인해 하나님 앞에서 의롭다고 선언 받을 사람은 아무도 없다"(Kruse 사역)라고 20a절을 번역하기도 한다. 이 20a절은 바울 신학의 심오하고도 난해한 논변으로 학자들 사이에 논변이 분분하게 전개되는 주제이다. '율법의 행위들'(erga nomou)이 무엇인지 그리고 왜 율법의 행위들로 인해 아무도 의로워질 수 없는지에 대한 논란이 분분하다. 우리는 가장 상식적이고 평이한 슈라이너 그리고 크루즈의 해설을 옮겨 적고 급한 불 끄듯 우선 넘어가겠다. "내가 논변하여 왔던 바가 이것인데 율법의 행위들이 의롭다고 정당화할 수 없는 까닭인즉 율법이 말하고 있는 모든 것을 지킬 수 있는 사람은 아무도 없기 때문이다"(Schreiner, 1998: 173). 이때 '율법이 말하고 있는 모든 것들'을 율법이 요구하고 있는 '도덕적인 성과들'(Kruse, 2012: 176)이라 바꿔 말해도 같은 말일 것이다. 우리가 두 학자의 설명을 인용하는 까닭은 논리가 단순하기 때문에 심지어 신 27:26을 인용한 "누구든지 율법 책에 기록된 대로 온갖 일을 항상 행하지 아니하는 자는 저주 아래 있는 자라"(갈 3:10)는 난제까지도 포괄해 이해하는 설명력을 갖기 때문이다. 율법의 행위들에 의존하는 의는 의의 판단에 있어 그 자체가 모순을 안고 있다. 율법의 모든 것들 즉 도덕적인 성과들을 모조리 실행하여야 의로움을 선언 받는다면 실제로 누구든 불가능하므로 그 자체가 모순이다.

마지막으로 이 단락에 있어 심오하고도 으뜸으로 유의미한 바울의 언표가 "율법으로 말미암아 죄의 온전한 지식이 나오는 것이다"라는 20절 말미이다. 이 20절 말미가 19절뿐만 아니라 2:1-3:20 전반에 걸친 율법과 인류의 죄에 대한 결론이고, 이제 전개될 3:21-4:25의 새 단원의 서문이라 독해해야겠다. 원문에 따라 '죄의 온전한 지식'이라 번역하였는데, 그 올바른 의미는 죄가 무엇인지를 앎이라 해석해야 할 것이다. NIV는 "율법으로 말미암아 우리가 우리의 죄를 의식화한다"라 의역하고 있거니와 이 의역이 바울이 전하고자 하는 의미에 가깝다. 바울이 7:7에서 "율법이 죄냐? 결코 그럴 수 없다! 율법으로 말미암지 않고는 내가 죄를 알지 못하였다. 율법이 '탐내지 말라' 하지 아니하였다면 내가 탐심을 알지 못하였기 때문이다"라 기록하고 있는 것과 같이 죄가 무엇인지에 대한 온전한 지식이라 해석해야겠다. 율법이 죄가 무엇인가를 결정한다는 것이 아니라 "죄가 모든 인류를 노예로 속박하는 정죄임을 자각케 한다"(Moo, 1991: 211)라는 역의 긍정적인 의미를 전달하고 있다. 롬 3:20과 7:7을 함께 읽으면, 율법의 행위들은 하나님의 의롭다 하시는 판단인 구원과는 차라리 무관하지만, 죄에 관한 의식적인 자각을 눈뜨게 하는 죄에의 노출이라는 점에서 율법은 역시 존중되어야 마땅하다는 진술임을 알 수 있다. "하나님이 유대인에게 토라(율법)를 주신 목적은 야고보가 말한 대로 거울과 같은 역할을 하여(약 1:23) 우리의 잘못을 그 율법(거울)에 비춰보게 해서 한 사람도 완전한 사람이 없다는 것을 깨닫게 하기 위함이라는 것이다"라는 갈 3:10에 대한 김은정(2016: 28)의 해석과 같다. 그러나 이때 유대인들에게 있어서는 "율법의 행위들로 인해 하나님 앞에서 의롭다고 선언 받았음"(20절)을 자랑하기 위한 일방적인 행위라는 것이 문제이다. 그런데 '율법이 말하고 있는 모든 것들'을 율법이 요구하고 있는 '도덕적인 성과들'(Kruse, 2012: 176) 일체라 규정한다면 누구든 자신의 도덕적 성과(율법의 행위)들로 말미암아 의로워질 수 없는 것이 인간의 조건이다. 아울러 이방 신자들도 마찬가지다. 자신들의 선악의 행위 자체를 앞세운다면 "어떤 입이든 다 침묵시켜야 한다. 결국은 "의인은 없나니 한 사람도 없다"(3:10)라는 '죄의 온전한 지식'(20b절)의 관문을 통과할 때에야 비로소 하나님의 구원의 의인 구속의 길에 들어선다.

| 4장 |

하나님의 구원의 의

3:21-31

결국 앞 두 단원들(1:18-3:20)에서는 온 세계가 하나님의 진노의 대상임과 율법의 행위들에 의해 의로워질 수 없음을 길게 진술하였다. 이제 새 단원을 "그러나 이제 율법과 별도로 하나님의 의가 현시되었다"고 21절에 열어 하나님의 구원의 약속이 믿음을 가진 모든 사람에게 구원의 은혜가 주어진다는 기쁜 소식을 3:21부터 심지어 4:25에 이르기까지 길게 전한다. 로마서는 인간 본성의 죄와 그리고 하나님의 영광이 사랑으로 나타나는 구원의 역사에 관한 논리적이고 체계적인 저술 혹은 담화라 아니할 수 없다. 하나님의 구원의 의지와 약속에 관해 한편으로는 심오한 사상과 다른 한편으로는 통일된 이야기 주제가 논술문이라 할 만큼 그 진술의 체계가 도도하게 한결같아서 하나님의 의가 무엇인지를 자문자답하며 학구적인 논문을 독해하는 태도로 읽어야 한다.

이 단원의 내용 분해는 질서정연한 두 단락으로 나뉜다. 첫 단락이 하나님께서 당신의 언약을 예수 그리스도의 죽음을 통해 이루셨다는 3:21-26이다. 앞질러 해석하면 모든 사람이 죄를 지었으나 하나님께서 진노 대신에 당신의 아들인 예수를 속죄의 제물로 바쳐 인류를 구속하셨다는 것이다. 둘째 단락 3:27-31은 사람이 의롭다 하심을 얻는 것은 예수를 믿음으로 말미암아서이지만, 우리가 믿음에 의해

율법을 무효화하는 것이 아니라 율법을 곧게 세운다는 것이다. "하나
님은 홀로 유대인들의 하나님일 뿐이시뇨? 이방인들의 하나님이시
기도 하지 않느냐?"라 다그쳐 묻는다.

1. 예수의 죽음에 있어서 하나님의 의
(3:21-26)

앞 1:18-3:20의 주제가 옛 시대에 있어 하나님의 진노인 반면 이제부터의 주제는 새 시대에 있어 하나님의 의이다. 하나님의 의가 21, 22, 25 및 26절에 각각 무려 네 번씩이나 나온다. 참으로 새 시대의 개막을 여는 복음을 전하는 로마서 중에서도 백미의 단락이다. 마르틴 루터는 3:21-26을 "으뜸가는 요점이고 이 서한의 그리고 전체 성경의 바로 중심 장소이다"라고 논평하였다는 요체이다. 그럼에도 불구하고 이 단락은 독해에 어려움이 있으므로 난해한 문제들을 분석적으로 꼼꼼히 따져 읽어야겠다.

은혜와 구속(3:21-24)

첫 단락 3:21-26은 전반에 걸쳐 하나님의 의를 주제로 다루고 있으니 더 이상 세부적인 내용 분해가 필요 없다. 그런데 하나님의 의를 설명하는 용어가 21-24절에서는 은혜와 구속이고, 25-26절에서는 예수의 피를 속죄의 제물로 묘사하여 용어가 바뀌고 있다. 하나의 동일한 주제에 대해 각기 상위한 측면의 성질을 해명하고 있으므로 우리는 두 문단으로 분리해 읽기로 하겠다.

> 21이제는 율법 외에 하나님의 한 의가 나타났으니 율법과 선지자들에게 증거를 받은 것이라 22곧 예수 그리스도를 믿음으로 말미암아 모든 믿는 자에게 미치는 하나님의 의니 차별이 없느니라 23모든 사람이 죄를 범하였으매 하나님의 영광에 이르지 못하더니 24그리스도 예수 안에 있는 구속으로 말미암아 하나님의 은혜로 값없이 의롭다 하심을 얻은 자 되었느니라

"이제는 그러나 율법과 별도로 하나님의 의가 현시되어졌으니 그 의는 율법과 예언자들이 증언해 왔었다"의 21절에서 '이제는 그러나'를 앞세우는 것은 죄가 지배하는 옛 시대는 지났고, 구원의 새 시대의 도래를 알리는 팡파르의 신호이다. '율법과 별도로'는 모세의 율법이라는 구약의 규범에서 벗어나 유대인의 국가 및 종교의 파라미터라는 울타리 제약을 벗어난다는 뜻이다(Dunn, 1988: 165). 말하자면 구원의 역사에서 새 시대를 맞이하여 "하나님의 의가 현시되어졌다"는 것이다. 여기서 '하나님의 의'(dikaiosyne theou)에 있어서 의는 하나님 당신 자신의 의라기보다는 하나님께서 인간에게 귀속시킨 의이므로(Ridderbos, 1975: 163), 하나님께서 의롭다 하심이다. 따라서 하나님 앞에서의 인간의 지위가 의라는 것이다. 크리소스톰은

'주어졌다'라 하지 않고 '현시되어졌다'라고 말함에 주목하고 또 현시된 일이 비로소 최근에 일이 아님을 "율법과 예언자들이 증언한 것이다"에서 확인하고 있다. '현시되어졌다'는 숨겨져 있던 신비가 공공의 현실로 의로움을 증명하였다는 뜻이다. '구약과 예언자들'은 구약의 기록 전체이고, 당연히 이사야가 대표적일 것이라 주해하기도 한다 (Moo, 1991: 223). 한편으로는 구원의 역사에 있어 구원이 갖는 율법의 제약의 한계를 벗어나지만, 또 다른 한편으로는 구약의 연속선상에 있는 하나님의 의라는 것이다.

'율법과 별도로'라는 하나님의 의를 21절에 잇대어 믿음의 성질이 무엇인지에 관해 한 발자국 더욱 명료하게 22절에 진술한다. "하나님 의는 예수 그리스도의 믿음을 통해 그리고 믿는 모든 사람에게로 차별이 없기 때문이다"의 22절에서 다른 무엇보다 '예수 그리스도의 믿음을 통해'라 그리스도와 믿음이 소유격으로 연결된 표현 때문에 학자들 사이에 의견이 엇갈리고 갑론을박이 장황하다. 우리도 덩달아 믿음의 성질에 관한 언어분석을 시도해 간결하게나마 22절에 대한 의미분석을 시도하겠다. '예수 그리스도의 믿음'이라는 언어 사용은 그리스도를 믿음(faith)의 속격(屬格)으로 표현하고 있으므로 아예 속격을 소유격으로 해석해 그리스도가 소유하고 있는 속성이라 해석해, 심지어 '그리스도의 신실함'(faithfulness)이라는 번역을 시도하기도 한다. 하지만 '그리스도의 믿음'이라는 표현은 바울 서한들에서 가끔 찾아볼 수 있긴 하다. 물론 믿음은 '그리스도 안에서(en)'라 쓰이는 것이 가장 빈번하다. 이때 전치사 '안에서'는 '영적인 그리스도와 함께 하나님의 효력을 가져오는'(Ridderbos, 1979: 239) 뜻이라 해석한다. 그런데 이 '그리스도의 믿음'에서 그리스도를 속격으로 갖는 믿음은 그리스도와 함께 하는 교제의 의미를 갖는 속격이라 해석할 수 있다고 한다. 그렇다면 '안에서'라는 전치사적 부사나 '의'라는 속격의 전치사나 양자가 모두 '그리스도를 믿음'이라는 표현에서와 마찬가지로 그리스도를 목적으로 수반한다는 점에서 유사한 의미를 갖는다고 하여도 무방할 것이다. 이 해석을 뒷받침하는 또 다른 하나의 근거가 명사 '믿음'을 사용한 '그리스도의 믿음을 통해'라 말한 다음에 22절 내에서 곧장 동사 '믿다'를 사용한 '믿는 모두에게'가 잇따르는 병렬적인 언어 구사이다. "하나님의 의가 당신의 구원의 행위를 지칭하는 것일진대, 당신의 의가 믿음에 의해 쓰여지는 일 역시 진실"(Schreiner, 1998: 184)이라면, 22절 전반부의 명사 '믿음'과 후반부의 동사 '믿다'는 다 마찬가지로 그리스도를 목적으로 취해야 할 것을 요구한다. 더글러스 무는 22절을 "이 하나님의 의는 예수 그리스도 안에서의 믿음을 통해서이고, 믿는 모든 사람을 위해서이다. 차별이 없기 때문이다"라 번역하고, "하나님의 의는 그리스도 안에서의 믿음을 통해서만 오직 유용하고 그러나 그것은 그리스도 안에서 믿음을 가지고 있는 모든 사람에게 유용한 것이다"(Moo, 1991: 225)라 '믿음'도, '믿다'도 그리스도를 목적으로 갖는다고 명료하게 해설하고 있다. 여기 22절 말미 "차별 없기 때문이다"에 NIV는 '유대나 이방 사이에'라는 부가적인 해명을 친절하게 덧붙이고 있다.

"차별이 없기 때문이다"라는 22절 말미를 "모두가 죄지었고 하나님의 영광에 결핍해 있기 때문이다"라는 23절과 함께 읽어야 할 것이다. 물론 '모두'는 유대인과 이방인을 포함하는 모두이고, 부정과거를 사용해 죄를 지었다고 말하며, 현재형으로 하나님의 영광에 결핍해 있다고 격언적인 표현을 사용하여 인류의 타락한 상태를 서술한다. 학자들은 여기서 모세 계시록에 기록되어 있는 일화에서 아담이 하와가 권하는 금단의 나무 실과를 먹은 후에 "네가 하나님의 영광을 나에게서 박탈하였다"라 꾸짖은 일을 인용하고 있다. 에덴에서 실낙원했을 때가 인류가 하나님의 영광을 상실하였던 때임을 상기하고자 하는 원용일 것이다. 이처럼 하나님의 형상으로 창조된 인간이 하나님의 영광에서 일탈하였음을 알리고는, 새로운 천지개벽을 24절에 "그리스도 예수 안에서의 구속으로 말미암아 하나님의 은혜에 의해 값없이 의로워진 것이다"라 전한다. 이때도 역시 주어는 23절의 주어 '모두'인 바 하나님의 영광에서 추방된 유대인과 이방인 모두이다. 죄지었다고 했던 그 인류가 역으로 하나님의 은혜에 의해 피동적으로 '의로워지다' 함을 받는다. '의로워지다'는 대가와 조건 없는 무죄 판결의 뜻을 갖는다고 하니 '율법의 행위들'로는 불가능한 일이다.

바울의 구원론은 여기서 두 개념이 주축을 형성하고 있다. 하나의 개념은 '하나님의 은혜에 의해 값없이(자유롭게)'이다. 하나님의 은혜(charis)의 히브리어(hen)는 위법의 잘못을 묵과해주는 호의이다(Kruse, 2012: 185). 받을만한 가치가 없는 자에게 무상으로 베푸는 호의다. 다른 하나의 개념은 '그리스도 예수 안에서의 구속으로 말미암아'이다. '구속'(apolytroseos)은 무죄의 판결에 몸값을 지불하였다는 뜻이다. 전쟁 포로나 노예를 몸값을 지불하고 해방할 때 쓰이는 용어라는 것이다(Moo, 1991: 229). 우리는 형벌대수설을 반대하는 학자도 있다는 사실을 알고 있다. 그러나 더글러스 무는 신약성서를 샅샅이 뒤져 십자가의 피가 몸값의 의미를 갖는다는 사실을 도저히 부정할 수 없다는 근거를 보장한다. 은혜와 대속이라는 두 개념의 기반 위에서 의와 구원이 주어짐을 기술하고 있다는 사실은 철학의 도덕률로나 모세의 율법으로나 그것은 도저히 접근할 수 없는 파천황(破天荒的)인 개념들이다. 실상 이들 두 개념이 사변적인 철학의 윤리에 있어서도, 선민의 의의 실천 율법에 있어서도 도저히 근접할 수 없는 십자가의 개념들이다. 그것들은 그리스도 예수 안에서라는 그리고 오로지 '믿음만'이라는 구원론 본질의 기반 위에서야 비로소 받아들일 수 있는 개념들이다. 이제 로마서는 앞으로 읽어갈수록 믿음만이라는 은혜의 의미가 더욱 깊게 충만하여질 터이나, '믿음에 의한 의'는 인간의 지혜로는 도무지 접근할 수 없는 신비이고 괴물이다. 무소불능의 전권을 가진 야웨 하나님이신데 '사람이 무엇이기에' (시8:4) 믿음 이외에는 구원에 이르는 다른 방도가 없는 은혜 베푸심이다.

하나님이 그리스도를 속죄의 제물로 공시하셨다(3:25-26)

앞 문단 머리말에서 '은혜와 구속'이라는 전반부의 용어가 후반부에서 '속죄의 제물'이라는 용어로 바뀌고 있음을 지적하며, 이 두 문단의 세부 분류는 단지 편의상의 문제라고 언급하였다. 편의상의 내용 분해이긴 하더라도 속죄의 제물은 구약에서의 제사 의식의 용어이므로 이 용어 해설을 밝힐 필요가 있다.

> 25이 예수를 하나님이 그의 피로 인하여 믿음으로 말미암는 화목 제물로
> 세우셨으니 이는 하나님께서 길이 참으시는 중에 전에 지은 죄를 간과하
> 심으로 자기의 의로우심을 나타내려 하심이니 26곧 이때에 자기의 의로
> 우심을 나타내사 자기도 의로우시며 또한 예수 믿는 자를 의롭다 하려
> 하심이니라

　　이제 25-26절에 24절에 적혀 있는 '그리스도 예수 안에서 구속'
에 관해 해설하여주는 친절을 덧보탠다. 원문에서는 24절 말미에
'그리스도 예수'가 적혀 있고, 그 예수를 25절 초두에 관계대명사로
받아 이어지지만, 연결에 혼란이 있을 수 있으므로 우리는 25절을
독립적인 다른 문장으로 26절과 함께 읽기로 하겠다. 상례대로 우리
의 독해는 한글개역의 어순을 원문에 따라 수정해 다시 옮겨 적겠다.
"25하나님은 그리스도를 속죄의 제물로 바쳤으니 그의 피 안에서의
믿음에 의해 당신의 의를 나타내시기 위함이다. 당신이 이 일을 행하
심은 당신의 참으심 중에서 이전에 범하였던 죄들을 당신께서 징벌하
지 않고 넘겨버림으로써 당신의 의를 나타내려 하시기 때문이다.
26당신은 현세에 당신의 의를 나타내시어 당신의 의로우심과 그리고
예수를 믿는 사람을 의롭다 하려 하심이다"라는 25-26절은 구와
구 사이의 연결이 엉켜있으므로 되도록 구와 절의 단위를 직접 그리
고 짧게 분절하며 독해하기로 하겠다.
　　우선 "하나님은 그리스도를 속죄의 제물로 바쳤다"가 25절의

주절이다. 주절일 뿐만 아니라 24절의 '그리스도 예수 안에서의 구속으로 말미암아'의 진술에서 '몸값으로 지불하였다'를 다시 풀이한 것이니 치밀하게 독해하기 위해 우리는 이 주절의 해석을 독립해 읽겠다. 지엽적인 문제인 것 같지만 '제물로 바쳤다'가 자연스러운 표현이기 때문에 '바쳤다'라 우리가 번역하였으나 학자들은 '바쳤다'가 공적으로 드러내졌다는 뜻을 갖는다고 주해하여 '공시하였다' 혹은 '의도하셨다'라 번역하여야 본래 의미에 가깝다고 생각한다. 이 어휘 번역을 까다롭게 따지는 까닭은 '속죄의 제물'이 대뜸 구약의 유대교에서의 속죄제(贖罪祭) 의식을 생각나게 하기 때문이다. 이를 테면 레 16-17장에 속죄의 제사 의식의 규례가 적혀 있지만, 레위기에서의 성전의 속죄소(贖罪所)는 장막으로 가려진 밀실이므로 '공시(公示)하다'는 있을 수 없는 일이다. 말하자면 25절은 구약 시대의 제사 의식을 묘사하는 속죄의 제물을 바치는 의식에 비견하지 말아야 한다고 생각한다. 구약 중에서 비견할만한 곳은 사 53:10에 적힌 "여호와께서 그로 상함을 받게 하시기를 원하사 질고를 당케 하셨은 즉 그 생명을 죄를 위한 제물로 드리니"라는 기록이다. 이 구절이 25절을 썩 잘 대변하는 것으로 해석한다(Schreiner, 1998: 192). 문제는 "그리스도를 속죄의 제물로 공시하였다"에서 '속죄의 제물'이라는 제사 의식이라는 용어를 사용하고 있지만, 의식(儀式)을 내세우려는 것이 아니라 이 용어가 "우리가 그 피를 인하여 의롭다 하심을 얻었다"(5:9)를 곧이곧대로 표현하기에 적합함으로 '속죄의 제물'이라는 용어를 선택한 것이라 읽어야 한다.

주절에 이어서 "그의 피 안에서의 믿음에 의해 당신의 의를 나타내시기 위함이다"가 적혀 있다. 이때 또 다른 하나의 문제는 '피 안에서 믿음'이 원문의 직역인데, 22절을 해석할 때와 마찬가지로 '안에서'를 목적격으로 취하여 '그의 피를 믿음으로 말미암아'라 의역할 수도 있다. 이때 문제는 바울이 '피를 믿다'라는 용어를 어디서나 사용한 일이 없다는 사실이다. 따라서 이 구절을 어떻게 해석하고 번역하여야 할지를 학자들 사이에 논란이 많다. 심지어 '믿음'을 아예 생략한다든지 혹은 '신실함'이라 바꿔 번역한다든지 하는 논란이 있기도 하다. 그보다는 '믿음'이 피에만 국한하는 것이 아니라 25절 전반부를 '믿음'의 목적 내지 대상으로 취급하여 "하나님께서 그리스도를 속죄의 제물로 바친 것은, 그의 피를 흘림을 통해서이고   믿음에 의해 받아들이려 함이다"(NIV)라 번역과 해석을 취하기도 하는데, 이것이 아마도 "그의 피로 인하여 믿음으로 말미암는 화목(속죄) 제물로 세우셨으니"라는 한글개역과 같은 번역일 것이다. 믿음을 단순히 피에만 연결시키지 않고 NIV와 유사하게 "그의 피로 말미암아 하나님이 믿음을 가진 모든 사람을 위해 죄를 속죄하여 주는 수단으로 하나님이 그를 바치셨다"(Fitzmyer, 1993: 341)라는 번역과 해석을 취하기도 한다. 이들 두 번역과 해석은 믿음을 피에만 연결시키지 않고 25절 전반부 전체 맥락에 연결해 독해하는 방식으로 여러 학자들 역시 공감하는 해석이다(e.g., Kruse, 2012: 188). 이들 번역은 문장 구성을 문법적으로 분석한 번역이 아니라 의미 해석의 기반 위에서 문장 구성을 분석한 것임을 인지하면 성경 독해에 대한 깊은 통찰력을 깨우칠 수 있다. 특히 '속죄의 제물'을 '속죄하는 수단'이라 한 피츠마이어의 번역은 하나님께서 진노를 뒤집어엎고, 속죄에로 바꾸는 수단을 내포하는 표현이어서 율법 대 믿음이라는 갈등에서 오해의 소지가 있는 '속죄의 제물'에 대한 올바른 해석에도 유의미하게 기여할 수 있다.

비로소 "당신의 의를 나타내시기 위하여 참으심 중에서 이전에 범하였던 죄들을 당신께서 징벌하지 않고 넘겨버리셨기 때문이다"의 25절 후반부를 읽을 수 있다. 이 후반부는 "하나님이 그리스도를 속죄의 제물로 공시하셨다"의 목표 내지 의도를 명시한 것이다. 특히 하나님의 의를 나타내심이 하나님이 그리스도를 속죄의 제물로 공시하심과 직접 연결해 읽어야 한다. 그러나 이때 그리스도를 유대교에서의 속죄제(贖罪祭)의 제물과 동일시하거나 혹은 십자가로 말미암는 죄의 용서라는 개념에로 일반화하는 일을 삼가야 한다. 하나님의 의는 '이전에 범하였던 죄들을 당신께서 징벌하지 않고 넘겨버리심을 통해'라 함은 인간의 이때까지의 죄를 용서하신다라고 해석하기 쉬우나, '넘겨버리다'(paresis, passing by)는 의학적인 용어로 쓰일 때는 마비의 상태를 뜻하기도 하여 '활기가 멈추다' 혹은 '정지하다'의 의미를 갖는다(Moo, 1991: 240). 제임즈 던은 속죄제와 함께 25절을 논의하면서 "확실한 것은 바울의 해설의 논리가 (1:18-3:20에 상술되어 있는) 하나님의 진노가 예수의 죽음에 의해 피해 빗겨나간다는 것이다"(Dunn, 1988: 171)라 해석한다. 따라서 '넘겨버리다'는 고지식하게 '하나님의 진노가 멈추다'의 의미로 해석해야 한다는 것이 학자들의 공통의 견해이다.

이제 26절을 읽기 전에 제임즈 던의 구약의 속죄 제물과 예수의 피를 동일시하지 말아야 한다는 논변을 다시 더 강조하고 싶다. 예수의 십자가는 하나님의 죄 용서와 신자들의 믿음과 직접 연결되는 구원의 개념이다. 반면에 제사 의식으로서의 속죄의 제물은 '죄인이 죄인의 자격으로'(Dunn, 1988: 172) 제물로 바치는 동물을 자신과 동일시하여 바치는 속죄 의식이다. 그러나 죄 없는 그리스도는 죽음의 희생 제물로 바쳐짐으로써 죄 없는 분의 생명이 죄인에게 전이되는 일이다. 죄의 용서와 신자들의 믿음과 직접 연결된다는 점에서 십자가는 제사 의식과 사뭇 다르다.

제임즈 던의 이 해설은 과격한 점이 없지 않으나, 우리는 '하나님의 의'의 맥락에서 26절을 이해하는 일에 무게를 두어야 한다고 생각하여 미리 인용해두기로 하겠다. "하나님께서 현세에서 당신의 의를 나타내심은 그리함으로써 당신 자신이 '의'(義)이심과 그리고 예수를 믿음으로 갖는 사람을 의롭다 하려 하시기 위함이다"라는 26절은 25절 후반부를 달리 다시 풀이하고 있다. 여기서 우리는 '하나님의 의'가 주제인 이 단락을 마무리하며 그것이 무엇인가를 캐묻지 않을 수 없다.

과격하게 말하면 하나님의 의는 우리에게 있어 하나님의 속죄하심이다. 당신의 아들을 속죄의 제물로 바치심으로써 '하나님께서 현세에서 당신 자신의 의를 나타내심'이 속죄의 능력이고 또 동시에 그 능력의 결과로 "예수를 믿음으로 갖는 사람을 의롭다 하려 하시기 위함이라"는 속죄의 베푸심이다. 속죄는 하나님의 의의 능력이 아니면 불가능하다. "모든 종교에 있어서 이 점 구약에 있어서도 제물은 죄를 범한 사람 편에서 하나님께 바쳐야 하는 법인데, 하나님 자신이 예수를 제물로 삼아 인류에게 제공한 점이다"(노평구, 1979: 285)라는 논평이야말로 정곡을 꿰뚫는 깊은 이해이다. 이 논평에 뒤이어 "인간에 의한 인류 문제의 해결이란 과연 가능한 것인가?"(Ibid., 293)라 되묻는다. 그렇다. 이것이 모든 종교와 유대교 그리고 기독교 사이의 차별점이다. 우리는 여기서 속죄의 제물에 관한 유대교에 있어서의 제사와 3:21-26에 있어서의 차이를 지적한 제임즈 던의 논변을 상기하며 하나님의 의에 관해 덧보태기로 한다. 하나님은 의이시기 때문에 직접적으로 사람을 의롭다 하실 수 있다. '하나님께서 의를 나타내심'과 '사람을 의롭다 하려 하심'과의 양자의 관계를 '그리고'라는 접속사를 사용해 26절에 병치하고 있다. 그러나 단 하나의 단서가 첨가되어 있다. "예수를 믿음으로 갖는 사람을 의롭다 하려 하심"이라는 '믿음'이라는 단서가 그것이다.

2. 오로지 믿음만으로의 의

(3:27-31)

이 단락은 앞 단락 3:21-26에 대한 상세한 해설이다. 무엇보다 22절 "하나님의 의는 예수 그리스도 안에서의 믿음을 통해서이고, 믿는 모든 사람을 위해서이다"(Moo 사역)에 대한 상세한 해설이다. 본문 28절부터 먼저 인용키로 하겠다. "우리가 확신하기로는 그렇다면 (오로지) 믿음에 의해서 인간이 의롭게 되는 것이지 율법의 행위들과는 별개이다." 여기 '믿음의 의해서'를 마르틴 루터가 로마서를 독일어로 번역하면서 "allein durch den Glauben"라 '오로지'(allein)를 자의적으로 첨가한 사실은 유명한 일화이고, 역사적인 사건이기도 하다. 루터의 '믿음만'이라는 번역도 유명하지만, 후대에 심지어 가톨릭 학자들조차 루터의 번역이 전체 맥락으로 보아 '오로지'를 첨가한 사실에 찬동을 표하고 있다니 그야말로 놀랍다.

행위 업적의 율법과 믿음의 율법: 자랑은 배제되었다
(3:27-31)

여기서도 역시 대담(diatribe) 형식을 빌려 바울은 유대인 혹은 유대 크리스천의 입장에서 자문자답한다. 대담의 방식을 통해 질문과 대답의 토론의 장을 마련하는 데 그치지 않고, 바울은 문제를 보는 시각과 그 시각에 따르는 다양한 접근의 방식을 제안하는 담론의 장을 마련한다. 그리하여 하나님의 의를 추구하는 유대주의의 그릇된 방식을 노출시키고, 결국 진정한 진리가 무엇인지를 대담의 묘미를 통해 해명한다.

> 27그런즉 자랑할 데가 어디뇨 있을 수가 없느니라 무슨 법으로냐 행위로냐 아니라 오직 믿음의 법으로니라 28그러므로 사람이 의롭다 하심을 얻는 것은 율법의 행위에 있지 않고 믿음으로 되는 줄 우리가 인정하노라 29하나님은 홀로 유대인의 하나님뿐이시뇨 또 이방인의 하나님은 아니시뇨 진실로 이방인의 하나님도 되시느니라 30할례자도 믿음으로 말미암아 또는 무할례자도 믿음으로 말미암아 의롭다 하실 하나님은 한 분이시니라 31그런즉 우리가 믿음으로 율법을 폐하느뇨 그럴 수 없느니라 도리어 율법을 굳게 세우느니라

하나님께서 당신의 의를 나타내시어 "예수를 믿는 믿음을 가진 사람을 의롭다 하려 하시기 위함이다"라는 26절의 구원의 원리에 관련하여 바울은 27절에 "그런즉 자랑이 어디 있느냐? 그것은 배제

되었다. 어떤 법 때문이냐? 행위들을 요구하는 법 때문이냐? 아니다, 믿음의 법을 통해서이다"라 자문자답하고 있다. "자랑이 어디 있느냐?"는 필경 유대인을 겨냥한 질문일 것이다. 행위를 요구하는 법에는 자랑이 배제되어 있다는 답을 질문이 내포하고 있다. 행위를 요구하는 것이 모세 율법인데 그것에 대해 "아니다"라 단정한다. 대신에 "믿음의 법을 통해서이다"라는 바울의 자답(自答)이 자문(自問)에 대한 정답인 줄은 알겠는데, '믿음의 법'(nomos pisteos)이라는 원문 용어가 난해하다. 이 용어에 대한 해석은 우선 "어떤 법 때문이냐? 행위들을 요구하는 법 때문이냐?"라는 선행 질문의 문맥의 테두리에서 비추어보면, 행위를 요구하는 모세 율법 이외에 또 다른 법을 지칭하는 것이 아니냐는 인상을 주기도 한다. 학자들 사이에도 '믿음을 증거하는 법', '믿음 지향의 법의 요구', '믿음의 관점에 본 법', '믿음 안에서 완성되는 법' 등의 여러 해석이 장황하게 병존하고 있고, 믿음의 법이 모세 율법을 가리키는 것이 아니라 주창하기도 한다 (Moo, 1991: 251). 하지만 NIV가 27절의 번역에 있어 "어떤 법 때문이냐? 행위들을 요구하는 법이냐? 아니라 믿음을 요구하는 법 때문이다"라 행위의 법과 믿음의 법을 동형의 절 구조를 사용하여 나란히 대조의 대구(對句)로 병치해 서술하고 있다. 그리고 이 서술 양식이 실제로 바울이 뜻하고자 하는 바를 잘 반영하고 있다고 우리는 생각한다. 다시 말하면 NIV의 27절 문장 배열의 구성이 '행위들을 요구하는 법'과 '믿음을 요구하는 법'을 나란히 대구로 병치하고 있는바, 이 문장 배열의 구성이 두 법이 동일한 하나의 모세의 율법을 지칭함을 암시한다. 표현 양식의 구문 구조에 따르는 이러한 추론이 억지가 아니라는 보상을 오히려 후속 28절에서 보강받는다. "우리가 확신하기로는 그렇다면 (오로지) 믿음에 의해서 인간이 의롭게 되는 것이지 율법의 행위들과는 별개이다"가 이미 이 단락 서문에서 인용하였던 이 단락의 핵심 문장이다. 지금 바울에게 있어 주제가 믿음만(sola fide)이지, 법/율법의 유형 분류가 주제가 아니다.

'믿음의 율법'이라는 진술 그리고 "믿음에 의해서 사람이 의롭게 된다"라는 진술에 잇따르는 당연한 귀결을 "²⁹혹은 하나님은 유대인들의 하나님이실 따름이고 또 역시 이방인들의 하나님은 아니시냐? 그렇다, 또 역시 이방인들의 하나님이시니, ³⁰믿음에 의해 할례자를 의롭게 하실 그리고 바로 그 믿음을 통해 무할례자를 의롭게 하실 하나님은 한 분뿐이시기 때문이다"라 잇대어 적고 있다. "주 하나님 주는 한 분이시다"(신 6:4)의 셰마를 인용하여 유일신임을 천명하되, 유대인들의 하나님이시고, 이방인들의 하나님이시며, 그 하나님이 믿음에 의해 만백성을 의롭게 하심을 천명하고 있다. 우리는 3:24를 읽으며 하나님께서 베푸시는 의와 구원이 은혜와 구속으로 주어진다는 3:24를 감격해 읽었거니와, 다시 그 3:24를 여기 만백성을 선민이라 부르시고자 하는 하나님의 의지를 표명하는 3:29-30과 함께 읽고 싶다. '행위의 율법' 대 '믿음의 율법'을 27-28절에 극렬하게 대조함으로써, 마침내 29-30절에 실로 새 시대를 새롭게 여는 하나님의 의지를 여기서 읽는다. 여기 29절 원문은 '혹은'으로 시작하고 있음을 주목해야 한다. 아마도 '혹은'의 뜻은 '그렇지 않으면'(不然이면)인지도 모르겠다. 말하자면 27-28절에서는 '자랑'을 주제로 내세워 "자랑은 배제되었다"를 선포하고 있다. 반면에 29-30절에서는 할례자든 무할례자든 '믿음'에 의해 의롭다 하시는 구원의 역사의 새로운 개막을 선포하고 있다(Schreiner, 1998: 205). '혹은'이라는 부사 내지 접속사를 사용함으로써 배제된 '자랑' 대신에 '믿음'의 시대의 개막을 '자랑이 아니면'이라는 뜻으로 '혹은'이라 표현한 것이라 읽고 싶다. 우리는 구약 시대에 주 하나님이라 불렀던 주의 호칭을 이제 예수 그리스도께 옮긴 깊은 의미를 여기서 찾아 읽는다.

"그렇다면 우리가 믿음으로 말미암아 율법을 폐하는 것인가? 천만에다! 그러나 우리는 율법을 확립한다"가 31절이다. 이 31절은 바울의 논리 전개가 순리라기보다 견강부회인 것처럼 들린다. 그러나 천만에다! 그의 '믿음의 율법'이라는 용어의 사용부터 율법에 존경을 담고 있었다고 읽어야 한다. 앞 29-30절에 유대인이나 이방인이나 그리고 할례자나 무할례자나 믿음으로 말미암아 의롭다 하시는 새 시대를 새롭게 여는 하나님의 의지를 기술한 다음에 율법을 확립한다고 기술하고 있다. 우리는 여기서 "육신을 좇지 않고 성령을 좇아 행하는 우리 안에 율법의 의의 요구를 온전히 이루어지게 하려 하심이라"라는 8:4를 미리 함께 읽기로 하겠다. '믿음으로 말미암아' 이든 '성령을 좇아'이든 "그리스도를 믿음으로 말미암아 율법을 완성하는 그리스도와의 결합함으로써 신자들은 율법을 확립한다는 것이다"(Moo, 1991: 516). 구약과 신약의 관계를 염두에 두면서 우리는 이 31절에 대한 해석을 4:1-25에 적힌 아브라함의 믿음을 읽으며 다시 3:31에 되돌아와 반추키로 하겠다.

5장

유대인과 이방인의 조상 아브라함

4:1-25

앞 2:17-29에서 유대인에 대해 혹독하게 비판한 다음에 "유대인의 우월성이 무엇이냐?"를 3:1에서 묻고, 3:2에서 "갖가지 많으니, 첫째 실로 그들은 하나님의 말씀들을 위탁받았다는 것이다"가 적혀 있기에, 그렇다면 우리는 "유대인이 선민 자격을 박탈당하는 것은 아니다"라는 감상을 적었다. 웬걸 바울의 논리는 우리의 어설픈 감상이 어처구니없이 어긋난 의문에 빠져들어 갔었음을 단도직입적으로 4장에서 들추어낸다. 앞 3장 마지막 절에서 바울은 "우리가 믿음으로 말미암아 율법을 폐하는 것인가? 천만에다! 그러나 우리는 율법을 확립한다"라 진술하여 우리를 당혹케 하였다. 이제 이 단락 12절에서 "아브라함이 할례 받은 자인 할례자의 아버지이기도 하고 또 우리의 아버지 아브라함이 할례를 받기 이전에 걸었던 믿음의 자취를 좇는 자들에게도 역시 아버지이다"를 선언한다. 환언컨대 아브라함이 유대인뿐만 아니라 이방의 신자들도 그의 후손이라는 보편적인 아버지 상임을 선포하고 있다. (아브라함을 선죄[propator]라 부르고 있는 사본도 있고, 아버지[pater]라고 부르는 사본도 있다.) 아브라함은 신자들 모두에게 보편적인 아버지이므로 유대인이든 이방인이든 신자라면 누구든 아브라함을 조상으로 가진 선민이다.

이 4장을 내용 분해하겠다. 우선 1-8절에 하나님이 아브라함을 의롭다 하신 것은 그의 행위가 아니라 그의 믿음을 의롭다 하셨다는 데 있다고 진술한다. 다윗을 증언으로 내세워 의가 행위에 의한 것이 아닌 용서임을 강변한다. 그리고 믿음에 의한 의를 9-12에서 유대인에게나 이방인에게나 공히 적용됨을 강변하여 3:29-30의 내용을 보완하고 있다. 심지어 아브라함이 율법뿐만 아니라 할례를 받기 전에 의로웠다는 논리를 전개한다. 그가 할례를 받은 일은 심지어 믿음에 의한 징표일 따름이라 논하고 있기까지 하다. 이 1-12절을 한 단락으로 읽겠다. 그리고 13절 이하의 문단 분절은 학자들 사이에 이견이 있지만, 우리는 더글러스 무의 견지를 좇기로 하겠다. 한글개역에서처럼 '언약'이라 번역하면 유대인들의 자랑인 '언약의 율법주의'(Sanders, 1977)와 혼동할 수 있으니 삼가야 한다. 한데 아브라함론 13절에서 처음 출현하여 22절까지 반복하고 있는 이 어휘 '약속'(epaggelia)이라는 용어는 "아브라함이 이 세상의 상속인이다"라는 맥락에서 하나님의 기적의 역사가 일어난 것임을 확신하는 신념이다. 이 소박한 아브라함의 믿음으로 인해 그가 무엇보다 이방인들을 포함한 온 세계 인류의 조상이 되는 근거이다. 따라서 우리는 '약속'이 출현하는 13-22절을 하나의 단락으로 읽겠다. 그리고 23-25절을 이 단락의 요약 내지 결론으로 읽겠다. 이 결론은 모세의 율법을 초월하는 아브라함으로부터 시작하는 하나님의 구원사의 역사를 새로운 언약 위에 세우고 있는 대단히 유의한 바울 신앙의 정수이다.

1. 믿음과 행위 그리고 믿음과 할례
(4:1-12)

믿음 대 행위 그리고 믿음 대 할례를 대비해 기술하고 있는 믿음의 서한 로마서 본령의 장엄한 서막이다. 언약의 율법주의를 자랑하는 유대인에게는 선민으로서의 할례와 율법의 행위가 일차적인 징표이다. 그러나 바울은 유대인 조상 아브라함이 행위와 할례와 전적으로 무관함을 단호하게 잘라 선언한다. 이 선언은 가히 선민 유대주의에 대한 혁명적인 발언이다. 그러므로 4:1-25에서 1-12절을 독립된 단락으로 읽되, 주제가 다른 믿음과 행위(1-8절) 그리고 믿음과 할례(9-12절)를 별개의 문단으로 읽어야겠다.

믿음과 행위(4:1-8)

아브라함이 우리의 조상임은 행위가 아닌 그의 믿음의 기반 위에 서임을 천명한다. 행위라면 그가 자랑으로 뽐낼 수 있지만, 학자들은 아브라함은 "하나님을 단순히 믿었다"(Kruse, 2012: 202)라 해석한다. '단순히 믿었다'를 삯을 위한 일에 대조하고 있지만, 우리는 까탈 없는 소박한 순종이라 해석하고 싶다. 믿음이 무엇인지를 숙고하며 이 문단을 읽어야겠다.

> ¹그런즉 육신으로 우리 조상된 아브라함이 무엇을 얻었다 하리요 ²만일 아브라함이 행위로써 의롭다 하심을 얻었으면 자랑할 것이 있으려니와 하나님 앞에서는 없느니라 ³성경이 무엇을 말하느뇨 아브라함이 하나님 을 믿으매 이것이 저에게 의로 여기신 바 되었느라 ⁴일하는 자에게는 그 삯을 은혜로 여기지 아니하고 빚으로 여기거니와 ⁵일을 아니할지라도 경건치 아니한 자를 의롭다 하시는 이를 믿는 자에게는 그의 믿음을 의로 여기시나니 ⁶일한 것이 없이 하나님께 의로 여기심을 받는 사람의 행복에 대하여 다윗이 말한 바 ⁷그 불법을 사하심을 받고 그 죄를 가리우심을 받는 자는 복이 있고 ⁸주께서 그 죄를 인정치 아니하실 사람은 복이 있도다 함과 같으니라

첫 1-2절은 자랑할 것이 없다는 3:27-28을 되풀이 하여 아브라 함도 마찬가지라는 말이다. "¹그런즉 우리가 육신에 따라 우리의 선조인 아브라함에 관해 알아낸 것을 무엇이라 말할 것인가? ²만일 아브라함이 행위들로 말미암아 의로워졌기 때문이라면 그가 자랑할 것이 있겠으나 하나님 앞에서는 없다"에서 1절은 모두(冒頭)에 '그런 즉'이라는 접속사를 사용하여 3:27-31의 논지를 전제로 하고 아브 라함에 관해 더욱더 궁금한 일들을 자문자답하겠다는 것이다. 이때

'육신에 따라 우리의 선조'라는 어구를 3장 말미와 4:2의 앞뒤 관계의 연결에 비추어 해설할 필요가 있다. 아브라함을 유대인들이 조상이라 부르는 것은 그들이 육신의 후손이기 때문이 아니라 하나님께서 그에게 주신 약속에 근거한다는 뜻이고, 따라서 이방인들 역시 그를 조상이라 부를 수 있는 길이 열려 있음을 함축하고 있다(Kruse, 2012: 203). 아브라함이 하나님 앞에서는 자랑할 일이 없기에 하물며 이방인들은 더군다나 하나님 앞에서 자랑할 일이 없음은 당연하다.

이어지는 3절도 2절의 연속이다. "성경이 무엇을 말하고 있는가? '아브라함이 하나님을 믿었고 그것이 그를 의롭다고 간주했다.'"에서 작은따옴표의 말은 창 15:6의 인용이다. 창세기부터 '믿다'와 '의롭다'가 나란히 동격으로 쓰인 일에 특히 주목해야겠다. 실상 아브라함 자신은 의롭다고 간주할 만한 사람이 아니었다. "이스라엘 하나님 여호와의 말씀에 옛적에 너희 조상들 곧 아브라함의 아비, 나흘의 아비 데라가 강 저편에 거하여 다른 신들을 섬겼으니"(수 24:2)를 보면, 아브라함도 다른 신들을 섬겼었을 수 있다. 그는 '하나님 앞에서' 자랑할 것이 없었다. 그러나 그는 하나님의 약속을 믿었다. 그러므로 하나님께서 그를 의롭다고 간주하셨다. 이 배경과 맥락에 비추어 보면 그가 의롭다고 하기에는 석연치 않은 점이 있는 것이 사실인데도 불구하고 하나님은 "그를 의롭다고 간주했다."

이제 4-5절에서 이 3절에 관해 다른 측면에서 부연해 설명하고 있다. "⁴일하는 자에게는 보수를 은혜로 부여하는 것이 아니라 빚이라 간주한다. ⁵그러나 일을 행하지는 않는 자라도 불경한 자를 의롭다 하시는 하나님을 믿는 자에게는 그들의 믿음을 의라 간주하신다"가

3-4절이다. 마치 4절은 금언같이 들리는 매우 적절한 세속의 비유이다. 노동에 대해서는 그 대가인 임금을 지불하는 빚이고, 무조건적으로 베푸는 은혜는 아니라는 당연한 상식을 금언처럼 표현하고 있다. 한데 실상 바울이 말하고자 하는 주제는 창 15:6을 인용하여 아브라함에 관한 믿음과 의의 관계를 기술한 5절이다. 아브라함의 선한 행위로 그의 의를 인정받은 것이 아님을 납득할 수 있다 하더라도 그의 어떤 믿음으로 인해 그를 의롭다 인정하신 것인지 아직 궁금하다. '불경한 자를 의롭다 하시는 하나님'에 있어 '불경하다'(asebe)라는 어휘는 영어로는 ungodly(하나님 없이)로 구약에서 행위 없이 하나님 앞에 선다는 배짱 좋은 불경함을 뜻한다. 물론 학자들 사이에는 하나님이 아브라함을 부르실 때(창 12:1-3)부터 하나님을 하나님이라 순종하였으므로 과격한 해석은 피하려 하고 있다. 그렇다. 아브라함은 여호와께서 그에게 나타나셨을 때 애당초 가나안으로 가라는 밑도 끝도 없는 당신의 말씀에 단번에 순종하였다. 이 순종이 곧 그의 믿음이다. 무슨 선한 행위로가 아니라 순종으로 하나님 앞에 서는 것이 아브라함의 믿음이다. 우리는 서두에서 아브라함은 "하나님을 단순히 믿었다"(Kruse, 2012: 202)를 인용하였다. 천진난만한 소박한 순종이 믿음이다.

동일한 맥락에서 6-8절이 이어진다. "⁶하나님께서 행위 없는데 의롭다 간주하시는 축복의 사람에게 다윗 역시 축복해 말하기를, ⁷복이 있도다, 무법자들을 용서하시고 죄들이 가리어진 사람들. ⁸복이 있도다, 주께서 그 죄를 전혀 부과하지 않은 사람들"이라는 다윗의 말과 시 32:1-2를 7-8절에 인용한다. 인용한 시 32:1-2는 70인역과 동일하다. 앞 4-5절에서 창 15:6을 인용하였고, 이제 다시 시편을 인용하는 것을 보면, 바울은 구약도 신약도 하나님께서 의롭다 간주하심은 행위를 규준으로 판단하는 것이 아님을 강조하고 있다고 보아야 한다. 더글러스 무, 타머스 슈라이너 그리고 칼린 크루즈는 6-8절에 대해 상세한 주해 대신에 읽은 소감을 하나님은 정죄의 하나님이 아니라 용서와 죄 없음의 무죄 선언의 하나님이시고, 의롭다 하시는 은혜의 하나님이시라 피력하고 있다.

믿음과 할례(4:9-12)

행위의 업적 없는 다윗의 축복의 시를 인용하고는 다시 아브라함이 믿음으로 의롭다 여기심을 받은 주제로 되돌아온다. 이번에는 할례를 논제로 이야기를 전개한다. 내용은 어렵지 않으므로 한글개역을 수정하며 풀어내기로 하고 한달음에 읽기로 하겠다.

9그런즉 이 행복이 할례자에게뇨 혹 무할례자에도뇨 대저 우리가 말하기를 아브라함에게는 그 믿음을 의로 여기셨다 하노라 10그런즉 이를 어떻게 여기셨느뇨 할례시냐 무할례시냐 할례시가 아니라 무할례시니라 11저가 할례의 표를 받은 것은 무할례시에 믿음으로 된 의를 인친 것이니 이는 무할례자로서 믿는 모든 자의 조상이 되어 저희로 의로 여기심을 얻게 하려 하심이라 12또한 할례자의 조상이 되었나니 곧 할례 받을 자에게뿐 아니라 우리 조상 아브라함의 무할례시에 가졌던 믿음의 자취를

나아가 9-10절을 함께 읽겠다. "⁹그런즉 이 축복이 할례자에게만
이냐 혹은 또한 무할례자에게도이냐? 우리가 말하고 있는 바는 믿음
이 아브라함에게 의로움을 간주하였다는 것이다. ¹⁰그렇다면 어떻게
의로움이 간주된 것이냐? 할례에서냐 혹은 무할례에서냐? 할례 이
후가 아니라 이전이다." 하나님께 의롭다 간주되어 축복받는 조건이
할례 유무와 관련하여 질문하는 논리가 대단히 소박하다. NIV의
각주가 또 재미있다. 아브라함의 의임을 간주한(창 15:6) 때가 할례받
기 14년 전이라(창 17:24) 각주하고 있다. 소박한 논리에 고지식한
해설이라서 재미있다.

그리고 11-12절을 함께 읽겠다. "¹¹그리고는 그가 할례를 징표로
받았으니 그것은 그가 아직 할례를 받지 않았던 동안에 얻었던 믿음
의 의에 대한 인치심이라. 그렇다면 그는 할례를 받지 않았으나 믿는
모든 사람의 아버지이어서 그들 역시 의로움을 간주받게 하려 함이
라. ¹²그리고 할례자들의 아버지인바 그들이 할례를 받았을 뿐만
아니라 우리의 아버지 아브라함이 그가 할례를 받기 전에 가졌던
믿음의 자취를 따라 걷는 자들에게도 또 역시 마찬가지로 아버지이시
다." 우리는 9-10절을 읽으며 할례의 유무와 관련하여 질문하는
바울의 논리가 대단히 소박하다고 하였다. 이제 11-12에서는 할례
없이 의로움을 인정받을 수 있다는 전제 아래 도대체 할례가 제정되
는 근거가 무엇인지를 바울은 묻는다. 우리는 여기 핵심 문장
(key-sentence)이 "아브라함은 할례를 받지 않았으나 믿는 모든 사람

의 아버지이어서 그들(무할례의 신자들) 역시 의로움을 간주 받게 하려 함이라"는 11b절이라 생각한다. 아브라함을 조상이라 불렀던 호칭을 여기서 아버지라 부르는 호칭의 변화도 까닭이 있을 것이다. 조상이라는 용어는 할례와 모세 율법에 상합(相合)하는 유대 민족적 선조에 해당하는 용어인지도 모르겠다. '이방인들과 유대인들 양자 모두의 모든 신자의 영적인 아버지로서의 아브라함'(Moo, 1991: 274)이라면 선조보다는 아버지가 보다 적합한 호칭인지도 모르겠다. 할례도 율법도 없었던 때에 "아브라함이 여호와를 믿으니 여호와께서 이를 그의 의로 여기시다"(창 15:6)라 할 때부터 하나님의 구원의 의지는 "아브라함은 할례를 받지 않았으나 믿는 모든 사람의 아버지이어서 그들(무할례의 신자들) 역시 의로움을 간주 받게 하려 함이라"일 수 있겠다. 이 해석이 더욱 선명하게 받아들여짐은 11절과 '그리고'로 연결되는 12절이다. 특히 12절 후반부 "아브라함은 할례를 받지 않았으나 믿는 모든 사람의 아버지이어서 그들(무할례의 신자들) 역시 의로움을 간주 받게 하려 함이라"가 우리의 해석을 뒷받침한다.

2. 믿음, 약속 그리고 율법
(4:13–22)

믿음의 조상 아브라함이 보편적인 인류의 믿음의 조상임을 다시 또 강조하는 내용이 전개된다. 여기 전개되는 논조는 이 문단의 핵심 단어인 약속이라는 관점에로 발전한다. 우선 약속이 무엇인지 이 문단의 주제부터 감을 잡기로 하겠다. "까닭인즉 아브라함과 그의 후손에게 한 약속 즉 그가 이 세상의 상속자이다라 함은 율법을 통해 나왔던 것이 아니라 믿음의 의를 통해 나온 것이다"(13절). 아브라함이 세상의 상속자라는 약속을 그의 믿음에서 비롯된 의를 통해 주어진 것임을 분명히 밝히고 있다. 그리고 17절 후반부터 아브라함의 믿음의 정수가 무엇인지를 해명하고 있다. 아울러 "이 약속이 모든 아브라함의 후손들에게 보증되어 있다"(17절)고 그 약속이 개인에만 국한된 것이 아님을 믿음과 약속의 관계를 확장하여 진술한다.

아브라함은 세상의 상속자이다(4:13-17a)

이 소단락의 주제는 종말 완성의 약속을 율법을 통해 받은 것이 아니라 믿음의 의를 통해 주어진 것임을 명세하고 있다. 그리하여 아브라함이 믿음을 가지고 있는 온갖 민족들의 아버지가 되었다는 일을 첨가하여 명세하고 있다.

> 13아브라함이나 그 후손에게 세상의 후사가 되리라고 하신 언약은 율법으로 말미암은 것이 아니요 오직 믿음의 의로 말미암은 것이니라 14만일 율법에 속한 자들이 후사이면 믿음은 헛것이 되고 약속은 폐하여졌느니라 15율법은 진노를 이루게 하나니 율법이 없는 곳에는 범함도 없느니라 16그러므로 후사가 되는 이것이 은혜에 속하기 위하여 믿음으로 되나니 이는 그 약속을 그 모든 후손에게 굳게 하려 하심이라 율법에 속한 자에게 뿐 아니라 아브라함의 믿음에 속한 자에게도니 아브라함은 하나님 앞에서 우리 모든 사람의 조상이라 17a기록된 바 내가 너를 많은 민족의 조상으로 세웠다 하심과 같으니

"까닭인즉 아브라함과 그의 후손에게 한 약속, 즉 그가 세상의 상속자이다라 함은 율법을 통해 나왔던 것이 아니라 믿음의 의를 통해 나온 것이다"라는 13절은 머리말에 이미 인용하였다. 이 13절은 '까닭인즉'(gar)을 사용하여 11-12절에 대해 보충하여 설명하고 있다. 아브라함에게 주어진 '세상의 상속자'라는 축복의 약속에 관한 한, 자구대로의 기록은 창세기에 없지만, 학자들은 유사한 의미를

유추할 수 있다고 논증한다. 낱낱의 논증을 인용치 않겠지만, 대표적인 구절이 창 22:17 "내가 네게 큰 복을 주고 네 씨(후손)들로 크게 성하여 하늘의 별과 같고 바닷가의 모래와 같게 하리니 네 씨가 원수들의 문들을 소유토록 하리라"를 꼽기도 한다(Moo, 1991: 279). 여기서 "원수들의 문들을 소유토록 하리라"함은 원수들의 성읍을 점령하리라는 뜻이라 한다. 그렇다면 예수의 산상수훈, 마 5:5에서 "온유한 사람은 복이 있도다, 그들은 땅을 상속받을 것이기 때문이다" 역시 '세상의 상속자'에 대해 시사하는 바가 크다. 온유라 함은 '신적인 의지 앞에 자기의 의지와 생각을 굴복시키는 상태' 그리고 "땅을 상속받는다"라 함은 '세상 정복과 승리'를 말하는 것이라 풀이하고 있기 때문이다(노평구, 1981: 148). 아브라함에게 주어진 약속은 율법을 통한 것이 아니라 여기서 '믿음의 의'를 통해 주어진 것이고, 우리는 '믿음의 의'가 다름 아닌 순종을 뜻하는 것임을 여러 번 강조하였다. 그리고 '세상의 상속자'라는 약속이 '땅을 상속 받다'의 수훈과 동의어여서 이 세상의 악을 이기는 승리라면, 이처럼 아브라함의 주어진 약속의 축복은 수훈의 축복과 맞대어 비교해도 좋을 것이다.

'세상의 상속자'의 기반이 율법이냐 믿음의 의냐에 대해 14-15절에 "14만일 율법의 사람들이 상속자들이라면 믿음은 헛것이 되어졌고 약속은 폐하여져 버렸다 15율법은 진노를 불러일으키기 때문이다. 그리고 율법이 없는 곳에는 법 위반도 없다"라 가일층 설명한다. (앞뒤 문장들 사이의 의미 관계가 불명료하므로 아마도 필사 담당자가 고의적으로 괄호 속에 넣은 인용 문구를 해설해야 문장의 앞뒤 관계가 분명하여진다.) 원문 14절 '율법의 사람들'(율법에 의존하는 자들)은 고지식하게 풀이하면 율법을 준수하는 유대인들을 국한해 지칭하는 것일 수 있으므로 그 해석의 일반성을 놓치기 십상이다. 그런데 이때 실상 "복음 안에 하나님의 의가 계시되어져 있기 때문인바 이 의는 처음부터 마지막까지 믿음으로 말미암는 의로, '의인은 믿음으로 살리라'"(1:17)는 마르틴 루터의 해석대로 구원의 복음의 중심임을 상기해야 한다. 아울러 이미 1:17부터 줄곧 로마서는 "의인은 믿음으로 산다"라는 한결같은 논지를 전개하고 있으므로 이 '만일 율법의 사람들'이라는 조건절을 NIV의 '만일 율법에 의존하는 자가 상속자들이라면'이라는 번역을 좇을 것을 권하고 있다(Kruse, 2012: 213). 그리하여 그가 누구이든 간에 믿음으로 사는 의인이어야 상속자일 수 있다는 표현을 명료하게 하여야 한다. 율법에 의존하면 '이 세상의 상속자'라는 약속은 벌써 폐하여졌다는 것이다. 이 '폐하여졌다'는 마치 3:3 "그들의 불신이 하나님의 신실함을 폐할 것인가? 천만에다!"라 적힌 대로 하나님의 약속이 폐하여지는 일은 여하한 경우라도 있을 수 없는 일이라는 표현과 동일하다. 천만에, 율법은 하나님의 축복이 아니라 진노를 불러일으킬 따름이다. 그러므로 "율법에 의존하는 자가 상속자들이다"(14절)란 있을 수 없는 일이다(Schreiner, 1998: 230).

아울러 "율법이 없는 곳에는 법 위반도 없다"는 15b절 역시 해석상의 모호함을 안고 있다. 칼린 크루즈에 의하면 아브라함이 율법 이전에 살았던 사람이니 율법 위반도 없을 수밖에 없다는 뜻인지 영문을 알 수 없다고 평가하고 있다. 또 더글러스 무에 의하면 15a절 "율법은 진노를 불러일으키기 때문이다"와 15b절과의 의미 관계가 모호하므로 괄호 속에 넣어 독해함으로써 율법은 진노를 가져오기 마련이라는 뜻을 부각시켜야 한다고 생각한다(Moo, 1991: 281). 무엇보다 우리는 15b절 자체의 해석부터 엄밀하게 따져야겠다. 여기 쓰여 있는 '법 위반'(parabasis)이라는 어휘는 죄 일반을 뜻하는 죄(hamartia)가 아니다. 죄 일반은 '율법이 있기 전에도 세상에 있었'(5:13)기 때문에 그 죄는 법 위반이라 칭할 수 없다. 법 위반이라 함은 명세화된 그리고 기록된 계명을 위반하는 경우에 적용되는 특정한 전문 용어의 죄이다. 따라서 15b절은 율법이 없는 곳에 죄가 없다는 뜻이 아니라 "율법이 없는 곳에는 법 위반이 없다"는 일종의 동어반복적인 부정 표현의 진술이어서 마치 뼈 없는 말장난처럼 들린다. 가령 만일 이 진술을 긍정 표현의 진술로 변환하면, "율법이 있는 곳에는 법 위반이 있다"가 된다(Meyer, 1884: 165). 이때 명문화된 율법이 존재하는 조건 아래에 있어서는 법 위반은 죄(hamartia)보다 더욱 과중한 책임을 져야 마땅하다는 표현을 뜻할 수도 있다는 반어 수사가 될 수 있다. 마이어는 바울이 부정 표현을 의도적으로 사용하는 까닭이 "약속의 성취가 율법에 의존하는 것이 아니다"(Ibid., 165)를 강조하기 위함이라 해설한다. 그렇다면 15b절은 15a절의 "율법은 진노를 불러일으키는 까닭이다"라는 진술의 동어반복이 아니라 그것을 다른 측면에서 달리 더욱 강조하는 서술이어서 15a와 15b절이 양립해 상호 보완하도록 독해하는 것이 최선일 것이다. 이에 따라 "율법이 없는 곳에는 법 위반이 없다"는 사실은 차치해두더라도 항차 진노를 불러일으키는 죄에 의존하는 자에게야 더더군다나 약속이 주어질 수 없는 것이 아니냐와 같은 의미 관계의 연결로 15절의 전반과 후반을 읽어야겠다. 할례도 없고, 율법도 없는 아브라함에게

이 세상의 상속자라는 언약의 축복을 준 것이므로 아브라함은 유대인이라 하더라도 이방인이나 다름없다는 사실이 중요하다. 요컨대 세상의 상속자라는 약속이 주어짐은 율법과는 전적으로 무관하다는 강력한 표현이 15절이다.

약속된 상속이 율법에 의존하는 자들인지 여부에 관해 16-17a절에 다시 간추려 13-15절을 요약하고 있다. 한글개역에서는 특히 16절 내에서 구와 절 사이의 절의 분절과 연결이 원문과 다르다. 원문이 워낙 문법적으로 복잡하고 게다가 한국어의 어순이 희랍어와 달라서 발생하는 혼란이며 또 실제로 여러 번역본마다 제각기 다르기도 하다. 이 때문에 되도록 원문 어순을 그대로 따름으로써 바울이 서술하고자 의도를 살리기로 하겠다. "16이 때문에 믿음으로 말미암아서이니 은혜에 따라서 약속이 개개의 모든 후손(씨알)에게 보장되어 율법의 후손이 아닌 사람뿐만 아니라 아브라함의 믿음을 가진 사람들에게 주어진다. 그는 우리 모두의 아버지이다. 17a기록된 바 '나는 너를 여러 민족의 아버지로 임명하였다'와 같다"에서 우선 '이 때문에'는 율법이 약속과 상극이라는 14-15절의 진술에 이어지는 인과관계의 서술이다. "믿음으로 말미암아서이다"가 16-17a절이 강조하고 있는 바이다. 그리고 '은혜에 따라서'라 적은 다음에 '약속을 보장하기 위해'를 함께 나란히 연결시키고 있다. 약속을 보장한다는 것은 '모든 (아브라함의) 후손에게' 약속의 상속을 보장한다는 말이다. 이어서 아브라함의 후손이 누구인가를 '율법의 사람'이라는 난해한 원문을 마이어(Meyer, 1884: 165)는 "율법에서 탈피한 사람들에게만 아니라"고 번역하고 '유대주의의 율법적 구속에서 벗어난 신자들'에게 약속의 상속이 보장되는 것이라 해석하고 있다. 이들뿐만 아니라 '아브라함의 믿음을 가진 사람들에게도 역시' 약속의 상속을 보장한다고 기술하고 있다. 그리고 아브라함을 관계대명사로 받아 "그는 우리 모두의 아버지다"라 적은 다음에 17a절에 창 17:4-5를 인용하여 "나는 너를 여러 민족의 아버지로 임명하였다"라 적고 있다. 이처럼 읽으면 13-17a절 전체가 매우 정합적으로 하나의 맥락에서 읽을 수 있다. 이 전체 맥락의 의미를 더욱 명료하게 파악하기 위해 그리고 바울이 창세기를 얼마나 곧이곧대로 인용했는지를 확인하기 위해 우리는 창 17:4-5를 옮겨 적겠다. "⁴내가 너와 내 언약을 세우니 너는 많은 민족들의 아버지가 될 것이니라 ⁵이제 후로는 네 이름을 아브람이라 하지 아니하고 아브라함이라 하리니 이는 내가 너를 많은 민족들의 아버지로 만들었다"가 그것이다. 실로 바울의 진술은 창세기 기사를 곧이곧대로 인용하고 있다. "내가 너를 많은 국가(민족)들의 아버지로 만들었다"를 창세기에서 읽었던 독자들이라도 아브라함을 우리의 조상이라 받아들였던 사람이 있을지 의심스럽다. 배타적인 유대인들은 더더군다나 그가 이방의 조상이라 한다면 어불성설이라 극구 외면했을 것이다. 하지만 회심한 이후 크리스천인 바울, 그러면서도 '유대인 중의 유대인'(Ambrose, 2015)인 바울, 그에게는 "아브라함이 우리 모두의 아버지이다"라는 구약의 선언에 철두철미하다.

아브라함의 믿음의 본질(4:17b-22)

아브라함의 이야기 담론은 이제부터 그의 믿음의 성격을 서술하고 있다. 이때 몇 절 어디부터 아브라함의 믿음의 성질을 논하는지는 애매하다. 원문에서는 "기록된 바, 여러 국가들의 아버지로 내가 너를 임명하였다"라 적은 다음 하이픈(—)으로 뜸을 들이고 이어서 "당신 앞에서 그가 하나님을 믿었다"가 17a절이다. 그리고 아브라함이 믿었던 하나님이 어떤 하나님이신지를 17b절에 적고 있다. 이때부터 그의 믿음이 어떠하기에 하나님이 그를 의롭다 하시는지 그리고 그와 함께 그의 후손이 이 세상을 상속받을 약속을 받은 것을 적고 있는 것이라 할 수 있으므로 아브라함의 믿음의 본질에 관해 4:17b부터 논하고 있다고 독해하는 일이 최선이겠다.

> 17b그의 믿은 바 하나님은 죽은 자를 살리시며 없는 것을 있는 것같이 부르시는 이시니라 18아브라함이 바랄 수 없는 중에 바라고 믿었으니 이는 네 후손이 이 같으리라 하신 말씀대로 많은 민족의 조상이 되게 하려 하심을 인함이라 19그가 백 세나 되어 자기 몸의 죽은 것 같음과 사라의 태의 죽은 것 같음을 알고도 믿음이 약하여지지 아니하고 20믿음이 없어 하나님의 약속을 의심치 않고 믿음에 견고하여져서 하나님께 영광을 돌리며 21약속하신 그것을 능히 이루실 줄을 확신하였으니 22그러므로 이것을 저에게 의로 여기셨느니라

창 17:4-5를 인용하여 "나는 너를 여러 민족의 아버지로 임명하

였다"라 17a절에 적은 다음에, 다시 반복하지만, 17b절에 아브라함이 믿었던 하나님 당신이 어떤 분이신지를 적고 있다. "그 하나님은 죽은 자에게 생명을 주시고 또 그 하나님은 존재하지 않았던 것들을 불러내신 분이시다"라 아브라함이 믿었던 하나님의 능력과 본성을 양면으로 적고 있다. 일면은 '죽은 자에게 생명을 주신' 하나님의 능력과 본성으로, 그것은 아브라함의 몸과 사라의 태에 생명을 불러 일으키신 일이 그 증거이다(Moo, 1991: 286). 이 기적이 한낱 우화로 들릴지 모르지만, 비약하여 '예수 우리 주를 죽은 자 가운데서 살리심'(34절)에 비유할 수 있다면 그것이 곧 기적이라 함은 언어유희의 농락일까. 또 다른 일면은 '존재하지 않았던 것을 불러내신' 당신의 능력과 본성이다. '불러내다'는 창조하다 내지 영적인 생명을 주다의 뜻이어서, 공허한 인간의 죄의 생으로부터 생동하는 영적인 생명을 창조해내는 일을 뜻하는 것이 일반적이다. 그러나 여기 쓰인 직접적인 맥락은 '아브라함의 후손인 많은 국가들을'(Ibid., 287) 불러내다의 의미라 한다. 그리고 18절부터 아브라함의 믿음의 성격을 구체적으로 기술하고 있다. 그중 무엇보다 18a절에 "아브라함은 소망에 반하는 소망을 믿었다"라 운을 떼어 아브라함의 믿음이 지선(至善)의 것임을 전제하고 있다. 모든 인간 가능성으로 하면 실패하지만, 아브라함은 하나님께 소망을 두었다의 뜻이라 NIV는 주해하고 있다. 그리고 "'너의 후손이 이와 같으리라'고 말하여졌던 바대로"(18b절)라는 인용문을 앞세워 "그는 많은 민족들의 아버지가 되었다"라는 본문을 매듭짓는다. 끝으로 "너의 후손이 이와 같으리라"는 대미는 "하늘을 우러러 뭇별을 셀 수 있나 보라"의 창 15:5의 그대로의 인용이다.

풀이할 것도 없이 후손이 없는 아브라함에게 하늘의 별처럼 숱한 별만큼 많은 자손을 준다는 약속이다. 시각을 바꾸어 다시 말하면 18절은 17b절과 마찬가지로 아브라함의 믿음의 소산에 관한 상호 병행하는 기사로 이해해도 무리가 없을 것이다. 그가 늦깎이 나이에 자식을 얻은 약속과 숱한 별처럼 많은 자손을 얻을 것이라는 약속은 기적의 실현 맥락에서 이해하는 것이 저자 바울의 심중을 더 정확하게 파악하는 독해일 수 있다. 바꿔 말하면 행위가 아니라 믿음이라 할 때 하나님께서 베푸시는 은사 일체를 기적이라 한다면, 그것도 역시 언어유희의 농락일까. "소망에 반하는 소망을 믿었다"를 기적이 아니랄 수 있을까.

아브라함 이야기 담론의 주제를 18절에 이어 19-22절에 전개하고 있다. "19그의 믿음이 약하여지지 않은 채이어서, 백 세나 되어 있어서 그 자신의 몸이 이미 죽어 있는 것과 그리고 사라의 태의 죽어 있음을 고려치 않았다. 20한데도 불신으로 인한 하나님의 약속에 망설임이 없고 믿음에 의해 강건하여졌고 하나님께 영광을 드렸고 21하나님께서 약속하신 바를 행하실 수 있는 능력에 온전히 승복하였다. 22그러므로 이것이 그를 의롭다 간주하셨음이다"는 장황하지만 잘 알려진 창세기 기록이니 한달음에 읽겠다. 여기 19-22절은 창 15장과는 썩 잘 어울리지만, 창 17장과는 어긋나기도 한다. "아브라함이 엎드리어 웃으며 심중에 이르되 '백 세 된 사람이 어찌 자식을 낳을까? 사라는 구십 세이니 어찌 생산하리요?'라 하더라"(창 17:17)에 어긋난다. 이에 대해 마이어는 창 17장은 심리적인 관점에서 후에 첨가된 언표일 수 있다고 비판하며, 이보다 앞서 적힌 첫 장면의

15:5-6에서는 "네 몸에서 날 자가 네 상속자가 되리라"에 대해 "아브람이 주를 믿었다"에 신뢰성을 더욱 높이 평가하고 있다(Meyer, 1884: 170)는 것이다. 여하튼 바울은 구약에 통달하고 있는 사도이므로 구약 인용에 주저할 이유가 없고, 그의 창세기 기사 인용에 가타부타 하면 군더더기다. 아브라함은 "불신으로 인해 하나님의 약속에 망설임이 없었고 믿음에 의해 강건하여졌고 하나님께 영광을 드렸다"라는 20절이 4장의 요지이다. 여러 학자들은 '강건하여졌다'가 수동태로 쓰였음에 주목한다. 만일 아브라함과 사라가 신체적인 조건과 하나님의 약속 사이에 갈등이 없었다면 인간의 조건을 무시한 부조리의 왜곡이라 해야 할 터인데, 터무니없는 약속을 믿는 일의 원천이 무엇일까? 슈라이너에 의하면 "하나님께 영광을 드림으로써… 믿음에 의해 강건하여졌다"(Schreiner, 1998: 238)라 해설하고 있다. 하나님의 약속은 이루어질 것이라는 확신, 그것은 하나님의 영광을 봄으로써 얻어지는 하나님 중심의 믿음의 성격이 갖는 확신이다. 그러므로 바울은 "아브라함이 주(여호와)를 믿었다 그리고 주께서 그것을 아브라함에게 의로 돌리셨다"(22절)의 창 15:6을 인용하여 이 문단을 끝낸다.

3. 크리스천의 믿음의 아버지로서의 아브라함
: 요약
(4:23-25)

이제 유대인과 이방인의 조상 아브라함 단원의 결미에 접어들었다. 결미를 읽기 전에 독자인 우리는 4장의 솔직한 독후감을 미리 털어놓는 우를 범하고 싶다. 사도 바울의 가르침에서 아브라함이 믿음의 선조이자 크리스천들의 믿음의 아버지라는 데 대해 의구심과 망설임을 우리는 금할 수 없다. 아브라함으로 인해 이스라엘 민족이 하나님의 언약의 백성임은 숙지할 수 있으나, 그의 믿음의 의를 그리스도의 죽음과 부활의 믿음의 의와 동일시하는 것, 이방 신자들을 포함한 보편적인 선조라는 데에 대해 혼란스럽기 때문이다. 바울은 필경 이 4장 말미 23-25절을 독자들의 이러한 의구심을 위해 할애하였을 것이다. 우리는 결미를 읽으며 행간에 숨겨진 바울의 의도까지 애써 짐작하도록 심층 탐색을 시도하겠다.

아브라함의 믿음과 크리스천의 믿음(4:23-25)

아브라함의 믿음의 성격에 관한 진술을 끝내고 여기 23-25절에 모든 크리스천을 위한 그의 믿음이 갖는 함의를 적고 있다. 진술을 끝내고라 하였지만 바울은 새로운 단락으로 23절을 시작하고 있는 것은 아니고 지금까지의 구약의 인용이 아브라함뿐만 아니라 우리 신자들 모두에게 합당한 것임을 우선 23절에 명료하게 지적하고 있다. 독자들에 대한 사도 바울의 사려 깊은 배려와 준수한 문필가로서의 역량에 감동하지 않을 수 없다.

> [23]저에게 의로 여기셨다 기록된 것은 아브라함만 위한 것이 아니요 [24]의로 여기심을 받을 우리도 위함이니 곧 예수 우리 주를 죽은 자 가운데서 살리신 이를 믿는 자니라 [25]예수는 우리 범죄함을 위하여 내어줌이 되고 또한 우리를 의롭다 하심을 위하여 살아나셨느니라

"그러므로 이것이 또한 그가 의롭다 간주되어졌던 것이다"라는 창 15:6을 새삼 초두에 인용하고 있다. 그리고 "이것은 그를 위해서만 적혀 있는 것이 아니라 또한 우리를 위해서이다"라 21b-22a절에 누구를 위한 인용문인지를 밝히고 있다. 아브라함에 관한 창세기 기사가 크리스천들을 위한 것임을 밝히는 배려와 논리에 바울은 온갖 정성을 들인다. 한데 절과 절 사이의 분절을 임의적으로 허물며 23-25절을 서술하고 있는데, 앞뒤 절들의 의미 관계가 직역할 수 없을 정도로 연결이 복잡하다. 따라서 의역이어서 차라리 읽기 편한

NRSV를 옮기면, "²³한데 이 말 '그가 의롭다 간주되어졌다'라 적혀 있는 이 말은 그에게뿐만 아니라 ²⁴또한 우리를 위한 것이기도 하다. 우리로 의롭다 간주하심은 예수 우리 주를 죽음에서 일으키신 당신을 믿는 우리이고 ²⁵그(예수 우리의 주)는 우리의 죄 때문에 죽음에 넘겨지셨고 우리의 의 때문에 일으켜지신 분이다." 이 23-25절은 크리스천의 믿음의 의를 위한 구원의 복음인데, "아브라함이 여호와를 믿었고 여호와께서 이를 그의 의로 간주하셨다"(창 15:6)라는 아브라함의 의와 동일한 기반 위에서 그리고 구약의 동일한 연속선상에서 크리스천의 의를 인정한다는 사실을 천명하고 있다. 이때 의롭다 하심(稱義)의 보편성이 강조되어 있다. 보편성의 외연(外延)은 이스라엘과 이방의 벽이 허물어짐이다. 다른 어디보다 엡 2:14-15 "그는 우리의 평화이시기 때문에 그는 둘을 하나로 만들었고 그의 육체로 칸막이 중간 벽을 증오를 허물었으니 그의 육체로 의문의 계명들의 율법을 무효화하였다"가 가장 명료하다. 롬 4장에서도 아브라함의 믿음을 통한 국가 내지 민족 간의 통일을 누누이 강조하고 있지만, 4장 내에서는 24절에서야 비로소 그리스도가 만인의 구세주임을 밝히 기술하고 있다. 특히 믿음의 의를 위한 크리스천의 구원의 복음을 25절에 "그(예수 우리의 주)는 우리의 죄 때문에 죽음에 넘겨지셨고 우리의 의 때문에 일으켜지셨다"라 적나라하게 그리고 운율도 낭랑하게 표현하고 있다. 바꾸어 말하면 '우리의 죄 때문에' 그리고 '우리의 의 때문에'라는 표현은 운율에 있어 짝 맞추어 심미적인 표현을 구사할 뿐만 아니라 게다가 죄와 의를 대비시켜 각각 죽음과 부활을 표현하고 있다. 이때 "우리의 죄 때문에 죽음에 넘겨지셨다"라는 전자는 바울의 신앙임이 잘 알려져 있지만, "우리의 의 때문에 일으켜지셨다"
의 후자의 경우에는 그리스도의 부활이 우리의 의 때문인지, 즉 부활
의 이유가 우리를 의롭게 하는 까닭인지가 바울 신앙에 있어 생소하
다고 학자들은 비판하기도 한다. 하지만 후자의 '때문에'를 '위하여'
라 해석하고 그리스도의 부활을 믿음으로써 우리의 의롭게 됨의
확실성을 보장하는 것이라 이해하면, 예수의 죽음이든 부활이든
양자 모두가 믿는 신자들의 구원의 기본 밑거름이라 독해하면, 후자
의 "우리의 의 때문에 일으켜지셨다"에 대해서도 어색하다고 비판할
여지가 사라진다(Moo, 1991: 297; Schreiner, 1998: 244). 그리스도의
죽음도 부활도 마찬가지로 우리의 구원을 위한 것이라는 해석이
우리의 구원 신앙의 모든 것을 포괄한다.

요약

"아브라함이 여호와를 믿었고 여호와께서 이를 그의 의로 간주하
셨다"(창 15:6)를 인용하여 바울이 이 4장 전체를 할애해 해설하고
있다. 여기 바울의 가르침이 하 생소하여서 우리는 4장에 사용된
핵심 단어들을 간추려 이 장을 요약하겠다. 무엇보다 핵심 단어는
'믿음의 의'이다. 믿음의 의라는 용어를 사용하여 바울은 믿음이 곧
의임을 거듭거듭 강조하고 있다(4:3, 5, 6, 9, 11b, 12). 우선 4:1-12에
믿음이지 율법의 행위에 의함이 아님을 그리고 믿음이지 할례의
의식에 의함이 아님을, 이처럼 유대주의의 개념들을 배격하며 믿음

의 의를 강조한다. "아브라함이 세상의 상속자이다"라는 내용을 핵심 단어의 약속으로 사용하여 믿음의 의의 기반 위에서 확장해 전개하고 있다. 율법과 할례와 무관하게 믿음의 의를 통해 아브라함이 모든 믿음의 인류의 보편적인 조상이라는 약속에로 발전한다.

"율법-도덕은 사람으로 하여금 죄를 짓게 하여 은혜는 고사하고 도리어 자신에게 하나님의 진노와 심판을 가져오는 것이라고 한다. 그렇다! 율법-도덕법은 죄와 벌이 무엇임을 사람에게 가르치는 것은 사실이나, 이에서 벗어날 수 있는 혹은 선을 행할 수 있는 힘은 제공하지 못한다. 도리어 사람이란 도덕의식이 희미할 때는 악이 저의 심중에서 잠자는 상태로 있지만, 율법이 와서 지상명령으로서의 도덕의식이 깨어날 때는 도리어 악이 도발적으로 폭위(暴威)를 떨쳐 법률의 위반, 즉 죄를 낳고 나아가 하나님의 진노를 촉발하게 되는 것이다"(노평구, 1979: 337). 그러므로 약속과 율법은 현저한 대조를 이룬다.

율법은 그것을 지키기를 하명하는 계명이기도 하지만, 유대인과 이방인을 구분하는 경계를 규정하는 주역이다. 반면에 약속은 행위가 아니라 말씀에 순종하는 의신칭의(依信稱義)이다. 믿거나 의심하거나 양단의 갈림길의 선택으로, 아브라함의 사례에서는 그가 백 세 그리고 그의 아내가 구십 세를 넘어서 "너의 아내 사라가 정녕 네게 아들을 낳으리니"(창 17:19)라는 약속을 받고, 믿었다. 있을 수 없는 기적의 약속일지언정 하나님의 영광 앞에서 당신의 신실하심을 받아들인 것이 아브라함의 믿음이다. 아브라함과 그의 자손(씨알)이 '이 세상의 상속자'임을 약속하셨고, "아브라함이 여호와를 믿었고 여호와께서 이를 그의 의로 간주하셨다"(창 15:6)라는 기반 위에서 그리고 구약의 동일한 연속선상에서 아브라함의 믿음은 크리스천의 의의 믿음에로 확장하여 연결하고 있다. 이 단락 마지막 4:25에서는 "예수 우리 주는 우리의 죄악 때문에 넘겨지셨고 우리의 의 때문에 일으켜지셨다"라는 이사야를 인용하여 크리스천들의 구원을 보장하고 있다. "그리스도의 죽으심과 부활은 아브라함에게 주신 보편적 축복을 완성하는 것이니, 이것들은 모든 사람이 하나님의 새로운 백성에로 입성하는 수단이기 때문이다"(Schreiner, 1998: 244). 이로써 로마서의 첫 대단원이 막을 내린다.

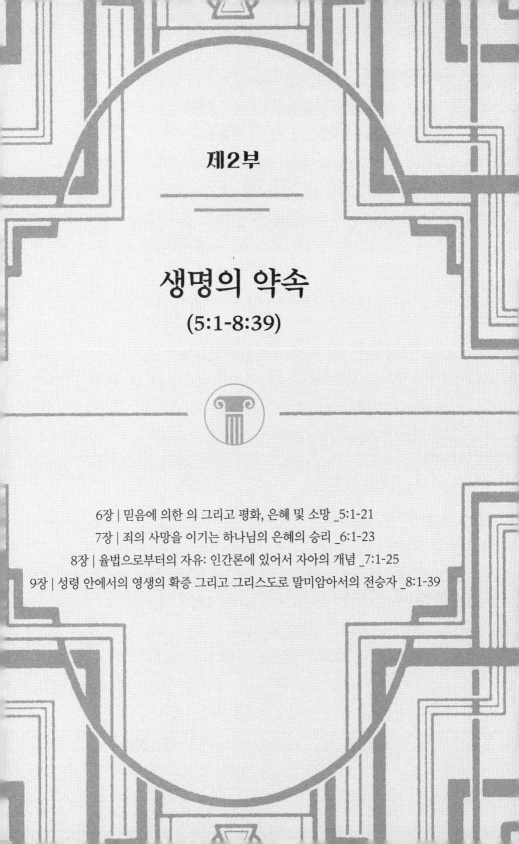

제2부

생명의 약속

(5:1-8:39)

| 6장 |

믿음에 의한 의 그리고 평화,
은혜 및 소망

5:1-21

로마서의 첫 대단원이 4장으로 끝났으니 로마서 전체의 구조를 개괄적으로 살피기로 하겠다. 로마서는 1:1-17이 인사 및 서문이다. 로마서 줄거리의 대요는 1-8장을 개인의 구원 문제의 제1부로 그리고 9-16장을 인류 내지 유대인의 구원 문제의 제2부로 대별한다면 (노평구, 1979: 37), 로마서는 구원사(Heilsgeschichte)의 기록이라 할 수 있다. 다시 세분하면 우리가 여태껏 읽은 1:18-4:25가 제1부의 첫 본론인 바, 죄에 대한 진노에 대비하여 하나님께서 신자들의 믿음을 통해 의롭다 간주하신다는 의신칭의(依信稱義)가 핵심 개념으로, 마르틴 루터가 주도하는 로마서의 본령이다. 이제 믿음에 의한 의 그리고 영광의 소망에 관해 5장에 새로운 국면을 전개하며 5:1-8:39에 걸친 율법, 죄 및 죽음으로부터의 자유와 소망의 주제로 진입한다. 하지만 여기 5장은 제1부의 결론이자 제2부의 6-8장을 안내하는 관문이라 평가하기도 한다(Dunn, 1988: 242-243). 실제로 롬 6-8장이 구원의 복음에 관한 서술에 있어 절정을 보여주는 것은 사실이다. 우리 생각으로는 내용 분해에 관한 한, 되도록 잘게 분절하는 독해가 앞뒤의 유기적인 관계를 더욱 풍부하게 이해하는 데 유익하리라 싶어 5장을 제1부와 제2부 사이의 가교라 읽기로 하겠다.

초두 5:1을 "그리하여 믿음에 의해 의롭게 되었으니 우리 주 예수 그리스도를 통해 우리가 하나님과의 관계에서 평화를 갖고 있다"라고 시작한다. 사용된 어휘 의(義)는 믿음과 관련하여 앞 4장에서 여러 번 그리고 바로 직전 4:25 "예수 우리의 주는 우리의 죄 때문에 죽음에 넘겨지셨고 우리의 의 때문에 일으켜지셨다"에서도 또다시 출현하고 있다. 제1부와 제2부와의 가교의 구실을 5장이 넘나든다는 관점에서 5장을 읽기 전에 믿음과 의라는 두 개념 사이의 의미 관계와 표현에 대해 첨언하겠다. 여기 5:1에서 '의롭게 되었다'라는 표현 그리고 4장에서 '의롭다 간주하셨다'라는 여러 번 쓰인 표현, 이들 표현에서 의는 항상 그리고 반드시 믿음을 수반하고 있음에 주목해야 한다. 설사 언어 표면에서 믿음이 혹 제거되어 있더라도 심층에는 존재하고 있음이 분명하다. 믿음이 없는 의는 존재할 수 없다. 그러나 믿음과 의의 관계는, 이를테면 "믿는다 그러므로 의롭다"라는 인과관계의 표어 따위로 표방해 내세울 수 있는 것이 아니다. 크리스천에게 있어 대단히 신중해야 할 사실은 의가 믿음의 결과의 소산물이라기보다는 의는 애오라지 하나님의 주권 행사에 의해 의롭다라 불리는 것임을 명심해야 한다. 의는 홀로 우뚝 서는 것이 결코 아니다. 하나님께서 인정함으로써 비로소 의롭다 불리는 것이다. 이것이 '의롭다고 간주하다'라는 표현의 심층적인 의미이다. 달리 말하면 의는 의로움을 인정받다(義認) 내지 의롭다 불리다(稱義)인 한에 있어서야 그것이 의일 수 있다. 불연인즉 "의인은 없나니 한 사람도 없다"(3:10)는 것이 중요하다. 심지어 믿음조차도 사람들 편에서 믿음을 가지고 있다고 해서 있는 것이 아니라 신앙은 하나님으로부터 주어지는 것이어서 그 신앙을 '무신앙의 신앙'이라 일컫는 학자도 있다(關根正雄, 2020: 24).

이 5장은 1-4장에 서술하였던 믿음과 의에 관해 그 결과로 주어지는 축복을 기술하고 있다. 두 단락으로 분절해 5장을 읽기로 하겠다. 믿음으로 말미암아 의로워짐으로써 소망의 확신을 갖는다는 내용이 전반부 1-11절이고, 아담의 죄에 대한 그리스도의 승리에서 주어지는 은혜와 생명의 소망이 후반부 12-21절이다. 전반부는 로마서 제2부 6-8장과 직접 연결되는 부문이고, 후반부는 나아가 9-11장과 연결될 수도 있다고 하니(Dunn, 1988: 243), 두 다른 단락으로 내용 분해한 1-11절과 12-21절은 서로의 앞뒤 연결이 명료한 것은 아니다.

1. 믿음에 의해 의롭게 됨 그리고 소망의 확실성
(5:1-11)

"우리가 믿음에 의해 의롭게 되어졌다"를 전제로 하고 믿음으로 말미암아 얻어진 선물들을 평화, 은혜 그리고 소망을 꼽고 있다. 그중 으뜸으로 꼽는 것이 1절 "우리 주 예수 그리스도를 통해 하나님과 평화를 갖고 있다"이다. 믿음에 의한 의에서 평화가 으뜸인 까닭은 그것의 사전적인 의미보다 평화가 훨씬 광범위한 함의를 갖고 있기 때문일 것이다. 예컨대 환난 중에도 크게 기뻐함을 향유케 하는 것이 평화이다. 잇대어 2절 "믿음에 의해… 은혜 안에 들어감을 얻었다"를 꼽고 있다. 은혜라는 선물은 때로는 율법과 대조되는 개념일 수 있으며(7장), 믿음이 없이는 은혜도 있을 수 없으므로 은혜는 구원과 동의어일 수 있다. 아울러 "하나님의 영광의 소망을 자랑하노라"이니 소망이라는 선물은 하나님의 영광을 맞대는 기쁨이다.

하나님의 영광의 소망에 대한 기쁨(5:1-5)

의인(義認) 내지 칭의(稱義)의 효과가 평화, 은혜 그리고 소망임을 개관하였다. 이들 세 선물 중에서 경중을 따지는 일은 부질없는 일이 나 로마서 제2부 문턱에 들어섰으므로 소망이 갖는 비중의 중요성을 언급하고 넘어가겠다. 관련하여 각기 다른 맥락의 진술이지만 사랑 의 성격이 주제인 고전 13:13의 "믿음, 소망, 사랑, 이 세 가지는 항상 있을 것이다"를 여기서 참고하고 싶다. 롬 5장은 믿음의 맥락이 고, 고전 13장은 공동체 내에서의 예배 절차의 맥락이라는 점에서 각기 상위한 배경을 갖지만, 양자가 모두 공히 구원을 소망의 주춧돌 위에 세운다는 공통점을 지니고 있다. 고전에서도 롬에서도 어떤 상황의 배경에서도 믿음은 소망과 불가분의 관계를 갖는다는 사실이 중요하다. 고전에서도 믿음과 소망의 틀 안에서 실은 사랑을 논하고 있고, 믿음과 소망을 자동적으로 사랑에 첨가하고 있다(Fee, 2014: 740-741).

> ¹그리고 우리가 믿음으로 의롭다 하심을 얻었은즉 우리 주 예수 그리스도 로 말미암아 하나님으로 더불어 화평을 누리자. ²또한 그로 말미암아 우리가 믿음으로 서 있는 이 은혜에 들어감을 얻었으며 하나님의 영광을 바라고 즐거워하느니라 ³다만 이뿐 아니라 우리가 환난 중에도 즐거워하 나니 이는 환난은 인내를, ⁴인내는 연단을, 연단은 소망을 이루는 줄 앎이로다 ⁵소망이 부끄럽게 아니함은 우리에게 주신 성령으로 말미암아 하나님의 사랑이 우리 마음에 부은 바 됨이니

"그러므로 우리가 믿음에 의해 의롭게 되었나니 우리가 우리의 주 예수 그리스도로 말미암아 하나님과 더불어 평화를 누린다"가 1절이다. 서론에서 중언부언했던 대로 우리의 믿음에 하나님께서 의롭다 선언하심으로써 우리 스스로가 아니라 피동적으로 의롭게 되었고, 그럼으로써 하나님과 새로운 관계를 갖는다. 평화는 히브리어로 '샬롬'으로 "좋은 소식을 가져오며 평화를 공포하며 복된 소식을 가져오며 구원을 공포하며 시온을 향하여 이르기를 네 하나님이 통치하신다"(사 52:7)와 같다. 이 평화는 헬라어로는 에이레네(eirene: εἰρήνη)로 소극적인 의미로는 증오의 종국이고, 적극적인 의미로는 안녕이다. 믿음이 없었을 때에는 하나님의 진노의 대상이었으므로 한글개역의 화평 역시 적합한 번역어이다. "우리의 주 예수 그리스도로 말미암아 하나님과 더불어 평화를 가지고 있다"는 "예수 우리 주는 우리의 의 때문에 일으켜지셨다"(4:25)와 함께 읽어도 좋을 것이니 평화는 죄로부터의 해방이고 구원의 축복이기 때문이다.

'우리의 주 예수 그리스도'를 관계대명사로 받아 2절에 "그로 말미암아 또한 믿음에 의해 우리가 지금 그 안에 서 있는 이 은혜 안에 들어감을 얻었다. 그리고 우리가 하나님의 영광의 소망을 자랑하노라"가 이어진다. 앞 1절에서 평화를 구원의 축복이라 하였지만, 여기 2절에서 축복의 또 다른 속성이라기보다 '그리고' 내지 '또한'(kai)이 삽입되어 있으므로 1절의 축복과 병행하는 "은혜 안에 들어감을 얻었다"라 기술하고 있다(Meyer, 1884: 181). '들어감'(prosagoge)은 접촉함 혹은 출입함이다. 엡 1-2장의 주제가 '은혜와 평화'라 할 수 있는데, 2:18에서는 평화를 얻은 결과로 '하나님께 들어감'을 서술하고 있는바, 하나님을 알현하여 당신의 영광을 체험한다는 의미를 표현하고 있으므로 롬 5:2와 같은 맥락을 공유한다. "그리고 우리가 하나님의 영광의 소망에 자랑하노라"는 후반부가 하나님의 영광을 체험한다는 해설을 뒷받침한다. 그런데 이때 '영광의 소망'이라는 화려한 언표의 의미와 '자랑하다'라는 단어의 예외적인 사용이 단순히 읽고 지나치기에는 미진하여 두근거리기조차 한다. 이 양자의 어휘 사용을 '하나님께 들어감'이라는 영광의 체험을 매개로 이해해야겠다. 하나님을 알현한다 함은 이 현세의 일이 아닌 종말의 현실에 있을 수 있는 일이니 영광의 소망이고, "교회의 모든 구성원들이 다 하나님께 접근하는 일이고(롬 5:2) 성령에 참여하는 일이다"(Ridderbos, 1975: 481). 아울러 이때 "하나님의 영광의 소망에 자랑하다"의 '자랑하다'는 바울이 그처럼 비판하는 사람의 업적을 자랑하다가 아니라 하나님의 영광을 신자들이 체험하는 자랑이므로 여러 학자와 번역본이 '기뻐하다'라 번역한다. 이 5장 초두가 '하나님의 영광의 소망을 기뻐함'이니(Schreiner, 1998: 254) 이러한 해설의 정당성을 더더욱 수긍할 수 있다. 바울은 앞에서도 이미 영광이 신자들의 지고한 목표라 언급한 바 있다. 가령 "지속적으로 선을 행함에 있어 영광과 존귀와 불후함을 추구하는 사람들에게는 당신이 영생을 주실 것이다"(2:7)가 한 예이다. 영생과 영광을 결부시켜 진술하고 있거니와 영광 자체이신 하나님이 당신의 영광에 신자들이 함께 참여케 하신다는 소망이다. 다른 면에서 "보여지는 소망이 결코 소망이 아니다"(8:24)인 영광의 소망이고 또 "은혜에 들어감을 얻었다."

앞 절들, 특히 2절에 대해 특이한 설명을 3-5절에 부과하고 있다.

"³그뿐 아니라, 하지만 또 역시 우리가 우리의 환난들 안에서 역시 자랑하는 것은 환난은 인내를, ⁴인내는 검증받은 품성을, 이 품성은 소망을 산출하는 줄 알기 때문이다. ⁵그리고 소망이 부끄럽게 하지 않음은 하나님의 사랑이 우리에게 주어진 성령을 통해 우리의 마음에 부어졌기 때문이다." 앞에서 특이한 설명이라 하였던 것 중 하나가 하나님의 영광에 참여하는 소망 안에서 기뻐한다고 한 진술이 이제는 "그뿐 아니라, 하지만 또 역시 우리가 환난들 안에서 자랑한다"고 진술하고 있다. 환난은 여기서 주로 그리스도와의 관계에서 기인하는 고난(8:18-25)인데, 어찌하여 환난들을 겪으며 자랑하는가? 이 자랑은 장차 올 영광을 예측하면 기뻐하고 자랑하지 않을 수 없다(Harrison & Hagner, 2008: 89)는 성질이다. 본문 3-4절에서도 그 까닭을 찾아 읽을 수 있다. 첫째 환난은 인내를 산출하는 줄 알기 때문이다. 하긴 환난이 닥치면 어차피 참지 않을 수 없는 일이다. 한데 바울은 인내의 성격을 종말의 소망을 위함임을 분명하게 규정하고 있다(2:7; 8:25; 15:4, 5). 둘째 '인내는 연단'(한글개역)을 산출함을 알기 때문이다. '연단'(dokimen)은 신약 곳곳에서 '시련' 혹은 '증거'라 번역된 단어이다. 대체로 시험을 받아 인증된 품성이라는 뜻을 갖는다는 것이 학자들의 공통된 해석이다. 심지어 아브라함이 이삭을 번제로 바치라는 시험에서의 이긴 사례를 한 본보기로 예시하기도 한다(Kruse, 2012: 230). 따라서 우리는 이 단어를 '검증받은 품성'(tested character)이라 번역하였다. 셋째 "이 성질은 소망을 산출함을 알기 때문이다"인데, 시험을 받아 인증된 품성이라면 이전에 연약했던 소망이라도 장래의 영광의 소망이 더욱 강건해질 것이 의심의 여지가 없다. 학자들은 이 세 가지 연쇄의 연결을 '논리적인 사슬'(Schreiner, 1998: 256)이라 칭하기도 한다. 그리고 마지막으로 5절이 "소망이 부끄럽게 하지 않음은 하나님의 사랑이 우리에게 주어진 성령을 통해 우리의 마음에 부어졌기 때문이다"라 마감한다. 소망은 '믿음에 의해 우리가 지금 그 안에 서 있는 이 은혜 안에 들어감을 얻은'(2절) 것이 소망이니, 소망이 믿음을 실망시키지 않고 부끄럽게 하지 않음은 물론 당연하다. 이 5절은 이해에 있어 어려움이 없으나, 깊은 이해를 위해 롬 8:38-39를 인용함으로써 은혜와 소망이 갖다 주는 축복을 체험키로 하겠다. "내가 확신하노니 사망이나 생명이나, 천사들이나 악령들이나, 현재 일이나 장래 일이나, 높음이나 심연이나, 모든 피조물의 다른 여하한 것도 우리를 우리 주 예수 그리스도 안에 있는 하나님의 사랑에서 끊을 수 없다"는 소망의 승리가 그것이다.

"환난은 인내를, 인내는 검증받은 품성을 그리고 이 품성이 소망을 산출한다"는 논리적인 사슬을 하나님의 사랑의 맥락에서 독해하였다. 로마서는 오로지 믿음만이라는 명제가 압도하기 때문에 간과하기 쉬운 주요 특질이 있다. 그것은 구원사의 기록인 로마서의 밑바탕이 하나님의 사랑이라는 점이다. 믿음만이라 할 때 어떻게 믿음만으로 우리가 의롭다는 칭의(稱義)를 얻을 수 있는가? 그 체험이 주어지는 것은 하나님의 구원 역사(役事)가 그리스도의 죽음을 통한 사랑의 작용이라는 것을 깊이 체험하는 일이고, 그것이 다름 아닌 소망이다. 아래의 문단이 하나님의 사랑과 신자들의 소망에 대한 대단히 구체적인 기록이다.

그리스도의 죽음에서 입증된 하나님의 사랑(5:6-11)

이 대목은 "하나님의 사랑이 우리에게 주어진 성령을 통해 우리의 마음에 부어졌기 때문이다"(5b절)에 대한 구체적인 설명이다. 하나님의 사랑을 "그리스도의 생명에 의해 우리가 구원받을 것이다"라는 구체적인 담론의 전개는 실상 소망에 대한 구체적인 설명이다. 하나님의 사랑을 체험하는 일이 소망을 북돋움을 받는 일이므로 소망은 죄인들을 위한 그리스도의 죽음의 기반 위에 서는 것임을 증언한다. 이 대목을 소망의 기본 틀 안에서 읽어야지, 그렇지 않으면 지나치게 평범한 필치로 쓰인 그리스도론으로 읽히기 십상이다.

> 6우리가 아직 연약할 때에 기약대로 그리스도께서 경건치 않은 자를 위하여 죽으셨도다 7의인을 위하여 죽는 자가 쉽지 않고 선인을 위하여 용감히 죽는 자가 혹 있거니와 8우리가 아직 죄인 되었을 때에 그리스도께서 우리를 위하여 죽으심으로 하나님께서 우리에게 대한 자기의 사랑을 확증하셨느니라 9그러면 이제 우리가 그 피를 인하여 의롭다 하심을 얻었은즉 더욱 그로 말미암아 진노하심에서 구원을 얻을 것이니 10곧 우리가 원수 되었을 때에 그 아들의 죽으심으로 말미암아 하나님으로 더불어 화목되었은즉 화목된 자로서는 더욱 그의 살으심으로 인하여 구원을 얻을 것이니라 11이뿐 아니라 이제 우리로 화목을 얻게 하신 우리 주 예수 그리스도로 말미암아 하나님 안에서 또한 즐거워하느니라

"우리가 아직 연약하였을 동안 그때 그리스도께서 불경한 사람들

을 위해 죽으셨기 때문이다'라는 6절은 하나님의 사랑이 우리 마음에 부어졌다는 5절에 연결하여 그 구체적인 내용을 적은 것이다. 여기서 "그리스도가 죽으셨다"가 주절이다. 아울러 왜 죽으셨는지를 '불경한 사람들을 위해'라 적고 있는데 1:18에서 "하나님의 진노가 인간들의 모든 불경과 불의에 적대하여 하늘로부터 계시되어지고 있기 때문이다"라 말하고 있는 그런 사람들을 위해서이다. "그리스도가 불경한 사람들을 위해 죽으셨다"라는 6절은 앞질러 8절을 읽으면 "그리스도가 우리를 위해 죽으셨다"가 반복해 출현하여 '(죄인인) 우리를 위해' 죽으셨다를 분명하게 밝힌다. 그리고 그리스도가 죽으셨던 그때로 말하면 '우리가 연약하였을 때'이고, '그때'라 함은 구원의 역사가 효력을 발휘하도록 하나님이 정하신 때이다.

이러한 하나님의 사랑의 풍요함과 절대성이 7-8에도 이어져, "⁷어떤 사람이 의인을 위해 죽는 일이 대단히 드물고, 한데도 선한 사람을 위해서는 사람이 감히 죽으려 한다 하더라도 ⁸그러나 하나님께서는 당신의 사랑을 우리를 위해 내맡기셨으니 우리가 죄인이었던 동안에 그리스도가 우리를 위해 죽으셨다"와 같다. 본문 7절은 인간사에 있어서의 남을 위한 죽음의 일을 그리고 8절은 하나님에 있어서의 그리스도의 죽음의 일을 대구법(對句法)을 사용해 신랄하게 서술하고 있다(Longenecker, 2016: 563). 인간사에서 남을 위해 죽는 사례가 전무하다고 말하지는 않는 신중함을 보이며 7절 전반부에는 의인을 위한 죽음을 그리고 후반부에는 선인(善人)을 위한 죽음을 대비하고 있다. 의인은 물론 하나님께서 의롭다 인정한 사람이고, 선인은 유익을 베푼 사람이라는 것이 통설이다. 의인을 위해서 죽는 사람은 매우 드물지만 직접 은혜를 입어 사회적으로 보답해야 할 의무를 진 선인을 위해서는 자기의 생명을 감히 바치려 하기도 한다는 것이니, 7절은 인지상정을 표현한 수사라 이해해야겠다. 문제는 바울의 의중에 정작 전하고 싶은 핵심은 인지상정에 대구로 8절에 제시한 하나님의 사랑일 것이다. "우리가 아직 죄인이었던 동안에 그리스도가 우리를 위해 죽으셨다"가 그것이다. 바울은 6절에 '연약하다', '불경하다'라 시작하여 8절에 '죄인'이라는 표현을 경과하여 그리고 10절에 '원수'에 이르기까지 인간의 죄성의 표현 강도를 점차로 높여가고 있음에 주목해야 한다. 죄성의 경중을 불문하고 하나님의 사랑은 "원수들이었던 우리가 당신의 아들의 죽음을 통해 하나님과 화목케 되었다"(10절)가 실제로 바울의 의중에 전하고 싶은 핵심이다.

그리하여 6-8절의 진술이 갖는 의미심장한 의의를 바울은 9-10절에서 짝을 맞추어 토로하고 있다. "⁹그렇다면 그의 피로 인해 의롭게 되어졌다면 다른 말할 나위 없이 우리가 그로 말미암아 진노에서부터 구원을 얻어질 것이로다. ¹⁰원수들이었던 우리가 당신의 아들의 죽음을 통해 하나님과 화목케 되었다면 다른 말할 나위 없이 화목케 됨으로써 그의 생명 안에서 우리가 구원을 받을 것이로다"라 두 절 모두가 감탄사의 형식으로 운율에 있어 짝을 맞추어 크리스천들의 소망의 확실성을 찬탄하고 있다. 원문에는 두 절 모두에 랍비들이 사용했다는 관용어 'pollo mallon'(how much more)이 삽입되어 있는데 우리는 이 관용구를 '다른 말할 나위 없이'라 번역하였다. 앞 9절에 있어 진노로부터 구원을 얻었다는 소극성에서 그리스도의 피로 의롭게 되어졌다는 적극성에로 건너뜀으로써, 그러니 더 이상 무엇을 바라겠느냐는 지고의 것을 얻었다는 맥락의 강조를 '다른 말할 나위 없이'(how much more)라 표현하고 있다. 마찬가지로 "원수였던 우리가 하나님과 화목케 되었다"라 쓰인 10절에 있어서는 "그의 생명 안에서 구원을 받을 것이니 다른 말할 나위가 없다"라는, 말 그대로 더 이상 바랄 것이 있을 수 없음을 강조하고 있다. 뿐더러 자칫 놓쳐버리고 지나칠 9절의 언표 '의롭게 되어졌다'가 1절에도 반복해 쓰여 있다는 사실을 새삼 확인하여야겠다.

이제 이 단락의 마지막을 "이뿐만 아니라 우리는 또한 우리 주 예수 그리스도로 말미암아 하나님을 자랑하나니 그리스도로 말미암아 우리가 지금 화목을 얻게 하심이다"라 11절에 적고 있다. 앞에서 우리가 '연약하다', '불경하다', '죄인이다' 그리고 '원수이다'라고 하나님과 인간의 관계를 못질한 다음에 우리로 하여금 하나님을 자랑하는 지위에까지 높이심은 우리를 위해 죽으신 '그리스도로 말미암아'서이다. 원수의 관계가 의인(義認) 내지 칭의(稱義)의 관계('의롭게 되어졌다')에서 직접 화목의 관계로 승화한 것이 그리스도 피에 의해서이다. 그리하여 '하나님을 자랑하다'는 앞 2절 "하나님의 영광의 소망 안에서 자랑하노라"에서와 마찬가지로 '기뻐하다'라 독해해도, 하나님의 분노에서 화목에로 승화한 문맥에 비추어 더욱 적절할 수 있다. 하나님 당신 자신이 영광 자체인데, 그 영광에 크리스천이 참여할 수 있다는 소망이 곧 사랑에 의해서이다. "하나님의 사랑이 우리에게 주어진 성령을 통해 우리의 마음에 부어졌기 때문이다"(5절). 그러므로 사랑이 없으면 소망이 있을 수 없다. "환난은 인내를,

인내는 검증받은 품성을 그리고 이 품성이 소망을 낳는다"는 논리적
인 사슬을 우리는 하나님의 사랑의 맥락에서 독해하여야겠다.

2. 아담의 죄 對 그리스도의 승리: 영광의 소망
(5:12-21)

바울 서한 중에서 이 부문이 대단히 난해한 곳이어서, 마치 '구원 사에 대해 (고공(高空) 중에서 그린) 조감도를 폭넓은 솔로 붓질한 그림'(Moo, 1991: 126)이라 그 난해함을 묘사하기도 한다. 우선 담론의 앞뒤 전개의 연결이 순조롭지 않다. 아브라함의 믿음에 관한 4장의 논변에서 칭의(稱義)와 구원에 관한 5장의 논변으로 바뀌는 것은 순리일 수 있다. 그러나 5장 후반부에 아담론의 전개는 구원의 역사의 총론이라는 배경을 공유한다 하더라도 전반부와의 직접적인 연결의 흐름에서 빗나간다. 게다가 아담의 죄가 오늘날의 우리의 죄에 어떻게 연이어지는지 영문을 알 수 없다. 보편적이고 집합적인 인류의 죄를 고발하는 한 사람 아담론이 소위 아우구스티누스의 원죄론과의 연계성에 대한 의구심을 유발하기도 한다. 여기 5장에 얽힌 여러 문제들을 소홀히 할 수는 없으나, 우리는 되도록 앞뒤 전개의 연결을 이 단락의 핵심 개념인 소망을 모퉁이 돌(기초)의 기반 위에 정초하여 죄가 더한 곳에 은혜가 그만큼 더하여진다는 테두리에서 그 깊은 의미를 이해해야겠다. 이 단락이 난해하다는 것은 이해 어려움의 깊이를 말하는 것이지, 내용에 있어서는 오히려 심오할 수 있는 것이어서 "한 사람의 불순종으로 말미암아 여러 사람들이 죄인된 것과 꼭 같이 한 사람의 순종으로 말미암아 또한 여러 사람이 의롭게 되겠기 때문이다"라는 19절의 깊은 뜻을 여러모로 숙고해야 할 숙제를 안겨준다.

아담을 통한 죄와 죽음이 이 세상에로의 침입(5:12-14)

이 문단은 다음 문단 아담 그리스도론의 서두임을 염두에 두고 이 단락 전체 테두리에서 읽어야겠다. 앞 단락 5:1-11에서 믿음에 의한 의로움을 누누이 논변하였었다. 이 인의(認義)의 논변은 구원사의 새 시대에 있어 "그리스도로 말미암아 우리가 지금 (하나님과) 화목을 얻게 하신"(5:11) 일에 관해서이다. 반면에 이 서두에서는 유대인과 이방인의 구별 없이 죄가 침입하여 죽음이 통치하는 인류의 보편적이고 집합적인 죄상에 관해 구원사에 있어 옛 시대의 배경을 기술하고 있다.

12이러므로 한 사람으로 말미암아 죄가 세상에 들어오고 죄로 말미암아 사망이 왔나니 이와 같이 모든 사람이 죄를 지었으므로 사망이 모든 사람에게 이르렀느니라 13죄가 율법이 있기 전에도 세상에 있었으나 율법이 없을 때에는 죄를 죄로 여기지 아니하느니라 14그러나 아담으로부터 모

세까지 아담의 범죄와 같은 죄를 짓지 아니한 자들 위에도 사망이 왕노릇 하였나니 아담은 오실 자의 표상이라

"그러므로 한 사람으로 말미암아 죄가 이 세상에 들어왔고 죄로 말미암아 죽음이 들어왔던 것과 마찬가지로 이와 같이 또 죽음이 모든 사람에게 퍼뜨려졌으니 모두가 죄를 지은 것이었기 때문이다" 가 12절이다. '그러므로'라고 이 단락 초두를 시작하는데, 학자들 사이에는 어디와 어디 사이를 연결하는지 이견이 분분하다. 도대체 가 앞 문단과 지금 문단 사이의 연결이 생소하다. 우리는 앞 머리말에 서 이 단락의 이해가 매우 난해하다고 하였고, 12-14절의 문단은 이 단락의 서두임을 강조하였다. 연관하여 '그러므로'의 앞뒤 관계를 파악하는 일이 이 난해성의 문제를 해결하는 일에 도움을 준다고 생각하기에 꼼꼼히 따지기로 하겠다. 앞뒤 관계의 문맥 파악이야말 로 글쓴이의 의도를 분명히 파악하는 데 지름길이기 때문이다. 이견 이 분분하지만, 앞 1-11절에서 강조했던 '소망'의 주제가 이제부터 서술하고 있는 12-21절 전체와 연결하는 고리라는 견해가 있다 (Schreiner, 1998: 271). 얼핏 보기에 이 견해를 그대로 승복하기에 무리가 있지만, 앞 11절 "그리스도로 말미암아 의롭게 되고 화목케 된 모든 사람을 구원하기를 하나님께서 약속하셨다"에 대응하여 이를 이루기 위하여 서술한 내용이 12-21절이라 해석하고 있는 견해일 것이다. 앞 11절 이전과 뒤 12절 이후가 관점을 달리하는 메시지라면, 12절 초두에 쓰인 사전적인 번역어인 '그러므로'(dia toutou)가 앞뒤 연결에 걸림돌이 된다. 따라서 '이 때문에'라 번역하여

"하나님께서 그리스도로 말미암아 의롭다 하시고 화목케 하신 모든 사람을 구원하기로 하나님께서 약속하셨으니"라는 바로 그 이유 때문에 그 결과로 그리스도와 하나님 당신의 백성 사이에 생명을 주는 강력한 하나임의 통일을 이루려 함(Moo, 1991: 330)이라는 맥락적 연결에서 11절과 12절의 관계를 해석하고 있다. 물론 이 해석은 아담과 그의 후손 사이에 죽음에로 이끌어지는 하나임과 하나님과 당신의 백성 사이의 하나임과 사이에 상반된 대조를 전개하는 해석을 취하고 있다. 죄와 죽음의 침입을 12절이 우선 논하고 있지만, 그것은 서두로서의 전제일 따름이고, 결국 믿음에 의한 칭의 그리고 영광의 소망을 지향하는 15-19절에 적힌 종국의 목표가 본론의 틀이라는 해석을 취해야겠다.

이제 12-14절을 세세히 토막토막 읽음으로써 죄의 성질을 명백하게 밝혀내야겠다. "한 사람으로 말미암아 죄가 이 세상에 들어왔고 죽음은 죄를 통해 들어왔으니"(12a절)에서 '한 사람'은 물론 창 3장에 적힌 하나님께 불복종한 아담이고, 아담이라는 이름이 '사람'을 뜻하는 바와 같다. "한 사람이 지은 죄(hamartia)가 이 세상에 들어왔다"라함은 갈 3:22에 "성경이 모든 것을 죄(hamartia) 아래 감금했다"라고 적혀 있는 바대로 율법이 있기 이전에 아담이 불복종한 죄 아래 모든 사람과 창조물을 묶어 인과의 연대책임을 지게 했다는 것이다. 죄란 무엇인가? "죄는 하나님께 적대하는 그리고 하나님에게서 인간을 이간하는 악의적인 힘이다"(Longenecker, 2016: 586)라는 죄의 정의가 이제 이 대목을 읽어나갈수록 분명하여진다. 그리고 12절 후반에 "또 죽음이 모든 사람에게 퍼뜨려졌으니, 모두가 죄를 지었기 때문이다"라고, 아담의 죄의 결과로 죽음의 권세가 고삐가 풀리어 모든 사람에게 덮쳤다는 것이다. 하나님과의 적대관계인 죄는 곧 결별이고, 죄는 권세로서의 힘인 까닭으로 그것에 따르는 죽음은 모두에게 퍼뜨려지는 힘을 갖는다. "모두가 죄지었다"(pantes hemarton)라는 냉엄한 판결문을 선포함으로써 죄와 죽음에 대한 보편적인 인류의 악성을 규정하고 있다. 이때 "죄의 삯은 죽음(thanatos)이다"(6:23) 그리고 "죽음이 모든 사람에게 퍼뜨려졌으니 모두가 죄를 지었기 때문이다"라는 바울의 진술은 종교든 철학이든 여하한 성악설에 맞대어 견주어 보아도 불가해한 비극의 수수께끼이다. 그런 나머지 심지어 어떤 학자들은 갓난아기가 죽는 사례를 들추어 그것 역시 죄 때문이냐는 기구한 운명의 모순을 논쟁할 정도로 불가지론의 여운을 안고 있다. 우리는 "아담 안에서 모두가 죽는다"(고전 15:22)라는 불가사의한 논변을 당장은 접어놓고 나중에 이어지는 아담 그리스도론에서 그 의미를 추적해 읽어야겠다.

일단 대시(―)로 12절을 끝내고, 같은 논쟁이 13-14절에로 초점이 맞춰진다. "13a죄로 말하면 율법이 주어졌기 이전에도 이 세상에 있었기 때문이나 13b율법이 없는 곳에는 죄임을 간주하지 않는다 14a그런데도 아담의 때부터 모세의 때까지 죽음이 통치했었으니, 14b아담의 죄와 닮은꼴의 죄를 짓지 않은 사람들에게조차 그러하였으니 14c아담은 오실 분의 본이다"가 본문이다. "죄를 통해 죽음이 그리고 이러한 방식으로 죽음이 모든 사람에게 퍼뜨려졌으니 모두가 죄를 지었기 때문이다"라 12절에 죄와 죽음의 보편성을 언급한 다음 이제 13a절에 율법이 있기 이전에도 죄가 있었음을 명시하고 있다.

한데 잇대어 13b절에 "율법이 없는 곳에는 죄임을 간주하지 않는다"에 대해 학자들 사이에도 해석이 엇갈려 12절에 언급한 보편적인 죄와 죽음을 마치 부정하는 것처럼 들린다고 평가기도 한다. 하지만 율법의 역할이 죄를 죄로 정죄하는 것이라는 뜻이기도 하고 혹은 의문(儀文)에 적힌 바 없이 하나님께서 명하신 바를 어기는 일, 즉 의식적인 범법이 더욱 반항적이고 또 하나님을 모반하는 일임을 전하는 것이라는 해석도 또한 가능하다(Schreiner, 1998: 279). 이 해석이 14절을 보면 더욱 분명해진다. "율법이 없는 곳에는 죄임을 간주하지 않는다"를 "아담의 때부터 모세의 때까지 죽음이 통치했었으니"라는 14a절과 함께 읽으면 율법 이전인 아담-모세의 시기에도 죽음이 통치했다는 사실이 죄와 죽음의 보편성은 상존하고 있었음을 확인하는 진술이다. 한글개역에서 '왕 노릇하였다'라는 동사는 본래 '통치했었다'가 왕 노릇의 통치라는 문맥에서 사용되었기 때문에 차용한 고지식한 어휘이다. 이어진 "아담의 죄와 닮은꼴의 죄를 짓지 않은 사람들에게조차 그러하였으니"라는 14b절의 구문이 의미 해석이 어려운 구절이다. '아담의 죄'에서의 '죄'(parabasis)는 개인적인 죄와 원죄와의 구별 없이 쓰인 죄이기도 하고, 율법과는 무관한 죄이기도 하다는 것이다. '아담의 죄와 닮은꼴의 죄'라 함은 하나님이 문서로 주신 계명인 율법을 범한 죄와 대비(對比)하여 그것과는 다른 유사한 죄란 말이다(Moo, 1991: 346). 그리하여 12-14절의 논변을 바울은 "아담은 오실 분의 본이다"라 14c절에 요약한다. '본'이라 번역한 typos는 고전 10:6, 11에도 쓰인 어휘로, 한글개역은 여기에서는 '표상'이라 하고, 고린도전서에서는 '거울'이라 번역하고 있으나 부적절한 번역어이다. 여기서 '오실 분의 본', 즉 그리스도의 본이라 함은 아담의 행위가 그리스도의 행위가 그런 것과 마찬가지로 모든 인간에게 보편적인 영향을 미친다는 뜻으로 사용된 어휘이다(Kruse, 2012: 246). '본'이라 번역한 typos는 뒤에서 다시 논의할 터이나 사실상 인류의 전형적인 본보기로서의 원형이라 그 의미의 사용 영역을 넓혀도 좋을 것이다.

아담과 그리스도의 대조: 아담 그리스론(5:15-19)

아담의 행위가 그리스도의 행위와 마찬가지로 인류에게 보편적인 영향을 미친다는 뜻에서 "아담은 오실 분의 본(원형)이다"(14절)라 언급하였다. 바울은 아담의 불순종의 행위와 그리스도의 순종의 행위의 양극적인 대조의 표현을 거침없이 언표하고, 때로는 동질적인 형용사로 양극을 표현하기도 한다. 인류 구원사의 맥락에서 첫 사람 아담과 마지막 아담과의 대조를 통해 하나님의 구원의 섭리를 해명하고 있는 것인바, 문제는 이 대조가 아담과 그리스도를 비교하는 것이 목표가 아니라 메마른 정죄가 아니라 풍부한 은혜에 관한 케리그마가 핵심이라는 사실을 유념해야 한다. 한마디로 아담에 대조한 그리스도, 그것이 아담 그리스도론이다.

15그러나 이 은사는 그 범죄와 같지 아니하니 곧 한 사람의 범죄를 인하여 많은 사람이 죽었은즉 더욱 한 사람의 은혜와 또는 한 사람 예수 그리스도의 은혜로 말미암은 선물이 많은 사람에게로 넘쳤으리라 16또 이 선물은 범죄한 한 사람으로 말미암은 것과 같지 아니하니 심판은 한 사람을 인하여 정죄에 이르렀으나 은사는 많은 범죄를 인하여 의롭다 하심에 이름이니라 17한 사람의 범죄를 인하여 사망이 그 사람으로 말미암아 왕노릇 하였은즉 더욱 은혜와 의의 선물을 넘치게 받는 자들이 한 분 예수 그리스도로 말미암아 생명 안에서 왕노릇 하리로다 18그런즉 한 범죄로 많은 사람이 정죄에 이른 것 같이 의의 한 행동으로 말미암아 많은 사람이 의롭다 하심을 받아 생명에 이르렀느니라 19한 사람의 순종치 아니함으로 많은 사람이 죄인 된 것같이 한 사람의 순종하심으로 많은 사람이 의인이 되리라

은사와 과실(過失)이 다르다고 "그러나 과실과 같지 않은 것이 은사이다"라 15절의 말문을 연다. 그리고 아담의 죄와 그리스도의 은사를 대비하여 "만일 한 사람의 과실에 의하여 많은 사람이 죽었다면, 얼마나 더 많이 하나님의 은혜가 그리고 한 사람 예수 그리스도의 은혜 안에 있는 선물이 많은 사람에게 넘쳐흘렀을 것인가!"라 그 대비를 구체화하고 있다. 이 15절은 "아담은 오실 분의 한 본이다"라는 14절 말미와 상극을 이루는 내용임에 주목해야 한다. 아담을 그리스도의 본에 대비함에 있어 옛사람과 새사람의 전형의 본보기가 양극을 맞부딪는 모양새를 14절에 기술하고 있다. 한데 두 원형 각각이 상반된 효과를 산출하므로 각 효과의 영향력의 크기는 서로 비교할 성질이 아니다(Meyer, 1884: 209). 문제는 효과의 질이 다르다는 점이다. 하나님의 은혜가 그리스도에 의해 여러 사람에게 넘쳐흘

러 구원에 이르렀고, 반면에 아담의 죄는 그 징벌로 말미암아 죽음에 이르렀으니, 상반된 효과이다. 과실과 은사가 각각 '많은 사람'에게 영향을 미친다고 하고 있지만, 각각의 많은 사람은 각기 다른 유목의 사람들이다. 아담에 관련된 사람은 모든 인간 일반이고, 반면에 그리스도에 관련된 사람은 하나님의 은사와 의의 선물을 받은 신자들이다 (Kruse, 2012: 247). 구문 분석으로 하면 아담의 과실의 행위는 조건절 (if)로 기술하고 있고, 조건절에 따르는 결과절(then)의 형식을 빌려 '얼마나 더 많이'(pollo mallon, how much more)라는 관용구를 필두로 하여 하나님의 은혜에 관해 기술하고 있다. 우리는 5:10에서 이 관용구를 '두말할 나위 없이'라 번역하였거니와 여기서도 측량할 수 없는 하나님의 은혜의 크기를 뜻하는 것이라 읽어야겠다. 게다가 '은혜 안에서의 선물'이라 유사 단어를 중복해 사용함으로써 은혜를 돋보이게 부각시키고 있다(Moo, 1991: 349). 이처럼 아담과 그리스도의 두 본(원형)에 대한 대비(對比)를 상반된 대조(對照)를 통해 16-17절이 더욱 뚜렷하게 부각시키고 있다.

그런데 16절은 동사가 생략돼 있고 압축된 구성의 표현이라 번역하기 수월치 않다. 번역본들마다 달라서 참고해 짜깁기해 옮기면 "한 사람으로 말미암은 죄의 결과는 선물의 경우와 같지 않아서, 한 사람의 죄에서 나온 판결은 정죄를 가져왔지만, 여러 죄들에 뒤따르는 선물은 의롭다 함을 가져온다"와 같다. 내용은 대체로 선행 절들의 반복이므로 두루 관련 문맥과 함께 읽기로 하겠다. 아담으로 말미암는 죄로 인한 심판과 그리스도로 말미암는 칭의의 은혜에 관한 상반된 대조가 갖는 16절에서의 양극의 표현이 12절부터의 반복이라서 상반된 대조의 심각성을 자칫 간과하기 십상이다. 따라서 16절에서 놓치기 십상인 문장 구성의 세부 묘사의 두 측면을 꼬집어 지적해 심층의 의미를 노출시키는 인위적인 수고가 필요할지 모르겠다. 첫째, 선물은 '의롭게 함에로'(eis dikaioma) 가져온다는 표현에 재삼 주의를 환기할 필요가 있다. "누구든 의로운 사람은 한 사람도 없다"(3:10)이므로 의는 하나님의 주권 행사에 의해 의롭다라 선고 내지 포고함에 의존하는 것임을 환기해야겠다. 여기 16절에서도 선물은 '의롭다 함에로'라 표현하고 있다는 점을 눈여겨보아야 한다. 누구든 신자이면 의인일 수 있는 것이 아니라 하나님이 의롭다 인정해주셔야 의인일 수 있다는 가르침이 로마서의 논지이다. "나는 신앙을 갖고 있다. 그러므로 나는 의인이다"라는 맹랑한 고백이 만일 있다면 그것은 망발이다. 둘째, 앞 15절에서 죄와 은사를 'ma'의 운율로 짝지어 대비를 두드러지게 돋보이게 하였듯이, 16절 말미에서는 친족의 유사성의 범주 안에서 은사(charisma)와 의롭게 함(dikaioma)을 접미사 'ma'의 운율로 짝지어 대비가 아닌 상호 교체성을 돋보이게 하고 있다. 새 시대의 새로운 목표가 도래할 돌출 효과를 극구 현저하게 부각시키려는 의도적인 수사(修辭) 양식의 표현이다. 더 나아가 마찬가지로 17절에서도 첫 아담과 마지막 아담을 양극으로 대비시켜 아담의 불순종과 예수 그리스도의 순종과의 차이를 대비시켜 설명한다. "만일 한 사람의 과실로 인해 죽음이 그 한 사람을 통해 통치하였다면, 얼마나 더욱 많이 은혜와 의의 선물의 풍요함을 받는 사람들이 한 사람 예수 그리스도를 통해 생명 안에서 통치를 받을 터인가!"라는 감탄의 표현으로 설득력을 높인다. 게다가 양자의 경중의 비교에 있어 수사(修辭)의 공들임이 현저하게 다르다. 하나님의 은혜와 선물을 받는 일에 대해서는 또다시 랍비의 관용어인 '얼마나 더 많이'(훨씬 더 많이)를 사용하여 측량할 수 없는 은혜의 양과 성질을 표현하고 있다(Longenecker, 2016: 595f.).

이처럼 아담으로 인한 죄의 통치와 그리스도로 인한 은혜의 통치의 상반된 대조를 12절부터 기술한 다음에 이제 18-19절에 그 결과를 압축해 기술하고 있다. "18그런즉 한 과실로 정죄가 모든 사람에게 이른 것 같이 그리고 또한 한 의의 행위로 말미암아 모든 사람에게 생명을 가져오게 하였다. 19한 사람의 불순종으로 말미암아 죄인들이 여럿이 되었고 한 사람의 순종으로 말미암아 또한 여러 사람이 의롭게 되어지기 때문이다"라 요약하고 있다. 아담의 행위가 모든 사람에게 그리고 그리스도의 행위가 모든 사람에게 영향을 끼친 보편성을 한 과실과 한 의의 행위를 대비(對比)하여 기술하고 있다(Longenecker, 2016: 597). 앞선 진술과 마찬가지로 18절에서도 '과실'과 '의로움'을 대조하고 '모든 사람에게'라 기술하고 있다. "모든 사람에게 생명의 의로움에 이르게 하였다"는 예수의 죽음이 만인을 위해 가져온 귀결임은 두말할 나위 없다. 이때 19절에 적힌 '여러 사람'(polloi)이라는 개방적인 어휘인 다수의 의미는 '모두'(pantes)라는 만인과 다름없다고 한다. '생명의 의로움'에 이르는 모든 사람은 은혜의 선물을 받은 유대인과 이방인을 포함한 모든 신자에게라는 보편성을 뜻하기 때문이다(Kruse, 2012: 251; Schreienr, 1998: 291). 단 문제는 (하나님께 불복종한 아담의) 죄의 짐을 어떻게 '모든 사람에게' 또 만인에게 연대적(連帶的) 유대(紐帶)에 전가할 수 있느냐에 관한 한, 여기서는 오리무중이다.

아담의 죄의 보편성에 대해 3:10-20부터 여러 다른 용어를 사용하여 반복해 언급하고 있다. 특히 여기 5:18-19는 유별나게 죄가 갖는 원죄의 성질을 은근히 노출시키고 있다는 인상을 준다. 아담의 죄의 결과들을 12절부터 요약하면, 한 사람의 죄로 말미암아 죽음이 이 세상에 들어왔고, 아담의 죄가 죽음의 통치 아래 놓이게 했고, 모든 사람을 정죄케 하였다는 것이다. 결과적으로 그의 죄가 모든 사람을 죽음, 죄 그리고 정죄에 빠뜨린다는 보편성의 용어는 소위 원죄라는 또 다른 용어에로 확장하게끔 유인하는 면이 있음을 부인할 수 없다. 바울 자신은 원죄라는 용어를 사용한 일이 없고, 대신 죄의 보편성을 강하게 전면에 내세운다. 원죄가 무엇인지 그 개념 규정이 불확실한 상태에서도 보편성이 원죄와 같은 뿌리를 갖고 있는지의 여부가 궁금함을 떨쳐 버릴 수 없다. 모든 사람이 죄와 죽음의 권능의 지배 아래 놓인다는 것은 개인적인 상황에 대한 진술이 아니라 초자연적인 상황을 가리키는 것이고, 구원사에 있어 공동의 협동적인 구조의 틀 안에서 일어나는 일들을 함의하고 있다는(Ridderbos, 1979: 99) 해설이 원죄의 성격에 대해 어떤 실마리를 제공한다. 아담의 죄가 개인적인 죄가 아니라 그 성격에 있어 '집합적인 성격'(collective character)이라는 해설이 어떤 실마리를 제공한다.

여기서 집합성이라는 개념은 먹지 말라 명하신 실과를 따먹었다는 행위가 개체적인 행동의 불순종이 아니라 불순종 일반의 구조적인 틀을 뜻하는 죄의 성질을 규정하고 있다고 보아야겠다. 혹은 하나님의 의지가 구속이라 느껴져 그것에서 벗어나려는 인간의 자유 탐욕의 그림자 효과를 일컫는지도 모르겠다. 달리 말하면 하나님으로부터 자신을 분리할 수 있다는 존재의 이기적인 근거를 탐욕하는 그림자 효과가 인간 만인에게 집합적으로 내재할 수 있다는 말이다. 그렇다면 우리는 원죄설에 대한 바울 자신의 근거를 여기 12-19절에서 유추해 보아야 한다. 무엇보다 "그러므로 한 사람으로 말미암아 죄가 이 세상에 들어왔고 죄로 말미암아 죽음이 들어왔던 것과 마찬가지로 그리고 이와 같이 또 죽음이 모든 사람에게 두루 퍼뜨려졌으니 모두가 죄를 지었기 때문이다"라는 12절이 우리의 의문에 긁어 부스럼을 만드는지도 모르겠다. 한글개역에서 '이르렀다'라 번역한 diel-then(pass through)은 '두루 퍼뜨려졌다'의 뜻이고, 게다가 '모든 사람에게'를 겨냥하는 목표를 수반하고 있으므로 '두루 퍼뜨려졌다'의 번역이 적절할 것이다. 게다가 죄인이든 의인이든 '여러 사람'(19절)이라는 어휘가 만인을 지칭하기도 한다니(Schreiner, 1998: 290), 그렇다면 죄 개념의 일반성은 외연적인 의미에 있어 만인, 전원이라는 보편성을 그리고 원죄 개념의 특정성은 내포적인 의미에 있어 각자의 죄가 갖는 공동성이라는 추상 개념의 집합의 성질을 함의하는 차이를 갖고 있다고 규정할 수 있을지도 모르겠다. 이때 문제는 보편성으로서의 죄와 집합성으로서의 원죄가 상호 각각 독립적인 설명 개념으로 존립할 존재 이유가 있느냐의 여부이다. 무엇보다 구원의 역사를 기술하는 일에 상위한 역할을 맡는다면 두 개념의 독자성을 용인할 수도 있지만, 롬 5장에 관한 한 두 개념의 개별 특이성을 찾아 읽기 어렵다.

반복해 말하건대 바울은 원죄라는 용어를 사용한 일이 없고, 죄의 보편성에 관해 여러모로 그 성격을 해명하고 있을 따름이다. 마찬가지로 학자들조차 원죄라는 용어를 되도록 피하고 있고, 심지어 원죄 개념에 반론을 펴는 이도 있다. 그러나 18-19절뿐만 아니라 "죄로 말하면 율법이 주어졌기 이전에도 이 세상에 있었기 때문이나…아담의 때부터 모세의 때까지 죽음이 통치했었다"라는 13-14절은 죄와 죽음이 인류의 조상 아담에게 기원함을 분명하게 진술하고 있다(Moo, 1991: 342; Ridderbos, 1979: 96). 이때 바울이 아담과 그리스도를 맞대어 대비하고 있다는 사실을 주목해야 한다면, 당연히 아담과 그리스도가 공유하는 속성이 무엇인지를 독해해야 할 일이다. 그러므로 12-19절에 관해 구명해야 할 열쇠는 "아담은 오실 분의 본이다"(14c절)라는 진술을 이해하는 일이다. '오실 분' — 지칭하기는 그분은 그리스도이지만, 메시아(마 11:3)를 지칭하는 것이 아니라 아담의 영향력의 보편성이 그리스도의 보편성과 같다는 공통속성에 있어 '본'이라 말하는 것이다. 본이라는 함은 아담으로 말미암는 정죄에 있어서도 그리스도로 말미암는 구원에 있어서도 그 영향력이 인류 전체인 보편성을 대표하는 본보기라는 상징을 일컫는다. 우리가 typos를 본(exemplar)이라 번역한 까닭은 이 용어가 정죄에 있어서도, 구원에 있어서도 각각의 기원과 효과의 본을 따르는 모범의 틀을 뜻하는 개념이라 믿기 때문이다. 이 관점을 19절에 "한 사람의 불순종으로 말미암아 여러 사람들이 죄인된 것과 꼭 같이 한 사람의 순종으로 말미암아 또한 여러 사람이 의롭게 되겠기 때문이다"라 부각시켜 진술하고 있다. "첫 사람 아담은 살아있는 심리적인 사람(psyche)이 되었다 함과 같이 마지막 아담은 생명을 주는 영이시다"

(고전 15:45)에서처럼 그 본성에 있어서는 첫 아담과 마지막 아담은 상반적인 상대역이다. 학자들 모두가 아담 그리스도론이 바울의 이 구원-역사의 구조 안에서 전개된 논변임을 공감하고 있다. 이것은 동시에 옛사람과 새사람 그리고 옛 시대와 새 시대가 유래하고 진행하는 구원-역사의 기본 구조의 틀을 의미하는 도식이기도 하다 (Ridderbos, 1979: 99).

첫 사람 아담은 인간의 불순종을 대표하는 인간 본성의 본임을 줄창 중언부언해 강조해 왔다. 아담이 대표하는 불복종의 본성은 현금의 인간에 이르기까지 고금을 통해 우리에게 잠재해 있는 아담 때부터 인류 공동의 의식 내지 무의식의 본능이다. 사도 바울이 이처럼 "한 사람의 죄로 말미암아 죽음이 이 세상에 들어왔고"라 함은 첫 아담을 대표하는 인류에 대한 고발임을 12절은 분명히 표명한다. 동시에 "우리는 이 고발의 내적인 동기의 의미심장함을 5장 전반에 걸쳐 제대로 파악할 수 있어야 한다"라는 것은 아담 그리스도론은 인류의 죄의 상태가 출발점이 아니라, 역으로 인류 구원의 복음이 출발점이라는 것이다(Sanders, 1991). 첫 아담에 호소함으로써 마지막 아담 그리스도론을 거꾸로 연역해 전개한 구원론이 본질이다. 그리스도의 성육신의 목적이 인간 죄의 본성을 제거하고 하나님의 창조 의지를 복원하는 하나님의 구원 섭리의 역사(役事)임을 선포하기 위함이다. 이 역사를 통해 "또한 한 사람의 의의 행위로 말미암아 모든 사람에게 생명의 의에 이르게 하였다"라 18b절에 기술하고 있다. 이 단락 초두 12절부터 계속 '한 사람' 아담과 '한 사람' 그리스도가 반복하여 서술되어 있다. 물론 '한 사람'은 '여러 사람'(만인)을

대표하는 보편성이고, all in one을 대변하는 수사적인 용어의 사용
이다. 한 사람으로 대표되는 첫 아담(사람)의 죄, 죽음 그리고 정죄의
원형에서 한 사람으로 대표되는 마지막 아담(메시아)에 의한 은혜,
의의 선물 그리고 생명에로 이르는 사도 바울의 원대한 구원사에
관한 케리그마가 이 단락이다. 요컨대 하나님이 세상을 창조하셨고,
그리스도를 통해 인류를 구원하시며, 심지어 죄 자체라도 당신의
의지에 종속케 하신다는 케리그마가 5장의 요지이다. 바로 이 케리그
마가 인간의 죄와 구원에 관한 모든 것을 포괄하고 있기 때문에 더
이상의 구성 개념은 신학 이론의 군더더기이다. 아담이라는 고유명
사는 사람이라는 일반명사이다. 구태여 아담론에서 죄의 보편성과
원죄성을 분리하거나 혹은 덧보태어 조망하면 구원사의 본령을 흐트
러뜨릴 염려가 있는 게 아닌가 싶다.

율법, 죄 그리고 죽음 對 의, 은혜 그리고 영생(5:20-21)

사실 5장 말미인 20-21절은 이 장의 결론이기는 하지만, 그보다
는 인류 구원사에 있어 못다 한 이야기를 보완하고 있다고 읽고 싶다.
구원사의 논리를 아담과 그리스도를 서로 엇갈아 가며 각기 상쇄하는
이야기의 단순한 진행으로 서술한 나머지, 두 흐름의 사이사이에
진행되고 있는 밑바탕의 유의미한 배경을 바울은 보완하고 싶었을
것이다. 이를테면 "여차여차한 것처럼, 여차여차하다"는 비교 내지
대조의 구문 형식을 여러 번 반복하여, 예컨대 "한 사람의 불순종으로

말미암아 여러 사람들이 죄인된 것과 꼭 같이 한 사람의 순종으로 말미암아 또한 여러 사람이 의롭게 되겠기 때문이다"(19절)라는 표현 등을 줄지어 잇대어 적고는 그 밑바탕의 구원사의 의미를 소홀히 취급한 감이 없지 않다. 또는 "죄가 넘쳐난 곳에는 은혜가 더욱 넘쳐났다"(20c절)라는 좀 어리둥절한 덕담의 배경을 설득력 있게 풀이해주는 친절을 베풀었어야 했다. 그리하여 이제 5장을 끝내기 전에 아담과 그리스도와의 이야기 사이의 공백을 메꾸어 옛 시대와 새 시대와의 상봉의 긴장과 조화의 배경을 전경(前景)에 드러내고 있다.

> [20]율법이 가입한 것은 범죄를 더하게 하려 함이라 그러나 죄가 더한 곳에 은혜가 더욱 **넘쳤나니** [21]이는 죄가 사망 안에서 왕 노릇한 것같이 은혜도 또한 의로 말미암아 왕 노릇하여 우리 주 예수 그리스도로 말미암아 영생에 이르게 하려 함이니라

본문을 의미 단위를 잘게 분절하여 옮겨 적으면, "[20a]율법이 곁들여 들어왔었으니 과실(過失)이 증대하기 위함이다. [20b]그러나 죄가 증대했던 곳에는 은혜가 더욱 넘쳐났으니 [21a]그리하여 죄가 죽음 안에서 통치하였던 것과 꼭 마찬가지로 [21b]은혜가 의를 통해 통치하여 우리 주 그리스도 예수로 말미암아 영생에 이르게 한다"와 같다. 우선 20a절에서 한글개역이 '율법이 가입(加入)한'이라 옮겨 적고 있는 동사 가입하다가 근래에는 '슬그머니 들어왔다'(slipped in)라는 번역도 통용되므로 이 동사에 적합한 번역어부터 바로잡아야겠다. 원문의 동사 '곁들여 들어왔다'(pareiselthen)가 유일하게 사용된 갈

2:4에서는 거짓 형제가 억지로 할례를 받도록 하기 위해 침입한 것을 '가만히 들어왔다'(한글개역)라는 번역 어휘를 선택하고 있기 때문에 '슬그머니 들어왔다'의 번역어가 통용되고 있는 실정이기도 하다. 게다가 구원사에 있어서 아담과 그리스도의 두 역할 사이에서 율법은 상대적으로 약한 비중을 차지하므로 해당 동사의 격을 낮추어 부정의 뉘앙스를 돋보이려는 경향이 있기도 하다(Dunn, 1988: 286). 문제는 "율법이 슬그머니 들어왔었으니 과실(過失)이 증대하기 위함이다"라 번역하는 경우에 이스라엘에 율법주의가 살며시 침입하여 죄가 만연한다는 오해를 일으킬 수도 있을 것이다. 하나님께서 하사하신 모세의 율법이 "율법이 없는 곳에는 범법도 없다"(4:15)일 수는 있다 하더라도 율법이 범법을 부추기기 위한 것은 아닐 것이기 때문이다. 그렇다면 "율법이 곁들여 들어왔었으니 과실(過失)이 증대하기 위함이다"라 29절을 번역하는 것이 합당하리라 사료된다. '곁들여 들어왔다'라 함은 율법이 하나님의 구원의 계획에 수위의 자리가 아니라 부차적인 자리를 차지한다는 의미를 표현한 것이다(Longenecker, 2016: 599). 이를 위해 "'율법이 곁들여 들어왔다"에 대한 설명을 우리는 여기서 곁들여 보완하고 싶다.

아담 이후에 하나님의 구원사의 첫걸음은 아브라함에게 주신 언약이고, 그 이후에 모세에게 주신 율법이다. (율법을 하사하신 까닭이 아담이 지은 죄를 억제하기 위함이라는 이스라엘의 신념을 학자들은 여기서 논하고 있지만, 우리는 9-11장에서 이 문제를 다루기로 하겠다.) 언약 이외에 율법이 주어진 목적이 있을 것이다. "그렇다면 왜 율법이 도대체 주어졌는가? 범법 때문에 더하여졌던 것이니 약속이 언급한 자손이 오실 때까지이다"(NIV)라 갈 3:19는 적고 있다. 풀이하면 '약속이 언급한 자손'인 새 언약의 주이신 그리스도가 오실 때까지 아브라함에게 주었던 언약에 율법을 덧보태준 것은 오히려 죄 때문에, 즉 죄를 유발하기 위함이라는 것이지만, 죄를 유발하기 위함이라는 것은 존재하고 있는 죄를 죄이게끔 한다는 뜻일 수도 있다(Moo, 2013: 234). 달리 말하면 율법은 아담과 같은 인간 존재를 오히려 현실화해 부각하기 위해 주어진 것이다. 여기가 참 어려운 대목이다. 율법을 주신 직접적인 목적은 구원을 위함이 아니라 "죄 때문에, 즉 죄를 유발하기 위함이라는" 것인데, 아마도 죄를 깨닫게 함을 위한 것일 터이다. 이에 곁들여 롬 7:7을 인용하겠다. "율법이 죄냐? 결코 그럴 수 없다! 더군다나 탐심이 율법에 없었다면 내가 죄를 알지 못하였을 것이다. 만일 '너희는 탐내지 말라'라 율법이 말하지 아니하였다면 내가 탐심이 무엇인지를 알지 못하였을 것이다"(NRSV). 이 진술은 율법이 없으면 죄를 죄로 알지 못할 뿐만 아니라 율법에 기록된 항목들이 많을수록 죄를 증대한다는 해석을 심지어 선호하게도 만든다. 율법과 죄의 공존적인 관계는 촉진과 견제의 상호의존적인 관계이다. 참으로 율법과 죄의 이들 양면이 교체하는 대위법적(對位法的)인 기능이 인간의 죄성이 갖는 딜레마이다.

"그러나 죄가 증대했던 곳에는 은혜가 더욱 넘쳐났다"가 20절과 21절을 연결하는 의미심장한 가교이다. 하나님께서 율법을 주신 목적이 단순히 죄를 증대하기 위함, 그 자체에 그치는 것이 아니라 그 궁극의 목표는 차라리 표면적인 율법 윤리의 목표를 도약하려는 데 있다. "죄가 넘쳐난 곳에는 은혜가 더욱 넘쳐났다"라는 비장해

두었던 궁극의 섭리에 관한 진술이야말로 놀라움을 넘어선 하나님의 신비의 섭리이다. 율법의 자리에 은혜를 넘치게 하셔서 죄를 이기게 하시는 하나님의 섭리는 의로 말미암아 우리 주 그리스도 예수에 의해 영생에 이르게 한다. 우리는 20절 말미부터 놀라움을 안고 읽고 있고, 21절에 들어서면서 차라리 경악에로 뛰어넘고 있다. 마치 하이든의 〈놀람교향곡〉 2악장에서 피아니시모로 반복되다가 돌연히 포르티시모를 터뜨림으로써 언어의 새로운 활력소를 불어넣는 사도의 놀람의 언어 구사를 읽는다. 그것은 장난기를 삽입한 하이든 교향곡이라기보다 차라리 바울 신앙의 장엄한 변주곡이다. 한글개역에서 '통치하다'를 고지식하게 '왕 노릇하다'라 번역한 것도 여기 숨겨진 의미를 극적으로 표현하는 묘미를 전달할 수 있다. "죄가 죽음 안에서 통치하였다"를 "죄가 죽음의 통치력의 영역에서 왕권을 잡았다"라 과장해 포장한 언어 구사가 오히려 전하려는 의도에 적절한 효과를 발휘할 수 있겠기 때문이다. 반면에 "은혜가 의를 통해 통치하다"라는 간결한 표현은 "예수 그리스도 우리 주를 통해 하나님께서 은혜의 선물로 주신 의가 죽음에 생명을 불어넣는다"는 뜻이다. 이 모순의 기적이 인간의 이성으로서는 도저히 설명할 수 없는, 다시 또 인용하거니와, "우리 주 그리스도 예수 안에 하나님의 사랑이다" (8:39). 바로 그 사랑이 8장에 적힌 '신앙 승리의 개가'인 영광의 소망이다.

요컨대 5장의 담론은 첫 아담의 죽음과 마지막 아담의 생명의 대조가 아니다. 죽음에서 생명에로 변환하는 초월의 담론이다. 첫 아담의 죄에 곁들여 들어온 율법은 죄를 치유하기 위한 것이 아니다.

어차피 율법을 온전하게 준수하는 일은 불가능한 일이고, 따라서 죄가 증대하기 마련이다. 죄를 이기기 위해서는 율법 윤리의 목표를 넘어서 하나님의 선물인 의에 의해 은혜에 들어가 은혜의 통치에 넘쳐야 한다. 그럼으로써 "한 의의 행위로 말미암아 모든 사람에게 생명을 가져오게 한다"(18절)는 변환의 5장의 가르침이다. 우리는 옛 시대와 새 시대 사이에 오늘날의 지금 엉거주춤 서 있는 얼간이가 아니다. 그리스도의 생명이 시시각각 다가옴을 마중하고 있고, 첫 아담의 죽음에서 결별하고 있고, 마지막 아담의 영생을 마중하는 소망의 박동의 삶의 현장에 서 있다.

7장

죄의 사망을 이기는
하나님의 은혜의 승리

6:1-23

바울은 5장 말미에서 "율법이 곁들어 들어온 것은 죄가 넘쳐나게 하려 위함이다. 그러나 죄가 넘쳐난 곳에는 은혜가 더욱 넘쳐났다"고 하였다. 이 초월의 기적을 마음에 간직하고 6장을 읽어야겠다. 이 6장 단원을 두 단락으로 나누어 읽겠다. 첫 단락 1-14절에 신자들이 그리스도와 함께 죄에 대해 죽었고, 그리하여 신자들이 죄에서 자유로워야 할 근거를 그리스도 예수 안에서 하나님께로부터 창출되는 생명력에 기인함을 밝히어 제시하고 있다. 그리고 둘째 단락 15-23절에 신자들이 죄에 매인 노예로부터 자유로워졌고 하나님에 대한 순종의 노예가 되었고, 그리스도 예수 우리의 주 안에 있는 영생이 하나님의 선물로 '은혜가 더욱 넘쳐났다'는 귀결로, 의롭게 그리고 거룩하게 되었다는 새로운 삶의 전개를 제시하고 있다.

1. 그리스도의 죽으심과 부활 생명에로의 합일
(6:1-14)

"너희 자신들은 죄에 대해 죽고 그리스도 예수 안에서 하나님에 대해 살아있는 것으로 생각하라"는 11절이 우선 첫 단락 6:1-14의 핵심 문장이다. 이 단락의 논리를 질문 양식으로 전개하고 있어 어떤 학자들은 2장 초두부터 전개하였던 대담(diatribe) 양식의 논리라 평하기도 하지만, 차라리 믿기 어려운 인류의 구원사의 내용을 질문 형식으로 올곧게 강변하기 위한 수사일 것이다. 이미 앞 5장에서부터 인류 구원사에 관한 바울 사도의 방대한 케리그마의 전개를 우리는 접하는 중이다. 인류는 한편 한 사람으로 대표되는 첫 아담(사람)이 죄, 죽음 그리고 정죄의 원형에 기원을 두고 있음을 그리고 다른 한편 한 사람으로 대표되는 마지막 아담(그리스도)이 의의 은혜와 선물 그리고 생명의 원형에 기원을 두고 있음을 우리는 지금 숙지하고 있다. 이제 6장에서는 하나님의 인류 구원의 섭리를 그리스도론으로 직접 기술하고 있으니, 우리가 6장을 임의적으로 두 단락으로 분절해 읽고 있으나 내용 분해에 있어서는 한 단락으로 묶어 읽는 일이 저자의 집필 의도에 가까울 수 있겠다.

우리는 죄에 대해 죽었다: 세례의 본질(6:1-4)

여기 1-14절 단락에서 크리스천의 본성이 무엇인지를 가르치고 있다. 신자들에게 세례의 의미가 무엇인가를 그리고 그리스도와 함께 죽고 일으켜지심이 무엇인가를 밝히 보여줌으로써 신자의 본성을 해명한다. 여기 1-4절에서 우선 신약 전체이든 바울 서한들 모두이든 여기처럼 의식적(儀式的)인 성질이 아닌 세례의 신앙의 본질을 명료하게 규명한 곳은 달리 비견할 곳이 아무 데도 없다. 놀랍게도 그것은 죄에 대해 죽음이다. 이 세례의 본질에 관해 김세윤(2002: 93)에 의하면 바울이 다메섹 도상에서 인류의 죄를 위해 죽으신 그리스도를 만났을 때 체험한 의미심장한 통찰이었을 것이며, 그것은 바울 신앙의 본질이다. 우리는 8장 말미를 이미 몇 차례 인용하였지만, 실상 죄에 대한 죽음에 관해 올곧게 파악하지 못한다면 '하나님의 승리', '신앙 승리의 개가'가 한갓 동떨어진 공허한 함성에 지나지 않기 십상이다.

> 1그런즉 우리가 무슨 말 하리요 은혜를 더하게 하려고 죄에 거하겠느뇨 2그럴 수 없느니라 죄에 대해 죽은 우리가 어찌 그 가운데 더 살리요 3무릇 그리스도 예수와 합하여 세례를 받은 우리는 그의 죽으심과 합하여 세례 받은 줄을 알지 못하느뇨 4그러므로 우리가 그의 죽으심과 합하여 세례를

받음으로 그와 함께 장사되었나니 이는 아버지의 영광으로 말미암아 그리스도를 죽은 자 가운데서 살리심과 같이 우리로 또한 새 생명 가운데서 행하게 하려 함이니라

"무엇을 그런즉 우리가 말할 것인가? 은혜가 넘치도록 하기 위해 우리가 죄 속에 계속 거할 것인가?"라는 1절은 5:20b에 대한 대구(對句)로 던진 질문이다. 이 역설의 질문의 우매함 자체가 바울이 진정 말하려는 의도의 속내를 노골적으로 드러내어 그의 자문자답을 더욱 명료하게 만든다. 대뜸 2절에서 "그럴 수 없다!"라 하고, "우리가 죄에 대해 죽은 자들이니 어찌 죄 속에서 더 이상 살 것인가?"라 질문이 아닌 자답을 제시한다. "우리가 죄에 대해 죽었다"가 어떤 의미인지는 3-4절을 읽으며 생각하기로 하겠다. 여하튼 1-2절이 자문자답이라는 우리의 해설이 옳다면 대답자가 없는 질문이므로 이 6장 초두가 대담 장르의 기사가 아니라는 우리의 이해가 옳음을 입증한다.

이제 "은혜가 넘치도록 우리가 죄 속에 계속 거할 것인가?"에 대한 직접적인 대답을 3절에 "혹은 너희는 알지 못하느냐, 그리스도 예수 속으로 세례를 받았던 모든 사람이 그의 죽음 속으로 세례를 받았다는 사실을?"이라 제시한다. 이 3절이 바울의 세례의 본론인데 어렵다. '그리스도 예수 속으로' 그리고 '그의 죽음 속으로' 세례를 받았다는 표현에서 '속으로'(eis)의 의미가 무엇인지에 논란이 장황하다. 바울이 이 서한을 쓸 때 당시에 세례 받다는 물세례로 침수하는 침례 의식이었고 학자들은 로마 교인들도 모두 물세례를 받았을

것이라 추측한다. 하지만 여기서는 침례가 아니라 '그리스도 예수 속에로'라 바깥에서 안에로의 방향성을 가리키고 있다. 게다가 '죽음 속에로'라는 표현을 동반하고 있어서 이때 어떤 학자들은 '죽음과 관련하여'라 해석하기도 한다. 또 다른 학자는 이 표현이 은유적으로 쓰인 것이라 해석하기도 한다(예컨대 Dunn, 1988: 311). 하지만 우리는 4절에 "그리스도와 함께-장사되었고"라 '함께'(syn)라는 접두어를 사용한 복합어가 5절에 '그와 접합하였다' 그리고 6절에 '그와 함께-십자가에 못 박혔다'가 반복해 출현함을 동시에 주목하고 싶다. 필경 이들 동사들의 표현이 "그리스도 예수 속에로 세례를 받았다"에서의 '속에로'와 밀접하게 연결되어 있을 것이다. 그리고 또 역시 syn을 접두어로 사용한 복합어의 표현이 엡 2:5-6에 두드러지게 돋보인다. 인용하면 "⁵우리가 죄 안에서 죽었을 때에조차 그와 더불어 우리를 함께-일으키셨고, 그리스도 예수 안에서 하늘에 영역들에 우리를 함께-앉히셨다"가 그것이다. 우리는 특히 이 엡 2:5가 지금 읽고 있는 세례를 "그리스도와 함께-살리셨고"에 관한 롬 6:3-4와 합치하는 내용임을 명기하고 싶다(Hoehner, 2002: 330). 이때 우리의 논의는 어떤 새로운 해석을 제안하려는 것이 아니다. "그리스도 예수 속에로 세례를 받았다"라는 '예수 속에로'라는 이 공간적인 언표가 "누구든지 그리스도와 합하여(속에로) 세례를 받은 자는 그리스도를 옷입었느니라"(갈 3:27)에서도 찾아볼 수 있다. '그리스도를 옷입었다'는 것은 '그리스도 안에서의 새로운 생명을 상징하는 것'(Hoehner, 2002: 330)이다. 그렇다면 옛 생명은 죽고 새 생명이 살아난 것이니 "예수의 죽음 속에로 세례를 받았다" 역시 갈 3:27

과 함께 자연스럽게 이해가 가능하다. 많은 학자들이 '속에로'가 '합일하다'의 의미를 갖는다고 생각하여 "그리스도 예수와 합일하다" 그리고 "그의 죽음에 참여하다"라 독해한다. 우리는 '속에로'와 '함께'라는 언표 양자 모두가 '합일하다'의 의미를 갖고 있음을 강조하고 싶다. 이런 의미에서 여러 주해자들은 세례를 받다가 구체적으로 신자들의 회심의 체험이라 그리고 그리스도를 우리 주라 고백하는 일이라 해석한다(예컨대 Moo, 1991: 371; Kruse, 2012: 260). 이에 따라 우리의 논의 역시 이 문단의 내용의 골격을 대표하는 개념의 표현이 '합일하다'라 압축하고 싶다.

그리고 4절에 그리스도 속에로 세례를 받은 함의를 적고 있는데 긴 문장이라서 되도록 직역함으로써 원문의 어순을 살려 구와 절 사이의 의미 관계를 직접 연결하기로 하겠다. "4a우리가 그러므로 그와 함께-장사되었은즉 죽음 속에로의 세례를 통해서이다. 4b그리하여 그리스도가 아버지의 영광을 통해 죽음에서 일으키심을 받았던 것과 같이 마찬가지로 우리도 또한 생명의 새로움 안에서 걷게 하려 함이다"가 4절이다. 이 4a절은 "그리스도 예수 속에로 세례를 받았던 모든 사람이 그의 죽음 속에로 세례를 받았다"는 3절에 대한 부가적인 언급일 것이다. '함께-장사되었다'는 합성어를 사용해 "그리스도와 함께-장사되었은즉 죽음 속에로의 세례를 통해서"라는 난해한 이 구절은 우리가 앞에서 3절을 해석할 때 그리스도 속에로 세례를 받다가 그리스도와 합일하여 죄에 대해 죽었다라 해석한 바에 따라 이해해야겠다. 그리스도와 합일하는 세례는 죄에 대한 죽음을 위한 세례이다. 인류의 죄를 위해 죽으신 그리스도가 다메섹 도상에서 바울에게 나타나셨을 때 바울이 체험한 것은 필경 죄에 대해 죽고 그리스도와 함께 합일한 체험일 것이다. 아버지의 영광을 통해 그리스도가 부활한 것과 마찬가지로 "생명의 새로움 안에서 걷다"라는 생명의 새로운 길에 접어들었다는 4절 말미가 예수 그리스도 속으로 세례를 받음이 그리스도와 합일한 것이라는 3절의 의미 해석을 진정 분명히 밝혀준다. 뿐만 아니라 앞에 인용하였던 "우리가 죄 안에서 죽었을 때에조차 우리를 그리스도와 함께-살리셨다"라는 엡 2:5와 함께 읽으면 그 깊은 의미가 더욱 생생하게 살아난다.

다시 그리스도와의 합일 내지 연합(6:5-7)

우리는 세례에 관한 앞 3-4절을 읽으며 세례의 의미를 그리스도와의 합일이라 해석하였다. 이 문단 역시 합일의 연장선에서 독해하는 것은 마찬가지인데, 단 이 문단에서는 앞 문단에서의 세례에 관한 논변에 국한하였던 것에서 벗어나 논의의 범위를 확장하고 있음(Moo, 1991: 386)에 유념하기로 하겠다. 우리는 5-7절이 인류 구원 역사라는 보다 확장된 관점에서 그리스도와 신자들의 합일의 상태에 관해 새롭게 기술하고 있다고 읽고자 한다. 그리스도와의 합일에 관한 앞 문단과 무관하지는 않겠지만, 앞 문단에 비해 새로운 관점에서 한 걸음 더 나아간 합일의 일반론의 전개이기도 하므로 사용된 생소한 용어의 주해를 필두로 그 내용을 상술할 필요가 있어 별도의 문단으로 읽기로 하겠다.

⁵만일 우리가 그의 죽으심을 본받아 연합한 자가 되었으면 또한 그의 부활을 본받아 연합한 자가 되리라 ⁶우리가 알거니와 우리 옛사람이 예수 와 함께 십자가에 못 박힌 것은 죄의 몸이 멸하여 다시는 우리가 죄에게 종노릇하지 아니하려 함이니 ⁷이는 죽은 자가 죄에서 벗어나 의롭다 하심 을 얻었음이니라

앞 4절에서 "우리가 그와 함께-장사지내었은즉 죽음 속에로의 세례를 통해" 우리가 "생명의 새로움 안에서 걷는다"라고 그리스도와 의 합일의 은혜의 삶을 적은 뒤에 이제 5절에서 논리가 좀 비약하여 "왜냐하면 만일 우리가 그의 죽음의 닮은꼴에 있어 그와 함께 연합되 어졌다면 필연적으로 또한 그의 부활의 닮은꼴에 있어서도 그와 연합하여질 것이기 때문이다"라고 은혜의 삶에 대해 부연하고 있다. 앞 4절에서는 '새로운 삶'의 실현이 그리스도 합일로 인한 것이라 하고 있지만(Harrison & Hagner, 2008: 105), 5절에서는 '그리스도의 부활의 닮은꼴에 있어 그와 연합하여질 것'이라 말을 확장하고 있다. '그리스도가 아버지의 영광을 통해 죽음에서 일으키심을 받았던 것 과 같이'라는 4절과 함께 5절을 읽으면 두 절이 같은 맥락의 연속적인 진술일 수 있으나 앞 문단에서는 세례가 주제이고, 5절부터는 생사 일반을 포괄하는 구원사의 맥락에 관해 논하고 있다는 차이도 무시할 수 없다. 앞 1-4절을 우리는 그리스도와 합일하다의 맥락에서 독해 하였지만, 5절 이하에 적힌 symphytoi gegonamen(결합하여졌다 내지 성장하여졌다)를 여러 번역본과 보조를 맞추기 위해 잠정적으로 '연합하여지다'라 번역하여 보았다. 우리는 이 단락 전체 논변의 정합

성을 파악하기 위해 이제 5절을 분석적으로 독해하여야겠다.

무엇보다 5절에 적힌 '그의 부활의 닮은꼴' 그리고 '그의 죽음의 닮은꼴'에서 '닮은꼴'이라는 어구가 생소하다. 이때 '닮은꼴'이라 함은 5:14에도 적혀 있는 '아담의 죄와 닮은꼴'과 동일한 어휘의 사용이다. 그때 우리는 아담의 죄는 하나님께서 직접 명령한 바를 불순종한 죄이고 그 죄의 닮은꼴이라 함은 하나님의 명령 자체의 불복이 아닌 개인적이 죄라 해설하였다. 문제는 여기서 우리가 '닮은꼴'이라 번역한 어휘 의미가 무엇인지 그 정확한 뜻을 더욱 구체화하는 일이 필요하다. 우리는 "그리스도 예수 속에로 세례를 받았던 모든 사람이 그의 죽음 속에로 세례를 받았다'라는 3절을 읽을 때부터 '속에로'라는 전치사의 해석과 관련하여 그리스도와의 합일을 강조해 왔다. '합일하다'를 이처럼 강조하다 보면 '합쳐서 하나를 이루다'라는 동일성의 뜻으로 읽기 십상이다. 이를테면 한글개역의 5절 "우리가 그의 죽으심을 본받아 연합한 자가 되었으면"이라는 번역에서 원문의 어휘 '닮은꼴'(homoiomati)을 '본받다'라 번역하고 있거니와 마치 '그리스도의 죽으심'과 동일한 죽음을 맞이하다의 뜻을 전하듯 읽힌다면 그것은 온전한 오역이다. 올바른 이해를 위해 5절을 다시 읽기로 하겠다. "만일 우리가 그리스도의 죽음의 닮은꼴에 있어 그와 함께 연합하여졌다면"이라는 5절은 조건절 특유의 if의 가상적인 현실을 묘사한 것도 아니고 또 여기서 닮은꼴은 그리스도의 죽음과의 동일성을 뜻하는 것도 아니다. 그리고 "그의 죽음과의 닮음의 수단에 의하여 우리가 그리스도와 합일되어졌다면"(Schreiner, 1998: 314)이라 도구격으로 해석하는 견지도 있으나 이 수단이라는 도구격의 해석은 중간 매체를 이용하는 목표 달성의 편법 사용이므로 석연치 않다. NIV 구판 번역본에서는 "만일 우리가 그의 죽음 안에서 그와 연합하였다면"이라 했던 번역을 2011년 개정 번역본에서 "그의 것 (죽음)과 같은 죽음에 있어 우리가 그와 연합하여졌다면"이라 수정하고 있다. 구판에서 '그의 죽음 안에서'라는 번역을 개정본에서 '그의 것과 같은 죽음에 있어'라 수정하여 그의 죽음의 '닮은꼴'이라는 뉘앙스를 새삼 살려내고 있다. 따라서 그리스도의 죽음과 동일한 죽음을 우리가 죽는다는 것이 아니라 우리가 그의 죽음을 체험하여 나의 것으로 소유한다는 의미를 표현하고 있다고 읽어야 한다.

'닮은꼴'과 더불어 '연합하다'라 번역한 원어 symphytoi의 어의 (語義) 역시를 수정 보완하겠다. 나무를 접목해 심는 '융합하다'의 의미를 갖는다는 것이 종래의 해석이었지만, 근래의 또 다른 해설에 따르면 정원을 가꾸는 원예 작업이라기보다 '상처의 가장자리가 함께 자라다' 혹은 '뼈의 부러진 말단이 융합하다'의 뜻, 곧 생물이 '함께 성장하다'라는 생명 현상의 의미를 갖는다는 다른 해석이 있고, 이 해석이 근래에 매우 우세하다(Dunn, 1988: 316). 그리하여 'symphytoi'의 의미를 '함께 성장하다'의 생물학적인 생명 현상의 의미를 취한다면, "만일 그리스도의 죽음과 같은 것에 있어 그리스도와 함께 성장하여져 왔다면 필연적으로 또한 그의 부활과 같은 것에 있어서 그와 함께 성장(결합)하여질 것이기 때문이다"가 원문의 직역이다. 풀이하면 크리스천의 존재와 메시아의 존재가 마치 두 나무의 줄기가 얽히어 성장하여 유기적인 기능을 공유하는 생명 현상의 모습을 묘사하고 있다(Kruse, 2012: 261).

한 걸음 더 나아가 '성장하다' 내지 '결합하다'와 '닮은꼴'과의 의미 관계를 더욱 깊이 이해하고 싶다. 닮은꼴과 관련하여 성장하는 생명 현상의 성질이 무엇인지를 이해하고 싶은 것이다. "그의 죽음의 닮은 꼴에 있어 그와 함께 성장하다" 그리고 "그의 부활의 닮은꼴에 있어 그와 함께 성장하다"라 두 번씩이나 결합하다와 닮은꼴을 더불어 표현하고 있다는 사실은 이 닮은꼴을 참조함으로써 성장하는 생명 현상의 성격을 파악할 수 있음을 암시하고 있기 때문이다. 그럼에도 닮은꼴이 성장하다라는 동사의 행위에 대해 수단의 도구격의 관계로 쓰이고 있는지 혹은 여격(與格)의 관계로 쓰이고 있는지가 학자들 사이에도 불분명하다. 가령 앞에서 "누구든지 그리스도의 속에로 세례를 받은 자는 그리스도를 옷입었느니라"(갈 3:27)를 인용하였거 니와 '그리스도를 옷입었다'는 것은 그리스도와 결합하여 그리스도 의 닮은꼴인 새로운 면모를 갖추었다는 은유적인 표현일 수 있다 (Ridderbos, 1979: 207). 닮은꼴은 판박이 고정관념이나 형상을 지칭 하는 개념이 아니라 새로운 가소성(可塑性)에로의 변형을 함축하는 개념이라 이해해야 한다. 이때 우리는 닮은꼴(homoiomati)과 결합 하다(symphytoi)를 구원사의 맥락에서 상호 연관하여 학자들이 독 해하고 있음을(Moo, 1991: 386-387; Ridderbos 1966: 207) 주목하여야 겠다. 더글러스 무는 5절을 "우리가 (회심이 시작한 때에) 구원-역사적 인 의미심장함에 있어 그리스도의 죽음과 연합하였고, 그리하여 지금 우리는 그의 이 죽음에 대해 합치하여 동조하고 있는 상태에 있다"(Moo, 1991: 387)라 재해석하여 읽고 있다. 이 인용문에서 괄호 속에 삽입한 '회심이 시작한 때'라 함은 그리스도의 죽음과의 연합이 과거의 사건으로서 일어났었음을 부연하는 해설이고, '그의 죽음에 합치하여 동조하는 상태'라 함은 회심하여 변화한 나머지 그 효과로 서 주어진 그리스도의 죽음에 연합하여 동조하고 있는 상태가 장래에 계속 지속되고 있다는 해설이다. 그러므로 더글러스 무에 의하면 '닮은꼴'은 '결합하는' 행위의 수단으로 작용하는 것이 아니다. 그리 스도와의 결합으로 말미암아 여격의 직접 목적의 상태로 우리에게 주어진 효과가 닮은꼴이다. 보다 명료하게 말하면 '닮은꼴'이라는 어구는 연합하다의 수단이 아니라 그리스도와 함께 연합하여진 결과 로 얻은 소득이다.

　관련하여 8:3에도 역시 닮은꼴이라는 용어를 사용하여 하나님이 '당신의 아들을 죄의 육신의 닮은꼴로 보냄으로써'라 마치 그리스도 와 인간과의 합일하다의 상태와 같은 인상을 주는 구절을 찾아 읽을 수 있다. 하지만 우리가 고의적으로 8:3을 미리 인용하는 까닭인즉, 이 구절이 그리스도 예수가 결코 인간과 동일한 존재가 아님을 돋보 이기 위해 의도된 역설적인 표현이기 때문이다. 다시 5절에 돌아와 "만일 우리가 그의 죽음의 닮은꼴에 있어 그와 함께 성장(연합)하여졌 다면 필연적으로 또한 그의 부활의 닮은꼴에 있어서 그와 성장(연합) 하여질 것이기 때문이다"라는 5절에 쓰여진 생소한 용어들과 그것들 사이의 난해한 의미 관계 때문에 지루하리만큼 장황하게 해설하였 다. 요컨대 이리저리 꼬인 난해한 5절을 꼬장꼬장 캔 까닭은 그리스 도와 합일함으로써 그리스도의 죽음과 부활과의 동일성의 상태에 도달하는 것이 아니라, 대신 성장 내지 연합함으로써 그리스도의 죽음과 부활과의 동일성이 아닌 닮은꼴이 우리에게 수여된다는 바울이 전하고자 하는 메시지를 올바르게 이해하기 위함이다. 이것이야 말로 바울 사도가 인류의 구원-역사적인 관점을 가르치려는 설교가 아니라 예언적인 진리를 선포함(케리그마)이다. 실은 그리스도의 죽음과 부활의 닮은꼴을 선포할 것이 아니라 차라리 닮은꼴의 본보기 사례를 예시하였더라면 우둔한 신자들이라도 속시원하련만, 그는 독자들의 이해력이 결손 사례들을 능히 메우리라 생각했던 것이 아니었을까. 우리가 대신 우직하게 바울의 구체적인 본보기에서 사례를 예시할 수밖에 없다. 가령 이미 5장에서 중점적으로 언급했던 사례이고 또 이제 7절에 다시 언급하고 있는 '의롭다고 간주하시다' (義認)와 관련된 본보기이다. 의인에 관한 한, 앞에 인용한 8:3에 이어 "그리스도께서 너희 안에 계시면 몸은 죄로 인하여 죽은 것이나 영은 의로 인하여 산 것이다"의 8:10을 또 인용해야겠다. "몸은 죄로 인하여 죽은 것이나 영은 의로 인하여 산 것이다"란 무엇인가. 그것은 8:15에 적힌 대로 하나님의 아들과 나란히 우리로 하여금 '아바 아버지'라 부르게 하시는 '양자'로 삼다가 아니겠는가. 친자 예수와 양자 크리스천 사이의 닮은꼴이 그 구체적인 사례가 아니겠는가. 우리는 이 추론을 공고하게 서술하고 있는 것이 아래 6-7절이라 생각한다.

이제 친숙한 용어들이 사용된 6-7절을 함께 단숨에 읽겠다. 실은 이 6-7절이 5절에 대한 바울 자신의 해설일 것이다. "⁶우리가 알거니 와 우리의 옛사람이 그와 함께-십자가에 달렸던 것은 죄의 몸을 소멸시킴으로 더 이상 우리가 죄에 종노릇하지 않게 하려 함이다. ⁷이미 죽은 사람은 죄로부터 의로워졌기 때문이다"가 본문이다. '우리가 알거니와'라 초두를 열고 있지만 앞에서의 가르침을 상기시킨다기보다는 6-7절의 내용이 5절의 진술에 대한 뜻풀이라는 신호로 읽어야겠다. '함께-십자가에 달렸다'는 합성어를 사용하여 표현한 술부의 주어는 '우리의 옛사람'이고 그 옛사람은 '아담의 죄와 닮은 꼴'(5:14)인 사람일 터이다. '그와 함께-십자가에 달렸었다'는 어구는 "내가 그리스도와 함께 십자가에 못 박혔나니 그런즉 이제는 내가 살고 있는 것이 아니라 그리스도가 내 안에 살고 있는 것이다"(갈 2:20)에서 찾아볼 수 있다. 앞 5절 "그리스도의 죽음의 닮은꼴에 있어 그와 연합하다"와 연결하여 여기 6절 "죄의 몸을 소멸(무력화)시킴으로 더 이상 우리가 죄에 종노릇(봉사)하지 않게 하려 함이다"라 하고 있다. 그리고 또 갈 2:20을 함께 읽으면, 구원-역사적인 관점에서 아담의 죄와 닮은꼴인 옛사람은 그리스도와 함께-십자가에 달렸으니 이제 새사람의 의미를 직설적으로 표현하고 있음을 알 수 있다. 첫 아담에서 비롯하여 마지막 아담인 그리스도에 이르기까지의 구원-역사적인 관점에서, 달리 말하면 인류의 죄의 시조에서부터 인류의 죄의 몸을 무효화시키신 그리스도에 이르기까지의 관점에서 6절을 서술하고 있음을 올바르게 이해해야겠다. 흔치 않은 용어인 '죄의 몸'이라 함은 육신의 죄로서의 몸이 아니라 이 세상과의 접촉에 있어 죄의 지배를 받는 타락한 개인 전체를 뜻하는 도구라 하니(Moo, 1991: 393), 인류의 구원 역사적인 관점에서 6절이 옛사람과 새사람을 대조하고 있음을 올바르게 이해해야겠다. "이미 죽은 사람은 죄로부터 의로워졌기 때문이다"라는 7절이 6절의 진술을 응축해 설명하고 있다. '이미 죽은 사람'은 '그리스도와 함께 십자가에 달린' 그리스도의 죽음에 참여한 신자들이다(Schreiner, 1998: 319). 학자들은 죄에서 자유로워졌다라 하지 않고 '죄에서 의로워졌다'라는 법정 용어를 사용하고 있는 것에 대해 주목한다. "신자들이 죄의 현존에서 자유로 워진 것이 아니라 그들은 죄의 권세, 횡포, 능란함 및 지배에서 자유롭 다는 것이다"(Ibid., 317). 실상 우리가 5절을 지루하리만큼 장황하게 해설한 까닭은 옛 시대를 넘어 새 시대에 진입하였다는 선포를 5절과 6-7절을 이처럼 정합성 있게 한 묶음으로 읽어야 하기 때문이다.

우리가 그리스도와 함께 죽었은즉 그와 함께 살리라. 그리고 새사람의 윤리(6:8-14)

"왜냐하면 만일 우리가 그의 죽음의 닮은꼴에 있어 그와 함께 성장하여졌다면 필연적으로 또한 그의 부활의 닮은꼴에 있어서도 그와 성장하여질 것이기 때문이다"라는 5절을 우리는 다시 한번 읽겠다. 여기 8-14절이 5절에 대한 또 다른 측면에서의 해설이기 때문이다. 동시에 여기에 죄와 구원의 문제에 관한 크리스천의 성격 모든 것의 진수가 담겨 있다.

> 8만일 우리가 그리스도와 함께 죽었으면 또한 그와 함께 살 줄을 믿노니
> 9이는 그리스도께서 죽은 자 가운데서 사셨으매 다시 죽지 아니하시고
> 사망이 다시 그를 주장하지 못할 줄을 앎이로라 10그의 죽으심은 죄에
> 대하여 단번에 죽으심이요 그의 살으심은 하나님께 대하여 살으심이니
> 11이와 같이 너희도 너희 자신을 죄에 대하여는 죽은 자요 그리스도 예수

안에서 하나님을 대하여는 산 자로 여길지어다 12그러므로 너희는 죄로
너희 죽을 몸에 왕노릇하지 못하게하여 몸의 사욕을 순종치 말고 13또한
너희 지체를 불의의 병기로 죄에게 드리지 말고 오직 너희 자신을 죽은
자 가운데서 다시 산 자같이 하나님께 드리며 너희 지체를 의의 병기로
하나님께 드리라 14죄가 너희를 주관치 못하리니 이는 너희가 법 아래
있지 아니하고 은혜 아래 있음이니라

"만일 그러나 우리가 그리스도와 함께 죽었다면 우리가 그와 함께
살리라는 것을 우리는 믿는다"라는 8절은 5절보다 더욱 직설법의
담백한 표현이다. 특히 5절에서는 쓰이지 않았던 '우리는 믿는다'라
는 바울다운 표현을 사용하고 있는 일이 이채롭다. 이어지는 9-10절
에 우리가 믿는 일이 무엇인지를 명료하게 객관적으로 밝히고 있다.
"9알고 있기로는 그리스도가 죽음에서 일으켜지셨으니 더 이상 죽지
않고 사망이 그를 더 이상 주인노릇하지 못하나니 10그가 죽으신
사망은 그가 죄에 대하여 단번에 죽으심이요 그러나 그가 살고 있는
생은 하나님에 대하여 삶이다"가 9-10절이다. '알고 있기로는'이라
함은 "신자이면 누구든 알고 있는 바와 같다"라 운을 떼고, "그리스도
가 죽음에서 일으켜지셨다"는 지극히 당연한 사실을 담담하게 적고
있다. 마찬가지로 확실한 사실 사망을 이긴 부활이 영생이라는 복음
을 아울러 전하고 있다. 앞 5절에서 우리가 "그의 죽음의 닮은꼴에
있어 그와 함께 성장하다" 그리고 "그의 부활의 닮은꼴에 있어 그와
함께 성장하다"라 우리에 관해 언급하였던 우리를 생략하고 그리스
도만을 담담하게 객관적으로 묘사하고 있다. 그리스도는 '더 이상

죽지 않고'라 적고 있는 것을 읽으면서 야이로의 딸, 나인의 과부의 독자, 나사로 그리고 도르가가 죽음에서 다시 살아났지만 종내 죽고 말았다는 일화를 상기하게 되는 반면에, 그리스도는 "단번에 죽으심이니" "사망이 그를 더 이상 주인노릇하지 못한다"를 전면에 앞세운다(Kruse, 2012: 205). 그리스도의 죽음에 관해 "그가 죄에 대하여 단번에 죽으심이다"라는 10절에 대해 칼린 크루즈는 "하나님이 아무 죄도 없는 그를 우리를 대신하여 죄로 삼으신 것은 그의 안에서 우리가 하나님의 의가 되게 하려 하심이니라"(고후 5:21)를 함께 읽기를 권한다. '단번에'라 함은 '단호하게 한번'(once and for all)으로 모든 것이 족하고 다시는 아니라는 뜻이다.

이때까지 직설법으로 그리스도가 죽으심과 부활하심의 교리적인 내용을 10절까지 "그리스도가 죄에 대하여 단호하게 한 번 죽으심이고, 이제 하나님에 대하여 삶이다"라 기술하였다. 앞 직설법이 이제 11-14절에서 자연스럽게 명령법으로 바뀌어 신자들이 하나님의 영광을 위하여 어떻게 살아야 하느냐를 진술하는 서법으로 바뀐다. 바울 서한들에서는 우선 직설법으로 교리를 서술한 다음에 뒤이어 교리에 따르는 윤리적인 교훈인 명령법을 서술하는 것이 일반적이어서 앞 8-10절과 별도의 문단으로 11-14절을 다른 문단으로 읽을 수도 있을 것이다. 하지만 앞 문단에 뒤따르는 문단이 내용에 있어 상호 밀접하게 연관되어 있으므로 서법에 제한받지 않고 한 문단 안에서 읽겠다.

"이와 같이 너희 자신들을 진정 죄에 대하여 죽은 자로 그러나 그리스도 예수 안에서 하나님에 대하여는 산 자로 간주하라"가 11절이다. '간주하라'가 직설법의 동사라 해석하는 학자도 없지 않으나 대체로 직설과 명령의 서법을 겸하여 쓰이고 있어 죄에 대하여 죽은 자 그리고 하나님에 대하여 산 자가 너희 자신들의 현실임을 자각하라는 뜻이라고 한다. '그리스도 예수 안에서'라는 언표가 10절에 적힌 그리스도가 '죄에 대하여 단번에 죽으심' 그리고 '하나님에 대하여 삶'이라는 맥락에서 신자들이 새사람의 상태에 있어야 할 것을 요청하고 있다(Moo, 1991: 397). 앞 11절보다는 12-13절이 명령법에 더욱 근사하게 읽히지만, 6장의 서술 특징은 직설과 명령 서법을 분리할 수 없다는 데 그 독자성을 찾아 읽을 수 있다(Ridderbos, 1975: 254). 우리는 5절 "우리가 그의 죽음의 닮은꼴에 있어 그와 함께 성장하여졌다면 필연적으로 또한 그의 부활의 닮은꼴에 있어서도 그와 성장하여질 것이기 때문이다"라는 기반 위에서 새사람의 윤리를 읽고 있다. 그리스도의 죽음과 부활에 함께 성장한 크리스천의 믿음과 윤리에 있어서는 직설과 명령의 이중적인 서법이 별개일 필요가 없고, 하나의 동일한 서법으로 족하다. 직설법인즉 명령법의 구실을 온전하게 수행한다.

원문의 어순을 존중하면 "12그러므로 죄가 너희의 죽을 몸을 통치하지 못하게 하여 악한 정욕(욕망)에 복종하지 않도록 하라 13그리고 죄에게 너희 자신의 어떤 지체들도 불의의 병기로 맡기지 말고 그러나 너희 자신들을 하나님께 맡겨서 죽음에서 살려주신 사람들로서 그리고 너희 자신의 지체들을 의의 병기로 (당신께 맡기라)"이다. 우리는 7절을 읽으면서 "신자들이 죄의 현존에서 자유로워진 것이 아니라 그들은 죄의 권세, 횡포, 능란함 및 지배에서 자유롭다는 것이다"라는 해설(Schreiner, 1998: 317)을 이미 인용하였다. "그러므로 죄가 너희의 죽을 몸을 통치하여 너희가 그것의 악한 정욕에 복종하지 않도록 하라"의 12절을 읽으면 슈라이너의 해설의 적절성을 실감케 된다. 죄에 대해 죽었다고 하였지만 '죽을 몸'을 입고 있는 한에 있어 죄의 통치에서 온전히 자유로워진 것은 아니라는 사실을 12절이 가르치고 있다. 따라서 '죽을 몸'이라 함은 죄에 대하여 죽은 자로 그러나 그리스도 예수 안에서 하나님에 대하여는 산 자인 몸이니 죄의 악한 정욕에 복종하지 말아야 할 것을 가르치는 당연한 논리적인 동기를 표현한 것이기도 하다(Meyer, 1884: 240). 그러므로 이에 따르는 권면의 결론을 13절에 적고 있다. 전반부에 "죄에게 너희 자신의 어떤 지체도 불의의 병기로 맡기지 말라"인데 '너희 자신의 어떤 지체'라 함은 악이 침투하고자 하는 몸의 각각의 지체이며, 죄에게 맡겨두면 그 지체를 악을 행할 도구로 사용된다는 것이다. 이 군사적인 부정 권면에 뒤이어 후반부에 "그러나 너희 자신들을 하나님께서 맡겨둠으로 죽음에서 살려주신 사람들로서 그리고 너희 자신의 지체들을 의의 병기로 당신께 맡기라"는 군사적인 긍정 권면을 덧보탠다. '맡기라'는 여러 번역본마다 다르게 번역하고 있는데, 그 맥락적 의미는 수동적이 아닌 긍정의 뜻으로 쓰이고 있는 바 혹은 죄에게 혹은 하나님께 자기 자신들의 주권을 행사하도록 "마음대로 처분에 맡기다"(put at the disposal of. Dunn, 1988: 337)이므로 '맡기다'라 번역을 취하였다. 바울은 11절에 죄에 대하여 죽은 자 그리고 하나님에 대하여 산 자여야 한다는 일반적인 권면을 제시한 후 12-13절에 군사적인 용어를 사용해 더욱 엄중한 명령법을 구체화하고 있다. 특히 13절은 선과 악의 우주적인 전투에서 "전신갑주를 입으라"(완전무장하라)의 바울의 옥중 서한 엡 6:10-17의 클라이맥스와 함께 읽지 않을 수 없다(노평구, 1979: 440f.). 마침내 14절 "죄는 너희들에게 주인노릇 행하지 않을 것이기 때문이다. 이는 너희가 율법 아래 있지 아니하고 은혜 아래 있기 때문이다"는 직설법의 문장으로 11-13절 명령법의 진술들에 관한 근거를 명쾌하게 설명하고 있다. 요컨대 11-14절은 명령과 직설의 서법을 공히 교체하면서 죄가 너희들에게 주인 노릇을 하지 않아야 한다는 권면을 옥죄이고 있지만, 한 절 한 절이 단편적이지도 않고, 연결 연결의 모순을 잃지도 않고, 오직 일관성 있게 정합적이다. 특히 "율법 아래에 있지 아니하고"라는 옛 시대의 윤리와 대조하여 "너희가 은혜 아래 있다"를 강조하는 것이 11-14절의 요지라면, 이 문단의 서술 목표가 새 시대의 새사람의 윤리가 성령의 능력 안에서 어떠한 것인지를 밝히 보이려는 선포가 핵심이라 독해해야겠다(Moo, 1991: 406f; Kruse, 2012: 269).

2. 죄의 노예로부터의 자유
(6:15-23)

이제 새 단락을 읽기 전에 앞 단락의 6:1 "무엇을 그런즉 우리가 말할 것인가? 은혜가 넘치도록 하도록 우리가 죄 속에 계속 거할 것인가?"를 반복해 음미하기로 하겠다. 이 질문은 은혜를 더 많이 받기 위해 죄를 계속 지어야 하느냐는 역설의 질문이다. 새 단락 15절에서도 딱히 동일한 질문은 아니지만 유사한 역설의 질문을 반복하고 있다. 마찬가지로 1절에서도 15절에서도 "그럴 수 없다!"라 자문자답하고 있다. 그러나 두 앞뒤 단락들이 논리 전개에 있어 동일한 형식을 표현하고 있음에도 불구하고 상위한 면모의 의도와 동기에 비롯된 각각의 특이한 내용을 함의하고 있다는 사실을 통찰해야겠다. 어찌 보면 로마서가 진행될수록 하나님의 섭리에 더욱 가까이 접근함을 감지할 수 있다.

죄로부터의 해방에서 의에로 이끄는 복종(6:15-18)

보통 주해서들은 앞 문단과 본 문단을 함께 묶어 읽는다. 앞 14절 "죄는 너희들에게 주인노릇 행하지 않을 것이기 때문이다. 이는 너희가 율법 아래 있지 아니하고 은혜 아래 있기 때문이다"와 15절 "우리가 율법 아래 있지 않고 은혜 아래 있기 때문에 죄를 지어야 할 것이냐?"가 동어반복적이기도 하다. 그런데도 불구하고 앞 문단과 본 문단 사이에 상위한 점들을 간과한 채 넘어가면 앞 문단과 본 문단의 독자적인 진술을 자칫 놓치기 십상이다.

> 15그런즉 어찌하리요 우리가 법 아래 있지 아니하고 은혜 아래 있으니 죄를 지으리요 그럴 수 없느니라 16너희 자신을 종으로 드려 누구에게 순종하든지 그 순종함을 받는 자의 종이 되는 줄을 너희가 알지 못하느냐 혹은 죄의 종으로 사망에 이르고 혹은 순종의 종으로 의에 이르느니라 17하나님께 감사하리로다 너희가 본래 죄의 종이더니 너희에게 전하여 준 바 교훈의 본을 마음으로 순종하여 18죄에게서 해방되어 의에게 종이 되었느니라

"그렇다면 무엇이냐? 우리가 율법 아래 있지 않고 은혜 아래 있기 때문에 죄를 지어야 할 것이냐? 그럴 수 없느니라!"의 15절은 무엇보다 앞에서 재차 인용한 6:1과도 유사성이 두드러진다. 하지만 서두에서도 넌지시 암시했지만, 두 절 사이의 유사성보다는 상위성을 동시에 눈여겨보아야 할 것이다. 한편 6:1에서는 은혜를 넘치도록 받기

위해 죄를 더욱 추구해야 하느냐는 질문이고, 다른 한편 6:15에서는 신자들이 죄 아래 있지 않고 은혜 아래 있으므로 죄를 짓는 일이 무방하지 않느냐는 질문이다. 여기 15절의 질문은 우리가 죄를 계속 지을 합리화를 은혜 아래 있기 때문이라는 궤변의 논리를 내세워 주창하는 억지이다. 율법에서부터 자유롭다는 바울의 복음 선포에 대해 그것이 불경한 가르침이라 회의하는 독자들을 겨냥해 필경 미리 허를 찌르는 질문일 것이다. 물론 그 자문자답은 6:1에서와 마찬가지로 "그럴 수 없다!"이다. 내용으로 보아 아마도 이 질문은 유대인 기독자들을 겨냥한 것일 터이다. 이들은 "율법 아래 있지 아니하고 은혜 아래 있다"(14절)에 대해 율법에서 자유롭다는 것이 도덕적인 규범 일체에서 자유롭다고 오해할 소지가 있는 사람들이기 때문이다(Schreiner, 1998: 331).

자유가 방종이 아니라는 윤리 교과서의 초보적인 원리를 15절에 함의한 후에 나아가 15절은 16절과 함께 믿음에 기반을 둔 복종이 의와 자유에 이르게 하는 원동력이라는, 마치 궤변과도 같은 심오한 진리를 깨우쳐주고 있다. "너희가 알지 못하느냐, 너희가 너희 자신들을 복종의 노예들로 누구에게 내어준다면 너희가 복종하는 사람에게 너희가 노예라는 것을, 죽음에로 이끄는 죄이든 혹은 의에로 이끄는 복종이든 간에?"가 16절이다. 이 16절 초반은 죽음에 종속하든지 혹은 의에 종속하든지 양자택일의 기로에 있는 존재, 달리 말하면 죄이냐 혹은 의이냐의 갈림길에 서 있는 존재가 인간의 조건임을 서술하고 있다. 한데 잇따르는 16절 말미는 "죽음에로 이끄는 죄이든 혹은 의에로 이끄는 복종이든 간에?"라 서술함으로써 차라리 엉뚱스럽다. 하지만 이에 대한 더글러스 무에 의한 주해의 통찰은 깊고 날카롭기 그지없다. 그는 16절 말미가 "죽음에로 이끄는 죄이든 혹은 의에로 이끄는 복종이든 간에?"라 서술함으로써 '죄와 하나님(cf. 22절) 혹은 죄와 의(cf. 18, 20절)를 맞대어 대조하고 있는 것이 아니라 죄와 복종을 대조하고 있는'(Moo, 1991: 415) 것이라 해설한다. '복종'을 중성 내지 부정이 아닌 긍정의 의미로 쓰인 사실에 놀라움을 표출하기조차 한다. 세상사에서 복종은 흔히 비굴한 태도의 상징인 한에 있어서 긍정의 의미의 복종이 놀랍다는 데에 공감이 가기도 한다. 하지만 복종을 크리스천들이 멋대로의 방임이 아닌 진정한 자유의 의미로 사용하고 있다는 것이라 해석하면서 더글러스 무는 "복종은 하나님의 진정한 지식에 대한 어머니이다"라는 칼뱅의 금언을 인용한다. 여기서 노예는 죄의 노예냐 혹은 의의 노예냐의 양자택일의 선택이고, 복종이라 함은 죄에 굴복하는 것이 아니라 하나님을 섬기는 일이다. 오해가 없도록 추가적인 사례의 용례들을 인용하겠다. 죄 내지 죽음을 의 내지 복종과 상반의 관계로 대조하는 진술은 한글개역 16절 후반부에서 "죄의 종으로 사망에 이르다"와 그 반대인 "순종의 종으로 의에 이르다"라는 의역의 표현에서 두드러지게 돋보인다. 뿐더러 "너희가 죄에 자유롭게 되었고 의에 대해 노예가 되었다"라는 18절의 생소한 진술에서도, 다시 말하면 죄로부터의 자유와 의에 대한 노예를 동일시하고 있는 생소한 상극의 진술에서도 죄와 복종이 상극의 대립의 갈림길임을 재차 확인할 수 있다.

그러나 여기에서 우리는 로마서의 핵심 논제의 하나인 믿음에 관한 또 다른 심각한 문제에 관여하지 않을 수 없다. "죽음에로 이끄는 죄이든 혹은 의에로 이끄는 순종이든"(16절), 이들 양자 사이에서 도대체 믿음은 어떤 구실을 수행하는가? 만일 개신교 신자인 우리더러 이 물음에 대답하란다면, 대뜸 죽음에 이르게 하는 것은 불신이고, 의에 이르게 하는 것은 신앙이라는 조건반사적인 응답을 할 것이리라. 그러나 바울의 논리는 죄를 섬기느냐 아니면 하나님을 섬기느냐의 양자 사이를 가름하는 믿음과 순종에 관한 실존의 논리라 읽고 싶다. 실제로 죽음과 의에 관한 또 다른 측면의 가르침이 17-18절에도 이어진다. 따라서 이것들을 차라리 16절 이하와 함께 상호 연관해 여러 명제로 분해하여 읽어야 문단 전체가 진술하고 있는 의미 관계가 선명해지리라 싶다. 이제 15-16절의 논변이 얼마나 의미심장한 것인지를 시사하듯 17-18절에서 어투의 흐름이 감탄으로 바뀐다. "17그러나 하나님께 감사드리노니 너희가 죄의 노예들이었었는데 너희는 너희에게 전하였던 가르침의 본을 따라 너희가 마음으로부터 복종하기에 이르렀다. 18너희는 죄로부터 자유롭게 되었고 의에 대해 노예가 되었다"가 그것이다. 우선 "그러나 하나님께 감사드리노니"가 출현한다. '너희가 복종을 위해 너희 자신들을 내어주는 사람들에게 너희가 노예'라는 16절 전반부 진술에서 죄의 노예 혹은 의의 노예라는 두 대안적인 노예를 공히 전제한 배경에서, 이제 17절 초두에 '그러나'를 대립의 접속사라기보다는 양보의 부사적인 용법으로 사용하고 있다. 그리고 또 '마음으로부터'라는 수의적(隨意的)이라는 자발성의 뜻을 앞세워 17절은 너희가 가르침에 복종하기에 이르렀음을 하나님께 감사하고 있다. 여기서 '복종하다'라는 어휘는 명령법에서의 권면과 강요가 아니라 '기꺼이 행하다'의 뜻이 내포되어 있다는 NIV의 주석에 따라 그리고 자발적인 섬김이라는 주석에 따라(Schreiner, 1998: 334) 17절을 읽으면, 그 의미 전달이 매우 부드러움을 직감할 수 있다. 그리고 가정규례(家庭規例)에 관한 엡 5:22 및 골 3:18에서의 아내와 남편의 관계에서 쓰인 '복종하다' 역시 여러 학자에 의하면 노예의 복종 관계가 아니라 자율적인 섬김 관계라 해석하고 있다. 이에 따라 16-17절에 적힌 복종은 우리말의 어휘로 하면 실은 복종보다는 순종이 더 적합할 수 있을 것이다. 이어서 18절에 "죄로부터 자유롭게 되었고, 의에 대해 노예가 되었다"라 죄에서 해방되었음을 이중으로 위로한다. 이로써 우리는 16절 이하에 죄냐, 의냐가 공유하고, 교차하는 의미의 현장에서 '너희가 마음으로부터 순종함'으로써 의에 이르렀다는 진술이 한갓되게 견지해온 기본 골격임을 확인할 수 있다. 그러므로 의는 '오로지 믿음을 통해서'(allein durch den Glauben)로 말미암아서이기도 하지만, 동시에 더욱 고지식하기로는 '오로지 믿음에서 나오는 순종을 통해서' 의가 주어진다는 논변이 6장에서 진술하고 있는 바울 의도라 우리는 독해하고 싶다.

그러나 지금 우리는 신앙이냐 불신이냐의 양자택일에 있어 오로지 믿음만이라는 격률을 반론하는 중이 결코 아니다. 믿음이 없는 의는 존재할 수 없다는 기본 원리 위에서 칭의에 이르는 지름길의 안내는 '믿음의 순종'(1:5)이라는 진리를 다시 확인하는 중이다. 우리는 1:5에서 '믿음의 순종'—'믿음에서 나오는 순종'(NIV: the obedience that comes from faith)—이라는 말씀에 이미 접하였다. 그때 우리는 "믿음은 결코 순종에서 분리할 수 없는 것으로… 모든 순종은 믿음에 뿌리를 두고 있고 믿음에서 우러나는 것이다"(Schreiner, 1998: 35)라는 해설을 인용하였었다. 리더보스 역시 '믿음의 복종'에서 믿음을 복종의 소유격으로 해석하여 '믿음을 구성하는 복종'이라 번역하고 있다(Ridderbos, 1975: 237). 또 이 점에서 로마서 주제인 1:17에 거슬러 올라가 하나님의 의와 믿음에 관해 불가분의 관계로 함께 숙고하여야 한다. "복음 안에 하나님의 의가 처음부터 마지막까지 계시되어 있기 때문인데 이 의는 믿음에 의한 의이다. 기록된 바, 의인은 믿음으로 말미암아 살리라"가 1:17이다. "의는 믿음에 의한 의이다"라 할 때, 하지만 의를 신자들의 자산이라 가정한다면 그것이야말로 교만이다. 그들이 의롭다 하심을 받아 하나님 앞에 설 수 있게 되는 능력인 칭의는 어디까지나 하나님의 선물임을 6장 첫 단락에서 누누이 해설하였다. 직접적으로 그 칭의는 그리스도의 죽음을 통한 '그리스도의 자발적이고 온전한 순종'(Ridderbos, 1975: 167)에 의한 것이다. 그리스도가 죽음의 순종을 통해 의를 이룩하는 것인 한에 있어 항차 우리의 믿음이야말로 우리를 의롭게 만든 능력이 아니라는 사실은 두말할 나위가 없을 터이다. NIV의 "the obedience that comes from faith"에 근거하건대, 순종의 원천이 믿음이다.

죄의 삯은 사망이요 하나님의 선물은 영생이다(6:19-23)

이 단원 6장 말미 문단은 앞 문단과의 연결 방식과 논리 전개가 좀 다르다. 가령 18절에서의 "죄로부터 자유롭게 되었고, 의에 대해 노예가 되었다"라는 신자들의 인간관에서 19절에서는 아마도 비신자에 관한 이야기로 바뀌어 육신이 연약한 세상 인간사 일반에로 이야기의 표적을 돌리어 앞 문단의 주제에 관한 이야기의 폭을 넓히고 있다. 그러면서도 동시에 하나님과의 인간의 관계를 예의 노예의 비유를 사용하여 거룩함에 이르도록 권유하고 있다. 결론적으로 사망이라는 인간의 유한성을 넘어 그리스도 예수 우리 주 안에 있는 영생이라는 하나님의 선물을 찬미하고 있어 점차로 로마서의 클라이맥스에 다다르고 있음을 느낄 수 있다.

> [19]너희 육신이 연약하므로 내가 사람의 예대로 말하노니 전에 너희가 너희 지체를 부정과 불법에 드려 불법에 이른 것같이 이제는 너희 지체를 의에게 종으로 드려 거룩함에 이르라 [20]너희가 죄의 종이 되었을 때에는 의에 대하여 자유하였느니라 [21]너희가 그때에 무슨 열매를 얻었느뇨 이제는 너희가 그 일을 부끄러워하나니 이는 그 마지막이 사망임이니라 [22]그러나 이제는 너희가 죄에서 해방되고 하나님께 종이 되어 거룩함에 이르는 열매를 얻었으니 이 마지막은 영생이라 [23]죄의 삯은 사망이요 하나님의 은사는 그리스도 예수 우리 주 안에 있는 영생이니라

"내가 사람의 예대로 말하노니 너희의 육신이 연약하기 때문이다"라 운을 뗀다. 영적인 이해력에 있어 "너희의 인간적인 한계의 제한 때문에 영적인 일에 둔감한 연고로 일상적인 인간사의 예를 따라 말한다"가 도입부이다. 이야기 표적의 내용은 "너희가 너희의 지체들을 부정(不淨)과 불법의 노예로 제공해 불법에 이르렀지만,

이제는 너희의 지체들을 의에게 노예로 바쳐 신성화에 이르도록 하라"고 19절 후반부에서 과거에 불신자였을 때의 지낸 일과 현재에 지켜야 할 일들을 대조하고 있다. 부정(不淨)은 성적인 죄이고, 불법은 죄의 일반 명칭이라 하니 과거에는 전반적인 죄에 자발적으로 승복한 노예였다는 것이다(Schreiner, 1998: 337). 그러나 이제는 하나님의 명에 따라 신자들이 자신들의 지체들을 의의 노예들에게 바치라는 것이다. 그럼으로써 "신성함에 이르도록 하라"는 명령법은 하나님이 즐겨 용납하시는 상태에 능동적으로 의의 열매를 맺도록 독려하는 서법이다(Kruse, 2012: 284). "육신에 있는 자들은 하나님을 기쁘시게 할 수 없느니라"(8:8)를 미리 읽으면, 아마도 "신성함에 이르도록 하라"는 에클레시아 내에서의 신앙생활을 독려하고 있는 것이라 사료된다.

이어서 20-21절에 독자들에게 아마도 기독 신자 이전에 상태에 관해 보충 설명을 겸해 과실을 추궁한다. "20너희가 죄의 노예였을 때 너희는 의에 대해 자유로웠다. 21어떤 열매를 너희가 그때 맺었느냐? 그 일에 대해 너희가 지금은 부끄러워하는 것이냐? 이들 일들의 마지막은 사망이기 때문이다"가 본문이다. 죄와 의를 대조하여 이야기를 전개한다. 첫 20절은 기독 신자이기 이전에 죄를 의인화하여 마치 주인을 모시듯 '너희가 죄의 노예였을 때'라고 부르니 그것은 죄의 노예였을 때이고, 반면에 의를 섬겨야 할 주인에 대해서는 너희가 자유로웠다는 것은 방임하여 내버려두었다는 것이다. 죄의 노예이든 아니면 의의 노예이든 둘 양단 간의 하나이고 또 노예에 맞서는 대립어가 자유라 표현하는 수사를 취함으로써 본문을 죄의 노예였을 때 의에 관해 자유로웠다고 표현하고 있다. 한 발자국 더 나아가 다시 비꼬임의 말투로 '너희가 지금은 부끄러워하는' 그 죄를 주인으로 모셨던 그때 너희가 얻은 열매의 소득은 무엇이었느냐고 묻고 있다. 아무 열매의 소득이 없었다면 '너희가 지금은 부끄러워해야' 할 것이 아니냐는 논리를 전개하고 있다. 바울의 결론은 그리하여 "이들 일들의 마지막은 사망이기 때문이다"라 단정하고 있다.

아울러 불신자들을 향한 20-21절에 대응하여 이제 기독 신자에 합당한 상반된 이야기 내용을 22-23절에 전개하고 있다. "²²그러나 이제 죄에서부터 자유로워졌고 하나님의 노예가 되었으니 너희가 거룩함에 대해 열매를 맺고 있고, 그 종국은 영생이다. ²³죄의 삯은 사망이고 그러나 하나님의 은혜의 선물은 영생이다. 그리스도 예수 우리 주 안에서이다"의 22-23절이 20-21절에 상반된 내용이다. 앞에서 우리가 해설했던 것에 대응하는 상반된 논리라 읽으면 어려움이 없다. '그러나 이제'라는 22절 초두를 20절 초두에 '너희가 죄의 노예였을 때'와 대비해 서술하고 있다. 더군다나 21절 말미와 23절 말미를 대비하면, 양자가 대응하는 상반된 논리임이 확연히 돋보인다. "²³ᵃ죄의 삯은 사망이고 ²³ᵇ그러나 하나님의 은혜의 선물은 영생이다. ²³ᶜ그리스도 예수 우리 주 안에 있어서이다"라는 23절은 이설(異說)이 있으므로 a, b 및 c의 세 명제로 나누어 반복해 읽기로 하겠다. 당시 헬라어 κοινε의 의미 용법에 따라서 '죄의 삯'에서의 '삯'은 전장에 투입된 병졸에게 보상하는 현세에서의 보수라 해석하는 것이 학자들의 정설이다. 그렇다면 전장에 투입된 보상으로 얻은 23a절에서의 삯은 현세에서 응보가 다 이루어진 죽음일 수 있는 반면에,

23b절에서의 '선물'(charisma)은 값없이 주어진 은혜이므로 양자가 갖는 맥락적 의미가 사뭇 다르다. 이때 하지만 구문 분석에 근거한 학자들의 현학적인 논평에 너무 무게를 두지 말고, 23절을 구성하는 세 명제로 그 요지를 분석 파악해야겠다. 첫째 요지는 죄냐 하나님이냐라는 섬김의 주인에 관한 것이고, 둘째 요지는 사망이냐 영생이냐의 섬김에 따르는 귀결에 관한 것이고, 셋째 요지는 보수로 받은 삯이냐 은혜로 주어진 일방적인 선물이냐는 수단의 차이로 각각 사망 혹은 영생이라는 보람의 성질에 관한 것이다(Moo, 1991: 425). 문제는 이들 세 요지와 전체 맥락과 관련하여 23c절에 적힌 "그리스도 예수 우리 주 안에서이다"라는 어구가 갖는 의미 관계의 역할이 요건이다. 이 어구를 가장 직접적으로는 '하나님의 선물은 영생이다'에 국한해 독해하든지 혹은 확장해 "죄에 의한 사망과 하나님에 의한 영생"이라는 6장의 표제대로 6장 전반의 내용과 관련하여 '예배의 장엄성'(Dunn, 1988: 349)의 의식의 결미로 읽으면 어지러운 해석의 어려움에서 벗어날 수 있다. 제임스 던은 '거룩함에 대해 열매를 맺고'를 십자가에 달리고 일으켜지신 그리스도의 형상에로 신자들이 점진적으로 변환하여 그리스도의 안에서의 삶 그리고 그리스도와 함께하는 삶의 형상을(Ibid., 356-57) 에클레시아 안에서 닮아가는 예배의 장엄성이라 묘사하고 있다. 회심의 시작에서 비롯하여 그리하여 복종의 결과로 의에로, 의의 결과로 거룩함에로 그리고 거룩함의 결과로 영생에로의 점진적인 진행이 신앙의 역정이다.

8장

율법으로부터의 자유: 인간론에 있어서 자아의 개념

7:1-25

"예수 우리 주 안에 있는 하나님의 은혜의 선물은 영생이다"라 죄의 노예로부터의 자유에 관해 6장을 끝낸 후 율법에 얽매임에 관해 7:4에 "너희 역시 그리스도의 몸으로 말미암아 율법에 대해 죽음에 처하여졌다"라 천명하고 있다. 바울은 특히 로마서에서 인간이 직면하고 있는 곤궁한 처지를 심각하게 진술하고 있는바, 6장에서는 죄 그리고 7장에서는 율법이 인간의 조건이다. 율법에 관한 한, 어떻게 율법과 죄가 서로를 부추기며 협력하여 죽음에로 이끄는지 그리고 다른 한편 죄와의 관계에서 율법으로부터의 해방이 갖는 의미가 무엇인지를 심각하게 논의하고 있다. 바울 사도가 율법주의(legalism)를 배격한다는 사실은 잘 알려져 있다. "사람이 율법의 행위로 의롭게 되는 것이 아니라 예수 그리스도를 믿음으로 말미암아서이다"(갈 2:16)가 좋은 본보기이다. 관련하여 그는 다메섹 도상에서 승천하신 예수를 만나기 전에는 '율법의 의로는 흠이 없는 자'(빌 3:6)이리만큼 자칭 철저하게 율법주의자였던 사실 역시도 너무나 잘 알려져 있다. 그런 바울이 특히 갈라디아서와 로마서에서의 율법에 대한 비판은 다메섹에서의 회심만큼, 더욱 정확하게는 다메섹 회심과 동일하리만큼(김세윤, 2002) 엄청난 전환이 아닐 수 없다. 율법에 대한 편견과 율법에 대한 깊은 섭리를 동시에 체험했던 바울이니

만큼 이 7장의 율법론은 로마서의 정수라 일컬어 손색이 없다. 그러므로 바울의 율법론을 모르면 바울의 기독교를 모르는 것과 다름없다.

율법으로부터의 자유는 율법이 그의 권세를 포기함으로써 실현되는 백지에 쓰인 단순한 항복 문서가 아니다. 일반적으로 학자들은 죄와 죽음과의 테두리 안에서 얻어지는 율법의 노예로부터의 해방은 이들 세 인자의 상호작용의 결과라 7장에서 읽는다. 종말 완성에로 진행 중인 도정에서 율법으로부터의 자유에 관해 4절에 "율법에 대해 죽음에 처하여졌다"라는 명제의 의미를 다양하게 모색한다. 율법, 죄 그리고 죽음, 이들 세 인자의 상호작용은 학자들의 취향에 따르는 자칫 난해한 교리로 이끌기 십상이다. 은혜가 그것들에서부터 해방하여 생명의 새로운 성령의 법으로 하나님을 섬기는 인간의 재창조가 율법으로부터의 자유이므로 인간의 칭의(稱義)를 새롭게 조명하여야 한다는 과제가 또 다른 숙제로 주어지기 때문이다. 우리는 7장의 결론을 "그리스도는 율법의 최종점이시니 믿는 모든 각자에게 의이시다"(10:4)라 단도직입적으로 잘라 말하고 싶다. 마찬가지 맥락에서 율법으로부터의 자유와 칭의에 관해 우리는 "이제 그리스도가 오셨다 함은 사람이 하나님께 가까이 가는 데 있어 율법이 설 자리가 없다"(Bruce, 1977: 191)라 일언지하에 잘라 폐하고 싶다.

율법으로부터의 자유에 대한 이처럼 어쭙잖은 과제를 바울은 인간론(anthropology)의 바탕 위에서 전개하고 있다고 보인다. 인간론의 관점에서 7장을 읽는 바울 연구자가 Meyer(1966)이다. 특히 7절 이하부터 '나'라는 일인칭을 대명사 '자아'(ego)라는 용어로 대치하고 있음이 인류의 역사를 개인의 체험에서 재현하는 인간론 전개의 좋은 증거이다(Bruce, 1977: 194). 자아라는 용어를 사용함으로써 개인의 사적인 체험을 서술하고 있다는 사실이 인간에 대한 자전적(自傳的)인 기록의 증거일 수 있기 때문이다. 바울의 인간론은 죄와 속내 사람과의 사투에서 하나님의 법을 즐거워하는 나의 자아가 겪는 철두철미한 무능함을 적나라하게 기술하고 있는 비극적인 인간론이다. 리더보스는 율법으로부터의 자유를 도무지 쟁취할 수 없는 자아의 무능함과 연약함을 위해 성령의 간구하심으로 말미암아 인간의 칭의를 새롭게 부여하는 인간론을 조명하고 있다. 우리는 7장의 공부의 주요 흐름을 리더보스의 접근에 따라 인간의 절망에로의 추락과 그리고 그 절망에서의 구출의 관점에서 개관하기로 한다.

1. 율법의 노예로부터의 해방
(7:1-6)

인류가 율법 아래 매여 있을 때 죄가 활성화한다는 '죄의 지배'의 주제에 뒤이어 7장의 서문으로서의 본 단락은 "그리스도의 몸을 통해 너희가 율법에 대해 죽었다"고 선언한다. 죽었다는 것은 율법에서 절단되었음을 표현하는 것이다. 우선 1-3절에 율법에 매인 바에서 해방되는 교훈적인 우화를 제시한 다음 4-6절에 '의문(儀文, 율법)의 옛것'에서 벗어난 '성령의 새로움' 안에서의 삶을 논의한다. 비극적인 인간론에 관한 긴 암흑의 터널 7-25절을 종단하기에 앞서 율법의 노예로부터의 해방에 관해 7장의 서문으로 제시하고 있다.

남편의 율법(7:1-3)

이 단락의 서문으로서의 1-3절은 "율법이 사람을 주관하는 것은 그가 살아있는 동안이다"라는 좀 싱거운 담화를 앞세우고 있다. 율법이 인류에게 재앙이 되는 한계를 서두에 손쉬운 보기를 들추어 예시한 것이다. 웬걸 7장이 진행될수록 점차 난해한 논변에 접어들고 있다. 말미에 이르면 율법의 노예로부터의 해방에서 하나님의 율법에 직면하는 기쁨을 찬미한다.

> [1]형제들아 내가 법 아는 자들에게 말하노니 너희는 율법이 사람이 살 동안만 그를 주관하는 줄 알지 못하느냐 [2]남편 있는 여인이 그 남편 생전에는 법으로 그에게 매인 바 되나 만일 그 남편이 죽으면 남편의 법에서 벗어났느니라 [3]그러므로 만일 그 남편 생전에 다른 남자에게 가면 음부라 이르되 남편이 죽으면 그 법에서 자유케 되나니 다른 남자에게 갈지라도 음부가 되지 아니하느니라

"혹은 (不然이면) 너희가 알지 못하느냐? 형제자매들이여"라 1절 서두를 열고 있는데, 이는 지극히 당연한 사실이지만 새로운 주제를 친밀한 호칭을 사용하여 대단히 평이한 비유로 쉽게 풀이하겠다는 말이다. "내가 율법을 알고 있는 사람들에게 말하고 있는 것이다"라 토를 달고, 무엇을 알고 있느냐를 "율법이 사람을 주관하는 것은 그가 살아있는 동안이다"라 후반부에 이어진다. 당연한 사실을 본보기로 2-3절에 예시한다. "[2]결혼한 여자는 그녀의 살아있는 남편에게 율법에 의해 매여 있지만 만일 그녀의 남편이 죽으면 그녀의 남편의 율법에서 그녀가 방면되어 [3]그리하여 남편이 살아있는 동안에는 만일 그녀가 다른 남자와 관계를 맺으면 음부라 일컬어지지만, 남편이 죽으면 그녀는 남편에게서가 아니라 율법에서 방면되어 다른

남자에게 속하여져 있어도 음부가 아니다"의 2-3절의 진술은 모세 율법의 해설이라기보다 율법에 근거한 자유분방한 바울의 재혼 문제의 윤리관이다. 더 이상의 본문 주해가 필요 없다. 재미있고 또 의미심장한 용어인 '남편의 율법'이라는 어휘를 사용하여 아내에 대한 율법의 구속의 경계선의 규준을 넘나들며 남편의 생사를 가정하여 율법의 한계를 논의하고 있다.

이 문단은 본론의 실타래를 푸는 도입부이다. 모두가 아는 이야기를 아마도 고의적으로 앞세운 다음, 4절 이하에 신자들의 율법에 대한 태도가 어떠하여야 하는지를 진술하는 바가 이 단락의 핵심 내용이다.

그리스도의 몸을 통해 율법에 대해 죽음: 율법과 죄와의 관계(7:4-6)

우리가 육신의 영역에 있었을 때 율법에 의해 일으켜진 죄의 정욕이 우리의 지체들 속에 율법을 통해 역사한다는 논지가 이 문단의 요지이다. 육신과 율법과 죄의 복합적인 덩어리가 사람을 죽음의 구렁텅이에 몰고 간다. 다른 한편 "너희가 율법에 대해 죽음에 처하여졌나니 그리스도의 몸을 통해서이다"라는 4절이 율법의 횡포로부터의 해방이라는 십자가의 새로운 장을 전개한다. 바울은 한편 율법에 의해 일으켜지는 죄의 정욕(정과 욕)이 죄의 수단이기도 하려니와 수단을 넘어서 율법이 죄를 일으키는 원동력이라는 그의 독자적인 율법 교리를 진술한다. 다른 한편 이 옛것의 횡포에서 벗어나 성령 안에서 섬기는 새로운 생명의 시대의 만남을 여기서 동시에 고지하고 있다.

> 4그러므로 내 형제들아 너희도 그리스도의 몸으로 말미암아 율법에 대하여 죽임을 당하였으니 이는 다른 이 곧 죽은 자 가운데서 살아나신 이에게 가서 우리로 하나님을 위하여 열매를 맺히게 하려 함이니라 5우리가 육신에 있을 때에는 율법으로 말미암는 죄의 정욕이 우리 지체 중에 역사하여 우리로 사망을 위하여 열매를 맺게 하였더니 6이제는 우리가 얽매였던 것에 대하여 죽었으므로 율법에서 벗어났으니 이러므로 우리가 영에 새로운 것으로 섬길 것이요 의문의 묵은 것으로 아니할지니라

"그리하여(마찬가지로) 나의 형제자매들이여, 너희 역시 율법에 대해 죽음에 처하여졌나니 그리스도의 몸을 통해서인 바, 이는 너희가 다른 분에게, 즉 죽음에서 일으켜지신 그분에게 속하여 우리가 하나님께 열매를 맺게 하려 함이다"라는 4절이 이 단락 내지 이 단원에서 바울이 전하고 싶은 표적 문장이다. 앞선 서두 2-3절에 이어진 진술이지만, 관점을 달리해 논리가 비약한다. 앞 절들에서는 남편이 죽은 사례인 데 반해 4절에서는 십자가에서의 그리스도의 몸에로 비약하여 율법이 너희를 주관하는 권위일 수 없다고 진술하고 있다. "너희 역시 율법에 대해 죽음에 처하여졌다"라고 율법에 대해 너희가 죽은 것을 과거형 수동태로 표현하여 섭리의 불가항력적인 능력의 실현을 고지하고 있다. 한글개역의 "너희도 율법에 대하여 죽임을

당하였다"와 같은 강한 직역은 바울 서한들 전반에 걸친 관련된 해당 표현들에 비추면 생소하고 포학한 강제성을 표현하는 여지도 있기 때문에 "너희가 그리스도의 몸을 통해 율법에 대해 죽었다"(NRSV)라 능동형으로 표현한 번역본도 꽤 있다. 그러나 4절은 골 2:14의 "우리를 거스르고 우리를 대적하는 의문(成文)의 부채증서(負債證書)를 말소해 버렸음은 그것을 십자가에 못 박음으로써"라는 구절과 동일한 맥락적 의미임(Kruse, 2012: 293)을 염두에 두고, 그 소박한 뜻을 살려야 할 것이다. 그리고는 율법에 대하여 죽음에 처하여졌음으로 말미암아 '죽음에서 일으켜지신 그분에게 속함으로써' 얻어지는 효력을 "우리가 하나님께 열매를 맺게 하려 함이다"라 서술하고 있다.

앞 3-4절에 대한 군더더기의 촌평을 보태어 바울이 담화 글짓기에 얼마나 섬세한지를 예시하겠다. '죽음에서 일으켜지신 그분에게 속하여'라는 4절의 표현은 3절에서 남편이 죽으면 아내가 '다른 사람에게 속하여'라는 3절의 표현과 맞대어 비교할 수 있는 문구이므로 3절과 4절은 유추적인 은유의 관계라기보다 직유의 관계로 묘사한 것이라 읽어도 좋을 것이다. 뿐더러 '속하다'의 어휘는 '결혼하다'라는 의미로 사용되기도 하였다는 것인데, 실제로 3절과 4절에서 '속하다'를 '결혼하다'라 번역한 사역(Schreiner, 1998)도 있다. 여하튼 신자들은 "그리스도의 몸을 통하여 율법에 대해 죽음에 처하여졌다"가 4절의 핵심 문장이다. 그리하여 하나님께 열매를 맺는 일이 우리의 목표라고 1인칭 복수 대명사 '우리'라는 주체를 사용해 하나님의 섭리의 실현을 피력하고 있다.

이 문단의 핵심인 4절에 대해 가일층의 설명을 5-6절에 보충하고 있다. "⁵우리가 육신의 영역에 있었을 때 율법에 의해 일으켜진 죄의 정욕이 우리의 지체들 속에 율법을 통해 역사한즉 이러므로 우리가 죽음에 대해 열매를 맺었다. ⁶그러나 지금은 우리를 얽매었던 바에 대해 죽음으로써 우리가 율법으로부터 해방되었은즉 이러므로 우리가 성령의 새로움으로 섬기지 의문(成文)의 옛것으로 섬기지 않는다"의 5-6절이 "너희가 율법에 대해 죽음에 처하여졌다"는 4절이 갖는 의의를 친절하게 윤색해주고 있다. "육신에 있다는 것은 좁은 의미에 있어서 이 세상의 원리와 가치에 의해 감싸여 있다는 그리하여 통제되고 있다는 것이다"(Moo, 1991: 442). '육신의 영역에 있었을 때'와 '율법으로 말미암아'가 병존하여 적혀 있는 것이 중요하다. 육신의 영역에서 그리고 율법에 의해 '죄의 정욕'의 발동이 일으켜진다는 견지가 다름 아닌 바울의 교리인 율법관의 부칙(附則)이다. 우리는 '죄의 정욕'이라는 5절의 표현을 "그리스도 예수의 사람들은 그 정욕과 탐욕과 함께 육체를 십자가에 못 박았다"(갈 5:24)에서의 '정욕과 탐욕'과 함께 읽어도 좋을 것이다. 죄의 정욕이 사람들로 하여금 자신들이 의로움을 자랑하기 위해 율법을 준수하는 것이 그 동기이든(Bultmann: 1955) 혹은 그들의 정욕이 하나님도 율법에도 불순종하려는 도덕 폐기적인 악덕의 소치이든, 여하튼 율법이 정욕과 탐욕에 의한 죄의 자극적인 유인(誘引)이라는 것이다. 죄와 율법에 관한 이 견지는 공관복음서에 근거한 것이 아니라 바울 자신의 교리라는 점이 대단히 중요하다. 그리하여 중요하고도 놀라운 이 바울의 독자적인 견지를 피력한다. 율법이 옛 세대에 속한 권세라 한 후에 6절에 '의문(成文)의 옛것'과 '성령의 새로움'을 대조하는 관점이 그것이다.

옛 세대와 새 세대와의 대조를 풀이하면, 한편 의문(成文)인 율법이 옛 세대의 기본 요소이고, 다른 한편 성령이 구원의 역사에 있어서의 새로운 세대의 기본 요소이다. 옛것의 근거는 율법인 의문(成文)인 반면에 구원사에 있어서 새로움의 기원이 성령이다(Moo, 1991: 445). 이처럼 성령은 생명에 연결되는 반면에 죄의 유인인 율법은 죽음에 연결되어 있다고 함으로써 각각의 양자 사이에 상반된 대조가 바울의 구원 역사에 있어 양극이다.

이미 2:25-29에 바울은 할례에 있어서 율법과 성령의 관계에 대해 자신의 견지를 피력하였다. 다시 인용하면 "²⁵만일 네가 율법을 실천하는 경우라야 할례가 진정 유익하지만, 만일 네가 율법을 범하면 너희 할례는 무할례가 된다. ²⁶그렇다면 만일 할례 받지 않은 사람이 율법의 규정을 지키면 그의 무할례를 할례로 간주할 것이 아니냐? … ²⁸오로지 외면적인 사람이 유대인이 아니니 단지 외면적이고 육체적인 것은 할례가 아니기 때문이다. ²⁹…할례는 마음의 할례이니, 의문(율법) 안에서가 아니라 성령 안에서이다"가 그것이다. 전체 문맥을 고려하면, 이때 할례는 세례와 동등한 질을 갖는 같은 유목이고, 종교적인 의식일 따름이어서 이것들보다 상위 범주에 속하는 율법을 지키지 않으면 이것들이 무효화된다는 것이다. 본래 율법은 그것에 복종하는 행위를 통해 의롭다 함을 비로소 얻는다는 당위성을 요구하는 것이니 할례는 율법을 지키지 않으면 무효화된다. 심지어 "무할례를 할례로 간주한다"라 함은 할례라는 의식은 그 자체가 존재 이유를 갖는 것이 아님을 분명히 한다. 그리고 우리가 지금 읽고 있는 7:5-6과 더불어 2:25-29를 함께 읽으면, 만일 할례가 유익하려면 의문(成

文) 안에서가 아니라 '성령에 의한 마음의 할례이어야' 한다는 것이 구원의 역사에 있어 새로움의 조망이다. 요컨대 율법의 노예로부터의 해방은 옛 언약에서 새로운 언약에로의 전환으로 "의문으로 하지 아니하고 오직 영으로 함이니 의문은 죽이는 것이요 영은 살리는 것임이니라"(고후 3:6)이다. 슈라이너를 인용하면, 성령과 율법과의 대조에 있어 "성령은 구원사의 완성을 지칭하는 것으로 그것은 새 언약의 약속이 실현되는 현실이다"(Schreiner, 1998: 353).

2. 율법, 죄 및 죽음 그리고 자아의 율법관의 체험
(7:7–13)

바울은 인간이란 율법에 의해 야기된 죄의 정욕이 인간의 지체들 속에 작용하여 죄를 위한 열매를 맺는 존재라 규정한다. 그리하여 율법, 죄, 죽음을 하나의 범주로 묶어, 율법이 죄와 죽음의 도구로 전락하여 인류 구원에 미치는 부정적인 효력을 전면에 내세운다. 그리하여 바울의 인간론은 우선 인간성을 본래 칭의(稱義: 의롭다 일컬으심)와는 상극의 관계라 규정하고 있다. 그러나 다른 한편 죄와의 상호의존성에서 벗어난다면 율법 그 자체는 바울에 의하면 본래의 성질이 거룩하다는 것이다. 그는 율법의 정당성을 "죄가 계명을 통해 철저하게 죄이게끔 보이게 하려 함이다"(13절)라 같은 해석을 취함으로써 율법을 변론한다. 이것이 바울 자아(ego)가 다메섹 회심에 체험했던 그의 율법관이다.

인간 곤궁의 책임의 과오는 율법이 아니라 죄이다(7:7-13)

이제 7절에 "율법이 죄냐?"라고 묻고, "그럴 수 없느니라"고 답한다. 이 자문자답의 전제 위에서 율법, 죄 그리고 죽음과 관련하여 7-11절에서 우선 율법이 책임져야 할 이들 3자의 연쇄 관계의 한 관점을 제시하고 있다. 다른 한편 계명이 죄의 악한 본성을 드러낸다는 관점에서 12-13절에 율법이 하나님의 본성인 거룩임을 해명하고 있다. 바울의 논리는 교리적이면서 동시에 대단히 이성적이므로 그것은 이야기 담화에로 변형해 기승전결의 짜임새로 읽기 어렵다. 본문을 꼼꼼하게 읽어 필자의 의도하는 입장의 깊이를 파고들 수밖에 없다.

> 7그런즉 우리가 무슨 말 하리요 율법이 죄냐 그럴 수 없느니라 율법으로 말미암지 않고는 내가 죄를 알지 못하였으니 곧 율법이 탐내지 말라 하지 아니하였더면 내가 탐심을 알지 못하였으리라 8그러나 죄가 기회를 타서 계명으로 말미암아 내 속에서 각양 탐심을 이루었나니 이는 법이 없으면 죄가 죽은 것임이니라 9전에 죄를 깨닫지 못할 때에는 내가 살았더니 계명이 이르매 죄는 살아나고 나는 죽었도다 10생명에 이르게 할 그 계명이 내게 대하여 도리어 사망에 이르게 하는 것이 되었도다 11죄가 기회를 타서 계명으로 말미암아 나를 속이고 그것으로 나를 죽였는지라 12이로 보건대 율법도 거룩하고 계명도 거룩하며 의로우며 선하도다 13그런즉 선한 것이 내게 사망이 되었느뇨 그럴 수 없느니라 오직 죄가 죄로 드러나기 위하여 선한 그것으로 말미암아 죄로 심히 죄되게 하려 함이니라

하나님께 열매를 맺기 위해서는 율법에서 해방되어야 한다고 앞 문단에서 말한 다음에 7-8절에 율법과 죄와의 관계에 대한 견지를 냉철하고 올곧게 설득한다. "⁷그런즉 우리가 무엇이라 말할 것이냐? 율법이 죄냐? 결코 아니라! 그러나 율법을 통해서가 아니면 내가 탐심이 무엇인지를 알지 못하였었을 것이다. 율법이 '너희가 탐내지 말라'고 말하지 않았더라면 (탐심이 무엇인지를 알지 못하였을 것이다.) ⁸그러나 죄는 기회를 포착함으로써 계명을 통해 내 속에 있는 각양 탐심을 일으켰다. 율법이 없으면 죄는 죽어 있는 것이다." 학자들은 7절에 적힌 질문들을 대담(diatribe) 양식이라 평가한다. 질의응답을 통해 올바른 지식에 이르는 비판적인 학습의 방식이 대담이다. 동사 없는 "율법 죄?"라는 과격한 질문을 윽박지르듯 물음으로써 오히려 율법을 하나님께서 당신의 백성 이스라엘을 위해 주신 것임을 생각나게 하여 "율법 죄?"라는 질문 자체가 얼토당토않은 문제 제기의 수사임을 직감케 한다. 대답은 "결코 아니라!"가 당연하다.

이 대답에도 불구하고 "율법 그 자체가 죄는 아니로되 죄는 율법을 통해 기회를 타서 노출될 수 있다"(Ridderbos, 1979: 144)를 이해하는 일이 율법과 죄의 관계를 올바르게 파악하는 길이다. 관련된 같은 맥락에서 "그렇지만 율법을 통해서가 아니면 내가 탐심이 무엇인지를 알지 못하였다"라 율법이 죄를 노출시키는 기능을 수행함을 밝히고 있다. 여기서 바울은 율법이 내 속에 있는 죄를 일으키는 것이 아니라 탐내는 욕구를 일으킨다고 진술하고 있다(Kruse, 2012; 301)는 해설이 논리 전개에 묘미가 있다. 이를테면 아담과 그의 아내가 금지된 열매를 따 먹은 탐심의 발동이 따먹지 말라는 계명이 탐심을 발동하였음(Bruce, 1977: 194)을 상기할 필요가 있겠다. 율법이 내 안에 있는 욕구를 자극해 죄를 일으키는 매개의 구실을 제공한 원초적인 사례이다. 하지만 율법이 죄를 노출시키는 이상의 악역을 담당하고 있음도 부정할 수 없다. 이를테면 율법은 육신 속에 이미 내주하여 있는 죄의 성향에 의해 남용되는 방편의 구실을 할 수도 있기 때문이다. 브루스는 심지어 여호와가 나무의 실과를 먹지 말라는 이유를 "네가 먹는 날에는 정녕 죽으리라"(창 2:17)고 말씀하신 것까지 인용하고 있고(Ibid., 144), 바울 역시 이 말씀을 9절에 "계명이 들어왔을 때 죄가 소생했고, 나는 죽었다"라고 인용한 것이라 풀이하기도 한다. 율법과 죄에 관한 바울의 논변이 여기 지금 7-8절로 끝나는 것으로 생각하면 오해이다. 예컨대 "율법이 없으면 죄는 죽어 있는 것이다"라는 8절을 "여기 지금 맥락에서 죄가 존재하지 않는다"라 해석할 수도 있고, 또 다른 맥락에서 죄를 죄라 인정하기 위해 율법의 필요성을 강조하는 반어적인 표현이라 해석할 수도 있는 것이다. 율법에 관한 사도의 비판적인 논변을 이 7장의 마지막 단락에서 다시 고찰하기로 하겠다. 지금은 7절부터 출현하는 새로운 용어 '자아'에 대해 마냥 흩뜨리지 말고 차곡차곡 그 의미를 음미하며 7장의 독해를 진행해 나아가야겠다.

홍미로운 사실은 이때 7절부터 25절에 걸쳐 진술하는 내용의 주체를 '우리'라든가 혹은 다른 주격 대신에 인칭대명사 '자아'(ego)를 사용해 기술하고 있다는 사실이다. '자아'라는 용어의 사용은 이때까지 저자의 입장에서 독자들에게 객관적으로 스스로를 표현하였던 관점에서 벗어나 죄와 죽음에 연계된 율법에 대해 사적인 개인의 비감을 전하는 수사적인 대명사의 용례라는 설도 있다. 학자들 사이에 자아의 개념과 주체가 무엇이고 누구인지에 대해 여러 설이 제안되어 있다. '자아'가 전형적인 인간인 에덴동산의 아담이라든지 혹은 율법이 주어진 이스라엘이라든지 등의 설들이 제안되어 있다. 또는 근래에 W. G. Kuemmel(1974)에 의해 '자아'가 율법 아래 있는 모든 유대인을 포함해 누구에게든 적용할 수 있는 수사적인 호칭 일반이라는 견해도 통용되고 있는 실정이다. 이들 여러 설명과 더불어 자아가 취하고 있는 입장이 바울 자신의 자전적인 체험에서 빚어진 대명사라는 해석이 유력한 설이다. 관련된 흥미로운 사실은 이 문단 7-13절에서 과거형 시제를 사용하고 있고, 문체의 어투가 현몽(現夢)하듯 말하여 바울 자신의 과거의 자전적인 체험이라는 인상을 짙게 풍긴다는 평을 받기도 한다(Bruce, 1977: 194). 게다가 이 해석을 뒷받침하기로는 바울이 율법과 관련하여 자신의 심적 고뇌를 24절에 "비참하도다 나(자아: ego) 인간이여! 누가 나를 이 죽음의 몸에서 구출할 것이냐?"라는 통렬한 울부짖음을 다름 아닌 바울 자기 자신의 고백이라 해석하는 것이 같은 맥락이다(Schreiner, 1998: 363-364). 이들 제각각의 여러 설들이 7장 이해에 열쇠일 뿐만 아니라 바울의 인간론을 옳게 이해하는 일에 필수적이다. 한데 자아에 대해 제안된 여러 설들이 각기 대립하는 인상을 주지만, 그보다는 오히려 서로 보완적으로 지탱하여주는 공유의 개념이기도 하므로 읽어 내려가면서 점차로 견지를 좁히기로 하겠다.

"자아가 율법 없이 한때 살았었으나 계명이 들어왔을 때 죄가 소생했고 (그리고 자아는 죽었다)"라는 9절을 앞에서 인용했었다. (원문에서는 "그리고 자아가 죽었다"가 9절 말미가 아니라 10절 초두에 적혀 있다.)
율법이 곧 죄일 수 없다고 단순 명료하게 7절에 단정하였지만, 그것
은 소박한 진술이고, 9절에서는 그 진술을 보다 정교화하고 있다.
율법이 없었을 때는 범법도 없었으니 죽음과 무관하게 나 자아는
살아 있었다는 것이다. 모세 율법의 계명이 들어오자 한글개역에서
는 '살아나다'라 하였지만, 죄가 활력을 새삼 찾아 소생했다는 것이다.
따라서 죄가 죽음을 선고함으로써 살아 있었던 자아가 죽었다는
것이다. 무엇보다 우리는 9절에 대한 NIV 주석(2011: 1900)을 원용키
로 하겠다. '한때 자아가 살아 있었다'라 함은 율법이 죽음을 정죄한다
는 사실을 바울이 깨닫기 전인 그때에는 자아가 살아 있었다는 바울
자신의 체험을 개관하고 있는 것이다. 이때가 말하자면 종교적인
책임을 짊어지기 이전인, 이를테면 성년식 이전일 수도 있고, 그의
회심 이전일 수도 있을 것이다. '계명이 들어왔을 때'라 함은 바울이
율법 앞에서 죄의식과 책임감을 갖게 된 그 이후의 시기이다. 그리고
'자아는 죽었다'라 함은 죄가 죽음을 불러일으키고 죄의 삯은 사망이
기 때문에 그가 죽음의 정죄를 받았음을 바울이 깨우친 것이다. 이
9절 말미 혹은 10절 초두에 주어로 사용된 나(ego: 자아)에 대한 NIV
주석에서 자아가 바울을 지칭한다는 해설에 우리는 주목해야 하며,
따라서 9절이 그의 자전적인 체험의 기록임을 이로써 새삼 확인받을
수 있다.

앞 9절 말미에 첨부해 적었던 '자아는 죽었다'에 대해 가일층의
설명을 10-11절에 덧보탠다. "¹⁰(그리고 자아는 죽었고) 그리고 생명을
위한 것이었던 계명 그것이 죽음을 위한 것임이 입증되었음을 내가

알아내었다. [11]죄가 계명을 통해 기회를 포착하여 나를 속였고, 계명을 통해 나를 죽음에 처하였기 때문이다"가 보충 설명이다. 당연히 생명을 위한 것이었어야 할 율법의 계명이 죽음을 위한 것임이 터무니없이 황당하게 입증되었음을 서술하고 있다. 그리고 죄가 율법으로 말미암아 나를 속였고, 죽음에 처하게 하였다고 율법을 힐난한다. 반목의 관계이어야 할 율법과 죄가 협응해 서로 돕고 있다는 사실은 진정 비극적인 징표가 아닐 수 없다. 이 모순을 11절에 해명하고 있으나 이해와 설득력이 쉽지 않다. 아마도 '죄가 계명으로 말미암아 기회를 포착하였다'라 함은 율법을 어김으로써 죄를 범하면 그 죄의식의 기회를 이용하여 노예로 포착한다는 뜻일 수 있을 것이다. 추측컨대 율법의 명칭을 계명이라 바꿔 쓰고 있음은 준수해야 할 율법 조항을 어김으로써 발생하는 불상사를 의도적으로 표현하고 있기 십상이겠다. 아마도 율법의 명령 기능을 불이행하였을 때를 포착하여 상응하는 업보를 부과한다는 인과응보의 기회를 죄가 노리고 있다는 맥락일 수도 있을 것이다. 모세의 율법이 계명으로 작용하는 한, '율법 전체를 행할 의무를 가지고'(갈 5:3) 있다고 한다면, 율법의 준수란 불가능한 요구이기 때문에 죽음이 상응하는 업보일 수 있다. 끝으로 여기 10-11에 관해 또 다른 두 해설을 첨가하고 싶다. 그 하나는 비록 '율법이 죽음을 위한 것임이 입증되었다'라 하더라도 죽음에 처한 것은 죄가 직접 실행한 것이지, 율법은 단지 교두보의 역할을 수행했을 뿐임을 분명히 해야겠다(Moo, 1991: 464). 다른 하나는 '자아는 죽었다'라 9절 말미에 그리고 '계명으로 말미암아 나를 죽음에 처하였다'라 11절 말미에 적혀 있지만, 자아는 딱히 바울

개인에 한정하지 말고 인간 일반을 뜻한다고 해석의 폭을 넓히는 일이 정당할 것이다. 이 자아의 체험은 중생(重生)하기 이전에 유대인으로서의 사도의 개인적인 체험이고, 동시에 인류 보편적인 체험을 표상하고 확장할 수도 있기 때문이다(Bruce, 1977: 194; Meyer, 1884: 265).

바울은 7-11절에서의 하나님의 의를 모르고 자기의 의를 세우려 했을 때와 대조되는 새로운 또 다른 체험을 이제 12-13절에 마무리 짓는다. "¹²그렇다면 진정 율법이 거룩하고, 계명도 거룩하고 의롭고 선하다. ¹³그렇다면 선한 그것이 나에게 죽음을 가져오는가? 결코 아니라! 그러나 죄가 죄로 보이도록 죄가 선한 것을 통해 나에게 죽음을 만들어주었나니 이는 죄가 계명을 통해 철저하게 죄이게끔 보이게 하려 함이다"라는 12-13절은 필경 7절 "율법이 죄냐?"에 대해 마무리하는 언표일 것이다. 흥미롭게도 율법과 계명을 분리하여 적고 있으나 각기 다른 성질의 대상을 규정하는 것이 아니라 율법은 모세 율법 전체를 그리고 계명은 개개의 율법 조항을 일컫는 것일 수 있다. 혹은 11절 해설에서 시사한 바처럼 엎치락뒤치락 모양으로 전자는 성문(成文)을 그리고 후자는 그 각각의 명령 기능의 묘사를 암시할 수도 있다. 이들 율법도 계명도 '거룩하다'라 함은 양자의 기원이신 하나님이 거룩하시다는 표현이라 하니, 거룩이야말로 율법이든 계명이든 그것이 갖는 본래의 으뜸 자질이다. 그리고 '의롭고 선하다'라 함은 인류가 지향해야 할 하나님의 본성을 여기서 꼽고 있다. '의롭다'라 함은 율법을 주신 하나님과 그 계명을 준수해야 할 사람들 사이의 관계뿐만 아니라 어느 백성 누구에게든 보편적인 공정성을 갖추고 있다는 뜻이다(Dunn, 1988: 385). 계속하여 "그렇다면 선한 그것이 나에게 죽음을 가져왔는가? 결코 아니라!"고 13절에 묻고, 7-11절 율법에 대한 앞선 편중된 진술과 상반되게 율법이 죄에 대해 편파적으로 뒷바라지 하고 있는 것은 아님을 '죄가 죄로 보이도록' 죄의 본성을 노출시켰다고 이실직고한다.

어두움과 밝음의 음양이 얽힌 율법 기능에 대해 "율법은 죄의 결백한 앞잡이 끄나풀이다"(the law is the innocent cats-paw of sin, Moo, 1991: 466)라는 절묘한 비유의 해설을 인용하여 율법에 대한 사도 바울의 복합적인 감정을 우리의 독후감으로 함께 느끼기로 하겠다. 난해하지만 이 문단을 썩 잘 요약하고 있는 비유이므로 어구 하나하나를 분석적으로 풀이하겠다. "율법이 죄냐? 결코 아니다!"(7절)이니, 율법 그 자체는 결백(무죄)하다. 그러나 "죄가 계명으로 말미암아 기회를 포착한다"(11a절)이니, 율법이 죄의 앞잡이다. 또 "죄가 나를 속였고, 계명으로 말미암아 나를 죽음에 처하였다"(11b절)이니, 율법이 죽음에 이르는 죄의 끄나풀이다. 이처럼 죄의 결백한 앞잡이이자 부질없는 끄나풀로서의 율법을 일컬어 12절에 "율법이 거룩하고, 계명도 거룩하고 의롭고 선하다"라 하나님의 뜻을 선양하고 있다. 이처럼 12절에 적힌 모순을 13a절에 "그렇다면 선한 그것이 나에게 죽음을 가져왔는가? 결코 아니라!"고 고의적으로 노출시켜 문제를 정면으로 공격한다. 그 대답 역시 문제가 갖는 모순을 정직하게 포용하여 13b절에 죄가 율법을 도구로 사용한 탓이지 율법이 죽음의 원인인 것은 결코 아니라고 웅변한다. "그러나 죄가 죄로 보이도록 죄가 선한 것을 통해 나에게 죽음을 만들어주었나니 이는 죄가 계명을 통해 철저하게 죄이게끔 보이게 하려 함이다"라 이실직고한다. 말하자면 13절은 7-12절에서 이미 언급했던 율법과 죄와 죽음과의 상호작용의 역기능이 빚어내는 심각한 의미를 노골적으로 표출하고 있다. 본질상 율법은 선하지만 죄가 드러내지는 것은 율법의 선을 이용해 죄를 드러내 결국은 죽음을 불러내며 그리고 계명을 통해 죄를 엄청나게 죄이게끔 만들어 낸다는 논리 전개이다. 이때 13절 후반부는 주동사가 생략되어 있고 번역도 어려우므로 의역에 의존해 읽기를 권하고 싶다. 의역을 옮기면 "그러나 죄는, 그것이 죄의 정체를 나타내도록, 선(善, 율법)을 통해 내 안에 죽음을 일으켰다"(Moo, 1991: 479)이다. 그럼으로써 계명을 통해 죄가 엄청난 죄임을 들추어내지도록 한다는 것이다. 물론 죄는 어떤 경우에든 악한 것이지만 하나님의 선을 당신의 백성에게 고의로 위배케 유도하는 일이야말로 더욱 악하다 아니할 수 없다. "결국 하나님의 인간 구원의 성의지(聖意志)마저 부수어버리는 죄의 무서운 생태가 계명에 의해 드러나는 것이기"(노평구, 1979: 488) 때문이다. 하나님의 선한 의지를 교묘하게 위배케 하는 일이야말로 죄 이상의 죄이다. 그러나 동시에 이때 죽음은 율법에 직접 기인하는 것이 아니라 죄에 기인하는 것임을 반복해 강조하여 죽음의 책임이 죄임을 더더욱 돋보이도록 하는 요지이기도 하다.

3. 죄와 죽음 그리고 비참하다 자아 인간이여
(7:14-25)

이제 7장 후반부에 접어들어 율법, 죄 그리고 죽음에 맞서는 자아와의 처절한 투쟁에서 자아의 무능함을 묘사하는 비극적인 인간관을 바울은 총정리해 요약하고 있다. 이 단락에서도 역시 자아(ego)를 앞세워 주어로 삼고, 율법 아래 있는 삶의 갈등이 논변의 요점이다. "내가 의도하는 바 선은 하지 않고 도리어 의도치 않는 바 악을 행한다"(7:19)의 통탄이 갈등의 요체이다. 하지만 이 통탄을 빚어내는 직접적인 요인은 "자아가 원하는 것을 만일 내가 행하지 않는다면 그것은 더 이상 그것을 수행하는 것이 나 자아가 아니라 그러나 내 속에 거하는 죄이다"(7:20)이어서 자아의 무력함과 패배에 대한 고백이다. 이 고백은 죄와 사망의 법을 넘어 다메섹 회심 이후에 그리스도 예수 안에 있는 생명의 성령의 법 아래에 있을 때에 바울의 모순 체험의 고백이라 읽어야 한다. 왜냐하면 20절의 바울의 고백은 24절의 바울의 고백 "비참하다 자아 인간이여!"라는 비탄의 절규와 동일한 자기반성의 절규이기 때문이다.

내가 원하는 것을 내가 행하지 아니하고 내가 미워하는 것을 내가 행하고 있다(7:14-20)

앞 문단과 본 문단과의 앞뒤 연결 관계를 먼저 밝히기로 하겠다. 앞 문단에서 "율법이 거룩하고 의롭고 선하다"라 천명한 뒤에 "그렇다면 선한 그것이 나에게 죽음을 가져오는가? 결코 아니다"라 현재형 동사로 말꼬리를 잡듯 캐물었다. 선전포고하듯 캐물은 것은 이제 더욱 명약관화하게 해명하겠다는 의지를 표명한 것이다. 이제 새 단락에서 선한 것(율법)이 죽음을 가져오는 것이 아님을 밝히고, 율법이 영적이라 새삼 단언하고 있다. 반면에 바울의 인간론은 인간의 육신이 죄의 통제 아래 있기 때문에 죽음이 인간에게 횡포를 부린다는 것이다. 그리하여 이 문단의 제목으로 인용한 "내가 원하는 것을 내가 행하지 않다"(15절)라는 너무도 유명한 바울의 성구가 여기 출현하고 있다. 나 자아가 의지력으로 기뻐하는 것은 하나님의 율법의 선이다. 그러나 나 자아가 행하고 있는 것은 내가 원하는 것이 아닌 하나님의 율법에 상치되고 자기 자신이 증오하고 있는 악이다. 이 곤두박이의 인간론이 바울이 중생한 이후에도 여전히 겪는 자전적인 체험의 고백이라 읽어야겠다(Bruce, 1977: 196). 바울의 인간론의 고유한 독자성은 나의 육체와 죄와의 영합이라기보다 오히려 나의 속내 사람이 죄와 육신과의 사투에서 불쌍하게도 벌거벗겨 노출된 자아의 무능함이다.

14우리가 율법을 신령한 줄 알거니와 나는 육신에 속하여 죄 아래 팔렸도다 ¹⁵나의 행하는 것을 내가 알지 못하노니 곧 원하는 이것은 행하지 아니하고 도리어 미워하는 그것을 행함이라 ¹⁶만일 내가 원치 아니하는 그것을 하면 내가 이로 율법의 선한 것을 시인하노니 ¹⁷이제는 이것을 행하는 자가 내가 아니요 내 속에 거하는 죄니라 ¹⁸내 속 곧 내 육신에 선한 것이 거하지 아니하는 줄을 아노니 원함은 내게 있으나 선을 행하는 것은 없노라 ¹⁹내가 원하는 바 선은 하지 아니하고 도리어 원치 아니하는 바 악은 행하도다 ²⁰만일 내가 원치 아니하는 그것을 하면 이를 행하는 자가 내가 아니요 내 속에 거하는 죄니라

"우리가 알고 있는 바대로 율법은 영적이다. 그러나 자아는 육적이니 죄 아래 팔려져 있다"라는 14절을 13절에 잇대어 적고 있다. 문장 독해 자체는 어려울 것이 없으나, "나 자아는(우리는 여기 7:14에서부터 ego를 '나 자아'라 잠정적으로 번역하기로 하겠다)… 육적이다"를 글자대로 읽으면 지나친 편중된 이해에 도달한다. 죄가 선한 율법을 통해 내 안에 죽음을 일으킨다는 사실을 용인하지 않을 수 없다 하더라도 나 자아가 육적인 죄의 먹이일 따름임을 자탄하고 있다고 이해하면 그것은 너무 우직한 오해이다. "나 자아가 육적"이라 함은 죄가 내 육신 안에 내주한다는 뜻이다. "죄 아래 팔려졌다"라 함은 죄의 노예로 전락하였다는 관용적인 표현이라 한다. 우리는 여기서 육신으로 "죄 아래 팔려진" 나 자아의 무능과 몰락의 자태를 묘사하고 있는 속내 동기를 15절에서 읽는다. 원문의 어순대로 옮기면 "무슨 일을 수행하고자 뜻하는지 나는 알지 못한다. 내가 원하는 것을 내가 행하지 않고 그러나 내가 미워하는 것을 내가 하고 있기 때문이다"라

는 15절이 14절이 뜻하는 의도를 단도직입적으로 설명해준다. 나 자아가 의지력으로 행하고자 하는 것은 하나님의 율법의 선이지만, 나 자아가 자기의 의지와는 다르게 내가 행하고 있는 것은 하나님의 율법에 상치되고 자기 자신이 증오하고 있는 악임을 고백하고 있다. 나의 의지가 신성의 율법을 준수하지 못한 채 분수를 넘어선 나머지, 죄에 사로잡혀 나 자아가 무가내하로 옴짝달싹 못하는 노예가 되었다는 절망을 한탄하는 하소연이라 14절을 읽어야겠다.

나 자아가 체험하는 비극적인 자각이라는 14-15절에 대한 우리의 해석이 만일 옳다면 이러한 울부짖음을 금치 못하는 자아가 어떤 성격인지를 내성하면서 7장의 여타 부문을 읽어 내려가야 할 것이다. 이때 우리의 독해 과정에서 유념해야 할 단서들이 있는데, 앞 7:7-13과는 달리 7:14-20 내지 25에 특이한 서술 방식들이 돋보인다. 그 하나가 앞글에서 사용된 동사의 시제가 부정과거였던 반면에 여기서는 생생한 갈등의 현장을 묘사하는 현재형이다. 또 다른 하나의 특이성은 자아(ego)의 사용 빈도의 차이이다. 앞글에서도 여기서도 자아가 문장의 주어로 사용된 사례의 수가 다른 부위에서보다 높지만, 사용 빈도가 14-25절에서 더욱 유의하게 빈번하다. 현재형 동사가 갖는 생생한 갈등의 현장 묘사인 전자의 특이성 그리고 자아라는 어휘 의미가 갖는 주관적인 체험인 후자의 특이성, 이들 두 단서가 '자아'의 정체성을 추리하는 일에 어떤 길잡이가 될 수 있을 것이다. 특히 여기 14-25절에서의 현재형 시제의 사용은 7-13절에서의 과거형 시제의 사용과 대조할 때 의도적인 현실 체험이며, 현재형은 필자 자신의 개인적인 자아의 체험일 가능성이 필경 높다.

자아의 정체성에 대해 학자들 사이에 정설이 없을 뿐만 아니라 자아를 대표하는 여러 다른 다양한 인물을 제각기 제안하고 있다. 사용된 문맥의 공통점은 자기 자신의 체험을 내성하고 술회하는 주체를 나 자아라 지칭한다는 관점이 공통분모이다. 이에 따라 나 자아라 함은 비신자들이라기보다는 기독 신자들이라 해석하는 것이 합리적일 것이다. 왜냐하면 7장이 자아가 실존적으로 나날이 체험하는 심각한 딜레마에 대한 기술일진대, 이런 심각한 체험은 비신자들의 속내 마음의 상태라 보기 어렵기 때문이다. 개인적인 체험이라 할 때 필자인 자아가 문자 그대로 바울 자신의 체험일 가능성이 높다. 그러나 동시에 "자아는 죽었다. 그리고 생명을 위한 것이었던 계명 그것이 죽음을 위한 것임이 입증되었다"(10절)를 다시 읽으면 바울의 혼자만의 체험에 국한시킬 수 없을 것이다. "죄가 계명을 통해 기회를 포착하여 나를 속였다"의 11절과 함께 읽으면 '자아는 죽었다'가 보편적인 체험이기도 하겠기 때문이다. "사도 자신의 개인적인 체험이… 그 문제에 있어 보편적인 체험으로 구체적으로 표현하고 있는 것이다"(Meyer, 1884: 265). 자아의 체험과 관련하여 이때 7장이 기술하고 있는 주제의 핵심은 율법 아래 구속되어 있는 자아의 속박이 아니다. 율법을 위배하려는 의도가 나의 의지이기는커녕 오히려 율법이 선하다는 것이 나의 지향점이고 "그것이 죽음을 위한 것임이라" 함은 율법 실현의 좌절감을 표현하는 것일 수 있다. 뿐더러 인간의 딜레마의 원흉은 율법이 아니라 죄 아래의 구속과 속박이 바울의 인간론의 논변임(Kruse, 2012: 307)을 유념하며 자아의 개념 정의를 좁혀가야 할 것이다.

자아의 개념을 해명하기 위해 더글러스 무는 15절에 대해 정밀한 의미 분석을 시도한다. "무슨 일을 수행하고자 뜻하는지 나는 알지 못한다. 내가 원하는 것을 내가 행하지 않고 그러나 내가 미워하는 것을 내가 행하고 있기 때문이다"라는 15절에서 문장 내에 '행하다'의 세 상위한 동사 어휘가 출현한다. 첫 번째 어휘 "무슨 일을 수행하고자 뜻하는지 나는 알지 못한다"에서의 '수행하다'는 행위의 성질이 의도하는 바에 대한 평가를 뜻하고, 두 번째 어휘 "내가 하고자 뜻하는 것을 내가 행하지 않고"에서의 '행하다'는 행위의 도덕성의 실현을 앞세우는 뜻이고, 세 번째 "내가 미워하는 것을 내가 행하고 있다"에서의 '행하고 있다'는 두 번째 동사와 유사어이라서 역시 행위의 도덕성 및 관습성의 의미를 내포하고 있다는 것이다. 세 어휘 중에서 첫 번째 '수행하다'(katergazomai)가 두드러지게 포괄적인 의미를 갖고 있어서 이어지는 두 번째 및 세 번째의 '행하다'가 갖는 의의를 자아가 용납할 수 있느냐의 여부를 평가하는 뜻이라 한다. 다시 말하면 "무슨 일을 하고자 뜻하는지 나는 알지 못한다"라는 15절 초두에서의 '알지 못한다'는 인지 작용의 어휘로서의 '알다'가 아니라 후속하는 행위의 의도와 의지를 용납 내지 용인할 것인지의 여부를 내가 알지 못한다는 '평가하다'의 뜻이라 한다. 이때 이어지는 16절 "그러나 만일 내가 행하는 것이 내가 뜻하는 것이 아니라면 율법이 선하다는 것을 나는 동의한다"를 15절과 함께 읽어야 한다는 것이다. 여기 16절에서의 "확실한 것인즉, 바울이 말하고 있는 것은 하나님의 율법을 준수하지 못하고 실패하는 일에 관한 우려"(Moo, 1991: 484)를 전제한 채, 그럼에도 불구하고 율법이 선하다는 사실을 부정할 수 없다는 것이다. 그러므로 15-16절에서 바울이 말하고 있는 것은 영적이고 거룩한 하나님의 율법을 준수하고자 하는 의지가 실패함에 따르는 낭패감에 대한 안타까움이다. 그렇다면 자아라는 어휘의 사용은 하나님께 순종하려는 바울 자신의 마음과 기독 신자들의 마음이, 곧 달리 말하면 그 마음으로서의 자아가 거룩한 율법을 준수하지 못하는 무능함의 낭패감에 대한 좌절의 안타까움을 표명하는 주체적인 개념이 자아라고 이해해야겠다.

이제 17-20절에 율법 준수의 실패에서 빚어지는 낭패감에 빠진 자아의 사태가 율법과 죄와의 관계에서 어떤 처지인가를 직설적으로 표명하고 있다. 율법은 하나님 앞에서 내가 행하여야 할 책무를 가르치고 있지만, 율법 자체는 그것을 내가 행할 능력을 내게 주는 것도 아니고 또한 죄에서 인간을 구출하는 능력과는 더더군다나 거리가 멀다. 그런 나머지 원함과 행함 사이에 그리고 마음과 육신 사이에 깊은 골이 내 속에 파이기 마련이다. "[17]그러나 이제 더 이상 그것을 수행하는 사람은 나 자아가 아니고 그러나 내 안에 살고 있는 죄이다. [18]내가 알고 있거니와 내 안에는, 즉 내 육신 안에는 선이 거하지 않기 때문이다. 선을 행하려는 욕구는 내 손아귀 안에 있지만, 선을 수행함은 내 임의로 되지 않는다. [19]내가 원하는 선은 행하지 않고 그러나 내가 원치 않는 악은 내가 실행한다"라는 절망의 좌절감을 17-19절이 토로하고 있다. 우선 17절은 율법이 요구하는 바를 하나님의 뜻을 따라 선을 행하려는 자아의 의지가 좌절의 상태에 놓이는 것은 내 안에 있는 죄 때문이라는 것이다. 구태여 아담을 들출 것도 없이 '내 안에 있는 죄 때문이라면' 그 불가항력의 세력이 곧 불가해한 원죄라고밖에 달리 설명할 도리가 없다. 더군다나 "내 육신 안에는 선이 거하지 않는다"는 18절의 '내 육신 안에'를 케제만(E. Kaesemann, 1980)이 '죄의 작업장'이라 번역한 이후에 '죄의 본성'이라 번역하고 있는 NIV 등의 번역본들이 꽤 있다. 선(善) 그 자체가 내 안에, 즉 '나의 육신 안에' 거주하지 않는다는 어구의 번역이 '죄의 본성'(sinful nature)이라는 해석에로 확장하고 있는 것 역시 원죄를 염두에 둔 표현일 수도 있으리라. 하지만 원죄는 잠재성을 해석한 표현이고, 18절의 핵심 내용은 '선을 행하려는 욕구'인 의지와 선을 수행하려는 행위 사이의 갈등이고, 행위의 실패가 비극적인 귀결이다. 그리고 앞 절들의 반복을 19절에 요약하고는 다시 20절에 "그러나 나 자아가 원하는 것을 만일 내가 행하지 않는다면 그것은 더 이상 그것을 수행하는 것이 나 자아가 아니라 그러나 내 속에 거하는 죄이다"라 총평을 보태어 13-19절에 진술된 내용을 새삼 일깨운다.

여기 17절 이하 특히 20절에서 흘낏 넘겨보고 지나치지 말아야 할 점이 있다. 바울이 무능한 자아를 홀대하지 않고 오히려 자아가 지향하는 속내 사람의 올곧은 자질을 긍정적인 시각에서 바라보고 있다는 점이 그것이다. 악을 이기지는 못할망정 여전히 선을 행하려는 의지를 가지고 있다는 점에서 자아를 변호하고 있고, 대신 죄가 악의 원천임을 정죄하는 데 반하여 자아는 존중되어야 한다는 관점을 은근히 내세운다. 그런데 "내가 원하는 선은 행하지 않고 그러나 내가 원치 않는 악은 내가 실행한다"의 19절을 얼추 잘못 읽으면, 속내 마음이 절망하는 발원지는 자아가 원천이리라는 인상까지도 주기 십상이다. 또한 우리는 줄곧 7장을 읽으며 우리의 호기심은 앞에서 자아가 어떤 인물을 대변하는지를 캐묻고자 하였다. 그리하여 아담이라거니 바울이라거니 이스라엘인이라거니 논의하였다. 마찬가지로 이와 유사하게 자아가 신자의 속성인지 혹은 불신자의 속성인지 인간 집단 간의 다른 유목으로 분류하기도 하였다. 이러한 사변적인 회의는 자칫 자아가 관여하는 양과 질이 개인에 따라 다르다는 개인차의 오류에 빠질 위험조차 안고 있다. 그러나 바울은 선을 행하려는 인간의 무능함에 대한 자아의 좌절을 인간의 근본적인 저변의 측면에서 통탄하고 있는 것이지 결코 자아의 개인차의 측면에서 논하고 있는 것이 아니다. 물론 개인에 따라 혹은 집단에 따라 좌절감에 대한 내적인 체험의 주관적인 느낌의 강도에 있어 정도의 차이는 있을 수 있다. 그러나 사도는 무엇보다 의의 실천의 무능함에 대한 인간의 보편성의 관점에서 자아를 개념화하고 있다. 이 때문에 우리는 헤르만 리더보스가 바울의 인간론의 테두리에서 논하고 있는 자아에 관한 접근을 그의 『바울 신학』(1975: 127-128)에서 원용하겠다.

리더보스에 의하면 죄의 부패에 관한 바울의 인간론의 기본 구조는 바깥 사람과 속내 사람이라는 이원적인 구성이 기본 구조이다. "겉사람은 쇠약해지나 우리의 속은 나날이 새로워진다"라는 고후 4:16 그리고 "나는 속내 사람에 있어서는 하나님의 법을 즐거워하는데 그러나 내가 보고 있는 것은 내 지체 속에서 한 다른 법이 내 마음의 법과 싸워 내 지체 속에 있는 죄의 법에로 나를 포로로 사로잡는다"라는 롬 7:22-23 등의 진술이 바울의 인간 이원론을 대표한다. 한편 몸과 지체들로 구성된 바깥 사람 그리고 다른 한편 nous(지성, 이해력 내지 마음)가 주 구성 개념인 속내 사람, 이들 양자가 바울의 이원적인 인간론의 구조이다. 이때 속내 사람의 내적인 체험의 한 구성 개념인 지적인 마음의 성향이 한글개역에서 마음이라 번역하고 있는 nous이다. 리더보스의 인간론의 개관에 있어서도 자아가 nous와 어떤 관계에 있는지 모호하다. 아마도 자아가 죄와 죽음과의 전투에서 몸과 지체의 세력에 무력하기 그지없이 패하는 nous의 협응 기제라 규정하고 있는 듯싶다. 여하튼 하나님의 뜻을 따라 선을 행하려는 의지로서의 자아든 nous든 그것은 인간에게 있어서 좌절의 상태에 직면한다는 사실은 움직일 수 없다. 그러므로 바울의 인간론은 바깥 사람은 물론 속내 사람조차 인간은 그 자체로서는 도무지 죄와 죽음에 대항해 패배할 수밖에 없는 무력한 존재이다. 이제 7장의 막바지에 이르러 이 비극적인 인간관이 "비참하도다 나 자아 인간이여!"라 통탄해 마지않는 지경에 이르게 됨을 우리는 목도한다.

비참하도다 자아 인간이여! 누가 이 죽음의 몸에서 나를 구출할 것이냐?(7:21-25)

바울 사도의 인간론 7장의 말미에 도달하였다. 본 7장 내용을 압축한 것이 본 문단 21-25절의 내용이고, 본 문단 내용을 요약한 것이 이 문단 제목인 24절이다. 사도의 인간론이 비극론이라 7장 서론에서부터 언급했었고 또 이 비극론이 인간 부류의 특정 어떤 범주에 국한되는 것이 아니라 기독 신자들이나 비신자들이나를 망라하는 인간 일반에 보편적인 비극론임을 확인하였다. 차라리 신자들이야말로 '비참하도다'의 극치인 '죄의 법의 포로'임을 더욱 예민하게 자각치 않을 수 없고, 따라서 "누가 이 죽음의 몸에서 나를 구출할 것이냐?"를 호소하지 않을 수 없는 절박감의 당사자들이라 아니할 수 없다. 하지만 엇나가는 실상을 고해하건대, 고금을 막론하고 기독 신자들 사이에 자신들의 참담함을 '오호라'로 오열하는 사람이 몇이 나 있을까?

> [21] 그러므로 내가 한 법을 깨달았노니 곧 선을 행하기 원하는 나에게 악이 함께 있는 것이로다. [22] 내 속 사람으로는 하나님의 법을 즐거워하되 [23] 내 지체 속에서 한 다른 법이 내 마음의 법과 싸워 내 지체 속에 있는 죄의 법 아래로 나를 사로잡아 오는 것을 보는도다 [24] 오호라 나는 곤고한 사람 이로다 이 사망의 몸에서 누가 나를 건져내랴 [25] 우리 주 예수 그리스도 로 말미암아 하나님께 감사하리로다 그런즉 나 자신이 마음으로는 하나님 의 법을, 육신으로는 죄의 법을 섬기노라

"그런즉 내가 깨달았으니 법에 관해 내게 있어 선을 행하기를 원하는 것인데 내게 악이 손아귀에 있는 것이다"라는 21절이 직역인 데, 전하는 의미 파악이 수월찮다. 논점은 21절 법에 관하여 내가 깨달은 것이 무엇이냐가 표적 내용인데, 후반부를 먼저 해석하면 "내가 원하는(기뻐하는) 선을 행하고자 의도하면 악이 손아귀에 있다 (현존하여 가로막다)"이다. 이 21절 후반부 해석을 전반부 "내가 법을 깨닫다"에 연결하면 율법이 선행(善行)을 좌절한다는 뜻을 전하므로 앞뒤 연결이 자가당착이다(Schreiner, 1998: 376f.). 따라서 법을 율법

이 아니라 구속력을 갖는 권위 내지 규칙이라는 의미로 원리라 번역
하는 것이 일반적이다. REB 등의 번역본들의 의역에 따라 "그리하여
내가 발견하는 원리는 내가 선한 것을 행하고자 할 때 악이 손아귀에
닿고 있다"라 읽으면 차라리 쉽게 넘어간다. 실상 로마서에서 당초부
터 모세 율법이라는 어휘를 특정하게 사용한 일이 없고, 대신 두루뭉
수리로 법이라는 용어를 다양한 맥락에서 사용해 오고 있다. 법이
사용 빈도가 높은 것은 사실이지만, 바울의 구원의 교리에 있어 모세
의 율법조차 변변한 제구실을 못한다. 법은 구원의 역사에 있어 핵심
개념에서 배제된 형편이라서 바울에 있어 사용되는 맥락의 범위가
매우 넓으니 그때그때마다 적절한 어휘 번역을 택해야 한다.

이제 22-23절을 함께 읽으면, "[22]나는 속내 사람에 따라 하나님의
법을 즐거워하는데 [23]그러나 내가 보고 있는 것은 내 지체 속에 있는
다른 법이 내 마음(이해력)의 법과 싸워 내 지체 속에 있는 죄의 법에
나를 포로로 만들어버리는 것이다"라고 20-21절에 대해 보충 설명
을 보탠다. 우리는 이미 바울의 인간론이 바깥 사람과 속내 사람의
이원론의 구성임을 개관하였다. 여기 22-23절에 법(nomos)을 네
번이나 반복해 언급하고 있어서 각각의 법이 같고 다른지의 여부가
혼란스럽기조차 하다. 우리는 Meyer와 칼린 크루즈에 따라 이 법들
을 대립적인 두 종류로 양분하는 화용 의미론적 해석을 원용하겠다.
법의 하나의 정체는 선을 행하기를 자아의 의지가 지향하는 속내
사람인 마음(이해력, nous)이 추구하는 법이다(Ridderbos, 1979: 124).
또 다른 하나의 정체는 선을 행하고자 하는 의지를 좌절시키는 죄의
권세의 법이다. 즉, 몸, 지체들 및 육신으로 대표되는 바깥 사람의

주도 아래에 있는 권세의 법이다. 칼린 크루즈는 이들 두 법 각각의 성질이 두 종류의 다른 유목의 법이라 구별하고 있다(Kruse, 2012: 309-310). "내 지체 속에 있는 다른 법이 내 마음(이해력)의 법과 싸워"(23절)라 적혀 있는 것처럼 '다른 법'이라 명시한 다르다는 어휘 사용이 법들의 차이의 이질성을 구별 짓는 증거라 생각한다. '다른 법'이라 함은 모세의 율법 이외에 '규칙' 혹은 '구속력의 권위'와 같은 의미로서의 다른 법의 존재를 가정하는 것이다(Moo, 1991: 488). 실제로 22-23절을 읽으면 무의 견지에 공감이 가기도 한다. '하나님의 법'과 '내 마음(nous)의 법'이라 할 때 그것은 모세의 율법을 지칭하는 것이 분명하다. 반면에 이에 대적하는 '내 지체 속에 있는 다른 법' 혹은 '죄의 법'이라 할 때 그것은 율법이 아닌 다른 법의 실체임을 가정하는 것이라 이해해야 할 것이다. "죄가 계명으로 말미암아 기회를 포착하여 나를 속였고, 계명을 통해 나를 죽음에 처하였기 때문이다"(11절)라든가 혹은 '죄의 법'이라는 23절에 적힌 진술이라든가 등에서는 "인간성 내에 작용하는 죄의 원리, 권세 내지 통제력의 개념을 바울이 법이라 일컫고 있는 것이다"(Kruse: 2012: 310). 다시 말하면 이때 법의 의미는 어떤 특정한 조건에서 그것을 구성하는 특정한 조작들과 효과들의 집합이라는 마치 과학적 방법론의 조작적 정의(operational definition)와 같다. 조작적 정의라 함은 이를테면 11절에 적힌 율법 조항이 기술하고 있는 조건, 즉 나를 속이는 통제 또는 나를 죽음에 처하는 효과와 같은 조작적 조건들이 23절에 적힌 죄의 법의 의미를 규정하는 정의(定義)이다. 따라서 이 법은 속내 사람이 즐겨하는 하나님의 법과는 달리 바깥 사람을 통제하는 그때그

때마다 가용한 조건들을 구성하는 조건의 집합에 지나지 않는다.

법의 용어 사용에 대해 왈가왈부하였다. 까닭인즉 이제 7장의 클라이맥스인 24절을 읽기 전에 23절을 읽으며 내 마음의 법에 대해 내 지체 속에 있는 다른 법이 윽박질러 기를 꺾음으로써 나를 죽음의 골짜기에 몰아가는 절망의 상태가 어떤 것인지를 숙지하고 있어야 24절을 절감할 수 있겠기 때문이다. "그러나 내가 보는 것은 내 지체 속에 있는 다른 법이 내 마음의 법과 싸워 내 지체 속에 있는 죄의 법에 나를 포로로 만들어버린다"라는 23절의 내용이 구체적으로 실감할 수 있어야 24절을 이해하는 데 필수적이다. 나의 마음의 법과 그리고 나의 지체의 법, 이들 두 법이 어쩐 연고로 병존하는지도 오리무중이거니와, 나아가 도대체 두 법이 어쩐 연고로 내 속에서의 전쟁에 맞닥뜨리기까지 하는지 어리둥절하다. 나의 법 그것은 하나님의 법의 동의어이고, "속내 사람 편에서는 하나님의 법을 즐거워하는"(22절) 법이다. 그러나 내 지체 속에 있는 다른 법인 죄의 법이 "나 자아가 원하지 않는 것을 만일 내가 행하게"(20절) 만들 뿐만 아니라 하나님의 법에 대해 죄의 법이 심지어 전쟁을 벌임으로써 가련한 자아를 포로로 사로잡는다. 내 마음의 법과 죄의 법이 대적하여 속내 사람을 패배의 암담한 구렁텅이에 빠뜨려 인간론이 참담한 비극적 불가지론의 벼랑 끝에 내몰려지고 만다. 그리하여 마침내 "비참하다 자아 인간이여! 누가 나를 이 죽음의 몸에서 건져낼 것인가?"(24절)라는 절망의 절규를 기독 신자들이 부르짖지 않을 수밖에 없는 곤궁에 이른다. 사나운 정서의 격랑의 표현을 세 마디로 울부짖는 24절의 앞 문장 그리고 절망적인 사투에서 한 가닥 생명줄을 잡으려 애절하게 호소하는 24절의 뒤 문장, 이들 앞뒤 문장은 눈 감고 귀 막아야 할 절망의 절규이다. 오죽하면 한글개역은 초두에 '오호라'라는 애통의 감탄사를 첨가하였을까. 그러나 7장을 차근차근하게 읽은 독자라면 7장 전체의 인간론이 24절과 동질의 비극적인 절규의 기록이었다는 사실을 새삼 깨우치게 된다. 죄의 법의 위력 앞에 내적인 인간(속내 사람)으로 대표되는 자아의 무력함이라는 인간론의 비극이 7장의 주요 내용이다.

"그러나 하나님께 감사드림은 예수 그리스도 우리 주로 말미암는 것입니다"의 감사 기도가 25a절에 잇따라 이어진다. "누가 나를 이 죽음의 몸에서 건져내리요?"가 느닷없기는커녕 속내 마음으로 신음하는 간절한 기도인지라 그 절망의 호소가 응답을 받은 것이다. 감사는 나를 구출해주신 하나님께 직접 드리며, 베풀어주심은 오직 예수 그리스도 우리 주를 통해서임을 깊이 통찰하고 드리는 감사 기도이다.

다시 느닷없는 출현이라 해야 할 25b절 "그리하여 나 자신 자아는 진정 내 마음으로는 하나님의 법을 섬기고 그러나 내 육신으로는 죄의 법을 섬기는도다"를 잇대어 진술한다. 이 문장은 적어도 두 대안적인 해석이 가능한 여지를 안고 있다. 한 대안은 이미 7장에서 내내 언급했던 자아의 무능에 대해 다시 반복하고 있는 것이 사실이므로 어떤 학자들은 25b절이 23절 말미에 위치했어야 할 오기(誤記)라 평가하기도 한다(Harrison & Hagner, 2008: 124). 다른 대안은 접속사 '그리하여'가 가리키고 있듯이, 25b절은 25a절의 맥락을 공유하고 있고 또 7장에 대한 의도적인 요약이자 동시에 6장과 8장의 가교로서의 신자들의 이 세상살이에서 명심해야 할 보감(寶鑑)으로서의 종말 지향을 위한 당부라 해석한다(Dunn, 1988: 412). 말하자면 7장을 마감하며 신자들을 위한 간곡한 당부라는데 동조하여 한편으로는 25a절처럼 감사를 하나님께 드릴 것과 그리고 동시에 현금에 처한 자신들의 상황을 25b절처럼 되뇌면서 죄의 노예가 되는 일에 항거하는 새로운 각오로 종말에 임할 것을 요청하는 것이라 해설하기도 한다(Kruse, 2012: 312). 우리는 이 해설에 덧보태어 23/25b절이 "내 지체 속에 있는 다른 법이 내 마음의 법과 싸워(23절)… 죄의 법에 나를 포로로 만들어버린다(25절)"는 7장 인간론의 현실에 대한 기독 신자들의 임전 태세를 독려하는 것이라 독해하고자 한다.

한번 다시 그러나 새로운 전망에서 24-25절을 개관하겠다. 전체 7장의 내용을 24절에 응축하고, 당연히 그 절규를 "누가 나를 이 죽음의 몸에서 구출하리요!"라 호소한 후에 돌연히 25a절에 감사 기도로 바뀐다. 그리고 그 기도의 연속선에서 "그리하여 나 자신 자아는 내 마음으로는 하나님의 법을 섬기고 그러나 내 육신으로는 죄의 법을 섬김이라"에서 '나 자신 자아'를 이중적으로 표현함으로써 자아를 강조하며 양극의 갈등을 호소하고 있다. 더글러스 무에 의하면 25b절은 한편으로는 하나님께 다른 편으로는 죄에게 이중 봉사하는 자아의 무력함에 대한 숨김없는 토로이다. 혹은 제임즈 던에 의하면 25b절은 종말적인 긴장을 환기시키는 언표이다. 선행하는 25a절의 '나를 건져내십니다'가 종말 구원의 완성을 기술하는 표현이 아니라 종말을 갈망하는 소망이라는 해석이 순리이므로 종말 대비의 간구라는 해석은 설득력이 있다. 비록 자아조차 율법을 실천하는 일에 실패한다 하더라도 혹은 차라리 실패를 겪고 있기 때문에 "성령이 우리 연약함에 있는 우리를 도우신다. 우리가 마땅히 간구할 바를 알지 못하나 그러나 성령 자신이 말할 수 없는 탄식으로 우리를 위하여 간구하신다"(8:26)라는 8장에 적힌 간절함에로 비약해 25b절을 읽을 수 없을까. 절망의 낭떠러지에서 소망의 밧줄을 잡는 모습을 25절a에서 읽을 수 있는 마찬가지의 간절함을 상상할 수 없을까.

어차피 7장은 14-25절을 중심으로 논리 전개에 있어 '죄 아래 팔려진' 자아의 무능과 몰락의 자태를 묘사하고 있다. 게다가 7장이 6장과 8장의 가교의 징검다리라면, 7장은 참담한 비극의 인간론을 넘어서 성령 안에서 영원한 생명의 확신의 보증에 진입하는 바울 자신 체험의 심각성을 토로하는 교두보이다. 연고로 7장은 인간 일반이기도 하려니와 크리스천의 내면의 이중적인 분열의 양극의 묘사이다. 기독교사에 있어 자아의 이 고뇌와 절망이 회심 전이냐 후이냐의 논쟁은 역사적인 뿌리가 깊다. 이 고뇌와 절망이 초대 교부들에 의하면 회심 이전의 비신자들의 체험이고 또 심지어 입신 이전 바울의 체험이기도 하다고 생각하였다는 것이다. 심지어 성 아우구스티누스 역시 바울의 입신 이전이라는 설에 한때 동조하였고, 하지만 회심 이후의 말년에 신자들의 체험으로 바뀌었다는 사실은 유명한 일화이다. 그리고 그 이후에 루터를 비롯한 많은 개혁자들이 동조한 견지이기도 하다. 회심 전이냐 후이냐에 관해 회심 이후라는 해석에 관하여 노평구(1979: 490-512)의 주해서 『로마서 강연』은 무려 10여 쪽을 할애하고 있다. 사도가 아니면 인간의 속내 사람의 한 조각 자아의 연약함에 관해 깊이깊이 자아 관여(ego involvement)하여 온갖 쓰디쓴 자전적인 체험을 이처럼 낱낱이 고해할 사람은 단연 아무도 없을 것이다. 바울에게 이것이 가능한 것은 "그리스도 예수 안에 있는 사람들은 이제 정죄함이 없다"(8:1)와 같은 확신을 그가 가졌기 때문에 감히 우리 모두의 연약함을 낱낱이 고해할 수 있었을 것이다.

| 9장 |

성령 안에서의 영생의 확증
그리고 그리스도로 말미암아서의 전승자

8:1-39

이제 로마서의 전반부 중에서 제2부의 마지막 8장에 도달하였다. "누가 나를 이 죽음의 몸에서 건져낼 것이냐? … 내 육신으로는 죄의 법을 섬김이라"의 7:25에 곧장 뒤이어 "이제 그러므로 그리스도 예수 안에 있는 사람들에게는 정죄함이 없다"라는 8:1은 대단한 도약이 다. 아브라함에게 주어졌던 언약에서 새로운 언약에로의 전환이고 또 율법이 할 수 없었던 의로운 요구를 성령으로 말미암아 온전히 이루게 하심이다. 뿐만 아니라 7장에서의 죄의 법으로부터 그것에 대조되는 성령의 법에로의 비약이므로 그리스도 이후의 구원사에 있어서 새로운 도약이라 하여야 합당하다. 믿음에의 의존성에 기반 을 둔 것이지만 믿음만으로는 성취할 수 없는 거룩하여짐의 구원의 은사를 베푸심이 8장의 골격이다. 노평구(1979: 515)의 『로마서 강연 』에서 이 8장에 인의(認義), 성화(聖化) 그리고 영화(榮華)의 구원 개념 의 정수가 총집결되어 있다고 개관한다. 그렇다. 바로 이것들을 위해 로마서 처음부터 애써 여러모로 구원사의 지향점들을 구명해 왔었 고, 이제 8장에서 이들 논변의 쟁점들이 절정에 이른다. 특히 7장에 의존하면 '나는 속내 사람에 따라 하나님의 법을 즐거워하는'(7;22), 그런 자아조차 선을 행하는 일에 좌절을 겪는 존재가 인간이다. 인간 으로서는 하나님 앞에 도저히 설 수 없는 존재이다. 그러나 하나님께서 "우리 모두를 위해 아들을 내어주셨던 때문인즉 어찌 당신께서 아들과 더불어 모든 것들을 우리에게 또한 은혜로 수여하지 않으시겠느냐?"(8:32)이다. 뿐더러 "성령이 우리 연약함에 있는 우리를 도우신다. 우리가 마땅히 간구할 바를 알지 못하나 그러나 성령 자신이 말할 수 없는 탄식으로 우리를 위하여 간구하신다"(8:26)이다. 이 8장 32절 및 26절에 적힌 간절함이 7장의 비탄을 상쇄하고 남는 것 아닌가! 절망의 낭떠러지에서 소망의 밧줄을 잡고 치솟는 모습을 성령의 간구의 간절함에서 읽을 수 없을까!

우리는 8장에 기술된 성령의 용례들을 간략하게 요약해 본문을 읽기 전에 예비 지식을 준비하겠다. 성령의 사용 빈도가 8장 전체에서 21번에 이른다고 하는데, 특히 전반부에서 상대적인 빈도가 훨씬 높다. 이는 성령이 허락하시는 여러 다양한 은사들에 대한 고전 12장에서의 기록을 훨씬 능가한다. 성령에 대한 로마서의 기록은 주로 성령이 하시는 일에 관한 역사들이다. 예컨대 "성령 자신이 우리가 하나님의 자녀임을 우리의 영과 더불어 증거하신다"(16절)라든가 "성령이 우리의 연약함에 있어 우리를 도우신다 … 우리를 위해 간구하신다"(26절)라든가 등이 보기이다. 우리에게 주시는 은사와 은혜가 무엇인지를 증거해 예시함으로써 차라리 독자로 하여금 성령의 본성이 무엇인지를 실감나게 몸으로 체험할 수 있게 만든다. 성령의 본질을 알고자 하는 동기가 8장을 읽는 하나의 목표라면 그것은 매우 적절하고도 유익한 일이다.

이 단원의 그리스도와 성령 안에서의 영생의 확증을 세 단락으로 나누어 읽겠다. 첫 단락이 1-17절로, 주제가 "그리스도 예수 안에 있는 사람들에게는 이제 정죄함이 없다"(1절)는 선포를 필두로 "하나님의 영으로 인도함을 받는 사람들은 하나님의 자녀이다"(14절)의 논리를 전개하고 있다. 둘째 단락이 18-30절로, "하나님을 사랑하는 사람들에 있어서는 당신의 뜻에 따라 부르심을 받은 사람들에게 모든 것이 협력하여 선을 이룬다"의 28절의 진술대로 성령 안에서의 새로운 생명을 약속한다. 셋째 단락이 31-39로, "누가 그리스도의 사랑에서 우리를 떼어놓으리요?"의 35절의 진술대로 하나님의 사랑의 승리의 찬가를 구가한다.

1. 그리스도 예수 안에서 그리고 성령 안에서 하나님의 자녀

(8:1-17)

로마서 제1부(1:16-4:25)의 주제가 칭의(稱義)이고, 제2부(5:1-8:39)의 주제가 성화(聖化)라 요약할 수 있다. 성화라 함은 율법, 죄 그리고 죽음에서 벗어나 그것들에 대조되는 의와 은혜 속에서 영생을 향유하는 하나님께서 주시는 평화이다. 칭의 역시도 신자들의 믿음만의 능력으로 이루어지는 것이 아님이 강조되어야 하지만, 성화야말로 비로소 성령으로 말미암아 맺히어지는 거룩한 열매이다. 앞 7장에서는 "나를 죄의 법에 포로로 만든다"(7:23)라고 절규하고 있다. 필경이 절규는 바울의 회심 전의 자신에 대한 회고일 것이다. 바울이 당초 예수를 핍박한 일은 율법에 집착한 유대주의의 소산이었기 때문이다. 바리새인 중에서 바리새인이었던 그에게 있어 "그리스도 예수 안에 있는 사람들에게는 정죄함이 없다"(8:1)라는 선포는 단순한 회심을 능가하는 새로운 세계의 개벽이라 아니할 수 없다. 그리스도 예수 안에 있는 사람들은 성령의 능력으로 말미암아 죄와 죽음의 권세의 모세의 율법에서 자유케 되었다는 확신을 부활하신 그리스도를 뵙고 깨우쳤기 때문이다. '생명의 성령의 법'에 의해 율법으로는 불가능하였던 율법의 요구를 온전하게 이룬다는 깨우침의 이 새로운 선포는 구원의 정점을 묘사한 것이다.

생명의 성령의 법이 그리스도 예수 안에서 죽음과 죄의 법으로부터의 해방(8:1-4)

첫 문단 1-4절이 그리스도 예수 안에 있는 사람들에게 죄와 죽음의 권세가 주도하는 율법에서부터 해방을 선포한다. 이 해방의 선포는 하나님께서 당신의 아들을 죄 있는 육신의 닮은꼴로 보내심으로써 죄의 용서와 그리고 종말의 실현을 기약하여 성령에 합당하게 율법의 요구를 완성하도록 우리에게 주어짐이다. 하나님께서 예수 그리스도와 성령과 함께 삼위일체로 이제 정죄함이 없음을 선포하는 로마서의 절정에로의 초입의 진입이다.

1그러므로 이제 그리스도 예수 안에 있는 자에게는 결코 정죄함이 없나니 2이는 그리스도 예수 안에 있는 생명의 성령의 법이 죄와 사망의 법에서 너를 해방하였음이라 3율법이 육신으로 말미암아 연약하여 할 수 없는 그것을 하나님은 하시나니 곧 죄를 인하여 자기 아들을 죄 있는 육신의 모양으로 보내어 육신의 죄를 정하사 4육신을 좇지 않고 그 영을 좇아 행하는 우리에게 율법의 요구를 이루어지게 하려 하심이니라

"¹그런즉 이제 그리스도 예수 안에 있는 사람들에게는 정죄함이 없다. ²그리스도 예수 안에서 생명의 성령의 법이 너를 죄와 죽음의 법으로부터 자유롭게 하였기 때문이다"가 1-2절이다. 첫 1절은 이 문단 내지 8장 전체 내용을 대변하는 표제어의 선포이고, 2절은 '정죄함이 없는' 상태에 대한 해설이다. 정죄는 5:16 및 5:18에 아담의 '한 죄' 및 '한 과실(過失)'이 만인에게 적용되는 유죄 판결의 의미에로 거슬러 올라간다. 학자들이 1절 초두에서 따지는 것은 '그런즉 이제'라는 접속사가 앞 7:25와의 연결이 마땅치 않다는 점에서 여러 궁리를 둘러대어, 이를테면 종말적인 현재의 사태를 뜻하는 "이제 사태는 이렇다"와 같은 문구를 곁다리로 곁들인 것이라 넘겨짚기도 한다. 여러 선택지 중에서도 '이제'라 함은 8장 이전의 진술을 지칭한다기보다는 아브라함에게 준 축복의 약속에 이어진 그야말로 이제 새로운 축복의 시기의 열림을 선포하는 부사적인 모두어일 수 있다. 잇따르는 2절에서 '정죄함이 없는' 상태를 '생명을 주시는 성령의 법'(원문: 생명의 성령의 법)을 앞세우고 '그리스도 예수 안에서'를 뒤이어 제시하되 양자가 한 단위의 한 구(句)인양 함께 붙여 적고 있다. 마찬가지로 이에 상반되는 '죄'와 '죽음'을 한 구(句)로 적고 있어서 바울에게 있어 죄와 죽음이 병존하는 한 실체임을 확인케 한다. 이와 같은 원문 표현의 두드러진 양식을 좀 다른 측면에서 관찰해보기로 하겠다. '그리스도 예수 안에서 생명의 성령의 그 법'이라는 구(句)와 그리고 이것에 대조를 이루는 '죄와 죽음의 그 법으로부터'라는 구(句)를 가지런히 잇대어 서술하고 있고, 정관사를 부착한 '그 법'이 원문에서 각각 두 구 앞자리에 위치해 있어서 '더없이 정밀한 언어적 균형'을 이루고 있음을 주목해야겠다(Longenecker, 2016: 685f.). 그리하여 '생명의 성령의 그 법'과 '죄와 죽음의 그 법'이 각각 하나의 단위이되 각각 상반된 성질의 단위임이 두드러지게 대조를 이루고 있다. 특히 전자의 표현에 있어 '그리스도 예수 안에서'가 '정죄에서부터 자유롭게 하였다'와 직접 연결되고 있으므로(Schreiner, 1998: 401) 죄와 죽음의 법으로부터의 자유를 선언하는 주체가 직접적으로 성령이고, 동시에 필수적으로 그리스도 예수 안에서이다. 아울러 "너를 죄 및 죽음의 법으로부터 자유롭게 하였다"에 2인칭 대명사를 사용함도 유별나다. 허물없이 개인적으로 직접 맞대듯 한 '너'라는 호칭이 '죄와 죽음의 법에서 자유롭게 하였다'의 선언에 친근감과 확신감을 높여 준다는 해설(Cranfield, 1985: 175)이 설득력 있다. 그리하여 구원사에 있어 옛 시대에서 새 시대에로의 극적인 전환이 한눈에 두드러지게 부각해 보인다.

이제 3-4절을 1-2절과 함께 읽겠다. "[3]육신으로 말미암아 연약하였었기에 율법이 무력하였기 때문에 하나님께서 (행하셨던 것인즉) 당신 자신의 아들을 죄 있는 육신의 닮은꼴로 그리고 죄의 제물로 보내심으로 육신 안에 있는 죄를 정죄하셨은즉, [4]율법이 요구하는 바의 의를 육신에 좇아서가 아니라 성령에 좇아서 걷는 우리 안에서 완수되게 하기 위함이다"가 2절의 연장선상에서의 확장된 설명이다. 한글개역도 그렇지만, 원문의 어순을 그대로 반영하려 애쓴 여기 번역에서도 3절은 문장 구성의 복잡성 때문에 문장 내의 세부 단위들을 분절해 읽을 필요가 있다. '육신으로 말미암아 연약하였기기에 율법이 무력하였기 때문에'라는 첫머리 3절은 3-4절 본문에 게재될 내용을 미리 예견하여준다. 그리고는 돌연히 주절의 주어인 '하나님'이 출현하지만, 주동사 '정죄하였다'가 3절 말미에 뒤처져 나오므로 여러 번역본에서는 기록에 없는 해당 주어의 동사 '행하셨다'를 여기서처럼 대체의 역을 수행하게 삽입하는 것이 보통이다. 여하튼 3절의 주요 내용은 하나님께서는 죄를 정죄하셨다는 것이고, 그것은 무력한 율법이 할 수 없었던 바이다. 하나님께서 하신 일은 상상으로도 도저히 있을 수 없는 일인 '하나님께서 당신 자신의 아들을 보내심으로써' 그 일로 말미암아 죄를 정죄하는 일이 일어난 것이다. 여기에 당신의 아들에 '죄 있는 육신의 닮은꼴로'(en homoiomati)라는 전치사구가 또 첨가되어 있어서 이 전치사구에 학자들 사이에 논란이 없을 수 없다. 왜냐하면 "당신 자신의 아들을 죄 있는 육신의 닮은꼴로 보내셨다"는 대뜸 그리스도의 성육신을 생각나게 하지만, 닮은꼴에 '죄의 육신'이라는 전치사구가 첨부되어 있어 하나님의 아들이 죄를 짊어지고 성육신한 것인지 논란이 개입하지 않을 수 없다(Schreiner, 1998: 403). 혹은 육신으로 이 세상에 오신 이가 원죄까지 짊어진 것은 아니냐는 논쟁이 일기도 한다(Moo, 1991: 512). 그러나 우리는 '죄의 육신의 닮은꼴'이라는 표현에서 죄가 수식하는 대상이 성육신이 아닌 뭇사람들의 '육신'에 한정한다는 해석을 취해야겠다. '닮은꼴'은 동일성을 뜻하는 것이 아님을 이미 이 책의 7장("1. 그리스도의 죽으심과 부활 생명에로의 합일") 용어 사용의 해설에서 살펴보았다.

본문 주해에서 벗어나 담론 전개의 이야기 줄거리의 의의를 반성하고 싶다. "그리스도 예수 안에 있는 사람들에게는 정죄함이 없다"라 8장을 열고 그리하여 구원사의 새 장을 열고 그리고는 뜻밖에 율법의 비판과 율법의 완수에 관해 말머리를 돌린다. 구원사의 전환의 계기에 율법이 어떤 주축의 역을 책임지고 있음을 시사하고 있는 것이다. 관련하여 하나님께서 죄를 정죄하셨다가 어떤 일을 행하셨는지를 반추하건대, "당신 자신의 아들을 죄 있는 육신의 닮은꼴로 그리고 죄의 제물로 보내심으로써"라는 분사구문을 사용하여 "육신 안에 있는 죄를 정죄하셨다"이다. 인류로서는 도저히 상상할 수 없는 일인 하나님께서 아들을 보내신 불가지론인 이 엄청난 일에서 당혹스런 감정 호소일랑은 아낌없이 잘라먹고 "육신으로 말미암아 연약해져 율법이 무력해졌기 때문이다"라 마치 남 얘기하듯 덤덤하게 서술하고 있으나 실상은 도저히 예사로운 대목이 아님이 노출되어 있다. '당신 자신의 아들을 죄 있는 육신의 닮은꼴로 그리고 죄의 제물로 보내심'과 그리고 '죄와 죽음의 율법으로부터의 자유'(2절)를 맞대어 서술하고 있음에 접하면 비장함의 정도가 도를 넘어선다. 새삼 1절의 "이제 그런즉… 정죄함이 없다"라는 선포가 녹록하게 읽고 넘어갈 대목이 아니라 엄청난 대가를 지불한 불가사의임이 드러난다. 이제 우리는 4절을 읽으며 "율법이 요구하는 바의 의를 우리 안에서 완수되게 하신 것은 그리스도가 하나님의 저주에 순종함으로써 그리하여 우리가 죄 없는 상태로 하나님 앞에 설 수 있는 그것이다"(Schreiner, 1998: 404-405)라는 1-4절의 의의를 순수하게 몰입해 독해해야겠다.

실상 3절의 독해는 4절과 함께 읽어야 제대로 마무리를 맺을 수 있다. "당신 자신의 아들을 죄 있는 육신의 닮은꼴로 그리고 죄의 제물로 보내심으로 육신 안에 있는 죄를 정죄하셨다"라는 그리스도의 십자가의 필연성을 3절 말미에 서술한 다음에 그 일이 무엇을 위한 것인가를 "율법이 요구하는 바의 의를 우리 안에서 완수되게 하기 위함이다"라 4절에 적고 있다. '율법의 요구하는 바의 의'(to dikaioma tou nomou: the righteous requirement of the law)라 함은 "죄를 정죄하심의 하나님의 목적이 당신의 율법이 요구하는 바가 우리 안에서 완수되게 하려 함이며, 다시 말하면 당신의 율법이 적어도 진정으로 진실되게 순종된다는 의미에서 당신의 율법이 확립된다(굳게 세워진다)"(Cranfield, 1985: 384)라 해석할 수 있다. 그리고 이것이 렘 31:31-34 및 겔 36:26f.에 예언되어 있는 구약의 언약에서 새로운 언약에로의 전환의 특징적인 개념이기도 하다.

이러한 율법의 요구하는 바의 의가 어떻게 충족되는가를 4절 말미에 "육신에 좇아 걷지 않고 성령에 좇아 걷는 우리 안에서 완성되게 하려 함이다"라 명세하고 있다. 여기서 '걷다'(peripateo)라 함은 알다시피 윤리적인 삶을 표현하는 일반 용어이다. 바울에게 있어서 육신과 성령은 반대 개념이다. 전자는 죽음을 그리고 후자는 생명과 평화를 함축한다. "성령에 좇아 걷는 우리 안에서"라 하지만 성령에 좇아 걷는 일이 우리가 주체가 아니라 하나님께서 걷게 해 주신다. 더군다나 '완성되게 하려 함이다'가 수동태로 기술되어 있으므로 신자들이라 하더라도 스스로 이룰 수 있는 자력을 배제한 표현이다. 따라서 학자들 중에는 율법이 요구하는 조목들에 신자들의 순종하는 일은 무관하다는 해석도 있다지만, 신자들이 율법에 순종하는 능력이 십자가에 달리신 그리스도의 사역의 기반에서 발원한다는 해석(Schreiner, 1998: 405)을 취하여야겠다. 요컨대 하나님께서 육신 안에 있는 죄를 정죄하심은 당신 자신의 아들을 죄 있는 인간으로 보내심이요 그리고 육체에 따라서가 아니라 우리를 성령에 따라 걷게 함으로써 비로소 가능하다. 그리하여 모든 것이 사람의 의지로는 불가능하고 오직 삼위일체의 완성의 의지에 따르는 새로운 시대의 새로운 축복이 결국 "그리스도 예수 안에 있는 사람들에게는 정죄함이 없다"이다.

육신과 성령과의 대조: 성령은 생명이다(8:5-13)

앞 문단에서 성령과 육신과의 대조를 윤리적인 삶과 관련하여 "육신에 좇아 걷지 않고 성령에 좇아 걷다"라 기술하고 있다. 동일한 연속선상에서 이제 본 문단에서는 양자 사이의 대조를 조목조목 열거하고 있다. 이들을 각기 정반대의 두 종류의 심성 성향과 두 종류의 존재 양상의 차원으로 나누어 기술하고 있는데, 결국은 이 현실에서의 삶의 태도인 각각의 심성 성향과 존재 양상은 죽음 대 생명 내지 평화의 갈림길로 나누어진다.

5육신을 좇는 자는 육신의 일을, 영을 좇는 자는 영의 일을 하나니 6육신의 생각은 사망이요 영의 생각은 생명과 평안이니라 7육신의 생각은 하나님과 원수가 되나니 이는 하나님의 법에 굴복치 아니할 뿐 할 수도 없음이라 8육신에 있는 자들은 하나님을 기쁘시게 할 수 없느니라 9만일 너희 속에 하나님의 영이 거하시면 너희가 육신에 있지 아니하고 영에 있나니 누구든지 그리스도의 영이 없으면 그리스도의 사람이 아니라 10또 그리스도께서 너희 안에 계시면 몸은 죄로 인하여 죽은 것이나 영은 의로 인하여 산 것이니라 ¹¹예수를 죽은 자 가운데서 살리신 이의 영이 너희 안에 거하시면 그의 영으로 말미암아 너희 죽을 몸도 살리시리라 ¹²그러므로 형제들아 우리가 빚진 자로되 육신에게 져서 육신에게 살 것이 아니니라 ¹³너희가 육신대로 살면 반드시 죽을 것이로되 영으로써 몸의 행실을 죽이면 살리니

"육신에 좇아 걷지 않고 성령에 좇아 걷는 우리의 안에서 율법의 의로운 요구(규약)가 이루어지게 함이다"라는 4절을 염두에 두어야 5절 "육신에 따라 사는(걷는) 사람들은 육신의 마음 갖춤새를 취하고 그러나 영에 따라 사는(걷는) 사람들은 영의 마음 갖춤새를 취하고 있기 때문이다"가 실감난다. 이 5절은 의역이로되 근래의 여러 학자들이 공감하고 있는 번역으로, 이제부터 논할 인간의 두 유형에 대한 분류이다. 원문은 마치 황금률의 잠언처럼 응축해 다듬은 글이라 여러 번역 형태가 가능하고, 사용된 용어들이 생소해서 면밀한 해석이 필요하다. 여기서 우리가 번역한 '육신의 마음 갖춤새를 취하고'를 한글개역에서 "육신을 좇는 자는 육신의 일을, 영을 좇는 자는 영의 일을 생각하나니"라 옮기고 있음은 차라리 고지식한 번역이다. 그런데 '마음'(phronousin: thinking/mind)이라는 어휘는 서구 문명에 있어서 사유와 유사어로 사용되고 있고, 그것이 무엇에 대해 지향하고 있는 상태를 '마음 갖춤새'(phronema: mind-set)라는 용어의 사용을 취하는 것이 통상적이다. 마음 갖춤새는 마음이라는 인간 속내의 성향이 지향하는 육신의 일 혹은 성령의 일에 대해 '생각하다'라는

의미를 합성해 사용하는 용어일 수 있다. 우리는 여기서 근래의 학자들이 선호하는 mind-set라는 어의(語義)와 어휘를 살려 '육신에 따르는 마음 갖춤새' 그리고 '성령에 따르는 마음 갖춤새'라는 차원의 양극의 척도상에서 인간의 삶의 존재 양식을 기술하기로 하겠다.

바울의 이 유형론에 관한 논변은 이미 5절부터 첫발을 내딛고 있고 6절에 이르러 더욱 명료해진다. "육신의 마음 갖춤새는 죽음을 가져오고 반면에 성령의 마음 갖춤새는 생명과 평화를 가져온다"(6절)라는 진술의 내용이 두 상위한 마음 갖춤새가 기술하고 있는 내용을 대변한다. 바울이 여기서 대조하고 있는 이원론의 분류는 죄의 본성에 의해 통제받는 삶의 양상이냐 혹은 성령에 의해 통제받는 삶의 양상이냐의 구분이다. 삶의 양상이라는 불명료하게 정의된 용어를 사용했는데, 또 한 발자국 더 나아가 위험한 용어의 남용일 위험을 무릅쓰고 우겨대면, 오늘날 사회과학의 용어로 태도와 바꿔 쓸 수도 있음직하다. '마음 갖춤새'라는 용어가 신학 용어가 아닌 심리 용어임을 염두에 두면 더욱 그럼직하다. 이 인간 유형에 관해 학자들 사이에 이견이 갈리기도 하여, 그 하나는 회심한 신자냐 혹은 회심치 않은 비신자냐로 양분하는 유형론이 있고(Moo, 1996: 519), 다른 하나는 신자와 비신자의 구별의 경계 없이 한 차원의 연속선상에서 정도의 차이로 분류하는 이를테면 유과 영의 유형론이 있다 (Longenecker, 2016: 697). 나중에 불필요한 논쟁임이 밝혀질 터이나, 이 유형 분류의 인간론에 전자에서처럼 신학적인 의의를 부여하는 일은 지나친 편견의 해석일 수 있다. 단지 소위 철학 용어로 세계-내-존재로서의 삶의 방식이라 이해하는 일이 무방할 것이다.

죽음을 가져오는 육신의 마음 갖춤새가 어떻게 6절의 진술과 같은 성격인가를 7-8절에 서술하고 있다. "⁷육신의 마음 갖춤새는 하나님께 적대하기 때문이다. 그것은 하나님의 법에 복종하지 않으며, 실로 할 수도 없다. ⁸육신 안에 있는 사람들은 하나님을 기쁘시게 할 수 없다"가 본문이다. '육신의 마음 갖춤새'는 그것이 죽음을 가져오는 삶의 태도임을 분명하게 천명하고 있다. 천명하는 내용을 보면 성령의 마음 갖춤새와는 전적으로 달리 육신의 마음 갖춤새는 단순히 육욕을 좇는 악역의 수행 정도가 아니라 죄에 포로인 상태라 이해해야겠다. 왜냐하면 육신에 따르는 마음 갖춤새는 하나님께 적대하거나 하나님을 기쁘시게 할 수 없거나 따위의 반신적인 갖춤새이기 때문이다. 거슬러 올라가 7:24의 탄식과 함께 짝을 맞추어 적혀 있는 7:25 "나 자신 자아는 내 마음으로는 하나님의 법을 섬기고 그러나 내 육신으로는 죄의 법을 섬김이라"는 죄의 법을 섬기는 불가항력적인 상태가 육신 안에 있는 마음의 상태이다.

다시 "성령은 생명이다"라는 명제로 되돌아가면, 이 명제는 바울 교리에서 풍부한 설명력을 발휘한다. 이를테면 '영의 마음 갖춤새'라는 앞에 예시했던 생소한 개념 역시 그 창출된 동기를 "성령은 생명이다"라는 기본 명제에서 탐색해야 할 것이다. '육의 마음 갖춤새'라는 개념은 그 용어가 기존에 잠재적으로 통용되었는지의 여부와는 무관하게 적어도 어색한 개념은 아니다. 신자든 아니든 죄 있는 육으로 사는 한, 통상 육에 따라 걸어온 것이 인간 윤리이기 때문에 '육의 마음 갖춤새'는 누구에게나 일상의 세계이다. 그러나 그리스도가 우리 안에 계신 한, "성령은 생명이다"라는 명제의 기반 위에서 조명하건대, '영의 마음 갖춤새'라는 새로운 개념의 출현이 절실하게 요구된다. "영을 좇는 자는 영의 일을 생각하나니"(5절, 한글개역)라는 영의 마음 갖춤새가 없이는 결국 우리의 신앙에 생명과 평화라는 은사가 있을 수 없기 때문이다. 이런 언표가 '오로지 믿음만'이라는 보수 성향에 거슬리는 진보 성향이라 비판받을 수 있겠지만, "만일 누구든 그리스도의 영을 갖고 있지 않다면 그는 그리스도에 속하지 않는다"(9절)를 미리 읽으면 이 말씀에 승복하지 않을 수 없다.

　죽음을 가져오는 육신의 마음 갖춤새의 사람들에게는 '그들'(사람들)이라는 3인칭 대명사를 사용하더니 영의 마음 갖춤새의 사람들에 대해서는 이제부터 2인칭 대명사를 사용하고 있다. 진술하는 내용도 신자들의 본성을 직접 겨냥하여 "너희가 하지만 육신 안에 있지 않고 성령 안에 있나니, 하나님의 영이 실상 너희 안에 거하심을 가정함으로써이다. 만일 누구든 그리스도의 영을 갖고 있지 않다면 그는 그리스도에 속하지 않는다"라 9절이 진술한다. 이 9a절은 "육신에 따라 걷지 않고 성령에 따라 걷는 우리 안에 있어서는 율법의 의로운 요구가 완성되게 하려 하기 위함이다"라는 4절과 함께 읽고 싶다. 앞 4절의 진술에 대해 9절이 전하는 메시지를 두 측면으로 나누어 고찰할 수 있다. 첫째, 전반부에서는 육신이 아닌 성령 안에 있음이 다른 말로 하나님의 영이 너희 안에 거하시는 일임을 동어반복적으로 강조하고 있고, 후반부에서는 하나님의 영이 그리스도의 영임을 다시 또 동어반복적으로 확인하고 있다. 이와 같이 성령이 하나님과 그리스도 사이에 공존함으로 인해 삼위일체론의 근거가 당초 정립되었다는 것이다(Schreiner, 1989: 414). 둘째, 9절에 관해 널리 통용되는 해석은 이 9절이 곧 크리스천의 정의(定義)라고 독해하는 견지가 일반적이다. "그리스도의 소유이려면 그에게 속하여야 하고, 이는 성령을 '가지고 있어야 한다'는 것을 의미하며, 만일 그리스도의 영을 가지고 있지 않은 사람이라면 '그는 그의 것이 아니고' 그에게 속하지 않는다는 것이다"(Ridderbos, 1975: 221)가 9절의 일반적인 해석이다. 그러므로 크리스천의 존재의 정의에 관한 한, 성령의 임재(臨在)가 필연적인 조건(sine qua non)이라는 엄격한 기준을 기술하고 있는 것이다. 깊이깊이 삭이고 삭여야 할 9절이다.

한 발자국 더 나아가 9절에 국한해 읽지 말고 10-11절과 함께 읽는 것이 생명의 활기를 부어주고 이해에 폭을 넓힌다. "¹⁰그러나 만약에 그리스도가 너희 안에 있다면, 몸은 죄 때문에 죽으나 의 때문에 영은 생명이다. ¹¹한데 만일 예수를 죽음에서 일으키셨던 당신의 영이 너희와 함께 계시면 죽음에서 그리스도를 일으키셨던 당신이 너희 안에 계시는 당신의 영으로 말미암아 너희의 죽을 몸들에게도 생명을 또한 주실 것이다"라는 10-11절이 9절 뒤에 이어진다. 앞 9a절뿐만 아니라 9b절 "만일 그리스도의 영을 가지고 있지 않은 사람이라면 그는 그리스도에게 속하지 않는다"를 10-11절이 더욱 깊이 설명해주고 있다. 여러 학자들이 10절을 '비록 …일지라도'라는 양보절로 번역하고 있으니, 이에 따라 의역하면 "그러나 만일 그리스도가 너희 안에 있으면, 그러면 비록 너희 몸이 죄 때문에 죽음에 종속되어 있다 하더라도 성령은 의 때문에 생명을 준다"(Kruse, 2012: 333)이다. 더군다나 '성령이 생명을 준다'라 함은 10절 말미에서의 기본 명제인 "성령은 생명(zoe)이다"에서 솟아난

활성화한 능력이고, 동시에 성령의 본질이라 풀이할 수 있다(Moo, 1998: 414). "성령은 생명이다"라는 틀 안에서 앞 5-9절들과 함께 10-11절을 읽으면 석연치 않았던 전체 맥락이 두루 정합적으로 일관성을 갖춘다.

또 다른 한편 예상치 못했던 흥미로운 사실은 "너희 몸이 죄 때문에 죽음에 종속된다 하더라도"라는 10절 양보절의 표현이다. 예상 밖이라 함은 죽음에 종속된다는 '너희 몸'의 죽음이 지극히 당연한 상식인데도 불구하고 그것이 신자들의 몸이라는 새삼스러운 NIV의 주해가 범상치 않기 때문이다. 육신이 아닌 몸이지만 신자들의 몸의 죽음조차 죄 때문임을 새삼스레 기록하고 있다. 몸은 신체(물리)적인 몸이고, 11절에 적힌 '우리의 죽을 몸들'은 인간적인 상식에 부합되는 으레 있을 수밖에 없는 죽을 몸이다. 물리적으로 이 세상에서의 '필사(必死)의 몸'(the mortal body)에 대해 구태여 필사라는 일상적인 용례를 반복하고 있다는 사실을 새삼 확인하는 것이라서 흥미롭기보다 의외롭다. 돌이켜 앞 진술들을 생각해보면 생명을 주는 실체로서의 영의 마음 갖춤새가 육신의 마음 갖춤새와 공히 함께 필사의 몸을 동반하고 있다고 하였다. 바로 이 때문에 "성령은 생명이다"라는 주제를 논변하고 있는 지금의 맥락에서 "너희의 죽을 몸들에게도 생명을 또한 주실 것이다"라는 몸의 부활의 주제를 개입시키고 있을 것이다. 바울이 영을 "죽음에서 예수를 일으키셨던 당신의 성령"이라 부르고 있다는 사실에서 그리고 또 이미 11절에 "만일 우리가 그의 죽음의 닮은꼴에 있어 그와 함께 연합되어졌다면 필연적으로 또한 그의 부활의 닮은꼴에 있어서도 그와 연합하여질 것이기 때문이다"(6:5)라는 진술에서 몸의 부활에 대한 바울의 언급은 우연적이 아니라 대단히 의도적임을 확인할 수 있다.

생명이신 성령과 몸의 부활과의 관계를 좀 더 정교화해야겠다. "만일 그리스도의 영을 가지고 있지 않은 사람이라면 그는 그리스도에게 속하지 않는다"의 9b절의 배경에서 만일 '필사의 몸'에 관한 주제를 배제한다면, 영생과 부활에 관한 이 문단의 논변은 공허한 언변에로 추락하고 만다(Moo, 1998: 414). 바울이 마음 갖춤새라는 개념으로 이 문단 9절부터 이야기하고자 하는 바는 "그리스도가 너희 안에 계시다"라는 조건에서 "성령은 생명이다"가 핵심 문장이다. 이 핵심 명제에서 "너희 안에 계시는 하나님의 영으로 말미암아 너희의 죽을 몸들에게도 생명을, 부활을 또한 주실 것이다"(11절)라는 금과옥조를 제쳐놓으면 바울의 본의를 흩뜨리는 일이다. 이때 더글러스 무가 10절을 "성령은 생명을 주는 영이고 몸의 부활을 통해서 죽음을 이겨낸다"(Ibid., 415)라 해설하고 있거니와 이 해설을 생명인 성령의 궁극의 목표가 죽음을 이기는 일이라 확대하여도 과장이 아닐 것이다. 뿐만 아니라 "성령은 생명이다"의 실현의 확고 부동한 진수는 예수 강림에 관한 공관복음의 증거이다. 기적의 임신에 대한 마리아의 찬양(magnificat)의 눅 1:51-55와 그리고 "마리아에게 임신케 한 것은 성령으로부터이다"의 마 1:20이 그 증거이다. 예수의 성육신의 탄생은 성령으로 말미암는 이 세상에서의 생명의 실현이고, 본래 그것 자체가 인류의 구원이다(노평구, 1981: 35f.).

보통 학자들은 12-13절을 별개의 문단으로 읽는다. 그럴 만한 이유가 없는 것은 아니나 우리는 육신과 성령을 여기서 대조하고 있는 앞 절들에서 육신과 더불어 몸도 성령에 대조하고 있으므로 함께 읽기로 하겠다. "¹²그러므로, 형제자매들이여, 우리가 육신에 빚진 자인 육신에 따라 사는 자가 아니다. ¹³그런즉(까닭인즉) 만일 너희가 육신에 따라 산다면 너희가 죽을 것이기 때문이지만, 그러나 만일 성령에 의해서 네 몸의 실행을 죽음에 처분하면 너희는 살 것이다"가 본문이다. 앞 절들과 12-13절과의 연결을 '그러므로'의 접속사로 실제로 표현하고 있으므로 앞 절들과 함께 읽는 정당성을 보장받을 수 있다. '우리가 육신에 빚진 자'라는 12절 초두는 이미 2절에서 "생명의 성령의 법이 죄와 죽음의 법에서 우리를 해방하였다"라 서술하고 있으므로 신자가 이제는 육신에 따라 사는 육신에 빚진 옛사람이 아닌 것이 자명하다. 육신이라 함은 신체 물리적인 욕망뿐만 아니라 하나님과 적대하는 이 세상의 온갖 죄성을 가리키는 것으로 그것들에 얽매인 노예가 육신에 빚진 자이다. 그리고 앞 12절과 뒤 13절을 연결하는 접속사가 원문에서는 '까닭인즉'(gar)이지만 두 절이 인과라기보다는 설명의 관계이므로 부사 '그런즉'으로 대체하였다. 이 '그런즉'으로 시작하는 13절을 구성하는 두 절을 읽을 때 두 if 조건절에 뒤따르는 앞뒤 각각의 두 귀결절 then절에 있어서 앞 귀결절에서는 '죽을 것이다' 그리고 뒤 귀결절에서는 '살 것이다'라고 양자 모두가 미래형으로 쓰여 있어 종말에 있어서의 죽다와 살다를 지칭하고 있다는 사실을 우선 주목하며 13절을 읽어야겠다. "육신에 따라 산다면"이라는 조건절은 7:5에 의하면 "율법에 의해 일으켜진 죄의 정욕이 우리의 지체들 속에 율법을 통해 역사하다"의 결과를 산출하기 마련이고, 그렇다면 "너희가 죽을 것이다"가 종말의 귀결이다. 그리고 "성령에 의해서 네 몸의 실행을 죽음에 처분하면"이라는 조건절은 10절에 의하면 "그리스도가 너희 안에 있다면 너희의 몸이 죽음에 종속되어 있더라도… 성령이 생명을 준다"이기 마련이므로 "너희가 살 것이다"가 당연히 종말의 귀결이다. 이때 몸에 관한 한, 육신이 본래 죄의 권세가 자리 잡고 있는 곳이지만, 몸 역시 마찬가지 양식으로 죄의 행위(실행)를 수행하기도 한다는 바울의 개념을 유념해야 한다. 가령 "우리의 몸을 그리스도와 함께 십자가에 못 박았다"라는 6:6에서의 진술에서는 '죄의 몸'이라는 표현조차 서슴없이 사용하고 있다. 그러므로 5-13절은 성령의 마음 갖춤새에 관한 한 시종일관해 "성령은 생명이다"이고 또 그것은 종말적인 생명이다. 결국 무엇보다 하나님의 양자로서의 생명의 열매를 맺는 일이다.

양자와 상속자로서의 하나님의 성령에 의한 인도: 하나님의 자녀의 종말 영광(8:14-17)

"그리스도 예수 안에 있는 사람들에게는 정죄함이 없다"(8:1)라 선포한 이후에 특히 5-13절의 진술이 신자들을 자식으로서의 입양이라는 이 문단 주제의 서론이라고 우리는 읽고 싶다. 관련하여 이 짧은 14-17절의 문단만을 성령과 양자녀(養子女)의 주제로 좁게 국한시켜 읽지 말고, 특히 12-13절을 이 문단의 도입부라 읽어야 하며, 나아가 8장 전체 내용을 같은 주제로 읽기를 권하고 싶다. '형제자매들이여'라 애정이 넘치는 호칭으로 시작하는 앞 문단

12-13절에서 "우리가 육신에 빚진 자가 아니다"라든가 그리고 "성령에 의해 네 몸의 행위를 죽음에 처분하면 너희는 살 것이다"라든가 등의 진술들 역시 양 자식과의 관계에서 곰곰이 숙고할 필요가 있다. '빚진 자'를 여러 번역본에서 '의무를 지고 있다'라 의역하여 "우리가 육신에 따라 살도록 육신에 의무를 지고 있지 않다"라 번역하고 있다. 그리고 13b절에 "그러나 만일 성령에 의해 몸의 행위들을 죽음에 처분하면 너희는 살 것이다"가 이어진다. 우리가 육신에 의무를 지고 있지 않다는 것이 어떤 연고인가? "성령에 의해 몸의 행위들을 죽음에 처분하다"라는 성령에 의존하고 신뢰함으로써 죄의 정욕을 정복하는 승리란 무엇을 얻는 것인가? 이들 12-13절이 함축하는 바는 육신의 마음 갖춤새는 죽음을 가져오고 성령의 마음 갖춤새는 생명과 평화를 가져온다는 6절을 필두로 하여 결론적으로 14-17절에서의 하나님의 영광을 마주 대하는 하나님 자녀의 종말 완성의 영광을 읽어야겠다. 요컨대 5-17절이 이야기하고자 하는 궁극의 요지는 무엇인가? 무엄하기 그지없게도, 차라리 영화롭기 한이 없게도 "너희들은 (하나님의 자녀인) 양자의 성령을 받았다"(15절)라는 선포이다.

> ¹⁴무릇 하나님의 영으로 인도함을 받는 그들은 곧 하나님의 아들이라 ¹⁵너희는 다시 무서워하는 종의 영을 받지 아니하였고 양자의 영을 받았으므로 아바 아버지라 부르짖느니라 ¹⁶성령이 친히 우리 영으로 더불어 우리가 하나님의 자녀인 것을 증거하시나니 ¹⁷자녀이면 또한 후사 곧 하나님의 후사요 그리스도와 함께한 후사니 우리가 그와 함께 영광을 받기 위하여 고난도 함께 받아야 될 것이니라

이 짧은 네 절에 하나님과 신자들과의 관계가 아버지와 자식과의 관계임을 세심하게 낱낱이 밝히고 있다. 간결하고 친숙한 네 절이라 흘깃 훑어보기 십상이나 그럴수록 마디마디마다 심장한 의미를 지니고 있음을 확인해야 한다. "까닭인즉 하나님의 성령에 의해 인도함을 받는 모든 사람은 하나님의 자녀이기 때문이다"라는 첫 14절은 단도직입적이다. 혹은 단도직입적이 아니라 "누구든 그리스도의 영을 갖고 있지 않다면 그는 그리스도에 속하지 않는다"(9절)에 이미 함축되어 있는 은사일 수 있겠다. 첫머리에 접속사 '까닭인즉'(gar)이 적혀 있는데, 앞 13절에서의 육신과 대조하여 "성령에 의해 몸의 행위를 죽음에 처분하면 너희는 살 것이다"와 연결해 읽으면, '너희의 몸의 행위를 죽음에 처분하는' 복종의 일로 인해 '성령에 의해 인도함을 받아' 하나님의 자녀가 된다는 것이다. 말하자면 성령의 역사에 복종하는 하나님의 자녀의 참모습임을 14절이 서술하고 있다(Schreiner, 1998: 422). 곁들여 부수적으로 지적해야 할 점이 있다. 여기서 "하나님의 성령에 의해 인도함을 받는 모든 사람은"에 있어 '모든 사람'(ho-soi: as many as)이라 번역함에 변명이 필요하다. 여기 14절의 "성령에 의해 인도함을 받다"라는 사용된 문맥과 중첩되는 또 다른 유일한 한 곳이 갈 5:18인데, 거기서나 여기서나 '인도함을 받다'는 성령의 능력에 복종함을 뜻한다는 해석이 학자들 사이에 정설이다(Schreiner, 1998: 422-423; Moo, 2013: 356). 이에 따라 이를테면 성령의 능력에 복종하는 '그와 같이 많은 수'(as many as)라 원문을 직역하느니 몇몇 사역(私譯)들의 본보기에 따라 '모든 사람'이라는 우직한 번역을 우리도 취하였다. '하나님의 자녀'가 친자녀와 다름없는 입양된 하나님의 양자녀라면 하나님의 성령의 능력에 복종하는 사람 중 얼마만큼의 수효를 선별할 것인가? 필경 '그와 같이 많은 수'(as many as)라 함은 수효를 헤아려 선발하는 것이 아니라 복종하는 사람들은 모조리라는 뜻일 수 있겠다.

신자들이 "하나님의 자녀이다"라는 자녀의 성질에 대해 15-16절에 부연하고 있다. "¹⁵너희가 받은 것은 재차 무서워할 노예의 영을 받았던 것이 아니고 그러나 너희는 양자의 영을 받았기 때문에 그 영으로 말미암아 우리가 '아바 아버지라!' 부르짖는다. ¹⁶성령 그 자신이 우리의 영과 더불어 우리가 하나님의 자식들임을 함께 증거한다." 우선 15절의 전반과 후반의 명제가 각기 대조하고 있는 '노예의 영'(pneuma douleias)과 '양자의 영'(pneuma huiothesia)부터 해명해야겠다. '노예의 영'에서 노예라 함은 6장부터 그리스도의 성령을 갖지 않는 자들을 죄의 노예라 불렀던 사실을 상기할 필요가 있다. 죄의 노예가 죽음에로 이끈다는 점에서 종말 징벌의 '무서워할' 대상인 노예의 영이다. 반면에 대부분의 학자들은 '양자의 영'에서 양자라 함은 그리스-로마의 사회 배경에서 아들들(huioi)이나 자식들로 입양한 양자의 개념에 있어서는 혹 빚이 있으면 죄다 탕감하는 등 새 가정에서 친아버지의 친자식처럼 온갖 권익을 부여하는 가족관계를 갖는 양자라 규정한다. 이때 노예의 영과 양자의 영이라는 표현에 있어 각각의 '영'이 성령을 지칭하느냐의 여부가 또 쟁점이다. 모든 학자가 합의하고 있는 것은 아니로되, 양자의 영에서의 영은 성령이라 해석하기도 하지만(Moo, 1991: 535), 대안적인 해석으로 노예에서는 노예인 사람의 영이고, 양자에서는 양자인 사람의 영이지 성령은 아니라 보는 견지가 마찬가지로 우세하다(Longenecker, 2016: 703). 우리는 "영(성령) 그 자신이 우리의 영과 더불어 우리가 하나님의 자식들임을 함께 증거한다"라는 16절 문장 자체가 노예의 영에서의 영과 양자의 영에서의 영이 성령과는 다른 영임을 암시하는 특징을 서술하고 있다고 생각한다. 가령 '영(성령) 그 자신'이라는 표현에서 성령을 주어로 사용하고 주어인 성령에 대명사 '그 자신'을 덧보탬으로써 '증거하다'의 동사에 대한 주어의 성격을 강화하고 있다. 반면에 노예와 양자의 두 영은 단수로 묶어 '우리의 영과 더불어'라 부수적인 절로 표현하여 고작해야 평가절하하고 있을 따름이다. 게다가 동사 '함께 증거한다'라는 어휘는 확인된 것을 다시 동의하는 비준의 의미를 갖고 있다니 성령은 우리의 영과는 달리 우리가 하나님의 자식들임을 비준하는 결재까지 수행하는 막강한 권위를 행사하고 있다.

이 밖에도 15-16절에 적힌 성령의 역할은 여러모로 미묘한 본문의 해석을 선명하게 만드는 열쇠를 쥐고 있다. "너희는 양자의 영을 받았기 때문에 그 영으로 말미암아 우리가 '아바, 아버지라!' 부르짖는다"라는 15절 후반부의 진술에 있어서도 성령의 역할이 선명하게 해명되어야 한다. 우선 '아바'는 알다시피 아람어에서 아버지에 대한 애정 어린 표현이로되, '아바, 아버지'는 겟세마네에서의 예수의 기도이며 또 초대 기독교 신자들의 일종의 주기도이기도 했다는 것이다. 우리는 여기서 갈 4:6 "너희가 아들이기 때문에 하나님이 당신의 아들의 영을 우리 마음 속에 보내셨으니 '아바, 아버지'라 부름으로써이다"를 인용치 않을 수 없다. 이로써 롬 8:15와 더불어 갈 4:16이 "'아바, 아버지'라 부르다"를 공유하고 있음을 확인할 수 있다. '부르짖다'는 '울다' 내지 '외치다'라 번역하기도 하지만, 그것이 황홀경의 희열이든 깊은 내적인 체험의 갈구함의 읍소이든 신자들이 양자의 영을 받았음을 '성령 그 자신이 증거하시는'(Moo, 1991: 538) 부르심에 대한 반응임을 확인할 수 있다. 본문을 분석적으로 읽지 않으면 이때 '아바, 아버지'가 누가 부르는 것인지가 애매하다. 롬 8:15의 "그(영)로 말미암아 우리가 '아바, 아버지라!' 부른다"에서 '영'이 누구인지 모호하고, 갈 4:6의 "'아바, 아버지'라 부름으로써"가 분사절이어서 주어를 확인하기도 역시 모호하다. 그러나 분명한 것은 하나님의 자녀인 양자로 이끌어주고 신자들이 양자의 영을 받은 일은 성령이 주역으로서 하신 일이다. 그럼으로써 양자의 영의 신자들이 "아바, 아버지!"라 반응한 것이며, 그것은 신자들의 자발적인 반응이다. 자발적인 반응이라는 해석에 군더더기 설명을 첨삭하겠다. 앞에서 '하나님의 자녀', '양자의 영' 그리고 '하나님의 아들들'이라는 다양한 호칭과 그리고 "몸은 죄 때문에 죽으나 영은 의 때문에 살아 있다"를 확인받은 신자들은 하나님의 자녀가 됨으로 인해 "아바, 아버지!"라 부르는 감격의 표출을 서슴없이 고백하고 있다고 보아야 한다. "성령 그 자신이 우리의 영과 더불어 우리가 하나님의 자식들임을 함께 증거한다"는 16절에서 유별나게 '우리의 영'이라는 용어를 사용하고 있는 데 주목하는 학자가 있다. '우리의 영'에 대해 "바울이 이 단어를 여기서 사용하고 있는 것은 우리를 양자로 맞아들임에 하나님의 성령이 더불어 증거함이 우리의 존재의 가장 심원하고 가장 깊은 부위(註: 우리의 영)를 감동시킴을 강조하려 하기 때문이다. 우리가 '아바, 아버지!'라 진지하게 그리고 자발적으로 부른 것은 이 때문이다"(Moo, 1991: 539)라 깊은 통찰력의 주해를 일종의 심각한 감회의 형식으로 술회하고 있다. '성령 그 자신이 우리의 영과 더불어'라는 실상의 모습이야말로 하나님의 양자녀와 상속자에게 합당한 자질이다.

　　양자를 포함한 다양한 호칭에 뒤이어 끝으로 또 다른 호칭인 상속자가 17절에 출현한다. "만일 자녀들이면 또 역시 상속자들이라, 진정 하나님의 상속자들이고 그리스도와 함께 공동 상속자들이니, 실로 우리가 함께 고난받는 조건에서는 또한 우리가 영광도 함께 하기 위함이다"에서 신도들의 종말의 영광을 우선 전면에 앞세운다. 두말할 나위 없이 상속의 언약은 구원의 수혜(受惠) 중에서 부활만큼 으뜸가는 종말 영광의 효험이다. 게다가 "자녀들이면 상속자들이다"라고 양자로 맞아들인 자녀가 유업을 이을 상속자라니 참으로 경이할 일이다. 양자의 제도는 유대의 관례에서는 찾아볼 수 없으나, 하지만 하나님께서 아브라함에게 땅의 대한 언약을 주시었고(창 15:7) 또 아브라함과 그의 후손에게 "나는 그들의 하나님이 되리라"(창 17:8) 언약하셨다. 언약이 아브라함이 공로 없이 하나님께서 주신 것을 받은 것인 약속인 한에 있어서 또 유업을 상속받은 일이 아브라함이 벌어들인 수익(收益)이 아닌 것과 마찬가지로 '하나님의 상속자들'이라는 언약 역시도 동일한 약속의 성질을 지닌 것이다. 한데 아브라함과의 언약은 '아브라함이 이 세상의 상속자'(4:13)이었지만, 여기서는 그 언약의 성질을 넘어 '그리스도 예수 안에 있는 사람들' 그리고 또 '성령에 의해서 사는' 사람들이 '하나님의 상속자들이고 그리스도와 함께 공동 상속자들'이다. 무엇보다 "하나님께서 그리스도에게 주시는 유산을 나누어 주심이다"(Kruse, 2012: 340). 그러므로 이 상속은 참으로 경이할, 공로 없는 은혜의 새로운 언약이다. 이는 크리스천이 하나님 나라의 축복을 상속하는 것은 그리스도로 말미암아 그리고 그리스도 안에서 비로소 종말의 영광을 단번에 믿음으로 가능하다는 말이다. M. 무는 로마서 이외에 막 12:1-12, 갈 3:18-19 그리고 히 1:2에도 상속의 축복이 명기되어 있음을 고증하고 있다.

이때 마치 단서처럼 부가되어 있지만 대단히 유념해야 할 사실은 우리가 그리스도와 함께 공동 상속자인 우리가 그리스도와 함께 고난을 함께 받는다는 사실이다. 달리 말하면 우리에게 주어질 영광의 유업은 수난을 동반하는 상속이다. "우리가 그와 더불어 영광을 함께 받기 위함이다"라 본문이 현재형으로 쓰여 있는 것으로 미루어 그리고 눅 22:37을 인용하며 신자들이 겪는 수난은 이 세상의 일상적인 불안과 박해라 해석하기도 한다(Moo, 1991: 541). "우리가 그와 함께 고난을 함께 받는다"에 대한 필경 이러한 무의 해석은 그가 인용한 눅 22:37로 미루어 예수가 이 세상을 떠나면서 제자들에게 선교의 길을 맡기며 배수의 진을 치고 그리스도의 유업을 완수하라고 당부하신 고난의 길일 것이다.

2. 현재의 고난과 장래의 영광
(8:18-25)

"우리가 그와 함께 고난을 함께 받는 조건에서는 또 역시 우리가 그와 더불어 영광을 함께 받기 위함이다"라는 고난과 영광의 문제에 관해 앞 단락 말미이자 동시에 본 단락 앞머리인 17절에 언급하고 있다. 이제 18절에 "내가 생각하기로는 현재 시간에 고난들은 우리에게 계시될 다가오는 영광에 비교할 바가 아니기 때문이다"가 뒤따른다. 영광은 종말에 주어질 언약이고, 고난은 이 현세에서 현재에 겪는 좌절이다. 영광에 대한 언급은 앞 17절과 이 단락 21절에 그리고 또 "하나님께서 의롭다 하셨던 사람들을 당신이 영광스럽게 하셨다"라는 다음 단락 30절에 언급되어 있는 만큼, 종말 영광의 주제는 이 단락 앞뒤 골격의 틀을 형성하는 핵심 개념이다. 중요한 사실은 고난이 영광과 동일한 문맥에서 함께 기술되어 있다는 사실이다. 이 사실은 이미 5:3-5와 동일한 문맥에서의 기술을 찾아 읽을 수 있으므로 의외의 사실이 아니다.

이 단락의 논변은 고난과 영광이 엉클어져 있어서 독해가 쉽지 않다. 우리는 이 단락 "현재의 고난과 장래의 영광"의 주제에 대해 여기에서 적어도 두 의문을 앞질러 마음에 미리 품지 않을 수 없다. 하나의 의문은 이렇다. 일찍이 "이제 그리스도 예수 안에 있는 사람들에게는 정죄함이 없다"(8:1)라고 선언하였은즉, 그럼에도 불구하고 비록 이 세상 현재의 일이지만 어떻게 고난이 신자들에게 수반하는가? 본문을 읽기 전이므로 우리는 이 의문에 대한 답을 앞에 인용한 8:17b를 되돌려 찾아 읽을 수밖에 당장은 다른 도리가 없다. 말하자면 그리스도가 이 세상에 오신 것은 고난을 겪기 위해 오신 것이고, 영광에 임한 것은 이 세상에서 수난을 겪은 이후였다는 사실이다. 그리스도 자신도 이 세상에서 고난을 겪기 위해 오셨거늘 항차 인간이든 피조물이든 역시 같은 경과의 길을 걸어야 하는 것이 아니냐는 어림짐작이 떠오르기도 한다. 다른 하나의 의문은 이렇다. 인간이 이 세상에서의 현재에 피할 수 없는 고난을 받고 있으면서, 그럼에도 불구하고 "우리가 그리스도와 더불어 영광을 함께 받기 위함이다"라는 역전이 어떻게 보장될 수 있는가? 이 의문에 대해서도 그리스도와 우리의 관계가 해답의 열쇠일 것이라는 직감이 앞 의문과 마찬가지로 떠오른다.

이 단락의 독해 절차를 피조물뿐만 아니라 "성령의 첫 열매들을 갖고 있는 우리 자신들이 속으로 신음하나니"(23절)를 미리 염두에 두고 모색하며 첫 문단(18-22절)을 읽기 시작하겠다. 앞에 서술한 의문들과 해답들은 이 단락 후반부에 접어들면서 더욱 선명하게 다가온다. 둘째 문단(23-25절)은 소망의 중재자로서의 성령이 우리의 연약함을 도우시는 능력임을 해명한다. 셋째 문단(26-30절)은 하나님께서 당신을 사랑하는 사람들을 위해서 모든 일들을 협력하여 선을 역사하셔서 하나님께서 부르신 사람들을 의롭다 하셨고, 의롭다 하신 사람들을 영화롭다 하셨다는 구원의 섭리를 해명한다. 그러므로 우리가 앞에서 제기하였던 의문들은 이 단락 본문 자체가 그 해답들을 스스로 안고 있다.

피조물의 신음과 갱생(8:18-22)

이 문단에 특이한 용어들이 출현하는데, 무엇보다 피조물(ktisis)이라는 용어를 채택하여 바울 서한들에서는 찾아볼 수 없는 '신음하다'(탄식하다)나 '기대함 및 기다리다' 등의 어휘들을 천연스레 사용하고 있다는 점이다. 이 용어들의 해석을 유념하면서 이 단락 서문에서 제기했던 현재의 고난과 장래의 영광에 관한 두 의문을 해소하도록 독해해야겠다.

> 18생각하건대 현재의 고난은 장차 우리에게 나타날 영광과 족히 비교할 수 없도다 19피조물의 고대하는 바는 하나님의 아들들이 나타나는 것이니 20피조물이 허무한 데 굴복하는 것은 자기 뜻이 아니요 오직 굴복케 하시는 이로 말미암음이라 21그 바라는 것은 피조물도 썩어짐의 종 노릇한 데서 해방되어 하나님의 자녀들의 영광의 자유에 이르는 것이니라 22피조물이 다 이제까지 함께 탄식하며 함께 고통하는 것을 우리가 아나니

'내가 생각하건대'라 운을 뗌으로써 18절에 이 세상에서의 "현재 시간의 고난이 우리의 안에 나타날 다가오는 영광에 비교할 수 없다"는 공적인 의견을 표명한다. 바울에게는 공간적으로 이 세계에 있어 그리고 시간적으로 이 시대에 있어 죄와 죽음의 지배 아래 있다. 그러나 이 고난의 현세가 아니라 영광의 종말이 현실이라는 사도의 우주관을 독자들에게 주입시키기나 하려는 듯 19절에 "피조물이 열렬하게 기대함은 하나님의 자녀들의 나타남(계시)을 간절히 기다리기 때문이다"라 강변하고 있다. 강변한다는 토를 달았지만, 하나님의 자녀들의 눈부신 영광의 휘황찬란한 나타남에의 기대를 심지어 피조물조차 시샘하며 기다린다는 표현이 19절이라는 토머스 슈라이너(1998: 434)의 해설이 옳다면, 19절은 강변이라 말해도 무방하겠다. '열렬하게 기대함'이라는 어휘는 하나의 복합 명사로, 구성 요소를 분석하면 목을 빼고 머리를 뻗어 간절함을 나타내는 의태어라 한다. 이 난해한 19절을 올바르게 이해하기 위해서는 '피조물'의 의미 파악이 또 필수적이다. 자고로 여러 설(참고 Meyer, 1884: 322)이 난무하지만, 낱낱이 열거하느니 '인간을 제외한 생체 내지 무생물 양자(兩者)'(NIV 2011: 1902)를 상징하는 피조물이라는 설이 학자들 사이에 합의된 견지라 개관하여도 무리가 없다. 생체 및 무생물체라면 그것은 일상 대화체로는 자연일 터인데, 피조물이라는 조어(造語)를 사용하여 인간 이외의 자연을 의인화하여 하나님의 자녀가 종말 계시로 나타나는 장래의 영광의 실현을 기대 내지 소망함을 19절이 묘사하고 있다고 해설하기도 한다(Longenecker, 2016: 721-722).

간담을 삽입하겠다. 바울은 이 단락에서 현재의 고난과 장래의 영광을 논하는 중이다. 구원의 역사에 있어서 이 주제는 죄와 의의 주제만큼 대단히 유의미한 논제이다. 그런데 느닷없이 사도는 피조물조차 하나님의 자녀가 종말 계시로 나타남을 '열렬하게 기대함'이라는 생소한 논제를 새삼스럽게 여기에 개입시키고 있다. 이 논제의 개입이 이 단락의 당초 주제와의 맥락적 연결이 뒤숭숭한 채, 예컨대 "전체 피조물이 지금까지 함께 산고(産苦)를 함께 고통하는 것을 우리가 아나니"(20절)를 실례지만 우리가 모르는 채, 지금 18절 이하를 읽고 있다. 이제 20절부터의 본문 진술에서부터 앵돌아져 뒤틀려진 담론을 곧추세워가며 앞뒤 맥락적 연결을 복원하며 읽어야겠다.

이제 20절부터 어찌하여 피조물이 하나님 자녀들의 계시를 대망하는지 그 까닭을 설명하고 있다. "20피조물이 헛됨(좌절)에 종속케 되었던 것은 자진해 함이 아니고 그러나 종속케 하신 당신 때문인바, 소망으로 21피조물 자신도 퇴폐의 노예에서 해방되어 하나님의 자녀들의 영광의 자유에 이르는 것이다"가 20-21절이다. 여전히 본문만으로는 이야기가 의도하는 갈피를 제대로 파악하기 어렵다. 본문 20절의 내용을 한마디로 간추리면, 피조물이 헛됨 혹은 좌절에 종속하게 되었다는 것인데, 자유 의지에 의한 자진해서가 아니라 하나님 '당신 때문에'라는 것이니, 기술된 내용의 배경지식이 무엇인지 영문을 짐작할 수 없어 오리무중에 헤매게 된다. 웬걸 학자들은 관련하여 아담이 하나님께 저주를 받은 창 3:17-19를 참조하길 권한다. 실낙원의 배경에서 '헛됨에 종속케 되었다'는 것은 피조물이 창조된 목적을 완수하지 못한 좌절의 상태에 전락함을 뜻한다. 그러나 그 좌절은 아담 자신이 직접 피조물을 헛됨에 종속케 만든 것이 아니라 하나님께서 아담의 죄로 인하여 피조물을 좌절에 종속시킨 하나님의 섭리 때문이다. 하지만 창 3:17에서도 "땅은 너 때문에 저주를 받을지어다"라 아담에게 하신 하나님의 말씀이 기록되어 있듯이, 피조물의 현재 상태에로의 좌절의 원인 제공은 역시 아담 사람이기도 함을 부인할 수 없다(Longenecker, 2016: 722-723). 여기에 원문 20절 말미에 덧붙여진 '소망으로'(eph'helpidi)가 문장 분절에 있어 걸림돌이다. 이 전치사구가 20절과 21절을 연결의 구실을 하고 있지만, 한글 개역이 재구성해 독해하고 있는 것처럼 21절 전체와 연결하여 피조물이 소망하는 바가 21절의 내용이라 이해하기를 학자들은 권한다. 그리하여 피조물이 현재 직면해 있는 퇴폐와 죽음에서 해방되고, '하나님의 자녀의 영광의 자유'에 이르는 소망을 바라고 있는 것이라 해석한다. 이때 참으로 중요한 사실은 신자들만이 영광스러운 자유를 종말에 향유하는 것이 아니라 피조물 전체가, 그러므로 우주 전체가 영광의 모습에로 변형한다는 해설에 학자들이 이구동성으로 합의하고 있다는 놀라운 사실이다. "피조물 자신도 퇴폐의 노예에서 해방되어 하나님의 자녀들의 영광의 자유에 이르는 것이다"(21절)라 기술되어 있으므로 피조물의 해방, 그것은 실상 바울 자신의 믿음이다.

"우리가 알기로는 전체 피조물이 현재에 이르기까지 함께 신음하고 함께 산고(産苦)를 겪는다"라는 22절은 "피조물 자신도… 하나님의 자녀들의 영광의 자유에 이르게 되리라"는 21절의 진술을 더욱 강화하고 있다. 우리는 22절의 '신음'과 '산고'의 어휘 의미에 대한 주해는 뒤로 미루고, 대신 롬 8:22를 엡 1:10과 함께 읽음으로써 두 다른 바울 서한들 사이에 공유하고 있는 공통적인 핵심을 찾아 바울 사상의 깊이를 발굴하기로 하겠다. "⁹하나님께서 그리스도의 안에서 계획하신 선하신 기쁘심에 따라 당신의 뜻의 신비를 우리에게 알게 함으로써 ¹⁰때들의 충만함을 경영하여 하늘에 있는 것들과 땅에 있는 것들, 이 모든 것들을 그리스도 안에서 하나의 머리 아래 요약(통일)하려는 것이다"가 엡 1:9-10이다. 에베소서를 복사한 것은 '우리가 알기로는'이라는 롬 8:22의 서두와 대치해 바꿔 읽어 두 서한의 맥락이 동질의 배경임을 확인하려는 것이다. 정작 함께 읽고 싶은 핵심은 롬 8:22와 엡 1:10에 있어서 에베소서에 비중이 더 주어진다. 우리는 에베소서 이 구절을 PNTC(O'Brian, 1999)에 따라 분석적으로 독해하겠다. 우선 '때들의 충만함을 경영하여'(엡 1:10)라 함은 우주 완성의 종말의 시기를 일컫는 것이므로 소위 계시론적인 용어로 '때가 차매'(충만)이다. 이에 상응하는 롬 8:22의 표현은 '지금(현재)에 이르기까지'인 바, 신음과 산고의 체험의 맥락에 비추어 단순히 현재를 가리키는 것이 아니라 종말을 지칭한다고 해석한다(Dunn, 1988: 473). 두 서한 간에 상응하는 것은 시기뿐만 아니라 서술하고 대상에 있어서도 같다. 에베소서가 지칭하는 '하늘에 있는 것들과 땅에 있는 것들'이라는 대상은 로마서가 지칭하는 '함께 신음하고 산고를 함께 겪는' 대상인 인간과 피조물일 수밖에 없다. 악령이나 천사는 그것들이 부적절한 논외의 제3의 대상이라 제외하고 있다. 두 서한 사이의 결정적인 비교는 두 서한 내용이 지향하고 있는 목표일 것이다. 로마서에 있어서는 '피조물이 하나님의 자녀들의 영광의 자유에 이르게 되는'(21절) 목표를 지향하는 것임을 분명히 하고 있다. 에베소서에 있어서는 '하늘에 있는 그리고 땅에 있는 모든 것들을 그리스도 안에서 하나로 통일하려는'(10절) 목표는, 피터 브라이언(1999: 113)에 의하면, '하나님의 구원의 목표의 완성'이다. 그렇다면 종말 구원의 목표의 완성이 종말 영광의 자유에 이르는 우주 완성이 아닌가. 결국 '하나님께서 그리스도의 안에서 계획하신 선하신 기쁘심에 따르는 하나님의 뜻의 신비'(엡 1:9)가 "피조물 자신도 하나님의 자녀들의 영광의 자유에 이르게 되리라"(롬 8:21)는 '하나님의 뜻의 신비'와 다름없지 않은가. 그러므로 우리는 여기서 현재의 고난을 넘어서 장래의 영광이 도래하는 '새 하늘과 새 땅'(벧후 3:13; 계 21:1)의 하나님의 신비를 바라본다.

신자들의 신음과 소망(8:23-25)

앞 문단에서 장래의 영광에 대한 동경을 논하면서 어느 면 신자들은 제쳐놓고 주로 피조물을 대상으로 그 간절함을 서술하였다. 이제 23-25절에 신자들을 위한 주제를 전면에 내세운다. '성령의 첫 열매를 맺은' 우리가 속으로 탄식하며 우리 몸의 구속을 기다리는 크리스천의 소망의 성질이 무엇인지를 여기서 이해하도록 하겠다. 앞 21절에서도 심지어 피조물조차 '퇴폐의 노예에서 해방되어 하나님의 자녀들의 영광의 자유에 이르는' 소망 안에 있다고 하였다. 피조물이든 인간이든 최종적으로 도달하여야 할 궁극의 목표를 소망한다면 그 소망은 도대체 어떤 성질인가?

²³그뿐 아니라 또한 우리 곧 성령의 처음 익은 열매를 받은 우리까지도 속으로 탄식하여 양자 될 것 곧 우리 몸의 구속을 기다리느니라 ²⁴우리가 소망으로 구원을 얻었으매 보이는 소망이 소망이 아니니 보는 것을 누가 바라리요 ²⁵만일 우리가 보지 못하는 것을 바라면 참음으로 기다릴지니라

'이럴 뿐만 아니라 또 역시'라는 서두로 새 문장 23절을 시작한다. 이 서두의 도입은 22절까지 피조물이 현재 이 세상에서 "지금에 이르기까지 함께 신음하고 함께 산고를 겪는다"는 주제를 끝내고 23절부터의 크리스천인 우리 자신 역시도 소리 내어 신음한다는 새삼스러운 주제로 바뀐다는 글의 진행을 미리 알리고 있다. 이어서 "성령의 첫 열매를 맺은 우리 자신이 양자로의 입양을, 우리 몸의 구속을 열렬히 기다리며 우리가 속내에서 신음한다"라 신자들이 처해 있는 현황을 심각하게 이실직고한다. '성령의 첫 열매'에서의 '첫 열매' 자체는 제사상에 올려놓는 첫 수확의 상징이지만, "(하나님께서) 우리에게 인치시고 보증으로 성령을 우리 마음에 주셨다"(고후 1:22)라는 성령이 갖는 외연(外延)의 의미를 고려하면, 첫 열매는 곧 성령 그 자체이다(Moo, 1991: 556). 그리하여 우리가 성령을 받았기 때문에 '양자로의 입양을, 우리 몸의 구속을 열렬히 기다리며'라 함은 '하나님의 자녀의 영광의 자유'에 대한 소망이다. "우리 몸의 구속을 열렬히 기다리며 속내에서 신음한다"라는 표현에서 '신음하다'의 단어 의미를 우선 정리해야겠다. 앞 22절에서는 이 단어가 '산고'(産苦)와 함께 그리고 여기 23절에서는 '기다리다'와 함께 쓰이고 있다. 한글개역에서는 '탄식하다'라는 번역어를 취하고 있으나

슬픔을 못 이기는 한탄이라는 뜻보다는 고통을 참으며 갈망하다는 뜻이 우세하므로 '신음하다'의 번역어가 더욱 적절할 것이다. 여기 23절에서 술회하고 있는 크리스천으로서의 이러한 신음은 22절에서의 피조물이 하나님의 자녀들과 '함께 신음하다'라는 표현보다 강도가 훨씬 더 통렬한 고백이다. 아울러 "우리 자신이… 몸의 구속을 열렬히 기다리다"는 표현을 '하나님의 자녀들의 나타남을 열렬히 기다리다'라는 피조물의 표현과 비교하건대, 아마도 구속을 대망하는 강도가 높을수록 이 세상에서의 신음과 산고의 고난의 강도가 더욱 심할지도 모르겠다.

그리고 "구속을 열렬히 기다린다"라는 진술이 암시하고 있듯이 '기다리다'가 크리스천의 다름 아닌 '소망하다'와 같다. 그리하여 소망과 구원에 대해 진술하고 있는 "²⁴소망에 의해 우리가 구원되어졌기 때문이다. 그러나 보여지는 소망은 소망이 아니다. 보고 있는 바를 누가 소망할 것이냐? ²⁵그러나 만일 우리가 여태 보지 못한 것을 소망하면 우리가 그것을 인내로 기다린다"라는 24-25절은 대단히 난해하다. "소망에 의해 우리가 구원되어졌다"라는 24a절 초두 문장부터 그릇된 표면의 언어 구성을 사용하고 있다. '소망에 의해'라 마치 소망이 수단 내지 도구격의 구실을 함으로 말미암아 구원되어졌다와 연결된 것처럼 읽으면 본문 분석을 잘못한 것이다. 뿐더러 '우리가 구원되어졌다'가 종말 구원인 한에 있어 과거 시제로 구원이 쓰일 수 없다. 소망이 구원의 수단임을 뜻하는 것도 아닐 터이고 또 우리가 이미 구원되었음을 뜻하는 것도 아닐 터이므로 각각의 개별 구와 절의 해석을 존중하여 24a절이 종말 구원에 대한 긴장을 표현하는 난삽한 어투라 해설한다(Moo, 1991: 558). 한데 학자들은 이 난삽한 어투를 교묘하게 꿰매어 지적으로 만든다. "구원이 얼마만한 비용을 소모한다 하더라도 여전히 소망의 문제라는 점에서 우리는 이미 구원을 받은 것이다"(롬 8:24; Ridderbos, 1975: 249)라 이해하기도 한다. 이 해설은 구원에 걸림돌이나 우여곡절이 있겠지만 믿음이 소망의 문제인 한에 있어서 소망이 있으면, 미래에 주어질 종말 구원이 이미 우리의 현실이라는 것이다. 토머스 슈라이너 역시 종말 구원이 현세의 소망과 함께 존속하고 있다는 견지에서 24a절을 해설하고 있다(Schreiner, 1998: 439f.). 구원이 소망으로 말미암아 이루어지는 것은 아니지만, 이처럼 소망이 구원과 불가분의 관계를 갖는다는 사실은 소망이 믿음에 의존하고 있기 때문이다. 소망과 믿음의 관계는 "우리가 성령을 통해서 믿음으로 말미암아 의의 소망을 열렬히 기다린다"라는 갈 5:5의 종말관이 썩 잘 설명하여주고 있다. '열렬히 기다린다'는 롬 8:19 및 25에도 출현하는 종말 기다림의 용어이다. 여기 갈 5:5의 독특한 용어가 '의의 소망'인데, 의가 소망의 원천이라든가 혹은 양자가 동격이라든가 하는 해석을 취한다(Moo, 2013: 327). 로마서를 읽는 우리에게도 갈 5:5가 우리의 지식이 되어야 하는 까닭은 소망이 믿음에 의존한다는 것, 그럼으로써 소망과 믿음이 합심하여 구원에 다다른다는 것, 그러한 믿음과 소망의 굳건한 연합을 갖기 위해서이다. 의를 수반하는 믿음의 기반 위에서 당연히 소망이 종말의 구원을 열렬히 기다리는 것, 그러한 믿음과 소망의 굳건한 연합이 이 현실에서의 크리스천의 진정한 모습이라 아니할 수 없다.

그렇다면 소망이란 무엇인가 그리고 무엇을 소망하여야 하는가에 관한 이제 24절 후반부와 25절에 적힌 바울의 논평의 진정한 의미를 깨우칠 차례이다. 그런데 맹랑한 것은 "보여지는 소망은 소망이 아니다(24b절). 보고 있는 바를 어찌 누가 소망하랴?"(24c절)와 "그러나 만일 우리가 여태 보지 못한 것을 소망하면 우리가 그것을 인내로 열렬히 기다린다"(25절)의 기사의 내용을 자구대로 이해하면 소망에 대한 탐색이 오히려 미궁에 빠진다. 말하자면 '보여지는 것' 그리고 '보고 있는 것', 그것은 이미 소유하고 있는 것이라 해석하고, 그것은 소망의 대상이 아니라 읽으면 자칫 미궁에 빠진다. 자명한 진술을 24b-c절이 고지식하게 뜻한다고 해석하는 것이므로 읽어서 얻어지는 바가 없다. 말하자면 동어반복적인 반어적인 언어 구사로 너무도 당연한 사실을 서술한 것이어서 24-25절은 리처드 론즈네커의 비평대로 '특수한 수사(修辭) 목적에 단지 이바지할'(Longenecker, 2016: 728) 따름이라 평할 수밖에 없다. 실상 학자들은 긁어 부스럼을 피하려는 듯이 24절 후반부를 주해하지 않고 건너뛴다. 하지만 달리 생각해보면 학자들 편에서 고지식한 나머지 저자 바울의 의도를 잘못 집어내었는지도 모른다. 특히 24절에 관한 한, '보여지는 것' 그리고 '보고 있는 것', "그것은 소망의 대상이 아니요"라는 반응을 유도하고자 하는 것이 아니라 "그것은 소망하지 말아요"라는 권면 내지 명령을 전하려는 것이 저자의 의도일 수 있다. 달리 말하면 24b절이 서법에 있어서 사실 혹은 진위의 판단인 "아니요"를 요구하는 직설법으로 기술되어 있지만, 실질에 있어서는 도덕적인 권면이나 정당한 행위를 이끄는 "하지 말아요"의 명령법의 표현일 수 있음을 반추할 필요가 있다. 이러한 추리가 갖는 우리의 논리가 만용인가? 만용의 편견이 아님을 과감하게 부풀려 우길 근거가 없는 것도 아니다. 본래 이채로운 24절 원문을 이채롭게 번역한 사례를 소개하겠다. "그러나 우리가 소망하는 바 그것이 만약 우리가 볼 수 있는 것이라면 그것은 소망이 아니다"(But it is not hope if we can see that for which we hope, D. Moo 사역)가 그것이다. (NIV 2011년 개정 번역 위원회 의장을 수행한 더글러스 무의 이 사역은 바울의 화용적인 의도를 잘 반영한 번역일 것이다.) 이 번역의 특이한 점은 "(우리가 소망하는 바 그것이) 만약 우리가 볼 수 있는 것이라면"이라는 조건절을 삽입한 것이다. 이 조건절이 그 소망이 보여지는 것임을 확인케 함으로써 오히려 "보여지는 것은 소망이 아니다"의 판단에 주의를 환기케 하여 "(소망이라 반응)하지 말아요"의 반응을 촉발하게 만든다. 말하자면 무의 번역은 명령법에 합당한 반응, 즉 보여지는 것인 이미 소유하고 있는 것은 소망하지 말라는 반응을 유도하고 있다. 그리고 그것이 바울 사도가 의도하고 있는 본래 목표일 것이다. 의도하는 본래의 목표가 무엇이냐를 극명하게 보여주는 것이 이어지는 24c절 "보고 있는 바를 어찌 누가 소망하랴?"이다. 아마도 필자로서의 사도는 24b를 문장 초두의 실마리 도입의 미끼로 제시하고, 후속 문장 "보고 있는 바를 어찌 누가 소망하랴?"의 24c절을 표적 핵심 문장으로 겨냥하게 한 후 그것에 대해 반성적인 해답을 요구하고 있는 듯싶다. 그 해답인즉 실상 24b절 "보여지는 소망은 소망이 아니다"에 되돌아와 결국 바로 이것이 적합한 귀결임을 깨닫게 만든다. 그리하여 보고 있는 바를 소망하기를 기꺼이 그리고 당연히 포기하고, 대신 "우리가 여태 보지 못한 것을 소망하면 우리가 그것을 인내로 기다린다"는 소망과 믿음이 합심하는 25절의 경지에 도달할 것이다.

요리조리 꿰매어 어렵사리 23-25절을 해설하였다. 하지만 필자인 바울로서는 우리를 어리둥절하게 만든 "소망에 의해 우리가 구원되어졌기 때문이다. 그러나 보여지는 소망은 소망이 아니다"라 말할 때부터 실상 소박한 심정으로 단순명료하게 독자들에게 소망에 대해 이실직고하고자 했을 것이다. "소망에 의해 우리가 구원되어졌기 때문이다"(24절)라 말할 때 눈에는 보이지 않는 소망인 새 하늘과 새 땅이 실제로 그에게는 "우리가 보고 있는 것은 새 하늘과 새 땅이 임하는 중이다"(벧후 3:13)가 마음에 보였을 것이다. 소망은 믿음의 소산이므로 소망이 있는 한 이미 구원은 바울의 현실이었을 것이기 때문이다. 그러니 눈에 '보여지는 것' 그리고 '보고 있는 것', 그것을 우리가 소망하는 것이라면 그것은 당연히 소망이 아니다. "보고 있는 바를 어찌 누가 소망하랴?"가 아닐 수 없을 것이다. 그러므로 믿음이 소망인 바울에게 있어서는 소망을 정의하여 "보여지는 것이 소망이 아니다"라 함은 대단히 소박한 그리고 가장 순수하고도 순결한 소망의 본질이다. 필자인 바울 자신은 이처럼 명료한 논리를 평범하게 말하지만, 독자인 우리로서는 현세와 종말이 별개이므로 소망의 본질이 헷갈린다.

3. 성령이 신음으로 간구하심 그리고 하나님께서 의롭다 하심과 영화롭다 하심
(8:26-30)

우리는 지금 8장 앞 부문을 반추하고 후속 부문을 읽어야 할 가교의 시점에 이르렀다. 이즈음에 우리가 통감해야 할 일은 현재의 고난에서 장래의 영광에 이르는 길은 신자들의 노고로 이루어지는 것이 아님을 내성하는 일이다. 우리는 여기서 8장 첫 단락에서 읽었던 "그리스도가 너희 안에 계시면, 몸은 죄 때문에 죽으나 영은 의 때문에 살아 있다"(10절)를 상기해야겠다. 현재의 고난과 장래의 영광의 소재가 우리의 현주소인데도 불구하고 우리가 워낙 연약하기에 장래의 영광을 보지도 못할 뿐더러 그리스도 안에서 기도할 줄도 모르는 우둔함이 우리의 존재이다. 그 때문에 보이지 않는 소망을 열렬히 기다리는 일조차 우리의 역량에서 멀리 떨어져 있다.

그러나 그럼에도 불구하고 구원에 이를 수 있도록 성령이 신자들에게 소망을 고무하신다. 그리하여 소망이 신자들의 몫이 되도록 성령이 "우리의 연약함을 도우신다" 그리고 "말할 수 없는 신음으로 우리를 위해 간구하신다"가 26-27절이다. 그뿐 아니다. 하나님께서 성령이 우리를 위해 간구하심을 아신다. 그리하여 현재의 고난을 포함해 모든 것들이 협력하여 선을 위해 역사하도록 변환한다. 하나님께서 당신의 언약의 애정을 우리를 위해 품으시므로 당신의 아들의 형상을 본받도록 미리 정하셨고, 우리를 의롭게 또 영화롭게 미리 정하셨다. 이것이 8장의 핵심 주제인 성화이다.

신자들을 위한 간구로서의 성령의 기도(8:26-27)

"우리가 여태 보지 못한 것을 소망하면 우리가 그것을 인내로 기다린다"(25절)는 고무의 말씀에 뒤이어 26절에 "이와 마찬가지로 또 역시 성령이 우리의 연약함에 있어 우리를 도우신다"는 또 다른 고무의 말씀이 덧보태어진다. 우리의 연약함에 있어 우리를 도우셔 우리가 마땅히 하여야 할 바인 무엇을 기도할 것인가를 우리가 알지 못하기 때문에 성령 자신이 말할 수 없는 신음들로 우리를 위해 간구하신다. 뿐만 아니라 "우리의 마음을 감찰하시는 하나님께서 성령의 마음을 아신다"(27절)이다. 이 문단을 읽으면 성령의 기도가 신자들의 소망을 북돋는 간구라는 직감을 갖게 한다. 소망에 대한 여러 면모의 특수화한 내용을 읽으면, 소망이란 단순히 인간적으로 바라는 희망 사항이 아니라 감히 접근할 수 없는 하나님의 뜻으로 우리를 이끄는 능력이라는 인상을 짙게 풍긴다. 소망이 무엇이냐를 정의하란다면 그것은 무리한 요구겠으나 대신 "소망의 원천은 의이다" 혹은

"소망이 믿음에 의존한다" 등의 소망의 맥락적 의미를 깊이 통찰할 수 있도록 소망이 신자들의 기도의 제목이 되어, 하나님의 뜻의 완성에 근접할 수 있는 길을 모색해야 할 것이다.

> [26]이와 같이 성령도 우리 연약함을 도우시나니 우리가 마땅히 빌 바를 알지 못하나 오직 성령이 말할 수 없는 탄식으로 우리를 위하여 친히 간구하시느니라 [27]마음을 감찰하시는 이가 성령의 생각을 아시나니 이는 성령이 하나님의 뜻대로 성도를 위하여 간구하심이니라

'이와 같이'라는 서두가 신자들의 신음과 성령의 신음을 비교하는 부사일 수도 있지만, "우리가 여태 보지 못한 것을 소망하면"이라는 25절에 잇대어 26절뿐만 아니라 27절에도 연계되는 내용의 중복으로 읽을 수도 있으니 26-27절을 함께 읽어야겠다. "[26]이와 같이 또한 성령이 우리의 연약함에 있어 우리를 도우셔, 우리가 마땅히 하여야 할 바인 무엇을 기도할 것인가를 우리가 알지 못하기 때문이니 그러나 성령 자신이 말할 수 없는 신음으로 간구하신다. [27]마음들을 탐색하시는 당신이 성령이 생각하시는 바를 아시나니 성령이 하나님의 뜻에 따라 성도들을 위해 간구하시기 때문이다"가 본문이다. "성령이 우리의 약함에 있어 우리를 돕는다"에서 '돕다'라는 어휘가 바울 서한 중 여기 이외에는 출현한 일이 없는 희귀한 단어라 한다. 여기서 '돕다'라 함은 우리의 약함을 돕는 일이고, 더 구체적으로는 우리가 기도할 바 내용을 알지 못하는 일을 깨우쳐주는 구체적인 돕는 일이다(Schreiner, 1998: 443). 여러 학자가 우리가 기도할 바를 성령이

돕는 것은 27절에 적힌 하나님의 뜻을 성령이 분별함으로써 우리의 연약함을 도울 수 있는 일이라 해석한다. "쉬지 말고 기도하라"(살전 5:17)고 통상 권면하는 사도인데, 의외로 여기서 기도할 바를 알지 못함을 탄식하고 있다. 그런데 탄식한다는 것은 우리의 연약함으로 인하여 마땅히 기도하여야 할 바를 알지 못하기 때문에 성령이 우리가 기도할 바를 위해 간구해주시기를 바란다는 것이다(Moo, 1991: 561). 뿐만 아니라 "성령이 하나님의 뜻에 따라 성도들을 위해 간구(탄원)하시므로" 그 간구는 언제든 하나님께서 응낙하시기 합당하기 마련이다. 이때 성령의 간구가 '말할 수 없는 신음들'이라는 표현에 대해 방언과 같은 소리라든가 따위의 여러 설들이 제안되어 있기도 하다. 그러나 '성령이 생각하시는 바', 즉 성령의 의도를 "당신이(하나님께서) 아신다"라 적힌 문맥으로 보아 그리고 성령이 "말할 수 없는 신음들로 우리를 위해 간구하신다"는 문맥으로 보아 '말할 수 없는 신음'이 곧 하나님께서 알아들으시는 메시지라 해석하는 학자도 있다(Moo, 1991: 561f.). 우리를 위한 성령의 기도가 얼마나 간절하고 절실한지 또 얼마나 신실하고 진실한지 하나님께서 감동하지 않을 수 없는, 그야말로 말 그대로 '말할 수 없는 신음'이 기도 중의 기도이다.

이 문단 26-27절에 대해 『성령의 도움과 간구에 의해 가능하여진 크리스천들의 기도』라 제목을 붙인 주해서가 있다(Longenecker, 2016). 이 제목은 본문의 요약도 명쾌하거니와 신앙생활의 밑그림 역시도 썩 잘 소묘한 표어이다. 하나님을 우러러 그리고 그리스도 안에서 우리가 기도할 뿐만 아니라 "성령이 우리의 연약함에 있어 우리를 또한 도우소서"라고 성령께서 기도해주기를 우리가 함께 기도할 일이다.

구원의 다단계설: 모든 것들이 선을 위해 협력한다
(8:28-30)

하나님의 뜻에 따라 성령의 도우심과 간구하심으로 말미암아 신자들의 소망이 이루어진다. 우리로서는 그 소망이 무엇인지를 감히 말하기 무엄하지만, 하나님께서 신자들을 부르셨고, 의롭다 하셨고, 영화롭다 하셨다가 바로 그것이다. 이 문단이 기술하고 있는 요지인즉 신자들을 현세의 모든 고난에서 건져내 종내에는 장래의 영광의 모습을 갖추게 하는 일이다. 이 문단을 읽는 우리로서는 소망해야 하는 바가 창세 전부터 하나님께서 목적하시는 바와 어떻게 합치되는가를 숙고해야 할 것이다.

> 28우리가 알거니와 하나님을 사랑하는 자 곧 그 뜻대로 부르심을 입은 자들에게는 모든 것이 합력하여 선을 이루느니라 29하나님이 미리 아신 자들로 또한 그 아들의 형상을 본받게 하기 위하여 미리 정하셨으니 이는 그로 많은 형제 중에서 맏아들이 되게 하려 하심이니라 30또 미리 정하신 그들을 또한 부르시고 부르신 그들을 또한 의롭다 하시고 의롭다 하신 그들을 또한 영화롭게 하셨느니라

신자들을 위한 종말의 영광을 진술하기 전에 '우리가 알거니와'라

고 누구든지 알고 있는 바와 같다고 28절을 시작하는데, 정작 뒤따르는 접속절 문장의 통사 구조와 의미 관계에 대해 학자들 사이에 의견이 분분하다. 따라서 구문 분석을 위해 원문의 어순대로 첫 두 절을 한 절 한 절을 옮겨 적겠다. '하나님을 사랑하는 사람들에게'가 첫 번째 절이고, '모든 것들이 협력한다 선을 위해'가 두 번째 절이다. 이때 두 번째 절에 쓰인 동사 '협력하다'(함께 역사하다, synergei)의 주어에 관한 통사 내지 의미 해석이 논란의 대상이다. '협력하다'와 '선을 위해' 사이에 '하나님'이 생략된 것으로 간주하여 동사 '협력하다'의 주어가 '하나님'이어서 "하나님이 선을 위해 협력하다"의 의미를 취하는 것이 훨씬 유의미하게 읽히는 것도 사실이다. 예컨대 "모든 일들에 있어 하나님께서 선을 위해 역사하신다"의 NIV가 수정본 28a절의 한 본보기 번역이다. NIV 번역본 이외에도 "하나님께서 모든 일들을 함께 역사하도록 하셨다"처럼 아예 '모든 것들'을 직접 목적으로 바꾸어 번역하기도 한다. NIV를 포함한 다른 번역본들이 이와 같은 수정본을 취하는 까닭은 이 문단 전체가 구원의 섭리에 있어 하나님의 주권이 차지하는 막중한 역할을 기술하고 있기 때문이다. 그러나 이 동사 '협력하다'가 보통 타동사로 쓰이지 않는다는 사실이 NIV의 번역의 타당성을 훼손한다. 그렇다면 문장 구성에서 결여된 '하나님'이라는 논항을 고의적으로 공백 메꾸기를 하느니, "모든 것들이 협력한다 선을 위해"라는 문제의 절에 쓰인 항목들 사이의 의미 연결을 치밀하게 분석하는 일에 더욱 무게를 두어야 할 것이다.

이 문단의 요지는 신자들에게 있어서의 현재의 고난과 장래의 영광이다. 그 영광에 이르는 일에 "모든 일들이 선을 위해 협력하다"
가 필수적인 요구 사항이라면, 28절의 의미 해석의 관건은 "모든
것들이 선을 위해 협력한다"가 갖는 의미 기능에 의존한다. 문제는
장래의 영광의 옷을 입으려면 당연히 고난의 굳은일에서 벗어나야
한다는 테두리에서 고래로부터 "모든 것들이 선을 위해 협력한다"의
원문을 하나님의 주권이 역사하심의 맥락에서 이해해야 한다는 관점
에서 비판하여 왔다. 여러 학자들이 이 문제의 해결책이 하나님이라
는 주어를 없는 것을 있는 것으로 디폴트(default)값으로 읽는 편법의
방식을 제기하고 있다. 그런데 편법이라 하는 까닭은 우리가 보기에
는 학자들의 견지와는 달리 하나님이 궐석(디폴트)인 채 하나님이
있는 것으로 읽을 수 있겠기 때문이다. 가상적이지만 가능성을 예시
하자면 '선을 위해 협력한다'라는 술어를 읽으며 고난들에서 벗어난
다는 의미가 전제되어 있음을 자각한다면, '모든 일들'이 하나님께서
주관하시는 섭리의 대상이라는 암묵적인 시사를 그 자체가 내포해
가질 수도 있다는 것이 문제의 출발점이다. 이에 따라 28절 전체를
옮겨 적으면 "우리가 알거니와 하나님을 사랑하는 사람들에게는
모든 것들이 선을 위해 협력하나니, 당신의 목적에 따라 부르심을
입은 사람들에게가 그들이다"이다. 더글러스 무(1991: 565)는 이 문
장을 '협력하다' 동사의 분석 틀을 좇아 성분분석의 해독법을 시도하
고 있거니와 우리도 유사한 접근법으로 올바른 이해에 도달할 수
있음을 예시키로 하겠다.

　우선 '모든 것들'을 표면 구조 그대로 "선을 위해 협력한다"의
주어로 읽는 일이 당연하다. 더군다나 '협력하다'는 '선을 위해'라는

전치사구와 연합하여 자동사의 구실을 보강 받는다. 더욱 상술해 말하면 동사 '협력하다'가 생체 명사 대신에 '모든 것들'이라는 사물 명사를 주어로 만났기 때문에, 뿐만 아니라 동사 '협력하다'가 행위로 말미암는 변화를 일으키는 목적 대상 대신에 '선을 위해'라는 목표의 방향을 만났기 때문에 동사 '협력하다'가 어떤 목표에 도달하는 데 있어 행위자의 행위 도식에 맞추어 주격이 대상의 격을 바꾸는 것이 아니라 어떤 그 무엇이 원동력으로 작용하여 상태의 이동이 일어나는 사건의 표현임을 인지할 수 있을 것이다. 그리하여 "모든 일들이 선을 위해 협력하다"를 가능케 하는 문장 초두에 이미 읽은 '하나님을 사랑하는 사람들에게'에 연합하여 하나님이 목표의 방향에 도달케 하는 능력의 주역임을 표상하는 데 성공적으로 도달할 수 있다. 결과적으로 이해 과정은 '협력하다'와 '선을 위해' 사이에 구태여 '하나님'을 삽입하는 학자들의 노력을 부질없이 만든다. '하나님'을 삽입하는 추리는 학자들의 논리에 있어 필수적인 노력이지만, 독자들의 범상한 독해에 있어서는 오히려 자연스러운 이해 과정이다. 요약하자면 동사 '협력하다'(synergeo)가 접두어 '함께'(syn)가 갖는 '더불어 일하다'라는 뉘앙스와 함께 '모든 것'(panta)과 '선을 위하여'(eis agathon)와의 의미 관계가 상호작용하는 과정에서 하나님이라는 해당 주역을 추리하는 심층적인 인지에 도달한다. 주어진 언어가 표상하는 논항을 한 번에 하나씩 처리하는 것이 아니라 한 번에 여러 논항을 동시에 처리하는 병렬 처리(pararell processing)가 공백인 주역 '하나님'을 추리하게끔 만든다.

학자들이 28b절의 주어에 대해 이모저모 궁리가 많은 것은

28-30절의 주요 주제가 구원에 관한 하나님의 주권(God's sover-eignty)이기 때문이다. 이제 하나님의 주권을 분명하게 표명하는 '당신의 목적에 따라 부르심을 입은 사람들에게'라는 28c절을 29-30절과 함께 읽으면 "²⁹그것인즉 하나님께서 미리 아셨던 사람들을 위해 당신의 아들의 형상을 합치하게 하도록 예정하셨으니 그가 여러 형제들 중에 맏이가 되게 하려 하심이다. ³⁰그리고 당신이 미리 정하셨던 사람들을 또한 부르셨고, 당신이 부르셨던 사람들을 또한 의롭다 하셨고, 당신이 의롭다 하셨던 사람들을 또한 영화롭다 하셨다"가 28c-30절이다. '당신의 목적에 따라 부르심을 받은 사람들에게'(28c절)는 '하나님을 사랑하는 사람들에게'(28a절)를 반복해 보완한 언표이다. 동시에 바로 이 사람들이 앞에서 이미 읽었던 '만일 자녀들이면 또 역시 상속자들이라, 진정 하나님의 상속자들이고 그리스도와 함께 공동 상속자들'(17절)이라는 소망의 확실성을 보장받는 사람들임을 확인할 수 있다(Cranfield, 1985: 205). '그것인즉'이라는 29절 첫머리 접속사는 29-30절이 28절의 '모든 것들이 선을 위해 협력하나니 당신의 목적(계획)에 따라 부르심을 입은 사람들에게'에 관해 설명하는 부기(附記)라 독해하여야겠다(Moo, 1991; Schreiner, 1989). 놀라운 일은 '하나님의 목적에 따라'를 28절에 전제하였으니 얼핏 생각키로는 하나님의 구원은 사랑 하나로 모든 것들을 포괄해 무더기 처분하는 일회성 역사(役事)리라 싶은데, 그게 아니라 목적에 따라 '미리 아셨다'(豫知하셨다), '미리 정하셨다'(豫定하셨다), '부름을 받았다', '의로워졌다' 그리고 '영화로워졌다'의 여러 단계를 가정하여 구원의 골격의 틀을 제시하고 있다는 사실이 놀랍다. 목적은 계획

을 수반하기 마련이어서 구원은 '태초에'(창 1:1) 하나님이 예정하심을 비롯하여 여러 구원 사건들을 기획하고, 최종적으로 '영화로워졌다'를 지향한다는 사실이 놀랍다. 게다가 이 문단 제목을 구원의 단계라 이름 지은 대로 여기 기술된 구원의 이 용어들의 어순이 예정의 출현 순위를 대표한다는 견해도 있다(Longenecker, 2016: 739).

예정이라 함은 창세 전부터 마련된 구원의 계획이라 읽으면 그 의미를 쉬이 파악할 수 있다. "모든 것들이 선을 위해 협력하나니 당신의 목적(계획)에 따라 부르심을 입은 사람들을 위해"라는 28절에서 '목적'을 구원의 계획이라 읽을 수 있으므로 예정은 이미 28절부터 함축되어 있다. 예정설의 용어로서의 '부르심'(kletos)은 하나님의 목적에 따르는 부르심이므로 초대에 불응하는 여부 따위에 무관하게 "당신이 부르셨던 사람들을 또한 의롭다 하셨다"(30절)는 효력을 지닌다(Schreiner, 1998: 451). 특히 "하나님께서 미리 아셨던 사람들을 미리 정하셨다"라 예지(豫知)와 예정(豫定)을 연속적으로 서술하여 영광에 이르는 최종의 열매는 당초부터 일회적인 완성이 아님을 강조한다고 볼 수 있다. "당신의 아들의 형상에 합치하게 하다"를 앞세워 "그가 여러 형제들 중에 맏이가 되게 하려 하심이다"(29절)가 하나님의 주권의 절정에 이른다. 죽음에서 일으켜진 첫 번째이신 하나님의 아들인 그리스도의 형상에 합치하는 구원 예정은 창세 전부터 그리스도 안에서 목적(계획)된 신비이고, 구약의 역사에 있어 아브라함에게 주신 언약의 실현이기도 하다. 나아가 우리는 이미 8:14-17을 통해 신자들이 양자이고 상속자로서 종말 사건에 하나님의 영광에 그리스도와 함께 참여하는 축복이 우리의 것임을 알고 있거니와 실로 이 축복이 하나님의 주권에 의해 우리에게 베풀어지는 은혜의 축복임을 이 문단이 마무리 짓고 있다.

이 문단의 독해를 끝내기 전에 28-30절을 함께 읽어 이 문단이 기술하고 있는 하나의 통일된 주제를 확인해야겠다. '예지(豫知)하셨다'에서 보는 것처럼 부르심을 받은 신자들이 그리고 하나님을 사랑하는 신자들이 끝내는 그리스도의 형상을 입고 하나님의 영광을 공유하는 일들이 예정되어 있다는 것이다. 이 예정은 우리를 위한 태초부터의 하나님의 계획이므로 인간사의 모든 일들이 선을 위해 협력하는 일이 다름 아닌 하나님의 구원의 의지가 실현되는 기초 포석이다. 그리하여 28절은 인간사의 모든 것들이 협력하여 선을 이루는 하나님의 사랑의 실현을 보증하고 있다. 그리고 29-30절에서는 인류 구원을 위한 다단계설을 기술한다. 그것은 고난에서 영광에로의 하나님의 실현의 섭리가 돌연한 일회성의 성격의 변화를 통해서가 아니라 다중 절차의 경로를 밟는다는 것이다. 그러나 실은 단계설이라기보다 하나님의 계획의 절차를 명세화한 것으로, 말하자면 필경 오래 참음의 기다림의 중요성을 존중하는 구원사의 역정(歷程)을 대변하는 하나님의 사랑의 발로일 터이다. 어떤 경로를 밟든 하나님의 구원사의 완성에 있어 목표는 "하나님께서 미리 아셨던 사람들을 위해 미리 정하시기를 당신의 아들의 형상을 합치하게 하여 그가 여러 형제들 중에 맏아들이 되게 하려 하심이다"라는 29절의 진술이다. '하나님의 아들의 형상'은 부활하신 그리스도의 종말의 형상이라는 해석이 정설이다(Schreiner, 1998: 453). 그리고 로마서 후반부에서 논의할 터이로되, 엡 1:3-4와 더불어 여기서 창세 전에 미리 정하신 그리스도와 합일하여 하나가 된다는 개념은 사도 바울이 에클레시아를 상징하는 표현이다(Ridderbos, 1975: 350; Schreiner, 1998: 467). 만일 이 장면을 엡 3:10-11의 묘사와 함께 비유적인 의미를 화폭에 담아 묘사하면, 그것은 '신자들이 이미 참여하고 있는 그리스도를 에워싼 하늘의 모임'(O'Brian, 1999: 246)인 교회일 성싶다. 그리하여 "당신이 부르셨던 사람들을 또한 의롭다 하셨고, 당신이 의롭다 하셨던 사람들을 또한 영화롭다 하셨다"는 30절의 현장이 곧 에클레시아라 이해해야겠다. 이제 로마서 전반부를 마감하는 아래 단락에 하나님의 승리의 개선가 팡파르가 울려 퍼진다.

4. 하나님의 승리의 개선가
(8:31-39)

　아마도 로마서를 집필할 당초부터 사도는 8장의 이 단락을 집필하는 것이 그의 일차적인 목표였을 것이다. 이 목표에 도달하기 위해, 달리 말하면 수신자들이 이 구원의 절정을 이해할 수 있도록 여러 갈래의 길들을 두루 우회할 수밖에 없었을 것이다. 제1부 1-4장까지는 로마서 초두로 신앙의 기초를 위해 정초를 쌓았다. 대체로 4장까지 읽으면 크리스천의 기본 자질은 갖출 수 있다. 그리고 제2부 5-8장에서 5장에 들어서면 하나님께서 신자들을 위해 역사하시는 구원의 모퉁이 돌이 제 모습을 갖춘다. 심지어 그 어간에 삽입된 5:1-11은 지금 읽기 시작하는 8:31-39의 복사본에 해당하는 하나님의 영광을 찬양한다. 드디어 8:18-30에 이르러 현세의 고난이 종말의 영광에로 전환하는 묵시 사상에 따라 하나님의 구원의 계획을 당신의 백성인 신자들 눈앞에 펼쳐 보인다. 마침내 그리하여 8:31-39에서 이제 팡파르와 더불어 하나님의 승리의 개선가가 울려 퍼진다.

　이 단락의 글은 문학작품으로도 일품으로 평가받는다. 여러 학자들이 주해서에서 문학평론의 용어를 사용해 아름답다고 칭송한다. 무려 일곱 개의 의문문으로 구성된 수사적인 논리의 전개 양식, 의미 수식을 풍부하게 표출하기 위한 여러 관계절 문장들의 구사, 희귀한 어휘들의 사용 등을 통해 깊은 정서를 담아내는 시적인 표현 그리고 예배 의식의 찬송과 같은 영광송의 형식, 이들 바울 선생의 작품 특성들이 유별나게 돋보인다. 지금 나열한 특성들은 신자들에게 전하는 명령 내지 직설의 서법의 메시지를 초월해 소망의 완성을 서술하는 장려한 위로의 찬미이다. 이사야서를 옮겨 적겠다. "위로하라, 내 백성을 위로하라/너희 하나님의 말씀이시다"(사 40:1)에 이어서 "'너희 하나님이 통치하신다'/좋은 소식을 전하는 자의 산을 넘는 발이/어찌 그리 아름다운가"(사 52:7)를 여기서 함께 읽지 않을 수 없다. 이사야서와 더불어 로마서가 전하는 하나님의 사랑의 좋은 소식 역시 참으로 우연찮게 "어찌 그리 아름다운가"이다.

하나님이 우리 편이시다(8:31-34)

좋은 소식(복음)의 요체는 그리스도 예수 안에 있는 하나님의 사랑이다. 첫 31절부터 끝 39절까지 한달음에 읽어도 무방하고, 절들을 31a, 31b-32, 33-34, 35-37 및 38-39절로 잘라내 읽어도 무방할 것이다. 우리는 편의상 31-34절과 35-39절을 분절해 읽겠다. 좋은 소식의 클라이맥스 "그리스도 예수 우리 주 안에 있는 하나님의 사랑에서 우리를 떼어놓을 수 없다"라는 39절의 결론은 31절

"하나님이 우리 편이라면 누가 우리를 대적할 것인가?"의 논리를 전제로 하고 있다. '하나님이 우리 편'이므로 "하나님의 사랑에서 우리를 떼어놓을 수 없다"라는 철통같은 방어의 논리는 실은 사랑의 논리이기 때문에 감격적이다.

> 31그런즉 이 일에 대하여 우리가 무슨 말 하리요 만일 하나님이 우리를 위하시면 누가 우리를 대적하리요 32자기 아들을 아끼지 아니하시고 우리 모든 사람을 위하여 내주신 이가 어찌 그 아들과 함께 모든 것을 우리에게 은사로 주지 아니하시겠느냐 33누가 능히 하나님의 택하신 자들을 송사하리요 의롭다 하신 이는 하나님이시니 34누가 정죄하리요 죽으실 뿐 아니라 다시 살아나신 이는 그리스도 예수시니 그는 하나님 우편에 계신 자요 우리를 위하여 간구하시는 자니라

"그러면 이 일에 관하여 우리가 뭐라고 말할 것인가?"로 시작하는 31a절의 물음은 이때까지의 로마서의 진술 전반인 '이 일에 관하여', 특히 5장 이하의 진술, 더욱 좁히면 8:18-30의 진술에 관하여 "우리가 뭐라고 말할 것인가?"라 질문하고 있다. 하지만 질문 자체는 수사적인 가식이고, 실제로는 기왕의 진술 더 이상의 것을 첨언할 것이 없음을 잘라내 단언하는 말이다. 이 강한 부정은 잇따르는 31b절 "하나님이 우리 편이라면 누가 우리를 대적할 것인가?"(유희세, 2010: 550)의 질문에서도 '하나님이 우리 편'이라는 조건적인 제약을 대전제로 '우리를 대적할' 자가 아무도 없다는 것을 강조한다. 의문문 형식의 질문이로되 단정적인 부정문보다 단호하게 잘라 말하는 거절

이어서 더욱 긍정적으로 들린다. 이제부터 이 문단의 진술들이 추호도 양보할 수 없는 절대성을 지닌다는 서두의 표명일 수 있을 것이다.

　　여러 질문 중에서도 32절이 단도직입적이다. "당신 그분은 진정 자신의 아들을 아끼시지 않았던 당신께서 그러나 우리 모두를 위해 아들을 내어주셨던 때문인즉 어찌 당신께서 아들과 더불어 모든 것들을 우리에게 또한 은혜로 수여하지 않으시겠느냐?"가 그것이다. 이 32절의 헬라어 표현은 토박이라면 얼마나 심각한 표현인 줄 직관할 수 있다는 것인데, 이를테면 초두 '당신 그분은 진정'이라는 관계대명사 표현은 애정이 흠뻑 담긴 하나님의 정서를 묘사한 것이고, '자신의 아들'이라 함은 양자와 구별하기 위한 고의적인 호칭이고, "아들을 내어주셨다"에서의 '내어주셨다'는 '죽게 내버려두다'의 맥락적 의미를 품고 있고, '은혜로 수여하다'는 '값없이 주다'를 뜻한다는 것이다. 그러므로 32절은 심각한 정서를 질문의 형식에 담아 윽박지르는 내용이 돋보인다고 한다. 가장 아끼는 소중함의 상실이 오히려 더 나아가 모든 귀중한 것들을 아까움 하나도 없이 은혜로 베푸는 산고(産苦)의 체험을 낳는 것이야말로 심각한 체험의 표현이 아닐 수 없겠다. 주해서들은 여기서 아브라함이 이삭을 아낌없이 바치는 심각함을 인용한다.

　　이제 하나님께서 택하신 사람들의 소중함에 대한 논변을 33-34절에 서술하고 있다. "33누가 하나님의 택(한 사람들)을 소송할 것인가? 의롭다 하신 이는 하나님이시다. 34누가 정죄할 것인가? 그리스도 예수는 죽으셨다가 심지어 일으켜지셨고 그분은 또한 하나님 우편에 계시고 또한 우리를 위해 간구하신다." 두 절 각각에서 하나님께서 선택하신 사람들을 소송할 적대자와 또 정죄할 적대자가 누구인지를 캐내어 묻는다. '하나님의 택하심'이라는 어휘는 28-30절에서 논변하였던 하나님께서 예정한 사람들이니, 하나님의 예정의 택하심에 대한 무엄한 도전을 꾸짖는 물음이다. 그리하여 하나님 당신 자신을 33절에 그리고 당신 자신의 아들을 34절에 거론하여 질문 자체를 무효화하게 만든다. 소송하려는 적대자에 대해서는 의롭다 하신 이는 하나님이심을 그리고 정죄하려는 적대자에 대해서는 하나님 우편에 계신 그리스도의 간구하심을 응대함으로써 적대자가 의도하는 정곡을 겨냥하여 무효화하게 만든다. 소송에 대해 의를 내세우는 것은 법정 용어를 사용한 대응이고, 정죄에 대해 그리스도의 죽음과 부활을 내세우는 것은 속죄와 사랑이라는 긍정적인 포용의 대응이다. 적대자가 사탄이라는 설도 있지만(Kruse, 2012: 361), 적대자가 누구이든 간에 "하나님이 우리 편이라면 누가 우리를 대적할 것인가?"가 핵심 열쇠이다. 우연찮은 그러나 참으로 희귀한 만남의 이사야서를 인용하겠다. "나를 의롭다 하시는 이가 가까이 계시니 나와 다툴(소송할) 자가 누구냐?"(사 50:8)가 33절에 대한 응대와 맞대어 비교할 수 있으며, "주 여호와께서 나를 도우시리니 나를 정죄할 자가 누구냐?"(사 50:9)가 34절에 대한 응대와 맞대어 비교할 수 있다(NIV 주해, 2011: 1192).

그리스도 예수 우리 주 안에 있는 하나님의 사랑에서 우리를 떼어놓을 수 없다(8:35-39)

앞 문단 31-34절에서는 주로 법정 용어로 "누가 우리를 대적할 것인가"를 반론하였다. 이제 본 문단 35-39절에서는 사랑의 용어로 "누가 우리를 그리스도의 사랑에서 끊을 것인가"라는 하나님의 승리의 개선가인 장려한 위로의 말씀으로 마무리한다.

> [35]누가 우리를 그리스도의 사랑에서 끊으리요 환난이나 곤고나 핍박이나 기근이나 적신이나 위험이나 칼이랴 [36]기록된 바 우리가 종일 주를 위하여 죽임을 당하게 되며 도살 당할 양 같이 여김을 받았나이다 함과 같으니라 [37]그러나 이 모든 일에 우리를 사랑하시는 이로 말미암아 우리가 넉넉히 이기느니라 [38]내가 확신하노니 사망이나 생명이나 천사들이나 권세자들이나 현재 일이나 장래 일이나 능력이나 [39]높음이나 깊음이나 다른 어떤 피조물이라도 우리를 우리 주 예수 그리스도 안에 있는 하나님의 사랑에서 끊을 수 없으리라

앞 문단과는 별도의 문단으로 35절 이하를 읽으려는 것은 "누가 그리스도의 사랑에서 우리를 떼어놓을 것인가?"(35a절)에 대해 중점적으로 독해하고 싶은 까닭이다. 그러나 35절을 읽기 전에 못다 읽은 34절 "그리스도 예수는 죽으셨다가 심지어 일으켜지셨고 그분은 또한 하나님 우편에 계시고 또한 우리를 위해 간구하신다"를 여기서 다시 읽겠다. 앞 문단 31-34절은 소송과 정죄에 대해 의를 옹호하

여 정당성을 보장하지만, 그중에서도 특히 34절 이하는 그리스도 중심의 하나님의 승리의 개선가이다. 인류의 죄에 대해 그리스도의 속죄와 사랑의 간구를 통한 긍정적인 대응으로 맞선다는 점에서 오히려 35-39절의 사랑을 통한 대응과 궤를 같이한다. 따라서 "그리스도 예수가… 우리를 위해 간구하신다"는 34절 말미를 무엇보다 차라리 34-39절과 함께 묶어 읽음으로써 우리는 본 문단의 결론에 더욱 풍요로운 이해를 보탤 수 있을 것이라 생각한다. 실제로 크리소스톰은 우리를 위해 간구하는 기도가 "누가 우리를 그리스도의 사랑에서 끊으리요?"의 사랑의 표시에 직결된다고 해석한다. 그리스도가 우리를 위해 간구하심은 하나님과의 화목을 위해 우리와 하나님 사이를 중보하는 사랑의 표시라는 것이다. 뿐더러 우리는 이미 "성령이 우리의 연약함에 있어 우리를 도우셔, 우리가 마땅히 하여야 할 바인 무엇을 기도할 것인가를 우리가 알지 못하기 때문이니 그러나 성령 자신이 말할 수 없는 신음들로 간구하신다"(26절) 그리고 "성령이 하나님의 뜻에 따라 성도들을 위해 간구하시기 때문이다"(27절)를 접하여 성령이 우리를 위해 간구하심을 알고 있다. 그리하여 성령도 그리고 하나님 우편에 계신 그리스도 예수도 항차 무엇을 기도할 것인가를 알지 못하는 우리를 위해 간구하신다면 하나님의 승리의 개선가가 우리의 찬양일 수 있는 것은 지극히 당연한 일이겠다.

이제 "누가 그리스도의 사랑에서 우리를 떼어놓을 것인가?"라는 35a절 질문으로 되돌아가겠다. 여기서 '그리스도의 사랑'은 주격 소유격이니 그리스도가 베푸시는 사랑이다. 사랑을 베푸시는 분이 우리를 위해 간구하신다. 그러니 사랑에서 떼어놓는 일들이 "환난이나 곤고나 박해나 굶주림이나 헐벗음이나 위험이나 칼이냐?"라 35b 절에 있을 수 있는 장벽들을 열거한다. 학자들은 고전 4:9-13 등 바울이 선교 사역에서 겪었던 여러 고뇌의 기록과 이들 목록을 대조하지만 여하튼 장애물은 부지기수일 것이다. 그리고 이 고뇌에 대한 시편을 '기록된 바와 같이'라는 서두로 인용한다. "우리가 종일 주를 위하여 죽임을 당케 되며/도살당할 양같이 여김을 받았나이다"가 시 44:22의 인용이다. 하지만 좀 뜻밖에도 시 44는 하나님께 신실하였던 의로운 백성의 수난이다. 학자 중에는 이 36절이 느닷없는 바울의 샛길로 벗어난 것이라는 평도 있으나 바울 선생의 생각에는 바울 자신처럼 하나님께 신실한 종이라 하더라도 박해나 수난은 불가피하다는 것을 의도적으로 표출한 것일 터이다. "그러나 모든 일들에 있어 우리를 사랑하셨던 분으로 말미암아 우리는 온전히 승리로다"(37절)가 이어진다. "도살당할 양같이 여김을 받았다"(36 절) 하더라도 그리고 35절에 열거한 고난들과 같은 '모든 일들에 있어서'에도 불구하고 성경에는 한 번도 쓰인 일이 없는 '승리로다'라는 어휘를 사용하며 혹은 '전승자이다'라 번역할 수 있는 어휘를 사용하며 주 예수 그리스도의 사랑으로 말미암아 "우리는 온전히 승리로다"를 고고(孤高)하게 아멘한다.

이미 진술한 바를 38-39절에 "내가 확신하노니"라 '우리' 대신에 '나'를 사용하여 다시 확언하는 장엄한 합창(Deese, 1988: 512) 속에서 고고하게 아리아로 노래한다. "38죽음이나 생명이나, 천사들이나 지배자들이나, 현재의 것들이나 미래의 것들이나, 어떤 권세들이나, 39높음이나 깊음이나, 다른 어떤 피조물이나, 그리스도 예수 우리 주 안에 있는 하나님의 사랑에서 우리를 떼어놓을 수 없다"가 본문이다. 앞 35b절에서는 지상에서 일어날 수 있는 것들을, 그러나 여기서는 초자연적인 권세들을 포함한 온 삼라만상의 만물들을 열거하고 있다. 학자들은 짝지어 열거한 항목들을 낱낱이 우주 질서의 분류체계의 테두리에서 분석하려는 시도를 애써 궁리하고 있다. 우리에게는 이 목록을 보는 일이 마치 8:18-22에 언급했던 피조물의 신음소리를 듣는 듯하다. 좌우간에 실제로 바울의 우주관이 인간과 삼라만상들의 만물의 양자의 구성 체계이고, 그리하여 여기서 온 우주를 망라해 열거하고 있는지도 모르겠다. 까닭인즉 그가 여기서 의도하고 묘사하고자 하는 그림은 여하한 온 우주 만물을 죄다 한 화폭에 담아 '그리스도 예수 우리 주 안에 있는 하나님의 사랑에서' 갈라놓을 수 없음을 낱낱이 망라하고자 하였으리라 짐작하는 것이 온당하리라 싶기 때문이다.

"하나님의 승리의 개선가"인 8장을 읽었다. 그것은 천지창조와 함께 나란히 전시된 한 폭의 실현된 종말의 그림을 보는 일이다. NIV의 39절 주해가 걸작이다. 거기에는 온 우주의 삼라만상이 (배경으로 둘러싸고) 있으나 하나님만 계시지 않는다는 촌평이다. 하기야 주목하지 않아 그렇지 8장 초두부터 하나님은 전면에 나타나시지 않는다. 그러나 하나님께서 자리를 비우신 것이 결코 아니다. "그리스도 예수 안에 있는 사람들에게는 정죄함이 없다"(8:1)를 선포하신 이는 '그리스도 예수 안에 있는'이라는 발언의 단서로 미루어, 아마도 하나님께서 직접 선포하셨을 것이며, 선포하신 후에는 그리스도 예수와 성령을 전면의 앞자리에 세우신다. 그리하여 예컨대 "예수를 죽음에서 일으키셨던 당신의 영이 너희와 함께 계시면 죽음에서 그리스도를 일으키셨던 당신이 너희 안에 계시는 당신의 성령으로 말미암아 너희의 죽을 몸들에게도 생명을 또한 주실 것이다"라는 생명에 관한 11절 서술에서 그리스도와 성령 그리고 하나님이 누구이신지를 곰곰이 따져볼 일이다. 그리스도와 성령이 하나님의 뜻을 따라 역사함으로써 신자들을 전승자(戰勝者)들로 세우는 선봉에 서 계시지만, 앞뒤 배후를 곰곰이 따지면 우리가 '당신'이라 번역한 세 단어 모두 하나님을 지칭하고 있으므로 그 역사(役事)의 원천은 하나님 유일신의 성령의 능력임이 어차피 드러난다. 우선 그리스도를 죽음에서 일으키셨음도 하나님의 성령이시고, 우리의 죽음의 몸을 그리스도의 부활의 닮은꼴로 일으키심도 하나님의 성령이시다. 이제 우리는 8장의 독해를 끝냈다고 생각하지만, 8장의 화폭에 성령이 하나님의 승리에로 이끄시는 모습이 미진하게 묘사하였다는 인상을 지울 수 없다. 그리스도 예수의 행적은 여기뿐만 아니라 공관복음서에도 소상하게 기록되어 있으나 성령의 행적은 말씀을 통한 기록이 간헐적인 것이 고작인데, 다행히 8장의 기록이 비교적 소상하다. 그렇다면 성령에 관한 8장의 기록을 보완하는 일이 8장 공부의 유익한 숙제일 수 있겠다.

부록

성령: 하나님의 능력을 부여하는 임재
(God's empowering presence)

이 문단의 영어 제목은 고르든 휘(Gordon D. Fee)의 저서명 인데, 썩 잘 다듬은 성령의 정의라 싶다. 실상 성령의 정의라기 보다는 "성령이 무엇인가"라는 물음 대신에 이처럼 "성령이 어떤 하나님의 능력을 부여하는가"라는 물음으로 성령의 본질에 접근하여야 할 것이다. 이것이 우리가 롬 8장을 읽고 배운 성령관이다.

"하나님은 영이시다"(8:9) 그리고 "그리스도는 영이시다"(8:9)이니, 그러므로 성령과 더불어 당연히 삼위는 영으로서 일체이시다. 인간에게 있어서는 성령은 바울에 의하면 육신과 반대 개념이다. 더욱 정확하게는 반대 개념이라기보다 존재의 양극의 다른 양상이다. 육신의 일들을 지향하는 육신에 따르는 마음 갖춤새는 죄의 죽음을 가져오지만, 반면에 영에 따르는 마음 갖춤새의 능력은 성령이 사람의 속내에 역사하시어 생명과 평화를 가져온다(8:6). "만일 누구든 그리스도의 영을 갖고 있지 않다면 그는 그리스도에 속하지 않는다"(8:9)이다. 그리고 "성령 안에 있는 존재이어야 성령 그 자신이 우리의 영과

더불어 우리가 하나님의 자식들임을 함께 증거한다"(8:16)이
며 또 "하나님의 성령에 의해 인도함을 받는 모든 사람은 하나님
의 자녀이다"(8:14)이다. 이처럼 바울 서한들 곳곳에서 삼위일
체인 성령은 그리스도 안에 있는 사람들이 하나님의 자녀임을
증거한다. 그 성령의 실재와 역사(役事)가 신자들을 '의의 소망'
(갈 5:5)을 갖게 하여 종말 완성의 때까지 지켜주시는 능력이시
다. 종말 완성의 능력이라는 직접적인 언급이 로마서에는 없으
나 "그리스도 안에서 또한 너희가 역시 진리의 말씀, 구원의
복음을 들었고 그의 안에서 또한 믿었으니 너희가 약속의 성령
으로 인치심을 받은 것이다"라는 '약속의 성령'이라는 엡 1:13
의 진술이 종말 완성의 능력을 명시적으로 언표하고 있다. '약
속'이라 함은 부활의 생명의 축복이고, 상속자로서 입양한 자식
의 축복을 가리킨다. 더군다나 여기 '인치심을 받다'에서 약속
의 확증을 성령이 보장하고 있다. 요컨대 그리하여 '성령 그
자신이 우리의 영과 더불어 우리가 하나님의 자식들임을 함께
증거할'(8:16)뿐만 아니라 동시에 우리가 '그리스도와 함께 상
속자들'(8:17)이어서 우리가 당신의 영광에 함께 참여함을 증
거한다.

성령은 구원사의 종말 완성에 있어 생명의 실재로서 몸의
부활의 능력일 뿐만 아니라 이 현세에 있어서도 삶의 윤리적인
실천의 생명의 원동력이기도 하다. 종말과 현세 이들 양면에

있어서 '성령은 생명'이다. 그리고 '하나님의 능력을 부여하는 임재'이시다. 다시 인용하지만 "육신에 따라 걷는 사람들은 육신의 마음 갖춤새를 취하고 그러나 영에 따라 걷는 사람들은 영의 마음 갖춤새를 취하고 있기 때문이다"라는 8:5는 "육신의 마음 갖춤새는 죽음을 가져오고 반면에 성령의 마음 갖춤새는 생명과 평화를 가져온다"를 지향하는 것이므로 그것은 종말에 주어질 생명을 위해 걷는 현실의 삶의 길을 마련하여준다. 마음 갖춤새라는 용어는 어느 면 삶이 지향하는 태도를 뜻하기에 영에 따르는 마음 갖춤새는 실제 신앙 윤리의 길잡이기도 하다. 그러므로 '이미-아직 아니라'는 구원의 두 시대 구분에 걸쳐 있는 현시점 안에서 성령은 우리에게 종말 완성에 근접할 능력을 부여한다. '이미'라는 누적된 과거와 그리고 '아직 아니라'는 다가오고 있는 종말 미래 사이의 현시점에서 우리가 불가불 겪어야 할 고난을 이겨낼 수 있도록 하나님의 능력을 부여하는 임재로서의 성령은 구체적으로 적어도 두 측면에서 기여하고 있다. 그 하나가 소망이고, 다른 하나가 기도이다.

기본적으로 성경은 축복의 말씀이지만, 아울러 이 현세의 하나님의 백성이 불가불 겪어야 할 환난 혹은 고난들을 분명하게 고발한다. '하나님의 자녀들의 영광의 자유'에 아직 이르지 못하였기 때문에 이 세상에서의 예수 그리스도의 수난을 신자들도 함께 받아야 함을 증언한다. 이 피할 수 없는 딜레마를 투명하게 해소해 지켜주는 능력이 "현재 시간의 고난이 우리의 안에 나타날 다가오는 영광에 비교할 수 없다"(8:18)라는 다름 아닌 소망의 기쁜 소식이다. 심지어 "소망에 의해 우리가 구원되어졌기 때문이다"(8:24)라 단언하고 있는 기쁜 소식이다. "소망이 부끄럽게 하지 않음은 하나님의 사랑이 우리에게 주어진 성령을 통해 우리의 마음에 부어졌기 때문이다"(5:5)라는 감사에 넘쳐 우리가 환난 중에서도 기뻐할 수 있는 소망을 지닌 것이 성령의 은혜의 덕분이다. 보다 궁극의 직접적인 진술인 "소망의 하나님이 모든 기쁨과 평화를 믿음 안에서 너희에게 충만케 하사 성령의 능력으로 소망이 넘치게 하시기를 원하노라"의 15:13의 기도에 접하면, 우리의 연약한 믿음이 성령에 의해 북돋아지는 활력을 부여받는 사실을 실감하게 된다. 이때 성령과 소망의 관계에 있어 "성령의 능력으로 소망이 넘치게 하시기를 원하노라"이거니와 실제로 성령의 도움 없이는 '우리의 연약함'이 현세에서의 고난을 이길 힘을 갖추지 못한다. "보고 있는 바를 누가 소망할 것이냐?"라 8:24에 윽박지르듯 다그치는 것은 보이지 않는 새 하늘과 새 땅이 소망을 통해 성령이 보이게 만든다는 확신을 심어주기 위함이다. 그리하여 우리의 소망은 "뒤에 있는 것은 잊어버리고 앞에 있는 것을 잡으려 (하나님의 영광의) 푯대(목표)를 향하여 달음질하며"(빌 3:13-14), 소망과 믿음이 합심하여 목표에 도달하도록 "우리가

여태 보지 못한 것을 소망하면 우리가 그것을 인내로 기다린다'
라는 8:25의 경지에 이른다. 관련하여 "그러나 보여지는 소망
은 소망이 아니다. 보고 있는 바를 누가 소망할 것이냐?"(8:24)
라 소망의 대상을 규정하고 있으므로 자칫 독자들을 부질없이
미궁에 빠뜨리기 십상이나, 8:24는 "우리가 소망하는 바 그것
이 만약 우리가 볼 수 있는 것이라면 그것은 소망이 아니
다"(Moo, 1991: 559)라 반어적인 내용을 전제함으로써 보여지
지 않는 것이 보여지는 것보다 더욱 의심 없이 확신할 수 있음을
역설한다. 그러므로 하나님의 능력을 부여하는 성령이 우리와
함께 임재하시면 하나님 나라가 아직 아니지만, 이미 우리의
것이다.

　소망에 덧보태어 성령이 기여하고 있는 다른 면모가 기도이
다. "성령이 우리의 연약함에 있어 우리를 도우신다"(8:26)가
기도이다. 다른 곳에서는 찾아볼 수 없는 어휘 '도우신다'를
사용하며 우리의 연약함을 위해 "성령이 하나님의 뜻에 따라
성도들을 위해 간구하시기 때문이다"(8:27). 다른 무엇보다 성
령 자신이 우리를 위해 직접 기도하신다. 무엇보다 우리의 연약
함을 위해 도우시는 것은 "우리가 여태 보지 못하는 것을 소망하
지만" '아직 아니'의 시점에 있기 때문에 그리고 "우리가 마땅히
하여야 할 바인 무엇을 기도할 것인가를 우리가 알지 못하기
때문에"(8:26) 성령이 "하나님의 뜻에 따라 성도들을 위해…

말할 수 없는 신음으로 간구하신다." 달리 말하면 우리가 구체적으로 보고 있는 사물이 우리의 소망일 수 없는 까닭에 무엇을 기도할지 왕왕 모르는 미련하고 우둔한 처지가 우리의 현실이다. 우리를 위한 성령의 간구에 대한 8:26-27의 간략한 표현은 기도가 갖추어야 할 모든 조건을 완벽하게 충족하고 있음을 암시하고 있다. 연약한 우리가 무엇을 기도해야 할 것인가를 성령은 아신다. 우리를 대신한 기도가 성령의 고유한 언어의 신음으로 지극히 간절하다. 무엇보다 그 기도는 하나님의 뜻에 따르는 기도이므로 그리고 "성령은 모든 것들 곧 심지어 하나님의 깊은 것들이라도 통달하시므로"(고전 2:10) 당연히 당신께서 기꺼이 받아 응답하신다. 그러므로 성령의 간구의 효력은 자명하다. 필경 "하나님의 영광의 풍성을 따라 당신의 성령을 통해 능력으로 너희 속사람이 강하여지도록 하여 주신다" (NRSV, 엡 3:16)가 이루어질 것이다. 아울러 이로써 우리는 우리의 기도가 어떠해야 할지를 짐작할 수 있는 처지에 통찰할 수 있기도 하다. "너희가 구하기 전에 너희에게 필요한 것을 하나님 너희 아버지께서 아시기 때문에"(마 6:8) 만사에 여하한 일에 있어서도 하나님의 뜻에 합당한 것을 구해야 할 것이다. 그럼으로써 성령의 간구와 더불어 "어떤 때든지 성령 안에서 온갖 기도와 간구로 기도하다"(엡 6:18)를 우리 자신들 역시 실행하여 "성령 안에서 기도하고 이를 위하여 깨어 항상 힘쓰면"(엡 6:18) 속사람이 굳건히 강하여질뿐더러 금상첨화로 "모든 일들에 있어 우리를 사랑하셨던 분으로 말미암아 우리는 온전히 승리로다"(8:37)의 전승자(戰勝者)에 도달한다.

제3부

하나님의 신실성
(9:1-11:36)

로마서는 하나님의 인류 구원사에 관한 방대한 저술이다. 한 송신자가 특정 지역에 보내는 어떤 한 서한이 아니라 실낙원의 인류의 조상 아담에서 시작하여 그리스도의 강림과 승천 이후의 종말 완성의 때까지 인류 구원사 전체를 망라해 기록한 장대한 역사서이다. 우리는 로마서 전반부 1-8장의 독해를 끝내고 후반부 9-16장에 접어들기 시작한다. 여러 주해서들이 전반부만으로 주석을 마감하기도 하고(예컨대 노평구) 혹은 후반부를 전반부의 부속 별책(예컨대 James D. G. Dunn, Douglas Moo)의 비중으로 출판하기도 한다. 로마서의 정수가 1-8장이라 평가하기 때문일 것이다. 한데 로마서에서 후반부를 평가절하했던 연구 추세가 구원사의 틀 전체의 관점에서 새로운 조명이 활달하여지며 근래에 점차로 후반부의 가치를 중히 여기는 추세로 바뀌고 있다. 전반부에 관한 한, 성령의 능력의 도우심과 그리고 그리스도 안에 있는 하나님의 사랑으로 말미암는 신자들의 구원의 승리에 대한 서술이 너무나도 감동적인 나머지, 종전에는 뒤따르는 후반부를 홀대했던 것을 부인할 수 없다. 후반부를 여적(餘滴)이라 잘못 취급했던 것이다. 다른 무엇보다 바울 사도가 육신에 따르는 그의 혈육인 이스라엘 사람들 대다수가 하나님의 사랑에서 의절해진 채로 구원사의 기록을 절필하였을 리 만무임을 반성하면 당연한 반성이고 추세이다.

　로마서의 후반부의 성격을 전반부의 연속선에서 찾아 읽어야 한다. 그만큼 로마서 전체가 총체적인 연결성과 응집성이 치밀하다. 후반부를 읽기 전에 전반부의 여러 담론을 이스라엘 유대주의의 입장에서 회상해보는 일이 유익할 것이다. 알다시피 전반부의 제1부 1:16-4:25의 첫머리 1:16-17절에 '믿는 모든 사람에게 구원을 주시는' 복음을 '첫째는 유대인에게 그리고 이방인에게' 주신다고 기술하고, "복음에는 하나님의 의가 나타난다"라고 유대인과 이방인 모두에게 전하는 로마서 전체의 집필 취지를 밝히고 있다. 그런데 실상 잇따르는 로마서의 주요 논변은 "마땅히 믿음으로 살 것이다"라는 복음을 선포하고 율법의 행위 내지 세례로는 의로워질 사람이 아무도 없다고 선고하고 있으므로 유대인에게는 큰 충격을 주었을 수 있다. 이 충격을 마치 누그러뜨릴 양으로 제1부 말미 4장에서 "만일 아브라함이 행위로써 의롭다함을 얻었다면 자랑할 것이 있었으련만"(4:2)이라 하고는 "아브라함이 하나님을 믿었고, 그것이 그를 의롭다고 간주하셨다"(4:3)라 기술하고 있다. 물론 그때에는 율법이 없었을 때이고, 4:3이 "아브람이 여호와를 믿으니 여호와께서 이를 그에게 의로 여기셨다"의 창 15:6의 인용이긴 하다. 여하튼 바울은 아브라함의 의가 행위가 아니라 믿음에 의존한다는 사실을 돋보이게 강조한다. 이때 믿음과 의의 본질에 관해 참으로 중요한 사실은 아브라함의 믿음 안에 의가 내재해 있다는 것이 아니라 하나님 당신 자신의 의를 아브라함의 믿음에 은혜의 선물로 수여하심이다(Longenecker, 2016: 496). 이것이 바울이 전하는 복음이다. 아마도 바울은 제1부의 저술 목표가 유대인이나 이방인이나 하나님의 의에 있어 구별이 없음을 특히 유대인들에게 고지하고 싶었을지도 모른다. 하지만 구원이 율법의 행위에 의해서가 아니라 은혜의 선물이라면 이 복음이 이스라엘에게 얼마나 기쁜 소식일 수 있을까? 이 물음이 안고 있는 미진한 궁금증을 마음에 품고 후반부를 읽는 일이 유익할 것이다.

"아브라함이 하나님을 믿었고, 그것이 그를 의롭다고 간주하셨다"(4:3)라 함은 의가 믿음의 기반 위에 선다는 뜻이다. 이 진리 위에서 아브라함과 그의 후손에게 '세상의 상속자'라는 약속이 주어졌다(4:13). 성경에 비록 그런 용어 사용의 예는 없지만, 이 때문에 이스라엘을 선민이라 칭한다. 그러나 이 용어의 통상적인 사용에는 적어도 두 걸림돌이 가로막는 데 주목해야 한다. 그 하나는 "외면적인 사람이 유대인이 아니고… 할례는 마음의 할례이고 성령에 의한 것이지 성문법(율법)에 의한 것이 아니다"(2:28-29)라는 걸림돌이다. 다른 하나는 이스라엘 백성의 믿음이 '하나님이 의인이라고 인정해주시는'(유희세, 2010: 554) 칭의(稱義: justification)의 믿음에 온전히 도달하지 못하고 있다는 걸림돌이다. 전자든 후자든 이들 걸림돌은 실상 유대인뿐만 아니라 오늘날의 여하한 종파의 기독자들이든 까다롭지만 꼭 짚고 넘어가야 할 숙제이다. 믿음의 의가 온전하려면 3:28의 할례의 진술과 마찬가지로 "그리스도 예수 속에로 세례를 받았던 모든 사람이 그의 죽음 속에로 세례를 받았다"라는 6:3의 진술에도 철저해야 함이 물론이다. 하지만 이스라엘은 옛 생명은 죽고 새 생명이 살아나야 하는 중생(重生)의 체험에 미치지 못한 상태이다. 그리스도 안에서의 하나님과의 새로운 관계는 의의 기반 위에서만 애오라지 세울 수 있는 반석을 넘어서 의와 더불어 거룩하여짐이 필수적으로 수반되어야 함을 엄중하게 요구한다. 그리스도의 죽음과 부활에 의해 그리고 생명의 성령의 인도하심과 증거하심에 따라 믿음의 성장을 통해 하나님의 자녀의 종말 상속을 받아들이는 거듭남과 성화를 체험하는 하나님의 능력의 역사가 필수적이다.

마르틴 루터의 '오로지 믿음만을 통해'에서 '오로지'(allein)를 강조한 제1부 1:16-4:25의 구원의 주제와 논변의 추세에서 그 무게의 추(錘)가 제2부 5:1-8:39에서 평화와 영원한 사랑의 더욱 성장한 복음에로 내디디고 있다. 오로지 믿음만의 제1부의 주제에서 성화(聖化)의 제2부의 주제로 기조가 바뀐다. 성화는 단순한 거룩함의 상태가 아니라 의의 생명의 결과인 영생을 이룩하는 과정을 일컬음이다. 따라서 하나님의 영광을 바라보는 소망이 고난을 오래 참고 이기게 하는 신자들의 불가결의 필수 자질이다. 보이지 않는 하나님의 영광을 바라보는 소망으로 그리스도의 통치 사역과 성령의 인도의 이끄심에 따라 하나님의 사랑이 우리를 전승자(戰勝者)로 이기게끔 만드는 능력이다. 그렇다면 행위를 통한 의라는 개념에 고착되어 있는 이스라엘에 있어서는 하나님과의 평화 내지 화평(화목), 행위와 믿음을 포괄하는 그리스도 안에서와 성령 안에서의 은혜 그리고 입양 자녀로서의 상속 등의 개념들을 어떻게 수용할 것인가? 이 의문들을 마음에 품은 사람이 다른 누구보다 유대인 중의 유대인인 (Ambrose, 2015) 바울 자신이었을 것이다. 사도는 전반부를 쓰면서 줄곧 이들 의문에 관한 후반부를 집필할 집념을 떨쳐 버릴 수 없었을 것이다.

로마서 후반부를 어떻게 읽을 것인가를 위해 기독자의 복음과 이스라엘 하나님의 약속 사이에 개략적인 비교를 대충 시도하였다. 결국 어느 면에서 로마서 전반부와 후반부와의 관계를 전망한 셈인데, 이방 기독자와 유대 기독자 어느 쪽에 편중된 치우침 없이 후반부의 독해를 구원론 일반의 틀 안에서 수행하는 것이 우리의 목표가 되어야겠다. 전반부를 1:16-4:25의 제1부와 5:1-8:39의 제2부로 나누어 읽었다. 후반부는 9:1-11:36의 제3부, 12:1-15:13의 제4부 및 15:14-16:27의 제5부로 내용 분해하겠다. 흔히 후반부의 주제를 전반부에 대조하여 이스라엘의 구원의 문제라 내용 분해하는 경향이 짙다. 예컨대 후반부에 대해 제임스 던은 그의 주해서 로마서에서 못다 한 탐구를 바울 총서 『바울 사도의 신학』(Dunn, 1998: 499ff.)에서 이스라엘이라는 제목으로 무려 30여 쪽을 할애하고 있다. 여기서 "하나님의 말씀이 실패하였느냐?"(9:6) 그리고 "하나님께서 당신의 백성을 버리셨느냐?"(11:1)가 9-11장의 기저 밑바탕의 질문이라 이해하여 제임스 던은 후반부를 이스라엘에 편중된 관점에서 해설하고 있다. 하지만 크리스천의 믿음에 의한 그리스도를 통한 속죄의 구원과 이스라엘에 대한 하나님의 약속이라는 언약의 구원이 어떻게 조화를 이루느냐의 두 관점을 포괄하는 더욱 승화된 관점에서 후반부를 독해해야 할 것이다.

이제 이러한 후반부 독해가 얼마나 난삽한 부담을 주는지를 예시하겠다. 비근한 본보기로 미리 9:18 "하나님께서는 하시고자 하는 사람에게 자비를 베푸시고, 하시고자 하는 사람을 강퍅하게 하신다" 라는 코걸이, 귀걸이 식의 참으로 어려운 구절을 음미키로 하겠다.

이스라엘의 출애굽을 저지하도록 애굽 왕 바로를 강퍅하게 만들었던 이 수수께끼 풀이가 로마서 후반부에 우리에게 주어진 난삽한 과제의 전형적인 본보기이다. 인류 구원에 관한 전지전능한 하나님의 주권은 9:18에서처럼 자비든 강퍅함이든 당신의 의지에 따라 악이라도 당신의 영광을 위하여 사용하신다. 하나님의 주권의 역사는 일차적으로 이스라엘을 택하셔서 당신의 백성으로 부르심으로 나타났었다. 이 부르심은 이스라엘이 다른 종족들보다 선한 덕성을 소유하고 있기 때문이 아니라 순전히 그것은 하나님의 은혜의 베푸심이고 또 출애굽의 길을 베푸심 역시 주권에 의하 택하심이다. 더군다나 베푸심의 의지에 따라 바로 왕의 마음을 강퍅하게 이끌기도 한다. 바로를 당신의 목적에 부합하도록 봉사케 하신 것이다. 하나님의 주권의 이들 모든 역사(役事)가 자유임을 이해하는 일이 이해에 중요한 관건이다. 인용한 9:18의 예에 있어서도 이스라엘의 출애굽을 저지하기 위해 바로 왕을 강퍅하게 만드는 자유를 택하신다. 하나님의 의로운 주권은 종말 완성의 최종 목적을 위해 "모든 일에 있어 선을 위해 하나님께서 역사하신다"(8:28). 이를 현저하게 특기할 본보기가 '하나님께서 당신의 백성을 버리시지'(11:1) 않으셨다는 이스라엘의 남은 자(remnant)의 구원에 대한 포고일 터이다(9:27). 김교신의 "아, 전멸은 면했구나!"의 피 끓는 토로에 비유할 수 있는 소위 이스라엘의 남은 자의 구원에 대한 이 포고야말로 하나님의 주권의 자유가 본질적으로 자비임을 입증하는 구원사의 마지막 장이다. 그러므로 유대교와 기독교와의 갈등 관계의 편견 없는 융통성의 자유도(自由度)를 넓히며 후반부의 관점을 새롭게 조명함으로써 본문의 어구에 충실하게 독해해야겠다. 가령 우리가 크리스천으로 택하심을 받은 일을 반추할 일이다. 우리를 택하심 역시 이스라엘이 택하심을 받은 일과 마찬가지로 하나님의 주권의 자유의 기반 위에서 임을 통찰하여야 편견에서 벗어날 수 있다. 그리하여 후반부에 있어서 이스라엘의 구원의 문제 역시 바울 사도의 복음의 보편성의 집필 취지에 따라 깊은 뜻에 근접해야겠다.

로마서 후반부의 내용 분해의 단원 나누기를 우리는 C. E. B. 크랜휠드(1985)에 따르기로 하겠다. 전반부와는 달리 각 장의 독립성을 허물고 장과 장의 경계선을 넘나들며 주제와 내용의 유목에 따라 후반부의 제3부를 9:1-29, 9:30-10:21 그리고 11:1-36의 세 단락으로 읽기로 하겠다. 이 제3부가 후반부의 핵심으로 하나님의 구원의 의에 대한 이스라엘의 거부에 관한 바울 사도의 깊은 성찰이고, 하나님의 전권의 목적에 관한 사도의 심오한 해석이다. 무려 9-11의 세 장을 한 단원으로 묶어 읽되, 크랜휠드의 충고에 따르면 중간중간 별개로 끊어 결론을 내지 말고 세 장을 하나로 읽기를 권한다.

10장

이스라엘과 이방의 하나님의 택하심 : 하나님의 주권

9:1-29

후반부 9장을 읽기 전에 우리는 마침내 인류 구원의 대단원을 독파하였다는 8장의 독후감을 피력하지 않을 수 없다. 만일 집필자인 바울 역시도 마찬가지 감회라면 로마서를 8장에서 끝냈을 것이다. 필경 사도에 있어서는 인류 구원의 본질에 대해 아직 미진한 것이 많다는 미완성의 사명감을 금치 못하였던 게 틀림없다. 이제 9장 이하를 읽으며 사도의 미완성이 어떤 교향곡으로 완성하는지를 곰곰이 통찰해야겠다.

　　하나님의 언약은 통칭 신약 그리고 구약이라는 소위 교과서 명칭에 따라 분류컨대, 하나는 아브라함에게 주신 언약의 구원이고, 다른 하나는 예수가 성육신하고 죽으시고 부활하시고 강림하시는 새로운 언약의 구원으로 나뉜다. 아브라함의 언약과 새로운 언약 사이의 관점은 유대인에게 있어 그리고 크리스천에게 있어 제각기 자기 입장에 따라 다를 수도 있을 터이다. 뿐더러 크리스천인 우리가 현재 살고 있는 이 새로운 언약에 아브라함의 언약을 하사받은 이스라엘인 다수가 그 구원의 축복에서 배제되어 있는 형편이 작금의 사태이기도 하다. 이 입장의 차이가 당시 이 서한의 수신자들인 유대인 로마 크리스천과 그리고 이방인 로마 크리스천 사이에 심각한 문제일 수 있었을 것이다. 당연히 서한 집필자 바울 사도에게 있어서는 더군다나 로마서를 이방 기독자들과 유대 기독자들에게 공히 집필하는 입장에서 이 괴리를 반영하지 않을 수 없었을 것이다. 한데 후반부 9장은 사도가 주로 아브라함의 언약을 변호하는 측면에서 집필한 것이어서 아브라함의 언약에 고유한 신앙의 마음 갖춤새(mental set)를 모르는 크리스천에게는 장님과 코끼리의 우화일 수 있다. 결국 각각의 입장을 존중하며 독자가 이 로마서 후반부를 독해하여야 마땅히 얻어야 유익을 취할 수 있을 것이다.

보편성으로서의 새로운 언약의 특징과는 달리 아브라함의 언약에 특이한 특징은 아브라함 자손에게 주어진 특정적인 축복이라는 것이 일반론이다. 이스라엘 역사에서 아브라함 자손이 누구냐를 정의하는 특이성에 관한 두 우화의 기록이 있다. 그 하나는 창 17:21을 인용한 롬 9:9의 약속 "때가 되면 내가 오리니 사라가 아들을 가질 것이다"와 그것에 따르는 창 21:12 및 롬 9:7의 언약 "이삭에게서 나는 자라야 네 씨라 칭할 것임이니라"는 택함의 사례이다. 다른 하나는 "큰 자가 작은 자를 섬기리라"는 창 25:23 및 롬 9:12에서의 장자 에서를 제치고 야곱을 택함의 사례이다. 아브라함의 자손이 누구인가의 택하심(election)과 그 축복의 제도적인 세습이 이스라엘 언약이 갖는 특이성을 대표한다. 학자들에 의하면 이 특이성은 모든 일들이 "너희의 조상 아브라함과 이삭과 야곱에게 하신 맹세를 이루려는"(신 9:5) 하나님의 신성의 주권(divine sovereignty)에 따르는 언약의 성질이라 해석한다. 이 주권에 의한 이스라엘을 부르심의 약속이야말로 하나님의 기뻐하심의 은혜이다(신 7:6ff.). 온 구약을 통틀어 이러한 하나님의 구원의 약속은 일관성 있게 항구적임을 입증하고 있다. 다른 한편 모세에게 하신 하나님의 말씀인 "내가 자비를 베풀 자는 자비를 베풀고 측은히 여길 자를 측은히 여기리라"(출 33:19; 롬 9:15)를 인용하며 바울은 이 택함의 하나님의 주권을 규정한다. "그러므로 이는 사람의 욕구나 달음박질에 따르는 것이 아니라 하나님의 자비에 따르는 것이다"(롬 9:16)라 그 성격을 규정하고 있다. 아브라함의 자손 여부의 괴리 그리고 야곱과 에서 사이의 장자 계승의 괴리, 이 괴리가 괴리를 넘어 창조주 하나님의 우주 완성의 섭리임을 새로운 언약의 하나님 백성에게도 역시 깨우쳐주어야 할 책임을 바울 사도는 통감하고 있었을 것이다. 이 괴리의 초극이야말로 구약과 신약이 협응을 이루는 조화의 성립이기 때문이다. 이것이 미완성을 완성으로 이끄는 바울 선생의 로마서 후반부를 위해 남긴 과제일 수 있다. 우리는 다른 무엇보다 "하나님을 사랑하는 사람들에게는 모든 것들이 선을 위해 협력한다"의 8:28의 하나님의 승리의 개선가를 반추하며 8장까지의 교향곡 전반부가 9장 이하 후반부 교향곡으로 완성하는지를 공부하겠다.

1. 이스라엘에 대한 하나님의 약속
(9:1-13)

  서문에서 논의한 대로 9장은 구원에 있어서 구약 시대의 하나님의 약속의 목적을 하나님의 영광의 목적에로 그 성격을 확대해 서술하고 있다. 구약 성서의 여러 인용들을 통해 하나님의 택하심의 성격, 따라서 하나님의 언약의 성격이 무엇인가를 해명하고 있는데, 요점은 이스라엘에 대한 하나님의 택하심의 의미를 구원사의 관점에서 설명하고 있지만, 결국 이스라엘에 국한하는 하나님의 주권의 영역을 넘어서 그리스도의 성육신 이후의 하나님의 구원의 다스림의 보편성까지 확장한다. 내용 분해에 있어 1-5절은 9장 전체에 관련된 바울의 사사로운 느낌의 수상이기는 하지만, 첫 단락의 서문으로 읽어도 무리가 없어 보인다. 나아가 우리는 9:1-11:36의 제3부 전체 머리말로 확장해 읽기로 하겠다.

이스라엘에 대한 바울의 근심(9:1-5)

초두 이 문단은 그리스도를 메시아로 받아들이기를 거부한 이스라엘에 대한 변론으로 이 단원 전체 혹은 이 단락에 서두 머리말이라 읽어도 좋다. 바울은 이스라엘에 대한 민족적 애국심에서 우러나온 고뇌와 번민 그리고 단장(斷腸)의 애틋한 감정을 기탄없이 토로하고, 이스라엘이 받은 하나님의 약속에 합당한 특전들이 무엇인가를 들추어내 적고 있다.

> 1-2내가 그리스도 안에서 참말을 하고 거짓말을 아니하노라 내게 큰 근심이 있는 것과 마음에 그치지 않는 고통이 있는 것을 내 양심이 성령 안에서 나로 더불어 증거하노니 3나의 형제 곧 혈육의 친척을 위하여 내 자신이 저주를 받아 그리스도에게서 끊어질지라도 원하는 바로라 4저희는 이스라엘 사람이라 저희에게는 양자 됨과 영광과 언약들과 율법을 세우신 것과 예배와 약속들이 있고 5조상들도 저희 것이요 육신으로 하면 그리스도가 저희에게서 나셨으니 저는 만물 위에 계셔 세상에 찬양을 받으실 하나님이시니라 아멘

"내가 진실을 그리스도 안에서 말한다"가 1-2절에 걸친 서두이다. 까다롭게 구문 분석하면 내가 말하는 것이 그리스도 안에서 말하는 바임을 앞세우고 그리고는 '내가 말하는 진실'에 대해 1절에 "내가 거짓말하고 있는 것이 아니라 나의 양심이 성령 안에서 더불어-증거하는 것이다"라 덧보태어 첨가하고 있다. 그리스도 안에서 말하는 바가 나 개인의 측면에서는 양심이 그리고 하나님의 측면에서는

성령이 증인으로 보장하는 그런 엄격하고도 신중한 진술임을 마치 고해하듯 표명한다. 그리고 1절과 2절 사이가 불분명하지만, "커다란 슬픔과 끊임없는 고통이 내 심중에 있다"라는 2절이 뒤따른다. 유대인 바울이 자기 혈족에 대한 대단히 심각한 그러나 매우 소박한 자신의 심적 공황 상태에 처한 심정을 2절에 적나라하게 표명한다. 심지어 3절에 "내 형제자매인 육신에 따르는 이스라엘 사람들인 내 혈육을 위해 내 자신이 그리스도에게서 저주를 받아 의절하기를 원하노라"라고까지 극언하고 있다. 학자들은 여기서 출애굽 때 모세가 이스라엘 백성을 위해 "그들의 죄를 사하시옵소서 그렇지 아니하오시면 원하건대 주께서 기록하신 책에서 내 이름을 지워버려 주옵소서"(출 32:32)를 인용한다(e.g., Longenecker 2016: 782).

하지만 1-3절의 어조가 4-5절에 이르러 과격하게 바뀌고 있다. '이스라엘 사람들'이라는 어구를 3절에 포함시켰지만, 실제로는 원문 4절 초두에 적혀 있다. 그리하여 "⁴이스라엘 사람들, 그들에게는 자식됨과 영광 그리고 언약들과 율법의 주심 그리고 예배와 약속들이 속해 있다. ⁵그들에게 조상들이 속해 있고, 그들에게서 그리스도가 육신에 따라 나왔으니, 그분(당신)은 만물 위에 계시는 하나님이시어 여러 세대에 걸쳐 찬양받으시었도다! 아멘"의 4-5절이 이어진다. '이스라엘 사람들'이 화제의 표적이다. 그들이 존중받아 마땅한 무려 일곱 가지의 자질들을 꼽고 있는데, 여러 자질에 관한 한 대체로 이미 4장에 기술되어 있는 바를 여기 옮겨 적고 있다. 무엇보다 앞 3절에서 '내 형제자매들'이라 불렀던 호칭을 '이스라엘 사람들'이라 부르는 데 주목해야 한다. 로마서에서 이때까지는 주로 유대인이라는 호칭을 사용하였었는데, 이제 9-11장에서는 이스라엘이라는 호칭의 사용 빈도가 두드러지게 눈에 뜨인다. 이 호칭에 대한 학자들의 통찰에 기대면 유대인 대신에 이스라엘이라 부르기를 선호하는 것은, 5절에 관련해 해석컨대, 예수가 하나님께서 약속하신 메시아 임을 부인하는 징표로 사용한 호칭이다. 여기 9-11장에서 유대인 대신 이스라엘의 호칭을 선호하는 동기를 선민의식을 앞세우는 그들의 편중된 완고함을 표출하기 위해 이방인들이 타칭 선호하는 유대인 대신에 유대인들이 자칭 선호하는 이스라엘 사람들이라는 호칭을 사용하고 있다는 해설이다. 그러나 1-3절에서 이스라엘이 하나님의 언약에서 일탈되어 있음을 시사하고 있는 것과는 달리 4-5절은 이스라엘이 하나님의 백성으로서의 당초의 축복에 그리고 여전히 종말의 축복에 속해 있다는 사실을 확인하고 있다. 이스라엘의 특전들을 4절에 '자식(양자)됨과 영광, 언약과 율법, 예배와 약속'이라 줄줄이 열거하고 있다. 본문에 언약과 율법 그리고 예배와 약속이 함께 적혀 있지만 동질의 언약과 약속이 함께 포함되어 있음은 과거의 축복과 장래의 축복 양자를 모두 지칭하는 것으로 해석해야 한다(Schreiner, 1998: 485). 엡 2:12에 이방인들을 '약속의 언약의 외인들'이라 칭하고 있는 어구에서처럼 아브라함의 언약과 종말의 약속은 경우에 따라서 하나의 어구로 쓰일 수 있는 것이다. 나아가 "그들에게 조상들이 속해 있다"의 5절에서 '조상들'은 아브라함, 이삭 그리고 야곱을 지칭한다는 해석이 정설이다. 이들 육신의 조상에 뒤이어 '육신으로 하면'이라는 단서가 붙어 있기는 하지만, 그리스도가 심지어 자연스럽게 출현하여 메시아가 이스라엘 종족의 조상이라 과감하게 표현한다.

그리고는 느닷없이 "그분(그리스도)은 만물 위에 계시는 하나님이시어 여러 세대에 걸쳐 찬양받으시었도다! 아멘"(5b절)의 영광송이 말미를 장식한다. 그런데 우리를 당혹케 만드는 것은 영광송이 그리스도에게인지, 하나님에게인지 현혹에 빠뜨린다. 도대체 그리스도와 하나님을 동일시하고 있는지 의아하다. 가령 "이스라엘 사람들로부터, 육신에 따라서는, 메시아가 나오셨고, 그분은 만물 위에 계셔, 하나님께서 영원히 찬양받을지어다. 아멘"이라는 NRSV의 번역에서처럼 명료한 표현은 아니지만, 그리스도와 하나님을 이간시키듯 번역하기도 한다. 실제로 어떤 학자들은 그리스도와 하나님을 동일한 신성을 부여하는 일에 이의를 제기하기도 한다. 그러나 "이스라엘에 대한 하나님의 약속의 메시아 그분은 영원히 영광받으시는 하나님과 마찬가지로 만유 위의 지고이시다"(Longenecker, 2016: 792)라는 의역에 따라 우리는 5절을 읽기로 하겠다.

유일신 하나님 본성에 대해서는 숙지하고 있지만, 그리스도가 종말 메시아인지를 모르는 이스라엘인에게 하나님과 위(位)가 같으신 그리스도가 누구인가를 선언하기 위해 필경 바울은 5절 문장을 이처럼 구사했을 것이다. 그리스도론에 있어서 예수를 하나님과 동일시하는 견지가 쟁론의 여지가 있지만, 가령 우리가 평소 예수를 '주'라 칭할 때 주의 호칭이 하나님과의 동질성을 내포하고 있음을 부정할 수 없다. 이처럼 이스라엘 역시도 종내 예수 그리스도가 메시아임을 받아들이는 하나님의 백성이리라는 신념을 바울은 갖고 있었을지도 모른다. 그리스도 안에서의 하나님과의 새로운 관계는 아브라함의 의의 기반을 넘어서 거룩하여짐의 성화를 수반하여야 진정한 하나님의 영광에 참여할 수 있는 것이다. "우리의 위대한 하나님과 구세주이신 예수 그리스도의 영광"이라는 그리스도의 신성(神性)을 찬양한 어절을 딛 2:13에서 찾아 읽을 수 있음과 같다.

이스라엘에 대한 하나님의 약속: 택하심 그리고 믿음과 약속(9:6-13)

이 문단의 전반적인 배경은 하나님의 백성인데도 불구하고 이스라엘의 다수가 복음을 수용하고 축복을 받아들이는 데 실패한 바탕 위에 이야기를 전개하고 있다. 하지만 그것은 저변의 배경이고, 여기 첫머리에서 바울은 그 이유를 하나님의 말씀이 실패한 데에 기인할 수 있는 것이 아니라고 말하고 있다. 다수 이스라엘 사람들이 하나님 말씀을 거부하는 까닭이 말씀 그 자체에 있는 것이 아니라 이스라엘 출생이라고 해서 이스라엘 사람들이 모두 택함을 받은 사람들은 아니기 때문이라는 것이다. 학자들에 의하면 택함은 하나님께서 자비를 베푸실 대상을 당신의 지고(至高)의 주권에 따라 결정하심이라 규정하고 있다. 지고의 주권에 따르는 택하심이 곧 약속이다. 우리는 앞 5절에서 "하나님의 약속의 메시아 그분은 영원히 영광받으시는 하나님과 마찬가지로 만유 위의 지고(至高)이시다"라 하였던 영광송을 여기서 회상하게 된다.

6또한 하나님의 말씀이 폐하여진 것 같지 않도다 이스라엘에서 난 그들이 다 이스라엘이 아니요 7또한 아브라함의 씨가 다 그의 자녀가 아니라 오직 이삭으로부터 난 자라야 네 씨라 불리리라 하셨으니 8곧 육신의 자녀가 하나님의 자녀가 아니요 오직 약속의 자녀가 씨로 여기심을 받느니라 9약속의 말씀은 이것이니 명년 이 때에 내가 이르리니 사라에게 아들이 있으리라 하심이라

10그뿐 아니라 또한 리브가가 우리 조상 이삭 한 사람으로 말미암아 임신하였는데 11그 자식들이 아직 나지도 아니하고 무슨 선이나 악을 행하지 아니한 때에 택하심을 따라 되는 하나님의 뜻이 행위로 말미암지 않고 오직 부르시는 이로 말미암아 서게 하려 하사 12리브가에게 이르시되 큰 자가 어린 자를 섬기리라 하셨나니 13기록된 바 내가 야곱은 사랑하고 에서는 미워하였다 하심과 같으니라

"한데 말하자면 하나님의 말씀이 실패하였다는 것이 아니다"가 첫 구절이다. (한글개역에서처럼 "하나님의 말씀이 폐해진/실패한 것 같지 않다"라 번역할 수도 있으나 '같지 않다'보다는 '아니다'라는 강한 부정의 표현이 적절할 것이다.) '하나님의 말씀'은 바울 서한들에서 복음을 일컫는 것이 일반적이다. 그리스도 자체인 복음이 바울의 혈육인 이스라엘 사람들에게 받아들여지지 않았으나 바울은 복음 자체가 실패한 그런 정황은 아니라고 해설하고 있다. 그 까닭을 6b절에 "이스라엘 출신 그들 모두가 이스라엘 사람은 아니다"라는 서술로 뒷받침하고 있다. 마치 얼토당토않은 족보를 따지고 캐는 것 같아 독자들이 어리둥절해 하리라 우려해서인지 6b절을 7a절에 "그들이 아브라함의 씨라는 이유로 그들이 모두 아브라함의 자녀인 것은 아니다"라고 상응하는

어순의 짝을 맞추어 동일한 의미의 문장을 반복한다. 선행 6b절에서의 '이스라엘 사람'과 7a절에서의 '아브라함 자녀'는 복음을 수용한 약속의 사람이고 자녀이다. 이 6b-7a절이 억지 견강부회가 아니라 소박한 설명임은 7b절에 이어지는 "그러나(그것이 아니라) '이삭 안에서 (태어난 자리야) 네게 씨라 불리어질 것이다'"에 있어서 무엇보다 작은따옴표에 적힌 구절이 하나님의 말씀인 창 21:12의 인용문이기 때문에 그 말씀의 권위에 승복하지 않을 수 없다. 이스마엘이 이삭을 희롱하였을 때 사라가 이스마엘과 그의 어머니 하갈을 내쫓으라는 요청에 고민하고 있던 아브라함에게 하나님께서 하신 말씀이 이 인용문이다. 인용문 "네게 씨라 불리어질 것이다"에서 '불리어지다'의 '부르심'은 약속과 동의이므로 아브라함의 씨는 아브라함의 족보에 기재된 여부만을 따져 하나님께서 택하신(elected) 선민이라 확인할 일이 아니라는 것이다. '아브라함의 씨'는 성서의 여러 곳에서 찾아볼 수 있는 아브라함의 후손이며, 세상의 상속자로서의 하나님의 약속 혹은 언약의 대명사로 쓰이고 있다(롬 4:13). 소수라 하더라도 하나님께서 택하신 아브라함의 자손이 있는 한 "하나님의 말씀이 실패한 것은 아니다"가 또한 여기 논지이기도 하다.

이제 하나님의 말씀에 관해 8-9절에 6-7절의 요지를 하나님의 약속이라는 핵심 단어의 기반에서 담백하게 정리하고 있지만, 사용된 용어 '약속'의 올바른 파악이 이해에 필수적이다. "⁸말하자면 육신의 자녀들이 하나님의 자녀들이 아니라 약속의 자녀들이어야 씨로 여기심을 받는 것이다. ⁹약속의 말씀은 이것이다. '때가 되면 내가 오리니 사라가 아들을 가질 것이다'"가 8-9절이다. 우리는 약속이 어떤 의미를 갖는지에 관해 고지식하게 8-9절에 적힌 대로 그리고 창세기에 적힌 대로 소박하게 이해하려 한다. 첫째, 하나님의 자녀는 약속의 자녀라는 8절을 다른 문맥과 함께 읽으면, "네 아내 사라가 아들을 가질 것이다"(창 18:10)라는 자구 그대로의 하나님의 말씀이 조작적으로 정의하면 아브라함에게 준 약속이다. 이 약속의 자녀들은 육신의 자녀들과 대조의 뜻을 갖는 것으로, 이삭이 약속의 자식인 것은 하나님께서 아브라함에게 주신 약속의 택하심을 받은 기반 위에서 아브라함의 자손이라 인정받은 것이다(Cranfield, 1985: 229). 따라서 우리가 여기서 얻은 깨우침을 소박하게 정리하겠다. 즉, 이스라엘의 역사는 본질적으로 아브라함의 언약으로 시작하는 것이다. 그리고 구약은 기본적으로 하나님의 약속의 말씀이다. 둘째, 9절은 하나님의 약속은 어김없이 실행될 신성 법령의 포고(布告)라는 가르침을 일깨워준다. 특히 9a절에서 "약속의 말씀은 이것이다"라는 진술은 무엇을 목표로 하는 말인가? 하나님의 약속이 구체적으로 장래에 실현된다는 필연성을 확인시키려는 수사적인 표현이리라. 창 18:10의 인용인 9b절 자체가 내년 이때 내가 오면 사라가 이삭을 낳았을 것이라는 약속은 약속을 넘어 믿어야 할 실체임을 다짐하는 언표임을 본문의 맥락이 함축하고 있다. 두 특성을 함께 갖추고 있는 약속의 맥락적 의미를 파악하는 일이 로마서 제3부를 이해하는 일에 열쇠이다.

그럼에도 불구하고 이삭과 이스마엘의 이야기의 미해결의 궁금증에서 우리를 깨끗이 해방시켜준 것은 아직 아니다. 게다가 이스마엘이 애굽 여인 하갈의 아들인즉 이 이야기에 구원에 관한 종족의 문제가 얽혀 있고 또 구약의 기록에는 이스마엘의 구원이 배제되어 있지는 않다(Cranfield, 1979: 192)는 등이 독자의 관심을 분산시킨다. 그러나 여러 이들 미진한 곁다리 궁금증에서 우리의 관심의 표적은 6-13절의 주요 주제인 구원에 있어 약속과 믿음의 문제에 단연코 초점을 맞추어야 할 것이다. 우리는 우선 8-9절의 주요 주제와 동일한 맥락을 공유하고 있는 4장의 말씀 "13아브라함과 그의 후손에게 한 약속 즉 그가 세상의 상속자이다라 함은 율법을 통해 나왔던 것이 아니라 믿음의 의를 통해 나온 것이다… 16이 때문에 믿음으로 말미암아서이니 은혜에 따라서 약속이 개개의 모든 자손(씨)에게 보장되어 있어서 율법의 자손이 아닌 사람뿐만 아니라 아브라함의 믿음을 가진 사람들에게 주어진다"를 인용하고 싶다. 통상 "믿음에 의해 의롭게 되었다"라 하는 표현을 여기 이 4:16에서 약속이 "믿음에 의해 은혜에 따라 주어졌다"라 더욱 엄밀한 어구를 사용하여 정교화하고 있다. 더불어 이 진술이 의가 믿음의 결과의 소산물이라는 5:1의 진술을 곧바로 연상케 한다. 우리는 여기서 구원에 관한 바울의 구약 인용과 해석이 신약의 말씀과 일관성 있게 합치한다는 놀라운 사실을 발견한다. 그렇다면 믿음에 따르는 것이든 약속에 따르는 것이든 하나님께서 의롭다라 하시는 양자 모두가 앞에서 언급한 대로 하나님의 신성의 주권(divine sovereignty)의 은혜에 의해 주어진 것이라는 논변의 타당성을 보장한다. 구약의 하나님이 신약의 하나님이신 것은 다른 무엇보다 구원의 의가 구약과 신약 모두에서 본질적으로 믿음 위에 정립되는 동일한 은혜이기 때문이다.

하나님의 주권의 기반 위에서의 택하심에 관해 또 다른 구약 담화의 이야기가 화제로 등장한다. 앞 이야기는 아브라함 자손의 상속이 친자식에게냐 이복 자식에게냐의 문제였지만, 이번 이야기는 이삭의 친자식 쌍둥이인 에서와 야곱 사이의 해괴한 권익 승계에 대한 갈등의 문제라서 더욱 생소하고 이채로울 뿐만 아니라 택하심이 하나님의 주권에 의한 약속이라는 성질에 더군다나 어울리는 주제이다. "[10]한데 그뿐 아니라, 또 역시 리브가가 우리의 조상 이삭 한 사람으로 말미암아 자식들을 임신하였을 때였다. [11]그런데 이들이 태어나기도 전이고 선이나 악이나 어떤 것도 행하지도 않았는데, 택함에 있어서의 하나님의 목표가 세워지도록 (하기 위함이니) [12]행위들의 기반에서가 아니라 부르심의 당신의 기반에서인 바, 리브가에게 이르기를 '큰 자가 작은 자를 섬길 것이다'라 하였다. [13]'야곱을 내가 사랑했으나 에서는 내가 미워했다'라 기록된 것과 같다"라고 10-13절에 구약의 사례를 적고 있다. 본래 본문의 문장 구성이 흐트러져 있어서 번역본마다 제각기 다르기도 하려니와 바울이 마치 이 담화를 삽화처럼 묘사하고 있으므로 우리도 사건 전말의 이야기투로 담화의 성격을 풀이하여 저자의 집필 의도를 추적하며 읽겠다. 본래 야곱과 에서의 장자권 다툼은 누가 읽어도 영문 모를 부조리투성이로되, 여기 10-13절은 6-9절과 마찬가지로 혹은 그 이상으로 일부러 짜깁기하듯 이야기의 조리가 얼토당토않음을 부각시키는 서술 방식을 취하고 있다. 기승전결의 이야기 전개가 죄다 얼토당토않다. 가령 쌍둥이 임신에 대해 '한 사람으로 말미암아'라는 내숭스러운 표현이라든가, "자식들이 태어나기 전이고 선이나 악이나 어떤 것도 행하지도 않았는데"라는 정상 참작을 고의로 열거한다든가의 표현들이 장자권의 갈등의 모순을 감추려 하지 않고 오히려 노출시킨다. 특히 장자 상속권의 관례에 거슬리는 "큰 자가 작은 자를 섬기리라"는 창 25:23의 인용인 12b절 그리고 "야곱을 내가 사랑했으나 에서는 내가 미워했다"라는 말 1:2의 인용인 13절은 하나님의 말씀이라는 출처를 밝힘으로써 권위를 과시하고 있다. 실제로 창 25:10-26의 배경을 묘사하고 있는 이 담화는 창세기 원문 기반에서 해석하여야 합리성을 갖춘다. 이삭의 아내 리브가는 아람 족의 외국 여인으로 그녀의 임신에 대해 하나님께서 "두 국가가 네 태중에 있구나… 큰 자가 어린 자를 섬기리라"(창 25:23)고 탄식하셨던 바 있다. 창 25:23에 의존하면 13절은 개인 야곱과 개인 에서의 일화이기도 하지만, 보다 두 국민 내지 두 국가의 관계를 우화화(寓話化)한 풍자라 해야 합당함 직하다. "야곱을 내가 사랑했으나 에서는 내가 미워했다"라는 말 1:2의 인용은 하나님께서 이스라엘(야곱의 異名)을 택했고, 에돔(에서의 異名인 국가)을 택함에서 배제했다는 두 국가가 갖는 구원의 역사와의 관계를 묘사한 것일 수 있다(Cranfield, 1985: 231).

이삭과 이스마엘의 이야기든 야곱과 에서의 이야기든, 이 사례들이 개인을 대표하든 국가를 대표하든 간에 하나님의 주권에 따르는 약속의 택하심이 이스라엘의 역사에 중추적인 역할을 한다는 강한 인상을 주고 있다. 예컨대 에서를 제치고 야곱을 택하는 이야기를 주석(註釋)하듯 설명하고 있는 "11b택함에 있어서 하나님의 목적이 일어서도록 하기 함이니 12a행위들에 의해서가 아니라 부르심의 당신에 의해서"라는 부가적인 언표는 택하심이 하나님의 주권이 목적하는 바에 따라 결정된다는 아주 강한 단언이다. 그것은 이스마엘을 제쳐놓고 이삭을 택함이 사회 통념의 규범을 초월해 넘어서는 강력한 주권의 의지임을 표명하는 서술이다. 특히 "택함에 있어서 하나님의 목적이 일어서도록"이라는 진술은 역사의 방향이 하나님의 계획이 목적하는 바에 따라 결정된다는 강한 해석을 허용한다. 우리는 앞에서 이스라엘의 역사가 기본적으로 하나님의 약속의 말씀이라 해설하였거니와, 마찬가지로 구원을 위한 세계 역사 전반 역시 하나님의 약속의 역사적인 실현일 수 있을 터이다.

　의롭다 하심이 믿음에 의한 것이든 약속에 의한 것이든, 이것이 바울 구원 신학의 정수이므로 이러쿵저러쿵 억지 트집을 잡아 까탈 부리듯 싶더라도 불가불 의롭다 하심은 하나님의 주권의 택하심임을 여기서 깊이 숙고하지 않을 수 없다. 은혜로 주어지는 신적인 주권과 관련하여 구원에 관한 한, 선택(selection)이라는 어휘 대신에 하나님의 의지에 따르는 택하심(election)이라는 어휘를 사용하는 것이 적절하다. 가능한 여러 선택지 중에서 골라 뽑아내는 선택이 아니라 택하심은 주권에 의하여 주어지는 약정이다. 거듭 반복하건대 우연적인 확률에 의해 정하여지는 선택이 아니라 택함은 하나님의 뜻 곧 의지가 지향하는 계획 안에서 목적한 바를 하나님의 주권이 실현하는 것이다. 믿음에 따르는 것이든 약속에 따르는 것이든 이들 양자의 기반을 둔 실현을 택하심이라는 하나의 개념으로 집약해 표상할 수 있다. 이 택하심(eklegomai, election)을 Webster's 사전은 '신의 자비와 구속의 대상으로 개인들을 예정함(predestination)'이라 규정하고 있다. 우리는 이 '예정하다'(proorizein)가 실로 하나님께서 구원의 약속을 위해 택하심을 대변하는 최적의 특징적인 의미 자질임을 여기서 읽는다(Schreiner, 2008: 347). 동시에 예정과 택하심은 하나님의 주권을 구성하는 핵심 개념이다. 하나님의 주권의 성질이 무엇이냐를 대변하는 최적의 본보기를 로마서와 에베소서에서 인용하겠다. 그리하여 구약에 있어서 이삭과 야곱을 택하시는 하나님이 신약이 있어서 우리를 택하시는 하나님임을 개관하겠다.

로마서 인용은 "²⁸우리가 알거니와 하나님을 사랑하는 사람들에게는 모든 것들이 선을 위해 협력하나니 당신의 목적에 따라 부르심을 입은 사람들에게이다. ²⁹하나님께서 미리 아셨던(豫知하셨던) 사람들을 위해 미리 정하시기(豫定하시기)를 당신의 아들의 형상에 합치하게 하여 그가 여러 형제들 중에 맏아들이 되게 하려 하심이다"라는 롬 8:28-29이다. 에베소서는 "⁴하나님께서 창세 전에 그리스도 안에서 우리를 택하셨던 한에 있어서 우리가 사랑 안에서 당신 앞에 흠이 없게 하심이라. ⁵예수 그리스도로 말미암아 당신의 아들들로 입양하시기를 예정하셨으니 당신의 의지의 선한 기쁘심에 따라서이다"라는 엡 1:4-5이다. 두 서한에서 택하심의 내용이 우연찮게 대동소이하다. 무엇을 예정하셨는가? "당신의 자식들로 입양하시기를 예정하셨다"(엡 1:5)이고, "하나님께서 당신의 아들의 형상에 합치하도록 예정하셨다"(롬 8:29)이다. 하나님의 자식들에로의 입양하도록 그리고 그리스도의 형상에로의 합치하도록 하심이라는 동질성의 예정은 그것이 곧 종말 완성을 위한 축복의 예정이다. 그 예정의 때는 언제인가? '하나님이 창세 전에'(엡 1:4)라는 때는 "태초에 하나님이 창조하셨다"라는 창세기 1:1의 바로 그때이고, "하나님께서 미리 아셨다(豫知하셨다)"(롬 8:29)라는 때 역시 엡 1:4와 마찬가지로 창세 전 그때이다. 이때 '하나님의 의지의 선한 기쁘심에 따라서'(엡 1:5)라 함은 예정하신 일이 당신의 의지의 기쁘심일 터이고 또 예정하신 일을 위해 당신이 역사하심이 기쁘심일 터이다. 하나님께서 기뻐하시는 이들 일들에 관해 "당신이 예정하셨던 사람들을 또한 부르셨고, 당신이 부르셨던 사람들을 또한 의롭다 하셨고, 당신이 의롭다 하셨던 사람들을 또한 영화롭다 하셨다"(롬 8:30)라 명세하고 있다. 여기서 구원 계획이 갖는 택하심의 목적의 수행을 일련의 일관성 있는 연속의 과정으로 기술하고 있음에 주목해야 한다. 이 8:30과 더불어 "하나님을 사랑하는 사람들에게는 모든 것들이 선을 위해 협력하나니 당신의 목적에 따라 부르심을 입은 사람들을 위해서이다"(롬 8:28)를 함께 읽으면 하나님의 주권은 구원 목적론적이다(Schreiner, 1998: 450). 믿음에 의한 것이든 약속에 의한 것이든 이와 같은 '택함에 있어서의 하나님의 목적이'(롬 9:11) 다름 아닌 '하나님을 사랑하는 사람들에게' 베푸시는 태초부터 예정된 구원이고, 종말 완성의 구원의 약정이다.

그러므로 하나님의 주권에 있어서 중요한 사실은 그것은 누구는 나락에 누구는 극락으로 운명 지운 결정론이 아니라는 점이다(Cranfield, 1985: 231; Hoehner, 2002: 188f.). 가령 이스마엘과 에서가 택하심에서 배제되었다 함이 곧 영원한 정죄를 뜻하는 것이 아니다. 아브라함의 자손에게 있어서나 크리스천에게 있어서나 누구에게 있어서도 인간의 공적 때문에 부르심을 받는 것이 아니라 부르심은 구원사의 진행에 있어서 택하심은 예정된 것이다. 결국 하나님의 택하심의 목적은 '사랑 안에서 하나님 앞에 거룩하고 흠이 없게 하심'(엡 1:4)이고, '모든 것들이 선을 위해 협력함'(롬 8:28)이니, 구원은 '하나님의 목적에 따라'(8:28) 우리를 택하심으로써 우리를 거룩하여지도록 성화하심이다(Hoehner, 2002: 178). 누구이 강조하지만, 이때 거룩하여짐은 '오로지 믿음만을 통해'(allein durch den Glauben) 이루어지는 애오라지 한걸음의 달음박질이 아니라 의롭다 하시는 하나님의 택하심에 따라 거룩하여짐의 옷을 입는 일이다(골 3:12). 하나님의 주권, 그것이 믿음에 따르는 것이든 약속에 따르는 것이든 양자 간에 차이가 있다면, 믿음에 있어서는 '당신의 아들의 형상에 합치하게 하여'(롬 8:29)와 '예수 그리스도로 말미암아 당신의 아들들로 입양하심'(엡 1:5)의 축복인 데 반하여 약속에 있어서는 이 축복이 궐석 중이다. 그러나 성육신하기 전에 약속에 있어서는 그리스도가 단지 무단 공석 중일 따름이다.

실상 하나님의 주권에 이모저모를 따지는 일은 당연히 불경한 일이다. 웨스트민스터에서 목회하였던 의사 마르틴 로이드-죠운즈의 논평처럼 하나님의 주권은 '하나님의 의지의 선한 기쁘심에 따라서'(엡 1:5)라는 것을 넘어 감히 왈가왈부할 일이 아니다. 그럼에도 불구하고 우리는 믿음도 약속도 지고의 하나님의 주권에 따르는 택하심이라는 당연한 사실을 매우 어렵사리 공들여 해설하여 왔다. 공들일 수밖에 없었던 까닭인즉 구약에 기록된 하나님의 의지를 신약의 이해에 마찬가지로 적용해 둘을 하나로 포용해 이해하려 애썼기 때문이다. 뿐만 아니라 택하심의 반대가 만일 거절이라면 진실로 난삽한 숙제가 뒷덜미를 잡아당겼기 때문이다. 하나는 이스마엘과 에서는 내버려진 것이냐는 의문이고, 다른 하나는 택함 받은 유대인이 선민이라면 우리는 버림받은 문자 그대로의 이방이냐는 것이다. 한데 실제로 우리와 마찬가지 관점에서 하나님의 주권에 깊은 궁금증을 갖고 있는 학자가 C. E. B. 크란휠드이다.

크란휠드는 이삭과 이스마엘 그리고 야곱과 에서 이들 양자 사이를 택하심에 있어서 이때 '택하심에 있어서의 하나님의 목적이 일어서도록'이라는 11절 말미의 언급에 특히 주목한다. 구원 역사의 진행 과정에서 이들을 택하심과 하나님의 은혜의 목적 완수와의 관계가 어떤 의미를 갖는지를 숙고한다. 예컨대 "야곱을 내가 사랑했으나 에서는 내가 미워했다"에서 '사랑하다'와 '미워하다'가 하나님의 은혜의 목적이라는 입장에서 긍정적인 택함과 부정적인 제외라는 관계의 의미를 표현하고 있을 따름이라 해석한다. "하나님께서 야곱과 그의 후손들을 당신의 은혜로운 목적의 성취에 긍정적인 관계를 갖게 하고, 하나님께서 에서와 에돔을 이 관계의 밖에 남겨 놓았다(left outside)"(Cranfield, 1985: 231)라는 사실 이상의 과잉 해석으로 넘어가지 말아야 한다고 생각한다. 한 걸음 더 나아가 이 관계의 의미론적 견지에서 조망하면, 요컨대 제외 내지 배제된 대상이라 하더라도 하나님의 자비의 베푸심의 대상일 수 있다고 해석한다. 이에 따라 크란휠드는 택함에서 배제된 사례들을 긍정적으로 묘사한 구약의 여타 반례(反例)의 기록들을 찾아 자신의 입지를 굳힌다. 하나의 기록만을 예시하면 "너는 에돔 사람을 미워하지 말라. 그는 너의 형제이기 때문이다"(신 23:7)에서 보는 것처럼 '사랑하다'와 '미워하다'는 약속의 언약에 포함이냐 배척이냐의 양자택일, 즉 이것이냐 저것이냐의 가타부타의 여부가 아니라 마치 동전 양면의 한 쌍의 짝지은 선택지와 같은 택하심의 구별일 수 있다는 해설이다. 그렇다면 다른 하나 우리의 우려인 선민이냐 이방이냐의 양자택일의 궁금증도 저절로 자기 답을 찾는다. 사실상 이 문제에 관해서는 바울 자신이 "예전에 (이방) 너희는 이스라엘 나라 밖의 사람이고 약속의 언약들의 외인이라"(엡 2:12)의 문제를 제기한 다음에 "그리스도를 통해서 우리 (이스라엘과 이방) 둘이 다 한 성령 안에서 아버지께 들어갈 자격을 갖고 있다"(엡 2:18)라 그 해답을 제시하고 있다. 게다가 엡 2:12에 복수로 적힌 '언약들'의 한 쌍이 아브라함, 이삭 그리고 야곱에게 주었던 언약이라는 에베소서 주해(O'Brian, 1999: 189)에 접하면 짝지은 다른 한 쌍은 우리 이방인임은 너무나 당연하다. 아브라함의 언약의 성질이 보편성이 아닌 특이성이라 지레짐작하였던 당초 우리의 편견이 부당한 임의적인 추리였다는 자각에 새삼스레 부끄러울 따름이다.

2. 하나님 주권의 의(God's sovereign righteousness)는 자비이다
(9:14−18)

하나님의 주권에 관해 이미 우리는 여러모로 그 성격을 구명하려 애썼다. 구원의 역사를 완수하시려는 하나님의 주권은 엡 1:4에 의하면 "하나님께서 창세 전(코스모스의 創始 前)에 그리스도 안에서 우리를 택하셨다"이다. 아브라함과 그의 자손들을 위한 그리고 출생으로는 이방인들지만, 크리스천을 위한 이들 모두를 구원의 언약이 약속의 택하심으로 실현하시려는 의지가 하나님의 주권이다. 로마서는 창세 전부터 종말의 완성에 이르기까지 약속을 통해 하나님의 의가 필연적으로 실현된다는 사실을 누누이 강조하고 있다. 이때 하나님의 주권이 갖는 진정한 의미를 로마서 독자들이 자기들의 좁은 소견에 비추어 시시콜콜 따지고 싶어 했음을 미리 감지한 서한의 필자 바울이 필경 이를 짐작한 나머지, 시시비비를 자문자답으로 앞질러 해명해주고 있는데, 이것이 로마서 후반부이고, 특히 9장의 논지이지 싶다. 그리하여 하나님의 주권에 관해 "하나님께서 불의하시냐?"

는 14절의 질문을 필두로 사도 바울은 인류 구원의 세계사를 재조명하기 시작한다. 한데 9장 첫머리에 바울은 "내 혈육을 위해 내 자신이 그리스도에게서 저주를 받아 의절(義絶)하기를 원하노라"(9:3)고 절실한 안타까움을 우선 토로하고 있다. 그런 나머지 하나님의 주권에 관해 이스라엘의 구원사에 한정해 자칫 해석하기 십상이다. 그러나 그것은 좁은 소견이다.

앞에서 이미 엡 1:4를 인용하였다. 사도 바울이 로마서 이후에 집필한 에베소 서론은 엡 1:3-14의 긴 하나의 문장으로 구성되어 있고, 하나님의 축복에 대한 영광송이라 보통 알려져 있지만, 실은 하나님의 주권의 택하심이 주제라고 이해하여도 결코 무리가 없다. 무리가 없다기보다 이런 이해가 타당한 해석이다. 무엇보다 엡 1:4의 '택하셨다'가 핵심 단어의 구실을 하고 있고, 나아가 1:5 및 1:11의 '예정하셨다' 및 '택하여졌다'가 줄줄이 동반해 출현하고 있기 때문이다. 불연즉(不然則) 에베소서 초반의 서술 취지는 이스라엘 구원론의 이방을 위한 확장이라 이해해도 결코 무리가 없다. 확장이라 함은 아브라함의 자손의 택하심에 대응하는 신약 버전(本)으로서의 하나님의 주권의 확장론을 일컬음이다. 당초 '주권'이라는 용어는 창 15:2에 아브람이 야웨를 호칭한 이후 특히 이사야를 비롯해 구약에 더러 사용되고 있지만, 신약에는 출현한 일이 없다. 우리는 이미 앞에서도 엡 1장을 원용하면서 하나님의 주권의 실현이 신약에서의 믿음에 따르는 것과 구약에서의 약속에 따르는 것 양자 간에 차이가 있다면 "예수 그리스도로 말미암아 양자로 입양하도록 우리를 예정하셨다" (엡 1:5)의 여부의 차이라 논한 바 있다. '자비에 있어 풍요로우신 하나님'(엡 2:4)이라는 점에서 동질의 성격이지만, 에베소서는 로마서의 논변에서 한층 더 도약하여 하나님의 주권은 이스라엘과 이방 "둘로 하나를 만드사 중간에 막힌 담을 허무셨다"(엡 2:14)라 선언하고 있다. 거기서 한발 더 나아간다. "우리(유대인과 이방인)를 그리스도와 함께 하늘에 영역들에 앉히셨다"(엡 2:6)라는 엄청난 '당신의 의지의 신비'(엡 1:9)의 초월성을 생생하게 눈에 보이는 장면으로 펼쳐 보여주고 있다. 그러므로 우리는 이스라엘의 하나님의 주권이 논제인 여기 9장을 이제부터 민족 간의 편견 없는 자비로우심과 측은지심의 택하심을 통한 하늘나라의 보편성의 관점에서 독해해야 할 터이다. 이런 공통의 배경에서 여기 로마서 후반부에 '물이 갈라져 바다가 마른 땅이 된'(출 14:21) 홍해를 넘는 온 인류의 엑소더스가 전개되고 있다고도 봄 직하다.

하나님의 자비와 동정의 약속(9:14-16)

여기서 다시 하나님의 주권의 성질을 한 걸음 더 해명하고 있다. 약속을 누구에게 주느냐에 관한 한, 어떤 사람이어야 한다는 조건이 결코 전제되어 있지 않다. 오로지 하나님께서 베푸시고자 하시는 의지에 달려 있을 따름이다. 우리는 앞에서 그것이 선택이 아니라 하나님의 택하심이라 하였다. '원하는 사람이나 진력하는 사람이나'와 같은 그런 여차여차한 사람에게가 아니고, 여차한 조건들을 뛰어넘어 오로지 하나님께서 베푸시고자 하는 사람에게 주심이 원리이다. 이것이 하나님의 자비의 자유이다. 그 이상을 캐묻는 일은 겸손에서 벗어난 인간적인 교만이다.

이 단락은 실상 14-18절을 함께 묶어 읽는 것이 올바른 내용 분해일 것이다. 우리가 14-18절이 공통적인 맥락인데도 불구하고 두 문단으로 나누어 읽는 사유는 "내가 자비로워하는 사람에게 자비를 베풀고 내가 동정하는 사람에게 동정을 베푼다"는 15절과 "하나님께서 뜻하시고자 하는 사람에게 자비를 베푸시고, 뜻하시고자 하는 사람을 강퍅하게 하신다"라는 18절을 우선 분리해서 각각의 독자적인 의미의 발굴을 위해 읽기 위함이다.

> 14그런즉 우리가 무슨 말 하리요 하나님께 불의가 있느뇨 그럴 수 없느니라 15모세에게 이르시되 내가 긍휼히 여길 자를 긍휼히 여기고 불쌍히 여길 자를 불쌍히 여기리라 하셨으니 16그런즉 원하는 자로 말미암음도 아니요 달음박질하는 자로 말미암음도 아니요 오직 긍휼히 여기시는 하나님으로 말미암음이니라

"그런즉 무엇이라 우리가 말할 것이냐? 하나님께서 불의하시냐? 천만이다!"가 이 문단을 여는 첫 절이다. 이삭과 이스마엘 그리고 야곱과 에서를 하나님께서 구별하셨다 하셨으니 그 말을 들은 사람은 누구라도 질문이든 의심이든 "하나님께서 불의하시냐?"를 묻고 싶을 것이다. 누구보다 바울은 이런 유형의 질문이 뒤따를 것을 미리 짐작하고 있었음이 틀림없다. 열정과 냉철함을 겸비한 바울 선생의 덕성을 기리기 위해 엉뚱하게도 그의 사사로운 전기(傳記)의 우화로

초두를 대신하겠다. 사도가 선교를 위해 내달린 길이 무려 16만km라니 가히 그는 열정에 넘친 탐험가이다. F. F. 브루스는 그의 대작(magnum opus)이라 칭송받는 저서 『바울』(1977)에서 바울 서한의 문체가 격정적이어서 문장이 매끈매끈하지도 않고 알아듣기도 어렵다고 평하고 있다. 열정에 넘치는 표현법의 문체상(style)에서는 이 논평에 반론을 제기하는 일은 감히 있을 수 없는 일이다. 그러나 바울의 담론 전개에 있어서는 질서가 정연하면서도 설득력이 있고 가능한 대안의 견지들을 치밀하고 세련되게 다듬어, 끝내는 진위를 또렷이 갈라내는 논리 전개가 가히 놀랍다.

하나의 좋은 본보기가 질의응답 혹은 자문자답 형식의 소크라테스 대담(diatribe) 수사의 예이다. 그 두드러진 예가 앞 6장이거니와 마찬가지로 여기 9장에서도 대담의 논법으로 설득을 꾀한다. 덧보태어 바울의 또 다른 하나의 새로운 쇄신의 논조가 9장 이하에서 돋보인다. 구약의 인용을 대담의 수사를 통해 구원의 약속이 고금과 종족을 막론하고 하나님의 주권에 의한 실현이라는 사실을 의도적으로 전개하는 논리 전개가 바울의 쇄신의 논조이다. 우리에게는 구약에 기록된 사사건건의 일화들이 일종의 설화적인 이야깃거리로 들리는 게 고작이다. 그러나 바울이 인용한 이삭과 야곱의 택하심의 창세기 기사와 파라오의 강퍅함의 출애굽의 기사는 하나님 백성의 택하심의 성격과 노예로부터의 출애굽하는 역정을 대담의 수사를 빌려 담론으로 엮어 하나님의 전권이 오늘날 역시도 온 인류 구원에 역사하시는 자비의 능력임을 선고하고 있다. 그리하여 감히 말하건대 사도는 구약에 있어서의 하나님 주권의 의를 이야기 담론(narrative discourse)으로 풀이하여 신약에 있어서의 하나님의 주권의 의임을 입증한다. 달리 말하면 구약의 일화에 대담 형식의 담론의 옷을 입혀 의미심장하고 오묘한 깊은 샘의 지혜의 원천을 캐내어 로마서 후반부가 전반부와 공유하는 구원의 역사관의 일환임을 발굴해 보여준다.

혹독하게 매서운 14절 질문에 잇대어 15-16절에 하나님께서 불의하시지 않다는 이유를 단도직입으로 매듭짓는다. "15까닭인즉 모세에게 당신께서 말씀하신 바이니 '내가 자비로워하는 사람에게 자비를 베풀 것이고 내가 동정하는 사람에게 동정을 베풀 것이다.' 16그러므로 이것이 원하는 사람에게도 진력하는 사람에게도 아니고 자비를 베푸시는 그분 하나님이시다"가 "하나님께서 불의하시냐?"에 대한 대꾸이다. 말대꾸라기보다 실상 하나님의 주권이 무엇이냐는 정의(定義)이다. 죄성으로서의 인간의 속성인 불의를 하나님께 귀속시키는 14절의 망언이 몰지각하기 그지없는 데다가(3:5) 그 대꾸인 15절을 읽어서는 하나님이 불의하시지 않다는 까닭을 언뜻 납득할 수 없다. 인용문은 출 33:19의 70인역 자구 그대로의 출처이다. 출애굽의 길에서 번번이 죄 짓는 이스라엘 백성에게 하나님께서 모세의 간구에 응하서 측은히 여기신 나머지 몸소 동행하시기로 자비를 베푸신 때이다. 출애굽의 맥락에서의 이 15절을 여기 인용함은 더욱 심각하고도 더욱 다양한 함의를 전하는 것이라 한다. 우선 15절의 주해부터 명확히 해야 한다. "내가 자비로워하는 사람에게 자비를 베풀고 내가 동정하는 사람에게 동정을 베푼다"의 해석은 무엇보다 자비와 동정을 아무에게든 누구에게나 베푼다는 뜻이 아니라 내가 자비와 동정을 베푸는 사람은 내가 자비로워하고 동정하는 사람에게 한하여 베푼다는 뜻을 내포하고 있는 문장이라 한다. 이 해석의 정당성은 출 34:6-7을 참조하면 보강받을 수 있다(Schreiner, 1998: 507). 아울러 여기 15절의 진술에서 간과하지 말아야 할 요점은 자비와 동정의 대상이 그것을 받는 사람의 덕성 여부와는 전적으로 무관하다는 사실을 16절이 진술하고 있다는 점이다. 그리하여 이삭과 야곱을 택함이 그들의 자질 때문이 아니라 함은 물론이거니와, 반대급부로 과격하게 해설하면 이스마엘과 에서를 제쳐놓음(밖에 남겨놓음)은 그들을 택함에서 배제하고 있는 것이 아니라고 일반화할 수도 있을 것이다. 이 15절은 하나님이 불의하시다가 '천만에' 아니라는 단호한 뜻의 자비를 베푸심은 하나님의 주권의 자유이고 또 하나님의 이름과 영광을 온 세계에 선포하기 위한 깊고 오묘한 하나님의 자존의 뜻(17절)이 담겨 있다고 학자들은 해석한다. 그리하여 심지어 인용문 15절이 야웨(YHWH), 즉 "나는 곧 나다"(自存者, 출 3:14)임을 반영하는 순수한 하나님 당신다움 그 자체를 풀이한 금언이라 15절을 해설하기도 한다(Cranfield, 1985: 233).

하나님의 본성이 전지전능이시지만 택하심에 있어 자비의 자유라 할 때 자유의 진정한 의미가 왜곡되지 않도록 제약에서 자유로운 택하심이 어떤 것인지를 신중하게 파헤쳐야겠다. 하나님 자비의 자유를 강조한 나머지 자칫 하나님의 주권이 임의적이라는 오해를 초래하기 십상이기 때문이다. 택하심의 제약은 본의 아닌 외부 조건에 의해 부과되는 것이 아니라 하나님의 주권의 실현이 구원을 위한 내적인 동인의 소산이기 때문에 그 성격이 자유이다. 이 단락 14-18에서 자비를 베푸는 두 요인을 찾아 읽을 수 있다. 하나는 15절에 적힌 구원의 의지의 동기이고, 다른 하나는 18절에 적힌 구원의 의지의 목적이다. 후자인 목적에 관해서는 다음 문단 18절과 함께 구명할 숙제이로되, 지금 여기 15-16절에서는 자비를 베푸심이 하나님의 주권의 원천적인 의지임을 확인키로 하겠다. 하나님께서 자비로워하고 동정하는 사람에게 자비를 베푼다는 15절과 자비의 베푸심은 하나님의 소관이라는 16절에 접하여 15절과 16절이 동어 반복적이라 소홀히 흘려듣지 말고, 대신 하나님께서 자비를 베푸심으로 "우리를 택하셨다"(엡 1:4)가 "당신의 의지의 기쁘심에 따라서이다"(엡 1:5)라는 에베소의 진술에 근거해 독해하면, 본문의 의미심장함이 새롭게 읽힌다. 실제로 엡 1:4-5는 "원하는 사람에게도 진력하는 사람에게도 아니고 자비를 베푸시는 하나님에게서 나온다"라는 롬 9:16에 상응하는 판본(板本)이라 동일시하여 읽어도 좋다. 뿐만 아니라 론즈네커의 주해에 따르면 이러한 하나님의 택하심은 신 7:6-7, 시 135:4 그리고 사 41:8-9 등에서 두루 찾아 읽을 수 있기에, 따라서 율법, 시 및 예언을 망라한 성서에 이처럼 빈번한 진술은 택하심의 기쁨이 어디까지나 하나님의 주권의 일반적인 은혜의 성격임을 입증하는 것이다(Longenecker, 2016: 817). 그러므로 기쁘심에 따라 베푸시는 자비가 그 본성에 있어서 하나님의 구원의 의지의 자유임을 확인할 수 있다.

이제 18절을 읽기 전에 서두에 인용했던 "하나님께서 불의하시냐?"를 다시 음미하며 이 참담한 물음이 바울의 입에서 내뱉어진 심정을 반추하고 우리의 논변을 다시 요약하고 싶다. 어떤 연고로 하나님의 불의에 눈에 쌍심지를 돋우어 세우는 것일까? 이스마엘이든 에서든 이들을 이삭과 야곱과 구별해 왜 택함에서 제쳐놓는지 도무지 옳다고 수긍할 수 없기 때문일 것이다. 역지사지의 역심(逆心) 으로, 바울은 이에 눈을 부릅뜨고 하나님의 자비와 동정은 당신이 측은히 여기는 사람에게 주어짐이라는 15절을 내세워 맞닥뜨린다. 학자들은 이것을 하나님 주권의 자비의 자유라 설명하고, 우리는 에베소서를 빌려 '당신의 의지의 기쁘심에 따라서'라 부연하였다. 자유를 어렵게 생각할 것 없다. 택하심과 베푸심이 기쁨에서 우러나온 지선이 곧 자유이겠다.

구원은 아무에게나 모두 빚진 것이 아니다(9:17-18)

하나님께서 불의하시기는커녕 하나님의 형상은 자비의 베푸심이고 그 주권의 자유는 의의 위엄이시라는 논변이 17-18절에도 계속된다. 따라서 "내가 자비로워하는 사람에게 자비를 베풀고 내가 동정하는 사람에게 동정을 베푼다"라는 15절을 염두에 간직한 채 이 문단을 읽어야겠다. 그러나 이번에는 출애굽을 가로막는 이집트 왕 바로(파라오)를 "내가 너를 세웠다"라 화제의 인물로 내세운다. 파라오가 17-18절의 화제인 한, 15절에 적혀 있는 하나님의 자비의 의지가 포용해 수용하는 범위와 성격이 궁금하다. 하나님의 택하심이 '당신의 의지의 기쁘심에 따라서'(엡 1:5)라면 파라오에 대해서는 여하하게 대응하시는가? 하나님의 주권의 택하심이 자비의 자유라 함이 지당하므로 하나님의 목적을 저해하는 이 부정적인 인물 파라오

를 맞닥뜨려 하나님의 주권의 의가 어떻게 맞서는지 참으로 궁금함을
금할 수 없다.

> 17성경이 바로에게 이르시되 내가 이 일을 위하여 너를 세웠으니 곧 너로
> 말미암아 내 능력을 보이고 내 이름이 온 땅에 전파되게 하려 함이로라
> 하셨으니 18그런즉 하나님께서 하고자 하시는 자를 긍휼히 여기시고 하
> 고자 하시는 자를 강퍅케 하시느니라

앞에서 하나님께서 모세에게 이르신 출 33:19를 롬 9:15에 옮겨
적었었다. 이번에는 바로(파라오)에게 전한 출 9:16을 인용하고 또
출 33:19 등을 인용하여 바울 자신의 논평을 적고 있다. "17까닭인즉
성경이 바로에게 이르시되 '내가 바로 이 이유 때문에(목적을 위해)
너를 일으켰으니 네 안에서 내 능력을 보이고, 내 이름이 온 땅에
공표되게 하려 함이다'이기 때문이다. 18그렇다면 하나님께서 뜻하
시고자 하는 사람에게 자비를 베푸시고, 뜻하시고자 하는 사람을
강퍅하게 하신다"라는 17절과 18절이 각각 인용문과 논평이다. 그런
데 여러 주해가 여기 17-18절이 갖는 심각한 의미를 애써 회피하고,
단지 어떤 한 담화의 상투적인 사건의 발생이라 대수롭게 여기지
않고 넘기기도 한다. 예컨대 "출애굽이 (담화 주제가) 하나님의 자비의
유형이기에 하나님의 백성에 대한 강퍅하여진 적대자의 대역을 파라
오가 감당해야 한다는 것은 피할 수 없다"(Dunn, 1998: 511)에서처럼
이 대목을 예사로이 취급하기도 한다. 어쩌면 15절에 비해 18절을
소홀히 주해하는 태도는, 실례지만 행여 학자들조차 18절의 진의에

오리무중인 탓인지도 모르겠다. 그러나 "나는 곧 나다"(自存者)이신 출애굽의 약속을 주신 하나님과 그것에 항거하는 초강국 이집트의 괴수 파라오와의 지독한 기복의 파란만장은 누가 읽더라도 하나님의 주권 사상이 무엇이냐를 통찰하는 대단히 심각한 의미를 지니고 있는 극적인 파노라마이다. 출애굽의 사건 중에서도 출 9:15-16에 해당하는 우박 재앙은 열 개의 재앙 중에서 가장 비중 높은 재앙이고 또 기록 내용의 앞뒤 배경으로 보아 진지하게 다루어야 할 사건이다. 본래 출 9:16은 이집트에 우박 재앙이 내릴 것을 하나님께서 모세더러 파라오에게 이르라 하신 말씀의 일환이다. 모진 재앙 속에서도 파라오는 살려주어 그를 온 세상에 일으켜 세워 당신의 구원 능력의 위세를 공표토록 하겠다는 뜻을 전하는 내용이다. 도대체 이 말씀이 갖는 하나님의 의도를 짐작하기조차 어렵다. 그 의미를 파악하기 위해 구약의 배경부터 곱씹어야겠다. 해당 출 9:15-16을 옮겨 적으면 "15내가 손을 펴서 역병으로 너와 네 백성을 쳤으니 그 역병이 너를 세상에서 쓸어버렸을 것이나 16내가 너를 세웠음은 나의 능력을 네게 보이고 내 이름이 온 천하에 선포되게 하려 하였음이니라"이다.

　하나님의 택하심이 인간의 공적이나 욕구와 무관하고 전적으로 하나님의 자비에 의존함을 롬 9:16에 밝힌 후에 17절에서 "내가 바로 이 이유 때문에 너를 일으켜 세웠으니"에서 '일으켜 세우다'는 재앙의 와중에 휩쓸려 있는 파라오의 생명을 보존해준다는 뜻으로, 17절의 문맥으로 보아 하나님의 자비의 의지가 직접 개입하고 있음을 강하게 주창하고 있다. 무엇보다 '바로 이 이유 때문에'(eis auto touto)라는 원문의 강한 목표지향적인 표현을 많은 번역본이 '이 목적을 위해'라 번역하고 있다. 목적이라는 용어가 쓰이는 한, 그것은 하나님의 주권이 당신의 어떤 특정한 의도를 이룩하기 위함임을 가정하고 있는 것이다. "내가 네 안에서 내 능력을 보이고"에서 능력이라 쓰인 용어는 직접적으로는 이스라엘의 출애굽을 뜻할 수 있고, 따라서 이스라엘에게는 해방을 그리고 파라오와 이집트에게는 심판을(Schreiner, 1998: 509) 가져오는 양날의 능력일 수도 있겠으나, 1:16 및 20을 참고하면 하나님의 능력은 본질적으로 구원의 능력으로 쓰이고 있다(Cranfield, 1985: 234-235)가 더욱 일반적이다. 뿐만 아니라 "내 이름이 온 땅에 공표되게 하려 함이다"라 함은 "당신의 영광이 온 누리에 비추리라"는 맥락에서 이스라엘의 출애굽이 하나님의 택하심의 목적에 따르는 하나님의 영광의 성취라는 해석이 일반론이겠으나, 크란휠드는 이 목적론적 해석을 확대해 "파라오 역시… 하나님의 동일한 은혜의 목적에 파라오 자신의 다른 방식으로라도 봉사하도록"(Ibid., 235)이라 그 취지를 넓히기도 한다. 보다 구체적으로 말하면 파라오를 일으켜 세운 일도 하나님의 목적에 포함되어 있다.

출 9:15-16을 옮겨 적고 롬 9:17의 주해를 살펴보았으나 파라오가 화제의 인물로 등장하는 취지가 썩 석연치는 않다. 문제는 "내가 바로 이 목적을 위해 너를 일으켰으니"에서 파라오를 일으켜 세운 하나님의 목적이 무엇인지가 관건이다. 본문에 서술하고 있는 내용인즉 하나님의 구원의 능력과 자비가 드러남으로써 하나님의 이름이 널리 공표되어 하나님의 의가 나타나는 것이 목적이다(Schreiner, 1998: 510). 그런데 크란휠드에 의하면 이처럼 하나님의 구원의 능력을 현시하고 당신의 영광의 이름을 고양함은 하나님께서 이스라엘을 택하신 목적일 뿐만 아니라 이스라엘을 이집트에서 해방시키는 일에 모세와 더불어 파라오가 하나님의 목적에 한 몫을 맡아 담당할 것을 함축하는 것이라는 독특한 해석을 취하고 있다(Cranfield, 1985: 235). 하지만 언뜻 보아 생소하고 부조리한 크란휠드의 이 가설적인 설명은 해석의 비중을 본문에 치중하면 우리로서도 도저히 간과해 흘러 내버릴 수 없다. 앞에서도 언급했지만 출애굽을 읽으면서 재앙이 거듭할수록 하나님께서 직접 파라오의 완고함을 더욱 모질게 악화하셨다는 인상을 지울 수 없기 때문이다.

이제 하나님께서 목적하시는 바를 어떻게 실현하시는지를 18절에 언급하고 있다. "그렇다면 하나님께서는 뜻하시고자 하는 사람에게 자비를 베푸시고, 뜻하시고자 하는 사람을 강퍅하게 하신다"의 18절을 독해하며 미진하였던 17절의 해석도 올바르게 마무리 짓겠다. 초두에 사용된 접속 부사 '그렇다면'은 "나의 능력을 네게 보이고 내 이름이 온 천하에 선포되게 하려 함"이라는 17절에 뒤따르는 해설이 18절임을 밝힌다. 앞 15절과는 달리 여기서는 자비와 강퍅함이라는 하나님의 목적에 사람들이 봉사하는 두 상위한 방식을 언급하고 있다. 궁극적으로 '자비'와 '강퍅함'은 대조어이다. '자비'는 에베소에서 "자비에 풍부하신 하나님이… 우리를 그리스도와 함께 살리셨다"(엡 2:4-5)에서 보는 것처럼 구원의 열림을 그리고 '강퍅함'은 복음에 경직된 닫힘을 뜻한다. 바로 이 점에서도 실로 이 18절이 미묘하고 섬세하여 난삽한 해석을 요구하고 있으므로 그 해석을 신중하게 깊게 발굴해 이 단락의 해석에 철저해야겠다. 우선 하나님께서 자비와 동정을 베푸신다는 15절과는 달리 18절은 하나님은 어떤 경우에서나 누구에게든 자비를 베푸시는 것이 아니라 '뜻하시고자 하는 사람에게 자비를' 그리고 '뜻하시고자 하는 사람에게 강퍅함을'이라는 양분적인 언표는 마구잡이로 자비나 강퍅함을 아무에게나 주는 것이 아니라는 사실을 밝히고 있다. 그럼으로써 "하나님께서 당신 자신의 목적을 성취하기 위해 강퍅하기를 원하는 자를 누구라도 강퍅하게 하신다"(Kruse, 2012: 383)라는 의미를 돋보이게 전하고 있다. 달(Doll)이 말하건대 자비나 강퍅함을 마구잡이로 아무에게나 주는 것이 아니라 자비롭고 의로우신 하나님의 의지에 따라 당신 자신의 목적이 이루어지도록 혹은 자비를 혹은 강퍅함을 주신다는 것이다. 이때 자비도 강퍅함도 그것이 하나님이 뜻하시는 바일진대, 크란휠드는 양자가 모두 '하나의 동일한 (하나님의) 자비로운 의지에 기원하고 있다는 것'(Cranfield, 1985: 226)이 바울의 견해라고 해석하고 있다. 그러므로 하나님께서 목적하시는 바는 본래 자비도 자비로운 의지에서 우러나온 소산이고, 강퍅함도 자비로운 의지에서 우러나오는 '하나의 동일한' 하나님의 의지의 소산이라는 것이라 이해하여야겠다.

우리가 지나치게 18절을 심각하게 숙고한다는 감을 금할 수 없으나 워낙 미묘하고 섬세하여 난삽한지라 신중한 해석을 취하지 않을 수 없다. 반복하건대 자비도 강퍅함도 하나의 동일한 자비로운 의지에 기원한다는 해설은 하나님의 주권이 구원 목적인 한에 있어서 하나님께서 뜻하시는 바는 어떤 경우에 있어서도 그 본질이 자비인 것은 당연하고도 자명하다. 그런데 원천은 하나의 동일한 자비의 기원이지만, 어떤 사람들에게는 하나님의 주권의 목적에 따르는 긍정적인 역할로서의 자비가 그리고 다른 어떤 사람들에게는 부정적인 역할로서의 강퍅함이 제각기 주어지는 것이라 크란휠드는 해설한다. 그리하여 파라오를 일으켜 세움은 당신의 능력과 당신의 이름을 공표하려는 당신의 목적을 위함이라는 17절의 언급을 다시 보강해 확인하고 있다. 크란휠드는 긍정적인 역할에 관해서는 '의식적이고 수의적(隨意的)인 봉사'의 역할이라 그리고 부정적인 역할에 관해서는 '무의식적이고 불수의적인 봉사'의 역할이라 규정하고 있거니와 (Cranfield, 1985: 236), 무의식적이고 불수의적이라 함은 하나님의 주권의 목적에 부정적인 역할을 맡은 강퍅한 마음이 자기의 의도와 무관하게 그리고 자기도 알지 못하는 불수의적인 상태에서 하나님께 봉사한다는 크란휠드의 나름대로의 용어 사용이다. 요컨대 '하나님께서 뜻하시는 사람에게' 혹은 자비라는 긍정적인 역할로 혹은 강퍅함이라는 부정적인 역할로 누구든지 하나님의 목적에 봉사케 하는 일이야말로 하나님의 주권의 극치라 일컫지 않을 수 없다. 관련하여 의학박사 로이드-죤스는 본래 강퍅한 파라오의 강퍅함을 더더욱 악화시킴에 대해 '당신의 능력과 당신의 영광을 나타내실 당신 자신의 위대한 목적을 관철하기 위하여'(Lloyd-Jones 1991: 175)라는 하나님을 찬양하는 수사를 통해 엄숙한 포장으로 장식한 표현을 사용해 이 역설의 아이러니를 서술하고 있다.

요약: 하나님의 주권의 의지는 자비이다(9:14-18)

난해한 이 단락 14-18절 본문에 대한 우리의 공부는 하나님 주권의 택하심에 있어 자비를 베푸심의 관점에서 출애굽의 재앙들을 이해하려는 접근을 취하였다. 우리는 주로 찰즈 크란휠드에 의존하여 이 문단을 공부하였다. 특히 18절에 관한 한, "'자비를 주신다' 그리고 '강퍅하게 하신다'라는 양자는… 모두가 동일한 자비의 의지(cf. 11:32)의 표출이다"(Cranfield, 1985: 236)라는 일원론적 입장에 선 그의 독자적인 주해에 우리의 공부가 의존하였다. 그리하여 하나님 주권의 택하심에 포함된 아브라함 자손인 이삭과 야곱뿐만 아니라 택하심에서 제외된 이스마엘과 에서 그리고 심지어 강퍅함의 대상인 이집트 왕 파라오에게도 자비에서 우러나오는 하나님의 의지가 관여하셨다는 해설을 옹호하기에 이르렀다. 이 점을 다시 곱씹어 자비의 모순이 결코 자가당착이 아님을 내성하는 일이 첫걸음이다. 포함되었든 제외되었든 택하심이 관여하신 일 자체가 자비이다. 대단히 극단적인 본보기로 파라오에게 열 번씩 재앙을 주었다는 사실은 거듭거듭 자비의 기회가 주어졌다는 사실이다. 반복된 재앙의 사실을 자비라 규정하는 일은 창을 방패라 함과 같다고 비판할 여지가 충분하다. 그러나 자비라 일컫는 것은 하나님의 주권의 택하심이 관여하셨다를 일컫는 것이다. 자비와 강퍅함이 "동일한 자비의 의지의 표출이다"라는 해설은 포함되었든 제외되었든 파라오가 택하심의 관여 내지 표적의 대상이었다는 사실 자체를 일컫는 것인 바, 관여하신 하나님의 의지가 본래 자비이기 때문이다. 그러나 실제로 여러 학자들이 자비 대(對) 강퍅함에 대해 단일 차원 내에서 양극적인 범주의 분류를 선호하고 있다. 가령 "하나님은 어떤 사람들을 택하셔 자비를 베풀고, 다른 사람들을 택하셔 강퍅하게 하신다"(Schreiner, 1998: 505)가 보다 널리 통용되는 주해이다. 한데 실은 이 슈라이너의 진술은 엄밀한 의미에서 자비 대 강퍅함의 이질성에 대한 설명이 아니라 주권이 택하심의 결과로 얻어진 효과를 해설한 것이다. 이에 관련하는 극단적인 견지는 자비 대 강퍅함을 단일 차원에 대립시켜, 예컨대 "하나님께서는 어떤 사람들에게는 자비를 베풀어서 그 결과로 그들이 복음을 받아들이고 반면에 그렇지 않은 사람들에게는 강퍅하게 만들어 그들이 복음을 거부한다"(Kruse, 2012: 383)라는 마치 권선징악의 결과적인 효력의 양극적인 대립으로 개념화하기 일쑤이다. 기술 방식의 차이는 관점의 차이를 낳기 마련이다. 우리는 크란휠드의 해석이 억지 논리를 강매한다는 비판을 면하기 위해 다른 측면들의 첨삭을 통해 우리의 공부를 보충해 윤색하겠다.

첨삭과 윤색하기 전에 하나님의 주권의 성질의 어떤 측면이 논란의 소지가 있는지를 우선 밝혀내야겠다. 하나님의 주권이 무엇이냐를 조작적으로 정의하건대 다시 우리는 15절과 18절에 되돌아가야한다. "하나님께서는 자비로워하는 사람에게 자비를 베풀 것이고 하나님께서는 동정하는 사람에게 동정을 베풀 것이다"(15절) 그리고 "그렇다면 하나님께서는 뜻하시고자 하는 사람에게 자비를 베푸시고, 뜻하시고자 하는 사람을 강퍅하게 하신다"(18절)라는 진술이 하나님의 주권의 조작적 정의이다. 조작적 정의라 함은 어떤 개념을 그 개념을 규정하는 조작들의 한 집합이라 정의하는 것이다. 여기

15절과 18절에서 어떤 조건에서 어떤 행위를 하느냐는 조작들의 집합이 무엇인지가 주권의 개념 정의이다. 한 가지 분명한 것은 자비 내지 동정 그리고 강퍅함을 규정하는 어떤 조건들이든 그것들은 하나님의 뜻이 주재하시는 바이고, 그것이 곧 전지전능하신 하나님의 주권이라 정의하여야 한다는 점이다. 말하자면 누구에게 자비나 동정을 베풀고, 누구를 강퍅하게 하느냐는 일체가 하나님께 달려 있는 절대성이다. 그리고 이 절대성과 더불어 다른 하나의 주요 개념이, 이미 논의하였던 바 하나님의 주권은 구원 목적론적이라는 특징을 갖는다. 그리하여 주권의 절대성과 구원을 위한 목적은 불가분(分離不可)의 단일 차원에서 당위적인 관계를 갖는다. 이 당위성의 관계로 인해 절대성과 목적이 구원을 위해 불가불 함께 역사(役事)하는 택함의 과정에서 필연적으로 양자 간의 관계가 함께 기여할 때, 인간의 이성이 온전치 못한 나머지 오해에 부딪히기 십상이다.

오해라 하였지만, 이를테면 하나의 좋은 본보기인 15-16절을 예시하겠다. 하나님의 주권이 에서를 제쳐놓고 야곱을 택하심이 독자의 편에서는 족히 오해의 소지가 있고, 따라서 어떤 종류의 항거를 예상할 수 있겠다. 이때 독자들이 항거를 발설하기도 전에 저자 바울이 미리 족집게로 집어내었던 질문인 "하나님께서 불의하시냐?"(14절)가 오해의 내용일 수 있다. 참으로 이처럼 그지없이 불경스러운 질문이 내뱉어질 만큼 에서를 제쳐놓고 야곱을 택하심이 도저히 영문 모를 처사이다. 또 다른 본보기로 하나님께서 뜻하시는 사람에게 자비를 베풀거나 혹은 강퍅하게 하신다는 18절에서 자비의 의미는 지나쳐 넘길 수 있으되, 특히 강퍅하게 만드시는 일이 어떤 함의를 갖는지는 오해 정도가 아니라 혼돈의 도가니에 몰아넣는다. 본문 14-18절을 분석적으로 읽을수록 혼란이 더 커진다. 우선 16절에 오로지 "자비를 베푸시는 그분 하나님이시다"라 하나님의 택하심의 자유를 극명하게 천명한 후에 17절 "내가 바로 이 목적을 위해 너를 일으켜 세웠으니 네 안에서 내 능력을 보이고, 내 이름이 온 땅에 공표되게 하려 함이다"가 이어진다. 파라오를 '일으켜 세웠다'라 함은 목숨을 보존케 하였다는 것이니 목숨을 살려준 일이 하나님의 목적임을 강조하고 있다(Cranfield, 1979: 486-487). 그렇다면 하나님께서 아무리 파라오가 대국의 제왕이라 할지라도 '당신의 능력과 당신의 영광을 나타내실 당신 자신의 위대한 목적을 관철하기 위하여'(Lloyd-Jones 1991: 175) 무려 열 차례의 재앙으로 맞대결하고, 그럼에도 불구하고 그의 목숨을 살려주었음을 생각하면 도무지 그리고 도대체 혼돈의 도가니라 아니할 수 없다.

여하튼 강퍅하게 하심도 하나님의 자비의 의지라는 크란휠드의 해설이 역설의 아이러니라는 인상을 주는 것은 사실이나, 이에 문득 돌아서서 떠오르는 구절이 있다. "그들이 하나님을 알았었음에도 불구하고 그들이 하나님께 영광을 드리지도 않고 감사하지도 않았다. 오히려 그들이 자기들의 생각에 무익함에 빠졌고 그들의 어리석은 마음이 어두워졌다"라는 롬 1:21이 그것이다. 이 구절의 맥락은 하나님의 창조물에 나타난 하나님의 계시를 보고 하나님을 알 수 있음에도 불구하고(이와 마찬가지 계시가 우박 재앙을 포함한 이집트에 내린 재앙들이라 대체해 부를 수 없을까?), 그런 하나님의 계시가 악이 악을 더욱 기승케 하여 "어리석은 마음이 더욱 어두워졌다"고 진노하고 있는 인간 죄성의 모반에 대한 담론이 1:18-32의 기사이다. "하나님께서 뜻하시고자 하는 사람을 강퍅하게 하신다"라는 18b절과는 겉보기로 무관한 듯 보이지만 본래 강퍅한 파라오가 재앙들에 더욱 강퍅하여진 나머지 자비로운 하나님의 의의 목적에 오히려 역작용하는 것이라 이해한다면, 1:21의 창조물을 통한 계시와 9:18의 재앙을 통한 계시 사이의 유사성을 유추할 수 있다. 이미 인용한 1:21에 잇대어 진술된 "그러므로 그들의 마음의 정욕 안에서 그들을 부정함에 넘겨줌으로써 그들의 몸들을 서로 욕되게 하기 위함이다"의 1:24를 읽으면, 번번이 재앙 때마다 더욱 강퍅하여지는 파라오를 곧장 연상케 된다. 그런데 1:24에 사용된 응보의 징벌을 뜻하는 '넘겨주었다'(paredoken, handed over)라는 어휘는 사형의 중징계에 해당하지만 즉각적인 진노인 죽음에 처분치 않고 지연 내지 인내한다는 뜻으로 사용되었다고 한다. 그렇다면 1:18-32에서뿐만 아니라 특히 더군다나 9:17-18에서의 '강퍅하게 하신다'라 함도 역시 즉각적인 진노를 피하고 강퍅함에 넘겨주는 그런 인내에 맡겨버린다는 해석도 가능하리라 싶다. 하기는 거듭해 부가하는 재앙을 인내라 한다면 얼토당토않게 분별없는 말장난으로 들리지만, 번번이 강퍅하여지는 흉측한 파라오에게 진노 대신 오히려 유순하게 대접하듯 "너(파라오)를 일으켰으니 네 안에서 내 능력을 보이고, 내 이름이 온 땅에 공표되게 하려 함이다"라는 정중한 17절과의 맥락적 연관성을 고려하면 인내라는 심상찮은 직감이 끼어들 여지가 없지 않다. 실제로 슈라이너는 이 17절의 "내 능력을 보이고"에서 '능력'이 진노의 능력이 아닌 구원의 능력인 한에 있어 인내의 기다림의 뜻일 수 있다고 해석한다(Schreiner, 1998: 520-521). 그리하여 가중되는 재앙과 가중되는 강퍅함이 하나님께서 뜻하시는 목표의 테두리에서 일어난 일임을 부인할 수 없는 것과 마찬가지로 강퍅함이 인내의 참으심을 위한 하나님의 자비의 의지를 반영한다는 반어적인 해석 역시를 부인할 수 없다.

우리의 논변의 요지를 다시 본문에서 반복해 확인하겠다. 파라오의 승복치 않는 강퍅함 그리고 거듭거듭 모반에도 불구하고 하나님께서 일도양단으로 단번에 종언을 고하지 않고 그때마다 한갓 반복 재앙으로 대응하셨다. 이 우악한 일화들을 소재로 서술하고 있는 14-18절의 본문을 바탕으로 우리는 강퍅함이 자비의 표상일 개연성을 내내 검토해 왔다. 도대체가 어떤 사람을 강퍅하게 하시는지에 관해 그 사람은 하나님께서 뜻하시고자 하는 사람이라는 냉엄한 진술이 18절이거니와, 사실상 로마서보다 출애굽기가 이보다 더욱 냉혹한 진술을 훨씬 더 빈번하게 증언하고 있다는 사실을 필히 주목해야 한다. 예컨대 출 4:21에 하나님께서 모세에게 이르기를 온갖 기적들을 행하더라도 "내가 파라오의 마음을 강퍅케 만들어 그런즉 그가 백성을 가도록(엑소더스) 내버려두지 아니하리라"는 예언을 미리 알려주시고 있다. 뿐만 아니라 이와 유사한 진술들을 (아마도 고의로 반복해) 이루 셀 수 없을 만큼 여러 군데에서 반복함을 찾아 읽을 수 있다. 본문 14-18절을 찬찬히 읽으며 사도 바울이 필히 전하고자 하는 중차대한 함의를 행간에서 놓치지 말고 읽어야 한다. 그 함의의 하나는 하나님 주권이 역사하심으로 말미암아 파라오가 강퍅하여졌다는 사실이다. 그 함의의 다른 하나는 하나님의 목적이 파라오의 강퍅함을 통해 필연적으로 성취되어야 한다는 것이다. 인간 지식의 정상적 궤도에 벗어나는 이들 각각의 두 함의를 함께 묶어 추론하면 파라오를 강퍅하게 만든 것은 하나님이시지만 그의 강퍅하여짐이 하나님께서 진노하신 결과가 아니라는 사실이 확고 부당하다. 그리하여 "하나님이 모든 사람을 불순종에 가두어두셨음은 당신께서 그들 모두에게 자비를 베풀고자 하심이다"(11:32)를 여기서 미리 읽어 함께 음미하고 싶다.

본문의 기반 위에서 강퍅하게 하심도 자비의 표출이라는 해석을 다시 정리하였다. 끝으로 Meyer의 대작 『바울』(1975)에서 관련 장을 개요함으로써 신구약을 망라한 사도 바울의 관련 메시지를 압축하겠다. 무려 10여 쪽에 달하는 유희세의 개요는 택하심과 하나님의 목적이 주요 주제이므로 우연찮게 하나님의 주권의 절대성과 목적이라는 우리의 주요 주제와 합치한다. 그의 논변은 '육신에 따라 우리의 선조인 아브라함'(4:1)으로 시작하는 로마서 4장부터 말머리를 열고, 그리하여 아브라함의 육신의 자녀들이 아닌 약속의 자녀이어야 하나님의 백성이라는 것 그리고 이삭과 야곱의 하나님의 백성의 족보를 오늘날 크리스천에 이어 갖는다는 것, 이처럼 아담 이후의 구원사의 전망의 폭을 한껏 넓혀 추적한다.

리더보스의 개요의 주제가 택하심과 목적이라 하였지만, 두 개념을 하나의 어절로, 즉 하나님의 목적의 택하심이라 압축할 수 있고, 이것이 곧 구원사의 초석인 핵심 어절이다. 관련 본문 내용에 관한 한, 로마서 후반부를 우리가 지금까지 개요하는 중이므로 더 이상 반복하면 낭비이다. 목적의 택하심의 기반 위에서의 구원사의 개관을 리더보스가 구별로부터 우선 시작함을 짚고 넘어가겠다. 목적의 택하심이라 두 개념을 하나의 어절로 합성해 읽는 관점에서 볼 때 구별은 택함의 과정에서 필연적으로 일어나는 전조로, 당초 아브라함에게 이삭을 약속으로 주신 때부터 하나님께서는 이삭과 이스마엘을 그리고 야곱과 에서를 구별하여 누가 진정한 아브라함의 자식인지, 그리하여 누가 하나님의 백성인지를 분명히 하고 있음을 우리는 이미 9:7-18절에서 확인하였다. 구별이 부르심의 약속에서의 가부를 갈라놓는 일이므로 포함의 구별이냐 배제의 구별이냐를 가름하는 일이 개입하는 것은 당연하다. 이때 구별에서 배제된 에서에 대해 그리고 이집트 왕 파라오에 대해 매우 특이한 서술 양식을 로마서는 기술하고 있다. 에서를 배제함에 관해 '택함에 있어 하나님의 목적이 일어서기 위해'(9:11)라는 설명을 그리고 파라오를 배제함에 관해 '내가 네 안에서 나의 능력을 보이도록'(9:17)이라는 설명을 각각 부연하고 있다. 이들 각각의 설명은 다름 아닌 하나님의 목적의 택하심을 위한 구별의 긍정성을, 아니 구별의 정당성을 위한 변이다. 뿐더러 파라오의 경우 그를 구별에서 제외하며 그에게 강퍅함을 쥐어짜지만 또 역시 '하나님의 이름이 온 땅에 공표되게'(9:17) 함이라 서술하고 있어 바울은 파라오가 하나님의 목적에 봉사함의 정당성을 긍정적으로 표현하고 있다. 구별에서 배제함에 관한 이와 같은 특이한 표현들은 하나님의 주권이 목적을 위해 택하시는 일에 구애받는 일이 일절 아무것에도 없다는 정당성과 자유를 부여하는 것이라 해석할 수 있을 터이다. 실제로 리더보스는 구별의 역사(役事)를 하나님 주권의 권리에 의존하는 자유, 요컨대 "'하나님의 자비의 자유'이고, 그것은 은혜의 자유이다"(Ridderbos, 1975: 344-345)라 하나님의 목적이 갖는 자유의 성질을 대단히 강조하고 있다. 바울의 구원사에 있어서는 영원 전부터 하나님의 목적의 성질이 본질적으로 은혜임(딤후 1:9)을 그는 더불어 개관한다. 그것은 은혜이지 진노가 아니다.

자유와 은혜라는 바로 이러한 시각에서 우리는 리더보스와 크란휠드를 함께 읽음으로써 강퍅하게 하심 역시 하나님의 자비의 의지라는 크란휠드의 해설의 정당성이 보장받는다고 생각한다. (단, 하나님의 목적과 택하심이 자유와 은혜라는 시각에서 18절 "하나님께서는 뜻하시고자 하는 사람을 강퍅하게 하신다"를 다시 또 반추하여 이 글에 주석의 부록으로서의 몫을 첨가하고 싶다. 그 몫인즉, '강퍅하게 하신다'는 필경 구별의 결과의 산물이지 구별의 동기가 아니라는 추론을 부록으로 첨가하고 싶다.) 리더보스에 의하면 "'목적'과 '은혜'는 적어도 두 개념이 상호 호혜적으로 서로를 정의하는 중언부언의 대등 관계로 작용한다. 뿐만 아니라 그는 딤후 1:9 그리고 딛 3:5를 인용하며 '하나님의 목적과 은혜는 다름 아닌 하나님의 자비라 일컬어진다'"(Ridderbos, 1975: 349)라는 해설을 보완함으로써 크란휠드의 해설의 정당성을 더욱 강화한다. 그리하여 우리는 "'자비를 주신다' 그리고 '강퍅하게 하신다'라는 양자는… 모두가 동일한 자비의 의지(cf. 11:32)의 표출이다"라는 크란휠드의 해설을 다시 인용하겠다. 그리고 이 인용에 긍정적인 근거를 왜냐하면 자비를 주심도 강퍅함을 주심도 양자 모두가 자유와 은혜의 표출이기 때문이라는 첨언을 보태기로 하겠다.

이제 아브라함에서 시작하는 하나님 백성이 이삭과 야곱으로부터 이방에로의 확장하는 하나님의 구원사의 족보를 리더보스는 추적해 전하고 있다. 그 확장의 성격은 "¹¹이들이 태어나기도 전이고 선이나 악이나 어떤 것도 행하지도 않았는데, 택함에 있어서의 하나님의 목표가 일어서도록 하기 위함이니 ¹²행위들의 기반에서가 아니라 부르심의 당신의 기반에서"(9:11-12)라는 야곱의 하나님의 은혜와 자비가 오늘날 신자들에게 구현되는 새로운 시대의 도래임을 논구한다. 딤후 1:9를 인용하며 "하나님이 우리를 구원하사 거룩한 생명에로 부르셨나니, 우리의 행위 때문이 아니라 그러나 당신 자신의 목적과 은혜 때문이다"가 이제 우리의 현실임을 확인한다. 종족과 고금을 일관성 있게 총괄하는 하나님의 목적과 은혜가 크리스천의 현실이며, 롬 9:11과 딤후 1:9를 넘어서 부풀려 운운한다면 그것은 분수에 넘는 교만이다. 그러므로 아브라함으로부터 비롯되는 하나님의 목적의 택하심이라는 개념이 작금의 크리스천에게 곧이곧대로 전수되어 있는 살아있는 구약과 신약의 동일한 복음이다.

요약 말미에서 우리는 다시 택하심의 자비를 되돌아 반추한다. 자비가 자비인 한에서 그것은 부르심의 은혜이지 구원 심판이 아니다. 자비든 강퍅함도 그것은 종말 구원 심판에 직접적으로 연결되지 않는다(Cranfield, 1985: 236). 가령 측은지심으로 아무나 마구잡이로 구별해 의(義)를 위한 자비를 베풀어 종말 심판에 이어진다면, 이런 유의 보편성의 은혜는 듣기에 감미롭기는 하겠으나 "하나님께서 불의하시냐?"(14절)라는 질문에 "천만이다!"라는 부정 대답을 선뜻 내놓기 어려운 나머지, 하나님의 주권의 개념에서 특히 의의 문제에 있어 그야말로 고약한 덫에 덧씌우기 마련이다. 하나님의 주권은 구원의 목적을 위해 부르심의 은혜로 우선 택하심을 이룩할 때 마구잡이 혹은 보편적인 선택이 아니므로 구별이 우선적이고 필수적이다. 구별은 부르심의 은혜를 위한 자비의 베푸심이다. 바울의 논변에서 택함에 자비에 대한 언급만 있고, 사랑이라는 어휘가 쓰이지 않고 있음을 자각하는 일이 중요하다. 이 점에서 더욱 분명하기로는 하나님의 주권의 택하심에 관한 엡 1:4 "우주의 창세 전에 그의 안에서 하나님께서 우리를 택하심은 우리가 사랑 안에서 당신 앞에 거룩하고 흠이 없게 하려 하심이다"를 읽으면 훨씬 명료하여진다. 에베소서는 우리가 사랑 안에서 거룩하여 우리를 택하신 것이 아니라 우리를 사랑 안에서 거룩하여지도록 하기 위해 택하신 것임을 명시적으로 진술하고 있다. 관련하여 구원에 관해 자각하여야 할 중요한 사항이 있다. 히브리서의 구원에 관한 진술에서 비록 그리스도의 속죄 제사는 '단번에'(apaz, once for all) 이루어지는 것으로 서술되어 있지만(히 7:27), 로마서에 기대면 구원은 구조적인 절차 및 계획의 도식 안에서 이루어진다. 그것은 "하나님께서 미리 정하셨던 사람들을 또한 부르셨고, 당신이 부르셨던 사람들을 또한 의롭다 하셨고, 당신이 의롭다 하셨던 사람들을 또한 영화롭다 하셨다"(8:30)라 기록된 대로 구원 완성의 도달이 이루어지려면 '황금 연결 고리'(catena aurea, Ridderbos, 1975: 350)의 여러 단계가 도식 내에서의 협응의 관계를 거쳐야 한다. 이들 모든 각각의 단계 및 절차가 종말 완성을 위해 그때마다 은혜로 주어지는 것이다. 그러므로 구별을 통한 자비의 베푸심만으로는 "하나님께서 부르셨던 사람들을 또한 의롭다 하셨다"가 누구도 '아직 아니'인 상태이다. 마찬가지로 구별을 통한 강퍅하여짐만으로는 또 역시 파라오도 누구든 거듭남의 재생의 기회가 단칼에 잘려져 더 이상 일어날 수 없는 상태는 아닐 것이다. 이제 우리는 앞 문단 제목으로 삼았던 토머스 슈라이너의 명구 "구원은 아무에게나 모두에게 빚진 것이 아니다"(Salvation is not owed to any. Schreiner, 2008: 343)를 음미하며 '아직 아니'인 용서의 기다림의 인내하심이라는 상태의 다음 단락에의 탐색에로 넘어가겠다.

3. 하나님 주권의 궁극의 목적
(9:19-23)

이 단락에서 하나님의 신성의 자비 안에 이방인을 이스라엘과 더불어 하나님의 백성으로 포괄하는 구원사의 새 장의 문을 노크한다. 후반부 9장 중반을 넘어섰고, 하나님의 주권의 주요 개념은 대충 간추려 개요하였지만, 아직도 미진한 궁금증이 갈수록 태산이다. 하나님의 주권이야말로 인류 구원을 주관하는 주체이기 때문에 어렵다. 사유를 통한 인간의 이성으로서는 하나님의 주권을 직설적으로 기술할수록 속시원한 이해보다 오히려 의문이 꼬리를 문다. 주권의 주요 해설의 결정적인 국면마다 그리하여 "하나님의 말씀이 실패하였다는 것이 아니다"(9:6)라든가 "하나님께서 불의하시냐?"(9:14)라든가 등에서처럼 담론의 진행을 중도에 가로막고 멈추어 세운다. 이것은 물론 독자의 꺼림칙함을 위한 바울 선생의 사려가 미리 짐짓 딴전을 걸어 올곧게 제 길을 바로잡아주기 때문이다. 이러한 사도 바울의 이야기 담화의 수사가 그의 담론의 논리 전개의 백미이다.

"어찌하여 당신께서 여전히 과실을 허물하시나요? 당신의 뜻을 누군들 대적했을 터인가요?"(9:19-21)

어찌 보면 앞 14-18절이 독자들로 하여금 인간의 운명은 하나님의 의지에 따라 조건화된 운명결정론이라는 견지를 심어주었기 십상이다. 특히 "하나님께서는 뜻하시고자 하는 사람에게 자비를 베푸시고, 뜻하시고자 하는 사람을 강팍하게 하신다"(18절)를 고지식하게 읽으면 자칫 하나님의 임의적인 결정론의 경직한 이해로 오도하기 십상이다. 우리는 조작적 정의(定義)를 통해 하나님의 주권이 절대적이라고 규정하였다. 바로 이 절대성에 있어 인간의 형식 논리의 사유가 하나님께서 의도하시는 뜻을 왜곡할 수 있다. 그런 나머지 이 문단 제목에 적힌 19절의 질문들이 삐끗 불거져 나올 수 있고, 실제로 예나 지금이나 심지어 크리스천에게 있어서도 때로는 단순한 불만을 넘어 하나님께 항거하는 심각한 문제 제기일 수 있다. 하잘것없는 피조물이 영원한 영광의 하나님께 윽박지르는 무엄한 항거의 질문에 맞대응하는 응답이 차라리 노여움에 가깝다.

> 19혹 네가 내게 말하기를 그러면 하나님이 어찌하여 허물하시느뇨 누가 그 뜻을 대적하느뇨 하리니 20이 사람아 네가 뉘기에 감히 하나님을 반문하느냐 지음을 받은 물건이 지은 자에게 어찌 나를 이같이 만들었느냐 말하겠느뇨 21토기장이가 진흙 한 덩이로 하나는 귀히 쓸 그릇을, 하나는 천히 쓸 그릇을 만드는 권한이 없느냐

앞 절들에 잇따라 '그렇다면 네가 내게 말하기를'이라 가상의 독자를 상정하여 19절의 말머리를 연다. 그 어떤 사람인 한 대담자가 "어찌하여 당신께서 여전히 과실을 허물하시나요? 당신의 뜻을 누군들 대적했을 터인가요?"라 두 질문들을 잇대어 제기한다. 두 질문 모두가 14-18절에 대한 공박으로 던진 질문이라 해석할 수 있겠다. 자비든 강퍅함이든 하나님이 뜻하시는 바에 따라 결정되는 한에 있어 인간의 행동거지 일체가 하나님께 의존한다는 것에 대한 항거의 질문들이다. 사람이 원하는 바나 노력과는 무관하게, 오로지 하나님께서 자비이든 혹은 강퍅함이든 그렇게 뜻하시고자 하여 그렇게 사람을 만드시는 것이라면, 인간의 과실을 인간이 책임질 수 있는 것이 아니지 않느냐는 공박이라 첫째 질문을 해석할 수 있겠다. 둘째 질문 "당신의 뜻을 누군들 대적했을 터인가요?"는 18절을 포함해 앞선 8:30에 "하나님께서 미리 아셨던 사람들을 위해 예정하셨다"라 기술했던 구원의 여러 과정 중 '예정하셨다'의 단계에 대한 공박으로 확장해 해석하여도 무방하겠다. 따라서 강퍅함이든 무엇이든 하나님께서 예정하셨던 일방적인 의지를 누군들 감히 대적하겠느냐는 것이 둘째 질문의 내용이다(Cranfield, 1985: 237). 구원을 위한 예정이 붙박이로 내장되어 있다면 인간은 무력한 허수아비 자동 기제라는 자조의 불만일 수 있다.

앞 19절의 가상의 질문들에 대한 가상의 응답이 20-21절이다. 두 질문으로 구성되어 있는 19절에 대해 20-21절이 질문들로 되받아 응답하여 하나의 이야기 담화의 단위를 구성하고 있다. 서로 연관성이 있는 내용이 얽혀 있는 두 질문과 그 질문들에 맞대어 응답하는 질문들이 서로 내용이 마주치어 교차함으로써 19-21절의 대담이 마치 무대 한 장면에 실현된 이야기 담화를 보는 듯하다. 그러면서도 대담의 언사가 매우 엄격하고 단호하다. "²⁰한데, 오 이 사람아, 네가 뉘관데, 하나님께 말대꾸하느냐? 지음을 받은 자가 그를 지으신 이에게 '당신이 어찌 나를 이같이 만드셨느냐?'라 말할 수 없지 않느냐. ²¹토기장이가 진흙 한 덩이로 귀히 쓰일 그릇이나 혹은 천히 쓰일 그릇이나 만들 권위가 없느냐?"라 옥죄여 호되게 다그친다. 이들 응답은 하나님의 주권의 권위와 관련하여 인간의 터무니없는 항거인 19절 질문에 대한 직접적인 반응을 넘어서 질문의 부조리함에 정곡을 찌르는 대답이다. 욥기, 이사야 등 구약 여러 군데에서 적절하게 인용해 신에 의한 인간 운명의 결정관 내지 자연계시에 관한 의(義)의 신정성(神正性, theodicy) 개념이 갖는 자체 모순적인 논리를 질문 형식으로 펼친 반론이다(Longenecker, 2016: 819). 흥미롭게도 이 문단의 글 성격이 이야기 담화의 장르라 평하였지만, 학자들의 주해 역시도 문체 비평의 형식이 위주이어서 문예평론과 같은 인상을 준다.

"한데, 오 이 사람아"라고 20절 초두를 변역하였지만, 로이드-조운즈의 "아니지, 그렇기는커녕, 오, 인간이여"라 변역하여야 19절의 터무니없는 항거와 20-21절의 터무니없는 응답 사이의 소박한 맥락적 연결이 실감난다는 비평을 새겨들으면 현학적인 본문 주해보다 이해에 도움을 준다. 이 호칭은 NIV 주해에 따르면 주제넘게 하나님께 맞서 항거하는 자들을 비하하는 꾸지람의 어투라 하니, 19절 따위의 질문으로 하나님의 뜻을 어지럽히는 자에 합당한 호칭이다.

"오, 인간이여, 네가 뉘관데 하나님께 말대꾸하느냐?"라는 질문 형식은 평서문의 꾸지람보다 훨씬 강하게 맞받아 홀대하는 어법이다. 후반부 20절의 해독은 원문의 어순을 존중할 필요가 있다. "(이렇게) 말하여서는 안 돼"를 글 첫머리에 그리고 '지음을 받은 자가 지은 이에게'라 피조물과 창조주와의 관계임을 명료하게 앞세우고, 그다음에 사 29:16; 45:9의 직역인 "왜 나를 당신이 이같이 만들었느냐?"를 말미에 적고 있어 망발에 실감이 더욱 생생하게 전해진다. 선행 19절과 후행 20절 각각에 있어서 인간과 하나님에 대한 바울의 진술은 내용에 있어서도, 문체에 있어서도 뚜렷한 대비가 돋보인다. 풀이하자면 한편 19절에 인간에 대해서 말하려는 실질의 진심은 "어찌하여 유한하고, 허약하고, 연약한 인간들이 세상이 어떻게 돌아가야만 하는지를 하나님께 지시한단 말인가?"(Schreiner, 1998: 515)라는 표현이라 해설한다. 다른 한편 이처럼 유한, 허약 그리고 연약한 피조물에 대해 20절에서 "오 이 사람아, 네가 뉘관데, 하나님께 말대꾸하느냐?"라 포문을 열고, 감히 "당신의 위대하심과 당신의 영광과 당신의 영원하심과 폐하이신 당신"(Lloyd-Jones 1991: 187), 하나님 "당신이 어찌 나를 이같이 만드셨느냐?"라는 말대꾸는 버르장머리 없이 맞상대로 대드는 패악한 장면의 묘사라 해설하기도 한다. (로이드-조운즈의 이 문체 형식 비평은 본디부터 강퍅한 파라오를 하나님의 지고성을 현시할 목적에 더욱 강퍅하게 만드시는 18절 해설 "당신의 능력과 당신의 영광을 나타내실 당신 자신의 위대한 목적을 관철하기 위하여"라는 수사적 해설과 대조하여 읽으면 그 흥미가 배가한다.)

하잘것없는 인간이 지고의 하나님께 "네가 뉘관데 하나님께 말대꾸하느냐?" 그리고 또 "왜 나를 당신이 이같이 만들었느냐?"라는 망발을 서슴없이 주제넘게 터뜨리고 이제 바울은 19-20절을 압축하여 21절에 구약에 널리 통용되는 은유를 인용하여 "한데 토기장이가 진흙의 같은 한 덩이로부터 귀히 쓰일 그릇이나 혹은 천히 쓰일 그릇이나 만들 권위를 갖고 있지 않느냐?"라는 질문 형식의 추궁을 정색하고 일깨운다. 토기장이와 진흙의 은유는 예언서뿐만 아니라 솔로몬의 지혜서에도 욥기에서도 수록되어 있어 두터운 독자층을 확보하고 있으므로 창조주로서의 권리와 자유를 함의하는 하나님 전권의 권위를 설명하기에 안성맞춤이다. 장인으로서의 실제 토기장이로 말하더라도 진흙 덩어리로 무엇을 빚어 만들어야 할지에 대한 권리를 자유롭게 향유하고 있었다는 것이다. 문제는 '귀히 쓰일 그릇'과 '천히 쓰일 그릇'의 분류가 자칫 그릇 품질의 귀천의 평가라는 오해를 불러일으키지 말아야 한다. 더군다나 학자들은 '천히 쓰일 그릇'에 대해 종말 심판의 '진노의 그릇'이라든지 혹은 '멸망'의 그릇이라 해석하는 과오를 범할지를 우려한다.

토기장이의 창조주의 권위를 한껏 앞세우고 있는 21절에서 '진흙의 같은 한 덩이로부터'라 함은 이스라엘을 포함한 인류가 같은 한 질료로 만들어졌다는 해석이 일반적이다(Dunn, 1988b: 557). '귀히 쓰일 그릇이나 혹은 천히 쓰일 그릇이나' 어떤 품종이든 모름지기 모두를 동일한 질료로 만든다는 주해가 대세이다. 그릇의 귀천과 용도에 관한 한, 토기장이가 무용지물의 토기 그릇을 만들 리도 없겠거니와 만들어진 토기 편에서도 자기 용도의 귀천을 탓하는 일은 자기 가치에 대한 치욕적인 모독임을 21절이 암시하고 있다. 더 나아가 19절 "당신이 어찌 나를 이같이 만들었느냐?"라는 방자함이 만약 그것이 신자의 투정이라면 그것은 무신론자의 교만보다 더 무거운 중죄임을 21절이 또 역시 암시하고 있다. 하나님의 권위는 "당신의 총체적인 목적을 완성하기 위해 구원사의 현재의 진행 과정에 있어 다양한 기능들을 인간들에게 부여하는 일이다"(Cranfield, 1985: 238)라는 결론을 우리도 수용하여야겠다. 이 결론을 우리가 존중하는 까닭은 귀히 쓰일 그릇과 천히 쓰일 그릇이 귀천의 문제가 아니라 단지 용도의 다양성을 표현하는 것이라 이해함이 바울의 의도를 올바르게 파악하는 것이라 믿기 때문이다. 여기서 우리는 고전 12장 "4은사의 여러 종류가 있지만, 같은 성령이다 ⋯ 7각 사람에게 성령의 나타나심은 공통의 선을 위해 주시는 것이다"를 상기한다.

진노의 그릇들을 오래 견뎌내심 그리고 자비의 그릇들에게 하나님의 영광의 풍성함을 알게 하심(9:22-23)

"지음을 받은 자가 그를 지으신 이에게 '당신이 어찌 나를 이같이 만드셨느냐?'"라는 21절의 매서운 힐난에 사기가 움츠러들었었지만, 귀히 쓰일 그릇도 천히 쓰일 그릇도 택하심의 범주에 포함된다는 위의 해설에 접하여 독자인 우리는 자격지심에서부터 위로를 얻게 된다. 하나님께서 우리의 과실을 허물하신다는 19절의 전제에서 벗어날 수 있기 때문이다. 그런데 귀히 혹은 천히 쓰일 그릇이 이제 22-23절에 잇따라 출현하는 '진노의 그릇', '자비의 그릇'과 어떤 연관성을 갖는지 다시 독자를 미혹에 빠뜨린다. 하지만 앞 21절의 비유는 인간으로 태어난 역사적 운명에 관련해 사용된 용어들이지 구원과는 무관하다(Cranfield, 1979: 492, 495)고 해석하는 견해가 21절을 22-23절이 별개의 개념에 대한 논변이라는 입장을 취한다.

독자들 중에 어떤 이들은 아직도 하나님의 주권에 관하여 하나님께서 어떤 사람은 택하시고 어떤 사람은 택하심에서 제외하는지에 관심이 집중되어 있는지도 모르겠다. 그러나 바울 사도는 택하느냐의 문제에 관한 한 누구냐의 문제 자체를 비켜나, 대신 하나님이 의롭다 하시는 구원의 성격이 무엇인지라는 관점에서 이미 로마서 전반부에 그 원리를 소상하게 해명하였고, 이제 후반부에 하나님의 의롭다 하심에 관한 종말 심판에 앞선 문제들의 실마리를 풀어헤치고 있다. 사도의 관심은 택하심이 어떤 대상인지의 관점보다는 하나님의 주권이 실현되는 성질이 어떤 것인지에 초점을 맞추고 있다. 로마서가 어렵다는 중론은 기본적으로 필자인 사도의 관점과 독자의 관점 사이의 바로 이 어긋남에 기인하는 것일 수도 있다. 그리하여 독자들은 로마서를 읽으며 왕왕 반어적인 내용에 접하고 비이성적인 모순에 당혹하기 일쑤다. 하지만 성경 읽기는 때로는 일상의 궤도에서 비켜서는 일이 필요하다. 이 단원 후반부 머리말 9:1-5를 읽을 때 바울은 형제요 골육인 이스라엘이 하나님의 백성에서 일탈되는 모습에 염려가 태산이었다. 그러던 사도가 지금 이 문단에 이르러 이스라엘이 점차로 약속의 실현에로 가까워지고 있음을 감지하고 있음을 서술하려는 참이다. 하나님께서 누구를 택하심이냐의 관점에서 읽으면 구원의 역사의 흐름이 종잡을 수 없이 오리무중이다.

오래 견뎌내어 참으시는 하나님의 뜻이 무엇인지를 깊이 생각하며
본문을 읽어야 한다.

> ²²만일 하나님이 그 진노를 보이시고 그 능력을 알게 하고자 하사 멸하기
> 로 준비된 진노의 그릇을 오래 참음심으로 관용하시고 ²³또한 영광 받기
> 로 예비하신 바 긍휼의 그릇에 대하여 그 영광의 풍성함을 알게 하고자
> 하셨을지라도 무슨 말 하리요

본문 22절과 23절은 문장의 구성 요소가 생략된 부분이 있고,
연결의 구성이 복잡하다. "²²만일 그래도 하나님께서 당신이 진노를
보이시고 당신의 능력을 알리시기를 원하시어 멸망에 채비를 갖추고
있는 진노의 그릇들을 오래 견뎌내시어 인내하셨던 바이고, ²³그리고
하나님께서 자비에 그릇들에 당신의 영광의 풍성함을 알게 하기
위함이시라면 그 그릇들은 당신께서 이전에 영광을 위해 마련하셨던
것들이다. (그렇다면 하나님께서 이런 일을 행하실 권리를 가지고 계신 것이
다)"가 22-23절이다. 이 본문의 독해에 앞서 어떻게 읽어야 하느냐의
지침을 미리 알아두어야겠다. 앞 21절에서의 '귀히 쓰일 그릇'과
'천히 쓰일 그릇' 그리고 23절의 '자비의 그릇'과 22절의 '진노의 그릇'
은 각각 맞대어 대응하는 같은 그릇을 지칭하고 있는 것이 아님을
우선 분명히 해두어야겠다. '만일'에 뒤이은 접속사 '그래도'(de, but)
가 앞 문단과 대조의 소재임을 밝히고 있다. 아울러 앞 문단에서는
토기장이가 그리고 이 문단에서는 하나님이 주역으로 등장하지만,
행여나 토기장이와 하나님이 동일한 주역이라 싶어 혼동하지 말아야

겠다. 두 22 및 23절 모두가 조건절(if) 구성의 문장이고, 그것에 뒤따라야 할 귀결절(then)은 말꼬리를 잘라 생략하고 있다는 사실도 미리 밝혀두고 읽어야겠다. 귀결절이 생략되어 있으나 전하고자 하는 내용을 짐작할 수 없는 것은 아니지만, 본문 말미에 "무슨 말하리요"라는 한글 개역의 첨가어 대신 토머스 슈라이너의 첨가어 "그렇다면 하나님께서 이런 일을 행하실 권리를 가지고 계시다"를 첨부하여 귀결절이 말하고자 하는 바를 가상적으로 괄호 속에 적었다.

우리는 22-23절을 되도록 원문의 어순에 좇아 위에 옮겨 적었지만, 그것으로는 구문 분석과 의미이해에 미흡하므로 구성성분의 연결 관계를 다시 풀이하겠다. 우선 22절의 주절은 "하나님께서 오래 견뎌내심으로 진노의 그릇들을 인내하셨다"이다. 이 주절에 앞세워 실제로 초두에 적고 있는 '만일 하나님이 진노를 보이고 당신의 능력을 알리시기를 원하셨기에'라는 분사절은 주절을 수식하는 종속절이다. 그리고 주동사의 목적인 '진노의 그릇들'에 대해 주절 다음에 다시 언급하여 '멸망에 채비를 갖추고 있다'라 수식하고 있다. 이어서 22절과 나란히 23a절에 "(이것은) 하나님께서 자비의 그릇들에 당신의 영광의 풍성함을 알리기 위함이다"라 진술하고 있다. 그리하여 논변의 주요 골격은 "하나님께서 진노의 그릇들을 오래 견뎌내시어 인내하셨다"의 22c절과 그리고 오래 견디심으로 인내하신 주요 목적이 "자비의 그릇들에 하나님의 영광의 풍성함을 알게 하기 위함이다"의 23a절이다. 가외의 다른 구성성분들은 이들 주요 골격 성분을 수식하는 부가적인 요소들이라 읽어도 좋다. 진노의 그릇을 위한 오래 견디심 그리고 자비의 그릇들에게 하나님의 영광을 알게 하심이라는 주요 골격과 그 목적은 다름 아닌 구원사의 요체이다.

뿐만 아니라 이 골격과 목적은 누가 읽어도 하나님께서 파라오에게 하신 말씀 출 9:16을 인용한 롬 9:17의 "내가 바로 이 목적을 위해 너를 일으켰으니 네 안에서 내 능력을 보이고, 내 이름이 온 땅에 공표되게 하려 함이다"를 상기하게끔 유도한다. 하지만 해당 한글개역을 읽어서는 롬 9:17을 연상할 여지가 밑도 끝도 없다. 여하튼 필자 바울에게 있어서는 롬 9:22-23이 파라오에게 하신 말씀인 9:17과 더불어 '진노의 그릇들을 오래 견뎌내심'이 인류 구원사에 귀중한 필수의 초석임을 강조하고 있는 것이다. 아닌 게 아니라 로마서 후반부에 들어와 있는 이 시점은 약속의 구별에서 비롯된 하나님의 백성의 좁은 문이 이제 '이 자비의 그릇은 하나님께서 부르셨던 즉 유대인들뿐만 아니라 이방인들'(9:24)인 우리에게까지 열림으로써 마침내 종말의 문턱에 다가와 있다. 오랜 견뎌내심(makrothymia)을 통해 Exodus라는 문턱을 넘는 인류 구원사의 거대한 관문 앞 기로에서 사도가 그냥 지나쳐 넘어갈 리 만무하다. 그만큼 구원사에 있어 중차대하고 난해한 대목이므로 신중하게 그리고 치밀하게 숙독해야겠다.

이제 주요 골격의 핵심 22c절과 주요 목적 23a절을 가외의 구성 성분들과 함께 읽으며 동시에 하나님께서 파라오를 오래 견뎌내시어 참으심의 의미가 무엇인가를 숙고하겠다. "하나님께서 진노의 그릇들을 오래 견뎌내시어 인내하셨다"라는 주절 22c절을 서술하기 전에 "진노를 보이시고(22a절) 당신의 능력을 알리시기를 원하시어(22b절)"라는 하나님께서 하시고자 하는 목적을 서술한 분사절이 선행하여 있다. 바울 서한에서 진노는 정죄의 심판을 그리고 능력은 17절을 읽을 때도 상례의 의미대로 구원의 뜻하는 것으로 읽었다. 한데 여기 쓰인 능력을 정죄의 능력이라 해석하는 학자도 있으니 차라리 어떤 능력인지 특정하게 명기하지 않기로 하겠다. 분명히 가름해야 할 논쟁은 이때 분사절이 주절에 대해 양보절이냐 혹은 원인절이냐는 이설이다. 양보절이라 해석하면, "하나님께서 진노(22a절)와 능력(22b)을 표출하시고 싶었는데도 불구하고 '멸망의 채비를 갖추고 있는 진노의 그릇들'을 종말 심판에 넘기지 않고 양보해 인내하셨다"(22c절)는 해석을 취한다. 이와 같은 양보절을 취할 경우에는 인내하심은 원하시는 진노와 능력의 표출을 삼가는 인내이므로 인내에 대한 인간사의 상식에 꽤 부합한다. 반면에 17절의 맥락에서 22a절과 22b절이 22c절에 대한 인과의 원인절이라 해석하면(Cranfield, 1979: 494; 1985: 239), 하나님께서 진노를 보이고 능력을 알리시고자 하였다는 22a와 22b절의 이유로 "오래 견디어내어 인내하셨다"(22c절)는 해석을 취한다. 이와 같은 원인절을 취할 경우에는 진노와 능력의 표출을 원하셨는데, 그렇게 원하셨기 때문에 인내하셨다고 해석해야 하므로 이것은 인과의 관계가 상식에 오히려 상치하는 쪽에 기운다. 그런데도 불구하고 다수의 학자들이 원인절의 해석을 선호한다(e.g. Kruse, 2012: 387; Schreiner, 1998: 520).

하지만 양보절이냐 혹은 원인절이냐는 문제는 상식에 의존해 판단할 일이 아니다. 무엇보다 "하나님께서 진노의 그릇들을 오래 견디어내시어 인내하셨다"가 무엇을 위한 인내하심인지를 구명해야 할 것이다. 논쟁을 보다 분명히 밝히려면 "하나님께서 진노를 보이시고 당신의 능력을 알리시기를 원하시다"(22a, 22b절)를 양보절로 해석하는 경우에 맞닥뜨릴 한계를, 그럼으로써 양보절로는 파악하지 못하는 한계를 알아내야겠다. 성경 해석에서 참으로 진부하고도 참으로 신통한 방안은 성경을 성경으로 해석하는 길잡이다. 우연찮게도 '오래 견뎌내심'과 '진노'와 관련된 롬 2:4-5의 기사를 찾아 읽었다. 기사인즉 "⁴혹은 하나님의 선(친절)하심의 풍요와 그리고 용서하심과 오래 견뎌내심을 네가 멸시하느냐? 하나님의 선(친절)하심이 너를 회개에 이끌어주신다는 사실을 알지 못하여 그러느냐. ⁵너의 강퍅함과 완고한 마음 때문에 당신의 의로우신 심판이 계시되는 때 진노의 날에 (있을) 너에 대한 진노를 네가 스스로 축적하고 있는 것이다"이다. 이 기사는 "그러므로 핑계치 못하리니 네가, 오, 인간아"라는 2:1의 배경으로 시작하므로 인간의 어리석음을 질책하는 9:20 이하와 매우 흡사하다. 하나님의 오래 견디심의 인내가 죄인을 종말 심판에서 구출하도록 '하나님의 선하심이 너를 회개에 이끌어주시기' 위한 기다리심인 줄 모르는 인간의 어리석음에 대한 질책이라는 점에 있어 9:22-23은 2:4-5와 맥을 같이 한다. 무엇보다 인간의 회개를 위해 하나님께서 오래 견디어 인내하셨다는 점에서 9:22-23의 진술이 롬 2:4-5의 내용과 합치한다고 우리는 생각한다. 요컨대 오래 견뎌내시어 인내하심은 회개를 위해 진노를 참으심이다.

이로써 '오래 견뎌내심'이 회개를 위한 심판의 유예인 줄 확인하였지만, 하나님께서 진노의 그릇들을 인내하심이 '진노를 보이시고 (22a절) 당신의 능력을 알리시기를(22b절) 원하심'과 양보의 관계인지 인과의 관계인지가 아직 석연찮다. 그러나 회개를 위해 인내하시는 의의 하나님이 구원의 능력에 있어 자유로우셔서, 한편 진노의 하나님이시기도 하고, 다른 한편 용서의 하나님이기도 하심은 자명하다. 이처럼 진노와 용서의 양면을 겸비하신 한 하나님께서 "진노의 그릇들을 오래 견뎌내시어 인내하셨다"이므로 여기서 우리는 진노, 능력 그리고 인내의 세 요소가 역기능의 양보의 관계에서 제각기 맞대어 상대하는 상호작용의 대립이 아니라 서로 촉진적인 순기능의 인과의 관계에서 서로 빚 갚음을 베푸는 긍정의 역동임을 추론하게 된다. 우리는 여기 22-23절의 맥락에서 그리고 9장 전체의 맥락에서 사람의 삶에서와는 달리 하나님의 구원 역사(役事)에서는 진노, 능력 그리고 인내가 긍정적인 역동의 촉진 작용이라는 사실을 깨우쳐야 한다. 하나님의 구원의 궁극적인 목적에 있어서는 진노와 용서가 공통의 효력을 지향함을 깨우쳐야 한다.

우리는 이미 23a절을 22절과 함께 읽었으나 22절과 23절을 별개로 읽으면 터무니없는 토막 이야기가 되어버리므로 23절 "그리고 (만일) 하나님께서 자비에 그릇들에 당신의 영광의 풍성함을 알게 하기 위함이시니, 그 그릇들은 당신께서 이전에 영광을 위해 마련하셨던 것들이다"를 22절과 함께 읽어 복습하겠다. 한글개역에서는 '영광의 풍성함을 알게 하다가'가 23절 문장 말미에 자리 잡고 있으니 22절과의 연결을 훼방한다. 역으로 이 23a절을 아예 22절 말미에 붙여 읽는 주해자도 있다(Cranfield, 1985: 238). 우리도 앞에서 하나님께서 하시고자 원하신 바가 '진노를 보이시고'(22a절) 그리고 '당신의 능력을 알리시는'(22b절) 것과 '하나님께서 자비에 그릇들에 당신의 영광의 풍성함을 알게 하기 위함이시니'(23a절)라는 세 목적을 연결하여 22절과 23절의 경계를 허물었다. 인과관계의 맥락을 돋보이도록 정리해 다시 풀이해 읽으면 "하나님께서 멸망에 채비를 갖춘 진노의 그릇들을 오래 견디심으로 참으셨으니 그 까닭인즉 당신께서 진노를 보이시고 당신의 능력을 알게 하시려는 때문이요 당신의 영광의 풍성함을 자비의 그릇들에 알게 하려 하심이다"가 실제의 의미 관계를 배려한 어순의 배열이다. 이때 하나님께서 진노의 그릇들을 오래 견디어 참으셨다는 핵심 문장을 서술하는 세 목적 중에서 영광의 풍성함을 알게 하기 위함이 궁극의 목적이고, 앞 두 목적은 궁극의 목적을 이루기 위해 성취되어야 하는 부차적인 목적이다 (Cranfield, 1985: 241). 그렇다면 진노를 보이고 능력을 알게 하시려는 부차적인 목적들이 부차적인 한에 있어 하나님의 영광이라는 궁극의 목적에 부가적인 목적이라기보다는 궁극의 목적에 종속되는 하위 목적이라 해석할 수도 있음직하다. 가령 '진노를 보이시고' 그리고 '당신의 능력을 알리시는' 까닭 역시도 하나님의 영광을 알게 하시려는 때문일 수 있다. 실제로 로이드-조운즈 박사는 "진노의 그릇들에 나타나는 오래 견디냄의 이유는 구원될 사람들을 구원해야 할 은혜의 기간의 연장(延長)일 수 있다"(1991: 223)를 강조함으로써 하나님의 진노와 능력을 현시하는 일은 부차적일 수 있음을 설교하고 있다. 결국 구원을 위한 하나님의 모든 역사하심이 당신 영광의 풍성함에 으뜸으로 귀결된다.

이제 23절을 끝마무리 지어야겠다. 앞에서 23a절을 읽으며 '자비의 그릇들'(skeue eleous)에 대해 소홀히 취급했었으나 실은 구원사에 있어 대단히 존중받아야 할 소중한 개념이다. 영광의 풍성함을 알게 할 대상인 '자비의 그릇들'에 관해 "하나님께서 이전에 영광을 위해 마련하셨던 것들이다"라 부언하고 있는데, '마련하셨다'는 종말에 현시될 하나님의 영광이 이미 예정되었다는 뜻으로 사용된 어휘라 한다. 혹은 '예정하셨던 바가 무르익다'의 뜻으로 '마련하였다'를 읽기도 한다. 다시 강조하건대 이처럼 예정되었던 '자비의 그릇들'의 개념은 23절 내에서의 독자적인 의미뿐만 아니라 22절과의 의미 관계에서 갖는 정합성 내에서 이해되어야 한다. 중언부언해 다시 말하면 22절에서 당신이 진노를 보이시고 또 당신의 능력을 알리시기를 원하시는 일 그리고 23절에서 당신의 영광의 풍성함을 알리기 위하는 일, 이들 세 구원의 목적 때문에 하나님께서 멸망에 채비를 갖춘 진노의 그릇들을 오래 견디심으로 참으셨다는 맥락의 배경이 '자비의 그릇들'이 출현하는 필연적인 요건이다. "하나님께서 창세 전에 예정하셨던 자비의 그릇들에 당신의 영광의 풍성함을 알게 하신다"에서 '자비의 그릇들'이라는 명칭은 '아직 아니'라 하더라도 종말에 있을 광휘가 본래 '하나님의 자비를 받을 자격이 없는 수혜자들'(Schreiner, 1998: 523)에게 허용된 상태를 일컫는 것이라 한다. 그렇다면 자비의 그릇들은 22절에 적힌 진노의 그릇들이 자비의 은혜를 받을 수 있도록 변모한 새로운 존재라 해석해도 무방할 것이다. 그러므로 하나님의 주권이 진노의 그릇들에 대해 구원의 역사(歷史)를 통해 역사(役事)하신 실상이 다름 아닌 자비의 그릇들로 변형된 산물이다.

　"하나님께서 자비로워하는 사람에게 자비(긍휼)를 베푸신다"라 모세에게 말씀하신 15절을 인용한 이후에 우리는 엄격한 정의도

없이 자비에 대해 여러 번 이러쿵저러쿵하였다. 이제 23절에 접하여 그리고 미리 앞질러 11:32를 인용하며 자비가 사용되는 개념 규정을 더 정교화하기로 하겠다. "하나님이 모든 사람을 순종치 아니하는 가운데 가두어 두심은 모든 사람에게 긍휼(자비)을 베풀려 하심이로다"가 한글개역이다. 여기 32절은 약속의 부르심에서 이스마엘을 제치고 또 에서를 제치고, 불순종의 유대를 제치고, 그 대신 마침내 이전에 순종치 아니하였던 이방을 구원에 부르신 자비에 대한 진술이다. 이 구원사의 문맥에서 자비의 수혜는 불순종에 갇히어 은혜를 받을 자격이 없는 사람들 누구든지 '모든 사람(만인, pantas)에게' 하나님의 궁극적인 목적인 은혜의 "자비를 베풀려 하심이로다"(32절)가 중요하다. 자비가 쓰인 문맥으로 보아 그것을 받을 자격이 없는 사람들에게도 주어지는 은혜이고, 모든 사람에게 주어지는 보편적인 구원의 베푸심은 아니라 하더라도 택하심에 제외되었던 사람들에게도 구별 없이 주어지는 은혜이다(Schreiner, 1998: 629). 여기서 '구별 없이'라는 게 또 중요하다. 우리는 앞에서 '구별'이라 함은 부르심의 약속에서의 가부를 갈라놓는 택함의 과정에서의 필연적인 구원의 전조라 하였다. 포함했든 제쳐놓았든 그 여부를 허물어뜨리고 구별 없이 주어지는 은혜가 자비이다. 이제 자비의 사전적인 의미를 마련할 때도 무르익은 때가 되었다. 우리가 '불쌍하다' 혹은 '동정하다'의 뜻인 한글개역의 '긍휼'이라는 용어 대신에 '자비'라는 용어를 선호하는 까닭은 자비가 용서라는 의미를 내포하고 있다고 믿고 있기 때문이다. 진노의 그릇들의 회개를 위해 하나님께서는 오래 견디심의 인내를 통해 당신의 영광을 자비의 그릇들에게 알게 하시는 은혜의 계기가 곧 자비이다. 그러므로 자비는 받을 자격이 없는 만인 모두에게 은혜를 허용하시는 축복이다.

여러 학자들이 이 22-23절의 중요성을 바울의 문헌 중에서도 으뜸으로 꼽는다(e.g.: Schreiner, 1998: 519). 심지어 오늘날까지 바울의 독자들에게는 생소한 기사인데도 불구하고 이 기사가 전하는 구원의 역사관의 바탕 위에서 놀랍게도 '유대인 중의 유대인인'(Ambrose, 2015) 바울은 파라오에게 과한 재앙들을 자비의 관점에서 해석하고 있다(Moo, 1996: 605-606). 파라오에게 말씀하셨던 대로 하나님께서 "너를 일으켜 세웠음은 나의 능력이 네 안에서 보이고, 나의 이름이 온 땅에 공표되게 하기 위함이다"(17절)라 공표함 역시 하나님께서 은혜의 자비를 베푸심이라 이해하려면 또 역시 진노의 하나님이 용서의 하나님이시라는(Schreiner, 1998: 520) 바탕 위에서야 깊은 감동으로 읽을 수 있다. 이 공표가 우리를 당혹케 하는 것도 사실이지만, 실은 그것은 진노의 그릇들을 인내로 참으심이며, 나아가 인내를 넘어 "자비의 그릇들에 당신의 영광의 풍성함을 당신께서 알리기 위함이셨다"(23절)라는 궁극의 목표를 위해서이다. 그러므로 22-23절은 하나님의 주권이 실현코자 하는 목표가 구원사의 진행 과정에서 구체적으로 실현되는 인간으로서는 도저히 믿기 어려운 실상이다. 믿기 어려운 만큼 이를 표현하는 양식도 그것에 걸맞게 if 조건절로 구사해서 then 종결절을 생떼 부리듯 생략해버린다. 그리하여 22절과 23절에서 하나님께서 진노 내지 능력을 표출하셨어야 하는 일이 그리고 영광의 풍성함을 알게 하는 일이 당연한 당신의 권리임을 바울은 조건절의 수사적(修辭的)인 구사를 통해 그 안에 결론까지 함축하고 있다. 따라서 두 조건절이 끝나는 23절 말미에 한글개역은 "무슨 말하리요"를 삽입해 첨가하고, 슈라이너(1998: 519) 사역은 "그렇다면 하나님께서 그리 하실 권리를 가지고 계시다"를 첨가하고 있다.

우리는 22-23절의 핵심 단어들이 '오래 견디어내심'의 인내, '자비' 그리고 하나님의 '영광'이라는 긍정 어휘라 독해하고 싶다. 무엇보다 이들 긍정 어휘들 사이의 의미 관계가 하나님의 주권이 지향하는 목표를 표상한다고 생각한다. 우선 '오래 견디어내심'(makrothymia)은 "진노의 그릇들을 오래 견디어내심으로 인내하셨다"라는 9:22의 맥락에 있어서도 그리고 "하나님의 친절하심과 관용하심과 오래 견디어내심의 풍성함을 네가 멸시하는 것이냐, 당신의 친절하심이 너를 회개에 이끌어주신다는 사실을 알지 못하여 그러느냐?"의 2:4의 맥락에 있어서도 뭇 죄인의 회개하기를 위한 하나님의 기다리심이다(Kruse, 2012: 387). 하나님의 인내는 단순한 진노의 지연을 넘어 기다리심이라는 긍정의 오래 참으심이다. 아울러 이때 또 다른 핵심 단어가 '자비'(eleos)이다. 자비가 쓰인 23절의 문맥은 "당신의 영광의 풍성함을 자비의 그릇들에 알게 하시다"가 자비의 목표를 기술한 것이다. 이 목표를 위한 "약속이 원하는 사람에게도 진력하는 사람에게도 아니고 자비를 베푸시는 하나님에게서 나온다"는 16절을 비롯하여 "하나님께서 (뜻)하시고자 하는 사람에게 자비를 베풀다"라는 문맥에서처럼 하나님의 택하심을 위한 하나님의 배려인 용서이다. 뿐더러 본문을 인용해 고증할 필요도 없이 '영광'(doxa)은 하나님의 속성 자체임이 두말할 나위 없다. 그러므로 요컨대 '오래 견뎌내심'도

'자비'도 '영광'도 모두가 구원을 위한 하나님의 주권의 본성이며, 당신의 속성이고 권리이다. 그러므로 "하나님의 궁극적인 목적은 모든 백성에게 당신의 영광을 현시하는 일이다. 당신의 영광은 진노와 자비 양자를 통해서 표출되지만 특히 자비를 통해서 표출된다"(Schreiner, 1998: 523).

4. 부르심의 보편성: 이방인들 그리고
이스라엘인들에서의 남은 자
(9:24-29)

  이 단원 마지막 단락인 9장의 말미로 이방인들과 이스라엘인들 중에서 남은 자를 부르심에 관한 구원사 주제의 막바지에 접어들었다. 이 단락을 읽기 전에 로마서 후반부를 개관하기로 한다. 이 단락은 아브라함에서 기원하는 하나님 백성의 족보 수정본(revised version)이므로 구원 역사의 흐름도 흐름이거니와 무엇보다 하나님의 구원의 섭리를 로마서 후반부 테두리에서 통찰할 수 있어야 하겠기 때문이다.

  바울의 로마서 서술 양식은 주제의 일관성이 면면히 이어지되 다양한 측면을 면밀하게 이모저모 파헤쳐 보여주는 깊이 있는 담론이므로 독해에 있어 긴장을 늦추지 말아야 담론의 한 토막이 다른 토막에로 넘어가면서 이야기 흐름의 의미 연결을 제대로 파악할 수 있다. 후반부에 들어와 예컨대 "내 형제자매인 육신에 따르는 이스라엘 사람들인 내 혈육을 위해 내 자신이 그리스도에게서 저주를 받아 의절되기를 원하노라"(9:3)는 애통으로 시작하지만, 다른 한편 "이스라엘 출신 그들 모두가 이스라엘 사람은 아니다"(9:6)라 하나님의 백성의 택하심의 자격을 냉정하게 선을 긋고 있는데, 이를 함께 통합해 읽어야 의미 연결이 제대로 파악된다. 잇대어 9:6-13에 하나님의 택하심의 자유를 논하며 "하나님께서 야곱은 사랑하고 에서는 미워하였다"(9:13)에로 도약한다. 이로써 유대인이라 하여 모두 하나님의 백성인 것은 아니라는 배경을 저변에 깔고, "하나님께서는 뜻하시고자 하는 사람에게 자비를 베푸시고, 뜻하시고자 하는 사람을 강퍅하게 하신다"(18절)라는 하나님께서 지향하시는 의지를 양면으로 표명한다. 그리하여 9:14-23에 자비든 강퍅함이든 어떤 것이든 그것은 하나님 주권의 목적에 봉사하는 당신의 자비의 의지의 표출임을 이집트 왕 파라오를 강퍅하게 하신 대재앙을 본보기로 제시하여 인류 구원의 파노라마를 예시한다. 파라오에게 주어진 강퍅함의 뜻을 22a절에 "하나님께서 당신이 진노를 보이시고 당신의 능력을 알리시기를 원하심이다"라 기술하고 있지만 그 진노의 근원 역시 하나님의 자비의 발로라 이해할 수 있겠다. 연관하여 22-23절에서 토기장이 비유를 사용하여 한편 하나님의 '진노'와 '능력'이 그리고 다른 한편 심판을 유예하는 '오래 견뎌내심의 인내'가 상호 합력하여 선을 이루는 긍정적인 작용을 통해 "하나님께서 자비의 그릇들에 당신의 영광의 풍성함을 알게 하시도록"(23절) 역사하신다. 이 23절이 하나님의 구원의 궁극의 목적이다.

하나님의 주권의 궁극적인 목적은 본질에 있어서 당신의 영광을 모든 백성 만민에게 나타내심의 보편성이다. 이미 1:16에 "복음은 믿는 모든 사람(만인)에게 구원을 주시는 능력이니 첫째는 유대인에

게요 그다음에는 이방인에게다"라 진술하였던 기록을 상기할 필요
가 있다. 로마서는 수신자의 성격 탓도 있겠지만 시종일관 유대인과
이방인(유대인과 이방인이라면 온 인류 만민이거니와)의 보편적인 구원
에 대한 관심이 주요 주제이다. "한 하나님 그리고 만인의 아버지이신
당신은 만유 위에 그리고 만유를 통해 그리고 만유 가운데 계신다"(엡
4:6)라는 하나님의 본질이 모든 것들(만물)을 포괄해 일관성 있는
유의미한 질서로 정립한다. 마침내 이 단락에 진입하며 여기에서
'유대인들에서부터뿐만 아니라 이방인들에서부터 역시' 하나님께
서 부르셨음을 공표하는 기사가 출현한다. 그리하여 하나님 백성의
보편성은 유대와 이방을 "둘을 하나로 만들었고, 칸막이 중간 벽을
허물었다"(엡 2:14)이다. 이때 오히려 구원은 '복음을 믿는 모든 사람'
인 '남은 자'에게이어서, 이스라엘의 자손 중 "남은 자는 구원받을
것이다"(27절)에 제한된다. 하나님의 주권의 의지는 당신의 영광을
모든 백성 만민에게 나타내심이지만 동시에 구원의 실상은 '남은
자'에 국한된 하나님의 의의 실현이다.

자비의 그릇들인 유대인들뿐만 아니라 이방인들도 역시 부르셨다(9:24-26)

하나님의 구원의 섭리를 개관하며 서문 말미에 유대인들뿐만
아니라 이방인들도 부르셨다는 9:24를 미리 인용하였다. 실상 24절
은 앞 문단 23절의 '자비'를 관계대명사로 사용하여 연속으로 병치한

하나의 문장 구성이다. 이 문단의 본문을 읽기 전에 23절과 더불어 24절 옮겨 적으면, "하나님께서 자비의 그릇들에 당신의 영광의 풍성함을 알게 하기 위함이시니, 그 그릇들은 당신께서 영광을 위해 이전에 마련하셨던 것들이다"(23절)에 잇따라 "그것들(자비의 그릇들)을 당신께서 유대인들에서뿐만 아니라 또한 이방인들에서 심지어 우리조차 부르셨다"(24절)라 적혀 있다. 여기서 23-24절을 함께 먼저 읽고자 함은 이 문단 제목 "자비의 그릇들인 유대인들뿐만 아니라 이방인들도 역시 부르셨다"에 적힌 바와 같이 하나님께서 부르신 사람들을 자비의 그릇들이라 명시하고 있으므로 우선 자비가 무엇인지를 재차 확인하고 본문에 접근해야겠기 때문이다. 진노의 그릇들의 회개를 위해 하나님께서는 오래 견디심의 인내를 통해 당신의 영광을 자비의 그릇들에게 알게 하심이 자비의 베푸심이다. 자비의 주요 특징 중 하나는 받을 자격이 없는 자, 이를테면 아담과 그 아내처럼 차라리 진노를 받아 마땅한 자에게 주어지는 은혜이다. 자비의 또 다른 특징은 부르심을 위해 하나님께서 진노의 표출을 오래 견디심이다. 필경 그 오래 견디심의 시작은 당초 아담과 그 아내가 실낙원할 때부터일 것이니 그들에게 가죽 의복을 지어 입혀 내보낸 일이 그 증거이리라 싶다(창 3:21).

24이 그릇은 우리니 곧 유대인 중에서뿐 아니라 이방인 중에서도 부르신 자니라 25호세아의 글에서도 이르기를 내가 내 백성 아닌 자를 내 백성이라, 사랑하지 아니한 자를 사랑한 자라 부르리라 26너희는 내 백성이 아니라 한 그곳에서 그들이 살아 계신 하나님의 아들이라 일컬음을 받으리라 통사 구조에 있어서는 실제로 24절이 앞 문단의 23절과 같은 한 문장의 연결이라 하였으나, 주제가 이방인들에게로 구원의 확장을 제기하고 있으니 구원사의 진행으로 보면 획기적인 새로운 단계에의 진입이다. 원문의 어순대로 24절을 다시 옮겨 적으면, "그것들(자비의 그릇들)을 당신께서 부르셨으니 심지어 우리를 유대인들에서부터뿐만 아니라 또한 이방인들에서부터이다"와 같다. 획기적이라 하였지만, 아닌 게 아니라 "복음은 믿는 모든 사람(만인)에게 구원을 주시는 하나님의 능력이니 첫째는 유대인에게요 그다음에는 이방인에게다"라는 1:16 진술을 회고하건대 이방인의 구원은 태초부터의 하나님의 기획에 따른 것이다. 아울러 "자비의 그릇들은 당신께서 영광을 위해 이전에 마련하셨던 것들이다"라 23절에 진술하고 있는 것처럼 이미 창세 전에 예정하셨던 자비의 그릇들임을 확인할 수 있다. 이처럼 예정하셨고 부르셨던 구원의 대상인 자비의 그릇들은 '유대인들에서부터(ex)뿐만 아니라 또한 이방인들에서부터(ex)'라 서술하고 있으므로 학자들은 유대인들과 이방인들 중에서 남은 자(kataleimma)를 택하신 것으로 해석한다(Longenecker, 2016: 821). '남은 자'에 관해서는 뒤로 제쳐놓고 크란휠드의 특이한 해설을 인용하면 "교회 안에 이방인들이 현존한다는 사실은 이스마엘, 에서, 파라오 그리고 불신의 유대인들을 배제한 (자비의) 영역이 하나님의 자비에서 종국적으로 봉쇄된 것은 아니라는 징표이고 확약이다"(Cranfield, 1985: 242)가 그것이다. 난해한 인용문을 풀이하면 "교회 안에 이방인들이 현존한다"라는 언표를 사용함은 (차후에 다시 논의할 터이나) 크란휠드뿐만 아니라 여러 학자 역시 24-26절에서 부르심의 문이 이방인들에게 열렸다는 사실은 성도들을 교회에의 부르심이라는 해석을 취하고 있다(Ridderbos, 1975: 332). 그리고 이방인들조차 하나님의 백성으로 부르심을 받은 것을 고려하면, 여하튼 이스마엘 및 에서와 더불어 예수의 메시아 신앙을 부정하는 여타 유대인들 그리고 심지어 파라오까지 하나님의 부르심에서 배제된 모두가 반드시 종말 심판에 정죄된다고 규정하고 있는 것은 아니라는 해설이다. 앞 22-23a절에 대한 주해에서도 "진노의 그릇들이 필히 자비의 그릇들이 되어야 한다는 것이 하나님의 목적이다"(ibid,: 241)라 하나님 주권의 목적에 대해 해설했던 것과 마찬가지의 해설의 일환이다.

자비의 그릇이 부르심이고, 달리 역으로 말하면 부르심이 곧 자비라는 24절의 진술은 유대인들뿐만 아니라 이방인들 역시 하나님의 백성임을 선언하는 것이다. 그리하여 이 단락은 이 선언에 관련된 구약의 25-29절 말씀을 길게 인용하여 하나님의 주권이 기획하는 구원사는 구약과 신약이 잇대어 연결된 하나의 연속임을 바울 사도는 확인하여준다. 이들 구약의 인용문들은 25-26절이 이방인들을 구원에 포함하는 부르심에 관한 호세아서의 인용이고, 다음 27-29절이 이스라엘에서 나머지 소수를 부르심에 관한 이사야서의 인용이다. 이 구약 말씀 중에서 이방인에 관한 25-26절을 이 문단에서 읽기로 하고, 유대인에 관한 27-29절은 다음 문단에 넘어가 읽겠다.

앞에서 구원이 이방인들에게로 확장되는 사실을 일컬어 획기적인 사건이라 언급하였지만, 달리 생각하면 구약의 예언자가 이미 예언한 일이므로 획기적이긴커녕 구원사에 있어 당연한 경과일 따름이라 해야겠다. 인용문들에 대한 학자들의 주해는 특히 25절 인용문이 호세아 원문과 어떻게 차이가 나는지를 관심한다. 앞 부문에서의 출애굽 인용문들은 특히 70인역과 자구조차 그대로의 충실한 인용이었던 반면에, 여기 호세아서의 인용은 원문에서 벗어난 인용이 돋보인다. 이때 호세아서의 옮김이 바울 자신의 고의적인 일탈이라 간주할 여지도 있겠거니와, 구약에 대한 바울의 재해석이라 생각하면 원문으로부터의 벗어난 상위한 차이가 차라리 흥미롭다 아니할 수 없다. 출처가 호세아서인 25-26절은 '또한 호세아에서 당신께서 말씀하시기를'이라는 말머리를 서두로 하여 "²⁵나는 내 백성이 아닌 사람들을 내 백성이라 그리고 사랑치 않던 사람들을 사랑하는 사람이라 부를 것이다. ²⁶너희는 내 백성이 아니다라고 그들에게 말하여졌던 그곳에 그들은 살아계신 하나님의 자식들이라 불리어짐을 받을 것이다"라 호세아가 전한 하나님의 말씀을 인용하고 있다. 여기 25절은 호 2:25 원문의 변용으로 우리가 읽는 현행본 성경에는 기록이 빠져 있고 70인역에서야 찾아 읽을 수 있다. 그리고 26절은 호 1:10 원문의 복사이므로 26절은 제쳐놓고 25절에 해당하는 70인역 호 2:25의 원문과 더불어 그 변용인 9:25를 비교해 읽기로 하겠다.

나는 자비를 베풀리라 자비를 베풀지 않던 자에게 그리고 내 백성이 아닌' 사람들에게 나는 말하리라 너희가 내 백성이다'라고(호 2:25).

나는 부르리라 내 백성이 아닌 사람들을 '내 백성이다'라고, 사랑치 않던 사람들을 '사랑하는 사람'이라고(롬 9:25).

　두 서한 기록 사이의 몇몇 상위점들에 대해 학자들이 합치해 지적하는 항목은 "'내 백성이 아니다'라 불렸던 사람들에게 '너희는 내 백성이다'"에 대해 호세아서는 '(나는) 말하리라'(ero)라는 동사를 사용하고 로마서에서는 '부르리라'(kaleso)라는 동사로 바꾸어 표현하고 있다는 사실이다. 호세아서와 로마서의 객관적인 상황의 차이로 말하면 전자에서는 본래 하나님의 백성이었던 우상숭배의 북이스라엘 종족의 방탕을 하나님께서 용서로 받아들이는 장면이고, 반면에 후자의 이방인의 경우에서는 '약속의 언약들에 외인'(엡 2:12)을 새롭게 하나님의 백성으로 받아들이는 장면이다. 그리고 '말하다'와 '부르다'의 용어 사용에 있어 어휘 의미의 차이로 말하면, 전자는 "내 백성이다"라는 호칭의 기능을 강조하는 어휘 의미로서의 '말하다'이고, 후자는 선행 24절에서 '자비의 그릇들'이라 불렀던 어휘 의미와 11-12절에서 에서를 제치고 야곱을 택하실 때 "택함에 있어서의 하나님의 목표가 세워지도록 하기 위함이니, 행위들의 기반에서가 아니라 부르심의 당신의 기반에서이다"라는 맥락에서의 은혜를 베푸심이라는 어휘 의미로서의 '부르다'이다. 이들 동사의 차이와 더불어 "너희가 내 백성이다"가 호세아서에서는 해당 2:25 말미에 적혀 있는 반면에 로마서에서는 해당 9:25 초두에 기록되어 있는 어순의 차이 역시 눈여겨보아야 한다. '하나님의 백성'에로의 둔갑이 더더구나 이방인에게 변고의 사건이라 할진대 어순에 있어서도 앞당겨 그 특이성을 부각시켜야 마땅하다. 때문에 '말하다'와 '부르다'의 용어 사용에 있어 표면과 심층의 뉘앙스의 차이에도 불구하고 호 2:25를 바울은 하나님의 백성으로 이방인을 부르심에 대한 예언이라 해석하고 있음을 의심할 여지가 없다. 이에 덧보태어 호세아서에서의 '자비'가 로마서에서 '사랑'에로 대체하고 있기도 하다. 로마서에서 대체된 용어 '사랑'의 사용은 아마도 호세아서 1:8에서의 "나의 백성이 아니다"(Lo-Ammi)가 "나의 백성이다"에로의 변화보다 호 1:6에서의 "나의 사랑이 아니다"(Lo-Ruhamah)가 호 2:23에서 "너희가 나의 백성이다"라는 예언을 들은 백성이 "당신은 나의 하나님이시다"라 회개한 고백까지 적혀 있는 극적인 효과를 반영한 것인지도 모르겠다. 여하튼 로마서 후반부에 들어와 "내가 야곱은 사랑하고 에서는 미워하였다"(13절)의 말 1:2-3의 예외적인 인용 이외에는 '사랑하다'의 어휘를 사용한 사례가 없으므로 여기 '사랑' 어휘의 사용은 느닷없기는 하다.

그리고 호 2:1을 그대로 옮겨 적은 26절 "그들에게 말하여졌던 바 '너희가 내 백성이 아니다'라 말하여졌던 그곳에 그들이 살아계신 하나님의 자식들이라 거기에 불리어질 것이다"가 다시 이어진다. 이 호 2:1은 호 2:25와 동질의 예언이기도 하려니와 나아가 "살아계신 하나님의 자식들이라 불리어질 것이다"라는 표현을 참조컨대 하나님의 백성으로 이방인을 부르심에 대한 아주 확고한 선언이라 하여야겠다. 우리는 둔갑(遁甲)이라는 비성서적인 용어를 사용하며 유대와 함께 이방을 하나님의 백성으로 부르심을 공부하고 있다. 둔갑이라는 용어를 사용하며 뒤가 켕기던 터에 "만일 너희가 그리스도에 속해 있으면 너희가 아브라함의 씨(자손)이다"를 갈 3:29에서 찾아 읽을 수 있기에 정색하고 용어의 오용을 수정해야겠다. 둔갑을 '부르시다'로 바꿔야겠다. 이 단원의 핵심 단어가 부르심이고, 이 문단의 핵심 단어는 부르심의 보편성이다. 부르심은 유대인들에게 있어서야 하나님의 백성에로 본래의 지위에 복원이지만, 이방인들에 있어서야 '소망이 없고 이 세상에서 하나님이 없는'(엡 2:12) 자들이니 '사랑하는 하나님의 아들들'(huioi theou zontos)이라는 하나님의 직계 가정 호칭으로 불리는 일은 참으로 무엄하다 아니할 수 없다. 그러나 부르심은 유대인에게 한정된 제한구역이 설정되어 있지 않다. "혹은 하나님은 유대인들의 하나님이실 따름이고 또 역시 이방인들의 하나님은 아니시냐? 그렇다. 또 역시 이방인들의 하나님이시다"(3:29)라 우렁차게 역설했던 바울이 구태여 '나의 백성이 아니다'가 '나의 백성이다'에로 바뀐 호 2:25 및 호 2:1의 예언을 원용한 까닭이 있을 것이다. 구약의 입을 통해 하나님의 말씀을 직접 전하고 싶었을 것이다. "주 우리의 하나님은 오직 하나이시다"(신 6:4)라 나날이 고백하는 이스라엘의 입으로 "한 하나님 그리고 만인의 아버지이시다"(엡 4:6)라 전함을 듣고 싶었을 것이다.

유일신 하나님이 하나이시므로 하나님의 백성도 당연히 하나이어야 한다. 관련하여 이 단락에서 '부르심' 그리고 '나의 백성'이라는 어휘들을 특히 반복해 사용하고 있는 사실에 학자들은 주목한다. 하나님께 속한다는 의미로 '하나님의 백성', '사랑하는 사람들' 그리고 '사랑하는 하나님의 아들들'이라 부를 것이라는 다양한 표현을 이방인들에게 적용하고 있는 것은 그들을 교회에 빗대어 부르심과 같다. Meyer에 의하면 바울 서한 머리말 인사에서 '거룩한 백성이라 부르심을 받은'(롬 1:7; 고전 1:2)이라는 표현이 어원에 있어 성회 (聖會)라는 뜻의 에클레시아 교회를 가리키는 어휘라 한다(Ridderbos, 1975: 332f.). 토머스 슈라이너에 의하면 이들 언어 사용의 용례를 통해서 "교회가 하나님의 새로운 백성을 형성한다"는 개념을 바울 사도가 기술하고 있는 것이라 해석한다. "이 용어들을 교회에 적용하는 것은 바울의 사상에 있어 교회가 하나님의 새로운 백성을 형성한다는 확고한 증거를 설정하는 것이다"(Schreiner, 1998: 527)라 부연한다. 이에 덧붙여 앞에서 인용했던 갈 3:29 "만일 너희가 그리스도에 속해 있으면 너희가 아브라함의 씨(자손)이고 약속에 따라 유업을 이을 자이다"를 다시 원용하겠다. 부르심을 받은 새로운 백성으로 구성된 그리스도에 속해 있는 교회인 새롭게 형성된 하나님 백성의 영역은 호세아의 예언대로 "내 백성이 아니었던 사람들을 내 백성들이라 부를 것이다"(25절)라는 바로 그 영역이다(Moo, 1996: 613). 하나님께서 아브라함과 그 자손에게 하셨던 약속이 새로운 자손인 이방인에게 유업으로 주어진 보편성의 영역이다. 다른 무엇보다 새롭게 형성된 하나님의 백성의 모임은 보편성이라는 특성에 있어 예루살렘 교회와 다르다.

오로지 남은 자가 구원받으리라(9:27-29)

앞 문단 24-26절은 이방인을 아브라함의 자손으로 부르심이다. 그렇다면 이제 당연히 본 문단 27-29절에서는 아브라함의 친족 자손들의 향방은 어찌 되는지 궁금증이 부쩍 치솟을 차례이다. 바울은 이 궁금증을 유대인과 이방인의 상대적인 관계에서 조명하여 해명하고 있다. 따라서 우리는 본문 27-29절에 접어들기 전에 앞 문단과 본 문단 사이의 의미 관계의 연결부터 해명키로 하겠다. 앞 문단 24절은 "자비의 그릇들을 당신께서 부르셨으니 심지어 우리를 유대인들 중에서부터(ex) 뿐만 아니라 또한 이방인들 중에서부터(ex)이다"라 시작하는데, '자비의 그릇들'에 대해 이방인들보다 먼저 유대인들을 꼽고 있는 어순이 주제의 상대적인 중요성을 반영한다. 그리고는 24절과 관련하여 유대인에 대해 "그러나 이사야가 이스라엘에 관해 울부짖기를, '이스라엘의 자손의 수가 바다의 모래 같을지라도 오로지 남은 자가 구원받을 것이다'"라 사 10:22를 인용해 문단 27절을 서술하고 있다. 뿐더러 접속사 '그러나'로 27절을 시작하여 내용에 있어서도 "오로지 남은 자가 구원받을 것이다"라는 이사야의 예언은 '울부짖다'라는 정서적인 묘사를 앞세워 감격해 마지않는 심정을 표현한다. 이때 '소수자'(hypoleimma)라 적힌 적은 수의 '남은 자'(kataleimma)라 함은 24절에 적힌 '유대인들 중에서부터' 그리고 '이방인들 중에서부터'라는 전치사 ex(from)에서 도출해 뽑아내어진 의로운 '남은 자'이다. 이 소수가 호 2:23을 인용한 25절에서 "내 백성이 아닌 사람들을 내 백성이라" 또 "사랑치 않던 사람들을 사랑한다고 부를 것이다"라 서술하였던 새로운 백성을 일컫는다. 이들이야말로 호 1:10을 인용한 26절에서 "살아 계신 하나님의 자식들이라 불리어짐을 받기에" 마땅한 사람들을 가리킨다(Longenecker, 2016: 821). 이처럼 '남은 자'는 인류 구원의 요체의 구실을 하는 주요 개념이므로 우선 구약에서의 '남은 자' 개념의 용례들을 론즈네커의 NIGTC 부록에서 개관하겠다. '남은 자'의 개념을 이해하면 다음 단원에서 우리가 공부할 죄인 이스라엘을 소망으로 이끄는 하나님의 선하심의 능력에 관해서도 깊은 통찰을 얻을 수 있다.

복음서의 독자들로서는 생소한 용어이지만 구약의 어휘 빈도로 하면 '남은 자'가 희귀 용어가 아니다. 이를 위한 서술문 형식의 본보기로 창 7:23과 왕상 19:18을 우선 예시하겠다. 사람들이든 짐승들이든 기는 것이든 나는 것이든 모든 생물을 쓸어버리고 "오로지 노아와 그와 함께 방주에 있던 자만 남았더라"(창 7:23) 그리고 "그러나 내가 이스라엘 가운데 칠천 인을 남기리니 다 무릎을 바알에게 꿇지 아니한 자니라"(왕상 19:18)가 그 본보기이로되 각각의 인용문이 어떤 배경의 이야기인지를 생략하겠다. 예시한 사례는 '남은 자'가 보통 명사 대신에 '남은 자'의 어근(語根)을 동사형으로 변형해 서술 표현으로 사용한 본보기이다. 그만큼 '남은 자'의 화용(話用)의 폭이 넓게 쓰인다. 전형적인 용례이고 또 명사형으로 쓰인 사례들을 여러 예언서에서 찾아 읽을 수 있다(Cf. 스 9:8; 사 11:11; 렘 23:3; 슥 8:12). 바울이 27절에서 사 10:22를 인용한 것 이외에도 이사야서와 아모스서는 '남은 자'의 사용 빈도가 매우 높은 예언서이다. 예컨대 하나님의 진노가 성읍을 황폐하게 만들고 거주민이 없어져 버리도록 "그 땅에 십분의 일이 남아있을지라도 이것도 다시 삼킨 바 될 것이나… 거룩한 씨(생존한 남은 자)가 이 땅에 그루터기일 것이다"(사 6:13)라든가 "주 여호와께서 가라사대 이스라엘 중에서 천 명이 나가던 성읍에는 백 명만 남고 백 명이 나가던 성읍에는 열 명만 남으리라 하셨느니라"

(암 5:3)를 읽으면 '남은 자'가 무엇인지 그 함의를 짐작하고 남는다. 구태여 풀이하면 베어버린 나무 그루터기에 새순이 돋아나는 새싹이니 "아, 전멸은 면했나보다!"(김교신, 1942)이다.

어쭙잖게 앞 문단과 관련해 본 문단의 27절 전반부에 인용된 사 10:22를 미리 읽어 '남은 자'의 개념을 두루 섭렵하였다. 이제 이 문단의 본문을 읽으며 하나님의 구원의 역사(役事)에 있어 남은 자가 어떤 구원의 의미를 갖는지 파악해야겠다. 이스라엘의 소수자로서의 이들은 하나님의 백성의 약속을 지탱할 마지막 보루로 남은 자이다.

> 27또 이사야가 이스라엘에 관하여 외치되 이스라엘 자손들의 수가 비록 바다와 같을지라도 남은 자만 구원을 받으리니 28주께서 땅 위에서 그 말씀을 이루고 속히 시행하시리라 하셨느니라 29또한 이사야가 일러 말씀하신 바 만일 만군의 주께서 우리에게 씨를 남겨 두지 아니하였더라면 우리가 소돔과 같이 되고 고모라와 같았으리로다 함과 같으니라

이미 27절을 읽었지만, 이 문단을 새로 접하듯 다시 읽기 시작하겠다. "그러나 이사야가 이스라엘에 관해 부르짖다"라는 촌평을 바울은 모두에 첨가하고 있다. '부르짖다'(krazei)는 "너희는 양자의 영을 받았기 때문에 그 영으로 말미암아 우리가 '아바, 아버지'라 부르짖다"라는 8:15에서처럼 거룩과 기쁨을 마주보고 대하는 감격의 고백이다(Moo, 1991: 538). 이사야의 예언 10:22-23을 대충 원용하여 그 내용이 일종의 감격의 고백인 양 27-28절 본문에 서술하고 있다.

"²⁷이스라엘의 자손의 수가 바다의 모래 같을지라도 그 남은 자는 구원받을 것이다. ²⁸주께서 당신의 말씀을 이 땅에서 실현하시기를 온전히 끝내고 신속하게 단축함으로써이다"가 인용한 본문이다. 그런데 독자들로서는 남은 자만 구원받는다는 이사야의 예언과 8:15에서 '아바, 아버지'라 부르짖는 감격적인 내용과 어떻게 버금가도록 감동적인지 얼핏 이해하기 쉽지 않다. 실제로 학자들조차 27-28절 그리고 29절의 맥락적 해설에 어려움을 겪는다. 이를테면 크란휠드는 해당 히브리 원전과 70인역을 비교해 읽으며 이사야의 진의를 발굴하고자 애쓴다. 하지만 원전과의 비교와 더불어 9장의 전체 맥락의 틀에 비추어 '남은 자'의 구속의 의미를 깊이 통찰해야 할 것이다.

"이스라엘의 자손의 수가 바다의 모래 같을지라도"라는 27a절은 하나님께서 아브라함을 본래 축복한 창 22:17을 인용하며 잇대지만, 그런데도 불구하고 "남은 자만 구원을 받을 것이다"(27b절)라 이스라엘의 소수의 남은 자만이 구원되리라고 이스라엘 구원의 축복의 폭을 좁혀 기술하고 있다. 한데 이 진술은 70인역에 적힌 이사야의 본래의 예언 취지에 합당하게 옮겨진 것이라 한다(Cranfield, 1975: 502). 아브라함에게 약속하신 하나님의 백성이라는 부르심의 활짝 열린 개방성이 일찍이 협소한 좁은 문으로 바뀐 것이다. 게다가 "너희가 내 백성이 아니다'라 말하여졌던 그곳에 그들(이방인들)이 살아계신 하나님의 자식들이라 거기에 불리어질 것이다"라는 기록이 이미 26절에 추가되어 있으니 배타적인 유대인들로서는 통탄이 배가할 일이다. 통탄의 절망 중에서이긴 하지만, 그래도 그런대로 "그 남은 자는 구원받을 것이다"라는 외침이 들리니 그 소리 자체가 광야에서 부르짖는 좋은 소식이라 들릴 수 있을지도 모르겠다. 마치 그것은 '그 남은 자'는 "아, 전멸은 면했나보다!"의 감동을 능히 불러일으킬 수 있으리라 싶기도 하다. 게다가 이해가 어려운 또 다른 문제가 수반한다. 이어지는 28절을 되도록 직역하면 "말씀을 끝내시고 의롭게 단축하리니 까닭인즉 말씀을 온전하고 신속하게 주께서 이 땅에 실현할 것이기 때문이다"인데, 히브리 원전과도 다르고 본문의 문장 구성도 까다롭다. 따라서 우리는 여러 번역본을 참고해 요점을 압축하여 앞 본문 게재에서 "주께서 당신의 말씀을 이 땅에서 실현하시기를 온전히 끝내고 신속하게 단축함으로써이다"라 옮겨 적었다. 여하튼 이 28절이 유대인 중 '남은 자'가 구원을 얻는 까닭을 기술하고 있다고 이해하기에는 여전히 꺼림칙하다.

이제 이 단원의 마지막 절에 "이사야 그가 이전에 말한 것과 마찬가지로 '전능하신 주께서 한 씨를 남겨두지 않으셨다면 우리가 소돔과 같이 되었을 것이고, 우리가 고모라와 같이 되었을 것이다'"라 29절에 서술하고 있다. 말하자면 하나님께서는 당신의 백성이 완전히 파멸치 않도록 내버려 두시지 않았다는 것이다. '이사야 그가 이전에 말한 것과 마찬가지'라는 초두의 표현은 "이사야가 이스라엘에 관해 부르짖다"라는 27절 초두의 표현과 마찬가지로 좋은 소식을 선언하는 서두라 읽어도 좋을 것이다. 이 29절은 사 10:22 및 특히 사 1:9의 원문을 자구대로 옮긴 것이라 한다. 여기 '씨를 남겨두다'라는 표현이 '남은 자'에 해당하는 서술형 표현으로 하나님의 택하신 사람에 관한 정제된 표상을 묘사하는 용어들이다. 이미 9장 6-9절에 아브라함의 자손인 진정한 이스라엘인을 '씨'라는 어휘를 사용한 바 있다. 소돔과 고모라와 같은 극심한 파멸을 이스라엘 사람들이 겪었어야 했었을 터인데 "남은 자조차라도 보존되어 있음은 하나님의 은혜의 기적이다"(Cranfield, 1979: 502)라는 평가에 대해 여러 학자들이 공감을 표현하고 있다. 여기 사용된 '씨'는 미래의 하나님 백성의 '거룩한 씨'의 의미를 갖는다고 해석하기도 한다. 크란휠드는 무엇보다 28절을 27절과 함께 읽지 않고 29절에 연결시켜 읽는다. '주께서 당신의 말씀을 이 땅에서 실현하시기를 온전히 끝내고 신속하게 단축함으로써'(28절) 한 씨를 남겨두신 것이라 독해한다.

"만군의 여호와(전능의 주님)께서 우리에게 몇몇 생존자들을 남겨두시지 않았다면 우리가 소돔 같고 고모라 같았으리라"(사 1:9)는 이스라엘에 대한 이사야의 예언도 놀랍거니와 그 예언을 인용해 남은 자의 구원의 부르심을 설파한 사도 바울의 부르짖음도 놀랍다. 왜냐하면 그 예언과 부르짖음은 하마터면 있을 뻔했던 인류의 전멸에서 면하게 해준 하나님의 오래 견디심을 위한 찬양이기 때문이다. 그것은 불만에 찬 투정의 외침이 아니다. "어느 한 사람의 구원도 자비이다" (The saving of any is mercy. Schreiner, 1998: 530)라는 논평이야말로 '한 씨를 남겨두신' 남은 자에 진정 합당한 감사의 표현이다. 물론 하나님의 궁극적인 목적은 모든 백성에게 당신의 영광을 현시하는 일이다. 그러나 죄의 용서 없이는 죄를 의롭다 하실 '만유 위에 그리고 만유를 통해 그리고 만유 가운데 계신'(엡 4:6) 하나님이 아니시다. 이 문단 27-29절이 9:6-29의 결론이라 논평하는 리처드 N. 론즈네커는 하나님의 약속이 오로지 '의로운 남은 자'에게 주어진다는 '기독교 남은 자 신학'이라는 이름의 강한 주장을 펼치며 로마서 전반부의 1:16-4:25와 5:1-8:39와 더불어 여기 9:6-29가 상호보완적인 기독교 복음의 필수 핵심의 요체라 생각한다(Longenecker, 2016: 824-826). 더 나아가 우리는 "남은 자가 구원을 받을 것이다"가 비단 이스라엘에만 해당하는 복음이 아니라 이스라엘과 이방을 통합하고 구약과 신약의 일관성을 통합하는 구원의 역사에 있어 기독교 복음의 생명의 요체라 생각한다.

| 11장 |

의의 율법과 믿음의 의 그리고
이스라엘의 불순종에 대한
하나님의 신실하심

9:30-10:21

구원사에 있어 한 혹은 가장 큰 결정적인 전기는 이방 역시 하나님의 백성에로의 받아들임이다. 이제는 하나님 섭리가 온누리 만인에게 펼쳐지는 막이 열리는 시대가 도래하였다. 앞 단원 독해에도 마찬가지로 해당하지만, 이 단원을 독립된 담론으로 읽어 구원사의 결론을 섣불리 앞질러 내지 말아야 한다. 구원사는 종말의 때까지 진행 중이고 로마서도 계속 이 경과를 서술하는 중이다. 이제 이 단원에서 하나님의 구원의 의가 이방에게 그리고 이스라엘의 남은 자에게 현시된 새로운 장(場)의 특징적인 현황을 설명한다. 남은 자를 남겨두셨다는 그 자체가 "하나님의 말씀이 실패하지 않았다"(9:6)는 사실 이상에 하나님이 살아계신 만유의 하나님이시라는 증거이다.

　이 단원은 어떤 연고로 하나님의 구원의 의가 이스라엘의 심령을 꿰뚫지 못하였는지를 소상하게 논변한다. 이 논변은 이스라엘을 정죄하려는 의도가 아니라 만유 가운데 계신 하나님의 구원의 의가 무엇인지를 증거하기 위함이다. 이 논변의 주요 주제가 의의 율법과 믿음에 의한 의와의 대조이다. 로마서는 초두에서부터 믿음에 의한 의에 관해 누누이 여러모로 논변하고 있으나, '의의 율법'이란 용어는 여기 9장에서의 바울의 독자적인 용어이다. 믿음으로 말미암아 의롭다 하시는 칭의(稱義)의 은혜와는 달리 의의 율법은 행위의 공덕 위에서 의를 이루려는 인간적인 방식의 의의 추구이다. 이스라엘이 율법에 정성을 다해 하나님께 열심이나, 애석하게도 자신의 의를 이루려는 열심이 고작이다. 여기서 바울 사도가 가르치고자 하는 것은 행위냐 믿음이냐는 단순한 형식 분류가 아니라 하나님의 구원의 의가 무엇이냐는 본질이다. 하나님께서 그리스도 안에서 역사하심이 인간의 죄를 위한 구원의 의임을 체험하여 "주의 이름을 부르는 모든 사람은 구원 받는다"(욜 2:32)를 고백하는 믿음이다. 이 믿음은 너무나 단순하다. '단순하다'라 하는 믿음의 자질은 '믿음만(sola fide)/믿음을 통해서만(allein durch den Glauben)'이라는 용어가 대변하는 하나님의 은혜를 마중하는 순수성이다. 세속이 아니라도 여차여차한 방법으로 잘 가꾸어진 인간의 정교성은 불순하기 마련이다. 유대주의자들은 유일신을 경외하는 일에조차 애오라지 제 잘난 인간적인 방식에 매달려 의존하였다. 그럼에도 불구하고 "온종일 내가 불순종의 완강한 백성에게 내 양손을 벌렸노라"라는 사 65:2의 예언의 인용으로 로마서 10장을 마무리하거니와 자비와 비감의 이 예언이 자만의 이스라엘의 앞날에 소망을 비춘다.

1. 이스라엘이 믿음에 의해 의를 추구하지 않고 율법의 행실로 추구하였다
(9:30-10:4)

이 단락은 9:6-29의 요약이자 9:30-10:21의 서문이다. 동시에 요약 및 서문을 넘어 그리고 유대주의를 넘어 앞 단원에서 언급했던 기독교 복음의 핵심 요체(Longenecker, 2016: 824f.)의 초석이기도 하다. 단락 분류 방식으로 하면 9:30-33과 10:1-4를 독립된 단락으로 나누어 읽어도 무방하겠으나 9:30-10:4가 모두 본 단원 11장 9:30-10:21의 서문 겸 기초라는 관점에서 하나의 단락으로 묶어 읽겠다.

의의 율법을 추구한 이스라엘: 의, 율법 그리고 믿음(9:30-32)

첫 구절 "무엇을 그렇다면 우리가 말할 것이냐?"라 함은 앞선 담론을 반성하고 뒤따르는 담론의 말문을 여는 대담 형식의 전형적인 수사의 어법이다. 그리하여 의를 추구하지 않았던 이방인들은 '믿음에 의한 의'(30절)를 얻고, 반면에 '의의 율법'(31절)을 추구한 이스라엘인들은 의를 얻지 못하였다는 통렬한 대조의 비판을 진술하고, 그들이 의를 얻지 못한 까닭이 믿음의 의를 추구하지 않았기 때문이라 단정한다(32절). 이 짧은 세 절에서 로마서 2장에서부터의 주요 주제인 의 그리고 율법과 믿음에 대해 압축해 진술하고 있다.

> ³⁰그런즉 우리가 무슨 말을 하리요 의를 따르지 아니한 이방인들이 의를 얻었으니 곧 믿음에서 난 의요 ³¹의의 법을 따라간 이스라엘은 율법에 이르지 못하였으니 ³²어찌 그러하냐 이는 그들이 믿음을 의지하지 않고 행위를 의지함이라 부딪힐 돌에 부딪혔느니라

"무엇을 그렇다면 우리가 말할 것이냐?"라는 30a절의 담론의 서두는 구약과 신약의 징검다리를 건너며 바울이 자신의 소견을 피력하겠다는 정중한 어투의 표현이라 읽고 싶다. 이 서두를 앞세운 다음 30b절은 "이방인들은 그들이 의를 추구하지 않았지만 의를 얻었으니 그러나 그 의는 믿음에서 나온 것이다"라 서술하고 있다. 반면에 31-32a절은 "³¹그러나 이스라엘은, 의의 율법을 추구하였던 바, 바로 그 의의 율법을 얻지 못하였다. ³²ᵃ왜냐? 그들이 의의 율법을 믿음의 기반에서가 아니라 행실의 기반에서 추구하였기 때문이다"(Cranfield, 1985: 247)라 서술하고 있다. 이방이 30절에서 그리고 이스라엘이 31-32a절에서 각각이 추구하고 있는 의가 이질적임을 명세하고 있다. 그런데 여기서 두 동사 '추구하다'(diokein)와 '얻다'

(kakaklambanein)가 경주에서 달음박질해 결승점에 도달하는 장면, 예컨대 "푯대를 향하여 그리스도 안에서 하나님이 (하늘) 위에서 부르신 부름의 상을 위하여 좇아가노라"(빌 3:14)의 장면을 묘사하며 사용된 어휘들이기도 하다. 특히 31절에서 이스라엘이 '의의 율법'(nomon dikaiosynes)을 위해 달음박질했지만 '의의 율법'에 도달치 못하였다는 31절이 빌 3:14와 대조를 이루고 있다는 사실이 흥미롭다. 더군다나 '의의 율법'의 의미가 이현령비현령이라서 이해에 또 다른 어려움이 뒤따른다. 우리는 나중에 31절 문장 구성에 대해 상술키로 하겠다.

아시다시피 성경은 여러 번역본이 공존하고 있고, 여기 원문 30-32절 번역본들의 가지 수만큼 통용되는 번역의 실제 내용이 갖가지이다. 다른 무엇보다 의와 믿음과 율법과의 관계야말로 이해 수준의 차이가 제각각이어서, 우스개 농이랄 것도 없이 개신교와 가톨릭 신학의 이질성이 그 대표적인 본보기이다. 그러므로 여기서 바울이 의에 관해 '믿음에 의한 의'(30절) 및 '의의 율법'(31절)이라는 맥락에서 믿음과 율법과 의의 의미 관계를 기술하는 논변에서는 각별한 어휘 주해가 필요하다. 미리 결론을 앞세우면 믿음도 율법도 그것이 무엇인지는 의가 무엇인지에 의존한다. 바울 32절 초두에서처럼 우리도 "왜냐?"라 묻고 자답하면 "의롭다 하시는 이가 하나님이시다"(1:16; 3:26; 4:5; 8:33)이기 때문이다.

첫째, '믿음에서 나온 의'에 관하여 심층적인 이해가 요구된다. 우선 30a절에 "이방인들은 그들이 의를 추구하지 않았지만 의를 얻었다"라는 진술부터 놀랍다. '추구하다'는 목표지향적인 행위를 수반하는 동사인데, 추구하지 않고 의를 얻었다는 사실이 놀랍다.

그리고는 30b절 "한데 그 의는 믿음에서 나온 것이다"(dikaiosynen de ten ek pisteos)가 잇대어 출현한다. 대뜸 하나님께서 "믿음을 아브라함에게 의로 여기신다"(4:9)라 하신 축복의 약속 4:9-16을 상기하지 않을 수 없다. 이방에게 주어진 "복음은 아브라함에게 주어진 약속의 완수이며 아브라함의 하나님의 믿음은 율법보다 여러 세기에 앞선 것이다"(Bruce, 1977: 182)라는 해설 역시 여기서 상기하는 일이 유익하다. 왜냐하면 4:13에 "아브라함과 그의 후손이 약속을 받은 일은 율법으로 말미암은 것이 아니라… 오직 믿음의 의로 말미암은 것이다"라, 그리하여 '믿음의 의'가 '믿음에서 나온 의'임을 분명히 기술하고 있기 때문이다. 이때 태내부터의 개신교 신자들에게는 믿음과 의가 엄마와 맘마와 같은 불가분의 자양분의 진액의 원천이지만, 그렇다 하더라도 믿음이 의라는 하나님의 뜻을 심각하게 숙고할 일이다. 게다가 의로 여기심을 받은 "아브라함이 믿지만 할례 받지 않은 자들의 조상이다"(4:12)라는 생때같은 당연한 언급에 보태어 심지어 "율법으로 말미암은 것이 아니라"는 생떼 쓰듯 하는 변칙 과장의 수사까지 바울은 4장에 동원하고 있다. 무할례이고 무율법의 때에 아브라함을 의로 여기신 일은 할례와 율법은 의와 무관하다는 증거이다. 결국 "아브라함은 모든 우리(믿는 사람들)의 조상이다"(4:16)라는 결론을 유도하여 하나님의 아들이 성육신하기 이전부터 의는 '믿음의 의'임을 바울은 증거하고 있다. 달리 말하면 하나님이 아브라함을 의롭다 하신 의는 당초부터 '믿음의 의'이지 '율법의 의'가 아니다.

둘째, '의의 율법'에 관하여 심층적인 이해가 요구된다. "이스라엘은, 의의 율법을 추구하였던바 바로 그 율법을 얻지 못하였다"가 크란휠드의 31절 사역이다. 여기 31a절에 쓰인 '의의 율법'에 관하여 우리는 대뜸 율법과 별개의 의, 즉 "이제 하나님의 의가 나타났다. 그 의는 율법과 별개로 나타나졌다"의 3:21을 상기하지 않을 수 없다. 로마서 초반부터 의는 '복음의 의'(1:17)이어야 바울답고 혹은 심지어 '율법과 별개인(choris nomou) 하나님의 의'(3:21)이어야 더욱 바울다운 의일 터인 데 반해, 여기 9:31에서는 '의의 율법'이라 의와 율법을 소유 관계의 한 단위로 기술하고 있다. '의의 율법'은 바울 자신 속내를 곧이곧대로 내비친 개념이 아니다. 율법 자체가 의가 아닌데도 불구하고 이스라엘이 율법에 의거하여 의를 얻으려는 인간적인 노력을 힐난하는 바울의 고의적인 풍자의 표현이라 싶다. 이때 자칫 오해하기 십상인 것은 이스라엘이 의에 게으르거나 소홀하다고 지레짐작하지 말아야 한다. 그들은 자신들이 스스로 하나님 앞에 의롭게 서기 위해 율법, 즉 '의를 위한 율법'(Schreiner, 1998: 537)에 열심인 자들이다. 한데 여기서 "이스라엘이 의의 율법을 추구하였다"라는 31절 표현은 율법의 추구가 의를 위한 그들의 이기적인 목적에서 빚어낸 욕심을 뜻하는 것이라 이해해야 한다.

　여기서 제기되는 또 다른 문제는 31a절과 31b절의 의미 관계의 연결이다. 어순대로 직역하면 "이스라엘은 그러나 의의 율법을 추구함으로써 의의 율법에 관련하여 도달하지 못하였다"가 31절이다. 여기 "의에 율법에 관련하여 도달하지 못하였다"라는 후반과 전반과의 연결이 비문법적으로 난삽하기 때문에 직역을 피하고 있다. 원문에 충실하려 애쓴 흔적이 역연한 NIV의 31절 번역에 따르면 "이스라엘의 백성은, 그들이 의의 방식으로서 율법을 추구하였던 바, 그들의 목표에 도달하지 못하였다"이다. 혹은 리처드 론즈네커의 31절 번역에 따르면 "이스라엘 백성은 모세 율법과 관련하여 의의 형식법 (nomistic)을 추구하고 있으나 그들은 의를 얻지 못하였다"(Longenecker, 2016: 827)라 풀이하고 있다. 사실상 여기 사용된 율법은 모세의 율법 인 도덕법(moral law)이고, '의의 형식법'(legalistic/nomistic)이라는 데 모든 학자가 합의하고 있다. 모세 율법 자체가 의에 거스르는 것은 아니라 하더라도 내실과 실재 없는 유명(唯名)만의 모세 율법을 이스라엘이 추구하여 '의를 위한 율법'이라 맹종한 나머지, 이제 32절 에서 분명하게 진술되어 있는 바대로 그리스도 믿음의 기반 위에서 구원의 의를 믿음으로써 추종하지 않고, 행위로써 추종함으로써 의를 얻는 데 실패한 것이다. 반복하거니와 인간 중심적인 혹은 자아 중심적인 이스라엘이 추구하였던 '의의 율법'은 그들 스스로의 생각 에 따라 하나님 앞에서 의롭다는 지위를 인정받기를 스스로 원했던 그들 자신의 목표였던 의일 따름이다. 그러므로 의의 율법에 관한 31절은 실제로는 "의에 도달하는 방식(길)으로서의 율법을 제외하고 있다"(Sanders, 1983: 42)고 해석해야 한다는 것이다.

셋째, "믿음에서부터가 아니기 때문이다"에 관하여 역시 심층적 인 이해가 요구된다. 이 구절로 말하자면 "이스라엘이 의에 도달하지 못하였다"라는 31절에 잇따라 32절 초두에 "왜냐?"라는 외마디로 '의의 율법'을 추구해 의를 얻지 못한 까닭을 다그쳐 캐묻고 있다. 그 대답인즉 질문과 마찬가지로 주어와 동사를 생략한 채 32절 후반 에 "믿음으로부터 아니라 율법의 행위로부터이기 때문이다"라 간결 하게 응대한다. 이처럼 의를 얻지 못한 까닭을 "믿음에서부터가 아니기 때문이다"라는 진술은 비문(非文)이긴 하지만 언뜻 읽어도 소통에 거침없이 이해가 가능할 듯싶은데, 학자들은 부가적인 해설을 보탠다. 우연찮게도 찾아 읽을 수 있는 "율법은 믿음에서가 아니다"의 갈 3:10-12의 기사가 여기 32절에 "믿음에서가 아니기 때문이다" (ouk ek pisteos)와 상응하므로 32절의 해석을 갈 3:10-12에 의존하여 설명한다. 그리하여 율법의 특성이 믿음에 의한 순종을 요구하는 것이 아니라 행위에 의한 실적을 요구하는 것이기 때문에 이스라엘이 의를 얻지 못한 것이라는 해석을 취하기도 한다(cf. D. Gordon, 1992). 이때 문제는 또 다른 문제를 불러들인다. 이스라엘이 의를 얻지 못한 까닭이 율법의 특성에 기인할 일이냐 혹은 이스라엘인들 자신에게 책임 지울 일이냐에 관한 율법론 논변이 그것이다. 이 논변은 그 자체가 유의미하든 않든 불문곡직하고, 올바른 접근은 이미 30-31절이 제시한 맥락에 따라 이방과 유대가 각각 추구하는 바가 무엇인지의 관점을 존중하는 입장이 판단의 기준이 되어야 할 것이다. 이에 따라 여러 학자들이 30 및 31절에 출현한 동사 '추구하다'가 32절에 생략된 것으로 간주하여 "그들이 믿음에 의한 율법이 아니라 행위들로부터 나온 것을 추구하였기 때문이다"와 같이 주어와 동사를 복원하여 본문 32절의 심층 문장을 독해한다. 그리하여 의를 얻는 데 실패한 것은 이스라엘이 '믿음에 의한 의'를 추구하지 않고 율법의 행위들에서부터 의가 나온다는 그릇된 '의의 율법'의 방식을 추구하였기 때문이라는 해석이 일반론이다.

요컨대 '믿음에 의한 의'(30절), '의의 율법'(31절) 그리고 "믿음에서부터가 아니기 때문이다"(32절)라는 세 주요 논제에 관하여 로마서는 시종일관해 의와 율법과 믿음이라는 세 개념으로 구성된 하나님의 구원의 계획을 기술하고 있다. 앞에서 우리는 세 개념 각각의 구실을 개관하였으니 이제는 세 개념의 관계를 개관할 차례이다. 이번에는 "믿음에서부터가 아니기 때문이다"의 부정 명제를 "믿음에서부터이어야 하기 때문이다"라는 명령법의 긍정 명제로 바꾸고, 역순으로 그것을 앞세워 의와 율법과 믿음의 개념들과의 관계를 논변키로 하겠다.

"믿음에서부터가 아니기 때문이다"라는 32절의 서술은 사실상 31절에 명명한 '의의 율법'의 부정적인 개념과 직접 연결해 읽어야 한다. 율법을 추구해 의를 얻고자 한 이스라엘이 의에 도달하지 못한 까닭이 "믿음에서부터가 아니기 때문이다"라는 인과관계가 두 절을 연결한다. 율법 행위의 업적들, 즉 행적들(ergon)로부터의 의는 인간관의 바탕 위에 기초한 형식 내지 도덕(legalistic or nomistic) 율법의 소산이다. 도덕률로서의 율법은 율법의 성질상 어떤 행위의 실행을 금지하는 조항들로 구성된 명령 서법이므로 율법은 행위를 수반하지 않을 수 없다. 율법은 금지된 행위가 아닌 행위를 필연적으로 수행할 것을 요구한다. 이때 9:30-32와 함께 3:27-31을 읽는 일이 유익하다. 우선 3:27만 미리 옮기면 "그런즉 자랑할 데가 어디 있느뇨? 있을 데가 없느니라. 어떤 종류의 율법 때문이냐? 행위의 업적의 율법에서냐? 아니다. 믿음의 율법 때문이다"와 같다. 여기서 "자랑할 데가 없다"를 읽으면 공감하지 않을 수 없다. 인간의 노력에서 얻은 의가 자랑이라면 그것은 인간으로 하여금 막다른 골목에 몰아넣는다. 반면에 '믿음의 의'(nomou pisteos)이라는 '믿음에서부터 나오는 의'가 인간에게 요구하는 것은 오로지 순종의 믿음만이고, 그것만으로 은혜가 주어지기에 족하다. 인간 편에서 말하면 인간의 노력에 의해서 의가 주어지는 것이 아니다. 그리고 하나님 편에서 말하면 은혜로 의가 주어진다. 결국은 믿음과 은혜는 양자가 동질의 같은 값을 갖는다. 그러므로 혹은 이 때문에 율법 그 자체가 의가 아님은 물론이고 더군다나 율법 행위의 업적은 의에 도달하는 방식(길)에서 배제되어야 마땅하다. 지상명령에 위배되는 의의 율법으로 인해 "이스라엘은 부딪힐 돌에 부딪혔느니라"(32c절)를 겪는다.

　　의와 율법과 믿음이라는 세 개념의 서로 얽힌 상호작용을 대충 개관하였다. 구원사의 진행의 징검다리를 발맞추어 짝자꿍으로 넘는 이들 세 개념은 복음서에서 찾아볼 수 없는 사도 바울의 독자적인 설명 개념들이다. 독자적인 만큼 이들 개념의 이해와 적용의 범위를 조심스럽게 또 올곧게 다루어야 한다. 이 점에서 세 개념 사이의 상호작용에 관한 개관에서 믿음에 관한 우리의 논변이 불충실함을 자성해야겠다. 믿음에 관한 한, 그것은 로마서 초두 인사 말미에 '믿음으로 나오는 순종'(1:5)이라 적고 종결 인사 시작 전에 "믿음에서 나오지 않는 모든 것이 죄이다"(14:23)라 서술하기에 이르기까지 이 믿음이 로마서의 골격이다. 당연히 의와 율법의 관계에 있어서 믿음이 모퉁이 돌의 구실을 한다. 앞에서 우리는 세 개념 중에서 유별나게 '의의 율법'에 치중한 나머지 믿음과 율법의 관계에 관해 우리의 이해가 부족한 채로 부실하게 지나쳤다. 이제 우리는 '의의 율법' 대신에 '믿음의 율법'(nomos pisteos)에 관해—혹은 의의 율법 대(對) 믿음의 율법에 관해— 그 성질을 구명하여야겠다. 제임스 던에 의하면 이스라엘의 과실이 율법을 추구함에 있는 것이 아니라 율법 행위의 업적을 목표로 추구한 일이 과실이라 규정한다(Dunn, 1998: 640). 그러나 믿음에 의해 율법을 추구하였더라면 의에 도달할 수 있다는 해설을 덧보탠다. 그렇다면 '의의 율법'이라는 표현에서 의도 율법도 각각 긍정적인 함의를 갖는 개념이므로 부정적인 풍미를 강조하지 말아야 할 것이다(cf. Dunn, 1998: 639f.). 의와 율법과의 어색한 조합으로서의 이 용어 내지 개념은 바울 선생 자신이 회심 전에 가졌던 신념 그리고 오늘날까지도 이스라엘 백성에게 유용한 신념, 즉 율법은 의의 실현이라는 신념을 대변하기 위해 표어로 만든 사도 바울의 조어(造語)라 보아야 한다. 그리하여 "이스라엘이 그것 (의의 율법)을 추구하였던 까닭은 믿음의 기반에서가 아니라 행위의 기반에서이기 때문이다"라는 크란휠드의 32절 사역(私譯) 역시 의의 율법에서 빚어진 이스라엘의 분투의 비극을 반영하는 측면도 있을 것이다.

로마서 기사 중에서 의와 율법과 믿음 이들 세 요인과 관련하여 신자들의 자랑으로 존중하는 '믿음의 율법'에 관하여 롬 3:21-31의 단락에 기록되어 있다. 이 단락에서 "예수 그리스도를 믿음으로 말미암아 모든 믿는 사람들에게 의가 주어지는 것이다"(3:22)를 전제한 후에 앞에서 인용한 3:27에서는 '사람이 의롭게 되는 것은 '믿음의 율법'으로 말미암아서라 규정한다. 그리고 3:31에서는 "그런즉 우리가 믿음으로 말미암아 율법을 무효화하느냐? 천만에! 도리어 우리가 율법을 굳게 세운다"라고 하며, 믿음이 율법을 '굳게 세운다'라 둘의 긍정의 관계를 선언하고 있다. 우리는 앞에서 9:31을 읽으며 율법 그 자체는 의가 아니라 극언하기까지 하였으되 여기서는 믿음으로 말미암아 율법을 굳게 세운다고까지 '믿음의 법'을 옹호하고 있다. 따라서 의에 역기능을 표현하는 '의의 율법'과 의에 순기능을 표현하는 '믿음의 율법', 양자에 있어 전자와 후자 사이의 관계는 친족(親族)의 개념인가, 이종(異種)의 개념인가? 혹은 전자에 속하는 '행위 업적의 율법'(nomos ergon)과 후자인 '믿음의 율법'(nomos pisteos)은 동질의 개념을 뜻하는가, 이질의 개념을 뜻하는가? 이 의문은 법/율법(nomos)이 모세 율법을 일컫기도 하고 혹은 때로는 원리, 규칙 종교적인 체계나 규범을 은유적으로 일컫기도 하므로 학자들 사이에 뜨거운 논쟁의 대상이다. 우리는 여기서 제임스 던의 견지를 좇기로 하겠다.

롬 3:27-31을 롬 9:30-32와 함께 읽는 공동의 마당을 "믿음에서 나오지 않는 모든 것이 죄이다"(14:23)가 마련한다고 우리는 믿는다. 바꿔 말하면 오로지 믿음에 의해서라야 의의 율법이 아닌 율법의 의에 도달할 수 있다는 것이 14:23이다. 그러므로 '믿음의 율법'이라 함은 '하나님의 의에 참여하는 것이 믿음'이고, 그리스도를 믿는 믿음에 의해서 율법을 추구하면 율법을 통해 의를 이룩한다(Dunn, 1998: 640). 던의 이 해설이 우리가 앞에서 제기했던 의문에 대한 명쾌한 해답을 준다. 이스라엘의 과실이 율법을 추구함에 있는 것이 아니라 율법 행위의 업적을 목표로 율법을 추구한 일이라는 것이 바울의 논변이므로 이 말씀은 믿음에 의해 율법을 추구하였더라면 의에 도달할 수 있다는 던의 해설과 썩 잘 보완적일 수 있다고 생각하기 때문이다. 다시 말하면 "이스라엘이 그것을 추구하였던 까닭은 믿음의 기반에서가 아니라 행위의 기반에서이기 때문이다"라는 9:32의 바울의 말씀이 다름 아닌 '믿음의 율법'에 대한 바울 자신의 해설이기도 하다고 제임스 던이 풀이하고 있는 것이다. 그러므로 '행위 업적의 율법'에서 빚어지는 이스라엘의 분투의 비극에서 도약하여 "누가 그리스도의 사랑에서 우리를 끊으리요?"(8:35)에까지 높이 승화하는 '믿음의 율법'의 길을 바울이 3:27에서도 그리고 9:30에서도 설파하고 있는 것이다.

본문의 주해를 제쳐놓고 용어 해설의 샛길로 접어들었다. 기왕에 저지른 바라서 우직한 일종의 말 놀음을 다시 밀어붙이겠다. '율법의 여왕'이라 칭하는 가말리엘 문하의 제자이었던 바울의 율법관은 바울의 회심과 소명만큼 극적이다. 회심 후 사도는 율법관을 "누구든 율법의 행위들로 인해 하나님 앞에서 모든 육체가 의롭다고 공표하지 못하게 하고, 차라리 율법으로 말미암아 죄를 자각하게 하려는 것이다"(3:20)라 피력한다. 이것의 좋은 본보기가 "율법이 '너희가 탐내지 말라'고 말하지 않았더라면 내가 탐심이 무엇인지를 알지 못했을 것이다"(7:7)이다. 이와 같은 율법 비판적인 통찰력으로 그는 '율법 행위의 업적'(erga nomou)이라는 조어(造語)를 사용하여 자기 혈육인 이스라엘에 대해 공리적인 이기주의라 날카롭게 비판한다. 성서 학자가 아니더라도 그의 글에서 율법주의에 대한 심한 비평의 냄새를 감지할 수 있다. 거듭해 인용한 '이스라엘은 의의 율법을 추구하였으나'가 전형적인 본보기이다. 학자들조차 '의의 율법'을 '율법의 의'로 자리바꿈하는 해석하는 사례가 그 본보기이다. 또 다른 사례로 크란휠드의 32절 사역 "이스라엘이 의의 율법을 행위 업적의 기반에서 추구하였다'의 언표만 하더라도 자칫 말 놀음의 과실을 범하게 한다. 신중히 음미하지 않으면 '추구하다'의 동사가 의의 율법을 직접 목적으로 갖는 것이 아니라 '행위 업적의 기반에서'라는 간접적인 매개의 역할을 통해 '추구하다'의 행위를 수행한다를 표현하고 있음을 놓치기 십상이다. '행위 업적의 기반에서'라는 원문 hos ex ergon(as from works)은 행위의 원천이 출처인 그 무엇이라는 표현으로, 추구하는 행위 그 자체가 직접 긍정적인 어떤 목적을 취하는 대상이 아니다. 더욱 주목할 항목은 ergon(buisiness/works)를 '행위 업적'이라 번역한 만용을 저지른 까닭인즉 바울이 이 어휘를 은혜로 주어지는 구원의 의를 겨냥하는 노골적인 표현들(e.g.: 롬 3:20; 갈 2:16; 엡 2:8-9) 대신에 자기 자랑에 대한 일종의 비꼬임의 내음이 풍기도록 고의로 선택한 어휘임이 분명하기 때문이다(cf. 롬 3:20; 갈 2:16; 엡 2: 8-9). 회심 전의 바울은 철저한 유대주의자였고, 회심 후 바울의 새로운 율법관은 본시 율법과 행위가 자랑인 유대주의의 입장과는 근본적으로 다른 그리스도 신앙의 새 옷을 바꿔 입은 생경한 비판자로 변모하였다. 아마도 바리새인 바울과 회심한 바울 사이의 괴리가 의와 율법에 관한 용어와 개념 사용의 경직함과 정교함의 혼합을 요구하였을지 싶다. 유대주의는 유대주의 용어로 그리스도 신앙은 믿음의 용어로 뒤섞여 구사하고 있는 사실이 이를 대변한다.

에드 샌더스의 근래 연구에 의하면 사도 바울의 유대주의는 할례 및 음식 등의 여러 율법 조례들을 엄수하여 하나님의 기뻐하심을 사고 택하심의 당신의 백성의 지위를 보장받는 언약적 율법주의(covenantal nomism)이다(Sanders, 1977). 이 언약적 율법주의의 관점에서의 '의의 율법'에 대한 심각한 비판은 후속 연구자들에 의해 유대민족에 대한 비판을 덧보태어 소위 '바울에 관한 새로운 전망'이라는 더욱 과격한 국면을 전개하기에 이르렀다(cf. Dunn, 2005). 그리하여 '의의 율법'이 하나님 백성에 대한 '정체 표지'(identity markers) 임을 내세우는 유대인의 자만성을 이방에 대한 배타성에로 작용하는 역기능이라 규정하기에 이르렀다. 우리는 이 '언약적 율법주의'와 '새로운 관점'이 단순한 관념적인 비판을 넘어 실제 혁신된 바울 자신의 신앙관이라 믿는다. 게바를 포함한 다른 사역자들이 율법의 행위에 따르는 유대인의 정체 표지를 덧씌워 입혀 '이방인을 유대인답게 살게 하려 하는'(갈 2:14) 엉뚱한 가르침에 바울이 "다른 복음을 전하면 저주를 받을지어다"(갈 1:9)라 서슴없이 극언하는 바울 사도의 노여움이 다름 아닌 그 증거라 믿는다. 결국 '바울에 관한 새로운 관점'은 '언약적 율법주의'에 기반을 둔 유대주의의 율법관 비판 위에서 정립된 새로운 바울 연구의 열매이다. (로마서를 통한, 특히 로마서 후반부를 통한 새로운 바울 연구의 열매이다.)

그리스도를 믿는 사람은 수치를 당하지 않는다: 그리스도의 선재(先在)(9:33)

본래 30-33절을 하나의 문단으로 묶어 읽는 것이 보통이다. 이스라엘은 행위에서로부터 율법을 추구하였기에 의를 얻지 못하였고, 반면에 이방인들은 믿음의 의를 얻었다는 31-32절의 연속선상에서

33절을 기술하고 있기 때문이다. 그런데 이사야서를 인용하고 있는 33절이 그리스도와 믿음의 주제가 한 담론으로 전개되고 있기에 우리는 어떤 생경스러운 이질감을 느낀다. 예수의 성육신 이전 구약 시대에 그리스도에의 믿음 운운한다는 일이 생소한 까닭에 빚어지는 이질감이 그것이다. 때문에 구약과 신약 사이의 연속성 문제에서 발생하는 이질감은 반드시 해소되어야 할 숙제라는 과제 의식에서 33절을 독립적인 문단으로 읽는다.

> 기록된 바 보라 내가 걸림돌과 거치는 바위를 시온에 두노니 그를 믿는 자는 부끄러움을 당하지 아니하리라 함과 같으니라

이스라엘에 대한 비판과 관련하여 '바울에 관한 새로운 전망'에 몰두하였던 나머지, 잇대어 진술된 "그들(이스라엘)이 부딪힐 돌에 부딪혔다"(32c절)에서 비켜서고 말았다. 대뜸 '부딪힐 돌'이라는 영문 모를 어휘가 출현하거니와 후속 33절에서야 그 뜻을 짐작할 수 있으니 32-33절 두 절을 함께 읽어야 하겠다. 서두에 '심지어 기록된 바와 같이'라 운을 떼어 토를 달고는 사 8:14 및 28:16을 인용하여 33절에 "보라, 내가 부딪힐 돌과 실족케 하는 바위를 시온에 놓아두리니/당신을 믿는 누구든 수치를 당하지 않으리라"를 옮겨 적고 있다. 실제로 32b절은 통사나 의미상에서 32c절과의 연결이 불명료하여 불현듯이 튀어나온 '부딪힐 돌'이 선행 절 '행위들로부터'와 어떤 연관이 있으려니 싶은 짐작만 단지 짚일 따름이다. 한데 32c절의 연속 문장으로 33절에로 이어져 '기록된 바와 같이'라는 첫머리에 잇대인

이사야서의 인용문을 읽을 때에야 비로소 '부딪힐 돌'과 '실족케 하는 바위'가 그리스도를 상징하리라 짐작할 수 있다. 이처럼 32-33절의 의미 관계 이해에 핵심 구실을 수행하는 참조어 그리스도를 전면에 노출시키지 않고 집필하는 바울의 의도가 있을 것이다. 심지어 이미 앞 30-31절에서도 그리스도를 전면에 표출하지 않도록 본문을 서술하고 있다는 사실을 상기하면 바울의 의도가 무엇인지 더욱 궁금해진다. 우리는 9장의 마무리를 겸해 '언약의 율법주의'와 '바울에 관한 새로운 전망'의 테두리에서 33절이 갖는 유의미한 함의를 우선 간략하게 살펴보기로 하겠다.

리더보스는 32-33절에 대한 해설에서 고전 1:23 및 갈 5:11을 인용하며 그리스도도 그리스도려니와 다른 무엇보다 '그리스도의 십자가 행위에 의한 구원의 유대인의 교리와 맞부딪혀 실족케 하는 바위'(Ridderbos, 1975: 142)라 논의한다. 예컨대 "내가 아직도 할례(율법)를 전하면 아직 내가 핍박을 받고 있겠느냐? 그리하였으면 십자가의 실족이 제거되었으리라"(갈 5:11)라는 바울의 강변을 인용한다. 여기 '십자가의 실족(치욕)'에서 '실족'(skandalon, offense)이라는 어휘가 치욕에 빠뜨려진 낭패의 상처라는 뜻으로, 앞 33절에 쓰인 '실족케 하는 바위'에서의 '실족'과 동일한 뜻 내지 어휘이다. 따라서 분투하여 의를 얻을 수 있다는 유대인들의 자부심이 그리스도의 십자가를 맞닥뜨릴 경우에 걸려 넘어질 '부딪힐 돌' 혹은 헛디뎌 저지르는 과실인 '실족케 하는 바위'로 말미암아 치명적인 수치와 당혹을 겪게 마련이다. 이처럼 자랑이 모독으로 둔갑할 처지에 있는 유대인을 여기 30-33절에서 담론의 주인공으로 묘사하고 있다.

더군다나 이사야서 예언은 하나님께서 유대 예언자를 통해 같은 동족 유대인에게 주신 예언이므로 부딪힐 돌 내지 실족케 하는 바위의 예언은 유대인에게 있어 수치 중의 수치이고 치욕 중의 치욕이다. 바울의 담론 전개의 정교한 필치를 미루어 짐작컨대, 유대인의 심성이 너무나도 강퍅함을 잘 알고 있는 바울로서는 이사야 예언이 참조하는 '부딪힐 돌' 내지 '실족케 하는 바위'의 불확실성은 불확실성대로 애매모호한 채 내버려 두는 일이 유대인의 심성이 더욱 강퍅해지지 않도록 방지하는 일이라 배려했을지 모른다. 그들의 종교심으로 메시아를 고대했을 가능성을 배제할 수는 없으나 그리스도의 십자가를 대하리라는 언질이 주어지면 언필칭 저승사자 만나는 꼴 같지 않은 모양새가 되겠기 때문이다. 심지어 하나님께서조차 그들의 자만함에 그들의 심령을 우둔하게 만드셨으니, 이를테면 11:8을 미리 인용하면, "하나님이 오늘날까지 저희에게 혼미한 심령과 보지 못할 눈과 듣지 못할 귀를 주었다"에서처럼 그들의 조야한 심령을 더욱 우둔하게 만듦과 같다. 그러나 하나님께서는 저희를 언제나 우둔한 채 남겨두시지 않고 낭패의 우둔함에서 호기에 풀어주신다.

이사야서 인용문 33절 "보라, 내가 부딪힐 돌과 실족케 하는 바위를 시온에 놓아두리니/그리고 그(주)를 믿는 누구든 수치를 당하지 않으리라"를 한 번 더 봉독하겠다. 인용문은 바울이 사 8:14와 28:16에서 필요한 부분을 발췌해 조립해 옮긴 요지이다. 요지란 말이 적절하기로는 '시온에 놓아두리니'라의 예루살렘 성전과 유대를 상징하는 '시온'은 본래 사 28:16에 적혀 있던 기록을 마치 사 8:14에 적혀 있는 것처럼 롬 9:33에 인용함으로써 유대인에게 전하는 유대주의에 대한 메시지라는 인상을 강하게 심어주고 있다. 하나님의 말씀을 이사야가 예언한 내용은 33절 전반과 후반에 두 주제로 나누어져 적혀 있으니 별개의 항목으로 읽겠다.

앞에서 이미 개관했던 대로 하나님의 은혜와는 무관하게 하나님 백성으로서 율법적인 행위를 통해 의를 세우려는 유대주의에 관해 '부딪힐 돌' 내지 '실족케 하는 바위'를 하나님께서 시온에 '놓아두고 있다'고 33절 전반부에 진술하고 있다. '놓아두다'라는 동사는 하나님께서 예정하셨다의 뜻을 표현한다고 하니(Schreiner, 1998: 540) 종말적인 정죄의 효험도 가지고 있다고 보아야 한다. 율법 엄수를 행위 업적의 인간 중심의 교만으로 포장해 수행하는 과실에 대해 '부딪힐 돌' 내지 '실족케 하는 바위'를 장애물로 놓아둔다는 것이다. '부딪히게' 내지 '실족하게' 한다는 것은 유대인들을 낙상해 넘어지게 만든다는 것이다. 이때 '돌' 그리고 '바위'는 그리스도를 일컫는다. 그러므로 행위의 업적을 매개로 율법을 성취하는 유대인들은 "율법의 요구들을 다 이행하여 그럼으로써 하나님께 자신들에게 수행해줄 책무를 짊어지게 한다"(Cranfield, 1979: 510)라는 엉뚱한 착각을 신봉하고 있는 것이 유대주의라 혹평하기도 한다. 참으로 간교하기 그지없는 이기적인 교활함이 유대주의라는 통찰력을 주는 크란휠드의 비판이다. 이에 반해 '믿음에 의해 율법을 추구하는 일'(32절)을 '자신의 의로부터 자유로운 겸손의 순종에로의 전향하는'(Ibid., 540) 일이라 규정하고 있다. 참으로 믿음이 무엇인지 그 본질을 꿰뚫는 통찰력을 주는 크란휠드의 비판이다. 그리스도를 믿음은 결코 단순한 기복 따위를 위한 의존성이 아니라 다른 무엇보다 하나님의 뜻에 순종함이 곧 믿음이기 때문이다.

　독자로서의 우리는 위의 33절의 결론에 수긍하면서도 33절 문장이 이 결론을 서술하고 있는 논리의 설득성에는 꺼림칙한 데가 있다. 본문 32c절과 33a절에 이스라엘이 '부딪힐 돌'과 '실족케 하는 바위'에 부딪혔다고 단정하였다. 그리고 뒤이어 33b절에 "그리고 그를 믿는 누구든 수치를 당하지 않으리라"가 기록되어 있다. 이 문장에서 독자는 '그를 믿고 있는'이라는 어절에서 '그'가 누구를 참조하고 있는지 그 참조 대상을 찾아 읽어야 이 문장을 유의하게 읽을 수 있다. 이 문장의 유의미성은 앞뒤 절에 적혀 있지 않은 디폴트값인 그리스도를 표상함으로써 비로소 두 절의 관계가 통합을 형성한다. '부딪혔다'는 선행 절의 사건은 과거에 일어난 사건이고, '그리고 뒤이어 "수치를 당하지 않으리라"는 후행 절의 사건은 미래에 일어날 별개의 사건이 아닌가? 도대체가 독자로서의 문장 이해의 과정에서 선행 절에서의 '부딪혔다'와 후행 절에서의 "수치를 당하지 않으리라"가 어디서 연결의 실마리를 찾아내어 앞뒤 관계가 정합성을 형성하는가? 그것은 적혀 있지 않은 디폴트값인 그리스도를 창출해냄으로써 관계의 정합성을 이루어 낸다. 본문 성서 주해를 제쳐두고 우리는 엉뚱하게 문장 독해의 초보 공부의 샛길로 잠시 탈선하고 있다. 우선 문제의 대명사 참조는 어려운 과제가 아니라는 사실부터 지적해 두어야겠다. 독자들은 이미 32c절 "그들(이스라엘)이 부딪힐 돌에 부딪혔다"를 읽을 때 부딪히는 일이 수치임을 능히 추리할 수 있다. 이 추리가 어렵지 않는 한, 33b절의 "수치를 당하지 않으리라"를 베푸는 주체가 누구인지 역시도 추리가 가능하다. 이와 마찬가지로 사 28:16의 본문 "내가 기초로 돌을 시온에 놓아두노니 시험을 마친 돌이요 귀하고 견고한 기초 돌이라, 그것을 믿는 이는 상해 받지 아니하리라"를 읽으면 사 28:16에 쓰인 '믿는 이'가 누구인지가 33b절에서보다 더욱 쉽게 곧장 짐작할 수 있다는 점이 차라리 흥미롭다. 구약 이사야서에서는 인칭 대명사 대신 사물 대명사가 쓰여 있어 그리스도를 참조하기에는 부적합한데도 불구하고 믿음의 대상이 그리스도임을 곧장 짐작할 수 있다. 아울러 여러 학자들이 사 28:16을 신약의 그리스도론의 여러 기사와 함께 읽는다는 사실을 첨언해 두고 싶다. 이처럼 로마서 신약에서나 이사야서 구약에서나 대명사 '그'가 그리스도를 가리킨다는 독해가 신기하리만큼 거침없이 이루어진다. (기실은 신기할 것도 없는 것이, 로마서나 이사야서의 필자가 그리스도를 심중의 표적으로 삼고 글을 썼기 때문일 것이다. 진부한 초보 독서 안내를 성서 읽는 도중에 우직하게 삽입했으니 변명이 아니라 용서를 빌어야겠다.)

용서를 빌며 군더더기 췌언을 덧붙인 까닭은 구약 성서에서 하나님의 전권의 의지가 그리스도를 통해 구현된다는 기록들이 곳곳에 찾아 읽을 수 있다는 사실을 확인하기 위해서이다. 자칫 이 사실을 지나쳐 넘어가면 구약과 신약의 연속성을 간과해 놓치기 십상이기 때문이다. 심지어 어떤 기사를 읽으며 구약인지 신약인지를 구별하기 어려운 때조차 왕왕 있으며, 특히 이러한 과오는 그리스도를 돌의 상징으로 묘사하는 기사에서 두드러진다. 가령 우연찮게도 여기 33절과 출처가 동일한 벧전 2:6에서 "보라, 내가 택한 귀중한 모퉁이 돌, 한 돌을 시온에 놓아두노니 저를 믿는 자는 수치를 당하지 아니하리라"를 찾아 읽으면 베드로서 저자와 로마서 저자의 우연의 일치에 차라리 경악치 않을 수 없다. 뿐만 아니라 예수 자신이 포도원 비유도 함께 읽어야겠다. 시 118:22를 막 12:10에 인용하여 "건축자들이 내버린 돌이 모퉁이 돌이 되었다"라 비유할 때, 도대체 시편 찬송에 '모퉁이 돌'이라는 읊음이 어떻게 예수 자신의 부활 예언의 읊조림에로 반복해 나타나는지 어리둥절할 따름이다. 앞에서 사 28:18을 예시하였거니와 사 8:14에서는 전능의 하나님을 '부딪힐 돌이고 실족케 하는 바위'라 일컬어 "바울은 돌을 예수와 동일시하고 있다"(Schreiner, 1998: 540). 그리고 이에 맞대어 비교할 엡 2:20에서도 "너희(성도들)는 사도들과 예언자들의 기초 위에 세워졌으며 그리스도 예수께서 친히 모퉁이 돌이 되셨느니라"를 찾아 읽을 수 있다. 신약에서 반복된 구약의 기사에서 반복이 문제가 아니라 서술하고 있는 내용이 중요하다. 내용인즉 신약의 사도들과 구약의 예언자들의 기초 위에 세워진 하나님의 백성이 크리스천들임을 선포하고 있고, 그런 나머지 유대 성전을 포함한 에클레시아의 초석의 모퉁이 돌이 그리스도 예수이심을 선포하고 있음이 중요하다. 더더욱 놀라운 것은 시 110:1 "주께서 내 주에게 말씀하시기를 '네 원수로 네 발등상 되기까지 너는 내 우편에 앉으라' 하셨다"라는 다윗의 시에서 주 여호와께서 예수 그리스도를 '내 주'라 하시고 있다. 베드로는 오순절 이후에 무리 앞에 이 다윗의 시를 들려주고 "이스라엘 온 집이 정녕 알지니, 너희가 십자가에 못 박은 이 예수를 하나님께서 주와 그리스도가 되게 하셨느니라"(행 2:36)고 해설하였다. 사실은 이처럼 구약에 그리스도론이 산재해 있고, 신약에 이 구약의 그리스도론을 예수 사후 초기부터 제자들과 사도들에 의해 집약하고 있다.

그런데 우리는 하나님을 본래 주라 부르던 호칭에서 사도 바울에 의해 예수 그리스도를 주라 옮겨 부르게 된 줄 알지만, 실은 예수가 성육신하기 전에 구약에 이미 그리스도가 선재(先在)하심은 물론이고, 전능의 주권자이신 하나님과 마찬가지로 그리스도를 주라 부르고 있다. 오로지 "놀랍다!"일 따름이다.

그리스도가 율법의 마침이시다(10:1-4)

이제 읽으려는 10:1-4는 주제 자체는 선행 9:30-33의 연속이다. 기실 앞 9:30-33은 하나님의 의를 왜곡한 이스라엘의 언약의 율법주의에 대한 바울의 비판이라 할 수 있고, 이제 이어지는 10:1-4는 그 비판에 대해 격려를 겸한 변론이라 읽어도 좋을 것이다. 이스라엘의 구원을 위한 바울의 간절한 갈구를 필두로 하여 2-3절에서는 그들의 잘못을 꼬집어 내긴 하지만, 시종일관 이스라엘과의 감정이입의 숨결을 느낄 수 있다. 여러 주해서들이 지금 우리가 그러듯이 9:30-10:4를 함께 묶어 같은 한 단락으로 읽는데, NIGTC처럼 10:1-14를 바울의 이스라엘을 위한 변론이라는 관점에서 한 단락으로 묶어 읽어도 좋을 것이다(Longenecker, 2016).

하지만 이 문단 10:1-4에서 특히 "그리스도가 율법의 마침이다"라는 4절의 명제는 구원사에 있어 더할 나위 없이 막중한 가치를 지닌 주축(主軸)이다. 그리스도 이전의 율법에서 그리스도 이후의 유럽에로의 전환의 축이다. 마땅히 이 10:1-4가 9:30-10:14에서

갖는 중추의 역할을 부각하도록 한 문단으로서의 독립성을 존중하며
독해해야겠다.

> ¹형제들아 내 마음에 원하는 바와 하나님께 구하는 바는 이스라엘을 위함
> 이니 곧 그들로 구원을 받게 함이라 ²내가 증언하노니 그들이 하나님께
> 열심이 있으나 올바른 지식을 따른 것이 아니라 ³하나님의 의를 모르고
> 자기 의를 세우려고 힘써 하나님의 의를 복종하지 아니하였느니라 ⁴그리
> 스도는 모든 믿는 자에게 의를 이루기 위하여 율법의 마침이 되시느니라

"형제자매들이여, 이스라엘을 위해 나의 마음의 진정 갈구하는
바와 하나님께 간구하는 바는 그들이 구원받는 것이다"라는 서두
1절에 바울의 사적인 감정이입이라 앞에서 평했던 정서적인 언어
구사의 표현이 잘 드러나 있다. '형제자매들이여'라는 가족 호칭을
사용해 이스라엘이 구원받기를 기도하는 간절한 마음이 동족의 심금
을 울리기 마련이다. 이 간절한 기도는 "내 형제자매인 육신에 따르는
이스라엘 사람들인 내 혈육을 위해 내 자신이 그리스도에게서 저주를
받아 의절하기를 원하노라"는 9:3에서의 심각한 간구와 다름없다.
이 간절함과 심각성에도 불구하고 바울은 이스라엘과 하나님과의
진정한 관계에 대해서는 2-3절에 냉철하게 묘사한다. "²내가 증언하
노니 그들(이스라엘)이 하나님께 열심이 있으나 지식에 따른 것이
아니다. ³하나님의 의에 무지하였기에 그리고 자신의 의를 세우려
모색하였기에 그들이 하나님의 의에 복종하지 않았다"라는 증언이
객관적인 상황의 냉철한 묘사이다. 앞 1절과 같은 감정이입의 배경에

서 읽으면 2-3절에서의 "하나님께 열심을 가지고 있다"라는 표현을 "의의 율법을 추구하였다"(9:30)로 바꿔 읽을 수 있다. 잇대어 적힌 "지식에 따른 것이 아니다"라는 서술은 단순한 이스라엘에의 무지에 대한 변명이 아니라 '하나님께 열심'이 올바른 열심이 아니고 그릇된 열심이라는 질책이 담겨 있다. 그리하여 "하나님께 열심을 가지고 있다"는 '열심은 때로는 폭력을 수반하는 하나님의 영예와 율법에 대한 열정의 심려'(Kruse, 2012: 398)로 나타나기도 한다. 예컨대 회심하기 전에 바울도 '율법으로는 바리새인이요 열심으로는 교회를 핍박하여'(빌 3:5c-6a) 행 8:2-3 및 9:1-2에 적혀 있는 대로 횡포를 부리기 일쑤였다. 여하간 "지식에 따른 것이 아니다"라는 진술에 덧보태어 3절 말미에 "하나님의 의에 복종하지 않았다"라 질책하고 있다. 그리고는 하나님께 복종하지 않는 까닭을 3절 초두에 "하나님의 의에 무지하였다" 그리고 "자신의 의를 세우려 모색하였다"라는 두 분사절을 사용해 구체적인 사연을 지적한다. 이들 사연인즉 달리보면 구원의 의인 하나님의 의를 얻지 못하는 까닭이 의가 사람의 행위/일에 의해 얻어지는 것이 아님을 모르는 인간적인 무지와 '그들 자신의 의를 세우려는' 인간적인 자만에 있다 하여야겠다. 이들 무지와 자만에서 빚어지는 인간적인 과오 내지 실패는 "이스라엘이 그들 자신의 의를 이룩하려 갈망했기에 그들이 그리스도를 믿는 데 실패했던 것인바, 그리스도를 믿는 일은 하나님께 모든 영광을 드리는 것인 반면에 율법을 준수하는 일은 영광과 찬양을 인간에게 기인하는 것을 뜻한다"(Schreiner, 1998: 542)이겠기 때문이다. 여기서 '그리스도를 믿는 데 실패했던 것'이라는 주해를 달리 성찰하건대 믿음의 본성이 복종이라는 의미심장한 관점(Ridderbos, 1975: 257) 역시 차제에 명심할 필요가 있다. 슈라이너는 이 인간적인 실패를 나아가 국가주의 내지 민족주의의 죄과라 해설하고 있는데 언약적 율법주의(Sanders, 1977) 테두리에서 비판이겠다.

　마침내 이때까지의 모든 진술을 응축한 4절이 출현한다. 이 4절이 널리 읽힐 뿐만 아니라 그만큼 적용의 범위 역시 두루뭉수리로 넓다. "그리스도가 율법의 마침이기 때문에 그런즉 의가 믿는 사람 모두에게 유효하다"가 크란휠드의 사역이다. 이때 논란의 방아쇠이자 열쇠의 구실을 하는 이해의 요체는 '마침'이라 번역한 telos가 어떤 의미를 갖는가이다. 다른 무엇보다 "그리스도는 율법의 마침이다"에 있어서 그리스도가 율법을 지향하는 telos의 의미가 완수, 목표 그리고 종료라는 세 개념이 여러 학자의 논란의 표적이 되어 왔다. 우리는 논의의 번잡함을 피하기 위해 세 개별 의미 지향에 대한 각각의 찬반 논란을 생략하겠다. 근래 여러 학자들이 두루 합의를 이루고 있는 개념이 목표(goal)이고 또 완수(fulfilment)이다. 그리스도가 율법과의 관계에 있어 그 지향성으로 말하면 "그리스도가 율법의 목표, 기도(企圖), 지향, 진정한 의미 그리고 실체라는 뜻에서 그리스도가 율법의 끝마침(end)이라는 것이어서, 그리스도를 떼어놓고는 율법을 도무지 적합하게 이해할 수 없다는 것이다"(Cranfield, 1985: 253)가 요점이다. 이에 따라 4절에 대한 해석을 그리스도가 율법이 시종일관 지향하는 목표이고 의이므로 그 의는 믿는 모든 사람 크리스천에게 유효하다라 해석한다. 그리고 율법이 지향하는 목표가 그리스도라는 점에서 "그리스도가 율법의 끝(end)이다"라는 번역을 취한다. 우리는 앞 문단 말미에서 구약에 이미 그리스도가 선재(先在)하시고 하나님과 동일한 명칭으로 그리스도를 주라 부르고 있다는 사실을 들추어내고, 오로지 "놀랍다!"일 따름이라 하였다. 마찬가지로 "그리스도가 율법의 끝이다"라니, 하나님의 언약에 있어 그리스도가 목표, 완수 그리고 종료라는 점에서 구약과 신약 사이의 한결같은 연속성이니 오로지 "놀랍다!"일 따름이다.

'마침'(telos)의 용어 번역과 원문 문장 번역의 문제를 포함해 '그리스도'와 '율법'과의 의미 관계의 해석의 난해함 때문에 4절은 바울 서한 중에서도 학자들 사이에 가장 논란이 많기로 정평이 나 있다. 앞에서 차알즈 크란휠드의 사역을 인용했지만, 구어체의 번역문이고 원문 직역이 아니다. 때문에 우직하게 원문의 어순과 자구를 그대로 옮겨 적고 명제 분석 접근을 통한 해석을 시도하겠다. 그리하여 우리가 이미 개관한 4절 공부 내용의 정당성을 확인하기로 하겠다.

원문에 준하여 명제 분석하면 이러하다. "[(까닭인즉) (율법의 마침이다) (그리스도가)] [(의에 관한 한에 있어서) (믿는 모든 사람에게)]"가 원문의 억지 한글 복사이다. 이 억지 한글 옮김은 첫째, 원문의 구(句) 단위의 어순을 그대로 소괄호 속에 넣어 살렸다. 구가 의미 단위로서의 논항이고, 논항들 사이의 의미 관계에 있어서는 어순이 주요 결정자이기 때문이다. 둘째, 절(節) 단위를 대괄호 속에 묶어 4절 문장의 의미 구성단위를 두 명제로 분리하였다. 문장 선두에 명제 "까닭인즉 그리스도가 율법의 마침이다"를 앞세우고, 문장 후미에 명제 "의에 관한 한에 있어서, 믿는 모든 사람에게"를 뒤이어 제시하여 4절 한 문장이 두 명제로 구성되어 있음을 명기하였다.

이처럼 두 명제를 표상한 다음 두 명제를 연결하는 과정이 이제 이해에 필수적이다. 그 연결은 선행 명제에서 (율법의 마침)과 후행 명제에서 (의에 관하여)이라는 두 논항을 연결함으로써 두 명제 사이를 통합하는 일이다. '마침'과 '의' 사이의 각각의 공통 요소가 연결되어 의미 관계를 맺는 일이 통합이다. 어찌 보면 이 해석은 이들 두 논항 사이의 연결이 (그리스도가)를 건너뛰어 이해에 도달하는 것이냐는 비판이 있을 수 있으나 그리스도는 두 논항 사이에 근접성을 유지하고 있으니 오히려 가교의 역할을 수행할 수 있을 것이다. 이때 문장 통합에 있어 그리스도가 수행하는 가교의 역할에 대한 학자들 사이의 두 견해를 대별해 개관하겠다.

하나의 견해는 4절의 전반과 후반을 통합함으로써 "믿는 모든 사람에게 그리스도가 의를 위해 율법을 이용하는 일의 종료이다" (Schreiner, 1998: 547)라는 표상을 형성한다는 설명이다. 슈라이너의 이 설명은 두 측면에 근거한다. 그 한 측면은 이스라엘이 "자신의 의를 세우려 추구하였기에 그들이 하나님의 의에 복종하지 않았다"라는 선행 3절의 진술에 4절을 직접 연결해 읽기 때문이다. 그리고 다른 하나는 명제 분석에서 앞에서 예시했던 대로 4b절의 논항 eis dikaiosynen에서의 eis를 '관하여'라는 전치사적 부사의 기능으로 '의에 관하여'라 번역해 이 논항을 4a절의 '율법의 마침'에만 국한해 독해하기 때문이다. 그리하여 자신의 의를 세우려 율법을 이용하는 이스라엘의 그릇된 방식을 배경에서 '의에 관한 한에 있어'와 '율법의 마침'과의 두 논항을 연결해 결국 4절의 독해가 "그리스도가 믿는 사람들에게는 자기 자신의 의를 이룩하기 위해 율법을 이용하심의 종료이다"(Ibid., 548)라 슈라이너는 해석한다. 그리하여 율법의 행위 업적에 의존하는 언약적 율법주의(Sanders, 1977)의 유대주의 율법 관을 폐한다는 결국 편협한 해석에 도달한다. 하지만 편협한 해석이 라 하여 유대주의의 율법관을 폐한다는 것이지 율법 자체를 폐한다는 해석이라 속단하지는 말아야 한다. 외골수에 매이지 말고, 우리는 4절 문장 분석에 관해 다른 해석도 가능하다는 사실을 심각하게 숙고해야 한다. 다른 하나의 해석에 관한 한, 그렇다면 eis dikaiosy-nen의 대안적인 해석부터 고려하여야겠다. 슈라이너는 이 논항이 '율법의 마침'에만 연결된다고 한정하지만 이와는 달리 "그리스도가 율법의 마침이다"라는 4a절 전체를 수식할 가능성을 부인할 수 없다. 게다가 eis가 결과나 목표의 뜻으로 사용되는 빈번한 예가 찾아진다 는 것이다. 그리하여 크란휠드처럼 eis를 '그런즉'이라 번역하여 4b 절을 "그런즉 의가 믿는 사람 모두에게 유효하다"라는 번역을 취하고, 그러면 4b절이 4a절 전체와 연결되어 그 이해의 폭의 자유를 훨씬 넓힌다. "그리스도가 율법에 마침이다"의 4a절에서 마침의 주체가 '그리스도'이고 또 4b절에서 마침의 수혜자가 '믿는 사람들'인 크리스 천들이어서 이해의 폭이 확장되기 때문이다.

로마서 내에서 4절이 차지하는 비중은 4절에 적힌 의, 율법 그리 고 믿음이라는 어휘가 이 서한의 핵심 단어들임에 비추어 여러 말이 필요없다. 앞에서 4절에 관한 두 상위한 해석을 소개하였지만, 두 해석이 배타적인 입장을 대변한다고 생각하면 잘못이다. 두 해석이 양립하리만큼 해석의 폭이 넓다는 증거이다. 두 해석은 의, 율법 그리고 믿음 사이의 관계에서 슈라이너는 의와 율법과의 관계를 그리고 크란휠드는 의와 믿음과의 관계를 각기 상대적으로 존중한 관점의 차이일 따름이다.

선행 3:27-31 그리고 특히 9:30-32에는 이들 단어 내지 개념의 주제에 관해 이미 주요 담론이 제기되었었다. 당연히 이들 담론의 틀 안에서 4절의 특질을 조명하는 일이 매우 중요하다. 이를 위해 편의상 4절의 통합 표상에 관한 두 견해 중 전자를 협의설(狹義說) 그리고 후자를 광의설이라 임의적으로 부르겠다. 이 임의적인 명칭의 변을 미리 앞세우건대 협의설이라 광의설이라 함은 양자택일을 위한 용어가 아니라 각 명칭은 두 설의 적용의 범위의 차이를 나타내는 표현일 따름이다. 본문 10:4를 9:30-32의 틀에서 조명하여 명칭의 변을 보완하겠다. 한편 협의설은 이스라엘의 '의의 율법'(9:31)을 그리고 다른 한편 광의설은 이방의 '믿음으로부터의 의'(9:30)를 각각 대변하기도 한다. 협의설에서는 10:4의 해석을 사람이 자신들의 의를 이룩하기 위해 율법을 이용하는 일에 그리스도가 마침이다라는 견지를 취하고 있거니와, 이에 상응하는 9:31에서는 이스라엘이 하나님 앞에 의인으로 보이기 위해 '율법의 의'를 제쳐놓고 '의의 율법'을 추구함으로써 의를 얻는 데 실패한다고 서술하고 있다. 결국 10:4와 9:31은 율법을 이용해 의를 세우는 일에 인간이 자의적일 수 없다는 것 그리고 의롭다 하시는 분은 오직 하나님 한 분이시라는 것이 골격이다. 광의설에서는 10:4의 해석을 그리스도가 율법의 마침임을 믿는 사람이면 그리스도의 의가 누구에게나 유용하다는 견지를 취하고 있거니와, 이에 상응하는 9:30에서는 이방이 율법의 행위 대신 '믿음으로부터의 의'를 추구함으로써 의를 얻는다고 서술하고 있다. 결국 10:4와 9:30은 의가 율법의 행위가 아니라 그리스도를 믿음이 의라는 것이 골격이다. 뿐만 아니라 3:27-31에서도 '율법의 행위'라는 개념 대 '믿음의 의'라는 개념을 동일한 맥락에서 논의하고 있다. 관련된 바울 서한들에서 의, 율법 그리고 믿음의 용어들이 '율법의 의'니 혹은 '의의 율법'이니 등의 난삽한 조합으로 담론의 갈피를 흩뜨리고 있음도 사실이지만, 그의 담론에서 중요한 논리는 "율법이 믿음에 의하여(in terms of faith, 믿음의 말로) 기술되어질 수 있다"(Dunn, 1998: 639)는 사실이고, 이 사실 때문에 그의 논리가 난삽한 것도 사실이다(이 책 497쪽 〈부록〉 참조).

구원사의 관점에서 "그리스도가 율법의 마침이시니 의가 믿는 모든 사람에게 유효하다"의 4절을 조명한다면, "그리스도의 새로운 시기가 율법의 옛 시기를 대체하였다"(Dunn, 2005: 298)와 같은 새로운 전환의 시대 구분의 시각을 열어 보이기도 한다. (단, 우리는 앞에서 '대체'가 아니라 '연속'이라 하였다.) 이때 모세 율법의 옛 시기로부터 그리스도 믿음의 의의 새 시기에로의 시대 구분의 특징은 구원사의 역사관에 따라 다른 시각(視角)이 있을 수 있겠다. 물론 율법의 준수를 통해 자기 자신의 의를 이룩하려는 이스라엘에게 있어서는 그리스도가 율법의 마침이라는 진술은 무의미 그 자체에 지나지 않는다. 도대체가 이스라엘에게 있어서는 그리스도와 율법의 관계는 완성이든 목표든 종료든 그 어떤 긍정적인 관계는커녕 차라리 빙점(氷點)의 값을 갖고 있을 따름이다. 반면에 크리스천에게 있어서는 '율법의 마침'이 시대 구분에 있어 전환의 유의미함이 당연하다. 그러나 이 전환의 성질을 다른 국면에서 탐지할 소지가 열려 있다. 한 국면은

이미 진술된 9:30-10:3의 선행 배경에서 언약의 율법주의의 폐기의
시각을 더욱 강화해 탐사하는 입장이다. 그리하여 모세 율법의 언약과
그리스도의 십자가의 새로운 언약을 단절적인 성질로 규정하여 "약속
된 종말의 현재(now)가 하나님에 의해 개막되어졌다"(Longenecker,
2016: 851)라는 견지를 취할 수 있다. 구약의 언약의 율법주의가 종막
을 고하고, '새로운 언약의 신앙심(piety)'이 도래하였다는 의미로
'마침'을 개념화한다면, 그것은 시대 구분의 대체설이라 할 수 있겠다.
이와는 대조적으로 또 다른 한 국면은 구원사 전반의 흐름을 연속성
이라 규정하는 포괄적인 탐사의 입장이다. 이때 필히 유의할 사실인
즉 십자가를 위해 성육신하신 예수께서 "내가 율법이나 예언자를
폐하러 온 줄로 생각하지 말라. 폐하러 온 것이 아니요 완수하게
하려 함이라"(마 5:17)고 직접 말씀하신 바를 상기할 일이다. 심지어
"율법의 일점일획의 한 자라도 없어지지 않을 것이다"라는 부가적인
표현에 접하면, "그리스도의 새로운 시기가 율법의 옛 시기를 대체하
는 것"이 아니라 율법의 언약과 십자가의 언약이 연속성을 지닌다는
강한 입장을 확인할 수 있다. 그리하여 "그리스도와 율법의 관계에
관한 결정적인 진술임이 분명하다"(Cranfield, 1975: 515)라는 관점에
서 4절을 읽는 일이 유익하며, 율법이 의와 직접적인 관계를 갖는다
기보다는 그리스도와 율법과의 관계가 의의 결정자라 4절을 독해해
야 할 것이다. 이러한 판단이 옳다면, 그리스도와 율법과의 관련된
한에 있어 롬 10:4와 마 5:17는 필히 함께 읽어 이들 두 절이 공유하는
의미를 추론해내야 할 일이다.

다른 한편 마태 주석서 중에서는 마 5:17에 대해 예수 말씀의

역사성을 부정하는 학자들이 꽤 있다는 것이다. 한데 노평구의 마태복음 강연에서는 '바울 신앙이 일으킨 도덕 폐기론적인 파문으로' 율법 완성이라는 예수 말씀이 허구라는 주창을 일축하고, 대신 '바울 신앙과 예수 복음의 깊은 일치'(노평구, 1981: 189)를 논평하고 있다. 덧붙여 우리 역시 바울 신앙이 율법 폐기론이 아니라는 사실을 7장에 거슬러 올라가 증언하고 싶다. "⁷우리가 무슨 말하리요? 율법이 죄냐? 결코 그럴 수 없느니라! … ¹²율법도 거룩하고, 계명도 거룩하니, 의로우며 선하도다!"가 그것이다. 그러므로 율법의 본성이 선이라든가 그리고 "그리스도가 율법의 마침이다"라는 바울의 논변은 "내가 온 것은 율법이나 예언을 폐하려는 것이 아니라 완수하기 위함이다"라는 예수의 말씀과 공통의 맥을 갖고 있는 것이 자명하여진다. 자명한 정도가 아니라, "율법을 완수하려 함이라"는 예수의 말씀은 차라리 바울의 로마서와 함께 읽어야 그 심오한 내용을 파악할 수 있을 것이다. 우리는 이제껏 율법의 부정적인 관점에 치중해 로마서를 읽었으나 이제 10장에 들어섰으니 율법의 긍정적인 관점에 서서 그리스도의 율법 완수의 견지에 관해 개관할 때도 즈음했지 싶다.

NIV(2011)는 주석에서 롬 10:4를 마 5:17와 함께 읽으며 롬 6:14와 8:4를 인용하여 주해하고 있는바 우리도 이에 따라 6장과 8장의 각 두 절을 함께 읽겠다. "죄가 너희에게 주인으로 군림하지 않을 것임은 이는 너희가 율법 아래 있지 아니하고 은혜 아래 있기 때문이다"가 6:14이고, "육신에 좇아 걷지 않고 성령에 좇아 걷는 우리 안에서 율법의 요구하는 바의 의가 완수되게 하려 함이다"가 8:4이다. 로마서 6장은 죄의 지배로부터의 자유가 주제로서, 죄가 너희에게 군림하는 것이 율법 아래 너희가 있기 때문이라는 배경이 밑바탕이다. 나아가 "그리스도 예수 안에서 너희 자신이 하나님께 살아 있어야"(6:11) 너희가 율법 아래에 있는 죄의 노예에서 벗어나 은혜 아래 있을 수 있음을 깨우쳐준다. 요컨대 6:14는 '율법 아래'냐 혹은 '은혜 아래'냐의 구원의 분기점을 극명하게 가름하여 대조한다. 율법 아래 있으면 죄의 지배 아래 있는 것이고, 반면에 은혜 아래 있으면 그것은 그리스도 안에 있는 것이다. 율법 아래의 죄가 아니라 은혜의 능력 아래 있다는 6장에 대응하여 8장은 당신의 백성을 의롭다 선포하시는 하나님의 승리 개선의 찬미이다. 한데 6장과 8장 사이에 7장에서 바울은 그의 율법 비판의 담론의 한 복판에 들어선다. "죄가 계명을 통해 철저하게 죄이게끔 보이게 하려 함이다"(7:13)라는 "죄의 독침이 율법이다"(고전 15:56)라는 비탄에서 "오호라, 나는 곤고한 사람이로다!"라는 절규가 바울의 율법 비판에 절정에 이른다. 그 절정을 넘어서 하나님의 승리의 8장에 들어선다. 서두를 옮기면 "¹그리스도 예수 안에 있는 사람들에게는 정죄함이 없다"를 필두로 하는 모두(冒頭) 발언에 뒤이어 "³육신으로 말미암아 연약하여져 율법이 할 수 없었던 것인데, 하나님께서 죄 있는 육신의 닮은꼴로 죄의 제물로 당신 자신의 아들을 보내셨고 육신 안에 있는 죄를 정죄하셨다"에 잇대어 "⁴육신에 좇아 걷지 않고 성령에 좇아 걷는 우리 안에서 율법이 요구하는 바의 의를 완수되게 하려 함이다"가 잇따른다. 이 8:3-4에서 7장에서의 율법의 비탄과 절규로부터의 해방 정도가 아니라 '율법이 요구하는 바의 의'가 완수에까지 이르는 마침내 "우리가 넉넉히 이기느니라"(압도적인 전승자이다. 8:37)는 일대 역전이 일어난다. 이들 6, 7 및 8장의 맥락의 세부 내용을 생략한 10:4를 읽으면 그 응축된 함의가 충만하게 피어오른다.

　다른 무엇보다 6장과 8장의 해당 기사는 율법 아래가 죄 아래라는 인간 조건에서부터 "하나님께서 율법의 요구하는 바의 의를 완수되게 하심이다"(8:4)에로 이르는 초극의 길이 "그리스도는 율법의 마침이다"(10:4)이기도 하고 "내가 율법을 폐하러 온 것이 아니요 완수하게 하려 함이라"(마 5:17)이기도 함을 가르쳐준다. 이때 우리가 통찰하는 바로는 8:4의 '율법이 요구하는 바의 의'라는 언표가 구원사에서 차지하는 비중이 중심핵이다. 그런데도 불구하고 바울 연구에서 홀대받는 실정에 비추어 렘 31:31-34의 새 언약의 예언과 더불어 읽고, 그 의미심장함의 생기를 불어넣어야 할 것이다. 다시 반복하지만 이 번역어의 원문은 '율법의 의의 요구'(to dikaioma tou nomou, the righteous requirement of the law)로, '율법'과 '의의 요구'(dikaioma)가 주격-소유의 관계이다. 사용된 원어 dikaioma는 접미사 ma를 첨가함으로써 '죄를 의이게끔 만든 결과 내지 행위'가 사전(Liddell & Scott's)에 적힌 의미이니 의의 충족 요건을 갖춘 율법을 뜻할 수 있을 것이다. 의가 '율법'의 소유 관계로 쓰여 있으므로 율법이 본질적으로 요구하는 의라 풀이해도 좋겠다. 예레미야서에서는 하나님이 당신의 아들을 이 땅에 보내셔 그를 믿는 사람이 율법의 진정하고 온전한 의도를 실현하도록 구현하는 새 언약의 약속의 뜻을 갖는다. 이에 따라 8:3-4를 독해하면, 한편 하나님께서 당신의 아들을 보내셔 죄를 정죄함으로써 그리고 다른 한편 육신에 좇아 걷지 않고 성령에 좇아 걸음으로써 율법이 요구하는 의의 조건을 충족케 하셨다는 뜻이다. 이렇게 '율법의 요구하는 바의 의'라는 대목을 이해하면 주해서를 별다르게 참고할 필요도 없이 8:3-4가 수월하게 읽힌다. 뿐만 아니라 더욱 유의미한 효험은 6-7장의 배경에서 8:3-4를 독해하면, "율법이 요구하는 바의 의를 완수되어지다"가 "그리스도가 율법의 마침이다"와 "내가 율법을 폐하려 온 것이 아니라 완수하려 온 것이다"에 필요충분조건이라는 통찰력을 깨우쳐주는 뜻밖에 망외의 소득을 얻게 한다.

관련한 NIV 10:4의 해당 주석을 옮기겠다(NIV, 2011: 1907n.). "크리스천은 더 이상 '율법 아래 있지 않다'(6:14)이긴 하지만, 그리스도가 율법의 정죄에서 크리스천을 해방한 이후에도 율법은 그들의 삶에서 아직도 역할의 구실을 하고 있는 것이다. 크리스천은 성령에 의해 해방되어짐으로써 율법의 도덕적 요구를 완수할 수 있어진다"에서처럼 NIV는 6:14의 진술을 8:4가 확인하고 있음을 10:4의 주석에서 해명한다. 이제 우리는 인용한 NIV 주석을 8장 본문의 문장 구성의 분석을 통해 그 구체적인 표현이 10:4에 어떻게 연결되는지를 중언부언하겠다. '율법의 요구하는 바의 의를 완수되게 하려 함'이 누구에게인가 하면 '성령에 좇아 걷는 우리 안에서' 이루어진다고 8:4절이 기록하고 있다. '우리 안에서'라 함은 문맥으로 미루어 그리스도 안에 있는 우리임이 짐작 정도가 아니라 확실한 보증이다. 한 걸음 더 나아가 단순한 신자들인 '우리 안에서'를 넘어 본문에서는 그 우리가 '성령에 좇아 걷는 사람들'이라 그 구체적인 특질을 별도로 명세한다. '걷고 있는(peripatousin) 사람'이라 함은 신자들의 순종의 행동일 것이다. 그러므로 "하나님께서는 인간의 마음에 성령을 보내셔서 당신의 요구하시는 바에의 새로운 순종의 능력을 부여하신다"(Moo, 1991: 517). '율법의 의의 요구'를 서술하는 해당 동사는 '충족해 이룩하다'(fulfil)의 수동태 변형 '완수되어지다'(plerothe)를 사용하고 있다. 따라서 율법의 요구하는 바의 의가 그리스도 안에 있는 우리 안에서 우리의 역량이 아닌 성령에 의한 능력으로 말미암아 불로소득의 횡재하였음을 돋보이게 표현한다. 이 불로소득의 원천을 거슬러 8:3에 올라가 '육신으로 말미암아 연약하여져 율법이 할 수 없었던 것'을 "성령에 좇아 걷는 우리 안에서 율법이 요구하는 바의 의를 완수되게 하려 함이다"라는 하나님의 은혜임을 찾아 읽을 수 있다. 그러므로 죄와 죽음의 율법에서 자유를 허락하신 능력은 성자와 성령과 더불어 하나님의 주권이 베푸신 은혜이다.

요약하자면 로마서 각각의 진술을 해당 로마서의 바탕 위에서 숙고하건대 '율법의 마침'(10:4)은 율법이 폐하여졌다는 의미가 아니라 신자들을 의롭다 하시려는 은혜를 위한 그리스도의 율법의 '완수'(fulfilment, 조건 충족) 내지 '완성'(consummation)을 뜻한다. 바울의 구원사의 진행의 논리가 6장에서 7장을 통과해 8장에 이르기까지, 그리하여 10장에서 구약의 언약이 신약의 언약에로 이어지는 전체 구원사의 맥락에서 그 전체 가닥이 흐트러지지 않고 한결같은 일관성의 줄기로 뻗는다는 사실이 새삼 놀랍다. 그러므로 로마서를 읽는 중에 벼락같은 감동으로 돌연히 회심한 성 어거스틴의 해설을 여기서 소개한다. "율법이 주어졌음은 은혜가 추구되려 함이요 은혜가 주어졌음은 율법이 완수되려 함이다"(재인용. Moo, 1991: 515)가 성 어거스틴의 고백이다. 진정 바울의 로마서에 대한 깊은 통찰력에서 우러나온 성 어거스틴의 고백이다.

의미심장한 4절 독해를 이제야 간신히 끝냈는데, 웬걸 끝내고서도 미진한 꼬투리가 꼬리를 잡는다. 그도 그럴 일이 여태껏 우리의 독해 작업은 '율법의 마침이다'에 치중하였고, '의가 유용하다'에 소홀하였다. 명제의 통합에 관한 앞 논고에서 우리는 4절의 선행 명제와 4절의 후반 명제의 통합은 '마침'과 '의'의 연결이 주축이라 하였다. 따라서 '마침'의 의미론만큼 '의'의 의미론 역시도 치밀한 논구가 수반되어야 할 것이다. "그리스도가 율법의 마침이기 때문에 그런즉 의가 믿는 사람 모두에게 유효하다"(크란휠드 사역)가 우리의 4절 교본인 한, 하나님께서 믿는 사람 모두를 의롭다 하심은 "그리스도가 율법의 마침이다"로 말미암은 귀결이라 이해해야 한다. 다시 말하면 신자를 의롭다 하심은 그리스도에 의한 율법의 완수, 목표 및 종료에 의존한다.

이때 의와 율법과 믿음의 주제에 관한 바울의 논변에서 "율법의 행위로 인하여 하나님 앞에 의롭다 하심을 얻을 자가 아무도 없다"(3:20)든가 그리고 율법의 부정적인 효과를 바울의 문헌에서 왕왕 언급하고 있다든가 등이 빌미가 되어 '율법의 마침'을 율법의 폐지를 뜻한다고 독해하면 그것은 오해이다. 그렇다면 '마침'이라 할 때 마침의 종료의 의미가 더욱 명료화되어야 한다. '마침'이 목표나 완수를 뜻할 때와 마찬가지로 종료를 뜻할 때도 그것은 역시 '율법이 요구하는 바의 의'를 지향한다고 보아야 한다(Moo, 1991: 514f.). 그 효력을 4b절이 "의가 믿는 모든 사람에게 유용하다"라 적고 있다. 다시 말해 "그리스도가 율법의 마침이다"에서 완수든 목표든 종료이든 그리스도가 율법의 마침에 개입하면 그 개입으로 말미암아 '의가 믿는 모든 사람에게' 유용하여진다는 것이다. 이때 오해가 없어야 할 일은, 앞에서 4절에 대해 토머스 슈라이너가 이스라엘이 자기 자신의 의를 이룩하기 위해 율법을 이용하는 일을 멈춘다라 해석하고 있음을 소개하였지만, 그의 해석 역시 그릇된 '율법의 이용'을 멈춘다는 뜻이므로 따라서 악용을 멈춤은 율법이 요구하는 의의 긍정적인 실현임이 분명하다.

'율법의 마침'이라 할 때 주요 요점은 그리스도와 율법과의 관계에서 그리스도가 의의 주체이자 대상이라는 사실이 중요하다. 한편 하나님의 구원의 의지에 합당하게 율법의 완수이고 목표이고 종료이도록 그리스도가 역사(役事)하시는 주체이기 때문에 "의가 믿는 모든 사람에게 유용하다." 동시에 다른 한편 율법에의 지향의 대상 그 자체가 곧 그리스도이기도 하다. 특히 "그리스도가 율법의 마침이다"에서 마침이 목표를 뜻할 때 그리스도가 율법의 목표 그 자체이다 (Cranfield, 1985: 253). 그리하여 그리스도는 율법의 요구하는 바인 의가 실현되는 율법의 주체이기도 하고, 지향하는 목표의 대상이기도 한 바로 그 '의' 자체이다. 그러므로 "의가 믿는 사람 모두에게 유용하다"라 함은 8:1의 "그리스도 예수 안에 있는 사람들에게는 정죄함이 없다"와 함께 구원사에 있어 구약의 사 40:1의 "나의 백성을 위로하라"에 비견할 정녕 경이로운 기쁜 소식이다.

우리는 여기서 "하나님이 죄를 알지도 못하신 그리스도를 우리를 대신하여 죄 있다 하심은 우리로 하여금 그의 안에서 하나님의 의가 되게 하려 하심이다"(고후 5:21)를 10:4와 함께 읽겠다. 더글러스 무를 비롯해 학자들은 갈 3:10-14 및 갈 4:4-7을 함께 읽고 있다.

실상 율법과 의에 관한 바울 논변의 비중이 로마서만큼 갈라디아서에서 막중하므로 두 서한을 번갈아 읽는 일은 대단히 유익하다. 여기서 간결성을 위해 우리는 갈라디아서 두 군데만 원용하겠다. "그리스도가 우리를 위하여 저주를 받음으로써 율법의 저주에서 우리를 구속(속량)하셨다"(3:13) 그리고 "⁴때가 차매 하나님이 당신의 아들을 보내사 여자에게서 나게 하시고 율법 아래 나게 하신 것은 ⁵율법 아래 있는 자들을 구속(속량)하시고 우리가 자식들로 입양을 받도록 하려 하심이다"(4:4-5)가 그것이다. 롬 10:4의 기사가 범속의 평이한 소재의 구성이라 한다면, 갈라디아 인용 구절은 심각한 나머지 '저주'라는 등 괴이하다 싶은 소재의 구성이라는 점이 특이하다. 여하튼 이처럼 과격한 언어 사용에 거침없는 까닭을 직관하는 일이 중요하다. 까닭이 있을 것이다. "의가 믿는 사람 모두에게 유용하다"라는 기쁜 소식이 허용되려면 그것을 허용하는 "그리스도가 율법의 마침이다"라는 명제에서 '마침'으로 말미암아 의가 창출되는 구성 조건이 필경 지고의 심장한 의미를 품고 있기 때문이리라. 다시 여기서 간결성을 위해 주해는 삼가고, '구속'의 용어 풀이만 적겠다. '구속하셨다'라는 ex-egorasen은 그리스도의 몸을 대가로 지불하고 구속(救贖)하는 속량(exagorazo, purchase, 購買贖良)이다. 이 몸값으로 나아가 "우리를 자식들로 입양하다"(갈 4:5)라는 불가사의의 은혜까지 허락하신다. 그렇다면 "의가 믿는 모든 사람에게 유용하다"라는 범속의 평이한 진술을 무덤덤하게 받아들임으로써 우리가 놓치는 무지가 무엇인지 이제 자명하여진다. 그 무지로 말하면, 그리스도의 구속의 은혜에 대한 무지이다. 이 무지가 "⁴하나님이 당신의 아들을 보내셨으니 율법 아래 나게 하신 것은 ⁵율법 아래 있는 자들을 구속(속량)하시기 위함이다"(갈 4:4-5)가 롬 10:4 기록에서는 빠져 있는 디폴트값이기도 하다. '하나님이 그 아들을 보내셨으니… 율법 아래 태어나게'라 하심에서 '보내셨다'라 함은 선재(先在)하심에서 율법 아래의 이 세상에 인자로 태어나게 하심이라 해석할 수 있다. 롬 10:4 기록에는 필설로 형언할 수 없는 의미심장한 값이 빠져 있어서 그 디폴트를 사람의 이성으로 충당해 채워 메꾸기에는 턱없이 무지하다.

"그런즉 의가 믿는 사람 모두에게 유용하다"라는 롬 10:4b는 바울이 구원에 관해 선포하는 의의 케리그마이다. '믿는 사람', 그는 누구인가? 하나님 앞에 의로운 자로 서기 위해 인간중심의 의를 추구하여 율법 행위에 열심인 자가 아님을 첫 항목으로 꼽아야겠다. 그는 아무리 율법에 열심이어도 "율법서에 기록되어 있는 모든 것들을 실행치 아니하는 자는 저주를 받을지어다"(신 27:26)일 수밖에 없는, 저주 아래 있는 자이다. 그럼에도 불구하고 롬 10:4b는 '믿는 사람'은 의롭다 하심을 얻는다고 구원의 의를 선포한다. '믿는 사람'은 그리스도를 믿는 사람이로되, 특별히 여기서는 '율법의 마침이신' 그리스도를 믿는 사람이다. 인간과 꼭 마찬가지로 그리스도는 저주 아래 '하나님께서 그 아들을 보내셔 율법 아래 나게 하신' 인자이고, "그리스도가 우리를 위하여 저주를 받음으로써 율법의 저주에서 우리를 구속하셨다"(갈 3:13)인 그리스도이다. 갈 3:13-14와 갈 4:4-5는 짝을 맞추어 유별나게 이처럼 율법의 저주와 저주로부터의 구속에 관해 그리스도를 전면에 내세운다. '때가 차매 하나님이 당신의 아들을 보내셨음'인데, 그 보내심이 "여자에게서 나게 하시고 율법 아래 나게 하심이다"(갈 4:4). 모세를 통해 주신 첫 언약에 당신의 백성의 잘못을 찾아내(히 8:7) 하나님께서 새 언약을 주시기 위함이다. 그리하여 이스라엘이든 이방이든, 모든 인류를 하나님께서 의롭다 부르시려 하심이다. 이로써 예레미야의 예언(렘 3:31-34)대로 그리스도로 하여금 '율법이 요구하는 바 의'를 충족케 하심이니, 그것은 일단 율법의 진정한 그리고 온전한 의도를 실현하기 위함이다. 무엇보다 인자가 율법을 온전히 수행하셔서 아버지께 철두철미 순종하심으로써 그리스도는 율법의 완수이고 목표이고 종료라는 새로운 언약 시대를 개벽하셨다. 이 새로운 언약은 이제 산상수훈으로 새벽을 열었으니 마침내 율법은 완수에서 완성을 이룩할 터이다. 로마서는 이를 아래처럼 기술한다. "그런즉 우리가 믿음으로 말미암아 율법을 무효화하느냐? 천만에다! 도리어 우리가 율법을 굳게 세운다"(3:31).

부록

telos는 어떤 의미에서 종료(end)인가?

Thomas R. Schreiner(1998)는 롬 10:4를 "For Christ is the end of the law with reference to righteousness to everyone who believes"라 번역한다. 학자들은 telos(end)가 완수(fulfilment), 목표(goal) 그리고 종료(termination)라는 의미를 두루 갖는다고 생각하고 있고, 슈라이너는 이 중에서 '종료'(termination/end)라는 번역어를 택한 것이다. 대체로 많은 학자들이 마지막 끝이라는 협의로 국한해 번역 내지 해석하지 않고, 완수나 목표 지향성의 뜻으로 이해의 범위를 확장하여 사용하는 것이 일반적이다. 실제로 루터도 칼빈도 그리스도가 율법의 목표이기도 하고 완수이기도 하다고 주해하였다는 것이다. 그러나 슈라이너는 "Christ is the end of the law"라는 4절의 문맥적 의미를 "그리스도가 의를 위해 율법을 이용하는 일의 종료이다"라 해석하기 위하여 'the end'(종료/끝)라는 어휘를 택하고 있다.

하지만 어휘 선택과 사용에 있어 유념해야 할 일이 있다. '종료'라는 번역어를 취했을 때에라도 '종료/끝'의 외연적(外延的)인 의미로서의 최고의 정점이라는 뜻을 갖고 있음을 유념해야겠다. 목표, 완수 그리고 종료의 셋 중에서 목표라는 뜻으로 마침을 사용하였더라도 완수 혹은 종료라는 뜻이 포기될 수 없다. 말하자면 양자택일의 방식으로 이것이냐 저것이냐의 선택을 취하지 않고 목표 도달이란 뜻으로 쓰일 때라도 완수 혹은 종료라는 뜻이 동시에 활성화되어(Kruse, 2012: 402-405) 적극 내지 긍정의 의미를 살려야 한다. 더글러스 무 역시 telos(끝 혹은 마침)의 이모 저모 다양한 뉘앙스를 맥락에 따라 시시때때로 융통성 있게 어떻게 적용하는지를 간추려 정리하고 있다. 특히 종료뿐만 아니라 목표도 그리고 완수 역시도 경주라는 어휘 의미에 있어 달음박질의 종착점을 뜻함을 상기한다. 우리는 여기서 또 우연찮게 롬 10:4가 전하는 함의가 "이방인들은 그들이 의를 추구하지 않았지만 의를 얻었으니 그러나 그 의는 믿음에서 나온 것이다"라는 롬 9:30이 전하는 함의와 같다는 사실을 발견한다. 그리하여 "바울이 뜻하고 있는 바는 그리스도가 율법의 '끝/마침'(그리스도가 율법의 시대를 마감하다)이고, '목표'(그리스도가 율법이 예견하였고 또 겨냥하였던 그분이다)이다"에 공감한다. 이 정의에서 "끝/마침 (end)이 과도하게 시간적인 의미를 뜻하는 것이라 생각된다면, 우리는 또 역시 절정(culmination), 완성(consummation) 혹은 최고점(climax)이라는 단어들을 사용해도 좋을 것이다"(Moo, 1991: 641)에도 공감한다. 이처럼 "그리스도가 율법의 마침이다" 가 목표와 더불어 완성 내지 종료라는 서로 상관된 융통성 있는 의미가 학자들 사이에 폭넓게 통용되고 있다. 게다가 우리는 여기서 특이한 우연성을 맞닥뜨린다. 한글개역에서 telos에 해당하는 '마침'이라는 번역어를 만나는데, 끝내다 뜻의 마치다의 명사형인 '마침'은 공교롭게도—부사형인 '마침'에 썩 잘 어울리게— 완성이라는 뜻일 수도 있다는 우연성을 맞닥뜨린다. 그러므로 telos의 영어의 번역어 end에 해당하는 한글개역의 번역어 '마침'을 그대로 수용하면 완수, 종료, 목표라는 3자 모두의 형성 의미를 내포해 갖는다. 이처럼 포괄성에 있어 훌륭한 번역어인 '마침'을 우리의 한글개역의 어휘로 찾아내 사용하는 행운을 만난다.

2. 믿음에 대한 율법의 증언
: 하나님의 의의 보편성
(10:5-13)

율법의 의와 믿음의 의를 비교 내지 대조하여 새 시대의 성질을 밝히 보이고 있다. 새 시대의 개막의 서곡을 바울 사도는 이 단원의 첫 단락 9:30-10:4에서 "³⁰이방인들은 그들이 의를 추구하지 않았지만 의를 얻었으니 그 의는 믿음에서 난 것이다. ³¹그러나 이스라엘은 의의 율법을 겨냥해 의의 율법을 추구하였지만 얻지 못하였다"라 첫머리 말을 열고 있다. 로마서 전반 및 후반 내내 이 서두 언급을 윤색하여 이스라엘이 의를 얻는 데 실패한 까닭이 율법의 의를 자신들의 행실에 따라 추구한 것 때문이라 설파하였고, 이 주제는 "그리스도가 율법의 마침이며 그리하여 의가 믿는 사람 모두에게 유용하다"(10:4)에서 절정에 이르렀었다. 앞 단락을 이스라엘의 율법관의 비판에만 국한해 독해하면, 행여 독자들 편에서는 믿음이 아닌 율법의 행위에 집착한 이스라엘이 하나님 백성의 지위를 박탈당하는 것인지를 염려할 수 있음 직하다. 만일 이런 염려만으로 로마서를 읽는다면, 바울의 담론 전개의 심층 의미와 세련된 묘미를 놓쳐버리는 우를 범한다. 바울은 한 담론 주제에 여러 다른 견지가 개입할 개연성을 이모저모 종합적으로 고찰하는 세심한 배려를 아끼지 않는다. 그러므로 바울 서한을 읽을 때 그것을 담론 맥락의 틀에서 이해하고 해석해야 한다. 이제 5절부터 시작하는 새 단락이 선행 1-4절과 얼핏 무관한 듯 보이지만, 9:30-31부터 시작하는 동일한 주제를 같은 맥락의 다양한 다른 측면에서 논변하고 있다. 실제로 첫 절 10:1을 제외하고는 계속되는 절마다 '까닭인즉'(gar)으로 시작하며, 5절 역시도 4절에 이어 '까닭인즉'으로 말문을 연다. 담론이 사실이나 사건의 배열을 넘어 이것들의 유의미한 체계의 구성임을 자각하며 본문을 독해해야겠다. 로마서의 유의미한 체계는 물론 이스라엘과 이방의 온 인류를 의롭다 하시는 구원의 체계이다. 이 체계는 마땅히 구약이 신약에로의 통합 완성이다. 따라서 하나님의 구원의 의지의 승리를 찬미한 8장에 이어 로마서 후반 9장부터 구약이 신약과 더불어 종말 완성에 이르는 마침내 대단원을 여는 막을 올린다.

이 단락을 율법의 의와 믿음의 의의 대조라는 제목으로 읽기도 하지만, 결코 율법에 대해 적대적인 논변을 펼친다는 선입견을 앞세워 읽지 말아야겠다. 이스라엘이 추구하는 '의의 율법'(9:31)에 대해 바울이 혹독하게 비판하는 것은 언약의 율법주의에 집착하여 자신들이 의를 실현할 수 있다는 이스라엘의 교만한 유대주의 때문이다. 결코 바울은 그들이 율법을 추구하는 열심을 부정하는 것이 아닐 뿐더러 율법 자체를 부정하는 비판의 담론을 전개하고 있는 것은 더군다나 아니다. 이 단락에서 바울의 논변의 초점은 4절의 연속선상에서 의롭다 하심을 얻는 칭의(稱義)가 율법적인 행위에 의해서가 아니라 그리스도를 믿는 믿음에 의한다는 바울의 지론을 구약의 연장선상에서 확고히 하는 것이다. 그리하여 "예수가 주이시다"라는 고백과 "하나님께서 그리스도를 죽음에서 일으키셨다"는 믿음이 종말 구원의 초석임을 여기서 찬미하고 있다.

율법에서 나오는 의 그리고 믿음에서 나오는 의(10:5-8)

우리는 여기 해당 분문을 읽기 전에 합 2:4를 인용한 1:17 "하나님의 의가 믿음에서 믿음에로 복음 안에 계시되었으니… '의인은 믿음으로 말미암아 살리라'"부터 읽고 싶다. 작은따옴표 안에 있는 합 2:4가 의에 대한 로마서 주제라고들 하거니와 마찬가지로 여기 5-8절이 하나님의 의를 대변하는 문단이기도 하다. "하나님의 의(dika-iosyne theou)가 계시되어졌다"라 함은 물론 "하나님이 당신 자신이 의이심을 계시하셨다"(Ridderbos, 1975: 163)는 뜻을 함의하고 있음을 부인할 수 없겠지만, 바울은 이 어구 내지 용어의 사용은 하나님 자신이 의임을 계시한다기보다는 당신의 백성에게 구원의 의를 계시하셨다는 맥락에서 사용하고 있다. 따라서 하나님의 의의 계시는 당신의 백성을 택하심이고, 당신의 신실하심의 표출이다. 물론 이때 의는 "무엇보다 본래 인간의 속성과는 무관하고 인간이 하나님 앞에 올바르게 서다"라는 문맥에서 하나님과의 올바른 관계를 갖는다는 뜻으로 사용한다. 그러므로 하나님의 의는 하나님께서 의롭다 하시는 칭의(稱義, justification)의 뜻으로 쓰인다. 요컨대 바울에게 있어 하나님의 의는 하나님의 본성을 직접 정의하는 개념이 아니라 구태여 정의하라면 인류 구원의 하나님의 능력이다. 그리고 의가 무엇인지 는 주로 그 용어 사용의 화용론적 함의(pragmatic implication)를 갖는다.

이 문단은 하나님의 의에 관한 어찌 보면 대단히 정교하여 섣부르 게 읽기에 어려운 에세이이다. 이를테면 로마서 내에서 이 문단을 대변하는 요절을 꼽으라면 "율법과는 별개로 하나님의 의가 계시되 어졌으니 이를 율법과 예언자들이 증거하는 바이다"(3:21)를 꼽고 싶다. 이 3:21에 하나님의 의에 관한 이 문단의 논리가 함축되어 있다. 율법의 의와는 별개인 종말적인 하나님의 의는 믿음의 의이지 만, 그것을 "율법과 예언자들이 증거한다"라 해석하면 "구약 전체가 하나님의 이 새로운 역사를 예견하고 예측하고 있다"(Moo, 1991: 223)는 것이다. 마찬가지로 여기 5-8절에서는 구약에 있어서의 '율 법에서 나오는 의'와 그리고 신약에 있어서의 '믿음의 의'를 맞대어 비교한다. 우리는 이때 '하나님의 의'가 '구원을 위한 하나님의 능력' 임을 이해할 수 있으나 예수 그리스도를 믿음으로써 주어진 의가 율법을 통한 구약의 언약과 하나의 연장선임을 이해하는 일에 근접하 기에는 우리의 믿음과 마음의 분수로는 턱없이 부족하다. 이제 우리 가 읽을 본문은 레위기 기록을 5절에 그리고 신명기를 6-8절에 인용 함으로써 구약에 의존하여 신약을 해명하고 있다. 그 논조가 난삽하 므로 거슬러 올라가 4절과 함께 읽으며 두루 앞뒤 맥락을 참조해 율법 대 믿음에 있어 하나님의 의의 진의를 탐색해야겠다.

⁵모세가 기록하되 율법으로 말미암는 의를 행하는 사람은 그 의로 살리라 하였거니와 ⁶믿음으로 말미암는 의는 이같이 말하되 네 마음에 누가 하늘에 올라가겠느냐 하지 말라 하니 올라가겠느냐 함은 그리스도를 모셔 내리려는 것이요 ⁷혹은 누가 무저갱에 내려가겠느냐 하지 말라 하니 내려가겠느냐 함은 그리스도를 죽은 자 가운데서 모셔 올리려는 것이라 ⁸그러면 무엇을 말하느뇨 말씀이 네게 가까워 네 입에 있으며 네 마음에 있다 하였으니 곧 우리가 전파하는 믿음의 말씀이라

첫 5절은 전수된 다른 판본도 있다기에 우리는 NIV의 번역을 따르기로 한다. "(까닭인즉) 모세는 율법에서 나오는 의에 관해 적고 있기를 '그것들을 행하는 사람은 그것들에 의해 살 것이다'라 한다"가 NIV의 5절이다. 작은따옴표 안의 인용문이 하나님께서 이스라엘이 출애굽하여 가나안에 사는 동안에 하나님의 율법에 순종하기를 "내 계율들과 율법들을 지키라. 그것들을 순종하는 사람은 그것들에 의해 살 것이다. 나는 주이다"(레 18:5)라고 간곡한 부탁과 축복의 말씀을 모세더러 이스라엘에게 전하라고 한 출처이다. 로마서는 5절에 레위기를 인용하고 또 신 30:12-14의 출처를 바탕으로 임의적으로 변용하여 6-8절에 서술한다. "⁶그러나 믿음의 의는 그리하여 말하기를"이라 시작하여 "네 마음에 말하지 말아야 할 것은 '누가 하늘에 올라가겠느냐?'이니, 이는 그리스도를 모셔 내리려는 것이라. ⁷또 이렇게도 말하지 말아야 할 것은 '누가 심연에 내려가겠느냐?'이니, 이는 그리스도를 죽은 자에서 일으키려는 것이라. ⁸그러나 이것이 무엇을 말하는 것이냐? '말씀이 네 입 안에 그리고 네 마음

안에 네게 가까이 있다'라 함은 이것은 우리가 전파하는 믿음에 관한 말씀이다"가 그것이다.

로마서에서 율법과 의 그리고 믿음과 의의 논변이 차지하는 중요성에 비추어 그리고 구약이 신약의 정초임에 비추어 레 18:5와 신 30:12-14 그리고 롬 10:5-8의 진술에 대해 자구에 따르는 충실한 주석은 물론이요, 각각의 진술 내용 사이에 서로 합치와 일관성을 갖추는 정합성의 이해는 마땅히 존중되어야 할 과제이다. 누구보다 로마서 저자 자신이 지나가는 길에 레위기와 신명기가 문득 떠올라 여기에 읊은 것이 아니라 앞뒤를 깊이 헤아려 로마 신자들에게 율법의 의와 믿음의 의의 진수를 해명해주고 싶었을 것이다. 이런 추측이 옳다면 저자 바울의 구약 인용의 의도를 통찰하는 일이 본문 해석의 기본 틀이 되어야겠다. 우리는 무엇보다 여기서 모세가 전하는 "나의 규례와 율법을 지키라. 이것들에 순종하는 사람은 그것들로 말미암아 살 것이다"라는 구약의 레 18:5를 인용한 '살 것이다'(zesetai)가 어떤 의미를 갖는지를 신구약을 꿰뚫는 구원사의 틀에 비추어 오해 없이 이해하여야 한다. '살다'가 보통 긍정 맥락에서 쓰이는 어휘이지만, 율법과 의의 로마서 문맥에서는 긍정의 뜻이라 해석하기에는 껄끄러운 점이 한둘이 아니다. 이스라엘이 행위에 의지함으로써(9:32), 자기들 자신의 의를 이룩하려 함으로써(10:3) 등등으로 말미암아 의를 이루는 데 실패했다는 내용이 로마서의 비판적인 논변이기 때문이다. "규례와 율법으로 말미암아 살 것이다"에서 '살 것이다'가 영생을 우선 떠오르게 하지만, 이러한 비판적인 논변과 더불어 계율들 일체를 온전하게 지킬 수 없는 인간 조건의 부정적인 한계를 함께 고려하면 '살 것이다'의 긍정의 의미를 수용하기에는 저항감이 앞선다.

레위기에서 '규례와 율법을 지키는 사람'이라 함은 율법의 계율들을 행하는 사람을 가리키고 있음은 의심의 여지가 없다. 이 사실은 합 2:4와 레 18:5를 가지런히 인용한 갈라디아서를 함께 읽으면 더욱 분명하여진다. 해당 갈라디아서를 옮기면 "분명한 것은 아무도 율법에 의해 하나님 앞에 의로워지지 못하리니, '의인은 믿음으로 살 것이다'이기 때문이다"(3:11)라 작은따옴표 안에 합 2:4를 인용해 앞세운 다음에 "율법은 믿음에 기반을 둔 것이 아니라, 이에 반하여 '이것들을 행하는 자는 그것들로 말미암아 살 것이다'라 율법은 말한다"(3:12)라 작은따옴표 안에 레 18:5를 인용해 서술하고 있다. 갈라디아서에서는 "그것들 안에서 살 것이다"(레 18:5)를 "아무도 율법에 의해 하나님 앞에 의로워지지 못한다"라는 기본 가정 아래 적고 있으므로 '살 것이다'라 함은 규례와 율법에 온전히 순종하며 산다는 뜻이다. 그리고 이 '살 것이다'를 '하나님의 언약의 약속의 축복' 안에서의 삶이라 해석하고 있음에 주목하여야 한다(Moo, 2013: 208). 마찬가지로 제임스 던 역시 신명기를 통해 규례와 율법의 순종이 '하나님의 언약의 약속의 축복'이라는 동일한 견지에 도달하고 있다. 그는 롬 10:6-7에 인용된 신 30:12-14에 잇따르는 생명과 죽음의 제사를 주제로 기술한 방대한 분량의 신 30:15-20을 내용 분석해 입증하고 있지만, 우리는 여기서 15-16절만을 인용하여도 그의 증언을 확인하기에 족하다. "15보라, 내가 오늘 생명과 복과 사망과 화를 네 앞에 두었노라. 16내가 오늘 네게 명령하여 네 하나님 여호와를 사랑하고 그 모든 길로 행하며 그의 명령과 규례와 법도를 지키라. 그리하면 네가 살 것이고 번성할 것이요 또 네 하나님 여호와께서 네가 가서 차지할 땅에서 네게 복을 주실 것임이니라"라는 두 절만 읽어도 (그리고 해설 없이 읽어도) 율법 순종이 언약의 약속의 축복이라는 심증을 얻기에 족하다. 실제로 던은 이 본문이 기술하고 있는 규례와 율법은 하나님의 언약과 동의어이고, '살다'라 함은 대대손손 세습을 위한 축복이라 해석하고 있다. '살다'라 함은 하나님께서 택하신 백성이라는 언약의 지위를 지키고 아브라함에게 주어진 축복의 약속의 삶을 규제하는(regulate) 일이다(Dunn, 1998: 152-154). 규례들을 순종해 걸으면 가나안 땅의 소유를 비롯한 축복의 약속이 수반되리라고 신명기가 명세하고 있기 때문이다.

우리는 여기 신명기를 읽으며 롬 10:5와 갈 3:12에 인용된 "규례와 율법에 순종하는 사람은 그것들로 말미암아 살 것이다"라는 레 18:5를 상기하지 않을 수 없다. 그리하여 어휘 '살다'가 쓰인 한에 있어서 그 어휘가 긍정의 의미를 갖는다는 사실을 부정할 수 없음을 알았다. '살다'가 하나님께서 택하신 백성이라는 언약의 지위를 지키고 아브라함에게 약속으로 주어진 축복을 지키는 삶에 질서를 규제한다는 의미를 갖는다. 이 사실은 유대주의의 상식이기도 하려니와 실은 하나님의 축복의 약속이기도 하다. 레 18:5는 하나님께서 모세더러 이스라엘에게 전하라 하신 말이니, '규례와 율법에 순종하는' 일은 출애굽한 이스라엘의 안녕(well-being)과 도덕적인 질서를 위한 금과옥조이다(cf. Dunn 1998: 152-154). 문제는 율법을 순종함으로써 얻어지는 '살다'가 구원의 영생이냐는 의문은 남는다. 던은 "율법은 언약의 백성들로 하여금 삶을 살게 하는 길이며"(Ibid., 516), 따라서 믿음에서 비롯되는 '일차적 의'에 대해 율법 순종에서 비롯되는 의를 '이차적 의'라 부른다. 칼린 크루즈에 의하면 율법 기반의 "약속은 새로운 시대에 있어서의 생명(영생)이 아니라 약속의 땅에서의 언약의 공동체 내에서의 삶과 관련되어 있었다"(Kruse, 2012: 406)라 규정한다. 요컨대 율법에 의한 '살 것이다'는 축복이기는 하지만, 칭의(稱義) 자체는 아니다(갈 3:11a). 동시에 '율법에서 나오는 의'가 이차적이라 하지만, 이차적이라 함은 율법에서 의 자체를 배제하는 비판은 아닐 것이다. 이 단락을 읽을 때 율법에서 나오는 의와 믿음에 의한 의 사이의 대조되는 성격을 꼼꼼히 분석적으로 읽어야겠지만, 각각이 대립되는 상반관계에 있다는 편견을 앞세우지 말고 서로를 비교하는 온건한 입장에서 읽어야겠다.

이 문단의 첫 5절을 읽다 말고 레위기와 신명기 해석에 빠져들어 본궤도를 일탈하였다. 특히 레 18:5에서 '살 것이다'가 비록 표면상이라 하더라도 영생의 의미를 워낙 짙게 풍기는 탓에 율법 준수라는 하나님의 명령에 순종이 갖는 긍정의 관점을 미리 소개하지 않을 수 없었다. 실제로 학자 중에서는 5절에 대해 온전한 율법 순종의 열매로서의 영생이라는 시각에서 맥락적 의미를 확장하여 율법을 완벽하게 순종한 사람은 오로지 한 분 그리스도임을 주목하는 주해서들이 제법 있다. 이를테면 "레 18:5에 합치하게 그리스도는 뭇 사람들 중에 오로지 온전히 순종하셨을 뿐만 아니라 그리하여 그분의 순종의 덕분으로 또 역시 그분을 믿는 모든 사람을 위한 의의 지위와 영생을 달성하였다"(Cranfield, 1985: 254)라는 취지로 4절에 연관하여 5절에 관해 해석하고, 이 취지에 준거하여 6-8절을 읽는다. 로마서 연구의 오늘날 귀감인 크란휠드의 로마서가 이 대표적인 본보기이다. 크란휠드는 5절에 관한 자신의 이러한 해석이 불가피한 하나의 근거로 6절에 쓰인 반의접속사 '그러나'의 해석 때문이라 합리화한다. '규례와 율법에 순종하는'(18:5) 일과 '믿음에 의한 의가 말하기를'(6a절)이라는 일이 '그러나'의 관계로 연결되는 하나의 문맥을 이루려면, 율법 준수가 온전하게 가능한 본보기, 예컨대 그리스도를 필연적으로 상정할 수밖에 없다는 합리화를 내세운다(Cranfield, 1979: 521f.).

다른 한편 이 해석에 대안적이기도 하고, 실상 흡사하기도 한 또 다른 독해 방안이 제안되어 있다. 본문 5절과 6절을 반의접속사 '그러나'의 관계로 읽지 말고 두 절을 '그리고'의 연속 관계로 읽어야 한다(Schreiner, 1998: 551f.)는 방안을 제안하여 그리스도를 전면에 내세우지 않고도 율법에 순종하는 크란휠드의 독해 방식의 닮은꼴의 대안적인 방안을 제안한다. 이에 따라 반의접속사 '그러나'를 6절 초두에 없는 것으로 빼치고 "믿음의 의는 이같이 말한다"에 잇대어 "네 마음에 말하지 말라, '누가 하늘에 올라갈 것이냐?'라고, 그런즉 이는 그리스도를 끌어내리려는 것이다"라 읽기를 슈라이너는 권한다. 이처럼 잇대어 읽으면 구체적으로 5절의 '율법에서 나오는 의'와 6절의 '믿음에서 나오는 의'가 각기 상위한 의를 가리키는 것이 아니라 "믿음을 가진 사람들은 율법의 계명들을 지킬 터이다" 그리고 한발 더 나아가 "율법 자체가 믿음을 가르치기 때문이다"(Ibid., 552)라는 독해에 이르게 된다는 대담한 해석을 제안한다. 대담하지만 토머스 슈라이너의 제안의 논리는 단순명료하다. 바울이 10:5에서의 레 18:5를 그리고 10:6-8에서 신 30:12-14를 나란히 인용하고 있는 의도가 이들 레위기든 신명기든, 양자 모두가 하나님의 은혜를 위한 언약 내에서의 율법 순종을 요구하고 또 그런 순종을 격려하기 위해 전하는 메시지라는 해석이 그것이다.

반추하건대 크란휠드 등의 전자의 해석과 슈라이너 중심의 후자의 해석에 관해 우리는 대안적이니 닮은꼴이니 보완관계를 갖는다고 서술하고 있다. 어떤 의미에서 보완관계인지 부연하겠다. 모세가 율법 행위로 하나님 앞에 의를 추구하라는 5절의 권면은 종래의 견지로는 그것이 불가능한 일이고, 인간의 자만이라는 것이 통설이다. 이 통설에 반하여 크란휠드도 슈라이너도 공히 5절 해석을 6-8절과의 관계에 대비하여 '율법에서 나오는 의'의 긍정성을 인정하고 있다. 이 점에서 두 해석이 닮은꼴이고, 종전의 5절 해설에 대해 대안적이다. '율법에서 나오는 의'와 '믿음의 의'가 다른 종류의 의가 아니라는 사실을 "믿음을 갖고 있는 사람들은 율법의 계명들을 지킬 것이니 율법 자체가 믿음을 가르치기 때문이다"(Schreiner, 1998: 552)라 해설하기도 한다. 이 슈라이너의 해설이 정당하려면, 그리스도의 선재만큼 믿기 어렵지만, 언약적 율법인 구약 안에 이미 그리스도가 잉태하여 있음을 함의하고 있어야 할 터이다. 믿기 어렵다 하더라도 하나님의 전권이 역사하시는 구원사에 있어서 '율법에서 나오는 의'(5절)든 '믿음에서 나오는 의'(6절)든 하나님의 의인 한에 있어서 이들 양자가 대립이 아니라 양립한다는 명제는 당연히 존중하여야 한다. 그렇다면 결국 '율법에서 나오는 의'와 그리스도로 말미암는 '믿음에서 나오는 의'가 하나님의 의로서 하나의 연속선에 위치한 동일한 차원에 존재하여야 한다. 바로 이 하나님의 의라는 점에서 크란휠드와 슈라이너의 두 해석이 보완적이라기보다 오히려 동일하다. '율법에서 나오는 의'든 '믿음에서 나오는 의'든 태초부터 '하나님의 의'(dikaiosyne theou)는 보편적인 구원을 위한 하나님의 능력이기 때문이다.

크란휠드와 슈라이너의 두 해석의 보완 관계를 반추하면서 구약과 신약 사이의 연속성에 대해 지나치게 과격한 일원적인 논변을 내세운 게 아닌가 싶어 언짢은 변론을 보태겠다. "모세가 율법에서 나오는 의에 관해 쓰기를"이라는 5절의 서두와 "그러나 믿음에서 나오는 의는 그리하여 말하기를"이라는 6절의 서두로 바울은 구약을 인용하고 있지만, '율법에서 나오는 의'와 '믿음에서 나오는 의'가 마주치고 교차하는 접점을 어디서 찾을 수 있는가? 독자인 우리로서는 본문을 읽으며 구약 성서에서 "의인은 믿음에 의해 살 것이다"(합 2:4)라는 진술과 "그것들(계율과 율법) 안에서 살 것이다"(레 18:5)라는 진술을 넘나들면서 혼란이 계속 누적되어온 것이 실상이다. 하지만 앞에서 우리는 신 30:15 이하를 읽으며 율법 순종이 아브라함에게 주어진 언약의 약속의 일환으로 선민 이스라엘의 안녕을 위한 보증임을 확인하였거니와, 바로 이 율법의 긍정 면모가 율법과 믿음 사이의 연속성을 잇대어 건너는 징검다리의 구실일 수 있을 것이다. 이제 여기서 우리는 앞에서 탐독했던 신 30의 속편으로 갈 3:15-25를 읽으려 한다. 이 갈라디아서를 읽음으로써 아브라함에게 주어진 약속과 율법의 순종으로 인한 땅의 상속을 포함한 안녕과 그리고 그리스도 안에서의 칭의, 이들 세 축복에 이르는 구원사의 연속성에 대한 이해를 가일층 심화하겠다.

해당 갈라디아서는 구원사에 있어 아브라함에게 준 언약과 모세를 통해 준 율법 사이의 대차대조(貸借對照)를 논한 희귀한 문서이다. 대충 개요하면 갈라디아서는 하나님의 구원의 역사(役事)를 약속이라 표현한다. 아브라함에게 은혜로 약속을 베푸신 지 430년 후에 중보자 모세를 통해 준수하여야 할 율법을 이스라엘에게 주셨으니 아브라함에게 주신 약속은 근본이고, 그것에 '덧보태어 준' 모세를 통한 약속은 부차적이라 일컫기도 한다(Schreiner, 2010: 235). 근본적이다 혹은 부차적이다라 함은 우연찮게도 제임스 던이 믿음에서 비롯되는 '일차적 의'에 대해 율법 순종에서 비롯되는 의를 '이차적 의'라 일컬은 바에 상응하는 개념이자 명칭이라 할 수 있겠다(Dunn, 1998: 516). "그런즉 무엇 때문에 율법이냐?"(갈 3:19a)라 캐묻는다. "범법들로 인하여 덧보태준 것이다"(갈 3:19b)라 답하는데, 율법이 죄가 죄이게끔 의도적인 범법(parabasis)함을 드러내고 죄를 증대하기 위해 주어진 것이라는 답이다(Schreiner, 2010: 240). 대단히 충격적인 이 해설에 잇대어 또 "율법이 그렇다면 하나님의 약속에 거스르는 것이냐?"(갈 3:21a)라 아브라함에게 준 약속과 모세를 통해 준 율법 사이의 상반성에 대해 캐묻는다. 대답인즉 단호하게 "결코 아니다!"라 3:21b에 잘라내 부정한다. 그런데 단호한 "아니다!"에 잇따라 조건가정법을 돌연하게 사용한 부가적인 해명인 3:21c를 의역하면 "만일 생명을 부여해주는 율법이 주어졌더라면, 그렇다면 필경 의가 율법으로 말미암아 오고야 말았었을 터이다"(3:21c)인데, 글쎄 의역도 여전히 난해하다. NIV(2011: 1975)에 좇아 풀이하면 율법이 약속에 대립해 상반하지 않는다는 것은 율법 자체로는 구원에 도달치 못하지만, 율법이 죄가 죄임을 밝혀냄으로써 종국적으로 약속이 이끌어가는 구원의 필요성의 길에로 이끌어 간다라 주해하고 있다. NIV 풀이는 앞서 인용한 슈라이너의 해설만큼 난해하고 충격적이다. 본문의 통사 구조 자체도 난해하지만, 구원의 과정에 있어 율법과 약속과의 관계의 논리는 차라리 궤변에 가깝기 때문이다. 궁여지책으로 계단식 3단계 논리로 분해하여 조리를 세워보겠다. 첫째, 율법과 약속이 각각 목적하는 바가 동일한 것은 아니기는 하지만, 둘째, 율법 준수가 오히려 범법(犯法)의 막다른 궁지에 몰아붙여지고, 셋째, 결국은 마침내 하나님께서 아브라함의 믿음을 의롭다하신 은혜에 버금가는, 즉 '의를 얻을 수 있는 유일한 길이 그리스도의 십자가와 은혜로 말미암는 일'(Schreiner, 2010: 244)에 이르게 된다는 것이다. 단, 세 디딤 계단을 마치 구원사의 단계설을 옹호하듯 서술하였지만, 결코 구원사는 연속성이지 단계설이지 않다. 해설의 편의를 위해 설계한 우리의 세 계단식 해명은 구원사의 진행이 단계적이라는 것이 아니라 오히려 구원사의 세 특질이 단절적이지 않고 엉키어 상호작용하는 연속성의 진행임을 반증하기 위한 해명일 따름이다.

우리는 이미 신 30:15-25를 읽으며 율법에 복종함을 통해 '살 것이다'라는 이스라엘에게 주어진 하나님의 말씀은 안녕의 삶의 축복이지만 믿음으로 말미암아 아브라함에게 주어진 칭의(稱義)의 축복과는 다르다고 언명하였다. "아브람이 주를 믿었고, 주께서 그를 의롭다 여기셨다"(창 15:6)와는 달리 율법의 축복은 칭의의 근본적인 축복에 대해 부차적이고 이차적일 따름이다. 이차적이라 함은 칭의에 온전히 다다르지 못한 상태일 터인데, 웬걸 그 부차적인 성질을 "범법들로 인하여 덧보태준 것이다"(갈 3:19b)라 죄를 증대하기 위해서라는 의외의 목적을 기술하고 있다. 아브라함에게 허락하신 칭의의 축복에 덧보태어진 것이 약속과는 동떨어진 죄의 증대라는 율법이니 그 자가당착의 상태가 그지없다. 필경 율법 준수에 열심일수록 그것이 곧 기복(祈福)에 함몰된 상태이고, 그런 나머지 하나님 앞에서는 일에 더욱 멀어져간 부끄러운 꼬락서니가 된 모양새다. 물론 만유 위에, 만유를 통해 그리고 만유 안에 계시는 하나님께서 기뻐하심이 당신의 백성의 죄의 증대일 리 만무하다면, 감히 추측컨대 죄의 증대라는 율법의 업보는 당신의 백성의 죄의 자각을 위한 부차적인 특단의 조치일 것이다. 결국 그것은 율법 아래가 죄 아래라 하더라도 하나님의 특단이 자비 아래인 한에 있어 죄의 자각은 죄에서부터의 해방을 위한 하나님의 자비의 징표일 것이다. 이 해방을 갈 3:19c는 "약속이 언급하셨던 자식이 오시기까지"라 매우 구체적으로 명기하고 있다. 뿐만 아니라 "성서가 모든 것들을 죄 아래 가두었으니 이는 약속되어졌던 바가 믿는 사람들에게 예수 그리스도를 믿음으로 말미암아 주시기 위함이다"라고 갈 3:22는 궁금한 모든 모순과 역설의 핵심을 숨김없이 표출한다. 믿거나 말거나! 결론컨대 아브라함에게 주어진 약속이 마침내 그리스도의 오심과 그분을 믿는 믿음으로 말미암아 인류 보편적인 종말의 완성을 이루는 일에 율법은 징검다리의 부차적인 역할의 자기 구실을 다한다. 갈 3:22의 문장 자체가 우리의 궁금함 자체를 말 그대로 이실직고하듯 깨끗하게 정리해준다. 더글러스 무의 사역에 따라 다시 옮기면, "성서(구약 율법)가 모든 것들을 죄 아래 가두었던 것은 (아브라함에게) 약속되어졌던 바를 믿는 사람들에게 예수 그리스도를 믿음을 통해 주시기 위함이다"가 그것이다. 그러므로 아브라함에서부터 율법을 거쳐지나 그리스도가 마련한 종말에 이르기까지 하나님의 의는 심지어 시종일관 믿음의 기반 위에 주어지는 은혜이다.

로마서는 이제 신명기를 믿음의 말씀으로 6-7절에 옮겨 전한다. "⁶ᵇ네 마음에 말하지 말아야 할 것은 '누가 하늘에 올라가겠느냐?'이니 그런즉 ⁶ᶜ이는 그리스도를 모셔 내리려는 것이라. ⁷ᵃ혹은 '누가 심연(무저갱)에 내려갈 것이냐?'이니 ⁷ᵇ그런즉 이는 그리스도를 죽음에서 끌어올리려는 것이다"라는 6-7절에서 작은따옴표 안에 적힌 것이 신 30:12-14이다. 신명기 인용하기 전 초두에 "⁶ᵃ믿음에서 나오는 의가 이렇게 말한다"라 '의'를 의인화해 의가 구두로 전하는 생생한 대화 효과를 강조하는 수사를 구사하고 있다. 학자들 중에는 5절 초두에 "모세는 율법에서 나오는 의에 관해 적고 있기를"이라고 시작하는 언사와 6절 초두에 "믿음의 의가 말하기를"이라고 시작하는 언사 사이의 '적다'와 '말하다'의 대조가 각각 율법과 믿음의 성격 대조라 평하기도 하지만, '말하다'의 구어담화체가 갖는 생기를 '믿음'에 불어넣기 위한 수사일 수도 있겠다. 신 30:12의 선행 30:11에서는 "내(야웨)가 오늘 네게 명령한 이 명령은 네게 어렵거나 닿지 않을 멀리 있는 것이 아니다"가 적혀 있다는 사실부터 주목해야 한다. 신명기에서는 이스라엘에게 율법 준수를 너무 어렵게 부담스러워하지 말라는 취지의 격려를 30:11에 앞세운 후에 '하늘에 올라가다'와 '심연(바다)에 내려가다'의 은유를 사용해 신 30:12-14를 발언하고 있다. 같은 취지의 격려를 로마서에서는 믿음의 의가 말하는 것으로 상황을 바꾸어 바울 자신이 임의로 그리스도의 성육신과 부활 승천의 은유를 첨가해 변용하여 서술하고 있다. 신명기 원문 해석도 어려움을 안고 있지만, 로마서는 신명기를 인용한 바울의 의도를 추리해야 하는 어려움이 덧붙어 얹혀 있다. 여하튼 로마서의 기록보다 본래의 원문 신 30:12-14에 전하는 메시지가 더 자상하므로 인용 원문인 신명기 30을 참조하며 각 절 내의 의미 단위 사이의 연결 관계를 읽음으로써 맥락을 참조하여 각 절 간의 의미 관계의 정합성을 파악하여야겠다. 롬 6절을 "네 마음에 말하지 말아야 한다"라 시작하는데 실제로 이 모두 발언은 신 9:4에서 따온 것이라 한다. 그리고 "누가 하늘에 올라가겠느냐?"라는 발언 역시도 이미 신 30:12a에 "그것이 하늘에 있지 않다"라 그리고 신 30:13a에 "그것이 심연에 있지 않다"라 예비지식을 알려주어 하늘에 올라가고 바다 심연에 내려가는 짓이 허황함을 미리 깨우쳐주고 있다. 신명기의 이와 같은 여차여차한 배경을 바탕으로 바울은 자신이 전하고자 하는 의도를 자신의 구상(構想)을 통해 롬 10:6-8에 재구성해 마치 우화적인 이야기처럼 서술하고 있다.

그러므로 로마서 해당 본문은 자구를 주해할 일이 아니라 바울의 서술 의도를 이해하는 일이 독해의 요령이다. 가령 신명기 30장에서 인용한 6절 "누가 하늘에 올라가겠느냐?" 그리고 7절 "누가 심연에 내려갈 것이냐?"의 질문의 의도를 독해하려면 왜 바울이 "네 마음에 말하지 말라"(6b절)를 앞세워 전제하고 있는지를 파악해야 질문이 뜻하는 바에 접근할 수 있다. "네 마음에 말하지 말라"라는 6절 서두 역시 그것은 70인역 신 9:4의 인용이라니, 여기 신명기 30장에서 9장을 껑충 뛰어 두루 구석구석을 뒤져 찾아내 의도적으로 서로 연결하고 있는 것이므로 그런 어려운 노력의 탐색이 필연적으로 까닭이 있을 것이 당연하다. "네 마음에 말하지 말라"라는 인용문은 이스라엘의 가나안의 소유가 자신들의 의로움 때문이라 자만함을 하나님께서 꾸짖은 말씀이라니, 여기 로마서 후반부에서 하나님의 의의 베푸심의 은혜를 모르는 이스라엘의 배경에도 상합하는 인용이기도 하다. 신명기 30장에서 인용한 6절과 7절의 질문 역시 필연적으로 어떤 까닭이 있을 것이다. 바울 선생의 담론 서술은 감히 논박을 불허하는 치밀하고도 정교한 논변이기 때문이다.

한편 신명기에서는 율법이 하늘에도 심연에도 존재하지 않음을 기록하고 있으니 하늘에 오르거나 혹은 바다 심연에 내려갈 명분이 없는 상태이다. 그럼에도 불구하고 설령 하늘에든 심연에든 그곳에 나타나 혹은 자비로 율법을 주신 하나님에게 혹은 가혹하고 포학한 폭군에게 무엇을 요청한다면 그것은 무엄한 헛일을 행하는(Cranfield, 1985: 255) 억지이다. 다른 한편 로마서에서는 심지어 신명기에는 없는 그리스도를 들먹이며 "그리스도를 모셔 내리려는 것이다"(10:6c)라든가 혹은 "그리스도를 죽음에서 끌어올리려는 것이다"(10:7b)라든가 따위의 무모하기 그지없는 엉뚱한 행위를 시도한다는 군말을 보탠다. "이런 행위들은 하나님에 의해 당신의 백성을 위해 이미 이룩하셨던 일이고"(Schreiner, 1998: 559), 따라서 하나님께서 행하신 일은 순종하고 믿어야 할 일이지 행위로 수행하려 한다면(Harrison & Hagner, 2008: 161), 이 역시도 억지스러운 짓이다. 이와 같은 크란휠드의 해설 그리고 슈라이너의 해설과 같은 억지 행동거지를 바울이 신명기와 더불어 고지식하게 그리고 고의적으로 예시하는 동기는 도대체 무엇인가? 바울은 로마서에서 터무니없이 불경스러운 조롱거리의 사례를 예시함으로써 필경 부조리의 반례를 고의적으로 노출시키는 과장법 수사의 사용을 거침없이 마다하지 않은 까닭이 있을 것이다. 그 까닭인즉 바울은 그의 담론에서 속과 겉이 눈에 띄게 다른 양상을, 말하자면 기실 겉모양새로는 무모한 조롱의 언변인 반면에 속마음으로는 하나님의 의의 대단히 진지한 실현의 양상을 역설적으로 피력하고자 의도하였을 것이리라. 율법에 관해 신명기가 언급하고 있음이 분명한데도 불구하고 바울은 로마서에 느닷없이 그리스도를 첨가해 서술하고 있음을 주목해야 한다. 그럼으로써 "바울은 그리스도와 율법이 무관한 별개의 두 실체라 생각하지 않고, 반면에 두 양자 간에 밀접한 내적 결합을 보고 있다"(Ibid., 256)라는 암묵적인 함의를 6-7절에 표명하고자 의도하였음 직하다. 환언하면 바울이 6-7절에 하늘과 심연을 언급한 의도는 신명기의 율법 기사가 그리스도의 성육신과 부활 승천 사건에 연결되는 일련의 불가분의 사건이라는 사실을 표명하려는 시도일 수 있겠다. '그리스도와 율법 … 양자 간에 밀접한 결합'을 교리적인 지식으로 해설하기를 피하고, 대신 신명기 기사에 그리스도를 모셔 내리려 혹은 모셔 올리려 하는 에피소드를 6-7절에 삽화로 삽입함으로써 구약의 사건이 그리스도의 시대에도 살아있다는 생생한 이야기 효과를 바울의 담론이 의도하였음 직하다.

우리는 이미 앞에서 율법의 업보로서의 죄의 증대가 죄의 자각을 일깨움이라 논의하였다. 뿐만 아니라 바울은 롬 3:21에서 "이제 율법과는 별개로 하나님의 의가 계시되어졌다"라 새 시대의 도래를 선언하고는 곧바로 새 시대의 하나님의 의는 "율법과 예언자들이 증언하는 바이다"를 잇대어 진술한다. 율법과 그리스도 간의 밀접한 내적 결합의 보증은 율법과 예언자들 이상의 신뢰로운 증언이 있을 수 없음은 더 말할 나위 없다. 그러므로 본 5-8절에서의 바울의 서술 양식은 구약의 바탕이 그리스도의 신앙에로 연장되는 그림을 한 화폭에 담으려 의도한 것이다. 그 화폭의 제목은 본 문단 제목대로 "믿음에 대한 율법의 증언"이어야겠다.

결론적으로 복음을 전하는 사도로서 바울은 5-7절을 8절에 압축하여 "⁸ᵃ그러나 말하고 있는 것이 무엇이냐? ⁸ᵇ'말씀이 네게 가까이 네 입에 있고 네 마음에 있다'이니, ⁸ᶜ그것인즉 우리가 선포하는 믿음의 말씀이다"라 표명한다. "그러나 말하고 있는 것이 무엇이냐?"라는 8a절은 율법과 그리스도에 관해 기록한 6-7절의 의미가 무엇이냐를 자문하는 서두이고, 8b-c절은 자문에 대해 자답하는 해설이다. 반의 접속사 '그러나'를 8a절에 적고 있는 것은 이제 8b-c절에 적힌 자답이 독자들이 이미 읽은 6-7절의 내용과 다를 수도 있으리라는 예고라 읽어도 좋을 것이다. "말하고 있는 것이 무엇이냐?"의 질문의 표적은 율법과 그리스도와의 관계이다(Cranfield, 1985: 257). 작은따옴표 안의 8b절은 신 30:14를 자구대로 인용한 것으로, 모세가 말하는 '말씀'은 하나님의 말씀이 기록된 율법이고, 여기 로마서에서 바울이 말하는 말씀은 '믿음에서 나오는 의가 말하는'(6절) '믿음의 말씀'(8c절)이니, 그것이 곧 그리스도 복음이다. 이때 8절의 문장 구성을 주목해 분석해 읽으면, 모세가 전하는 하나님의 율법과 '믿음의 말씀'이 동격으로 쓰였다는 사실을 유념해야 한다. '그것인즉'(tout' estin: that is)이라는 관용구를 사용해 8b절 성서 구약의 '말씀'이 다름 아닌 8c절 "우리가 선포하는 믿음의 말씀이다"(Schreiner, 1998: 556)와 동격의 같은 말씀임을 표명하고 있다. 그리하여 "율법과 그리스도가 밀접한 관계를 갖는다"(Cranfield, 1979: 526)를 재삼 확인할 수 있다.

"그 말씀이 네 입과 네 마음에 네게 가까이 있다"라고 신 30:14를 인용해 8b절에 적고 있으므로 학자들 사이에 그것이 믿음의 내용이냐 믿음의 전파 내지 고백이냐의 해석이 갈리기도 하지만, 대체로 양자 모두일 것이라는 의견이 우세하다. "우리가 선포하는 믿음의 말씀이다"(8c절)가 뒤따라 나오니 말씀이 전파인지 고백인지 궁금하기도 하겠다. 그러나 바울은 5절을 언급할 때부터 "그 말씀이 네 입에 그리고 네 마음에 네게 가까이 있다"를 발설하기로 마음에 벼르고 있었던 요절인 것 같다. 왜냐하면 "율법의 계명들을 행하는 사람은 그것들에 의해 살 것이다"의 5절의 배경은 율법의 계명들이 "네게 어려운 것도 아니요 먼 것도 아니요"(신 30:11)라는 율법 준수의 격려를 반추한 언급이고, 바울은 마찬가지의 격려를 6-7절에도 은근히 줄곧 마음속에 품고 있었던 터이기 때문이다. 그렇다면 이제 "너희가 '그리스도가 주이시다'를 입으로 고백한다면… 너희가 구원을 얻을 것이다"라는 9절은 "그리스도가 주이시다"라는 고백이 "어려운 것도 아니요 먼 것도 아니요"(신 30:11)라는 사실, 달리 말하면 "말씀이 네게 가까이 네 입에 있고 네 마음에 있다"(롬 10:8b)라는 사실을 증언하는 고백이라 독해해야겠다.

우리는 8b절을 6-7절이 아니라 9절과 함께 읽었다. "말씀이 네게 가까이 네 입에 있고 네 마음에 있다"라는 8b절의 표현이 전하는 직관적인 느낌으로 말하면 추상성이 아닌 구상성의 생기와 부드러움을 지닌 표현이다. 더불어 9절 "만약에 네가 네 입으로 예수가 주이심을 고백하고, 하나님이 그를 죽음에서 일으키셨음을 네 마음에 믿으면 네가 구원을 받을 것이다" 역시 예수가 죽음에서 일으켜지신 주이심을 "입으로 고백하고 마음으로 믿다"이니, '네 입에' 그리고 '네 마음'에 감각하고 체험할 수 있는 구체적인 생기의 표현이다. 따라서 8b절을 9절과 함께 읽는 일은 연결이 자연스럽다. 우리가 선포하고 있는 구원의 복음으로서의 믿음의 말씀은 일상에서 몸과 마음에 구체적으로 매만져지는 유기체 내지 생명체의 에너지 출력이겠기 때문이다. 그런데 이에 반해 흥미롭게도(혹은 아연하게도) 8b절이 전하는 느낌의 감각이 6-7절과 사뭇 다르다. 마치 비교(祕敎)의 마법에서나 있을 수 있는 '그리스도를 끌어내리다' 또 '그리스도를 죽음에서 일으키다'라는 표현은 그것이 주는 느낌의 저항감이 거칠어 앞에서 우리는 6-7절의 표현 양식을 과장법의 수사라 몰아세웠었다. 학자들은 풍자적 비평을 회피하기 때문인지 6-7절의 진술의 어색함에 대해 비판을 삼가 피한다. 물론 본문에서는 그리스도에 대해 주술과 같은 말은 하지도 말라고 기술하고는 있지만, 여하튼 우리도 6-7절의 맥락적 연결이 석연치 않아 어정쩡 넘어가 8절을 9절과 함께 읽었다.

다른 한편 6-7절이 바울의 특이한 견지의 서술이라 독해하는 것이 보통일 터인데 그게 아니라 그의 일상적인 범속에서 우러난 진술이라 해설하는 생소한 입장이 있다(Longenecker, 2016: 853f.). 이 해설에 따르면 6-7절은 실사구시(實事求是)의 교훈이나 직설적인 설명보다 실은 친근감이 풍부해 추가적인 설명 없이 이해 가능한 잠언 내지 금언의 비유적인 성격의 친숙한 인유(proverbial allusion) 라는 것 그리고 신명기 인용 기사에 바울이 자신의 언어로 삽화처럼 덧보탠 그리스도 이야기라는 것, 그리하여 6-7절은 믿음에서 나오는 의에 관한 '평이하고 친숙한 격언'(proverbial maxim)으로 읽어야 한다고 해설하는 입장이 있다. 어찌 보면 리처드 론즈네커 등이 제안하는 친숙한 격언이라는 생소한 용어가 암시하는 시각은 6-7절이 과장법 수사가 아니라는 반론의 제기이기도 하고 또 달리 어찌 보면 과장 수사와 더불어 공존할 여지를 허용하는 시각이기도 하다. 따라서 친숙한 격언이라는 시각이 우리가 제안한 과장법 제안과 관련하여 그 설명력을 더욱 정교화할 필요가 있다. 그리하여 새삼스럽게 크란휠드의 6-7절에 대한 현학적인 주해를 론즈네커의 친숙한 격언에 적용하여 일상 체험의 수준에서 6-7절에 대해 현상적인 해석을 시도해보기로 하겠다.

크란휠드의 로마서(1979; 1985) 주해의 두드러진 특징은 6-8절이 율법과 그리스도와의 밀접한 결합을 진술하고 있다는 해석이다. 그의 주해를 "그리스도는 율법의 목표이고, 본질적 의미이고, 진정한 실체이다"(Cranfield, 1985: 256)라 요약할 수 있다. 아둔한 머리로 6-7절 본문을 읽어서는 도저히 이처럼 요약할 수 없다. 그러나 크란휠드는 로마서를 읽으며 바울 선생의 마음을 읽은 것이다. 바울의 마음에 신명기의 율법이 떠오르면 더불어 그리스도가 함께 떠오르는 체험을 한다는 사실을 크란휠드는 이해한 것이다. 예컨대 "누가 하늘에 올라가겠느냐?" 혹은 "누가 심연에 내려갈 것이냐?"의 신명기와 더불어 "그리스도를 모셔 내리려는 것이라" 혹은 "그리스도를 죽음에서 끌어올리려는 것이라"가 바울의 마음에 동시에 생생하게 살아 체험해진다는 사실을 크란휠드는 이해한 것이다. 신명기에서 "누가 하늘에 올라가겠느냐?"라 함은 구원이 율법 행위의 산물이라 우기는 이스라엘의 열심과 욕심을 힐난하는 진술일 수 있을 터이고, 그리하여 이 진술에 의해 '그리스도'가 연상되고, 나아가 자동적인 사고의 연쇄 사슬에 따라 '그리스도를 끌어내리다'라는 힐난 이상의 질책의 진술이 이번에는 새 시대의 믿는 사람들에게 주어지는 현상이 일어난다. 론즈네커는 이것을 '친숙한 인유'(proverbial allusion)라 일컫는다. 이것을 다른 한편 크란휠드는 해설하여 "하나님의 율법이 직접 이스라엘의 마음에 언표하여졌다는… 사실과 그리고 하나님의 아들이 성육신화 되었다는 사실 사이에는 친밀한 결합이 있다"(Cranfield, 1985: 256)라 해명한다. 그러므로 율법과 그리스도 사이의 친밀한 결합의 깨우침은 친숙한 인유 기반의 독해의 소산이다. 물론 그 친밀한 결합은 율법이라는 선물과 하나님의 아들의 성육신이 다 같은 은혜라는 깨우침까지 수반한다. 그리하여 은혜로 말미암아 "말씀이 네게 가까이 네 입에 있고 네 마음에 있다"(8b절)의 현실이 실현된다. '네 입'과 '네 마음'에 가까이 감각하고 체험하는 현실이 '평이하고 친숙한 격언'(proverbial maxim)의 독해를 통해 구약과 신약 사이에 범상하지만 생기 넘치는 결합을 형성한다.

그러므로 이 문단 5-8절을 일상의 범상한 체험의 가르침으로 읽고, 다음 문단 10:9-13의 시작의 말로 읽겠다. 다음 문단에 들어서기 전에 "유대인이나 헬라인이나 차별이 없으니, 한 주께서 모든 사람의 주이시고 그분을 부르는 모든 사람을 풍족히 축복하신다"의 10:12를 미리 읽기로 하겠다. 복음과 믿음의 구체성과 범상함이 모든 만민을 축복하시는 보편성의 열매를 풍족하게 맺는다.

"예수가 주이시다" 그리고 믿음과 고백 (10:9-13)

이제 9절 이하에 8절 '우리가 선포하는 믿음의 말씀'의 성격을 설명하고 있다. 따라서 여기 9-13절은 앞 5-8절과 한 묶음으로 함께 잇대어 읽어야 유익하다. 그런데도 우리가 두 문단으로 나누어 읽는 변명인즉 '믿음의 말씀'을 우리가 진리의 범상함이라 일컬었던 터인데 이제 "주는 하나이시다"(신 6:4)라는 유일성과 보편성의 "들으라"(Shema)의 율법 정수로 바울 사도가 그리스도론을 확장하고 있기 때문이다. 이 문단 9-13절의 말씀은 한편 우리에게 익숙한 신약의 그리스도론이기도 하지만, 동시에 구약의 그리스도론이기도 하다는 사실이 중요하다. 우리는 앞에서 사 8:14를 인용한 9장 말미를 읽으며 하나님의 전권의 의지가 그리스도를 통해 구현된다는 구약의 기록들을 곳곳에서 찾아 읽을 수 있음을 확인하면서 그리스도의 선재(先在)를 논하였다. 이 단락에서 특히 이 문단의 핵심은 인류의 구원을 위해 "예수가 주이시다"라는 고백이고 케리그마이다. 예수를 주라 부른 첫 기록이 "하나님께서 너희가 십자가에 못 박은 이 예수를 주이고 그리스도로 만드셨다"라는 행 2:36이라 보통 알려져 있다. 하지만 감히 하나님을 야웨라 부르지 못하고 대신 아도나이라 부른 구약 시기에 헬라어 70인역에서는 아도나이를 '주'(κυριοσ)라 번역하였다니 구약에서도 신약에서도 예수는 "나의 주이시고 나의 하나님이시다"(요 20:28)임을 깊이 새기며 이 문단을 읽어야겠다.

> 9네가 만일 네 입으로 예수를 주로 시인하며 또 하나님께서 그를 죽은 자 가운데서 살리신 것을 네 마음에 믿으면 구원을 받으리라 10사람이 마음으로 믿어 의에 이르고 입으로 시인하여 구원에 이르느니라 11성경에 이르되 누구든지 그를 믿는 자는 부끄러움을 당하지 아니하리라 하니 12유대인이나 헬라인이나 차별이 없음이라 한 분이신 주께서 모든 사람의 주가 되사 그를 부르는 모든 사람에게 부요하시도다 13누구든지 주의 이름을 부르는 자는 구원을 얻으리라

본 문단 9-13절을 읽기 전에 이 부문이 앞 문단의 연속임을 염두에 둘 필요가 있으므로 6-7절과 8절을 반복해 상기하겠다. 앞 6절과 7절에 각각 "누가 하늘에 올라갈 것이냐?" 그리고 "누가 심연에 내려갈 것이냐?"라고 '하늘'과 '심연'이라는 유인(誘因, incentive)으로서의 외부 지향적인 질문을 자극으로 제기하고, 그것에 대응하여 8절에 "말씀이 네게 가까이 네 입에 있고 네 마음에 있다"의 신명기를 인용하여 몸과 마음의 개인 내부 지향의 답변을 반응으로 제시한다. 그리하여 '외부 자극-내부 반응'으로서의 '문제 제기-답변 해설'로 구성된 의의 지향에 관한 담론을 전개한다. 뒤이어 우리가 이미 8절과 함께

읽었던 9절 "즉, 만일 네가 '네 입으로 예수가 주이다'를 고백하고, 하나님께서 그를 죽음에서 일으키셨다를 네 마음에 믿으면, 네가 구원을 얻을 것이다"라 내부 지향의 반응으로서의 믿음의 말씀을 정교화하여 규정한다. '네 입'과 '네 마음'을 8절에 그리고 다시 9절에 언급하고 있으므로 보통 이 9절이 8절에 대한 설명이라 해석하지만, 폭넓게 생각하면 6-7절이 9-13절의 도입부일 수 있다. 앞 6-7절이 믿음이 없는 상태에서 의를 찾아 헤매는 암중모색의 방황이고, 8절 "말씀이 네게 가까이 네 입에 있고 네 마음에 있다"라는 의의 소재가 '믿음의 말씀'임을 확인함으로 방황의 무상한 허망에서 벗어남이고, 그리하여 9절 내지 10절에서 믿음의 말씀의 내용을 선포한다. '자극-반응'의 틀에서 다시 말하면 외부 지향적인 자극이 방황의 허망이고 (6-7절), 내부 지향의 반응의 안정된 자리 잡음이 믿음의 말씀의 소재 확인이고(8절), 9절과 10절에 선후의 어순을 바꿔가며 믿음의 본질을 명기한다. 이와 같이 좀 생소한 구약 이야기의 주제 구성이라서, 마치 그리스도 예수가 조연역을 맡고 있는 것처럼 읽히지만, 실상인즉 그리스도가 한복판에 자리 잡고 있는 체계적으로 조직화된 담론의 짜임새를 보인다.

"예수가 주이시다를 네 입으로 고백하다" 그리고 "하나님께서 죽음에서 그를 일으키셨다를 마음으로 믿는다"라 술회하고 있는 9절이 8c절에서 "우리가 선포하는 믿음의 말씀이다"의 내용을 구체화하고 있다. 입으로 고백하는 바인 "예수가 주이시다"의 심층 의미가 "예수가 하나님이시다"이다. "예수가 주이시다가 뜻하는 바는 예수가 한 분 유일하시고 진정하신 하나님의 이름과 본성, 거룩하심,

권위, 능력, 위엄 그리고 영원성을 공유하심을 받아들임이다"(Cranfield, 1979: 529). 그리고 마음으로 믿는 바인 "하나님께서 그를 죽음에서 일으키셨다"는 부활 신앙을 일컬음이다. 죽음의 몸이 일으켜지되 다시 죽는 현세적인 (예컨대 나사로) 부활이 아닌 '영원한 주님'(Ibid., 530)이심을 믿음이다. 8절 "이것이 곧 우리가 선포하는 믿음의 말씀이다"에서 '선포하다'를 앞세운 대로, 실제로 바울의 전도는 "내가 너희 중에서 예수 그리스도와 그의 십자가에 못 박히신 것 외에는 아무것도 알지 아니하기로 작정하였다"(고전 2:2)라는 절차탁마(切磋琢磨)의 순수성의 선포인 케리그마이다. "예수가 주이시다"와 "그리스도를 죽음에서 일으키셨다"를 '선포하는 믿음의 말씀'의 순수성이 "네가 구원을 얻을 것이다"라는 종말 구원을 단언 보증한다. 그리하여 9절과 같은 취지를 10절에 "마음으로 사람이 믿음으로써 의에 이르고 입으로 고백함으로써 구원에 이르기 때문이다"라 기록하고 있다. 이번에는 '믿다'를 앞세우고, '고백하다'를 뒤세워 앞뒤를 바꿔 중언부언 강조하고 있다. 마음과 입과 더불어 믿음과 고백에 관하여 학자들 사이에 믿음은 사적이고, 고백은 공적인 성격이라는 공과 사의 차이라는 해설보다는 "믿음과 고백은 별개의 활동이 아니라 예수를 주라 믿는 하나의 믿음 표현의 두 양상이다"(Kruse, 2012: 410)라는 해설을 존중하고 싶다. 혹은 단순한 추측이긴 하지만, 9절에서의 기록 순서와는 달리 10절에서는 "믿음으로써 의에 이르고 고백함으로써 구원에 이르다"라 믿음을 고백보다 앞세우는 것은 그것이 자연스러운 순서라는 상식에 따른 것일 수도 있겠다.

믿음과 고백에 관하여 9절도 10절도 공히 마찬가지로 진술하고 있는 요지는 믿음과 고백이 함께 구원을 얻는 길에 동반한다는 사실이다. 구원을 얻는 일에 믿음과 고백이 함께 그러나 각각 자기 양상을 지니고 있다면 어떤 특질을 공유하는지 그리고 각각의 양상을 드러내는 원천은 무엇인지가 궁금하다. 우리는 여기서 이스라엘이 하나님께 열심이 있으나 "자신의 의를 세우려 모색하였기에 그들이 하나님의 의에 복종하지 않았다"라는 앞서 읽은 10:3을 반성하며, 우선 믿음의 성질을 새삼 해명하는 첫걸음을 떼고, 고백과의 다른 양상을 성찰하기로 하겠다. 믿음의 특질이 순종임은 유감스럽게도 신자들 사이에서조차 감추어진 무지의 개념이다. 가령 10:3을 읽고 '하나님의 의에 복종하지 않는' 일이 믿음의 결핍된 소치라 해석하면, 유감스럽게도 호도하는 해석이라 못마땅하게 평가할지 모르겠다. 하지만 10:16 "이스라엘인들이 모두 복음을 순종치 아니하였다. 이사야가 말하기를 '주여, 누가 전하는 바를 믿었나이까?' 하였다"를 10:3과 더불어 곰곰이 숙독한 어떤 독자라야 비로소 이스라엘이 하나님의 의에 순종하지 않음이 그들이 믿음이 없는 까닭임을 깨우칠 수 있을지 모르겠다. 실은 로마서 초두 1:5에 이미 '믿음에서 나오는 순종' (hypakoen pisteos)이라 믿음이 갖는 순종의 특질을 대단히 직설적으로 언명하고 있다. 뿐더러 우리는 앞에서 "그리스도가 주이시다"를 무심하게 넘어갔지만, 그리스도가 주이신 한에 있어 주께 복종해야 함은 당연하다. "주이신 그리스도에 순종함은 믿음과 항상 밀접하게 연결되어 있다"(Moo, 1991: 44).

순종(복종)이 믿음의 중심 개념이라 논하는 바울 연구가가 Meyer 이다(Ridderbos, 1975: 237ff.). 게다가 리더보스는 바울이 곳곳에서

순종의 믿음과 더불어 고백에 대해 언급하는 데 주목한다. 예컨대 고후 4:13에 "기록된 바 '나는 믿었다, 고로 나는 말하였다.' 우리가 같은 믿음의 영을 가졌으니 우리가 믿고 있고 그러므로 말한다"라 믿음이 고백을 수반하는 일이 자동적이고 지당함을 서술하고 있다. 이에 상응하는 시 116:10에서도 "내가 믿었다. 그러기 때문에 나는 말했다"(70인역; 유희세 사역)이라 믿음이 고백을 필연적으로 표출함을 노래한다. 리더보스는 다른 어느 곳보다 롬 10:9-10가 순종으로서의 믿음의 특징이 고백과 밀접하게 결합되어 있음을 증언하는 진술이라 해석한다(Ridderbos, 1975: 238). 하긴 누구라도 9-10절을 함께 읽으면 복종으로서의 믿음과 믿음으로 말미암아 표출되는 고백 사이의 관계가 불가분의 관계임을 짐작할 수 있다. 혹은 9절에서의 고백-믿음의 출현 순서가 10절에서 믿음-고백의 역순의 순서로 교차해 서술되어 있다는 사실이 양자 사이의 역학 관계가 상호촉진적임을 짐작케 한다. 우리의 이런 해석은 직관적이지만, 리더보스의 해석은 훨씬 분석적이다. 그는 고백을 믿음이 스스로에 대해 갖는 자기 책임의 표출이라 규정한다. 그는 고백의 내용이 믿음의 실질의 증언이라는 데 근거하여 논리를 전개한다. 그에 의하면 한편 고백은 믿음의 내용의 진실을 변론하는 것과 같은 '믿음의 자기 설명 내지 자기 책임'(the self-accountability of faith)의 증언이기도 하고, 다른 한편 고백의 내용은 믿음이 지향하는 복음의 진수를 표명하는 일이기도 하다. 그리하여 "믿음이 자기 자신을 표출하는 믿음의 자발성과 복음에 승복 내지 찬동하는 믿음의 순종이 고백과 손과 손을 맞잡는다"(Ibid., 238)라 설명한다. 바울은 이러한 '믿음의 자발성'과 '믿음의 순종성'이 수반하는 고백을 "나는 믿었다. 고로 나는 말하였다"(고후 4:13)라 마치 금과옥조이듯 엄숙한 논법 형식으로 기술하고 있다.

이제 믿음과 고백의 결실의 열매를 11-13절에 기술하고 있다. 여기서도 구약을 인용함으로써 신약의 그리스도론을 확인하는 정도를 넘어 구약과 신약을 하나로 총괄하여 그리스도론의 보편성을 펼치고 있다. "¹¹성서가 말하기를, '그를 믿는 어느 누구든 부끄러움을 당하지 않는다'고 하기 때문이다. ¹²유대인이나 헬라인이나 구별이 없기 때문이다. 하나의 동일한 주가 모두의 주이셔서 그를 부르는 모두에게 그의 부요함을 나누어주심이다. ¹³까닭인즉 '주의 이름을 부르는 어느 누구든 구원받을 것이다'"라는 11-13절 본문 자체는 주해가 따로 필요없다. 우리는 개별 11-13절 각각이 아니라 전체 유의미성을 한 묶음으로 숙고하겠다.

무엇보다 믿음과 고백에 따르는 새 시대의 새 언약인 구원에 대하여 여기서 다시 구약을 원용하고 있으니 오직 놀라울 따름이다. 고후 3:15에서 "오늘까지 모세의 글을 읽을 때 베일이 그들의 마음을 덮고 있다"라는 구절을 찾아 읽을 수 있거니와 모세의 옛 언약을 읽지 못하도록 눈가림하고 있는 일이 비단 이스라엘에게뿐만 아니라 오늘날 기독 신자에게도 역시 구약이 그리스도를 증언하고 있다는 사실에 눈뜬 문맹자들이기는 마찬가지이다. 이미 앞 9:33에서 사 28:16의 의역을 인용했던 구절을 여기서 반복해 "그를 믿는 어느 누구든 부끄러움을 당하지 않는다"를 우선 앞세운다. 물론 여기 '그'라는 대명사는 9절에 적힌 '예수'를 가리키고 있음이 명료하다. 그리고 70인역 욜 3:5에 해당하는 욜 2:32 "주의 이름을 부르는 어느 누구든 구원받을 것이다"를 또 인용하고 있거니와, 11절이 '주의 이름을 부르는' 사람이라 함은 "유대인이나 헬라인이나 구별이 없다"인 만인일 것이다. 그렇다면 11-13절은 참으로 보편 그리스도론의 찬미이다. 이 해석이 실제로 바울의 집필 의도임을 "하나의 동일한 주가 모두의 주이다"를 비롯해 '어느 누구든'(pas, every) 그리고 '모두'(만인, pantas)라는 어휘가 11-13절에 모두 네 번이나 출현한다는 사실이 증명하여준다. "주의 이름을 부르는 어느 누구든 구원받을 것이다"에서 '주의 이름을 부르다'는 물론 믿음의 초석을 일컫지만, '부르다'(epikaloumenous)가 예배 기도의 문구로 쓰이는 용어라니 (Schreiner, 1998: 562) 11-13절이야말로 구약을 통해 증언하고 찬미하는 그리스도를 통한 하나님의 보편 구원론의 압축판이라 하여야 겠다.

3. 열려 있는 복음의 기회에 응답하지 않은 이스라엘

(10:14-21)

"주의 이름을 부르는 어느 누구든 구원을 받을 것이다"(욜 2:32)라는 앞 단락 마지막 13절을 읽으며 "하나님은 오직 유대인의 하나님뿐이시냐? … 오직 한분 하나님이시니 할례자도 믿음으로 말미암아 또는 무할례자도 믿음으로 말미암아 의롭다 하실 하나님이시다" (3:29-30)를 회상하는 일은 중요하고 때마침 제때의 일이다. 바울은 요엘서 인용에 앞서 "유대인이나 헬라인이나 구별이 없기 때문이다. 하나의 동일한 주가 모두의 주이시다"(12절)라는 그리스도를 통한 보편 구원론을 이미 누누이 피력하였다. 이처럼 확고한 보편 그리스도론의 논변에 열심인 중에서도 사도 바울은 한 분 하나님이심을 잘 아는 이스라엘이 그리스도를 주라 아직 여전히 부르지 않고 있으니 "내 형제자매인 육신에 따르는 이스라엘 사람들인 내 혈육을 위해 내 자신인 그리스도에게서 저주를 받아 의절하기를 원하노라"(9:3)는 비통함을 떨쳐 버릴 수 없는 일이 그 자신의 현실이었다. 그럼에도 불구하고 또 그런 연고로 인해 그는 그 자신의 입으로 유대인이나 헬라인이나 "주의 이름을 부르는 어느 누구든 구원받을 것이다"를 선언하는 자격지심의 악역을 감내하지 않을 수 없었다. 그런 바울이 가히 자기 학대에 가까운 내면의 갈등과 모순을 안고 그는 이제 믿음의 의를 담담하게 설득한다.

선교: "그들의 목소리가 온 땅에 펴졌고 그들의 말씀이 사람 사는 땅끝까지 펴졌다"(10:14-18)

이 문단의 제목을 "선교"라 이름하였거니와 "예수가 주이시다를 네 입으로 고백하고", "하나님께서 죽음에서 그를 일으키셨다를 마음으로 믿는다"라는 9절의 '믿음의 말씀'의 고백이 선교의 목표이다. 이 목표가 작은따옴표 안에 적은 시 19:4의 인용문의 제목인 "그들의 목소리"는 예언자들을 포함한 복음 전도자들의 가르침이므로(NIV 10:18n.) 그리스도의 말씀이 이미 성서 곳곳을 통해 두루 펴졌다는 사실을 공표하고 있다. 더불어 믿음을 지향하는 선교의 여러 특질을 밝히고 있으므로 결국은 믿음의 성질이 무엇이지도 여기서 통찰할 수 있다.

> ¹⁴그런즉 그들이 믿지 아니하는 이를 어찌 부르리요 듣지도 못한 이를 어찌 믿으리요 전파하는 자가 없이 어찌 들으리요 ¹⁵보내심을 받지 아니하였으면 어찌 전파하리요 기록된 바 아름답도다 좋은 소식을 전하는

자들의 발이여 함과 같으니라 16그러나 그들이 다 복음을 순종하지 아니하였도다 이사야가 이르되 주여 우리가 전한 것을 누가 믿었나이까 하였으니 17그러므로 믿음은 들음에서 들음은 그리스도의 말씀으로 말미암았느니라 18그러나 내가 말하노니 그들이 듣지 아니하였느냐 그렇지 아니하니 그 소리가 온 땅에 퍼졌고 그 말씀이 땅 끝까지 이르렀도다 하였느니라

이 단락 초두 14-15a절에 윽박지르듯 무려 네 질문들을 퍼붓는다. 질문들의 맥락적 의미가 모호하고, 심지어 대명사의 지칭도 애매하여 독해의 여러 문제가 발생한다. 다른 무엇보다 이들 네 질문의 해석부터 올바른 길에 들어서야겠다. "14a어떻게 그렇다면 그들이 믿지 않았던 그분을 그들이 부를 수 있겠는가? 14b그리고 그들이 듣지 않았던 이를 그들이 어떻게 믿을 것인가? 14c그리고 전파함이 없이 어떻게 그들이 들었겠는가? 15a그리고 그들이 보내심을 받은 것이 아니면 어떻게 그들이 전도하겠는가?"라는 연속적인 질문이 이어진다. 이 질문들에서 3인칭 복수 대명사 '그들'과 해당 동사가 누구를 지칭하는가에 학자들 사이에, 가령 우리가 애독하는 찰즈 크란휠드와 제임스 던과 토머스 슈라이너의 주해서들 사이에서도 이견이 있다. 크란휠드에 의하면 9:30-10:21의 전체 맥락에 비추어 '그들'이 유대인들이어야 자연스럽고 따라서 유대인들에게 온갖 기회가 주어졌는데도 주의 이름을 부르지 않으니 12-13절에 적혀 있는 바에 어긋나는 용서받을 수 없는 일이라 해석한다(Cranfield, 1979: 533). 반면에 던에 의하면 복음 전파를 위한 '전파함'이나 '보내

심'이라는 선교의 배경에 비추어 '그들'이 이방인들이야 합당하다고 해석한다(Dunn, 1988b: 620). 이와는 달리 슈라이너에 의하면 '그들'이 특정 종족을 지칭하는 것이 아니라 "그를 믿는 어느 누구든 부끄러움을 당하지 않는다"(11절)에서의 '어느 누구든'이나 그리고 '유대인이나 헬라인이나 구별 없이… 주를 부르는 모두에게'(12절)에서의 '모두'를 가리킨다는 폭넓은 해석을 취한다(Schreiner, 1998: 566). 문제는 이들 세 견지가 각각 나름대로의 정당한 근거를 갖고 있다는 사실이고, 따라서 이 사실을 고려해야 한다.

우선 크란휠드의 유대인 해석이 갖는 긍정적인 견지를 고려하겠다. 본 단락의 배경은 진작 9:30-31부터 "이방인들은 그들이 의를 추구하지 않았지만 의를 얻었다… 그러나 이스라엘은 얻지 못하였다"를 비롯하여 성서가 믿음에 의해 의를 얻을 수 있음을 누구이 가르쳤음에도 순종치 않은 이스라엘이 배경이다. 이들 이스라엘은 여기 14-15a절의 네 질문 모두에 대해 "아니요"라는 부정의 반응을 보일 수밖에 없는 처지에 있고, 그들이 긍정 대답을 할 수 있어야 비로소 그들의 불순종이 용서받을 수 있는 처지에 놓인다. 따라서 여기 14-15a절 질문들에 적힌 '그들'이 질문들에 부정 대답의 주인공인 이스라엘을 지칭한다는 크란휠드의 해석은 담론의 배경에 비추어 합당한 뒷받침을 받고 있다. 다른 한편 던의 해석이 갖는 긍정적인 견지를 아울러 고려하겠다. 여기 적힌 연속적인 네 질문을 NIV는 역순서로 (1) 보내심을 받은 전도자(15a절), (2) 메시지를 전파함(14c절), (3) 메시지를 들음(14b절) 그리고 (4) 메시지를 믿음(14a절)이라는 첫걸음 믿음의 계기부터 믿음의 성숙에 이르기까지의 순위를 도표 형식으로 재배열해 해설하고 있다(NIV 10:14-15n.). 신앙 단계의 일반 모델을 제시한 것이 아니라 이들 네 순위가 구약 언약의 배경이 없는 이방인들을 위해 선교 방식을 예시한 일종의 브리핑 차트와 같은 것이라 한다면, 던의 해석 역시도 합당한 근거를 갖는다.

우리의 이런 해설이 억지 무리수가 아니라면, 여기서 나아가 엉뚱하게 차라리 논리의 비약을 시도해보기로 한다. 크란휠드의 해석도, 던의 해석도 14-15a절에 합당하다면 양자를 다 존중해야 한다는 논리의 비약을 시도해보기로 한다. 당초 대명사 '그들'을 귀결이 코걸이로 사용한 이는 바울 선생 자신이다. '그들'의 지칭 대상이 특정한 인물을 표적으로 겨냥했더라면 그는 애매모호한 대명사 사용을 피했을 터인데, 사용의 폭을 넓힌 것은 고의적일 수 있겠다. 그리고 이와 관련한 바울의 의도를 간파한 주해자가 슈라이너일 수 있겠다. 다시 14-15a절에 돌아가 네 질문의 의도가 무엇인지를 반추한다. 네 질문을 11-13절의 배경에서 읽으면 질문을 제기한 의도는 "주의 이름을 부르는 어느 누구든 구원받을 것이다"(욜 2:32)가 어떻게 가능한지를 일목요연하게 네 질문들의 연쇄를 통해 해설하기 위한 것이다. 이들 질문들을 연쇄의 고리로 기록함으로써 필연적으로 겪어야 할 선교(宣敎) 사역의 길잡이 약도를 느긋한 차례에 따라 예시함으로써 결국 '어느 누구든'(pas, every) 구원이 가능하다는 사실을 증언하기 위함일 듯싶다. 연쇄의 고리의 논리는 어느 한 수준의 선교만으로는 불완전하다를 암시하는 것이겠으나, 여하튼 바울 사도에게 있어서는 "어느 누구든 구원받을 것이다"야말로 으뜸으로 귀중한 선교 사역의 원리를 대변하고 있는 일일 것이다.

네 질문에 뒤이어 15b절에 "기록된 바, '아름답도다 좋은 소식을 전하는 발이여!'"의 사 52:7을 인용한다. 히브리어 원전이 인용본이므로 "평화의 복음을 전파하며"가 여기에 생략되어 있어 학자들은 당혹하면서도(e.g.: Dunn, 1988b), 여하튼 전령(傳令, herald)을 통한 바빌로니아의 포로로부터의 해방의 선포를 죄로부터의 해방에 적용하는 이 직유의 사용을 매우 합당하다 평가한다. 뒤이어 작은따옴표 안에 사 53:1를 인용하여 "그러나 모두(이스라엘)가 복음을 순종한 것은 아니다. 이사야가 말하기를, '주여, 우리가 전하는 바를 누가 믿었습니까?'라 하더라"의 16절이 출현한다. 두 인용문이 내용에 있어서는 상치하지만 바울이 같은 이사야서에서 고의적으로 선택한 기록이므로 함께 읽는 일이 유익하다. 한데 이 단락의 담론 전개의 응집성을 위해서는 15b-16절을 한 묶음으로 독해하고 또 더욱 요긴하기로는 14-15a절과 17절을 다른 한 묶음으로 독해하는 방식이 유익하다(cf.: Kruse, 2012: 418). 우리는 이 독해 방식을 취하여 15b-16절을 뒤로 미루고 17절로 일단 건너뛰겠다.

"그런즉 믿음은 들음에서 나오고, 들음은 그리스도의 말씀을 통해서이다"가 17절이다. 여기서 "믿음은 (메시지를) 들음에서 나온다"라는 17절은 선교에 관한 14-15절의 진술과 맥을 같이 한다. 관련하여 우리는 자칫 못 본 체 간과하기 쉬운 '믿음'과 '들음'에 관한 토머스 슈라이너의 유의미하고 심각한 해설을 깊이 숙고하고 싶다. 그는 들음의 메시지는 '그리스도의 말씀'이고, 믿음의 내용은 "예수가 메시아이고 십자가상에서의 그분의 행적이다"(Schreiner, 1998: 567)라 해설한다. 그리고 그는 "구원의 길에 있어서의 주이시다라 부르는 사람들로 말하면 그들은 필경 그분을 믿는 사람들이어야 하고, 한데 이 믿음은 어떤 누가 전하는 메시지를 들음으로써가 아니면 그 믿음은 불가능하다"(Ibid., 568)라 해설한다. '들음'(akoe)은 '듣다'라는 동사로 쓰일 수도 있지만, 명사로 쓰일 때는 '메시지'라는 뜻을 갖는다. 메시지는 십자가의 그리스도의 말씀이니 8c절에 적힌 대로 "우리가 선포하는 믿음의 말씀이다"라는 복음이다. 그러므로 들음과 복음의 메시지는 불가분의 관계이니 당연히 "믿음은 들음에서 나온다"이다. 슈라이너의 '믿음'과 '들음'에 관한 이 해설이야말로 17절뿐만 아니라 14-15절의 선교 담론이 진부한 이야기라 당초 우리가 오해했던 무지를 제정신이 번쩍 들게 각성하게 만든다.

'들음'과 '믿음'에 관한 여기 17절의 의미심장함에 준거해 우리는 선교에 대해 바울이 새삼 강론하는 그의 논점의 출발부터 반추하기로 하겠다. "어떻게 그렇다면 그들이 믿지 않았던 그분을 그들이 부를 수 있겠는가?"라는 강론의 첫 14a절부터 선교의 목표는 믿음에 의한 구원이다. 이때 "믿음은 (메시지를) 들음에서 나온다"가 그의 선교 강론에서 핵심 문장이라는 사실을 유념해야 한다. 선교의 첫 진입이 "(1) 보내심을 받은 전도자(15a절)를 통해서이고, 결국 목표가 (4) 메시지를 믿음(14a절)에 이르는 일임"을 유념해야 한다. 한데 이들 선교에 관한 요건만을 간추린다면 "하나님에 의해 보내심을 받은 전도자의 메시지를 들음으로써 믿음에 이른다"가 요약일 수 있는데, 이는 진부한 절차의 나열로 선교의 의미가 척박하게 들린다. 그러니 믿음에 이르는 절차들은 겪어야 할 요건들의 명목이고, 그 깊은 의미는 절차를 통해 체험하는 성질에서 구명해내야 할 것이다. 우리는 바울의 선교에 관한 문제 제기가 인간이 하나님을 어떻게 아느냐는 시각에서 접근이라 이해하고 싶다. 왜냐하면 로마서는 초두 1:18-32에 하나님에 대한 지식이 자연과 양심을 통해 주어진다는 자연계시에 관해 논변하고, 결국은 1:24-32에 자연계시는 하나님의 의에의 접근에 반하는 사이비 신관이라 논박한 바 있다. 자연계시와는 달리, 여기 1:14 이하에 제시한 선교 논변의 특이성은 '어떤 누가 전하는 메시지를 들음으로써'(Schreiner, 1998: 568)를 전면에 내세우고 있다는 점에서 자연계시론에 상반한다. 요컨대 여기 선교의 의미는 자연계시를 통한 양심의 자각이 아니라 그것은 십자가와 메시아라는 '그리스도의 말씀을 통해서'이니 바울 사도이든 혹은 어떤 누구이든 하나님께서 직접 증인으로 택함을 받은 전령(傳令, herald)을 통해(cf. 딤전 2:7; 딤후 1:11) 복음을 들음으로써 비로소 가능하다. 바로 이 요지에 실로 썩 잘 어울리는 환호의 장면이 10:14-15a "아름답도다 좋은 소식을 전하는 발이여!"라는 감격의 장면 묘사이기도 하다. "좋은 소식을 전하는 발이여!"라 함은 복음을 전파하는 어떤 누가 전령으로 존재하고 있고, 달음박질해 온 발이 전하는 메시지를 들음으로써 반응하는 믿는 사람이 존재하고 있다. 우리는 이미 10절에 "마음으로 사람이 믿음으로써 의에 이르고 입으로 고백함으로써 구원에 이르기 때문이다"를 읽었다. 이때 "믿음과 고백은 별개의 활동이 아니라 예수를 주라 믿는 하나의 믿음 표현의 두 양상이다"(Kruse, 2012: 410)라는 해설을 함께 읽었다. 이 논리를 확장하면 믿음과 고백의 불가분의 연결과 "믿음은 들음에서 나온다"라는 선교에 있어 연쇄가 동질의 관계의 성질이라 일반화하여도 합당할 수 있겠다.

본래 이 단락 10:14-21은 유대와 이방 구별 없는 선교 일반에 관한 담론이다. 이때 "믿음은 들음에서 나온다"라는 바울의 17절 진술은 그의 여기 선교론에서 유대와 이방의 구별 없는 일반론에 통용되는, 그리하여 과격하게 포장해 말하면 바울의 선교 원리라 심지어 규정할 수도 있는, 그처럼 중요한 열쇠의 구실을 수행하는 핵심 개념이다. 이에 따라 "믿음은 들음에서 나온다"를 피력하는 바울의 고지식하게 올곧은 필치에서, 하지만 유독 자신의 동족 이스라엘의 강퍅한 완고함에 기인하는 우왕좌왕하는 흩뜨림을 찾아 읽을 수 있다. 이 심정을 역연히 감지할 수 있는 어구가 앞에서 읽다 중지했던 16절이고, 이제 그 흩뜨려진 필치를 찾아 읽겠다.

다시 16절을 읽으면 "그러나 모두가 복음을 순종한 것은 아니다. 이사야가 말하기를, '주여, 누가 우리의 메시지(들은 바)를 믿었습니까?'라 하더라"이다. "모두가 복음을 순종한 것은 아니다"라는 16a절은 14a절 "그들이 믿지 않았던 그분을 그들이 (예수가 주이시다라) 부를 수 있겠는가?"에 대한 대구(對句)일 것이고(Cranfield, 1985: 263), 주어를 여전히 '우리'라 표기하고 있지만, 여러 번역본이 '이스라엘'이라 이역하고 있다. 작은따옴표 안의 인용문은 메시아 수난에 관한 사 53:1의 예언이 출처인데, 로마서에서의 16절은 15절 "아름답도다 좋은 소식을 전하는 발이여!"(사 5:27)에 잇따라 적혀 있다. 필자인 바울에게 있어서는 사 52:7의 '좋은 소식'을 인용해 적고는 53:1의 불신의 비극의 이사야 예언을 즉각 반작용으로 연상돼 떠오름을 금할 수 없었을 것이다. 결과적으로 믿음을 위한 담론 일반의 줄거리 진행이 불순종의 이스라엘의 연상으로 말미암아 흐트러뜨려진다. 그러나 이 '흐트러뜨리다'라는 평은 이 기사에 풍미하고 있는 바울의 필치의 절묘함을 비하하는 교만일 수 있다. 여기 16절을 곰곰이 돌이켜 읽으면 좋은 소식을 전하는 찬미 직후에 복음에 불순종하는 불미스러운 나쁜 소식이 이어지지만, 실은 나쁜 소식을 표현하는 언어 구성 자체를 분석하면 선교 일반과 관련된 믿음에 관한 귀중한 원론적인 해석을 캐낼 수 있다.

다른 무엇보다 "모두가 복음을 순종한 것은 아니다… '주여, 누가 우리의 전하는 바를 믿었습니까?'"라는 16절 본문 문장 자체가 복음에 순종하는 일이 곧 복음을 믿는 일이라는 믿음이 무엇인지에 관한 원론적인 해석을 함의하고 있다. 우리는 앞에서 10:9-10을 읽으며 16절에 관한 리더보스의 해석을 원용하였다. 그는 "복음에 불순종하는 일이니, 불신앙은 그러므로 순종치 않는 것이다"(Ridderbos, 1975: 237)라 16절을 해석한다. 크란휠드의 해석은 이보다 더 과격하다. "복음을 믿는 일과 그리스도를 믿는 일이 복음을 순종하는 일과 그리스도를 순종하는 일을 수반한다"(Cranfield, 1985: 263)이므로 믿음과 순종은 하나라 일반화할 수도 있겠다. 바울은 선교에 있어 들음과 믿음과의 연쇄성 그리고 믿음과 고백과의 연결성이 밀접하게 결합되어 있다고 생각한다는 사실을 앞에서 지적하였다. 이 연결과 연쇄가 아마도 믿음이 순종임을 반영하는 징표일 것이다. '전하는 바'(akoe) 인 메시지를 들으면 순종하는 "믿음이 들음에서 나온다"이므로 들음과 믿음의 연쇄가 하나의 고리이다. 그리고 전하는 바 메시지를 믿음은 그 내용을 순종하는 것이므로 믿음이 메시지를 고백에로 연결시키지 않을 수 없을 것이다. 선교의 역동성이 이처럼 들음과 믿음 그리고 믿음과 고백 사이에 연결과 연쇄가 직접적이고 단순할 수 있는 것은 곧 믿음이 순종이어서 거치는 것이 없기 때문일 것이다.

　"믿음은 들음에서 나온다"가 심지어 바울의 선교 원리일 수도 있다고 하였거니와, "모두가 복음을 순종한 것은 아니다"라는 16절은 이러한 선교의 보편성에서 일탈하여 '들음은 그리스도의 말씀을 통해서'(17b절)일 터인데 듣고도 복음을 순종치 않은 자들이 있다는 것이다. 모두는 아니지만 더러는 있다는 것인데, 16절에서 누구인지가 짐작이 가고, 더군다나 18절을 읽으면 분명해진다. 우리는 16절에 앞서 17절을 읽었지만, 실은 16절 다음에 18절을 읽어도 연결이 순탄하다. "그러나 내가 말하노니. 그들이 듣지 않았느냐? 물론 그들은 들었다"가 18a절 서두이다. 물론 18a절은 "믿음은 들음에서 나온다"의 17절과 연결해 읽어야 자연스러우나, 17절에 대해 가일층 상세하게 이실직고하기를 접고 18절에서는 반의 접속사 '그러나'를 앞세우고는 "듣지 않았느냐?"라는 부정 대답을 전제한 질문으로 오히려 공세를 취하고 있다. "그러나 내가 말하노니. 그들이 듣지 않았느냐?"라는 질문의 뉘앙스가 "내가 말하건대 그렇다면 이스라엘은 듣지도 못하였다는 말이냐?"는 양태의 표현일 수 있겠다. 그도 그럴 것이 이 18a절 번역을 "이스라엘이 복음을 분명히 들었을 터, 그렇지 않느냐?"라 '그들' 대신 '이스라엘'이라 꼬집어 내 이역하기도 한다(Schreiner 사역, 1998: 565). 혹은 복음의 메시지가 두루 충분히 만방에 전파되었다는 원문의 의도를 존중하여 "유대 전반에 청취되어졌다"라 이역하기도 한다(Cranfield, 1979: 537f.). 번역이 이처럼 다르게 엇갈리는 것은 원문에 은연중 담겨 있는 복음을 듣고도 순종하지 않은 이스라엘에 대한 억하심정과 측은지심의 얽힌 복합 정서를 표면화하는 일에 학자들 사이의 시각이 조금씩 다르기 때문일 것이리라. 그리고는 18b절에 이르러 시 19:4를 인용해 "그들의 말소리는 온 땅에 퍼졌고 그들의 말씀이 세상 끝까지 퍼졌다"라 본래 18절이 전하고자 했던 핵심, 즉 복음이 유대와 이방을 포함한 만방에 전파되었다는 사실을 서술하고 있다. 본래 인용문 시 19편은 하나님의 영광이 자연계시에 의해 온천지에 퍼져 있다는 찬미이다. 하지만 여기서의 인용은 선행 17절 "그들이 듣지 않았느냐?" 그리고 "들음은 그리스도의 말씀을 통해서이다"에 연결해 읽으면 자연계시의 배경이 아니다. 여기서의 시 19편 인용은 복음이 이방에도 유대에도 두루 전해졌기에 "믿음은 들음에서 나온다"(17절)에 등을 돌리고 믿음을 거부할 핑계가 용서받을 수 없는 지경에 이르렀다는 규탄이다.

이스라엘의 불순종과 하나님의 부르심 (10:19-21)

우리는 이제 19-21절을 별개의 문단으로 읽으며 서문 대신 변명을 적어 양해를 구하겠다. 로마서는 율법과 관련하여 이스라엘의 죄과가 핑계치 못한다는 고발을 이미 여러 면에서 여러 번 질책한 바 있다. 이번에 여기서 질책하는 바는 우리가 독해한 방식대로 꼽으라면 이스라엘이 믿음을 얻는 일에 실패한 것이 그들이 복음을 듣고 순종하지 않았기 때문이다. 죄과의 항목들이 여럿이 있을 수 있겠으나 불순종의 불신이야말로 규탄의 죄목에 합당한 항목일 것이다. (솔직히 기탄없는 편견으로 말하자면 이 죄목이야말로 이스라엘의 재기불능의 상태일 수도 있는 게 아니냐는 짐작이 앞을 가린 나머지 10:14-18과 10:19-21을 분리해 별개의 문단으로 읽기를 시도하였으나 난감한 억측이었음을 확인하였기에 양해를 구하는 바이다.) 여기 질책은 19절에 신 32:21을, 20절에 사 65:1을 그리고 이어서 21절에 사 65:2를 각각 인용하고 있다. 하나님의 백성에 대한 신랄한 질책이다. 그러나 다른 한편 질책의 밑바탕의 본성은 하나님께서는 이스라엘이 믿음과 회개에 돌아오길 손을 뻗어 부르고 계심이다. 놀랍다.

이 단락 10:14-21을 개관컨대 자체 내에서 문제제기하고는, 한데, 결론을 마무리하지 않고 다음 11장에로 넘기고 있다. 여기 19-21절은 선행 14-18절에서의 믿음과 선교의 배경에서 이스라엘의 믿음 습득 실패를 다시 정리하고 있는 개관이라 읽어야겠다. 따라서 앞 문단의 연속선상에서 그리고 다음 단원을 넘어가는 가교로 이 문단을 읽기로 한다.

¹⁹그러나 내가 말하노니 이스라엘이 알지 못하였느냐 먼저 모세가 이르되 내가 백성 아닌 자로써 너희를 시기하게 하며 미련한 백성으로써 너희를 노엽게 하리라 하였고 ²⁰이사야는 매우 담대하여 내가 나를 찾지 아니한 자들에게 찾은 바 되고 내게 묻지 아니한 자들에게 나타났노라 말하였고 ²¹이스라엘에 대하여 이르되 순종하지 아니하고 거슬러 말하는 백성에게 내가 종일 내 손을 벌렸노라 하였느니라

앞 문단 17절에서 "믿음은 들음에서 나온다"를 전제하고, 18절에서 이스라엘 역시 들은 바 있음을 강조한 후, 이제 19절에서 "다시 내가 묻노니, 이스라엘이 알지 못하였느냐?"라 재차 묻는다. 마침내 여기 19절에서 대명사 '이스라엘'의 지칭이 처음 출현한다. 알다시피 이제껏 삼인칭 복수 대명사 '그들'을 사용해 유대와 이방을 혼합해 가리키면서도 때로는 샛길로 빠져 유대인을 지칭하기도 하여 혼란스럽기도 하였다. 대명사 '그들'을 18절에서 유대인 대신에 사용하더니 이제 19절에서 드디어 '이스라엘'을 표면에 사용한다. 동사의 용어 사용에 있어서도 앞 18절에서의 '듣다'가 19절에서 '알다'로 바뀐다. '듣다'보다는 '알다'가 이해의 수준이 더 깊을 터이고, 여러 예언자가 애써 전한 역사적인 자산에 대해 캐묻는 일일 터이므로 "(복음 내지 좋은 소식을) 알지 못하였느냐?"의 질문이 꽤 날카롭다.

"알지 못하였느냐?"에 대해 우선 19b절에 모세의 노래를 인용해 응답하고, 20절에 이사야의 기도에 대한 하나님의 대꾸를 뒤따라 인용해 응답하고 있다. 두 인용문 모두가 이방을 용납하고 이스라엘을 제쳐놓겠다는 냉랭한 반응이다. "모세가 첫 번째로 말하다"라 말문을 열고는 "내가 백성이 아닌 자들로 인해 너희로 시기나도록 촉발하겠다. 내가 지각없는 백성으로 인해 너희를 화나게 하리라"는 19절이 신 32:21, 모세의 노래의 인용이다. '백성이 아닌 자들'은 하나님의 백성이 아닌 이방인들을 일컫는다. 이 모세의 첫 번째 증언에 이어 사 65:1를 인용한 20절 "이사야가 매우 담대하게 말하다"라 말문을 열고 "내가 나를 추구하지 않는 사람들에게 찾아진 바 되었고 내가 내 자신을 나에게 탐문하지 않는 자들에게 계시하였다"라는 또 다른 증언이 나타난다. "모세가 첫 번째로 말하다"라 모세를 언급한 다음에 이사야를 들추고 있다는 사실은 하나님에 대한 이스라엘의 반역을 모세오경과 예언서를 포함하여 두루 개관한 것이라 해석할 수도 있을 것이다. 모세의 증언도 이사야의 증언도 하나님의 은총이 이스라엘에서 이방에로 옮겨간다는 두 증언 모두가 하나님 백성의 지위를 위협하는 질책이기도 하려니와, 신 31:29에 의하면 이스라엘이 하나님 앞에서 악을 행하기 때문에 말세에 재앙이 덮치리라는 끔찍한 예언이다.

앞에서는 사 65:1을 20절에 인용했는데, 이번에는 사 65:2를 21절에 인용해 다시 이사야의 증언을 기록하고 있다. "이사야가 매우 담대하게 말하다"라는 20절의 서두와 별개로 이번에는 "그러나 이스라엘에 대해 그가 말하기를"이라 21절에 운을 떼고 "순종치 않고 거슬려 말하는 사람들에게 나는 내 손을 종일 뻗쳐 내밀었다"가 21절이다. 예언서 이사야 65장에서는 1절과 2절이 배신하는 이스라엘을 향한 같은 맥락 내에서의 진술이지만, 이사야를 인용한 로마서 10에서는 서두도 각기 다르게 20절은 이방을 위해 그리고 21절은 이스라엘을 위해 적고 있으므로 바울이 두 절을 다른 맥락에서 독해하고 있다고 해석해도 좋겠다. 우리도 20절과 21절을 상위한 맥락적 서술이라 독해하겠다. 그리하여 본 단원의 전체 맥락부터 거슬러 올라가 이스라엘이 입지하고 있는 현 사태를 상기해야 한다. "주의 이름을 부르는 어느 누구든 구원받을 것이다"(10:13)를 밑바탕으로 하여 "이방인들은 그들이 의를 추구하지 않았지만 의를 얻었으니 심지어 그 의는 믿음에서 나온 것이다. 그러나 이스라엘은, 의의 율법을 추구하였던 바, 바로 그 율법을 얻지 못하였다"(9:30-31)라는 상황이 지속되어 여태껏 '주님'이라 부르지도 않는 현 사태가 이스라엘이다. 다름 아닌 반역이라 불러 마땅한 이스라엘을 위해 사도 바울은 이 단원에서 선한 마무리를 짓는다. 하나님께서 "내 손을 종일 뻗쳐 내밀었다"라 21절에 결미 짓고 있다. '순종치 않고 거슬려 말하는'은 이스라엘의 오래 묵은 '죄에 대해 신성의 은혜의 불변의 인내'(Cranfield, 1979: 541)를 "내 손을 종일 뻗쳐 내밀었다"라 표명하여 21절의 결미를 매듭짓고 있다.

| 12장 |

하나님께서 모든 사람을 불순종에
가두어 두심은 모든 사람에게 당신께서
자비를 베푸시기 위함이다

11:1-36

본문을 읽기 전에 이 단원이 진술하는 배경지식을 상기하는 일이 중요하다. 새로운 단원의 시작을 '내가 묻노니, 그렇다면'이라 1절에 말문을 열고 있거니와, 접속사의 기능으로 쓰인 '그렇다면'이 단지 앞 10:21에 연결되는 것이 아니라 9:30-10:21 전체에 연결해 읽을 수 있다(Moo, 1996). 이스라엘이 자신들의 의를 세우는 일에 열심일 따름이지, 복음을 듣고 알고 있음에도 불구하고 예수를 그리스도로 믿지 않는 불순종의 하나님의 백성이라는 사실이 본 단원의 배경이다. 이 배경에 따라 본문은 "하나님께서 당신의 백성을 저버렸느냐?"(10:2)라는 의문을 던지고 있고, "천만에 아니다!"가 이 의문의 응답이다.

그리하여 11장은 어떻게 "천만에 아니다!"일 수 있는지를 해명하고 있다. 첫 단락 1-10절에서는 아직도 지속되는 이스라엘의 불순종의 현 사태의 와중에서도 '은혜로 택하심을 받은 남은 자'가 있다는 변호이다. '남은 자'의 수효가 얼마인지 문제가 아니라 하나님의 은혜로 택하심을 받은 '남은 자'가 있다는 사실 자체가 하나님의 구원 의지를 반영한다. 둘째 단락 11-24절에서는 "그들이 실족했으니 되돌릴 수 없도록 넘어진 것이냐? 천만에다!"라는 질문에 대한 바울의 논변이다. 이 단락의 백미는 하나님의 구원 의지와 관련해 견강부회(牽强附會)라 할 만큼 온갖 정성을 다 들여 정교화해 감람나무의 접붙임의 은유를 예시한다. 이방을 원본 야생 올리브나무에 접붙이는 비유인데, 이처럼 이방에 자비를 베푸심의 은유와 여기서 돋보이는 특이성은 이방의 접붙임이 유대를 제거하는 역사(役事)는 아니라는 것이 이 은유의 부수 효과라기보다는 오히려 핵심이다. 셋째 단락 25-32절에서는 하나님의 자비의 계획을 변호한다. 이방의 충만한 수가 들어오기까지 이스라엘의 더러는 강퍅(완악)할 수밖에 없다는 것 그리고 또 다른 신비는 "하나님께서 모든 사람을 불순종에 가두어 두심은 모든 사람에게 당신께서 자비를 베푸시기 위함이다"(32절)이다. 하나님의 인류에 대한 언약은 강퍅함과 불순종으로부터 탈바꿈해 인간을 죄에서 벗어나게 하려 하심이다. 마지막 단락 33-36절에서는 "당신으로부터 그리고 당신으로 말미암아 그리고 당신에게 만물이 있다"(36절)라는 하나님의 전권의 영광을 찬미한다.

1. 은혜의 택하심에 따르는 남은 자
(11:1-10)

하나님께서 당신의 백성을 저버리시지 않는다(11:1-6)

이 문단의 제목대로의 변호를 둘 내지 세 측면에서 기술하고 있다. 하나는 이스라엘인으로서의 바울 자신을 본보기로 들추어 하나님께서는 이스라엘인을 거부하지 않으신다는 변호이고, 다른 하나는 하나님께서 엘리야의 호소에 맞받아 응수하시기를 엘리야뿐만 아니라 상당수의 이스라엘인이 하나님의 백성으로 남아 있다는 변호이다. 그리고 현시점에 역시도 하나님의 은혜의 택하심에 따라 남은 자가 여전히 있다는 것이다.

1그러므로 내가 말하노니 하나님이 자기 백성을 버리셨느냐 그럴 수 없느니라 나도 이스라엘인이요 아브라함의 씨에서 난 자요 베냐민 지파라 2하나님이 그 미리 아신 자기 백성을 버리지 아니하셨나니 너희가 성경이 엘리야를 가리켜 말한 것을 알지 못하느냐 그가 이스라엘을 하나님께 고발하되 3주여 그들이 주의 선지자들을 죽였으며 주의 제단들을 헐어버렸고 나만 남았는데 내 목숨도 찾나이다 하니 4그에게 하신 대답이 무엇이냐 내가 나를 위하여 바알에게 무릎을 꿇지 아니한 사람 칠천 명을 남겨두었다 하셨으니 5그런즉 이와 같이 지금도 은혜로 택하심을 따라 남은 자가 있느니라 6만일 은혜로 된 것이면 행위로 말미암지 않음이니 그렇지 않으면 은혜가 되지 못하느니라

"내가 묻노니 그렇다면 하나님께서 당신의 백성을 내버리셨느냐?"라는 1a절의 배경은 이미 앞에서 해설하였다. 여기서 우리는 5절에야 비로소 나타나는 '남은 자'(leimma, remnant)에 대한 용어 풀이를 미리 잠정적으로 시도하겠다. 학자들 사이에서는 한편 이 용어가 겔 9:8 및 사 11:11에 사용된 용례가 있다는 설도 있고, 다른 한편에서는 구약에 사용된 용례가 없다는 설도 있는(Kruse, 2012: 424) 만큼 남은 자의 개념 정의와 용례에 대해 규명되어야 할 이설들이 있는 실정이긴 하다. 잠정적으로 여기 1a절 진술이 함의하는 바에 따라 하나님 백성의 자격을 상실치 않고 택하심을 받고, 택하심을 유지하여 살아남은 자라는 뜻으로 이해하기로 하겠다. "하나님께서 당신의 백성을 거절하셨느냐?"의 질문에 대한 "천만에다!"라는 답변이 '남은 자'의 논리에 바탕이다. 남은 자의 의미를 은혜의 택하심을 받은 자라는 의미로 이해해야겠다. 이제 1-2절에서는 바울이 택하심을 받은 남은 자이고, 3-4절에서는 엘리야 시대에 야웨에게 충실했던 상당수의 이스라엘인의 남은 자들이 있었고, 5-6절에서는 '현시점에' 역시도 남은 자가 있다는 것이니, 이에 따라 우리는 본문을

1b-2a절, 2b-4절 그리고 5-6절로 분절로 나누어 읽겠다. 하나님의 은혜의 맥은 끊이지 않는다는 지속성이 이 문단의 요지이다. "하나님께서 당신의 백성을 내버리셨느냐?"의 1a절에서 받아들임의 반대어인 거절하다의 뜻으로 "내버리셨느냐"라 번역하였지만, 바울이 표현하고자 하는 의도는 실은 하나님의 의의 남은 자가 끊이지 않고 영속함을 표명하고자 하는 것이다.

본문 1b-2a절에 바울이 자신의 사례를 예시하여 "나 역시 이스라엘인으로 아브라함의 씨에서 난 자요 베냐민 지파이다. 하나님께서는 당신이 미리 알고 있었던 당신의 백성을 배척하는 일이 없으시다"라 기술하고 있다. 바울은 자신이 단순히 범속한 이스라엘인에 불과한 정도를 넘어 아브라함 자손이고 베냐민 지파임을 과시한다. 게다가 삼상 12:22을 인용한 "하나님이 미리 알고 있었던 당신의 백성을 밀어내는(배척하는) 일이 없으시다"라는 2a절에서의 "미리 알고 있었다"라 함(롬 8:28-29; 엡 1:4-5 참고)은 자비와 예지로 이루어진 택하심을 당연히 배척해 밀어내지 않는다는 뜻을 함의하고 있다니(Kruse, 2012: 423; Cranfield, 1985: 268), 1b절은 개인 바울의 자랑을 열거한 것이 아니라 하나님께서 언약의 백성을 배척치 않는 명분의 일환으로 서술한 것이라 독해해야겠다.

그리고 엘리야와 관련된 '남은 자'의 이야기를 2b-4절에 전개한다. "혹은 너희가 알지 못하느냐, 성서가 엘리야에 관한 글에서 무엇이라 말하는지를?"이라는 질문 형식으로 시작해 엘리야와 관련된 '남은 자'의 이야기를 2b-4절에 옮긴다. 그 이야기는 2c절에 "어떻게 그가 하나님께 이스라엘을 송사하였는가"라 말머리를 열고 송사의 내용 왕상 19:10, 14를 인용해 "주님, 그들이 당신의 예언자들을 죽였고, 당신의 제단들을 헐어버렸고, 나만이 남아 있는데 그들이 나의 생명을 탐하고 있나이다"라 3절에 적고 있다. 이 송사에 대해 4a절에 "그러나 그에게 하신 하나님의 대답이 무엇이냐?"라 '하나님의 대답'(chrematismos, oracle, 神令)이라는 계시에 해당하는 희귀 용어를 사용해 구태여 되묻고 있으니, 대답이 엘리야의 송사와는 내용이 어긋날 것임을 예상케 한다. 실제로 주어질 4b절의 대답은 "내가 나를 위하여 바알에게 무릎을 꿇지 않은 칠천 명을 남겨두었다"라는 열상 19:18의 인용이다. 엘리야의 호소대로라면 배교하지 않은 이스라엘인이 없으련만 "나를 위하여 남겨두었다"라 호소에 어긋남을 수정해주고 있다. 게다가 구약의 배경에서나 신약의 배경에서나 칠천의 남은 자의 수효는 망연자실할 황당한 수치이다. 칠천의 수효는 화용의 의미에 있어 '일곱 번뿐 아니라 일곱 번을 일흔 번까지'(마 18:22) 확장할 수 있는 열려 있는 수이고, 감격의 약속의 수이기 때문이다(Cranfield, 1985: 270).

이제 5-6절에서 앞 4a절 "엘리야에게 하신 하나님의 대답이 무엇이냐?" 즉, 신령(神令)이 무엇인지 그 대답을 '현시점에' 적용해 새롭게 조망해 펼쳐 보이고 있다. "⁵그렇다고 한다면 마찬가지로 현시점에도 역시 은혜의 택하심에 따르는 남은 자가 있는 것이다. ⁶그리고 은혜라면 행적에 의한 것은 아니다. 그렇지 않다면 은혜가 은혜일 수 없다"가 5-6절이다. 무엇보다 '현시점'이 언제인가 하면 배교가 이스라엘에 만연되어 있던 엘리야의 시대가 아니라 바울이 사도로서 선교하고 있던 당시이다. 바로 그 현시점에도 엘리야 시대와 '마찬가지 방식'의 하나님의 대답(神令)이 응하셨다는 것이다. 앞 4절에서는 "내가 나를 위하여… 칠천 명을 남겨두었다"라 하나님의 의지가 관여한 '남겨두었다'는 용어를 사용하였거니와, 이번 5절에서는 '은혜의 택하심에 따르는 남은 자'라 더욱 구체적인 설명을 부가하고 있다. '은혜의 택하심'에 반대어는 행위의 업적인 '행적'(ergon)이다. 본문 6b절의 '그렇지 않다면'(不然則)이라는 어구는 오해의 여지가 있으나 인간의 행적의 조건에 따라 은혜의 택하심이 주어지는 것이라면 그것은 은혜일 수 없다는 뜻이므로 은혜와 행적이 배타적임을 이중부정으로 서술하고 있다. 그리하여 행적에 의하지 않고 은혜의 택하심을 취하는 한에 있어 남은 자가 있는 것은 필연이다.

본 문단 1-6절은 "하나님이 미리 알고 있었던 당신의 백성을 배척하는 일이 없으시다"(2절)의 본보기로 바울 자신의 사례, 배교가 극을 달리던 구약의 사례 그리고 현시점의 신약의 사례를 망라하여 '은혜의 택하심'에 따르는 '남은 자'에 관해 서술하고 있다. 여기서 '남은 자'(leimma)라 함은 잉여라든지 소수라든지를 뜻하는 것이 아니라 2절의 자구대로 '택함에서 내버려지지 않다'라는 뜻을 갖는다. '남은 자'에 대한 엄격한 정의를 문헌상에서 찾아볼 수 없으나 '계속적인 택함의 약속'(a pledge of the continuing election. Cranfield, 1979: 548)의 상태라는 이해가 최선일 것이다. 여기 11:1-6에서 남은 자의 주제는 구원사의 보편성의 테두리로 확장해 서술하고 있지만, 이미 9장에서 이스라엘 역사에 있어서 하나님 전권의 의와 택하심에 관해 서술하고 있다는 사실을 상기하지 않을 수 없다. 가령 여기 5절 첫머리에 '그런즉 마찬가지 방식으로'라는 어구는 하나님의 구원의 사역의 방식이 엘리야 시대에나 '현시점'의 시대에나 다 마찬가지로 전형적인 하나의 공통의 성질을 반영한다는 사실을 극명하게 표현하고 있다(Dunn, 1988b: 638). 그리하여 구약의 언약에 있어서나 신약의 언약에 있어서나 남은 자의 개념을 이해하려면 택하심의 성질이 무엇인지를 확인하는 일이 앞서야 한다. 언약에 있어 공통의 성질의 가장 좋은 본보기는 5-6절이다. "⁵그렇다고 한다면 마찬가지로 현시점에도 역시 은혜의 택하심에 따르는 남은 자가 있는 것이다. ⁶그리고 은혜라면 행적에 의한 것은 아니다. 그렇지 않다면 은혜가 은혜일 수 없다"를 다시 중복해 읽겠다. 왜 행적을 이렇듯 배척하는 것인가? 남은 자가 있기 위해서는 은혜의 택하심이 아니면 다른 방도로는 존재할 수 없기 때문이다. 사실이 그렇다면 5절에서의 '은혜의 택하심'(eklogen charitos)을 9장에 거슬러 올라가 하나님의 전권의 테두리에서 그 의미의 심층을 깊이 발굴해내야겠다.

바울은 9장에서 우선 그의 동족 이스라엘의 불신에 관해 "커다란 슬픔과 끊임없는 고통이 내 심중에 있다"를 고백하지만, 이 고백은 이스라엘의 행적의 알량한 자존심에 대한 바울의 비통한 우울의 표현일 따름이고, 실은 "하나님의 말씀이 실패하였다는 것은 아니다"(9:6)라는 구원의 섭리를 부각하기 위함이다. 결국 바울은 9:27에서 "이스라엘인들의 수가 바다의 모래 같을지라도 남은 자만 구원받을 것이다"라는 사 10:22를 인용하고 있다. 요컨대 구원을 위해서는 하나님의 신성의 주권의 역사하심에 따라서 은혜로 택하신 약속의 자녀이어야 한다는 것이 9장의 요점이고, 로마서 후반부의 배경이다. 하나님의 주권은 "내가 자비를 갖는 사람에게 자비를 베풀고 내가 측은히 여기는 사람에게 측은함을 베푼다"(9:15)의 능력이시다. 이때 자비를 베푸심은 인간의 노력에 보상함이 아님은 물론이려니와 육신의 족보 등의 인간 조건 중에서 어떤 것을 헤아려 고르는 선택(choice)이 아니다. 하나님의 주권은 은혜의 자유로운 그리고 무조건적인 베푸심이므로 말미암아 약속의 자녀를 은혜로 택하신다(9:6-8). 택하심을 받을 값어치 없이 약속의 자녀가 되는 것이다. 그러므로 "약속은 원하는 사람에게도 진력하는 사람에게도 아니고 자비를 베푸시는 하나님에게서 나온다"(9:16). 결국 9장에서 "남은 자만 구원받을 것이다"라는 이스라엘을 위한 논변은 그대로 11장에 이어진다. 그리하여 "그렇다고 한다면 마찬가지로 또 역시 현시점에 은혜의 택하심에 따르는 남은 자가 있는 것이다"라는 11:5는 본디 이스라엘을 위한 하나님의 의지였지만, 이제 현시점에 이방을 위한 보편론에로 확장한다.

이로써 우리는 11장 특히 1-6에 서술되어 있는 용어 '남은 자'와 앞 9장 특히 9:24-29에 서술되어 있는 '남은 자'가 공유하는 공통의 보편 개념을 개관하였다. 앞 9장에서의 남은 자는 하나님의 백성인 유대인 중에서 다시 은혜의 택함을 받은 사람이고, 여기 11장에서의 남은 자는 하나님의 백성이 아닌 이방인 중에서 비로소 은혜의 택함을 받은 사람이기도 하다. 이처럼 다른 조건의 처지에서 각각 택함을 받은 남은 자가 공통의 보편적인 특성을 갖는다는 우리의 개관은 자칫 과잉 일반화를 범하는 일일 수 있으므로 '남은 자'의 구성 인자들에 대해 엄밀하고 세밀한 분석이 필요하다. 행여 공통 개념보다는 어떤 차별적인 다른 성질을 우리가 놓치고 개관하였다면 그것은 필히 꼬집어 내야 한다. 앞 9장에서는 이스라엘에 관련하여 바다의 모래 중에서 "오로지 남은 자만이 구원될 것이다"(9:27)를 인용하고 또 "전능하신 주께서 씨들을 남겨두지 않으셨다면 우리가 소돔과 같이 되었을 것이고 우리가 고모라와 같이 되었을 것이다"(9:29)라는 설화 이야기를 비유하듯 인용하며, 하나님께서는 이스라엘의 적은 수의 소수자를 남겨두어 그 남은 자에게 부르심을 베풀고 있다고 설파한다. 이와 같은 이야기 담화 속에서 9:27에 쓰인 '단지 남은 자'(kataleimma, only a remnant)라는 어휘는 바다 모래의 숱한 양의 감소라는 단서가 붙은 남은 자 소수라는 의미를 갖는다고 한다 (Cranfield, 1979: 502). 다른 한편 11:5에 쓰인 '남은 자'(leimma)는 "내가 바알에게 무릎을 꿇지 않은 칠천 명을 나에게 남겨두었다"(4b 절)의 '남겨두었다'(katelipon)와 의미에 있어서나 수량에 있어서나 상당수의 남은 자일 수 있을 것이다. 그러나 이와 같은 두 어휘 kata- leimma와 leimma와 사이의 미묘한 차이는 9:27의 "바다의 모래와 같다"라는 배경 문맥과 10:4의 '바알에게 무릎을 꿇지 않은 칠천 명'이라는 배경 문맥에 따르는 차이일 따름이지 '남은 자'라는 어휘의 기본 의미에 있어서는 동일하다고 보아야 한다. 그러므로 이들 어떤 경우에도 남은 자는 은혜의 택하심이라는 보편성의 의미를 갖는다는 우리의 개관은 정당성을 보장받는다. 나아가 그 정당성을 가일층 보강하기 위해 9:24-25를 여기서 인용하겠다. "유대인들에서뿐만 아니라 이방인들에서 하나님께서 부르셨으니… '나는 나의 백성이 아닌 사람들 그들을 나의 백성이라 부를 터이다'"가 그것이다. 하나님 께서 당신의 백성으로 부르심은 "내가 자비를 갖는 사람에게 자비를

베푸시는"(9:15) 하나님의 전권의 택하심이므로 이스라엘과 이방의
유별(有別)이 있을 수 없다.

구약 성서의 증언: 이스라엘이 추구했던 의를 얻지 못했다 (11:7-10)

"은혜라면 행적(行績, ergon)에 의한 것이 아니다. 그렇지 않다면
은혜가 은혜일 수 없다"(11:6)라 서술한 후에 이 문단 초두 7절을
"그렇다면 무엇이냐?"라 감탄문과도 유사한 의문문으로 말문을 열
고 있거니와 문제 제기의 수사가 지금까지의 논변에 포괄적인 결론을
진술하겠다는 다짐이 엿보인다. 이 7절 초두를 1-6절과의 관계에
국한해 읽지 않고 이스라엘이 의를 위해 율법을 추구한 나머지, 의를
얻는 데 실패한 기사인 9:30-11:6 전체 맥락의 틀에서(Schreiner,
1998: 585) 독해하기로 하겠다. 이 독해의 방식은 우리가 앞에서 1-6
절을 9장과 함께 독해한 접근과도 맥을 같이 한다. 이러한 접근은
로마서 전반의 개관에 대조할 때 후반부 9:1-11:36의 독자적인
입지가 구원사에 있어 종말에 즈음한 은혜의 택하심이라는 주제라는
사실과도 썩 조화롭다.

7그런즉 어떠하냐 이스라엘이 구하는 그것을 얻지 못하고 오직 택하심을
입은 자가 얻었고 그 남은 자들은 우둔하여졌느니라 8기록된 바 하나님이
오늘까지 그들에게 혼미한 심령과 보지 못할 눈과 듣지 못할 귀를 주셨다

함과 같으니라 9또 다윗이 이르되 그들의 밥상이 올무와 덫과 거치는 것과 보응이 되게 하옵시고 10그들의 눈은 흐려 보지 못하고 그들의 등은 항상 굽게 하옵소서 하였느니라

서두 "그렇다면 무엇이냐?"라는 질문에 세 응답이 잇대어 주어진다. 첫째 응답이 "이스라엘이 진지하게 추구하고 있는 바를 그들이 얻지 못하였다"이다. 이는 9:31 "이스라엘 백성은 모세 율법과 관련하여 그들이 의의 법을 추구하였으나 그것을 얻지 못하였다"의 복사본이다. 둘째 응답이 "그러나 택함 받은 자는 그것을 얻었다"이다. 이는 9:30에 대응하는 서술이지만 여기서 '택함 받은 자'(ekloge)는 이방인 중에서라기보다는 이스라엘인 중에서 택함을 받은 자를 지칭하고 있을 것이다(Kruse, 2012: 424). 셋째 응답이 "그리고 여타 사람들은 강팍하여졌다"이다. 이는 한글개역 "그 남은 자들은 우둔하여졌느니라"가 오해의 여지가 있어 두 측면에서 바로잡았다. '그 남은 자들'이라는 개역은 leimma와 혼동할 소지가 있으므로 '여타 사람들'이라 택함에서 제외된 여타 사람임을 바로잡았다. 원문 'eporothesan'(石化되다)를 개역에서 '우둔하여졌다'라 번역하였으나 본래 9:18에 사용된 sklerotes와 같은 의미를 갖는다니 9:18의 번역어 '강팍하여졌다'를 그대로 옮겨 적었다. 둘째 및 셋째 응답 각각에서 간과해 넘어가지 말아야 할 주요 자질 역시 짚고 넘어가야겠다. '택함 받은 자'라 고의로 'ekloge'를 피동형으로 번역하였지만, 추상형 동명사인 'ekloge'(a picking out)는 하나님께서 택하심 행위의 주역임을 어휘 자체가 명시하고 있다. 마찬가지로 '강팍하여졌다'라는 수동태

의 사용이 불신으로 말미암아 강퍅하여진 상태가 아니라 강퍅하게 만드신 주체가 하나님이심을 부각하는 어휘 사용이다(Schreiner, 1998: 587). 따라서 양자의 언어 사용의 양식이 사역의 주체가 하나님의 주권의 소산임을 의도적으로 표출하고 있음을 주목해야 한다. "여타 사람들은 강퍅하여졌다"와 더불어 앞 본문 9:18 "하나님께서 뜻하시고자 하는 사람에게 자비를 베푸시고, 뜻하시고자 하는 사람을 강퍅하게 하신다"를 상기하며 이제 8절 이하를 함께 독해해야겠다.

앞 7절을 읽으며 "택하심을 받은 자는 그것을 얻었다"에서 택하심을 받은 자도 이스라엘인이고, "여타 사람들은 강퍅하여졌다"에서 강퍅하여진 사람도 이스라엘이라는 해석을 은근히 권장하였다. 이 해석은 7b절 "이스라엘이 진지하게 추구하고 있는 바를 그들이 얻지 못하였다"라는 문맥에 적합할 따름이고, 9장을 포함한 전체 맥락을 참고하면 이스라엘과 이방 모두를 포함해 해석할 수 있다(Dunn, 1988b: 640). 이 던의 해석에 동조하는 학자도 있으나, 여하튼 이 문단의 맥락적인 틀의 성격이 아직은 막연하므로 그 해석의 범위를 섣불리 단정하지 말아야겠다. 잠정적으로 하나님의 택하심은 다수의 이방과 소수의 이스라엘 크리스천인 남은 자이고, 택함에서 제외된 여타 이스라엘인들이 강퍅하게 되었다는 것이라 읽겠다. 이제 8절부터 강퍅하게 된 이스라엘의 상태가 어떤 처지인지를 8-10절에 구약 성서들을 인용하여 증언한다. 구약 중에서도 모세 및 이사야 그리고 다윗, 이들 이스라엘 역사에서 영향력이 으뜸인 세 분이 어떤 연고로 이스라엘이 하나님의 주권의 택하심에서 배제되었는지를 증언한다. 인용 내용인즉 도저히 이스라엘에 무죄 선고를 할 수 없다는 증언이라 보아진다. 그렇다면 다시 11:1로 되돌아가 "내가 묻노니 그렇다면 하나님께서 당신의 백성을 내버리셨느냐?"(11:1)를 되묻지 않을 수 없다.

택하심을 받지 못한 "여타 사람들은 강퍅하여졌다"라는 문장 7d절의 연속이 8절에 계속 이어진다. '기록된 바와 같이'라는 8절 서두로 "하나님께서 그들에게 혼미한 심령을, 보이지 않는 눈을 그리고 듣지 못하는 귀를 주셨다. 오늘에 이르기까지다"라 강퍅하여짐의 항목들을 열거한다. 열거한 항목들은 신 29:2-6 및 사 29:10의 인용문이지만, 특정 인용문을 복사한 것이 아니라 혼합 복사이므로 원문 해석에 충실할 필요없이 바울의 의도를 해석하는 일이 최선이다. 흥미로운 사실은 하나님께서 당신의 백성을 강퍅하게 만드는 징계를 구약 군데군데에서 찾아 읽을 수 있는 모양이다. 여기 8절에서는 신명기보다 이사야 원문 "깊이 잠들게 하다"(사 29:10)에 더욱 썩 잘 어울리는 '혼미한 심령'이라는 어구를 사용하여 마비된 강퍅함을 묘사하고 있다. 단, '오늘에 이르기까지'(신 29:4)는 본문의 때매김을 눈여겨 재인할 필요가 있다. 모세가 '오늘에 이르기까지'라 첨언하고 있는 것은 혼미한 심령이 오늘까지 지속된다는 시한부 표현이기도 하고 혹은 '심령에 할례를 베푸시는'(신 30:6) 가나안 입성 후 어느 날 강퍅함의 견책을 거둬들인다는 소원 표명이기도 할 것이다. 그리고 9-10절 '다윗이 말하기를'이라는 서두로 여러 배경에서 인용되는 시 69편이 이어진다. "9그들의 밥상이 그들에게 올무와 덫과 부딪힐 장애물과 응보가 되게 하옵소서. 10그들의 눈이 흐려져 보지 못하고 그들의 등이 줄곧 굽어지도록 하옵소서"라는 다윗의 시 69:22-23을 인용한다. 본래 다윗은 불가항력의 고난을 탄식하여 앙갚음을 간구하는 시를 썼지만, 보통 메시아의 고난을 예표하는 시로 읽히기도 하는데 바울은 여기서 그리스도를 거부하는 유대인에 대해 읊고 있다. 위로와 기쁨의 향연이 되어야 할 밥상이 하나님의 심판에 사로잡힐 '올무와 덫' 그리고 실족하여 넘어질 장애물과 앙갚음의 잔치가 되도록 간구한다. 이를테면 유목민이 식탁보를 들판에 펼쳐 밥상으로 삼았다면 해괴망측한 밥상이 될 수도 있을 상상력이다. 나아가 8절 '보이지 않는 눈을 그리고 듣지 못하는 귀'에 상응하는 둔감한 감각과 무거운 짐에 짓눌린 노비들의 굽어진 등이 계속해 줄곧 굽어지도록 간구한다. 이처럼 잔칫상의 변태적인 모습과 감각과 육신의 질곡에 쪼그라져 손을 더듬어 기듯 움직이는 모습은 우상숭배 제식(祭式)에서도 찾아볼 수 없는 저주의 상태일 성싶다.

이와 같은 저주의 상태가 하나님의 의를 은혜로 받는 데 실패한 이스라엘의 강퍅한 상태이고, 영적인 혼미와 눈이 멀고 귀가 어두워짐은 하나님의 의를 보지 못하는 무서운 정죄이다. 하지만 바울은 이스라엘을 강퍅하게 하는 일이 하나님의 의를 나타내심을 보여주려는 것이라 강변하는 바이고, 낱낱이 색인할 필요 없이 이 점에서 모든 주석서가 합의하는 바이다. 이처럼 당신의 백성을 강퍅하게 하심으로써 하나님께서는 한편 정죄를 불사하시면서 다른 한편 "순종치 않고 거슬려 말하는 사람들에게 나는 내 손을 종일 뻗쳐 내밀었다"(10:21)를 불사하시고 계신다.

2. 이스라엘의 다수를 저버리는 일은 있을 수 없다
: 이스라엘의 범죄, 패배 그리고 충만함
(11:11-24)

이 단원의 제목이 "하나님께서 당신의 백성을 저버리셨느냐?"이고, 이제 두 번째 단락 제목이 "이스라엘 다수를 저버리는 일은 있을 수 없다"이다. 전체 단원의 제목과 부차 단락의 제목들이 하나님의 구원의 섭리에 대한 바울의 논변 전개가 어떤 줄기인지를 짐작케 한다. 첫 번째 단락 제목 "은혜의 택하심에 따르는 남은 자"에서는 이스라엘의 다수가 정죄 받아 마땅한 불순종의 상태이지만, 그럼에도 불구하고 "현시점에도 역시 은혜의 택하심에 따르는 남은 자가 있다"(11:5)는 '남은 자'의 하나님의 주권의 자비를 설파하고 있다. 이에 더하여 아직도 다수의 유대인들이 자신들의 자랑을 위해 불순종을 지속하고 있는 현시점에서 다수의 불순종의 이스라엘인들과 이방인들은 하나님의 구원의 섭리에서 어떤 위치에 있느냐는 심각한 문제가 제기된다. 하나님의 주권은 불순종의 자식을 한편 강퍅하게 하시고, 다른 한편 "하나님께서 손을 종일 뻗쳐 내밀고"(10:21) 이들을 일으켜 세우려 하신다. 그리하여 15절 "그들을 내버림은 온누리에 화목을 뜻한다면 그들을 받아들임이 죽음으로부터의 생이 아니고 무엇이랴?"는 구원의 섭리를 설파한다. 이 15절 진술이 난삽한 만큼 혹은 그 이상으로 하나님의 구원의 섭리의 뜻은 인간의 이성으로는 도무지 접근조차 어려운 나머지 이해에 껄끄럽기 그지없다.

내가 이방에 사도인만큼 나는 내 사역이 영광스럽다
(11:11-16)

"이스라엘 다수를 저버리는 일은 있을 수 없다"는 이 단락의 논리를 이야기 담화의 틀 안에서 이해할 수 있어야 본문의 흐름을 파악할 수 있을 터인데, 실은 본문이 기승전결로 구성된 이야기가 아니라서 그 내용에 접근하기 어렵다. 첫 단락 11:1-10에서 기술하고 있는 이스라엘의 국면이 둘째 단락 11:11-24에서 그것이 최종의 상황이 아니라 기술하고 있는 논리에 감복하려면, 우선 여기 11절부터 16절까지 각 절을 치밀하게 요소와 요소를 분석하고 의미 관계를 창출해, 분석과 창출의 두 작업을 함께 수행해야 하는 어려운 과제를 안겨준다.

> 11그러므로 내가 말하노니 그들이 넘어지기까지 실족하였느냐 그럴 수 없느니라 그들이 넘어지므로 구원이 이방인에게 이르러 이스라엘로 시기나게 함이니라 12그들이 넘어짐이 세상의 풍성함이 되며 그들의 실패가 이방인의 풍성함이 되거든 하물며 그들의 충만함이리요 13내가 이방

인인 너희에게 말하노라 내가 이방인의 사도인 만큼 내 직분을 영광스럽게 여기노니 ¹⁴이는 혹 내 골육을 아무쪼록 시기하게 하여 그들 중에서 얼마를 구원하려 함이라 ¹⁵그들을 버리는 것이 세상의 화목이 되거든 그 받아들이는 것이 죽은 자 가운데서 살아나는 것이 아니면 무엇이리요 ¹⁶제사하는 처음 익은 곡식 가루가 거룩한즉 떡 덩이도 그러하고 뿌리도 거룩한즉 가지도 그러하니라

"그렇다면 내가 말하노니, 그들이 넘어지기에 이르도록 실족하였느냐? 천만에다!"라는 11a절 직역은 보통 "그들이 실족했으니 되돌릴 수 없도록 넘어진 것이냐?"(Cranfield 사역, 1985)라 읽는 것이 평이하다. 하나님께서 남은 자를 품에 거둬들이셨지만, 아직도 여타 불순종의 유대인들이 다수 남아 있으니 이들 여타 사람들은 구원에로 되돌릴 수 없느냐는 질문이기 때문이다. 그리고 이 질문에 "천만에다!"라 단연코 부정한다. 이 부정에 따라 11b절부터 16절까지 여타 불신의 이스라엘인들이 믿음에 의한 구원에로 되돌아오리라는 강변을 바울은 기교적인 언사를 사용해 독자적인 논리를 전개한다. 대뜸 유대인이 죄를 범하는 일과 이방이 구원에 이르는 일과의 관계를 대단히 직설적으로 그리고 매우 난삽하게 설명한다. 독자인 우리로서는 바울의 논리를 추적하는 독해가 장님 코끼리 읽기이므로 우선 11b-12절을 이곳저곳 두루 만져 코끼리 전체 모습을 그려보겠다.

"그러나 그들의 범죄함으로 인하여 구원이 이방에게로 왔으니 이스라엘로 질투를 일으키려 함이다"가 11b절이다. 풀이해 읽으면 이스라엘의 범죄로 인해 구원이 이방의 몫이 되었고, 그리하여 이방

의 구원이 이스라엘로 하여금 질투를 자아낸다는 것이다. 여기서 범죄(paraptomati: transgression)라 함은 때로는 범법(parabasis)과 혼동해 쓰기도 하지만, 그리스도를 받아들이지 않는 불신이므로 (Longenecker, 2016: 884) 죄를 범함이 더욱 적절한 번역어일 것이다. 이미 10장에서도 온 땅에 전해진 그리스도의 기쁜 소식을 거부하는 이스라엘에게 "내가 너희를 백성이 아닌 사람들(이방)에 의해 시기 나게 하리라"(10:19)는 말씀을 모세를 통해 선언한 바 있다. 질투 혹은 시기가 어떤 촉매 역할을 하는지 짐작이 닿지 않아 본문 11절에 적힌 이스라엘의 불순종의 죄와 이방의 구원 사이의 연결 관계가 석연치 않다. 더군다나 12절 "그러나 만일 그들의 범죄가 세상을 위한 부요함을 뜻한다면 그리고 만일 그들의 패배가 이방을 위한 부요함을 뜻한다면, 하물며 그들의 충만함이야 얼마나 더욱 큰 부요함을 뜻하랴!"를 읽으면 이해가 아니라 차라리 미궁에 빠져버린다.

우선 11b절 "이스라엘로 질투를 일으키게 하려 함이다"가 어떤 상태를 뜻하는지부터 구명해 미궁에서 헤어나야겠다. 질투의 유발 요인은 "구원이 이방에게로 왔다"이므로 이스라엘이 그들 자신의 범죄로 말미암아 하나님의 백성의 명예를 이방에게 빼앗겼다는 것이니 질투는 하나님 백성의 자리다툼의 시샘이다(10:19). 구원이 이방에게로 왔다는 사실을 목도함으로써 이스라엘이 갖는 시샘의 역기능이 그리스도를 찾아 나서는 순기능으로 변환하는 수수께끼를 알아맞힌다. 이로써 비로소 11-12절 진술의 내면의 의미를 통찰하는 망외의 소득을 얻게 된다. 결국은 모든 학자가 용인하듯이 질투가 이스라엘에게 회개와 믿음의 길에 인도하는 계기를 마련한 것이다. 그리하여 그 결과로 얻어진 망외의 소득의 부요함을 우선 12a & b절에 응축해 표현한다. "이스라엘의 범죄가 온누리를 위한 부요함을 뜻한다"(12a절)라 함은 이스라엘의 불신의 범죄가 이방 세계 온누리에 구원의 풍성한 열매 맺는 변혁을 이끌어 낸다는 뜻이고, "그들의 패배가 이방을 위한 부요함을 뜻한다"(12b절)라 함은 불순종으로 인한 하나님 백성의 자격 상실에 처한 이스라엘의 패배가 하나님 백성의 지위를 이방에게 넘겨주어 부요하게 한다는 뜻이다(Murray, 1975). 이와 같은 조건절 12a & b절을 앞세운 다음에 조건절에 수반하는 then의 귀결절, 12c절 "그들의 충만함이야 얼마나 더욱 큰 부요함을 뜻하랴!"가 뒤따른다. '그들의 충만함'에서 '그들'이 이스라엘인들을 지칭한다는 사실부터 확인해야 한다. '충만함'(pleroma)은 범죄에 대비하는 긍정의 뉘앙스를 지닌 어휘로 여기서 쓰인 '그들의 충만함'(pleroma auton)의 어구의 의미는 유대인 크리스천의 남은 자뿐만 아니라 대다수의 유대 불신자들이 회심하는 변화의 부요함을 체험한다는 것이다. 그리하여 조건절 12a & b절에서 이스라엘의 범죄와 패배로 인해 이방을 풍요함에로 이끌어 내고, 그 귀결로 12c 절에서는 충만한 수의 이스라엘을 더욱 큰 풍요함에로 이끌어 낸다는 것이다. 달리 말하면 만약 대다수 이스라엘의 현재의 불신이 이방의 부요함을 뜻할진대, 항차 대다수 이스라엘의 회심이 가져온 부요함 일랑은 더 말할 나위도 없다는 것이다(Cranfield, 1979: 557-558).

학자들 중에는 위 12절을 의문문의 형태로 읽기도 하지만, 앞 인용문에 감탄사 '!'를 표지한 대로 우리는 이 11-12절이 다름 아닌 실제로 바울의 북받치는 감탄이라 읽고 싶다. "그들의 충만함이야 얼마나 더욱 큰 부요함을 뜻하랴!"(12c절)를 서술하며 바울의 심중은 불신의 이스라엘 다대수조차 회심을 통해 강퍅함에서부터 충만한 수가 믿음에로 전환하는 일에 필경 감격해 마지않았을 것이다. 그런데 실은 로마서 내내 동족의 불신에 한편으로 통탄하고 다른 편으로 '커다란 슬픔과 끊임없는 고통'에 애타거니와, 하지만 바울은 그의 심중의 감정을 조만해 곧이곧대로 내비치지 않는다. "하나님께서는 당신이 미리 알고 있었던 당신의 백성을 내버리는 일이 없으시다"라 11장을 열며 이에 관한 해명을 11-12절에 객관적으로 대상화하여 기술한 것을 읽으면, 그가 그의 직분에 관한 한 공적인 입장을 견지함을 짐작하고도 남는다. 그는 이제 13절에 이 주제를 다시 상술하면서 남의 이야기하듯 보고한다. 그 첫 마디가 "13ª그러나 너희 이방에게 내가 말하건대 13ᵇ진정으로 내가 이방인들에게 사도인 만큼 13ᶜ나는 나의 직분을 영광스러워하는 바이다"라 대화의 상대가 이방이라는 사실을 한결 더 명시하고, 이방인 사도의 직분을 영광이라 하고 있음을 주목해야 한다. 이 13절이 남의 이야기하듯 보고한다고 추측하였지만, 이 추측이 바울의 심중을 올바르게 반영한 것일까? 혹은 앞 12절 "그들의 충만함이야 얼마나 더욱 큰 부요함을 뜻하랴!"(12c절)를 바울의 뜨거운 감격이라 했던 우리의 추측은 그릇된 평가는 아닌가? 여하튼 유대인 중의 유대인으로서의 바울이 이제 이방 선교자로서 자신의 사도 직분의 성격에 관해 스스로 어떤 통찰을 갖고 있었는지는 대단히 흥미로운 일이 아닐 수 없다.

실제로 누구라도 "내가 이방의 사도이다"라는 바울의 말을 들으면 "바울이 불신의 이스라엘인들에게 등을 돌이켰다"(Cranfield,

1979: 559)라는 인상을 갖게 될 소지가 있다. 이에 따라 크란휠드는 그의 사역(私譯)에서 '너희들이 생각이 치우쳐 있는 바와는 달리' (Cranfield, 1985: 276)라는 언사를 13a절 본문 앞에 부가적으로 삽입 해야 한다고 심지어 원문 수정까지 주창한다. 그럼으로써 크리스천 이방인들이 13절을 읽으며 이방 사도로서의 바울이 이스라엘에게 등을 돌리고 있다는 의심을 바로잡아주어야 한다는 것이다. 다시 말하면 '너희들이 생각이 치우쳐 있는 바와는 달리'라는 언사를 삽입 하려는 크란휠드의 논리는 '이방의 사도' 및 그 직분의 '영광'이라는 명칭의 사용으로 인해 바울이 다대수 불신의 유대인들에게는 등을 돌렸다는 오해를 불러일으키리라는 가정을 전제한 것이다. 그러나 본문 "自我가 진정 諸國家의 사도이다"의 구문 분석에 기대어 바울의 표현이 매우 진솔하고 고지식하여 바울이 이스라엘에 외면할 여지가 있다고 생각하면, 그것이 오히려 오해일 수 있다. 크란휠드도 지적하 고 있는 것처럼 "諸國家의 사도이다"라는 언표가 이방 사도에 고지식 하게 국한하지 말고 '제국가'가 이방도 이스라엘도 포함하고 있다고 읽을 수도 있겠다. 요컨대 이방 사도인 "나는 나의 직분인 영광스럽 다"라는 13절에 내재해 있는 감추어진 의미가 "이방의 사도로서의 바울의 다름 아닌 노고가 이스라엘 편향의 의미심장함을 지니고 있다"(Cranfield, 1979: 559)라는 것이 바울의 심정이고, 실제로 바울 의 속내 마음 역시 감추어져 있는 이 메시지를 독자들이 깨우쳐 주었 으면 싶었을 것이다.

우리는 크란휠드의 13절의 비판적인 해석을 원용하면서 바울의 이방에 대한 노고가 이스라엘에의 편향의 의미심장함을 함께 수반한다는 이 단락의 노른자위에 해당하는 핵심에 도달하였다. 그리하여 크란휠드의 비판적인 우려가 기우라는 해석에 도달하는 행운을 동시에 얻은 셈이다. 실제로 13절을 선행 11-12절과 후행 14-15절의 맥락에서 읽어야 13절의 올바른 해석이 무엇인지가 자명하여진다. 기탄없이 해설하면 13절의 전후의 절들은 실질적으로 왜 바울이 "나의 (이방 사도) 직분을 영광스러워한다"인지에 관한 설명이다. 성서의 담론 이해는 문맥 의존적이어야 한다는 사실을 다시 더욱더 강조하고 싶다. 이에 따라 두루 12-15절을 함께 읽어야겠으니, 마음에 부담되지만 12-13절을 기억에서 인출해 붙잡아놓기로 하고, 14-15절을 읽으면 "14내가 내 골육으로 질투를 일으켜 그들 중의 더러는 구원하려 함이다. 15까닭인즉 그들을 내버림이 온누리의 화목을 뜻한다면 그들을 받아들임이 죽음으로부터의 삶이 아니고 무엇이랴"이다. 이들 11-15절의 의미 관계를 정합성 있게 이해하는 일은 이를테면 선문답 탐색이나 다름없다.

다른 무엇보다 우선 "내가 이방인들에게 사도인 만큼 나는 나의 직분을 영광스러워한다"의 13절과 "만일 아무쪼록 내가 내 골육으로 질투를 일으켜 그들 중에서 얼마를 구하려 함이다"의 14절과의 의미 관계를 탐색하는 이해 작업부터 앞서야겠다. 다른 이해 작업보다 이 탐색이 앞서야 하는 까닭은 이 작업이 바울의 사도직의 성격에 관한 매우 중요한 논변이기 때문이다. 본문 13-14에만 의존하여서는 두 절 사이가 어떤 연관성을 갖는지 영문을 짐작할 수 없기에 여타 맥락을 참조하며 읽겠다.

여기 13절 "진정으로 내가 이방인들에게 사도인 만큼 나는 나의 직분을 영광스러워하는 바이다"에서 '나의 직분'(diakonos)이라 함은 그리스도의 일의 봉사이고, '영광스러워한다'라 함은 나 바울의 영광이라는 뜻이 아니라 직분에 충실하여 14절에 적힌 원망(願望)대로 '그들 중에서 아무쪼록 얼마를(tinas ex auton) 구하는' 일이다. 한데 이와 같은 13c-14절에서의 '얼마를', 즉 '몇몇을'이라는 서술이 어쭙잖게도 11장의 앞뒤 전체 맥락에 또 어긋난다. 전체 맥락이 진술하는 바는 "그들의 충만함이야 얼마나 더욱 큰 부요함을 뜻하랴?"(12c절)든가 혹은 "모든 이스라엘이 구원 받을 것이다"(26절)든가 등의 온 이스라엘의 구원이 배경이고 목표이다. 이 전체 맥락에 어긋나게 바울은 자신의 직분의 포부를 "얼마를(몇몇을) 구원하려 함이다"(14절)라 수효를 축소하여 움츠린다. 이처럼 구원의 대상을 축소함은 가령 바울이 이스라엘을 위한 사역에 전적으로 종사하는 경우가 만약 있다 하더라도 원망(願望)의 성취는 가까스로 '그들 중에서 얼마를' 건져내는 게 고작이라는 암시를 '만일 아무쪼록(가능하다면)'이라는 14절의 어구가 시사하고 있다(Longenecker, 2016: 887). 바울이 소심해서가 아니라 그리스도 신앙을 위한 선교 직분의 어려움과 유대인들의 저항감을 반영하는 것이라고 보아야 한다(Meyer, 1872: 437). 바울이 '이방인들에게 사도인 만큼' 이방을 위한 사역에 전적으로 혹은 주도적으로 종사하고 있는 것이 현재의 사태이다. 이에 따라 "그들 중에서 얼마를 구원하려 함이다"라는 14절은 이방 사도 직분에 종사하는 이 현재 사태에 수반하는 이스라엘을 위한 부수적인 봉사 효과를 기술하고 있는 것이라 해석하는 것이 그럼직하다.

이렇게 엄격하게 사도로서의 바울의 자랑을 그의 이방 사도 직분에 귀착시키고, 대신 이스라엘을 위한 봉사는 부수적이라 한정하여 규정한다면, 여기서 바울의 사도 직분에 관한 또 다른 오해가 동반할 우려가 없지 않다. 바울에게 위탁된 사도 직분이 (유일하게든 혹은 주도적으로든) 이방을 위한 것이냐는 의문이 그것이다. 이 엉뚱한 오해야말로 크란휠드가 13절에 '너희들이 생각이 치우쳐 있는 바와는 달리'라는 군더더기를 덧붙이고자 하는 공염불의 반복이라 하여야겠다. 애꿎지만 심상찮은 논란의 반복인데 이 논란에 엉킨 문제들의 실타래를 이 문단을 넘어 다음 문단까지 풀어나가기로 하겠다.

바울의 사도 직분이 한편으로는 이방을 위한 그리스도의 선교이고 다른 편으로는 이스라엘에게 질투를 일으키는 일이 고작이라 한다면, 그런 한에 있어 도대체가 15절 "그들을 내버림이 온누리의 화목을 뜻한다면 그들을 받아들임이 죽음으로부터의 삶이 아니고 무엇이랴?"가 존립할 수 있는 일인가? 이 의문을 해소하는 요체는 12절 "그러나 만일 그들의 범죄가 세상을 위한 부요함을 뜻한다면 그리고 만일 그들의 패배가 이방을 위한 부요함을 뜻한다면 그들의 충만함이야 얼마나 더욱 큰 부요함을 뜻하랴!"를 되풀이해 반성하며 13-15절을 다시 해설하는 일이다(Cranfield, 1979: 561f.). 이스라엘의 범죄와 패배가 '부요함'을 뜻하는 '죽음으로부터 삶'에로 전환하려면 회심 이외의 다른 길이 있을 수 없다(NIV, 2011: 1909n.). (NIV는 '회심'이 원문에서는 은유로 쓰였다고 주해한다.) 그것은 '그리스도의 죽으심을 통한 하나님과의 객관적인 화목'(Cranfield, 1979: 562)이고, '종말적인 구원'(Schreiner, 1998: 597)이기 때문이다. 다른 한편 "만일 아무쪼록 내가 내 골육으로 질투를 일으켜 그들 중에서 얼마를 구하려 함이다"라는 14절은 단지 바울이 원망(願望)하는 바일 따름이다. 질투를 일으키다를 원망하다라 해석하는 일은 생경하고 어색한 설명이지만, 15절과 관련하여 바울의 심정을 묘사하는 데 이 원망이라는 어휘가 참으로 적합하다. 선행 13b-14절과 15절과의 관계를 15절 첫머리에 '만약 까닭인즉'(ei gar, for if)이라는 인과의 간접적인 복합 관계의 접속사를 사용하는 사실에 주목해야 한다. 그에 따라 간절하게 원망하는 바를 15절 후반부에 "그들을 받아들임이 죽음으로부터의 삶이 아니고 무엇이랴?"라 서술하고 있다. 다시 말해 바울이 이방 사도의 직분에 전력하는 동안(혹은 이방 사도의 직분에 전력함을 통해) '그들을 내버림이 온누리의 화목을 뜻하기를' 부디 원하고 바라는 원망(願望)을 '만약 까닭인즉'이라는 어구를 사용해 은은하고 간절하게 담고 있다. '질투를 일으키게 하려 함'(11절) 그 자체가 원망의 대상이 아니라 최소한 "그들 중에서 얼마를 구하려 함이다"(14절)를 간구하는 질투를 원망함이다. 문제의 핵은 이러한 간구가 하나님의 구원의 계획에 합치하느냐이다. 우리는 여기서 로마서에서의 당당한 소신과 함께 갈라디아서에서의 생생한 회심의 기록을 함께 읽고자 한다. 베냐민 지파의 유대인인 바울이 유대 신자들을 박해하던 중 그때 다메섹 도상에서 승천하신 그리스도를 뵈었다. 그때 "당신의 아들을 내게 계시하셔서 그 아들을 이방에 전하도록 하심이다"(갈 1:16)의 계시로 받은 소명과 그리고 '이스라엘의 충만한 수가 들어오기'(롬 11:26) 전인 이때 "내가 이방인들에게 사도인 만큼 나는 나의 직분을 영광스러워한다"(롬 11:13)의 고백의 소명을 읽는다.

'이스라엘을 내버림'이 종내에는 "온누리의 화목을 뜻하다"를 바울 사도가 부디 원하고 바라는 원망(願望)이라 하였거니와 결국 하나님께서 이스라엘을 받아들임으로써 '죽음으로부터의 삶'이라는 유대와 이방을 총괄하는 '온누리의 화목'이 구원사의 궁극적인 완성임을 16절에 밝히 적고 있다. 그리고 이 궁극의 완성에 이스라엘 종족이 차지하는 관여(關與)와 정체성의 본 모습까지도 바울은 16절에 덧보탠다. "그리고 첫 열매로 제사 드리는 반죽이 거룩하면 떡 덩이도 그러하고 뿌리가 거룩하면 가지들도 그러하다"가 그것이다. 대안적인 해석이 가능한 이 16절은 해석은 다음 문단에서 다시 읽을 터이나, 그 요지로 말하면 하나님의 부르심의 완성은 하나님의 백성 이스라엘 모두가 포함되기까지는 다 이루어진 것이 아니라는 게 핵심이다. 앞에서 15절 역시 이방 기독 신자들을 상대로 전하는 메시지라 하였거니와 이방을 포괄하는 구원의 보편성은 하나님께서 이방을 받아들이고 이스라엘을 버리는 선별(選別)이 아니라는 것을 이방에 일깨우고 싶었을 것이다. 바울의 기록들 곳곳을 곰곰이 찾아 읽으면 구원은 택하심이지 선별이 아니라는 사실을 확인할 수 있다. 이어지는 16절 역시도 "구원은 택하심이다"의 논리가 석연하고, 11장이 진행될수록 더욱더 선명하여진다.

첫 열매와 떡 덩이 및 뿌리와 가지 그리고 올리브나무
(11:17-24)

앞 문단 말미에 옮겨 적은 16절은 앞 문단 11-15절과 현행 문단 17-24절 사이를 연결하는 가교의 구실을 한다. 선행 11-15절의 기반을 새롭게 정리한 것이 16절이고, 후행 17-24절에서 올리브나무의 뿌리와 가지라는 새로운 은유를 사용하여 이방 크리스천의 입지를 유대인의 관점에서 16절을 전개하고 있다. 선행 절들과 후행 절들 사이에 가교에 구실을 한다지만, 선행과 후행의 양자의 성격이 이질적이므로 16절을 독자적으로 독해할 필요도 있다. 우리는 여기서 16절을 현행 문단 17-24절의 서문으로 읽기로 하겠다.

앞에서 16a절을 "첫 열매로 제사 드리는 반죽이 거룩하면 떡 덩이도 그러하다"라 옮겨 적었지만 본래 원문의 직역은 "만일 첫 열매가 거룩하면 떡 덩이도 그러하다"이다. 사용된 은유가 생소한 격언으로 읽히고 언급된 제사와 제물의 의식이 우리로서는 생소한 절차여서 이해에 껄끄럽다. '첫 열매'라 함은 민 15:17-21에 기록된 제사에 드리는 처음 익은 곡식 가루라는 표현에 따라 여러 번역본에서 '첫 열매로 제사 드리는 반죽'이라 의역하고 있다. "반죽이 거룩하면 떡 덩이도 그러하다"는 제사에 드리는 첫 열매 반죽이 거룩하면 묵은 반죽으로 만든 떡 덩이도 거룩하다는 생각이 당시에 통용되는 관례였다고 한다. 당시 관례를 낱낱이 따질 일이 아니라 다른 무엇보다 16a절에서의 '첫 열매'와 '떡 덩이' 그리고 후속 병행 16b절 "뿌리가 거룩하면 또 역시 가지들도 그러하다"에서의 '뿌리'와 '가지', 이 논항들의 각 쌍이 동질적인지 혹은 이질적인지가 학자들의 논란의 대상이기도 하다. 그리고 '첫 열매'와 '떡 덩이'가 '뿌리'와 '가지'에 비해 더욱 친숙하기는 하지만, '뿌리'와 '가지'가 누구를 은유적으로 상징하는지는 여전히 석연찮다. 해당 16절 주제의 원천이 민 15:17-21이므로 이에 따라 이스라엘 종족에 제한해 우선 읽으면, 이스라엘의 조상 아브라함, 이삭과 야곱이 '뿌리'이고, 이들의 후손이 '가지'라는 해석이 유력한 설이다. 동시에 이 설은 '첫 열매'가 유대인 크리스천 내지 유대인 남은 자 소수이며, 이들이 다수 불신의 유대인들인 '떡 덩이'를 거룩함에 이끌어 들인다는 견해를 피력한다. 이 설을 옹호하는 대표적인 학자가 크란휠드(1979: 565)이다. 다른 한편 이들 두 해석을 교체하여도 모두 타당한 설명력을 갖는다는 견지에서 첫 열매든 뿌리든 이스라엘 조상일 수도 있고, 크리스천 이스라엘일 수도 있다는, 그리하여 양자를 교체해 병존해 사용할 수도 있다(Dunn, 1988b: 659)는 주창도 있다. 또 다른 한편 '첫 열매'와 '뿌리' 그리고 '떡 덩이'와 '가지', 이들 은유의 실체의 두 쌍이 모두가 공통적으로 거룩함을 지향한다는 견지에서 유대인 크리스천과 다수 불신의 유대인들이라는 16a절의 해석 그리고 이스라엘 조상과 후손들이라는 16b절의 해석이 은유의 성질에 따라 다른 사례를 예시하였을 따름이지 실은 이들 각각이 별개의 성질을 상징하는 것이 아니라 공히 동일한 성질을 바꾸어 가며 참조하고 있다는 주창도 있다. 이 설을 옹호하는 대표적인 학자가 슈라이너(1998: 600f.)이다.

어렵사리 16절을 간신히 해설하였다. 간신히 깨달은 사실은 각각의 세 해설이 대안적인 제안이 아니라 각각 나름대로 유용한 독해

방안이라는 점이다. 이를테면 16절을 어떻게 읽어야 할 방안을 해설한 셈인데, 해설의 요점은 이스라엘의 '거룩'(hagia)이 목표인 바, 16a절 문맥에서는 제사에서의 거룩이고, 16b절 문맥에서는 하나님 백성의 축복으로서의 거룩이다. 선행 문단의 결론의 관점에서나 현행 문단의 서론의 관점에서나 16절이 전하는 요지는 하나님의 택하심의 구원의 역사(役事)는 종내 완성하신다는 의미심장한 메시지이다. '온누리의 화목'(15절)을 지향하는 구원사의 완성의 절차에 관한 의미심장한 그리고 흥미진진한 은유가 16절에 잇대어 이제 새롭게 전개되고 있다.

> [17]또한 가지 얼마가 꺾이었는데 돌감람나무인 네가 그들 중에 접붙임이 되어 참감람나무 뿌리의 진액을 함께 받는 자가 되었은즉 [18]그 가지들을 향하여 자랑하지 말라 자랑할지라도 네가 뿌리를 보전하는 것이 아니요 뿌리가 너를 보전하는 것이니라 [19]그러면 네 말이 가지들이 꺾인 것은 나로 접붙임을 받게 하려 함이라 하리니 [20]옳도다 그들은 믿지 아니하므로 꺾이고 너는 믿음으로 섰느니라 높은 마음을 품지 말고 도리어 두려워하라 [21]하나님이 원 가지들도 아끼지 아니하셨은즉 너도 아끼지 아니하시리라 [22]그러므로 하나님의 인자하심과 준엄하심을 보라 넘어지는 자들에게는 준엄하심이 있으니 너희가 만일 하나님의 인자하심에 머물러 있으면 그 인자가 너희에게 있으리라 그렇지 않으면 너도 찍히는 바 되리라 [23]그들도 믿지 아니하는 데 머무르지 아니하면 접붙임을 받으리니 이는 그들을 접붙이실 능력이 하나님께 있음이라 [24]네가 원 돌감람나무에서 찍힘을 받고 본성을 거슬러 좋은 감람나무에 접붙임을 받았으니

원 가지인 이 사람들이야 얼마나 더 자기 감람나무에 접붙이심을 받으랴

앞 16절에 예시된 뿌리와 가지의 나무 은유를 이제 올리브나무의 뿌리와 가지의 접목의 접붙임의 은유로 바꾸어 이야기 담화를 새롭게 전개한다. 이야기의 전개가 뒤엉켜 독해에서 실태라 풀기 혼란스러우므로 우리는 우선 담화의 은유 구성의 길 안내의 개략적인 지도를 그려 제시하겠다. 이 은유에서 올리브나무의 뿌리라 함은 유대인 족보에서 족장을 대표하는 아브라함 등을 일컫는 비유의 명칭이다. 그리고 이 동일한 뿌리를 공유하는 두 종류의 나뭇가지가 등장하는데, 하나는 불신의 유대인들인 부러진 가지를 그리고 다른 하나는 믿음의 이방 신자들인 접붙여진 가지를 대표한다. 족장에 뿌리의 직접 후손인 전자인 불신의 유대인들을 때로는 경작(耕作)된 혹은 자연 가지라 불리기도 하고, 선민 유대인이 아닌 이방인들을 때로는 야생(野生) 올리브나무 가지로 불리기도 한다. 접붙임 작업에서 "가지가 꺾이었다"는 표현은 15절에서 사용된 '내버림'이라는 어휘와 같은 뜻을 갖는다. 이 은유 이야기를 읽을 때 행여 접목의 원예 기술의 비법을 서술하고 있다는 선입견을 갖는다든지 혹은 접붙임의 이야기가 하나님의 백성으로서의 유대의 정통성과 이방의 방계성에 대한 은유적인 해설이라든지 등의 오해를 불러일으킬 여지를 조심해야 한다. 본문을 어렵게 읽을 일이 아니라 이야기가 교묘하다기보다는 차라리 진부한 은유이고, 오늘날에도 통용되는 평범한 이야기라 생각하고 쉽게 읽는 일이 독해의 유익한 방안이라 싶다. 이 길잡이 지도에 따라 17-22절을 통째 묶어 부과적인 해설 없이 단숨에 읽기

를 권장하기 위해 한글개역에 부가해 NIV를 옮겨 적겠다. 여러 주해서들이 17-24를 하나로 묶어 올리브나무의 접목 비유로 읽지만, 야생 가지인 이방을 하나님 백성의 자연 경작 재배인 올리브나무에 접붙이는 비유는 17-22절에 국한해 읽어야 한다.

> "[17]만약 가지들 중에서 얼마가 꺾어졌다면 그리고 네가, 야생 올리브나무 가지이지만, 다른 가지들 중에 접붙임바 되어 이제 올리브 뿌리에서 나오는 자양분의 진액을 함께 나누어 가진다면 [18a]저들 다른 가지들보다 우세하다고 네 자신을 중히 여기지 말라. [18b]만일 네가 자신을 중히 여긴다면 숙고하여야 할 바는 네가 그 뿌리를 부양하는 것이 아니라 그 뿌리가 너를 부양해준다는 사실이다. [19]네가 그렇다면 말하기를 '가지들이 꺾어졌던 것은 내가 접붙여지기 위함이다'라 말할 것이다. [20]옳도다. 그러나 그들이 꺾어진 것은 믿지 않았기 때문이고 너는 믿음으로 말미암아 서 있는 것이다. 오만하지 말고 두려워하라. [21]만일 하나님께서 자연 가지들을 아끼지 않으셨으니 당신께서 너도 아끼지 않을 것이다. [22]그런즉 하나님의 친절하심과 엄격하심을 숙고하라. 넘어진 자들에게는 엄격하시고 너에게 친절하신즉 당신의 친절하심에 네가 남아 있도록 하라. 그렇지 않으면 너 역시 잘라버릴 것이다."

다시 말하거니와 NIV 번역본을 옮겨 적은 까닭은 올리브나무 은유의 줄거리가 바울의 의도에서 벗어나 왕왕 왜곡돼 읽히는 것을 방지하기 위함이다. 이 은유의 구성은 이스라엘을 자연 경작의 올리브나무에 비유하고 있고, 이방을 야생 나무에 비유하고 있다. 이야기 요지는 자연 나무의 가지 중 단지 어떤 몇몇 강곽한 가지들을 잘라내 버림받은 대신에 이방인인 야생 나뭇가지가 접붙임을 받아 본래의 경작 올리브나무 뿌리의 진액을 부여받는다는 사실이다. 야생 올리브나무 가지인 이방이 자연 올리브나무에 이식되었다는 사실도 이질적이고, 더군다나 이스라엘이라는 뿌리가 본래 지니고 있는 자양분을 이방이 섭취하여 이스라엘과 이방이 한 뿌리를 공유하는 동일체라는 특이성이야말로 바울의 은유 창작의 독자송이라 하여야겠다. 은유의 이와 같은 정수를 파악한다면, 구원사의 진행에 있어 이스라엘과 이방과의 비교 내지 대조라는 주제는 이미 익숙하므로 본문 각 절을 다소곳이 읽어도 좋겠다. 그러나 은유는 한발 더 나아간다. 잘라버려진 유대 가지의 베어버려짐에 접붙임 받은 이방이 자만하지 말라고 18절에 경고한 다음 20b-21절에 "오만하지 말고 두려워하라. 만일 하나님께서 자연 가지들을 아끼지 않으셨으니 당신께서 너도 아끼지 않을 것이다"라 하나님의 친절하심과 엄격하심이 이스라엘과 이방을 가리지 않고 공평하고 정대하심을 천명한다.

우리가 보기에는 이 21절을 분기점으로 바울은 이미 상식을 넘은 이 올리브나무 은유를 훌쩍 더욱 도약해 기상천외의 새로운 국면에로 진입한다. 꺾이어진 이스라엘 가지라 하더라도 종말적인 구원의 대상에서 영구히 제거된 것은 아니라는 엄청난 도약의 국면인데, NIV(2011)는 22절부터 새 문단으로 바꾸고 있고, 토머스 슈라이너(1998)는 23절부터 새 문단으로 바꾸고 있다. 한편 이방인들에게 당부하는 말씀인즉 '하나님의 친절하심과 엄격하심'은 누구에게든 언제든 상존하므로 "네가 당신의 친절하심에 머물러 있도록 하라.

그렇지 않으면 너 역시 잘라내질 것이다"가 22절이고, 다른 한편 이스라엘인들에게 당부하는 말씀인즉 "그들이 믿음이 아닌 데에 머무르지 않으면 (다시) 접붙임을 받으리라"가 23절이다. 이들 두 절을 통해 넌지시 암시한 뒤에 끝내 24절에 올리브나무 비유의 핵심 본체를 기탄없이 토로한다.

이제 24절에서 바울은 자연 올리브나무와 야생 올리브나무 그리고 이것들 각각의 보조어들의 사용을 일상의 궤도에 어긋나게 자신의 담론에 합당한 조어(造語)로 자의적으로 구사해 표현한다. 까닭에 은유가 더욱 은유답지만, 그 때문에 빚어지는 독해에 수반하는 난삽함은 피할 수 없다. 따라서 24절의 NIV 번역을 옮겨 적고, 그것에 NIV 각주(2011: 1909)와 콜린 크루즈의 주석(2012: 438)을 첨부함으로써 바울의 은유 용어들에 친숙해지도록 낭비의 노력을 덧보태야겠다. "24a만일 너희가 자연 본성에 있어서의 야생인(that is wild by nature) 올리브나무에서 잘려져 24b자연 본성에 거스르게(contrary to nature: para pusin) 경작된(cultivated) 올리브나무에 접붙임을 받았다면, 24c자연 본성에 따르는 가지들(the natural branches: oi kata pusin) 그것들이 자기들 자체의 올리브나무에 접붙임을 받는 일은 얼마나 용이하랴!"가 NIV 24절이다. 학자들이 자신들의 사역보다 애용하는 NIV 번역문인데도 불구하고 여기서 '자연에 거스르는'(against nature, para pusin)이라는 어구와 '자연에 있어서/자연 그대로'(by nature, kata pusin)라는 어구가 각각이 대조하고 있는 함의를 분간키 어려워 재차 어휘 풀이를 하지 않으면 헷갈린다. '자연 본성에 있어 야생 올리브나무에서 잘려져'(cut out of an olive tree that is wild by nature. 24a절)를 콜린 크루즈에 의하면 '본래 불신앙의 야생의 올리브 나무에서 잘려져'라 풀이하고 있으니 자연 본래의 불신인 야생의 출산 상태 그대로를 보유하고 있다는 뜻에서 '자연 본성'(by nature)과 '야생'(wild)이라는 상위한 두 어구를 동어반복인양 쓰고 있다. ('자연 본성에 있어서의 야생 올리브나무'가 한글개역에서는 '원 돌감람나무'인데 일리 있는 번역어이다.) 그리고 이현령비현령으로 들리는 "자연 본성에 거스르게 경작된 올리브나무에 접붙임을 받았다면"(24b절)이라는 표현에서 '자연 본성에 거스르게'라 함은 이와 같은 야생의 이방을 올리브나무 이스라엘에 접붙이는 일이 자연 본성에 어긋나는 일이라는 뜻이다. '경작(耕作)된 올리브나무'라 함은 아마도 하나님께서 식재(植栽)하신 나무라 뜻에서 야생 나무의 반대어로 쓰인 것이리라. 따라서 "경작된 올리브나무에 접붙임을 얻었다"는 것은 야생 나뭇가지인 이방인이 경작된 이스라엘의 자연 나무에 접붙임을 얻었다는 뜻이다. 결국 24a & b절은 이방 역시 이스라엘의 믿음의 족장들의 뿌리를 공유하게 됨을 일컬음이다. 이처럼 이방을 하나님의 백성으로 입양함이 놀라움 그 자체이거니와, 웬걸 이를 훌쩍 넘어선, 즉 앞에서 우리가 기상천외라 하였던 바로 그 새로운 국면이 출현한다. "(잘라졌던) 자연 가지 그것들이 자기 자신들의 올리브나무에 접붙임 받는 일은 얼마나 더욱 용이하랴!"의 24c절이 그것이다. 하나님께서 당초 아브라함에게 하셨던 언약은 이스라엘의 숱한 배신의 역사에도 불구하고 여전히 보존하신다는 하나님의 영구성의 의지를 표명하고 있다.

올리브나무 은유는 접붙임의 비유를 통해 하나님의 구원 계획을 기술하고 있다. 예수께서 천국에 관해 제자들에게 은유로 가르침과 같다. 구원 계획이든 천국이든 세상 이야기로 풀이할 수 있는 것이 아니다. "오 깊도다, 하나님의 지혜와 지식의 부요함이여!"(11:33)처럼 신비는 계시에 의해 드러나기 때문이다.

부 록

이방 사도에 관한 원문 주해

바울은 롬 11:13에 자신의 사역의 신분을 "진정으로 내가 이방들의 사도이다"라 토로한다. 이 진술의 진실성이 구원사에 있어 바울 신학의 중요한 문제일 수 있다. 그런데 바울의 이 진술을 "자신의 사역의 신분이 너희 이방에게 속해 있고 그리하여 유대인들의 회개는 내 직분과 별 상관없다"(Meyer, 1884: 436)라 해석하기도 한다. 마이어는 이처럼 이방 사도라는 바울의 선언이 자신의 혈육인 유대인들과 오직 간접 내지 소극적인 영향만을 갖는다는 것이라 해석한다. 해당 본문 13b절 '진정으로 내가 이방인들에게 사도인 만큼'의 자구만을 따지면 마이어의 해석이 정당할 수도 있다. 왜냐하면 '내가 이방인들에게 사도인 만큼'을 강조해 읽으면 이방 사도가 "부차 직업(Nebenarbeit)이 아니라 전력을 다한다"(Cranfield, 1979: 559)라는 필생의 사명의 뜻을 함의할 수 있기 때문에 유대인 사도의 역할은 소극적이거나 최소화할 수 있다. 그러나 원문에 대한 학자들의 구문 분석에 따르면 심상치 않은 측면도 꽤 찾아져 이방 사도가 함의하는 의미 해석이 수월찮다. 원문에서는 우선 문장 전체를 형용하는 부사격으로 '진정으로'(men oun, indeed then)을 앞세우고, 주어를 나 대신에 공적이고 형식적인 어휘인 '자아'(나)를 사용하고, 사도에 정관사를 사용치 않고 있기에 직역하면 "진정으로 自我(내)가 諸國家(이방)의 사도이다"와 유사하다. 뿐더러 '사도'가 관사가 없는 일반 명칭이고(Dunn, 1988b: 656), 이에 따라 NRSV는 부정관사를 사용해 'an apostle'이라 번역하여 이방 사도 일반 중의 하나인 어떤 사도라는 뜻을 전한다.

3. 하나님의 최종 자비의 계획: 신비
(11:25-32)

감추어진 비밀을 전수한다는 신비의 계시라는 용어가 흔히 쓰이기는 그리스도의 성육신, 죽음 그리고 부활에 관한 일이다. 그런데 바울은 여기서 희귀하게 구원이 유대와 이방에 공히 주어진다는 하나님의 구원 계획을 신비라 일컫고 있다. 여기 이 단락에서 바울이 전하는 신비는 유대와 이방을 포괄하는 구원이고, 이 보편 구원의 신비야말로 로마서 후반부 9:1-11:36 논변의 응축된 요지이자 후반부 전체의 클라이맥스이다. Meyer는 11:15-32를 개관하고 "하나님께서는 이방들을 제외하고는 이스라엘에 (구원의) 자비를 베푸시지 않으시며 그러나 이스라엘을 제외하고는 또한 이방들에 자비를 베푸시지 않는다"(Ridderbos, 1975: 360)라 구원의 보편성을 이스라엘과 이방 사이의 상호작용이라 규정하고 있다.

이스라엘 구원의 약속(11:25-27)

"온 이스라엘이 구원을 얻을 것이다"라는 26절이 하도 강렬한 인상을 주는 연고로 본문의 주제를 이스라엘 구원에 한정해 읽기 십상이지만, 이스라엘과 이방의 구원이 상호의존적인 관계가 주제이고, 본문에 적힌 신비는 이 구원 계획을 일컬음이다. 여기 25-27절이 함의하는 구원 계획의 절차를 명세하면, 첫째는 다수의 불신의 이스라엘의 구원이고, 이방의 충만한 수가 들어옴이고, 마지막으로 모든 이스라엘이 구원 받음이다. 본문을 읽을 때 주목하여야 할 점은 여기서 감추어진 비밀을 전하는 대상이 로마에 있는 이방 신자들이라는 사실이다. 전하는 내용과 관련하여 대뜸 떠오르는 구절이 "이스라엘이 믿음이 아닌 데에 머무르지 않으면 (다시) 접붙임을 받으리라"는 23절 그리고 뒤따르는 "자연 본성의 가지들 (이스라엘이) 자기 자신들의 올리브나무에 접붙임을 받는 일은 얼마나 용이하랴!"는 24절이다. 이 23-24절과 더불어 "저들 다른 가지(이스라엘이)들보다 우세하다고 (이방) 네 자신을 중히 여기지 말라"는 18절을 함께 상기할 때 구원의 계획은 이스라엘과 이방을 포괄하지만, 이때 첫째도 이스라엘이고, 마지막도 이스라엘이라는 사실을 이방이 눈을 똑바로 뜨고 직시해야 할 존중할 신비라 하여야겠다.

> ²⁵형제들아 너희가 스스로 지혜 있다 하면서 이 신비를 너희가 모르기를 내가 원하지 아니하노니 이 신비는 이방인의 충만한 수가 들어오기까지 이스라엘의 더러는 우둔하게 된 것이라 ²⁶그리하여 온 이스라엘이 구원

을 받으리라 기록된 바 구원자가 시온에서 오사 야곱에게서 경건하지 않은 것을 돌이키시겠고 ²⁷내가 그들의 죄를 없이 할 때에 그들에게 이루어질 내 언약이 이것이라 함과 같으니라

본문 25-26a절은 바울 사도가 계시 받은 신비의 내용이고, 26b-27절은 그 신비에 대한 구약의 증언이다. 우리는 이들 두 부분 각각을 분리해 독해하겠다. "²⁵나는 너희가 신비에 대해 무지하기를 원치 않는 까닭인즉, 형제자매여, 너희가 너희 스스로 잘난 체하지 않도록 하려 함이니, 그것인즉 강퍅함이 부분적으로 이스라엘에게 침입하였으니 이방의 충만한 수가 들어오기까지다. ^{26a}그리하여 모든 이스라엘이 구원받을 것이다"가 첫 부분 25-26a절이다. 신비를 계시하는 까닭을 25절 전반부에 우선 서술하고 있다. 이미 올리브나무 은유 18절 및 20절에 적혀 있는 대로 신비를 알게 하심은 이방이 이스라엘에 자만하지 않기 위함이다. 자만에 대한 경고에서 "이방의 충만한 수가 들어오기까지"라 시기를 한정해 그 후에야 이스라엘의 강퍅함이 해소된다는 것이 중요하다(Moo, 1996: 716). 우리는 여기서 바울 자신의 고백 13절 "진정 내가 이방들의 사도인 만큼 나는 나의 직분을 영광스러워한다"를 새삼 상기한다. '이방의 사도인 만큼'에 맞먹는 동족을 위한 사도의 직분의 대응 급부를 바울이 포기한 것이 아님을 여기서 깨우치게 된다. 이 문단 본론 25절 후반부에 '그것인즉'(hoti)이라는 접속사를 사용하여 구획의 경계를 석연하게 나누지 않은 채 신비를 특징 짓는 서로 관련된 세 요소를 진술하고 있다. 첫 요소가 "강퍅함이 부분적으로 이스라엘에게 침입하였다"이다.

'부분적'이라 함은 '일시적'이라는 뜻이고(Kruse, 2012: 442) 또 한시적이지 최종적인 것은 아니라는 뜻이다(Murray, 2017: 500-501). 둘째 요소가 "이방의 충만한 수가 들어오기까지다"이다. '들어오기까지'라 함은 이방의 충만한 수가 들어오면 이스라엘의 강퍅함이 종료된다는 한시적인 시한부를 뜻하기도 하고, 무엇보다 이방의 구원이 이스라엘의 구원에 앞선다는 뜻이다(Schreiner, 1998: 614). 여하튼 이들 신비의 요소에서 이스라엘이 하나님의 구원의 자비에서 소외됨이 불순종 자체 때문이라기보다 '이방의 충만한 수가 들어오기까지' 하나님께서 강퍅하게 하심 때문이라니(Cranfield, 1979: 574), 그것은 신비라는 어휘 의미 그대로 참으로 불가지론이다. 셋째 요소가 "모든 이스라엘이 구원받을 것이다"이다. 구원이 '모든 이스라엘'(pas Israel)에게라 함은 신비의 세 요소 중에서 중요성의 무게로 하면 으뜸으로 꼽아야 할 터인데, '모든'에 대한 해석부터 '구원받을 것이다'가 믿음의 기반 여부인지에 이르기까지 학자들은 자구 해석에 분분하다. 구원이 '모든 이스라엘'이라 할 때 '모든'에 포함된 수효는 '이스라엘 국가 전체'(Cranfield, 1985: 282) 혹은 '유대인들 대부분'(Schreiner, 1998: 615)을 가리키는 것으로, 이스라엘을 통틀어 남은 자가 소수이고 배교자가 대대수인 형편이 실상이므로 이들 양자를 포함한다는 측면에서 융통성을 갖는 '모든' 이스라엘일 수 있을 것이다.

이들 세 요소로 인해 신비의 내용이 꽤 선명해졌지만, 다른 한편 '이스라엘의 강퍅함이 이방의 충만한 수가 들어오기까지'라는 한시성의 진술이 어떤 의미를 지니는지 궁금증을 고조시킨다. 강퍅함에 대해서 나중에 32절에 "하나님께서 모든 사람을 불순종에 가두어 두심은 모든 사람에게 당신께서 자비를 베푸시기 위함이다"라는 진술이 의미 해소의 길잡이 구실을 할 터이로되, 우선 당장 여기서는 강퍅함이 크란휠드의 해석의 말마따나 하나님께서 강퍅하게 하심이니, 그것이 하나님의 주권인 한에 있어 하나님의 섭리를 무엄하게 운운할 일은 아니라 하여야겠다. 하나님의 주권은 9:18의 말씀대로 "하나님께서 하시고자 하는 사람에게 자비를 베푸시고 하나님께서 하시고자 하는 사람에게 강퍅함을 주신다"이다. 여기 세 요소로 구성된 하나님의 신비 역시 하나님의 주권의 발현이라 독해해야 한다. 신비의 내용을 더 캐물을 일이 아니라 신비를 통해 주권의 발현되는 면모를 통찰하는 일이 귀중하다. 셋째 명제인 "모든 이스라엘이 구원받을 것이다"를 구현하려는 하나님의 의지는 둘째 명제 '이방의 충만한 수가 들어오기'가 실현되어야 한다. 이방이 들어오기 위해서는 심지어 올리브나무의 '자연 본성에 따르는' 본래 가지가 꺾이어지는 첫째 명제 '이스라엘에게 강퍅함이 침입하여야' 한다. 이 점에서 명쾌한 학자가 누구보다 크란휠드이다. "신비의 실질의 본체는 구원의 신성 계획 완성에 관여하는 세 연속적인 단계들인바, 첫째 이스라엘 대부분의 불신… 그리고 그다음으로 이방의 들어옴의 성취, 종국적으로 모든 이스라엘의 구원, 이 단계들이다"(Cranfield, 1979: 572)가 신비인 신성 계획(the divine plan) 혹은 구원의 계획(Heilsplan)의 명쾌한 요약이다.

이방의 충만한 수가 들어온 후에야 "모든 이스라엘이 구원받을 것이다"를 진술한 다음에 이 진술에 직접 잇대어 '이와 마찬가지로'라

26절의 말문을 열고 사 59:20 및 27:9 그리고 렘 31:31-34 등을 인용한다. "²⁶구속자가 시온에서 올 것이고 불경함을 야곱에서 내쫓 겠다. ²⁷그리고 내가 그들의 죄를 사면할 때 그것이 그들과의 나의 언약이다"가 구약의 인용문이다. '이와 마찬가지로'라는 26절 서두 는 "모든 이스라엘이 구원받을 것이다"가 이방의 충만한 수가 들어온 다음이라는 구원 시기의 양식에 관해 부사적으로 형용한 표현이다 (Schreiner, 1998: 521). "구속자가 시온에서 올 것이다"에서 '구속자' 는 본래 하나님을 칭하였다 하더라도 예수 그리스도로 대체해 읽을 수 있을 것이고, '시온'은 하늘의 예루살렘이라 바꿔 읽을 수 있겠다. 특히 렘 31:34 "내가 그들의 죄악을 사하고 다시는 그 죄를 기억하지 아니하리라"를 읽으면 구약과 새로운 언약으로서의 신약이 하나의 연속선상에 실존한다는 사실을 강하게 전한다.

인간의 불순종과 하나님의 자비(11:28-32)

이 문단은 접속사의 사용 없이 앞 문단과 직접 연결해 계속 이어지 고 있으니 아마도 한달음에 읽으라는 것일 듯싶다. 내용을 개관컨대 앞 문단 25-27절의 연장선상에서 구원받을 수 없는 인간의 불순종 상태와 구원 받는 일이 주어지는 하나님의 자비의 상태를 이스라엘과 이방을 대비하여 설명해주고 있다. 구원이 전적으로 인간의 자질과 무관한 하나님의 주권의 일방적인 택하심이라는 구원의 계획 혹은 신성 계획임을 분명히 한다. 내용의 세목은 본문 분석의 상술을 통해서야 비로소 파악할 수 있을 정도로 문장 서술의 기교가 섬세하다. 이 문단 말미 32절 "하나님께서 모든 사람을 불순종에 가두어 두심은 당신께서 모든 사람에게 자비를 베푸시려 하심이다"의 결어는 로마서 후반부 9-11장 전체에 걸친 하나님 주권의 본질에 깊은 통찰력을 준다.

> 28복음으로 하면 그들이 너희로 말미암아 원수 된 자요 택하심으로 하면 조상들로 말미암아 사랑을 입은 자라 29하나님의 은사와 부르심에는 후회하심이 없느니라 30너희가 전에는 하나님께 순종하지 아니하더니 이스라엘이 순종하지 아니함으로 이제 긍휼을 입었는지라 31이와 같이 이 사람들이 순종하지 아니하니 이는 너희에게 베푸시는 긍휼로 이제 그들도 긍휼을 얻게 하려 하심이라 32하나님이 모든 사람을 순종하지 아니하는 가운데 가두어 두심은 모든 사람에게 긍휼을 베풀려 하심이로다

"복음에 관하여서는 너희들을 위해 그들이 원수들이고 그러나 택하심에 관하여서는 그들이 조상들로 인해 사랑받는 사람들이다"가 28절이다. 접속사의 사용 없이 튀어나온 탓도 있겠지만 이 28절의 첫 읽기가 느닷없다. '그들'은 이스라엘인을 지칭하고, '너희들'은 이방인들을 지칭하고 있다는 실마리 없이 대명사를 사용하고 있다. 게다가 '원수들'이 누구에게 원수인지도 갈피를 잡을 수 없다. 문단 끝까지 읽고 나서야 전반부 28a절 해석이 복음을 거부하는 이스라엘이 하나님을 거부하는 원수임을 차후에 깨우칠 수 있다. 일견하여 28a절이 느닷없다고 읽히는 까닭이 이방 독자들에게 이 글을 집필하

고 있는 바울 선생 생각에는 이 문단 28-32절이 이스라엘을 겨냥한 진술임을 이해하는 일에 이방에게 아무 어려움이 없으리라 싶었기 때문일 것이다. 지금까지의 로마서를 독파한 로마교회의 이방 신자들이라면 이스라엘이 복음을 거부하는 일이 하나님과 적대관계에 있는 상태가 자명하므로 누가 누구를 가리키는지 명세할 필요를 느끼지 않았을 것이다. 우리는 28절 표현 자체가 이방 신자들에게는 자명한 내용임을 증명한다고 생각한다. 이스라엘이 하나님께 원수임을 증언하며 '너희들을 위해'라는 엉뚱한 표현이 첨부되어 있다. 이스라엘이 하나님의 원수라는 사실이 이방인 '너희들을 위해서'이려면, "(이스라엘) 가지들이 꺾어졌던 것은 내(이방인)가 접붙여지기 위함이다"(11:19)라 서술하고 있는 올리브나무 은유에서처럼 이방이 올리브나무에 이식받기 위한 반대급부로 이스라엘이 꺾어져야 하는 곤혹을 '너희들을 위해' 치루는 일일 것이다. 바울이 생경한 올리브나무 은유를 공들여 이처럼 만들어 애용하는 것은 사후처방 간담이지만, 28-32절과 같은 규범 일탈적인 이야기를 이방 신자들에게 고지하려 하니 열개와 매듭을 억지 짜임새로 맞출 수밖에 없었을 것이다. 유대든 이방이든 서로가 서로를 밀고 당기듯 하여 유대든 이방이든 충만한 수가 구원에 이르는 우화는 어차피 논리를 벗어나기 마련이다.

"그러나 택하심에 관하여서는 그들이 조상들로 인해 사랑받는 사람들이다"라 28b절이 이어진다. 이처럼 28절은 한편 전반부에서는 이스라엘이 하나님께 원수의 관계에 있고, 후반부에서는 다른 한편 조상 아브라함으로 인해 사랑받는 관계에 있다는 양립의 가치가 병존한다. 전반부에서의 원수의 관계는 이스라엘이 저지른 업보로서의 능동적인 원수 관계이고, 후반부에서의 사랑받는 관계는 하나님의 베푸심으로서의 피동적인 수혜의 관계이다(Kruse, 2012: 445). 한편 '복음에 관하여'라 28절 전반부를 시작하고, 다른 한편 28절 후반부를 '택하심에 관하여'라 진술하고 있는 바, 후반부 28b절에 대해 크란휠드는 신 7:7 이하를 인용하여 "하나님께서 사랑하심을 인하여 이스라엘 전체를 당신의 백성으로 삼으시는 아브라함에게 주신 언약을 지키려 하심"이라 해설한다(Cranfield, 1985: 284). '이스라엘이 사랑받는 것은 하나님께서 당신 자신의 사랑에 신실하기 때문에'(Cranfield, 1979: 581) 그 지속적인 사랑을 "조상들로 인해 사랑받는 사람들이다"라 현재형으로 서술할 수 있다고 해설한다. 이 하나님의 사랑의 신실하심을 "하나님의 은사들과 당신의 부르심은 되돌림이 없다"라 29절이 더욱 가일층 명료하게 기술하고 있으니 28b-29절을 함께 읽는 것이 정도이겠다. 여기 29절에 '은사들'(charismata)이 '부르심'과 함께 쓰였으니 양자 모두가 구원의 약속일 것이다. '되돌림이 없다'(ametameleta)는 변경 내지 중지할 수 없다는 뜻이다. 여기서 우리는 다시 올리브나무 은유 "그들이 믿지 아니하는 데 머무르지 아니하면 (꺾이어진 가지를 다시) 접붙임을 받으리라"(11:23)를 상기한다. 올리브나무 은유로 말하자면 그것은 이 세상의 어떤 사물이나 현상에 빗대어 표현하는 비유가 아니라 하나님 구원의 의지가 꺾이어진 가지를 버리지 않고 다시 이식해 재생하는 자비라는 신비의 계시를 받아 바울이 모사한 은유이다.

이제 구원 계획의 절차를 기술하고 있는 바, 30-31절의 두 문장 구성이 정교하게 서로 짝을 맞추어 대응하고 있다. "³⁰까닭인즉 또한 너희가 예전에 하나님께 불순종하였고 이제 그러나 너희가 저들의 불순종함으로 인해 자비를 받고 있는 것이다. ³¹이와 같이 저들이 또한 이제 불순종해 있으니 너희에게 주어진 자비로 인해 저들 역시 이제 자비를 받기 위함이다"가 본문이다. 선행 30절에 대명사 '너희' 를 사용해 이방이 예전에 불순종하였고 이제는 자비를 받고 있음을 그리고 후행 31절에 대명사 '저들'을 사용해 이스라엘이 이제 불순종 상태에 있으나 저들 역시 자비를 받고자 하는 상태임을 기술하고 있다. 그리하여 불순종에서 자비에로의 교체라는 사실이 두 절 사이 에 짝 맞추어져 명료하게 기술되어 있지만, 특히 31b절의 "너희에게 주어진 자비로 인해 저들 역시 이제 자비를 받기 위함이다"에서 불순 종에서 자비에로의 전이 혹은 교환되는 방향이 불명료하다. 학자들 사이에 분분한 이견은 '너희에게 주어진 자비'가 어느 논항들에 연결 되느냐가 가장 큰 쟁점이다. 여러 논항이 논란에 오르지만 '너희에게 주어진 자비'를 바로 직전의 '불순종하였다'에 연결하는 크란휠드의 주석이 대세이다. 그리하여 그는 31절을 저들(이스라엘)이 또한 이제 껏 불순종하여 있음은 이방에게 주어진 자비로 인해서 자신들도 자비를 얻기 위함이라는 뜻으로 읽고 있다(Cranfield, 1979: 583). 이처 럼 이스라엘의 불순종에 대해서 이방에게와 마찬가지로 자비가 주어 진다고 적은 다음에 31절 말미를 NIV 번역이 전체 문맥을 썩 잘 반영하고 있다. "하나님의 너희에게 주신 자비의 결과와 마찬가지로 저들 역시 이제 자비를 받기 위함이다"가 그것이다. 전체적으로 보아 차라리 누구에게서 누구에게로 전이 혹은 교환되는 경로를 따질 일이 아니라 바울이 이들 30-31절에서 전하려는 요지는 이방도 이스라엘도 마찬가지 동질의 불순종의 백성이라는 사실과 그러나 또 역시 불순종에 하나님의 자비가 주어진다는 사실을 전하고 있는 것이라 읽고 싶다(cf. Kruse, 2012: 446).

이제, 좁게는 이 단락 25-31절의 결론이고 넓게는 후반부 9장 이하의 결론인 "까닭인즉 하나님께서 모든 사람을 불순종에 가두어 두심은 모든 사람에게 당신께서 자비를 베푸시기 위함이다"의 32절이 출현한다. '모든 사람을 불순종에 가두어 두심'이라 함은 이스라엘도 이방도 '모든 사람'을 죄 아래 감금하심이고, "자비를 베푸시기 위함이다"라 함은 또 역시 이스라엘과 이방에 구별 없이 구원의 은혜의 수혜자들이라는 뜻이다(Schreiner, 1998: 629). 여기서 행여 죄 아래 감금이라는 표현이 미묘한 오해의 여지가 있다. 가두어 두심이나 감금이나 그것은 하나님의 자비가 풀어주지 않는 한 벗어날 길이 없는 하나님의 엄격한 징벌이다. 종내에는 결국 하나님께서 결자해지(結者解之)를 위해 자비를 베푸심이니 가두어 두심은 자비를 베푸시기 위함이다(Murray 2017: 511; Cranfield, 1979: 587). 달리 말하면 그것은 가지가 꺾이어짐은 이미 접붙임을 기약하심과 같다(11:23). 이처럼 각각의 불순종에 대해 진노 대신에 부르심의 자비의 은사를 베푸심이라 11:30-31을 압축하고 있지만, 구원의 은혜를 위해 죄 아래 감금한다는 심층 의미에 있어서는 하나님 주권의 구원 역사(歷史/役事)에 관한 25-31절 내용 전반을 담고 있다. 그리하여 "강퍅함이 부분적으로 이스라엘에게 침입하였으니, 이방의 충만한 수가 들어오기까지"(11:25)이고, 종내는 "구속자가 시온에서 오리라"(11:26)는 하나님의 섭리의 신비를 32절이 함의하고 있다. 따라서 우리는 하나님의 전권의 역사(役事)를 32절에서 읽는다. '모든 사람에게 당신께서 자비를 베푸시기 위해' 하나님께서 역사하심은 누구에게보다 이스라엘에게 신실하심이다. 인류 만민에서 불순종의 전형적인 본보기가 이스라엘인데도 불구하고 자비 수혜의 전형적인 본보기도 이스라엘이다. 뿐더러 따라서 우리는 하나님의 구원 역사(歷史)를 또 역시 32절에서 읽는다. 택하심에서도 복음의 불순종에서도 첫손가락에 꼽히는 이스라엘에 "하나님의 은사들과 당신의 부르심은 되돌림이 없다"(11:29)라는 역설적인 반례(反例)를 허락함에 마다하지 않으신다. 불순종에 가두어 두심은 "이방의 충만한 수가 들어오기까지인바 그리하여 모든 이스라엘이 구원받을 것이다"(11:25-26)를 위함이다. 게다가 더욱이 "또한 너희(이방)가 예전에 하나님께 불순종하였고 이제 그러나 너희가 저들(이스라엘)의 불순종함으로 인해 자비를 받고 있는 것이다"(11:30)이니 이방에 주어지는 자비가 이스라엘에 주어진 자비에 의존한다. 결국 하나님의 구원 역사는 "하나님께서는 이방들을 제외하고는 이스라엘에 자비를 베풀지 않으시고 그러나 또한 이스라엘을 제외하고는 이방에 자비를 베풀지 않으신다"(Ridderbos, 1975: 360). Meyer는 이 구원의 역사를 상호작용이라 부른다. 이 구원의 역사가 "모든 사람을 불순종에 가두어 두심은 모든 사람에게 당신께서 자비를 베푸시기 위함이다"이니, "오, 하나님의 지혜와 지식의 풍성함이 깊도다!"

4. 결론: 송영
(11:33-36)

제임스 던은 아마도 베토벤의 〈합창 교향곡〉에 비유하여 앞선 11:28-32를 교향곡이라 그리고 여기 11:33-36을 합창이라 부른다. 그렇다. 우리는 앞 11:28-32에서 하나님 주권의 구원 歷史와 役事를 읽었으니 그것은 교향곡이라 하여야겠고, 이제 11:33-36에서 이스라엘과 이방 모두에게 구원을 계획하시는 하나님의 지혜와 지식에 대한 영광의 찬양을 읽어야 할 터이니 그것은 합창이라 하여야겠다. 합창에 걸맞게 이 부분은 온전한 시 형식의 구성이자 9:1부터 시작하는 후반부 전체를 포괄하는 결론이니 소단위로 쪼개지 않고 독립된 단원으로 한숨에 읽겠다.

> 33깊도다 하나님의 지혜와 지식의 풍성함이여, 그의 판단은 헤아리지 못할 것이며 그의 길은 찾지 못할 것이로다 34누가 주의 마음을 알았느냐 누가 그의 모사가 되었느냐 35누가 주께 먼저 드려서 갚으심을 받겠느냐 36이는 만물이 주에게서 나오고 주로 말미암고 주에게로 돌아감이라 그

에게 영광이 세세에 있을지어다 아멘

한글개역은 원문의 서술 방식을 좇아 시의 행과 행 사이를 뭉치로 붙여 쓰고 있지만, 여기서는 주로 NIV를 참조하여 행마다 줄을 바꾸는 등 전형적인 시의 표기 방식을 좇아 옮겨 적겠다.

33오, 하나님의 지혜와 지식의 풍성함이 깊도다!
헤아릴 수 없는 당신 판단들이여, 추적할 수 없는 당신의 길들이여!
34까닭인즉 누가 주님의 마음을 알고 있는가?
혹은 누가 당신의 상담자일 터인가?
35누가 하나님께 우선 선물하고
되돌림을 받겠는가?
36까닭인즉 당신으로부터 그리고 당신으로 말미암아 그리고 당신에게
만물이 있으니
당신께 영광이 영원히 있으리로다! 아멘.

주석가들은 각 행의 절마다 구약과 헬라어 사용의 유대 문헌에서 그 출처를 찾아내 고증하고 있으면서도 또 역시 바울이 이 시의 원전의 저작임을 부인하지 않는다. 우리는 시적 언어의 감상은 독자의 몫으로 돌리고 각 행이 전하는 기본 논지만을 해설하기로 하겠다. 이 송영의 시에서 전면에 내세우고 있는 주제가 '하나님의 지혜와 지식'(33절)이라는 신성의 개념이다. 이 개념은 신성이 주도하는 하나님의 구원 계획을 뜻하며, 그 신성은 인간성으로서는 족탈불급의

다른 차원의 지적인 척도를 갖는 판단과 깊이라는 것이다. '까닭인즉'으로 시작하는 34-35절은 인격으로서의 인간성이 근접할 수 없는 하나님의 지혜와 지식을 찬미한다. "누가 주님의 마음을 알고 있는가? 혹은 누가 당신의 상담자일 터인가?"라는 34절은 원본 사 40:13의 인용이고, 특히 "누가 주님의 마음을 알고 있는가?"는 고전 2:16에서도 원용하고 있다. 토머스 슈라이너는 이사야서를 확장해 설명하고 있는 고전 2:6-16의 기사, 즉 "하나님께서 예비하신 것을 인간으로는 알지 못하나 하나님의 깊은 곳을 통찰하시는 성령에 의해 계시하신다"라는 기사를 읽기를 권한다. "누가 당신의 상담자일 터인가?"라 함은 물론 구원의 계획을 세우는 일에 하나님께 조언자일 수 있는 사람이란 있을 수 없다는 뜻이다. 욥 41:11을 인용한 "누가 하나님께 우선 선물하고 되돌림을 받겠는가?"의 35절은 하나님께서 인간에게 무엇을 받은 빚이 있어 보답할 일이 있겠느냐는 힐책이다.

"하나님의 지혜와 지식의 풍성함이 깊도다"라 시작하고, "당신께 영광이 있으리로다"라 끝막음한다. 송영 36절은 '까닭인즉'으로 말문을 열고 있지만, "누가 당신의 상담자일 터인가?" 그리고 "누가 하나님께 우선 선물하고 되돌림을 받겠는가?"라는 질문에 대한 답을 산문 형식의 설명 대신에 시적인 운문의 형식으로 어처구니없는 35절의 우문(愚問)의 공허함을 무색하게 만든다. 반면에 "당신으로부터 그리고 당신으로 말미암아 그리고 당신에게 만물이 있다"가 11:25-32의 요약일 수 있다. 유대인의 충만한 수와 이방인의 충만한 수에게 자비가 베풀어지심의 요약일 수 있다(Ridderbos, 1975: 435). 이와 유사한 형태의 송영은 바울 서한 여러 곳에 기록되어 있다.

학자들은 여기 36절을 고전 8:6 그리고 골 1:16-17과 함께 읽지만, 우리는 바울의 다른 서한을 참조하겠다. 가장 단순한 형태의 기록이 "그런즉 하나님께서 만유 안에 만유이시다"(hina he ho Theos panta en pasin. 고전 15:28)인 바, 그리스도를 주축으로 하는 종말 완성에 있어 하나님의 절대성에 대한 찬양이다. 혹은 다양한 전(후)치사를 사용하여 하나님께서 신자들 및 우주 만물인 만유와 관계하는 여러 격(格)을 서술하는 찬양의 형태가 있다. "만유 위에 그리고 만유를 통해 그리고 만유 안에 계시다"(엡 4:6)가 또 다른 본보기이다. '만유 위에(epi)'라 함은 지고의 초월적인 하나님의 전권을 묘사함이다. '만유를 통해(dia)'라 함은 내주하시는 하나님을 통해 역사하심이다. '(너희들) 만유 안에'(어떤 사본에는 en pasin himin이라 쓰여있다)라 함은 성령이 신자들 모두에게 내주하심이다(Hoehner, 2002: 520). 여기 롬 11:36에서는 '부터'(ex), '말미암아'(di) 그리고 '에게'(eis)의 격조사를 하나님께 부착시키고, 만물(만유)을 대격(對格)의 구실을 부여함으로써 "하나님께서 만물의 원천이시고 만물의 완성의 수단이실 뿐만 아니라 만물의 목표이시다"(Schreiner, 1998: 638)라는 뜻을 표명하고 있다. 따라서 롬 11:36이 뜻하는 바가 엡 4:6과 다름없다. 이 송영은 "I am who I am"(출 3:14)이기도 하다. 그러므로 만물의 창조주이시고, 통치자이시고, 목표이신 하나님의 전권의 신성의 의지인 구원의 계획을 우러러 "당신께 영광이 영원히 있으리로다!"라 찬양과 기쁨을 찬미하고, 뒤이어 그러하옵소서라는 "아멘"으로 이 송영이 끝난다.

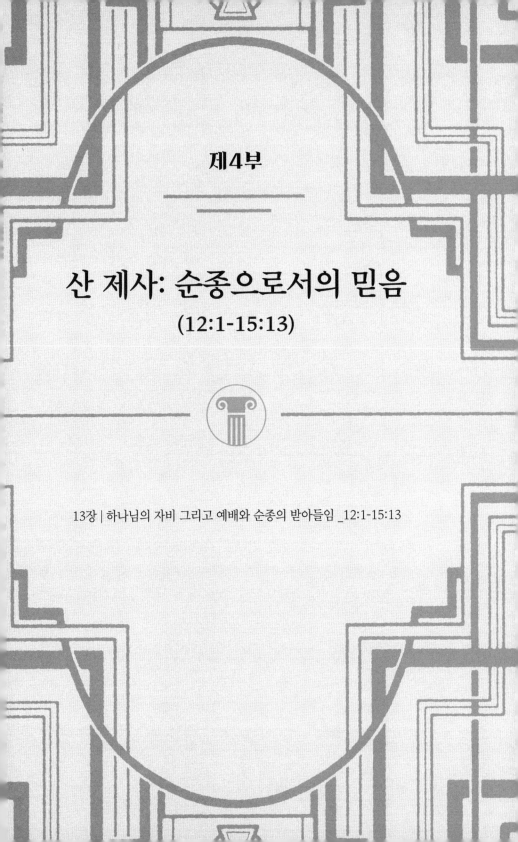

제4부

산 제사: 순종으로서의 믿음
(12:1-15:13)

13장 | 하나님의 자비 그리고 예배와 순종의 받아들임 _12:1-15:13

| 13장 |

하나님의 자비 그리고
예배와 순종의 받아들임

12:1-15:13

송영으로써 로마서의 본론은 막을 내린다. 다른 서한들과 마찬가지로 이제 본론의 추신으로 권면을 덧보탠다. 보통 권면은 본론의 교리적인 가르침에 수반하는 윤리적인 교훈 일반의 성격을 띠고 있거니와, 로마서 후반부의 여기 12:1-15:13에서의 권면은 협의의 맥락으로는 9-11장을 포괄하는 배경으로서 하나님의 자비와 관련하여 예배에 관한 권면이고(Schreienr 1988: 639), 광의의 맥락으로는 1-11장을 포괄하는 배경으로서 믿음에 의한 의의 삶과 관련하여 하나님의 뜻의 순종의 받아들임에 관한 권면이기도 하다(Cranfield, 1985: 291). 권면 성격에 관한 이러한 구별은 협의냐 광의냐의 시야의 폭의 문제이므로 독자의 관점에서는 시야의 폭을 신축성 있게 좁히고 넓힐 수도 있겠다. 차라리 시야가 협의냐 혹은 광의냐에 얽매지 말고 좁히고 넓히고를 왕래하며 두 시야를 넘나드는 독해를 권장함 직하다.

1. 하나님의 자비하심으로 인한 합리적 예배와 하나님의 뜻을 순종하여 받아들임

(12:1-2)

꽤 장황한 권면 본문을 위해 응축된 서문을 단지 두 절로 집약하고 있다. 응축된 간결성과 더불어 그것에 대조하여 개방적인 내용의 포괄성도 돋보인다. 론즈네커의 이 서문의 내용 분해에 의하면 (1) 하나님의 자비, (2) 크리스천 복음의 메시지, (3) 신성의 구원에 의한 개인의 변형 그리고 (4) 신자 개인의 마음의 계속적인 새로워짐에 관한 지극히 중요한 크리스천 윤리의식을 여기서 포괄적으로 문제제기하고 있다(Longenecker, 2016: 918). 이 윤리의식의 포괄적인 문제 제기를 이 단락 제목대로 합리적 예배 드림과 하나님의 뜻의 순종이라는 두 주제로 정연하고 간결하게 요약하고 있다. 두 주제는 별개의 성질이라기보다 송영의 일환으로서 제시된 하나님의 자비에 마땅히 수반하여야 하나님의 백성으로서의 크리스천의 본성(identity)에 관한 윤리이다. 기독교 윤리는 하나님의 자비에 대해 자기 자신 전체를 하나님께 드리는 일과 선하시고 기뻐하시는 하나님의 온전하신 구원의 의지에 영광과 찬양하는 일이 본질이라는 담론을 서론으로 전개하고 있다. 뿐이랴, 이 12:1-2의 서론은 종국적으로 크리스천 윤리의 모든 제반 조항들을 포용하는 전형인 패러다임의 몫을 차지하는 담론이다.

> 1그러므로 형제들아 내가 하나님의 모든 자비하심으로 너희를 권하노니 너희 몸을 하나님이 기뻐하시는 거룩한 산 제물로 드리라 이는 너희가 드릴 영적 예배니라 2너희는 이 세대를 본받지 말고 오직 마음을 새롭게 함으로 변화를 받아 하나님의 선하시고 기뻐하시고 온전하신 뜻이 무엇인지 분별하도록 하라

서두를 '그러므로'라 운을 떼어 이미 1-11장 내지 9-11장에서 언급했던 바에 연결하여 "내가 권면하노니 너희들에게, 형제자매들이여"라 1a절에 권면을 시작한다. '그러므로'라 시작하는 이 서두를 우리는 이어지는 1절 후반과 2절 각각 모두에 연결되는 모두어로 읽겠다. 다시 말하면 1-11장에 진술했던 바에 따라서 1절 후반 및 2절과 같은 권면들이 '그러므로' 당연히 수반할 수밖에 없다는 모두 발언이다. 그 첫째가 "하나님의 자비하심으로 인해 너희의 몸들을 살아 있는 제물, 거룩하고 하나님께서 기뻐하심으로 드리라"(NIV)는 12:1 후반의 권면이요, 그 둘째가 "하나님의 뜻이 무엇인지를 분별하라, 선하시고 기뻐하시고 완전하심이다"라는 12:2 후반의 권면이다. 첫째 권면의 서두는 윤리적인 실천을 위한 명령법이라기보다 오히려 그 서술의 양식이 직설법에 가깝다. '하나님의 자비하심'에 관해서는

로마서 후반부 9-11장 내내 귀중하게 다루었던 주제이고, 마침내 11:33-36에 자비의 하나님께 드리는 송영을 드린 상태이다. 송영에 잇대어 뒤따르는 권면이므로 하나님의 자비하심에 합당하게 신자들의 일상의 삶이 하나님 찬미이어야 함을 직감할 수 있다(Schreiner, 1998: 639). 그리고 2절 "하나님의 뜻이 무엇인지를 분별하라"는 하나님의 구원의 의지가 무엇인지를 분별하라는 것이 아니라 여기서는 하나님의 뜻의 고귀함의 속성들을 신자들이 체험하라는 권면이다. 따라서 1-11장에 진술했던 바에 비추어 '그러므로' 필연적으로 수반하여야 할 하나님 찬미와 하나님 뜻에 합당한 신앙 체험을 압축해 진술하고 있으니, 이들 1-2절이 로마서에서 차지하는 막중한 무게를 짐작하기 어렵지 않다.

자비에 관한 해당 1절 "하나님의 자비하심으로 인해 너희의 몸들을 살아 있는 제물로, 거룩함으로, 하나님께서 기뻐하심으로 드리라"를 다시 읽으면, 첫 마디가 '하나님의 자비하심으로 인해'(dia ton oiktirmon tou theou)라 하나님의 자비하심 때문에 너희의 몸들을 살아있는 제물로 드리라는 것이다. 하나님의 자비에 관한 한 특히 11:25-32에 적힌 심오한 내용 중에서 여기서는 "불순종함으로 인해 자비를 받고 있다"라는 11:30을 참조하는 일이 이 진술의 맥락적 배경을 의미 있게 부각시킬 수 있을 것이다. 하나님의 전권의 보검(寶劍)의 강퍅함과 자비의 두 칼날에서 강퍅함을 거둬들이고, 대신 자비로 포옹하는 구원의 역사를 상기함으로써 1절 진술의 지당함을 체험하여야겠다. 잇대어 출현하는 1b절 "하나님의 자비하심으로 인해 너희의 몸들을 드리라"가 덤덤하게 들리나 실은 의미심장하다. 이때

'몸'과 '드리다'는 본래 성전의 제사 의식에 사용되는 제식(祭式) 용어임을 일단 염두에 둘 필요가 있다. 몸들을 제물로 봉헌 받는 하나님의 성품을 잇달아 진술하는 1c절을 읽으면 '몸'과 '드리다'라는 용어들이 함의하는 제식의 의미를 필수적으로 재고해야 한다. 진술된 1c절 원문의 표면 구성을 직역해 옮기면, "한 제물, 살아있는, 거룩한 그리고 하나님께 기뻐하시는"이라는 네 특징을 꼽고 있다. 이들 네 특징 중에서 NIV는 첫 두 항목을 합성해 '살아있는 제물'이라 번역하고 있는바, 이 번역어는 제물은 죽여서 희생물로 바치는 종래의 관례에 대한 반례(反例)의 표현이다. 게다가 계속 잇대어 뒤따르는 '거룩함으로 그리고 하나님께 기뻐하심으로'라는 어구를 '살아있는 제물'의 몸과 함께 읽으면 NIV의 분별력 있는 번역 감각이 한층 더 설득력을 높인다. '살아있는 제물'은 구약에 있어서의 죄 많은 희생물이 아니라 신약에 있어서의 그리스도의 지체인 몸으로서의 제물이고, 이 살아 있는 제물을 봉헌하여야 '거룩한' 하나님께 합당하고, 하나님께서 '기뻐하심'에 합당하다. 이제 1a-c절에 권면의 내용을 제시한 후에 진술된 권면의 성격을 "(이것이) 너희의 합리적인 예배이다"라 1d절에 새삼 새롭게 규정하고 있다.

'너희의 합리적인 예배'(ten logiken latreian hymon)라는 1절 말미의 서술이야말로 뜻밖이다. 도대체 '합리적'(logiken)이라는 용어의 사용이 어리벙벙하다. 이성을 으뜸으로 존중하는 희랍철학에서 '합리적'이라 함은 물론 이성적인 사고와 판단을 일컬음일 터이나 예배가 합리적이라는 일이 있을 수 있는가? 의문이 앞을 가리어 길을 막으니, 번역본들을 뒤져 용어의 활용 사례들을 찾아보기로 한다.

열거하면 '영적인 예배'(NRSV; Dunn), '진정한 그리고 합당한 예배'(NIV; Kruse), '마음과 가슴으로 드리는 예배'(REB), '이해력 있는 예배'(Cranfield), '합리적 예배'(Schreiner), '합리적 인간으로서 예배하는 너희의 합당한 행위'(Longenecker) 등이다. 출처 여덟 군데를 두루 섭렵하였으나 Dunn과 Kruse의 사역이 공역본인 NIV와 NRSV를 각각 모사한 것이 고작이고, 나머지는 제각각일뿐더러 logiken을 '합리적'이라 고지식하게 번역한 곳은 오로지 슈라이너의 사역 한 군데뿐이다. 그럼에도 불구하고 '합리적 예배'에 대해 이처럼 다양하게 번역한 사례들이 어떤 공통적인 특성을 저변에 깔고 있음을 짐작해 읽을 수 있다. "너희의 몸들을 제사로 드리라"는 구약의 제사 예배 의식에 대비해 학자들은 합리적 예배의 성격을 '영적이다', '진정하고 적절하다', '마음과 가슴에 의하다'라는 제식(祭式) 용어와 무관한 수식어들을 선택적으로 취하여 외형적인 의식이 아니라 개인의 사적인 내면을 부각시키고 있다. 이 수식어들이 갖는 공통의 속성은 제사 의식에 대한 외적 숭배의 구약 유대교적인 묘사가 아니라는 사실이 돋보인다. 대신 무엇보다 영적이고 또 내성적이고 지적으로 살아있는 온몸을 바치되 전심전력이라는 뜻이라기보다는 그리스도의 지체로서의 한 몸으로서의 하나님의 충만에 넘쳐나는 성격을 '합리적'이라 규정하고 있다고 보아진다. '합리적 예배'의 의미를 권면 1절만을 읽고 속단하지 말고, 그 저변의 풍요한 함의를 다시 음미키로 하겠다.

좌우간에 유대인과 이방인 사이에 하나님의 백성으로서의 구획이 온전히 허물어진 하나님의 구원의 계획의 작금의 현실에서 이제 마침내 로마서 마지막 단원에 이르러 하나님 백성 만인의 삶의 방식을 논함에 즈음하여 바울 사도가 '예배'(latreia)라는 형식적인 의식에 "살아있고 거룩하고 하나님께서 기뻐하시다"라는 예배의 합리적인 유의미성의 새 옷을 입히고 있다. 하지만 이때 실상 바울 사도로 말하자면 '예배'라는 용어 자체의 사용을 삼가는 외골수의 고집의 선교자임을 간과하지 말아야 한다. '예배' 혹은 '경배'라는 용어에 관한 한, 롬 1:25에서 "저들이 창조주가 아니라 피조물들을 경배하고 섬겼다"라든가 혹은 9:4에서 "이스라엘 백성에게는 예배와 언약들이 있다"라는 언표가 찾아지는 게 고작이다. 이들 사례는 게다가 하나님 영광을 찬미하는 예배를 화제로 논구한 것이 아니라 다른 화제에 곁다리로 덧붙인 언급에 지나지 않는다. 물론 바울의 가르침에서 하나님의 영광을 찬양하는 송영을 찾아 읽을 수 있으나 도대체가 에클레시아에서의 예배라는 의식을 논급한 일이 없다는 사실을 놓치기 일쑤다. 따라서 학자들의 주석서들에서 예배에 대한 주해를 찾아 읽으려 하면 공염불이되, 다행스럽게도 바울 서한들 총론 개관서들에서 바울에게 있어서의 예배의 의미를 논의한 참고서를 찾아 읽을 수 있다. 관련된 바울 총론 개관서들인 리더보스(1975: 480ff.)와 던(1998: 543ff.)은 각각 예배에 관해 적힌 자구를 넘어 로마서 전체의 맥락 안에서 해설하고 있다. 롬 12:1−2에 관한 여기 이른바 예배 세속화라 일컬어 마땅한 두 학자의 해설이야말로 로마서 담론적 연구 접근의 속깊은 공헌이다. 이제 간략하게 소개하되 이 단원 말미에 이르도록 필요한 경우 그때그때 원용키로 하겠다.

리더보스에 의하면 바울이 12:1에서 교회 내지 예배를 언급할 때 성례(聖禮)의 의식의 개념을 배제하고 있는 것이 주요 특질이라 지적한다. 예배가 갖는 모임의 성격에 대해서는 일언반구도 없이 "너희의 몸들을 살아있는 제물로, 거룩함으로 그리고 하나님께서 기뻐하심으로 드리라"(NIV) 함은 나날을 걸어가는 행실의 당위성에만 관심을 표명한다(Ridderbos, 1975: 481). 던의 견지도 리더보스의 견지와 마찬가지다. "제물, 즉 살아있는 몸들을 바친다"라는 바울의 진술은 성전 제단에 희생 제물을 바치는 일이 아니다. "너희의 몸들이 너희 안에 계신 그리고 너희가 하나님께 받은 바인 성령의 전이다"(고전 6:19)에 합당하게 성령의 전에서 나날을 사는 삶이 예배다. 나날의 삶의 거룩함이라는 맥락에서 "바울은 나날의 일상사를 성화함으로 말미암아 성역(聖域)을 세속화한다"(Dunn, 1989: 544)라 해석한다. 제임스 던이 여기서 '세속화한다'라는 용어를 사용하고 있기 때문에 이에 따라 교회 내지 예배에 대한 소위 세속주의(secularism)적인 설명이라 자칫 오해할 여지가 없지도 않다. 세속주의란 예배를 포함한 제반 제사 종교 의식(儀式) 내지 개념을 시민의 정치 내지 경제적 개념으로 환원하는 정교분리(政敎分離)의 현실 실용의 교의이다. 그러나 "나날의 일상사를 성화함으로 말미암아 성소(聖所)를 세속화한다"라는 던의 논평은 세속주의 교회론과 혼돈하지 않도록 분석적으로 정독해야 할 세속화이다. 그의 논평의 요점은 '나날의 일상사'의 세속을 '성화함'이다. 세속화라 할 때 '성역을 세속화한다'는 것이 중요하다. 바로 이 점에서 던은 바울의 교회론을 아래처럼 해설한다. "바울이 제의(祭儀) 언어를 성소(sacred place)와 성직자(sacred person)의 맥락에서 탈피시키고, 이것을 '범상'(凡常)의 개인들로 하여금 복음의 예배에 있어서의 그들의 나날의 책무를 행함이 바울의 교회론이다"(Dunn, 1988: 545). (던이 '범상의 개인들'이라 칭함은 평신도를 일컬음에 다름아니다.) "여기서 언급하는 예배는 공회(public assembly)를 일컬음이 아니요, 나날의 일상 존재의 구체적인 현실에서 하나님께 온몸을 봉헌함이다"(Schreiner, 1988: 646). "교회의 모든 구성원이 하나님을 알현하고(롬 5:2), 성령을 공유하여, 삶 전체가 하나님을 섬김이므로, 성역이 따로 없다"(Ridderbos, 1975: 481). 이들 인용문을 함께 읽으면 참으로 바울의 교회론은 다름 아닌 덜도 더도 말고 "우리가 살아계신 하나님의 성전이다"(고후 6:16). 앞에서 우리는 다른 한편 '성소를 세속화한다'라 함을 과감하게도 예배 세속주의라 평하였다. 예배 세속화를 용인하는 바울의 교회론을 확대 해석하면 그의 교회론은 교회 제도론의 탈피라 할 수 있을 것이다. 감히 제도 탈피라는 개혁 용어까지 원용했지만, 무엄한 용어의 남발이 아니라는 변명을 보태면 리더보스도 던도 바울의 예배론에서 '나날의 일상의 성화'라 할 때, 그것은 조직의 수준이 아니라 개인 수준의 실현이고, 심지어 사제나 목사의 관여를 배격함을 강조한다.

"너희의 몸들을 살아있는 제물로, 거룩으로 그리고 하나님께서 기뻐하심으로 드리라, 그것이 너희의 합리적 예배이다"를 권면한 다음에 접속사 '그리고'를 사용해 1절에 잇따라 2절에 하나님의 뜻에 관한 권면이 출현한다. 이어지는 2절 안에 잇달아 쓰인 하부 절들을 분절해 읽으면, "2a그리고 이 세대에 동조하지 말고, 2b그러나 너희의 마음을 새롭게 함으로써 변형되어지라. 2c그럼으로써 너희는 하나님의 뜻이 무엇인지를 분별하라. 2d선하시고 기뻐하시고 완전하신 것이다"와 같다. 이 세대에 동조하지 말고 마음이 변형되어지라는 2a & b절의 권면이 지향하는 목표는 2c & d절에서의 하나님의 뜻을 분별하고 그 뜻에 순종하기 위함이다. 하나님의 뜻의 속성들을 분별하여 그 성질을 통찰하는 의미에 대해서는 뒤로 미루고 2a & b절 서두를 1절과 관련하여 먼저 읽음으로써 1절과 2절의 양자 모두를 공유하는 권면의 밑바탕 취지를 파악하기로 하겠다.

특히 리더보스와 던의 바울의 예배론 관점에서, 더욱이 "나날의 일상사(日常事)를 성화함으로 말미암아 성소(聖所)를 세속화한다"(Dunn, 1989: 544)라는 교회론의 관점에서 1절과 함께 2a & b절을 읽고 싶다. "이 세대에 동조하지 말라" 함은 "나날의 일상사를 성화하라"에 다름 아니기 때문이다. 누구보다 론즈네커는 "마음을 새롭게 함으로써 계속 변형되어지라"의 2b절을 1절의 '합리적인 예배'에 직접 연결해 읽고 있다. 그는 "(이것이) 너희의 합리적인 예배이다"의 1절 말미를 "이것이 합리적 인간으로서 예배에 임하는 너희의 합당한 행위이다"라 번안하고, 2절을 잇대어 읽는다. "지적으로든 영적으로든 예수를 믿는 신자들에게 있어 신묘하게 합리적으로 그들이 '하나님의 자비'를 체험한 까닭으로⋯ 전적인 자기 자신을 하나님께 봉헌함으로써"(Longenecker, 2016: 920-921f), 그 귀결로 2c절에 적힌 바처럼 하나님의 뜻을 분별하는 것이라 해석한다(Moo, 1996: 754-755). 론즈네커와 마찬가지로 logiken을 '합리적'이라 고지식하게 번역한 슈라이너(1998: 645f.) 역시 '합리적'이라 함은 하나님의 자비에 대해 하나님의 뜻에 합당하게 나날의 일상사를 하나님께 바치는 일이라는 견지를 취한다. 이들 주석에 따라 1b-2c절을 요약하건대 의식(儀式)

내지 제식(祭式)의 제도와 형식으로부터 자유로워진 단독자(單獨子)로서 하나님을 향해 자신의 몸 전체를 드림의 1절의 권면도 그리고 마음이 새롭게 변형되어져 하나님의 뜻을 분별함의 2절의 권면도, 두 권면 모두 밑바탕의 정초가 하나님의 자비에 대한 신묘한 체험 위에 선다. 하나님의 주권이 역사하는 진노의 정죄에 표출되지 않고, 대신 전능의 주권이 자비로 역사하시는 은사로 맺혀지는 열매이다.

하나님의 주권이 역사(役事)하시는 구원의 역사(歷史)에 관한 사도 바울의 주요 저작 로마서에서 학자들 사이에서도 상투적으로 간과하는 주요 논변이 있으니, 자비가 구원에 있어 주축(主軸)의 개념임을 홀대하는 경향이 그것이다. 사도에 있어 '하나님의 자비'(ton oiktirmon tou theou)라 함은 천로역정의 하나님의 구원 계획에 있어 '믿음의 의'에 길잡이이고 마무리라 해석할 수 있다. 한데 로마서 후반부는 인류의 상식에 어긋나는 자비에 관한 기괴한 일화들이 독자들을 당혹케 한다. "야곱을 내가 사랑했고 에서는 내가 미워했다"(9:13)라는 자비의 택하심의 부조리를 기탄없이 노골화하고 있다. 하나님의 주권의 본성이 "하나님께서는 뜻하시고자 하는 사람에게 자비를 베푸시고, 뜻하시고자 하는 사람을 강퍅하게 하신다"(18절)이지만, 이에 따라 하나님의 자의(恣意)의 임의로 에서를 미워하는 일은 결코 아닐 것이다. 만약 자의적이라면, 그것은 하나님의 이름이 찬양받아 마땅한 "나는 나이다"(출 3:14)라는 칭호인 줄 모르는 소치일 수밖에 없다. 반면에 출애굽에서 하나님께서는 파라오를 자비가 아니라 강퍅하게 하시는 당신의 진노의 주권을 무려 열 차례 터뜨렸지만, 그때마다 단번에 파라오를 멸망의 구렁텅이에까지 몰아넣지 않는 연민은 파라오에게도 연명의 기회를 차라리 허락하시는 일일 듯싶다.

이들 자비에 관한 일련의 기괴한 일화들은 "모든 사람을 불순종에 가두어 두심은 모든 사람에게 당신께서 자비를 베푸시기 위함이다"(11:32)라는 클라이맥스의 진술에 정합성을 맞추어 독해해야 한다. 우리는 다른 무엇보다 난삽하기 그지없고 자가당착투성이 올리브나무의 비유가 하나님의 자비의 기막힌 실상 그대로의 계시를 바울이 직접 받아 옮겨 적은 작품이라 생각한다. 의롭다 하시기 위해서라면 하나님의 전권이 올리브나무 가지를 꺾어내는 현실이, 믿거나 말거나, 하나님의 자비의 연고로 일어날 수 있을 터이다. "하나님께서는 이방들을 제외하고는 이스라엘에 (구원의) 자비를 베푸시지 않으시며 그러나 이스라엘을 제외하고는 또한 이방들에 자비를 베푸시지 않는다"(Ridderbos, 1975: 360). 이 보편성의 구원사의 경과에서 '그 가지들을 내버림이 온누리에 화목을 뜻하는'(11:15) 것일진대 "나는 나이다"이신 전권의 하나님의 자비가 그 가지들을 베어내는 일이 서슴없이 일어난다.

기독교 윤리의 패러다임이라 칭송되기도 하는 이들 1절과 2절 모두가 자비를 근간으로 하되, 1절에서의 '합리적인 예배'에 관한 주제가 2절에서 '하나님의 뜻'에로 주제가 바뀌어 "2a이 세대에 동조하지 말고, 2b그러나 너희의 마음을 새롭게 함으로써 변형되어지리라"는 전반부에 뒤이어 "2c그럼으로써 너희는 하나님의 뜻이 무엇인지를 분별하라, 2d선하시고 기뻐하시고 완전하신 것이다"라는 후반부가 이어진다. 한데 이들 네 하부 논항들 사이의 연결 관계를 정합적으로 이해하는 일이 수월찮다. "너희는 하나님의 뜻이 무엇인지를 분별하라"는 2c절이 2절 전반과 2절 후반 사이의 연결의 가교와 연결의 관계를 수행한다. 이때 '분별하라'에 대한 유력한 해석이 로마서 전체 틀의 관점에 비추어 하나님의 뜻을 순종으로 받아들임이라는 해석(Cranfield, 1985: 291)을 취하여 2절을 하나님의 뜻에의 순종이라는 시각에서 조명한다. 한데 우리는 여기서 이 유익한 관점을 비판적으로 수용하려 하는바, 그러려면 우선 2절 내에서의 절과 절 사이 그리고 하부 논항들 사이의 연결 관계를 명료하게 다듬는 터 닦이 부가적인 일이 앞서야겠다.

첫째, '분별하다'(dokimazein)가 갖는 '검사하다'라는 사전적인 의미 외에 바울이 여러 곳에서 사용하는 명령법의 문맥적 의미를 보완해 정교화함으로써 2a &b절의 심층적인 의미를 표면화해야겠다. 여기 쓰여 있는 "하나님의 뜻이 무엇인지를 분별하라"에서 '분별하다'는 단순히 선행 2b절 '마음을 새롭게 함으로써'라는 어구의 수사적인 표현을 넘어서서 어떤 성직(聖職)에 의한 매개 없이 직접 하나님의 자비로 말미암아 새롭게 변형된 개인의 순결한 마음에 책임지어진 분별함이다(Cranfield, 1979: 609). 이처럼 새롭게 변형되어 분별력을 지닌 자질의 마음과 관련하여 "예수 안에서 너희가 성령 안에서 하나님의 거하실 처소로 함께 지어지고 있다"(엡 2:22)라든가 "진리에서 나오는 의와 거룩함 안에서 하나님을 따라 창조된 새사람을 입으라"(엡 4:24)를 함께 읽는 일이 유익하겠다. "마음이 새로워짐으로써 변형되어졌다"라 함은 그리스도와 합체된 지체인 "하나님을 따라 창조된 새사람을 입으라"(엡 4:24)에서의 새사람임을 유념해야겠다.

이때 "새사람을 입으라"이든 '너희의 마음을 새롭게 함으로써'이든 '새사람' 및 '새로워진 마음'은 '진리가 그리스도 안에 있는' 그리스도와 합체된 지체로 다시 태어난 '크리스천들'(Xristianus. 행 11:26)이어서 하나님의 뜻을 분별해 갖는다. 이처럼 "하나님의 뜻이 무엇인지를 분별하라"에서의 분별은 아무에게나 열려 있는 것이 아니라 "이 세대에 동조하지 말고, 그러나 너희의 마음을 새롭게 함으로써 변형되어지다"(2a & b절)라는 제약의 조건을 전제하고 있다.

둘째, 독자가 2절 후반부를 독해할 때 "그러므로 너희는 하나님의 뜻이 무엇인지를 분별하라"의 2c절과 그리고 "선하고, 기뻐하고, 완전하다"의 2d절 사이에 접속사 없이 연결되었기 때문에 선행 절과 후행 절 사이의 연결을 임의로 추리하려 시도하면 꽤 까다로운 골칫거리가 생긴다. 가령 "하나님께서 신자들에게서부터 원하시는 바이다"라는 NIV(2011: 1911n.)의 2c절에 대한 주해에 따라 '선하고, 기뻐하고, 완전하다'가 새로워진 신자들의 마음의 속성이 아니겠느냐는 오해도 자칫 있을 수 있다. 까다로운 골칫거리라는 앞선 지적은 2d절의 속성들이 하나님의 속성인지 혹은 인간의 속성인지 해석의 여부가 귀걸이 코걸이라 혼란스럽다는 것이다. 이와 같은 다의성(多義性) 해소를 위해 바울 서한들에 사용 빈도가 가장 높은 '기뻐하다'를 여러 곳(예컨대 고후 5:9; 엡 5:10; 빌 4:18; 골 3:20)에서 탐색하면, 일견 명료하여진다. "주를 기쁘시게 할 일이 무엇인지를 찾아보라"(엡 5:10)의 본보기에서처럼 '기뻐하다'는 신자들이 '하나님을 기쁘시게 하다'의 뜻으로 일관성 있게 쓰이는 것이 한결같다. 구문 분석에 있어서도 이들 속성이 하나님의 뜻이라는 정당성을 보장받는다. 본문 2c절의 문장 구성은 "너희가 분별하라"가 '하나님의 뜻이 무엇인지'를 목적으로 갖고 있는 명령법의 폐쇄 문장 구조이고, 2d절은 하나님의 뜻의 세 속성에 대해 어순에 있어 하나의 정관사를 사용해 '그 선하심 그리고 기뻐하심 그리고 완전하심'이라 한 단위로 묶어 기술하기 때문에 통사상에 있어서도 이들 속성이 하나님의 뜻이라는 정당성을 보장받는다. 결국 하나님의 뜻이 여차여차함을 "너희가 분별하라"가 2절 후반부이다. 그렇다면 1절에서의 '합리적인 예배'에 관한 주제가 2절에서 '하나님의 뜻'으로 바뀌어 그리스도와 합체된 지체로 새롭게 다시 태어난 크리스천들로 하여금 '하나님의 뜻이 무엇인지를' 분별하라는 것이다. 이때 "너희가 분별하라"에서 분별하는 주어 '너희'가 2a & b절에서의 그리스도와 합치된 새사람이므로 분별이 목표하는 어떤 효과가 주어지리라는 추리는 있을 수 있는 일이다. 그리하여 "하나님의 뜻을 분별한다는 것은 당신의 뜻을 순종으로 받아들임(obedient acceptance)을 수반하기 마련이다"(Cranfield, 1979: 609)라는 한 유력한 설이 제안되어 있다.

본문 2절 내에서의 하부 논항들 사이의 연결 관계를 혼란시키는 주범은 '분별하다'와 다른 논항들 사이에서 발생한다. "하나님의 뜻을 분별한다는 것은 당신의 뜻을 순종으로 받아들임을 수반하기 마련이다"라는 크란휠드의 명제는 그럴듯하면서도 인위적인 정교화의 소산이라 보이기도 하여 일종의 소박한 독후감을 앞세워 2절에서의 '분별하다'의 함의를 평상 담화체로 이해하도록 하겠다. '분별하다'가 쓰인 관용구 eis to dokimazein는 '분별하도록' 내지 '분별하기 위해'라는 뜻이고, 어휘 '분별하다'가 '진단하다' 내지 '받아들이다'

의 뜻으로도 쓰인다는 것이니, 예컨대 2:17-18에서 율법의 교훈을 받는 유대인이라 하더라도 "너는 하나님의 뜻을 알고 최상의 것들을 분별한다"(2:18)라 할 때에는 dokimazo가 '진단하다'에 적합하다. '진단하다'는 하나님의 뜻이 선하시고 기뻐하시고 완전하심임을 검사해 용납하는 것이다. 이 여러 편중된 의미를 고려하여(cf. Schreiner 1998: 648; Longenecker, 2016: 923) 의역하건대, "(새사람 즉 하나님 백성의 몫인즉) 너희 하나님 당신의 뜻이 선하시고 기뻐하시고, 완전하심임을 너희가 진단해 받아들이는 것이다"라 우리는 2절을 옮겨 적고 싶다. 우리는 바로 이 의역 문장의 자구 그대로가 바울이 2절을 통해 직설적으로 전하고자 하는 회화체의 담화를 반영한다고 생각한다. 이 의역을 축어적으로 읽으면 하나님의 뜻을 진단해 받아들임에서 '순종하다'가 개입할 여지가 없다. 대신 언어 직관에 의존하건대 "새사람, 즉 하나님 백성의 몫인즉"이라 축약한 2a & b절이 하나님의 뜻을 진단해 순종으로 받아들임에 어떤 역할 수행에 참여하는지가 차라리 궁금해진다. '선하시고 기뻐하시고 완전하심'을 열거하였지만, 어느 항목이 대표적이냐를 따지는 일보다는 관련된 바울 서한들에 쓰인 어휘 사용 빈도를 참조하면 세 항목 중에서 '기뻐하심'이 다른 두 항목을 포괄하는 대표적인 속성이라 간주해도 좋을 것이다. 이처럼 2절 의역을 읽으면 여러 면에서 비교적 평이한 메시지라 읽힌다.

　어찌 보면 크랜휠드는 적어도 10:2절에 관한 한 현학적이라 할 만큼 본문의 대안적인 해석까지 치밀하게 발굴해 낸다. "하나님의 뜻을 분별한다는 것은 당신의 뜻을 순종으로 받아들임을 수반하기 마련이다"라는 명제는 2절 본문에서 추리해 낸 산물이다. 아마도 'eis to dokimazein'(분별하기 위해)에서 'eis to'(so that)의 목적 부사절의 기능에 의식의 초점을 집중하게 되면 더욱더 목표지향적인 능동적인 어휘 의미를 모색하려는 동기가 유발되고, 그리하여 '분별하다'의 의미를 승화하여 '순종하여 받아들임'(obedient acceptance)이라는 해설에 이르렀을 수도 있다. 물론 그의 추론의 정당성은 "믿음으로 말미암아 의로워진 사람에게 약속된 삶은 필히 하나님께 순종하는 삶이어야 한다"(Cranfield, 1985: 291)는 것이 롬 1장서부터의 한결같은 으뜸의 교리이다. 나아가 로마서 전반부를 끝내며 "너희는 양자의 영을 받았기 때문에 그 영으로 말미암아 우리가 '아바, 아버지!'라 부른다"(8:15)라는 의미심장한 호칭은 하나님의 백성에서 자녀에로의 승격이기도 하려니와 다른 한편 자녀로서의 순종의 당위성을 증언한 것이기도 할 것이다. 왜냐하면 "'아바, 아버지!'라 부름으로써" 그리고 '육신을 좇아 걷지 않고 성령을 좇아 걷는 우리 안에서' 아버지 하나님을 기쁘시게 하는 "순종의 일을 이룩함에 있어 율법의 의로운 요구가 완수된다"(8:4)가 배경 설명이기 때문이다(Schreiner, 1985: 189). 이 순종 중심의 교리가 12장 이하의 권면에까지 연장되어 지속되어 있다(Cranfield, 1979: 592-594). 그러므로 단지 일회용의 장식어로 "하나님의 뜻을 분별한다는 것은 당신의 뜻을 순종으로 받아들임을 수반하기 마련이다"라 말하고 있는 것이 아니라 "뜻이 하늘에서 이루어진 것같이 땅에서도 이루어지이다"의 주기도문과 같은 교독문이다.

그럼에도 불구하고 실제로 분별함과 순종에는 암울한 골짜기가 파여 있다. 그리고 실로 이들 양자 사이의 괴리에 당혹하여 노심초사하여 분투한 주석서가 크란휠드의 로마서이다. 그는 하나님의 뜻과 그것을 순종함 사이에 넘어서지 못할 간극이 있음을 안타깝게도 그리고 적절하게도 막 10:17-22의 이야기를 막 12:30-31에 대비해 예시한다. 하나님의 뜻의 선하심과 기뻐하심에 대한 좋은 본보기로 어떤 신실한 부자 청년이 "영생을 얻으려면 내가 무엇을 행하여야 합니까?"라 예수께 꿇어앉아 여쭈니 예수께서 계명들을 줄줄이 일러주시자 청년의 응답인즉 "모든 이것들을 내가 어려서부터 지켜왔습니다"가 고작이다. 청년의 이 교만한 대답은 계명들을 준수함으로써 적어도 하나님의 뜻 '선하심과 기뻐하심'의 뜻에 순종할 수 있다는 윤리적인 자신감의 대답이었을 것이다. 하지만 크란휠드의 비판적인 논평에 좇으면 "내가 어려서부터 지켜왔습니다"라는 응답 자체가 어리석다. 여기서 막 12:30-31에 대비하며, 곁들여 청년의 어리석음 역시 함께 반증한다. 어떤 우쭐대는 서기관이 "모든 계명 중에서 가장 주요한 것이 무엇입니까?"라 예수께 물으니, "네 마음을 다하고 목숨을 다하고 뜻을 다하고 힘을 다하여 주 너희 하나님을 사랑하라 하신 것이요 둘째는 이것이니 네 이웃을 네 몸과 같이 사랑하라 하신 것이라. 이에서 더 큰 계명이 없느니라"라고 예수께서 대답하셨다. 하나님 사랑 그리고 이웃 사랑이라는 "이것이 완전하고, 완성되고 절대적인 하나님의 요청(the absolute demand of God)이다"(Cranfield, 1979: 610). 그러나 그것은 마음을 새롭게 함으로써 변형된 새사람인 하나님 백성이라 하더라도 온전히 성취할 수 없는 절대성이다(Cranfield, 1985: 298). 더군다나 절대적인 요청으로서의 상위 개념인 '완전하심'

의 표준 척도가 하위 성분인 '선하심과 기뻐하심'의 규준에 적용 가능하므로 "선하심과 기뻐하심 역시 제어할 수 있고 성취할 수 있는 어떤 것(순종의 대상)들이 아니다"(Cranfield, 1979: 611). 그러므로 하나님의 절대적인 요청과 신자들의 순종으로 받아들임 사이에 상충하는 괴리에 크란휠드는 "그러나 하나님의 절대적인 요청(this absolute demand of God)은 그리스도만이 완수할 수 있었던 것이다"(Cranfield, 1979: 611)라 논평하고 있다.

어찌 보면 "그리스도만이 완수할 수 있었던 것이다"라 함은 마치 하나님의 완전성은 인간의 순종의 논변에서 비켜나 열외로 취급하는 인상을 준다. 그러나 우리는 크란휠드의 이 삽입 문장을 그 자신의 촌평이라기보다는 하나님의 뜻에 완벽한 순종은 당신의 아들 이외에는 아무도 있을 수 없다는 바울 자신의 암묵적인 신념의 속내를 반영한 것이라 해석하고 싶다. 그렇다면 바울도 크란휠드도 인간이 완수할 수 없는 "하나님의 절대적인 요청은 그리스도만이 완수할 수 있었던 것이다"라 하며, 여기서 의도적으로 그리스도를 느닷없이 삽입하는 진정한 의미는 무엇인가? 그것은 그리스도만이 완전하심이기 때문이다.

'완전하다'에 관해 우리는 이미 '그리스도가 율법의 완전함'(tele-on: 절정, 마침)이다(10:4). 그리고 "그리스도가 율법이나 예언자를 폐하려 온 줄로 생각하지 말라. 폐하려 온 것이 아니라 완수하게 하려 함이라"(마 5:17)에 친숙하여 있다. '완전하다'가 여러 어휘로 번역되긴 하지만, 십자가 후광에 힘입어 종말 완성의 맥락에서 쓰이는 일이 일반적이다. 엡 1:9-10에 롬 12:2c와 동일한 속성 수식어들을 사용하고 있는 닮은꼴의 구절을 찾아 읽을 수 있다. 엡 1장 "⁹당신의 뜻의 신비(선하심 그리고 기뻐하심 그리고 완전하심)를 우리에게 알게 하셨으니, 당신의 선하시고 기뻐하심에 따라서, 당신이 그의 안에서 작정하셨던, ¹⁰때들의 충만함을 경영하심에 있어, 그리스도 안에서 모든 것들을 하나의 머리 아래 통일하기로, 하늘에 있는 것들이나 땅에 이는 것들을"(cf. Hoehner 2002: 213, 216)이 그것이다. (단, 에베소서의 '당신의 뜻의 신비'가 로마서에서의 '선하심, 기뻐하심 그리고 완전하심'을 지칭하는지가 미지수이긴 하지만) '때들의 충만함'이라든가 '하나의 머리'라든가의 에베소서의 용어는 종말 완성에 있어 만물의 머리이신 그리스도에게로 만물을 하나로 통일하는 완성을 함의하고 있다. 그러므로 하나님의 뜻이 완전하다를 분별하라 함은 그리스도 안에서 이루어지는 구원사의 완성을 체험하라는 말씀이다. '마침'이든 '완성'이든 그것이 종말 완성인 한에 있어 그리스도가 주축의 개념임은 너무나 당연하다. 여기 우리가 지금 읽고 있는 12:2에서 "하나님의 뜻이 완전하다"에서는 그리스도에 관한 언급이 없지만, 복원 가능한 형태로 단지 삭제되어 있을 따름이다. 가령 "너희의 마음을 새롭게 함으로써 변형되어졌다"(12:2b)라든가 "예수 안에서 너희가 성령 안에서 하나님의 거하실 처소로 함께 지어지고 있다"(엡 2:22)라든가 '진리에서 나오는 의와 거룩함 안에서 하나님을 따라 창조된 새사람'(엡 4:24)이라든가 등과 함께 보완해 읽으면, 12:2에서 삭제된 그리스도에 대한 언급이 복원된다. 실제로 놀랍게도 크란휠드는 "하나님의 절대적인 요청은 그리스도만이 완수할 수 있었다"라 삭제되어 있는 그리스도를 복원해 읽고 있다. 그러므로 12:2는 그리스도론이다.

요컨대 이제야 비로소 롬 12:2의 진술에 관련된 맥락을 두루 섭렵하였으니 본문 핵심을 이실직고할 즈음에 이르렀다. 여기서는 "너희 하나님 당신의 뜻이 완전하심을 너희가 진단해 받아들이라"는 그리스도론만에 국한해 주해하는 것으로 족하겠다. 데이비드 파오는 "완전성은 하나님의 뜻이 밝히 드러나는 기반 위에서 신자들이 그리스도와 종국적이고 온전하게 합일하여 종말의 때에 하나님의 역사(役事)가 이루어지는 일이다"(Pao, 2012: 133)라는 주석을 인용키로 하겠다. 왜냐하면 하나님의 뜻의 완전함을 분별하여 순종하기를 하나님의 절대적인 요청은 인간에게는 자립적으로는 존립할 수 없지만, 그리스도는 성육신에서부터 하나님 우편에 승천하시기까지 하나님의 전권에 순종하며 우리를 위해 존립하셨던 일 아닌가! 뿐더러 바울은 골 1:28의 찬송에서 심지어 그리스도를 전파하는 이유를 "각 사람을 그리스도 안에서 완전한 자로 세우려 함이라"고 기술하고 있음을 주목해야 한다. …

참고문헌

김세윤/정옥배 역.『바울 신학과 새 관점』. 두란노, 2002.

김은정. "갈라디아서 연구(15)."「그리스도의 사람」제45호(2016. 11.)

노평구.『마태복음 강연』. 일심사, 1981.

_____.『로마서 강연(상)』. 일심사, 1979.

머레이, 존. *the Epistle to the Romans*. 아바서원 번역팀.『로마서 주석』. 아바
서원, 2017.

세끼네 마사오(關根正雄). ロ―マ人への手紙講解 · 上. 한만하 역. "로마서
강해 (2)."「성경말씀」제88호(2020).

유희세.『신약연구(상)』. 성경말씀사, 2010.

_____.『시편: 私譯, 釋義』. 성경말씀사, 2007.

크리소스톰, 요한/송종섭 역.『로마서 강해』. 지평서원, 1990.

Ambrose, K. *Jew Among Jews*. Wipf & Stock, 2015.

Bruce, F. F. *The Epistle to the Colossians, to Philemon, and to the
Ephesians*. NICNT, Grand Rapids: Eerdmans, 1984.

_____. *Paul: Apostle of the Heart Set Free*. Grand Rapids: Eerdmans,
1977. (Paperback edition, 2000.)

Cranfield, C. E. B. *Romans: A Shorter Commentary*. William B. Eerdmans
Publishing Company, 1985.

_____. *Romans 9-16*. T&T Clark Ltd, 1979. (reprinted by Bloomsbury
Academic, 2013.)

_____. *Romans 1-8*. T&T Clark Ltd, 1975.

Darrell L. Book. *Baker Exegetical Comments on the New Testament*(2 volumes). Grand Rapids: Baker, 1994&1996.

Dunn, James D. G. *The New Perspective On Paul.* William B. Eerdmans Publishing Company, revised edition, 2005.

_____. *The theology of Paul the Apostle.* Grand Rapids: Eerdmans, 1998.

_____. *Romans 1-8: Word Biblical Commentary.* Zondervan, 1988.

Hoehner, Harold W. *Ephesians: an Exegetical Commentary.* Baker Academic, 2002.

Kruse, Colin G. *Paul's Letter To the Romans.* William B. Eerdmans Publishing Company, 2012.

Lloyd-Jones, D. Martyn. *Romans: Exposition of Chapter 9.* Lady Catherwood and Mrs Ann Beatt: 1991. (reprinted by Banner of Truth Trust, 2015.)

Longenecker, Richard N. *The Epistle to the Romans: a commentary on the Greek text.* Eerdmans, 2016.

Meyer, H. A. W. *Meyer's Commentary on the New Testament,* vol.5. Alpha Greek Library, 1884. (reprinted 1980.)

Moo, Douglas, J. *Galatians,* Baker Academic, 2013.

_____. *Romans 1-8.* Moody Press, 1991.

O'Brien, Peter T. *The Letter to the Ephesians.* William B. Eerdmans Publishing Company, 1999.

Pao, David W. *Colossians and Philemon: Zondervan exegetical commentary series on the New Testament.* Zondervan, 2012.

Ridderbos, Herman. *Paul: An Outline of His Theology.* translated by John Richard De Witt. William B. Eerdmans Publishing Company, 1975.

Schreiner, Thomas R. *Galatians, Exegetical Commentary on the New*

Testament, volume 9, Zondervan, 2010.

_____. *New Testament Theology:Magnifying God in Christ*, Baker Academic, 2008.

_____. *Romans*. Baker Books, 1998.